# 중국현대철학통론

# 중국현대철학통론

宋志明 지음 · 고재욱 옮김

심산

목차

서론

# 중국철학의 새로운 단계

## 이 장의 요점

1 중국의 현대철학자들이 자각적으로 현대의식과 철학의 분과의식을 가짐으로써 철학은 마침내 독립 분과가 되었다.

2 현대 중국철학은 두 종류의 사상 자원을 이어받았다. 한 종류는 중국 고유사상이고, 다른 한 종류는 서양 근현대사상이다.

3 중국 마르크스주의 철학 · 현대 신유가 철학 · 실증철학이 중국 현대철학의 기본 골격을 구성하고 있다.

4 가치관 확립 · 지식 획득 · 사회 개조가 중국 현대철학이 당면한 주요 이론 문제다.

5 중국 현대철학의 이론적 특징은 시간은 촉박했으나 내용이 풍부하였고, 사상들이 서로 충돌하고 논전도 빈발했으며, 중국과 서양을 융합하고 종합하여 새로운 것을 창조하였다.

1919년 전후의 5 · 4 신문화운동을 지표로 하여 중국철학은 현대적 단계로 발전했다. 이 책에서는 1919년에서 1949년까지의 중국철학을 중국 현대철학이라고 부르기로 한다. 여기서 말하는 '현대' 는 사회 발전사 측면의 의미에서가 아니라 '사상 변천사' 의 의미에서 말하는 것이다. 왜냐하면, 이 시기의 중국철학은 이전의 중국철학과 비교하면 확실히 서로 다른 시대적 특징을 드러내고 있기 때문이다.

1949년까지 중국철학의 발전사는 대체로 크게 두 단계로 나눌 수 있다. 첫째 단계는 선진(先秦)에서 청말(淸末) 아편전쟁 이전으로서 그것을 '중국 전통철학' 이라고 부를 수 있다. 이 단계에서 중국철학은 대체로 독립적 발전의 형세를 유지하며 아직 전반적이면서 근본적인 서양철학의 영향을 받지는 않았다. 동한(東漢) 시기에 인도불교가 중국에 전래한 것은 물론 비교적 큰 영향을 끼쳤으나 근본적으로는 결코 중국 고유철학의 이론 형태를 바꾸지 못했다. 불교는 서서히 중국 고유철학의 체계로 어우러져 들어오며 중국화를 실현하여 중국 전통철학의 구성요소가 되었다. 16세기에는 마테오리치 등 서양 선교사들이 중국에 와서 서양철학을 소개하였다. 그러나 그 영향은 매우 제한적이어서 중국 전통철학의 독립적 발전 형세를 바꿀 수는 없었다. 아편전쟁 이후 중국의 사회적 발전이 근대의 문지방을 넘어섰고, 서양 학문은 샘솟듯이 중국사상계로 쏟아져 들어왔다. 그러나 5 · 4운동 이전의 '서양학' 은 아직 두리뭉실한 개념에 불과했다. 비록 그 가운데는 서양철학 방면의 내용이 포함되어 있으나 결코 계몽사상가들이 관심을 가졌던 핵심 내용은 아니었다. 그들 마음속의 서양학은 주로 근대 서양의 자연과학과 생산기술, 사회과학 특히 제도설계나 사회개혁과 관련된 이론들이었다. 근대 중국에서 철학은 아직 진정으로 독립적 분과가 되지 못했다. 중국에서 철학이 독립적 학문분과가 된 것은 5 · 4 이후에 실현되었으니 곧 현대에 실현된 것에 불과하다. 우리는 중국 근대가 '중국 전통철학'에서 '중국 현대철학'에 이르는 과도기 단계로서 그것에 대한 사상사적 진술은 가능하나 철학사적 진술은 하기 어렵다고 생각한다. '중국 전통철학'에 대해서는 넓은 의미의 철학사적 진술을 할 수 있는데 필자도 일찍이 『중국 전통철학 통론』을 지었으며, '중국 현대철학'에 대해서는 좁은 의미의 철학사적 진술을 할 수 있으니 이것이 바로 이 책의 취지이다. 이 책은 『중국 전통철학 통론』의 자매편이다.

## 1. 현대철학의 학문분과 의식의 자각

현대에서 중국철학의 새로운 발전은 현대철학자들의 자각적 현대의식과 철학의 학문분과 의식이 나타남으로써 집중적으로 표현되었다. 이 두 가지 의식은 서로 긴밀하게 하나로 연계되어 있다.

### 1) 현대의식의 자각

5 · 4 신문화운동 이전의 진보적 중국인들은 이미 "변화 중시 · 진화 · 부국 · 강병" 등의 의향을 가지고 있었다. 그러나 그들은 아직 자각적이고 명확한 현대의식은 갖고 있지 않았다. 매우 오랜 동안 사람들의 눈빛은 줄곧 중국의 정치 형태를 어떻게 바꾸는가 하는 문제에 집중되어 있었다. 손중산(孫中山)을 대표로 하는 혁명파는 프랑스 모델을 모방하여 폭력을

사용해 청(淸)을 뒤엎고 민주 공화정치 체제를 세우자고 주장했고, 양계초(梁啓超)를 대표로 하는 입헌파는 영국과 일본의 모델을 모방하여 개량적 수단으로 청을 개조해 민주 입헌정치 체제를 세우자고 주장했다. 1912년 중화민국(中華民國)의 건립은 군주제를 끝냈다. 그러나 중국 사회의 현실은 결코 이로 인해 호전되지는 않았으며 오히려 더욱 감당할 수 없는 혼란의 상태로 변했다. 청 조정의 작은 황제 한 사람을 밀어 넘어뜨리니 오히려 더욱 많은 토착황제〔土皇帝〕가 튀어나왔다. 군벌(軍閥)은 서로 뒤엉켜 싸웠고, 백성들은 안심하고 살 수가 없었으며, 나랏일은 날로 잘못되어 갔다. 이러한 상황에서 진보적 중국인은 '중국은 어디로 가고 있는가?' 란 문제를 깊이 생각하지 않을 수 없었다.

'중국은 어디로 가고 있는가?' 를 캐묻는 것은 '바로 지금' 의 의미도 있고 또 '장구한 미래' 의 의미도 있다. 바로 지금의 의미는 당시 중국의 혼란한 상황을 어떻게 변화시켜서 사회질서를 중건하고 민족을 위기에서 구하는가의 문제를 말하고, 장구한 미래를 위한 의미는 중국이 어떻게 현대화를 실현해야 하는가의 문제를 말한다. 바꾸어 말하면 이렇게 캐묻는 것은 진보적 중국인의 현대의식에 대한 자각을 내포하고 있다. 진독수는 「내 최후의 각성」이라는 제목의 글에서 중국인의 자각 과정을 일곱 단계로 나누었다. 첫째 단계는 명대 중엽으로서 '서양의 종교와 기물이 처음 중국에 들어왔고' , 둘째 단계는 청대 초기로서 서양의 '화기(火器)와 역법(曆法)' 이 들어옴으로 말미암아 중국에서 신구(新舊)논쟁이 일어났으며, 셋째 단계는 청대 중기로서 양무운동(洋務運動)이 일어났고, 넷째 단계는 청대 말기로서 무술변법(戊戌變法)을 실행하였지만 결국 구세력에 억눌려서 발전하지 못하게 되었으며, 다섯째 단계에서는 민국(民國)이 처음 세워져 군주제를 전복시켰고, 여섯째 단계는 민국 초기로서 군벌(軍閥)이 전제정치를 하자 이를 반대하는 함성이 날로 높아간 때다. 그가 예언하는 일곱째 단계는 바로 '내 최후의 자각' 일 것이다. 그는 '최후의 자각' 에 두 측면의 내용이 포함되어 있다고 가리켰다. 첫 번째는 '정치적 자각' 으로서 중국에 명실상부한 공화국을 세우는 것이고, 두 번째는 '윤리적 자각' 으로서 윤리 관념을 새롭게 바꾸어 현대적 정신문명을 기르는 것이다. 그는 문장 마지막에 "오늘 이후 앞으로 국민이 의심이 있으나 해결하지 못하는 것은 당연히 윤리 문제다. 이러한데도 자각할 수 없다면 앞에서 말한 자각은 철저한 자각이 아니며 마치 얼떨떨하고 흐리멍덩한 경지에 있는 것과 같은 것이다. 나는 감히 단언컨대 윤리적 자각은 내 마지막 자각에서도 마지막 자각이 된다."[1)]라고 말했다. 진독수가 말한 '최후의 자각' 은 사실 현대의식에 대한 자각이다.

5·4 시기에 진보적 중국인이 앞장서서 이끌어 간 현대성 문제는 먼저 과학과 민주를 부르짖는 것으로 나타났다. 진독수는 『신청년(新青年)』 「범죄 사건의 답변서〔罪案之答辯書〕」에서 이렇게 썼다.

> 본지의 동지들은 본래 죄가 없다. 다만 저 민주(Democracy)와 과학(Science) 두 선생님을 옹호했기 때문에 하늘에 차고 넘칠듯한 이 몇 조목의 큰 죄를 범했다. 저 민주 선생을 옹호하려면 어쩔 수 없이 유교·예법·정절·구(舊)윤리·구(舊)정치를 반대해야 한다. 저 과학 선생을 옹호하려면 어쩔 수 없이 구(舊)예술·구(舊)종교를 반대해야 한다. 민주 선생을 옹호하고 과학 선생을 옹호하려면 어쩔 수 없이 국수(國粹)와 구(舊)문학을 반대해야 한다. ……
>
> 서양인은 민주와 과학을 옹호하기 위하여 다소의 사건을 일으켰고 적지 않은 피를 흘렸기 때문에 민주와 과학도 비로소 암흑 속에서 점차 그들을 구출하여 광명의 세계로 인도하였다. 우리는 지금 이 두 분 선생이 중국의 정치·도

1) 『陣獨秀文章選編』 上, 109쪽, 北京, 生活·讀書·新知三聯書店, 1984.

덕 · 학술상의 모든 암담함을 응급처치할 수 있다고 굳게 믿는다. 만약 이 두 선생을 옹호하기 위해 정부의 온갖 압박과 사회적 공격과 비웃음을 받게 되고 가령 머리가 잘려 피를 흘리더라도 모두 거절하지 않겠다.[2)]

과학과 민주는 5 · 4 신문화운동이 치켜든 가장 높은 두 깃발인 동시에 현대의 신식 지식분자들의 공동 인식이었다. 중국의 마르크스주의자는 과학과 민주를 옹호하였고, 중국 실증주의 철학자와 현대 신유가 또한 과학과 민주를 옹호하였다. 그들의 모든 철학적 사고는 과학과 민주에 대한 옹호를 중심으로 전개되었다. 신문화운동 물결의 충격을 거치면서 중국인의 사상과 관념에는 매우 큰 변화가 생겼으며, 과학과 민주의 관념은 깊이 사람들의 마음속으로 들어갔다. 민주 관념이 사람들의 마음 깊이 들어감으로써 원세개(袁世凱) · 장훈(張勛) 등이 일으킨 왕조부흥의 저속한 희극은 모두 성공할 방법이 없었다. 과학이 아주 높은 위엄과 믿음을 누림으로써 양계초도 『구유심영록(歐遊心影錄)』에서 과학주의 사조를 비판할 때 매우 조심스럽게 "자기는 절대로 과학 제창을 반대하는 것은 아니다."라고 표명하지 않을 수 없었다.

현대 중국의 많은 사상가는 중국에서 현대성을 구상하려면 반드시 자연경제가 주도적 지위를 차지하는 상황을 바꾸어야 한다고 생각했다. 가장 일찍 마르크스주의를 받아들인 이대소(李大釗)는 유물사관을 활용하여 중국 사회의 현상을 분석하였다. 그는 중국의 농업경제와 대가족 제도가 '이천 년간 사회의 기본 구조'를 구성하였으나 제국주의 침입 이후 이미 흔들려서 더는 유지해갈 수 없으므로 반드시 현대적 변환을 실행해야 한다고 생각했다. 실용주의자인 호적(胡適)은 '오토바이 문명'으로 '인력

2) 위의 책, 317-318쪽.

거 문명'을 대체하자고 주장했다. 펑우란(馮友蘭)은 중국은 되도록 빨리 '시골 사람'의 처지를 벗어나 '도시인'으로 변해야 하며 '가정 중심'의 전통사회를 '사회 중심'의 현대사회로 고쳐야 한다고 주장했다. 하린(賀麟)은 유상(儒商) · 유공(儒工)들이 나와서 새로운 사회의 주춧돌이 되어 '건전한 공업화의 길'을 선택해야 한다고 주장했다. 비록 그들 각자가 제시한 사회개조 방안에는 서로 다른 점이 있긴 하지만, 그들은 모두 중국은 반드시 현대화의 길을 선택하여 중국 사회의 경제구조를 바꾸어야 한다는 것을 강조했다.

일부 사상가들은 현대성을 환영하는 동시에 현대성의 부정적인 효과에도 주의하였고 서양 선진국들의 현대화 과정에서 이미 드러난 '현대병'에도 주의하였다. 두아천(杜亞泉) · 양수명(梁漱溟) 등은 일찍이 서양의 현대성에 대하여 날카로운 비판을 함으로써 많은 사람에게 '사상적 보수'로 보였는데 이것은 사실 일종의 오해다. 그들이 서양의 현대성을 비판한 것은 결코 모든 현대성을 거부하고 물리친 것이 아니다. 오히려 그것은 바로 현대성에 대한 그들의 자각을 나타낸 것이다. 그들은 현대화는 결코 서양화와 같은 것이 아니며, 서양의 현대성이 결코 현대성의 유일한 모델이 아님을 분명하게 의식했다. 그들도 마찬가지로 열심히 현대성을 부르짖었다. 그러나 그들이 부르짖은 것은 서양에 이미 존재하던 현대성이 아니라 후진국이 필요로 하는 현대성이었다. 즉, 일종의 창조적 현대성이었고 중국 현실에 맞는 현대성이었다. 두아천이 '우리의 고유 문명을 밧줄로 하여' '서양의 단편적 문명을' 관통하자고 주장한 것은 바로 이러한 현대성을 부르짖는 것이다. 양수명은 이렇게 말했다. "첫째, 인도(印度)를 배척하려는 태도는 조금도 받아들일 수 없다. 둘째, 서양 문화는 전반적으로 계승한다고 하는 것은 근본적으로 시정해야 한다. 바로 그 태도를 좀 고쳐야 한다는 것이다. 셋째, 비평적인 중국 원래 태도를 다시 가져

자·료·카·드

5·4 신문화운동

봉건에 반대한 근대의 사상 문화운동이다. 5·4운동 전후에 최고조에 도달했으므로 그렇게 부른다. 1915년 9월 상해에서 진독수가 주관하고 편집한 『청년잡지』(다음 해 출판한 2권 1호부터는 이름을 바꾸어 『신청년』이 되었다.)를 창간한 것이 이 운동 발생의 지표가 된다. 진독수·호적·오우(吳虞)·노신(魯迅)·이대소 등이 이 운동의 주요 지도자들이다. 신문화운동은 신해혁명(辛亥革命)의 실패를 직접적 원인으로 하며 중국 근대 역사발전의 필연적 결과다. 도덕 혁명과 문학혁명은 이 운동의 기본내용이다. 5·4 신문화운동은 봉건주의적 의식 형태에 대하여 이전에 없었던 넓고 깊은 비판을 하여 사회적으로 비교적 큰 영향을 일으켰으며, 중국에서 마르크스주의가 전파되기 위한 조건을 만들었다. 그러나 그것이 전반적으로 전통문화를 부정하여 객관적으로는 민족문화에 대한 허무주의라는 좋지 못한 영향을 가져왔다. 5·4운동 이후 신문화운동은 마르크스주의 사상운동으로 발전했다.

_ 방극립(方克立) 편찬, 『중국철학대사전』, 100쪽, 북경, 중국 사회과학출판사, 1994.

와야 한다."[3]라고 말했다. 그 역시 이러한 현대성을 부르짖고 있다.

헤겔은 "철학은 이렇게 하나의 형식인데, 그것은 어떠한 형식일까? 그것은 아주 활짝 핀 꽃이고, 그것은 정신적 전체 형태적 개념이며, 그것은 객관적 환경 전반의 자각과 정신적 본질이고, 그것은 시대정신이며 자기로서 바로 지금 사유하고 있는 정신이다. 이 다방면적인 전체는 모두 철학 속에서 반영되며, 철학을 그들의 단일 초점으로 하고 아울러 이 전체

3) 梁漱溟, 『東西文化及其哲學』, 202쪽, 上海, 商務印書館, 1922.

가 그 자신을 인지하는 개념으로 삼는다."[4]라고 말했다. 마르크스는 헤겔 사상 가운데 합리적 내용을 받아들이고 한 걸음 더 나아가서 개괄적으로 철학은 시대정신의 정수라고 말했다. 우리는 이 말을 그대로 적용하여 중국 현대철학 역시 그 당시 시대정신의 정수라고 말할 수 있다. 현대 중국의 모든 보이지 않는 정수가 중국 현대철학 속에 응결되어 있다. 이 점을 단단하게 부여잡고 있어야 비로소 중국 현대철학의 본질적 특징을 깨달을 수 있고, 비로소 현대철학자가 어떻게 철학 분과에 대한 자각에 도달할 수 있었는지 분명하게 알 수 있으며, 비로소 현대 중국철학은 어떻게 중국 전통철학의 고유한 틀을 돌파할 수 있었는지 이해할 수 있다.

### 2) 철학의 학문분과 의식의 자각

사실 중국 전통철학은 일찍부터 존재했으나 다만 '철학' 이라는 명칭이 없었을 뿐이다. 헤겔은 『철학사 강연록』에서 중국철학과 인도철학을 함께 동방철학으로 보았다. 중국철학은 역사가 오래되어 몇천 년 동안 끊이지 않고 이어져 왔다. 이것은 세계적으로 다른 예가 없는 일이다. 중국 전통철학은 고대 그리스철학과 비슷하고 또 모든 것을 두루 완비하고 있는 학문이지 결코 독립된 학문분과가 아니었다. 철학자들 역시 자각적인 철학의 학문분과 의식을 형성하지 않았다.

애지(愛智)를 근거로 철학을 해석한 논법을 중국학자들은 이미 16세기부터 접촉해 왔다. 1631년, 중국에 와서 전교한 예수회 신부 부범제(傅泛濟)가 의역하고 이지조(李之藻)가 윤문한 『명리탐(名理探)』은 첫머리에서 요지를 밝혀 먼저 '애지학(愛智學) 근원의 탐구' 를 논하고 "애지학이란

4) Hegel 저, 賀麟 · 王太慶 역, 『哲學史講演錄』, 제1권 56쪽, 北京, 商務印書館, 1983.

서양에서는 필로소피아라고 부르는데 결국 모든 학문의 이치를 탐구한다는 전체적 이름이다. 명칭을 번역하면 다만 지혜를 좋아하는 것이고, 뜻을 번역하면 다만 지혜를 말한다." 라고 말했다. 또 "명칭을 번역하면 만물의 원인을 찾아서 사람들에게 만물의 이치를 간파하는 지혜를 열어주는 것이다." 라고도 말했다. 철학이란 단어는 일본학자 니시 아마네(西 周)가 번역하였으며 중국학자 황준헌(黃遵憲)이 『일본국지(日本國志)』(1895년 初刻本)에서 가장 먼저 이 단어를 사용하였다. 1901년 채원배(蔡元培)는 『철학총론(哲學總論)』을 쓰고 "철학은 종합적 학문이며" "우주 전체를 목적으로 하고, 그 사이에 있는 모든 존재와 사물의 진리와 원칙을 고찰하고 연구하는 학문이다." 라고 해석하였다. '애지' 는 중국의 홍도(弘道) · 궁리(窮理) · 구시(求是)와 표현은 다르나 뜻은 마찬가지다. 중국학자들은 바로 이 각도에서 철학이란 단어를 받아들인 것이다. 중국철학은 사실상 매우 일찍부터 존재했지만 다만 하나의 독립적 학문분과가 되지는 못했다. 비록 중국학술사에서는 문학 · 역사 · 철학을 구분하지 않고 경서 · 역사서 · 제자(諸子) · 시문집도 구분하지 않은 상황이 존재해 왔지만 『장자 · 천하』, 『순자 · 비십이자』, 『한비자 · 현학』, 왕충의 『논형』, 황종희의 『명유학안(明儒學案)』과 『송원학안(宋元學案)』 등의 저작은 확실히 모두 철학사적 성격을 띠고 있다.

서양에서 철학에 대한 학문분과 의식은 근대에 들어선 이후부터 명백해졌다. 근대 이래로 과학이 급속한 발전을 가져오자 각 과목의 학문분과가 연이어 독립하였다. 철학은 더 이상 모든 것을 두루 완비한 학문이 아니었으므로 그 본래의 의미를 회복하여 전문적 학문분과가 되었다. 중국에서 철학의 학문분과 의식에 대한 자각은 현대에 와서 점차로 분명해졌다.

5 · 4 신문화운동 이후 중국학자들이 철학의 학문분과 성격에 대하여

새로운 인식을 소유함으로써 현대 중국에서도 철학은 차츰 하나의 독립적 학문분과가 되었다. 채원배는 철학박사 학위를 받은 첫 중국인으로서 철학에 대한 그의 이해는 상당한 대표성을 갖는다. 그는 더 이상 이전처럼 그렇게 철학을 '종합적 학문' 으로 이해하지 않고 각 과목이 분과해 나간 뒤의 독립 학문분과로 이해했다. 그는 『간단하고 쉬운 철학 개요〔簡易哲學綱要〕』에서 이렇게 말했다.

> 철학은 인류의 사상적 산물이다. 사상은 회의(懷疑)에서 일어나고, 회의로 인해서 해답을 구한다. 그러므로 여러 가지 가정적(假定的) 학설이 있게 된다. 보통 사람은 누구나 의심할 때가 있다. 그러나 항상 어떤 설명을 듣게 되면 굳게 믿고 의심치 않으면서 이미 해결했다고 생각한다. 철학자가 고찰하면 보통 사람이 느끼기에 이미 해결되었다고 생각하는 것 가운데도 아직 큰 의문점은 남게 된다. 그래서 여러 가지 문제를 제기하고 다시 해답을 찾는다. 만일 이 철학자들이 각종 해답을 찾았다면 그들을 믿는 무리는 문제가 되지 않는다고 생각한다. 그러나 다시 어떤 철학자들이 그 가운데서 또 다른 큰 문제가 있다고 보면 다시 여러 가지 문제를 제기하여 또 해답을 찾게 된다. 이전에는 문제가 되지 않는다고 생각한 일이 뒤에는 문제가 되기도 하고, 이전에 간단한 문제라고 생각한 것이 뒤에는 복잡한 문제가 되기도 한다. 처음에는 해답이 많을수록 문제가 적다고 생각하나 의외로 문제는 오히려 해답에 따라 증가한다. 수천 년간 이와 같은 순서대로 번갈아 가며 바뀌어 내려옴으로써 오늘날 같은 철학계의 상황이 있게 되었다.[5)]

여기서 채원배는 일종의 자각적으로 철학의 학문분과 의식을 표현했

5) 『蔡元培哲學論著』, 305쪽, 石家庄, 河北人民出版社, 1985.

다. 그는 과학이 발달하기 시작한 뒤부터 철학은 단일 학문분과로서 더는 모든 것을 포괄하는 학문이 아니며 끊임없이 심화한 문제를 사고하는 방식이라고 생각했다. 철학에 관한 그의 견해는 문제의식과 회의 정신을 나타내는 데 중점을 두고 있는데, 이것은 일종의 이성주의의 안목으로서 5 · 4 시기 시대정신의 정수를 응집한 것이다. 그는 철학은 발전의 과정에 있으며 경직된 교조가 아니라고 강조했다. 철학과 과학의 관계에 대해서 그는 양자를 대립시키는 견해에 동의하지 않고 '과학과 철학은 서로 상대적이 아니라 진화하는 것'[6]이라고 생각했다. 과학은 철학적 사고에 자원을 제공한다. 인류에게는 스스로 실증과학을 뛰어넘는 일종의 세계관과 인생관에 대한 요구가 있다. 그러므로 과학이 출현한 다음에도 철학은 전과 다름없이 독립적 발전 공간을 가지고 있다. 채원배는 철학 연구의 문제를 세 가지로 개괄하였다. 첫째는 인식의 문제로서 인식의 기원 · 인식의 타당성 · 인식의 대상 등의 내용을 언급하였고, 둘째는 세계관 방면의 원리 문제로서 실재론 · 생성론 등의 내용을 언급하고 이로부터 '이론(理論)적 철학'을 구성하였으며, 셋째는 인생관 방면의 가치문제에 관한 것으로서 가치 · 윤리 · 미적 감각 등의 내용을 언급하고 이로부터 '실제(實際)적 철학'을 형성하였다. 그는 또 과학을 전제로 하는 현대철학과 고대철학을 서로 비교할 때 그 구별은 더는 종교적 제한을 받지 않고 심지어는 종교를 대신하는 기능을 갖추는 데 있다고 지적했다. 이러한 인식에 기초하여 그는 "정서교육으로 종교를 대신하자."라고 주장한다. 그가 말하는 정서교육은 그가 말한 '실제적 철학'의 범위에 속하며, "정서교육으로 종교를 대신하자."라는 것에는 또 "철학으로 종교를 대신한다."라는 의미가 있다. 철학 과목에 관한 채원배의 견해는 세 가지 요점으로 개괄

6) 위의 책, 311쪽.

할 수 있다. 첫째, 철학은 인식론에 관한 학문으로서 마땅히 이성에 호소하고 논리적 논증을 중시해야 한다. 그것은 과거처럼 '성스러운 말로 가늠하는' 것 위에 세울 수도 없고, 또 '인증(引證)으로 논증을 대신' 하는 낡은 길로 갈 수도 없다. 둘째, 철학은 세계관에 관한 학문으로서 과학으로 대체할 수 없는 일종의 세계 전반에 관한 이론을 제시한다. 셋째, 철학은 인생관에 관한 학문으로서 사람이 인생을 이끌어 갈 일종의 실천적 가치이념을 세우도록 도움으로써 사람의 정신적 요구를 만족시켜 준다. 철학이라는 학문분과에 대한 새로운 인식에 근거하여 채원배는 북경대학 총장 재임 시기에 중국 대학에서는 처음으로 철학과를 창설했다.

호적은 미국에서 공부하고 철학박사 학위를 획득한 첫 번째 중국학자로서 실용주의 철학자 듀이에게서 배웠다. 철학 학문분과에 대한 호적의 인식은 실용주의의 영향을 깊게 받았다. 그가 보기에 철학 연구의 주된 문제는 세계관 방면에 있지 않고 인생관 측면에 있으며 특히 인생관과 관련 있는 방법론과 가치관 방면의 문제에 있다. 그는 철학의 정의를 "인생의 절실한 문제를 연구하려면 근본적 생각에서 시작하여 근본적 해결을 찾아야 하는데 이러한 학문을 철학이라 한다."[7]라고 말했다. 김악림(金嶽霖)은 호적을 말할 때 "철학에는 본래 세계관과 인생관이 있다. 내가 회상해 보면 호적에게는 인생관은 있으나 세계관이라는 것은 없다. 우주 · 시간과 공간 · 무극 · 태극 …… 이러한 문제들에 대해서 그는 아예 생각하지 않는다. 그의 머릿속에도 본체론과 인식론 혹은 지식론 방면의 문제는 없다. 그의 철학은 다만 인생철학일 뿐이다."[8]라고 했다. 김악림의 평론은 기본적으로 호적 사상의 실제상황에 잘 들어맞는다. 호적의 견해에 의하면 확실히 철학은 주로 인생관에 관한 학문이지 세계관에 관한 학문은

7) 胡適, 『中國哲學史大綱』, 1쪽, 上海, 上海古籍出版社, 1997.

8) 劉培育 主編, 『金岳霖的回憶與回憶金岳霖』, 29쪽, 成都, 四川教育出版社, 1995.

아니다. 그러나 그가 인생관을 언급할 때 세계관을 언급하지 않을 수는 없었으니 호적의 철학을 "다만 인생철학일 뿐이다."라고 한 것은 적절한 표현은 아닌 것으로 보인다.

웅십력(熊十力)은 '철학은 바로 인식론'이라고 한 서양 근대 이래의 논조에 찬성하지 않고 철학 연구는 마땅히 본체론에 중점을 두어야 한다고 강조했다. 그는 '신유식론(新唯識論)' 철학 체계를 세우고, "『신유식론』은 근본적으로 체용(體用)을 설명하기 위해 썼다."라고 거듭 밝혔다. 본체론부터 말을 시작하더라도 마지막에는 역시 인생관을 언급해야 한다. 그의 언어를 써서 말한다면 "만일 학자가 체용의 뜻을 확실히 깨닫는다면 인생과 우주의 모든 커다란 문제가 확 뚫리고 풀려서 다시는 막히지 않을 것"[9]이다. '체용불이(體用不二)'의 본체론을 세우기 위해서 웅십력은 거의 평생의 노력을 기울였다. 그는 1920년대부터 이 문제의 연구에 착수하였고 30년대 중기에 이론 구조를 만들었으며 그다음 또 여러 해 동안 연마하고 고쳐서 다방면으로 논증을 전개하였다. 만년에 이르러서는 '문화대혁명'의 동란을 만나게 되어 어쩔 수 없이 연구를 중지할 수밖에 없었다. 웅십력의 본체론 연구는 세계관과 관련되어 있을 뿐만 아니라 인생관과도 관련된다. 그는 한때 『양론(量論)』이라고 부르는 인식론 방면의 책을 쓰려고 했으나 끝내 쓰지 못했다.

김악림과 풍우란은 이성주의(특히 '논리분석' 방법)에서 착수하여 철학 학문분과를 세우는 데 주의를 기울였다. 풍우란은 철학을 논하려면 직관(直覺)에 호소하지 말고 반드시 이성(理性)에 호소해야 한다고 주장했다. 그는 『중국철학사』에서 "과학이나 철학을 막론하고 모두 글로 써내거나 말로 표현해낸 이치이다. 모두 반드시 엄격한 이지(理智)적 태도로 표

---

9) 熊十力, 『新唯識論』, 241쪽, 重慶, 商務印書館, 1944.

현해야 한다." "원래 철학은 이지의 산물이므로 철학자가 이치를 성립시키고자 하면 반드시 논증에 따라서 그것이 성립되는 것을 증명해야 한다." "하나의 철학적 이치를 세우려고 하면서 논쟁하지 않는 것을 옳다고 말하면 커다란 논쟁이 아니면 할 수가 없다. 논쟁은 논리적 방법에 의존하지 않는 것이 없다."[10]라고 말했다. 그는 철학의 연구 범위는 크게 세 부분을 포함한다고 생각했다. 첫째는 우주론으로서 "그 목적은 '세계의 법칙' 을 찾는 데 있고", 둘째는 인생론으로서 "그 목적은 '인생의 이치' 를 찾는 데 있으며", 셋째는 지식론으로서 "그 목적은 '지식의 이치' 를 찾는 데 있다." 풍우란은 『중국철학사』의 집필을 마치고 나서 더 이상 단지 철학사가(哲學史家)가 되는 데 만족하지 않고 자기의 철학 체계를 세우기 시작했다. 1939년부터 시작하여 그는 연이어 『정원육서(貞元六書)』를 출간하고 "신리학(新理學)"의 체계를 세웠다. 『정원육서』 가운데 『신리학』은 우주론 혹은 세계관에 관한 전문 저서이고, 『신원인(新原人)』은 인생론 혹은 인생관에 관한 전문 저서이다. 그는 지식론에 관한 체계적 전문 저서는 쓰지 않았다.

풍우란은 만년에 철학 학문분과에 대한 새로운 관점을 가지게 되었다. 그는 『중국철학사신편(中國哲學史新編)』에서 "철학은 인간 정신의 반성이다. 반성이란 인간 정신이 역으로 자기를 대상으로 하여 사고하는 것이다. 인간 정신생활의 주된 부분은 인식이다. 그러므로 철학은 인식에 대한 인식이라고도 할 수 있다. 인식에 대한 인식은 역으로 인식이 자기를 대상으로 하여 인식하는 것이다. 이것이 인식적 반성이다."[11]라고 말했다. 그가 보기에 철학은 사람과 무관한 순수한 객관세계를 연구 대상으로 삼을 수 없으며 인간 정신생활 중의 내용을 연구 대상으로 삼는 것이 마

10) 馮友蘭, 『中國哲學史』, 上册, 4-6쪽, 北京, 中華書局, 1992.

11) 馮友蘭, 『中國哲學史新編』, 第1册, 9, 北京, 人民出版社, 1982.

땅하다. "개괄적으로 말하면 세 방면인데 자연 · 사회 · 개인의 인간사다. 인간 정신의 반성은 이 세 방면과 그들 사이 상호관계의 문제를 포괄하고 있다. 이러한 것은 모두 인간 정신의 반성 대상이지만 철학의 대상에 불과하다."[12] 철학의 기능에 대해서 그는 사람의 정신적 경지를 끌어올리는 데 있다고 생각하였다. "철학은 사람에게 '안신입명(安身立命)의 땅' 을 제공해 줄 수 있다. 다시 말하면 철학은 사람에게 일종의 정신적 경지를 줄 수 있으며, 사람은 그 속에서 '편안한 마음으로 도리에 어긋나지 않게' 살아갈 수 있다."[13] 풍우란은 말년에는 철학이 세계관에 관한 학문임을 더는 강조하지 않았고 특별히 철학은 인생관에 관한 학문임을 중시했다.

김악림의 철학 학문분과에 대한 이해는 풍우란과 가까웠다. 그러나 차이점도 있다. 그는 풍우란의 『중국철학사』 심사보고서에서 "나는 '철학은 근본적으로 일종의 이치를 설명해 내는 이치' 라고 말한 풍우란 선생의 말에 매우 찬성한다. 그러나 나의 의견은 마치 극단으로 기울어진 듯한데 나는 철학이 하나의 이치를 설명하는 '선입견' 이라고 생각한다. 철학에는 반드시 '견(見)' 이 있어야 한다. 이 이치는 이미 풍선생도 말했는데 어째서 또 선입견이라고 해야 하는가? 철학에서 '견' 은 논리상 가장 근본적 부분으로서 어떤 사람은 가설이라고 하고 어떤 사람은 신앙이라고 한다. 엄격하게 말하면 대부분 영원히 혹은 잠깐이라도 증명하거나 반증할 수 없는 사상이다. 만약 한 사상가가 반드시 어떤 한 부분의 사상적 증명을 기다린 다음에 비로소 그의 이론이 성립되었음을 인정한다면 그에게는 철학이 있을 수가 없다. 이것은 철학만의 특수 상황이 아니다. 어떠한 학문 어떠한 사상을 말할 것 없이 모두 그러하다. 그것이 이러한 까닭은 바로 논리학이 우리가 범위를 벗어나지 않도록 하기 때문이다."[14]라고 말했

12) 위의 책, 16쪽.
13) 위의 책, 27쪽.

다. 철학을 논하는 것은 이치를 논하는 것으로서 반드시 이성주의의 길을 따라야 하며 철학적 결론에 대해서는 될 수 있는 한 충분한 이론적 논증을 해야 한다. 그러나 완전하고 충분한 논증을 하려고 하는 것은 매우 어려울 것이다. 일종의 총체적 명제로서의 철학적 결론은 형식논리의 각도로부터 충분한 이유를 찾기 어려우며 모든 사람의 공동 인식을 형성하기도 어렵다. 이러한 결론은 불가피하게 가설이나 신앙의 색채를 띠고 있으므로 김악림은 그것을 '선입견' 이라고 불렀다. 그가 말하는 선입견은 결코 폄하의 뜻이 아니라 그저 '자기 나름의 독특한 의견이나 학설〔一家之言〕' 이란 뜻이다. '선입견' 혹은 '자기 나름의 독특한 의견이나 학설' 은 당연히 국한성을 가지고 있다. 오직 끊임없이 이러한 국한성을 돌파해야 철학은 비로소 끊임없이 발전할 수 있다. 철학의 발전관 방면에서 김악림의 관점은 채원배의 관점과 일치한다. 김악림은 철학 연구의 내용에는 크게 두 가지가 있다고 주장했다. 그 하나는 '원학(元學)' 즉 본체론 학설이고, 다른 하나는 지식론이다. 지식론 연구는 잠시 사람의 감정적 요인을 고려하지 않아도 된다. 오로지 지식을 연구 대상으로 함으로써 지식의 발생과정에 대하여 객관적 해석을 할 수가 있다. 반면에 '원학' 을 연구할 때는 사람의 감정적 요인을 고려하지 않을 수 없다. 왜냐하면 원학의 연구는 이미 세계관과 관계되고 또 인생관과도 관계되기 때문이다. 이러한 견해에 근거하여 그는 두 권의 철학 전문 저서를 썼는데 한 권은 『지식론』이고 또 한 권은 『논도(論道)』이다.

풍우란의 말에 의하면 김악림은 영국 케임브리지대학에서 강의할 때 철학은 개념의 유희라는 말을 했었다고 한다. 김악림에게 '선입견' 설과 '유희' 설은 같은 말이다. 의미는 모두 철학적 결론에 대해서 사람들이 받

14) 馮友蘭, 『中國哲學史』, 下册, 附錄, 北京, 中華書局, 1992.

아들일 수 있는 이론적 논증을 만들어 내기가 어렵다는 뜻이다. 어떤 종류의 철학을 받아들인다는 것은 일종의 유희 규칙을 받아들이는 것과 마찬가지로 이것을 받아들여야만 이 유희에 참여한 사람들이 같이 놀 수 있다. 그러나 유희 규칙을 배제하는 사람은 이 유희 활동에 참여할 수 없다. 김악림은 한 철학자가 제시한 철학 체계를 한 세트의 유희 규칙에 비유했다. 규칙을 말하는 것이니 반드시 개념을 사용해야 하며 반드시 이성을 말해야 하고 동시에 자기의 말을 그럴싸하게 꾸며대야 한다. 풍우란은 『중국현대철학사(中國現代哲學史)』에서 김악림의 '유희설'에 동의하고, "지금 나는 이 표현법이 철학의 참된 성격을 말한 것이라고 인식하게 되었다. 김악림의 『논도』를 보면 바로 많은 개념을 가지고 어슬렁어슬렁 왔다 갔다 하는 것이 아닌가? 어찌 『논도』만 이렇겠는가? 나의 철학 체계도 그 당시에 스스로 '새로운 체계〔新統〕'라고 불렀는데 역시 이와 마찬가지다."[15]라고 썼다. 풍우란은 이 말을 보충하여 "철학은 비록 '개념적 유희'라고 볼 수 있으나 결코 사용할 곳이 없는 것은 아니다. 그 사용처는 바로 사람들의 정신 경지를 끌어올리고 사람들에게 '안신입명(安身立命)의 땅'을 제공하는 데 있다."라고 말했다.

가장 일찍이 철학 학문분과에 대한 자각 의식을 표현한 사람은 중국 마르크스주의 이론가인 구추백(瞿秋白)이다. 1923년, 그는 상해대학 사회과학과 학과장으로서 『사회철학개론』을 강의했다. 그는 강의 중에 최초의 철학은 모든 지식의 총칭이었다고 지적했다. "그 후 지식이 점차 분류·종합·조직되고 체계를 이룸으로써 여러 가지 학문이 생겨났다. 즉, 철학으로부터 갈라져 나온 것이다. 지금까지 남아 있는 것은 다만 방법론과 인식론뿐이다." "학문 분담의 결과는 철학이 오직 종합적이고 일관된 지

15) 馮友蘭, 『中國現代哲學史』, 239쪽, 廣州, 廣東人民出版社, 1999.

식이 되게 하였고, 정신과 물질 각 방면의 지식을 통솔하여 하나의 전체적 우주관을 얻으려는 경향에 있다. 더욱이 과학의 진보로 인해서 지식체계는 날로 엄밀해졌고, 그래서 철학은 이른바 '우주의 근거를 구하는 공부'로서 더욱 깊이 들어가게 되었다. 그러나 원시사회의 철학과 현대철학은 여전히 마찬가지로 우주에 대한 사람의 인식 문제였다."[16] 그는 분명하게 각 분야의 학문이 하나씩 독립한 후에도 분과로서의 철학은 여전히 존재한다고 지적했다. 그러나 이때 철학은 더는 고대처럼 "모든 것을 두루 완비하고 있는" 그러한 학문이 아니었고 다만 일종의 '우주의 근거를 탐구하는 공부'였다.

1930년대 이후 러시아에서 편찬한 철학 교과서 『변증유물주의와 역사유물주의(辯證唯物主義和歷史唯物主義)』가 중국에 전해졌다. 러시아 철학 교과서의 영향을 받은 중국 마르크스주의 철학 연구자들은 대체로 철학 과목을 '세계관에 관한 학문'으로 이해했다. 이와 같은 이해가 옳지 않다고 말할 수는 없다. 그러나 전면적이라고 하기엔 충분하지 않다. 정확하게 말하면 철학은 세계관에 관한 학문일 뿐만 아니라 인생관에 관한 학문이기도 하다. 철학이 세계관에 관한 학문으로서 객관세계를 연구 대상으로 한다면 응당 도구로서의 이성을 행사해야 하고, 철학이 인생관에 관한 학문으로서 인간 자신을 연구 대상으로 한다면 응당 도구로서의 이성을 행사해야 할 뿐만 아니라 또 가치로서의 이성을 행사해야 한다. 사람은 오직 세계 인식을 통해서만 자신을 인식하고, 또 오직 자기 인식의 과정에서 세계를 인식할 수 있다. 이 두 영역은 나눌 수 없다. 마르크스주의 이론가 풍계(馮契)는 만년에 '이론의 소화가 방법이 되도록 하고'와 '이론의 소화가 덕성이 되도록 한다'라는 주장을 제시하여 세계관에 관한 학문

16) 黃美珍 等이 編한 『上海大學史料』, 268쪽, 上海, 復旦大學出版社, 1984.에서 재인용.

과 인생관에 관한 학문으로서의 철학 이론의 일치성에 주목하였다. '이론을 소화하여 방법이 되도록 하는 것' 은 세계관에 관계되고, '이론을 소화하여 덕성이 되도록 하는 것' 은 인생관에 관계된다. 그는 『세계인식과 자기인식〔認識世界與認識自己〕』, 『논리적 사유의 변증법〔邏輯思維的辯證法〕』, 『사람의 자유와 진선미〔人的自由和眞善美〕』 등 세 권의 철학 전문 저서를 써서 세계관에 관한 연구와 인생관에 관한 연구를 통일시켰다. 철학 분과에 대한 풍계의 인식은 일반적인 철학 교과서의 문제 제기 방법에 비하면 분명히 더욱 전체적이다.

위에 서술한 것을 종합하면 우리는 중국 현대철학자들이 이미 현대의식의 기초 위에서 철학 분과에 대한 자각에 도달하였다고 판단할 수 있다. 비록 철학에 대한 그들의 이해가 결코 완전히 일치하지 않고 각자가 중시하는 점도 서로 달랐으나 그들은 명확하게 아래와 같이 깨달았다. 즉, 각 분과의 학문이 독립 과목으로 된 뒤 철학은 더는 모든 것을 두루 완비한 고대의 그러한 학문이 아니라 오로지 전문적인 학문이 되었고, 철학은 종교와 달리 반드시 이성의 기초 위에 세워져야 하며, 철학도 과학과 구별하여 그 연구 범위는 총체적 특징인 세계관과 인생관에 관한 학문임을 드러내야 한다는 것이다. 이러한 철학 학문분과 의식의 인도 아래 현대 중국에서 철학은 점차로 하나의 독립 분과가 되었다. 대학에는 철학과가 창설되었고, 철학계에는 『철학평론』 등 전문 학술지도 출판되었으며, 중국철학회와 신(新)철학회 같은 학술단체가 생겨나서 전문적인 철학 이론 연구자도 나타났다. 그들은 전문적으로 철학 연구에 몰두하여 상당한 양의 철학 전문서도 저술하였다. 전문적 철학 이론 연구자 외에 많은 유명한 혁명가 · 정치가 · 사상가들도 철학 연구를 매우 중시하였고 더욱이 자신의 사회적 실천과 결합하여 현대 중국철학의 발전을 위해 중대한 공헌을 하였다. 이 역사 시기에 중국철학은 이미 중국을 떠나서 세계를 향

채원배(蔡元培, 1868~1940)

근대 자본계급의 학자이며 교육자다. 자(字)는 학경(鶴卿)이고 호(號)는 혈민(孑民)으로 절강성(浙江省) 소흥(紹興) 출신이다. 일찍이 학문을 좋아하여 숙부 채명사(蔡銘恩)의 지도하에 많은 분야의 책을 읽었다. 1889년에 향시(鄕試)에 합격했고, 1890년에는 진사(進士)에 합격했으며, 1892년에 한림원서길사(翰林院庶吉士)가 되었고, 1894년에는 편수(編修: 역사를 기술하던 史官)를 맡았다. 1905년에 동맹회(同盟會)에 가입하여 상해동맹회지부주동맹원에 지정되었다. 1907년 독일 라이프치히대학에서 철학 · 문학 · 미학 · 심리학 등을 연구하였다. 1910년에 『중국윤리학사』를 출판했다. 1911년 무창기의(武昌起義) 후에 귀국하여 남경 임시정부 교육총장에 취임하였다. 1912년 7월에는 원세개(袁世凱)의 전제에 불만을 품고 내각에서 물러 나와 독일 · 프랑스를 방문하며 저술 작업에 몰두했다. 1916년에 귀국하여 북경대학 총장에 취임하였으며 "사상의 자유를 모두 받아들인다."라는 방침을 추진하여 학술연구의 자유를 제창하고 북경대학이 신문화운동의 중심지가 되도록 했다. 철학의 측면에서 그는 세계는 한편으로는 현상이고 또 한편으로는 실체로서 "현상은 인과와 마주 대하는 것이고, 실체는 인과를 뛰어넘는 것이다. 현상은 공간과 시간을 분리할 수 없고, 실체는 공간과 시간 없이 말할 수 없다. 현상은 경험할 수 있으나 실체는 완전히 직관적이다. 그러므로 실체 세계는 설명할 수가 없다."(『교육방침에 대한 의견』)라고 말했다. 그는 또 "정서교육으로 종교이론을 대신한다."라는 이론을 제출하고, 정서교육은 "우리의 감정을 갈고 닦음으로써 고상하고 순결한 습관을 갖도록 한다."라고 판단했다. 그는 중국에는 독창적인 철학이 없고 50년 동안 오직 서양철학에 대한 소개와 중국 고대철학에 대한 정리만 있었다고 생각했다. 주요 철학 저서로는 『중국윤리학사』 『정서교육으로 종교이론을 대신한다〔以美育代宗教說〕』 『50년 동안의 중국철학〔五十

年來之中國哲學)』 등이 있다. 그의 저서는 『채원배전집(蔡元培全集)』으로 편집 되었다.

_ 방극립 편찬, 『중국철학대사전』, 712-713쪽,
북경, 중국 사회과학원출판사, 1994.

해 걸어갔고, 세계적인 현대철학 사조와 길을 놓아 교류하였으며 '종합과 창신(綜合創新)'의 새로운 단계로 들어섰다.

바로 이러한 철학 학문분과 의식에 대한 자각이 있었기 때문에 중국 현대철학은 중국 전통철학에 비해 질적 구분이 있게 되었다. 전통 중국철학에 대해서는 철학자들이 아직 자각적 철학 학문분과 의식을 형성하지 못했기 때문에 우리는 오직 넓은 의미의 철학사만 쓸 수 있는 반면에 현대 중국철학에 대해서는 협의의 철학사를 쓸 수 있을 것이다.

## 2. 사상 자원(思想資源)

현대 중국철학은 사상적으로 두 종류의 자원을 계승하였다. 하나는 중국 고유의 사상 자원이고, 다른 하나는 서양 근현대의 사상 자원이다. 철학 이론 연구자들은 시대정신의 요구에 대한 자신의 이해에 근거해서 이 두 종류의 자원을 충분히 이용하여 '종합과 창신'의 어려운 작업에 힘을 쏟았고 또 아주 괄목할 만한 성적을 거두었다.

### 1) 고유 자원

중국 고유의 사상 자원에 대하여 현대 철학자들은 어깨 위에 이중의 임

무를 짊어지고 있었다. 한 가지는 봉건주의의 잔재를 철저히 제거하여 중국 사회의 발전을 위해 사상적 장애를 깨끗이 쓸어내는 것이고, 또 한 가지는 시대정신과 민족정신의 합리적 핵심을 추출하고 구현하여 중국철학의 현대적 전화(轉化)를 실현하는 것이었다.

수천 년간 지속해온 봉건왕조는 신해(辛亥)혁명 이후에 뒤집혀 졌고, 유학은 국가의 지지를 잃었다. 그리하여 유학 역시 이데올로기 영역에서의 주도적 지위를 잃고 다시는 독존적 우세를 차지하지 못하였으며, 오히려 사람들이 책망하는 주제가 되었다. 이런데도 불구하고 중국 현대철학에 대하여 말한다면 중국 문화의 중추로서의 유학은 여전히 중요한 사상적 자원이다. 아편전쟁 이래 중국의 지식인들은 중국을 구할 수 있는 희망을 서학의 도입에 두었고, 더욱이 전통유학을 서학 도입의 사상적 장애로 봄으로써 서양을 칭송하고 중국을 헐뜯는 경향을 조성했다. 이러한 경향은 5 · 4 시기에 이르러서 '유교를 타도하자' 라는 공자 비판 사조로 진화했다. 신문화운동 과정에서 급진파가 전통유학이 내포하고 있는 봉건주의 사상요소를 비판한 것은 의심할 바 없이 정확했는데, 문제는 그들이 유학을 완전히 봉건주의에 귀결시키고 긍정적 가치까지 일률적으로 부정함으로써 민족문화에 대한 허무주의적 정서를 나타낸 데 있다. 심지어 어떤 사람들은 한자를 폐기하고 선장서(線裝書)는 화장실에 내버리자는 너무나 지나치고 실제적이지 않은 주장을 제기하기도 했다. 이것은 명백히 민족의 자존심을 세우고 자신감을 끌어올리는 데 손해가 되었다. 그리하여 급진파의 민족문화 허무주의적 경향을 겨냥하여 현대 신유학 사조가 일어나기 시작했다. 새로운 지식인 대열에서 걸어 나온 현대 신유학자들은 과학과 민주의 가치를 인정하고 봉건주의를 반대하며 현대성을 받아들였다는 점에서 수구파와 구별된다. 그들이 전반서화론(全般西化論)을 반대하고 급진적 정서의 혼란에서 빠져나와 이성의 눈길과 공감의 태도로 유학의 가치를 대하며 열심히 유학의 현대적 전환을 추진한 것 역시 급진파와는 구별된다. 그들은 민족의 자존심을 세우고 민족의 자신감을 끌어올린 측면에도 공헌했다. 유학 비판의 풍조가 평정된 다음 중국 마르크스주의자와 중국 실증론자들 역시 유학의 긍정적 가치를 중시하기 시작했다. 그들은 유학을 공감하고 이해하였으며 아울러 그것을 중국 현대 철학 발전의 중요한 자원으로 삼았다. 심지어 곽말약(郭沫若)은 마르크스를 '문묘(文廟)'에 들어오게 해서 공자와 서로 '동지'로 부르게 하고, 공자의 '대동(大同)'의 이상과 마르크스의 공산주의 학설이 서로 교류하게 하자고 주장했다. 그는 마르크스주의와 유가 사상의 정수(精髓)는 서로 잘 통한다고 생각했다. 실용주의자인 호적도 만년에는 덮어놓고 유학을 비판하던 극단적 심리상태를 바꾸어 유학에 대한 적극적 평가를 시도하였으며 자유주의적 정신으로 중국 고유의 문화를 꿰뚫어 보고 정리하고 끌어올렸다.

일찍이 독존의 지위에 있던 유학이 사상 및 이론의 영역에서 세력을 잃음에 따라 유학 이외 중국 고유의 학파가 더욱 사상계의 중시를 받았고 또 발전의 공간을 확보했다. 일부 학자들은 불교의 사상 자원을 이용하여 중국철학의 이론 형태를 새로 세우려고 시도하였다. 이리하여 현대 중국에 새로운 불학사조(佛學思潮)가 출현하였다. 새로운 불학 사조 가운데서는 현대 거사불학(居士佛學)이 주도적 지위에 있었다. 현대 거사불학의 근원은 근대까지 거슬러 올라갈 수 있다. 아편전쟁 후 거사 양문회(楊文會)는 불교의 부흥과 개혁에 힘을 쏟으며 금릉각경처(金陵刻經處)와 기원정사(祇洹精舍)를 세우고 불학연구소를 설립하여 그를 따르며 배우러 오는 많은 학생을 끌어들였다. 그러나 거사불학이 빠르게 발전한 것은 오히려 현대에 들어와서 였다. 1911년에 양문회가 세상을 떠난 후, 그를 따르며 공부하던 제자 구양경무(歐陽竟無)가 그의 스승이 시작한 일을 계승하여

자·료·카·드

지나내학원 (支那內學院)

불교사상을 연구하는 대학 겸 기관이었다. 1918년, 구양경무 · 여징(呂澂) 등이 남경 금릉각경처연구부(金陵刻經處硏究部)에 설립 준비 사무소를 세운 뒤 4년간의 노력 끝에 1922년에 정식으로 창건하였다. 지나(支那)는 산스크리트어 음역으로서 뜻은 신주(神州) 즉 중국이고 내학(內學)은 불교의 자칭으로서 이로부터 지나내학원의 이름이 생겼다. 이곳은 '여러 가지 재능을 가진 사람을 육성하고 불교를 발전시킨다' 라는 것을 취지로 한다. 1943년에 구양경무가 세상을 떠난 후 여징이 원장직을 계승했다. 1922년부터 1943년까지 이 대학에서 연구 활동을 한 학자는 200여 명에 달한다. 그동안 남경에서 간행한 경전은 110부 1천 55권이고, 사천에 들어간 후 간행한 경전은 30부 50여 권이다. 1944년부터 1952년까지 대학에서는 계속 강의를 진행하며 전적(典籍)을 교감하고 판각을 했으나 경비가 부족한 관계로 겨우 『대장경』의 목록만 조판하여 인쇄했다. 동시에 대학 소유의 정원을 개간하고 채소밭을 만들어 한편으로는 농사지으면서 한편으로는 공부하였다. 대학의 규모는 축소되었으나 학생들은 매우 많았는데 양수명 · 진명추(陳銘樞) · 탕용동(湯用彤) · 웅십력 · 왕은양 · 이일평(李一平) 등도 함께 있었다. 1952년에 문을 닫았다. 지나내학원은 중국 근현대 불학연구사에서 매우 중요한 지위를 점유하고 있다.

_ 방극립 편찬, 『중국철학대사전』, 60-61쪽,
북경, 중국 사회과학원출판사, 1994.

1922년에 남경에 지나내학원(支那內學院)을 창립했다. 구양경무가 내학원을 위해 제정한 원훈(院訓)은 '사(師) · 비(悲) · 교(敎) · 계(戒)' 였다. 그는 또 거의 일만 자의 『내학원훈석(內學院訓釋)』을 썼다. 그는 주로 『유식결택담(唯識抉擇談)』을 강의하였으며, 학생들이 불교 서적을 깊이 연구하도록 이끌어서 사회에 상당한 영향을 끼쳤다. 구양경무 외에도 현대 거사불학의 대표적 인물로는 한청정(韓淸淨) · 매광희(梅光羲) · 왕일정(王一亭) · 황천화(黃忏華) · 왕계동(王季同) · 여징(呂澂) · 왕은양(王恩洋) · 주숙가(周叔迦) · 하연거(夏蓮居) · 황념조(黃念祖) · 가제도(賈題韜) 등이 있으며 그들은 비교적 큰 진용을 형성했다. 그들의 주요 활동 장소는 남경 지나내학원과 북경의 삼시학회(三時學會)였다. 거사불학 외에 사찰 승려의 불학도 발전하였는데 그들을 이끄는 인물은 태허(太虛)였다. 그는 '인생불교' 라는 새로운 이념을 내세우며 불교와 불교화된 사회의 부흥을 위해 노력하기에 바빴다. 양수명 · 웅십력 · 마일부(馬一浮) 등의 몇몇 현대 신유학자 역시 불학사상 자원의 개발을 매우 중시하였다. 그들의 신유학 사상은 대부분 짙은 불학의 색채를 띠고 있다.

유학이 세력을 잃은 후 도가와 도교 역시 현대 중국에서 발전의 기회를 획득함으로써 다시 도가와 도교의 학술 가치를 자세히 살펴보고 그 가운데서 현대적 의미가 있는 내용을 찾아내는 새로운 사조를 형성했다. 도가와 도교 역시 현대 중국 사상계가 중시한 사상 자원 가운데 하나다. 저명한 학자 진인각(陳寅恪)은 유석도(儒釋道) 세 학파를 비교 연구하여 다음과 같은 결론을 얻었다. "중국 유가가 비록 격물치지(格物致知)를 찬양하나 그것이 전심전력으로 나타내고 전하려는 뜻은 사실 사람과 사람의 관계일 뿐이다. 도가는 사람과 사물의 관계를 연구하므로 우리나라 의약(醫藥)의 학술적 발달은 도교에서 나온 공헌이 대부분이다. 물론 그 가운데는 황당무계하고 정상적이지 않은 말도 있으나 그래도 사람과 사물의 관계에 대해서 주의를 기울이므로 불교와 비교하면 사실 상식과 인정에 가까운 종교다. 그러므로 결국 중국이 스스로 만든 종교로서의 도교가 인도에서 수입한 불교와 끝내 구별되는 것은 어쩌면 이러한 점에 있을 것이다."[17] 5 · 4 이래 도가와 도교의 학술적 가치에 관심 있는 한 무리의 학자들이 나타났다. 그 가운데는 선학(仙學)의 창도자 진영영(陳攖寧), 양생학(養生學)을 확대하고 발전시킨 소천석(蕭天石), 도교 문화 연구의 황무지를 개간한 왕명(王明), 도장학(道藏學) 연구의 기초를 다진 진국부(陳國符) 등이 있다.

유 · 석 · 도(儒釋道) 이외에 제자학(諸子學) 역시 사람들의 관심을 받았다. 묵가 · 법가 · 명가 등도 모두 전문적으로 연구하는 사람들이 있었고 현대적 해석을 시도하기도 했다. 그러나 이러한 연구는 비교적 분산되어 있어서 영향력 있는 사조를 형성하지는 못했다.

### 2) 외래 자원

중국 현대철학자들은 서양 근현대사상의 자원을 매우 중시하여 그것을 충분히 참고하며 이용하려 애썼고 또 그것에 의지하여 중국철학의 현대화 과정을 추진하였다. 중국 현대철학에 비교적 큰 영향을 끼친 서양 근현대철학의 사상적 자원으로는 크게 세 종류가 있다. 첫째는 데카르트에서 헤겔에 이르는 근대 이성주의 사조와 그 현대적 연속인 실증철학 사조이고, 둘째는 헤겔 이후의 현대 비이성주의 사조이며, 셋째는 마르크스주의 철학이다.

서양 근대 이성주의와 실증철학이 현대 중국철학에 끼친 영향은 주로 계몽 정신과 과학 숭상의 실증 정신과 주객이분(主客二分)을 특징으로 하는 주체성 원칙 등의 방면에서 나타났다. 서양에서 근대 이성주의는 한때 봉건주의를 반대하는 예리한 무기였다. 그것은 계몽 정신을 고양하면서 모든 봉건주의적 낡은 사상과 낡은 관념을 이성의 법정에 올려놓고 심판

---

17) 『陳寅恪史學論文選集』, 181쪽, 上海, 上海古籍出版社, 1992.

받도록 주장함으로써 크나큰 사상해방 작용을 일으켰고 서양 사회가 중세로부터 근대 자본주의 사회로 전환하도록 촉진했다. 중국 근현대에서 봉건주의를 반대하는 것은 줄곧 사상 전선의 중요한 임무였다. 이 임무를 완성하기 위해서 진독수 등은 5·4 신문화운동을 일으켜 계몽 정신을 외치고 전제주의와 반문명주의를 공격하였으며 서양 이성주의 사상의 무기고에서 적합한 무기를 찾아내었다. 근대 이성주의는 실증과학의 발전과 긴밀히 연계하여 과학의 발전을 위해 철학적 이론 기초와 방법론적 원칙을 제공하는 임무를 담당하고 있었다. 1840년 이후, 중국 문화와 서양 문화의 만남이 엄복(嚴複) 등에게 준 가장 강렬한 인상은 비교적 발달한 서양의 실증과학이었다. 그들은 실증과학을 소개하는 동시에 실증과학 속에 가득 찬 이성주의 정신을 중국에 소개해 왔다. 5·4 신문화운동의 가운데서 진독수 등은 과학과 민주의 깃발을 높이 들고 이성주의 정신을 더욱 칭송하였다. 근대 이성주의가 숭상하는 과학적 실증 정신은 서양의 실증철학 사조로 이어져 왔고, 호적·정문강(丁文江)·장동손(張東蓀)·김악림 등은 실용주의·마하주의·신실재론을 끌어들이면서 서양 이성주의의 전통을 계승하였다. 중국에서 현대 실증철학 사조의 형성은 서양 근대 이성주의와 직접 관계가 있다. 중국의 철학자들은 근대 이성주의의 영향을 받아들였고, 그것은 주객이분(主客二分)을 특징으로 하는 주체성 원칙을 받아들인 것에서 나타났다. 현대 신유가는 중국 고유철학의 천인합일적 사유 형식을 타파하였고 철학적 사고의 착안점을 더 이상 전통유가처럼 윤리관 방면에 두지 않았으며 직접 우주관과 인식론의 문제를 자세하게 연구 토론하였다. 그들은 주체성의 원칙에 근거하여 '현재의 나' '본심' '도덕자아' 등의 관념을 제출하고 이것을 유가의 '도덕형이상학'의 토대로 삼았다. 중국의 실증파 학자는 특히 인식론 연구를 중시하여 감각경험이 인식의 원천임을 강조하고 인식 형성과정에서 인심의 중심작용을 강조하였다. 중국의 마르크스주의자는 '능동적 혁명의 반영론'을 견지하며 '주관과 객관 · 이론과 실천 · 지(知)와 행(行)의 구체적이고 역사적인 통일'을 변증법적으로 취급함으로써 실천적 관점을 운용하여 주체성 원칙을 정확하게 설명해 내었다.

서양의 현대 비이성주의가 중국 현대철학에 끼친 영향은 주로 현실비판 정신과 인본주의 정신 등에서 구체적으로 나타난다. 서양 근대 이성주의는 헤겔에 이르러 최고봉에 도달했다. 헤겔 이후 서양철학에서는 비이성주의가 머리를 들기 시작하여 쇼펜하우어 · 니체 등 의지를 강조하고 이성을 낮게 평가하는 비이성주의자가 출현했다. 제1차 세계대전 이후 자본주의의 병폐가 폭로되었는데 그것은 비이성주의 사조의 발전에 계기를 제공했다. 사회비판 사조가 일어나자 비이성주의는 사회비판 사조의 구성 부분으로서 전 세계에 걸쳐 유행하기 시작했고 아울러 중국에까지 전파되었다. 니체의 "모든 가치를 다시 평가하자."라는 구호는 반봉건주의를 자신의 임무로 하는 중국 사상가들에게서 반응을 얻어냈다. 1919년에 듀이가 중국에 와서 강의하였다. 그는 청중들에게 프랑스의 생철학자인 베르그송을 '현대의 3대 철학자' 가운데 한 명이라고 소개해 주었다. 해외에서 유학한 일부 중국 학생들도 글을 써서 국내 사상계에 베르그송의 철학 사상을 소개했다. 1921년, 『민탁(民鐸)』 잡지는 '베르그송 특집판'을 출판하였는데 게재된 글로는 엄기징(嚴旣澄)이 쓴 「베르그송전」, 장군매(張君勱)가 쓴 「프랑스 철학자 베르그송 대담기」, 풍우란이 쓴 「베르그송의 철학 방법」, 장동손이 쓴 「베르그송 철학과 러셀의 비평」, 이석잠(李石岑)이 쓴 「베르그송의 저술과 베르그송 연구에 관한 참고서」, 양수명이 쓴 「유식학자와 베르그송」 등 거의 20여 편이었다. 1922년, 상무인서관(商務印書館)에서는 장동손이 번역한 베르그송의 주요 철학서인 『창조적 진화』와 『물질과 기억』을 출판했다. 상지학회(尙志學會)에서도 친히

자·료·카·드

베르그송(1859~1941)

프랑스 철학자로 생명철학 및 직관주의의 대표자다. 그는 1914년 프랑스과학원 원사로 당선되었고, 1928년에 1927년의 노벨문학상을 받았으며, 1941년 1월 4일 독일군 점령 하의 파리에서 사망했다.

베르그송은 시간을 두 종류로 구분하였다. 하나는 시계로 재는 과학에서 사용하는 시간으로서 '공간화된 시간' 이라고도 부르고, 다른 하나는 직관적(直覺的)으로 체험하게 되는 시간으로서 '지속〔綿延〕' 이라고도 부른다. 전자의 시간 속에서는 각 부분은 균등하고 서로 분리된 상태로 존재한다. 반면에 지속은 시냇물과 마찬가지로 끊임없이 흐른다. 각 단계는 서로 스며들고 융합되며 나뉠 수 없는 영원에 합류하여 변화 중의 운동 과정에 처한다. 그는 지속이 유일한 실재이고 과학적 시간은 다만 기억의 추상적 환각일 뿐이라고 주장했다. 베르그송은 또 사람의 기억도 습관적 기억과 진정한 기억 등 두 종류로 나눌 수 있다고 보았다. 습관적 기억은 완전히 대뇌의 기능에 의지하는데 예를 들면 암기를 통해 학습하는 것과 같은 것이다. 그러나 진정한 기억은 정신활동으로서 그것은 눈덩이를 굴리는 것과 마찬가지로 이미지를 통해서 과거의 경험을 모두 보존하며 결코 뇌에 의존하지 않는다. 그러므로 그는 정신은 결코 신체에 속하지 않으며 신체는 정신이 작용하여 자신의 목적에 도달하는 도구라고 강조했다. 그는 또 생명을 물질과 대립시켜 유물주의와 기계론을 공격하였다. 그가 보기에 진화는 결코 생물이 외부 환경에 적응한 결과만은 아니다. 진화를 지배하는 원동력은 우주 간의 생명 충동이고, 진화는 바로 생명충동이 끊임없이 감성적인 물질을 극복하고, 또 예견할 수 없는 새로운 형식을 끊임없이 창조해 가는 과정이다. 진화의 과정에서 생명과 정신은 상승 운동으로 나타내고 물질은 하강 운동을 나타낸다.

_『중국대백과전서 · 철학』, 68쪽, 북경, 중국대백과전서출판사, 1987.

나서서 독일 출신 생철학자 드리쉬(Hans Adolf Eduard Driesch)를 중국에 와서 강의하도록 초청하였다. 중국의 실증파 학자들은 대부분 비이성주의를 배척하였다. 그러나 현대 신유가들은 환영을 했고 또 이 사조를 유가의 가치 관념을 상세하게 설명하는 중요한 사상 자원으로 삼았다. 양수명은 베르그송의 철학을 극찬하며 그것이 "옛사람을 뛰어넘어 스스로 길을 찾아냈다."라고 말했다. 그는 베르그송 철학과 유가 사상을 서로 비교하여 "오직 공자의 그러한 정신생활만이 종교 같으면서도 종교는 아니고, 예술은 아니면서 또 예술이다. 그것은 최근 서양 생명학파의 철학과 서로 비슷한 점이 있다."[18]라는 결론을 얻어냈다. 웅십력 · 장군매 · 풍우란 · 하린 등이 신유학사상의 체계를 세울 때도 정도는 달랐으나 비이성주의의 사상 자원을 사용했다.

러시아 10월 혁명 이후에 중국으로 들어온 마르크스주의 철학은 중국인들에게 진보적 우주관과 중국의 운명을 관찰하는 사상적 무기를 제공해 주었다. 그것은 중국의 운명을 바꾸었고, 또 중국 현대철학의 발전 방향을 바꾸었다. 마르크스주의 철학은 중국에 들어온 이후 진보적 중국인의 이론적 시야를 최대한 넓혀 주었다. 그들은 다시는 시야를 자산계급의 사상 무기고 안에 국한하지 않았다. 그리고 특히 마르크스주의의 새로운 철학에 관심을 가졌으며 더욱이 마르크스주의와 중국혁명의 실천을 서로 결합하는 발전의 길로 큰 걸음을 내디뎠다. 5 · 4운동 시기의 이대소 · 진독수 등 초보적으로나마 공산주의 사상을 갖춘 지식분자들은 제일 먼저 유물사관을 받아들이고 힘껏 전파하였다. 1920, 30년대가 되어 마르크스주의 철학은 철학계에서 주도적 지위를 차지하게 되었다. 중국 공산당원들은 혁명을 실천하는 과정에서 마르크스주의를 견지하고 발전시켰으며,

18) 梁漱溟, 『東西文化及其哲學』, 153쪽.

마르크스주의 철학 원리를 운용하여 실제 문제를 해결하였고, 중국화 된 마르크스주의 철학 즉 모택동(毛澤東) 철학 사상을 세웠다. 모택동 사상의 인도 아래 중국 국민은 결국 혁명에서 승리를 거두었으며, 중국 국민의 머리를 억누르고 있던 세 개의 큰 산(제국주의 · 봉건주의 · 관료자본주의)을 뒤집어엎고 중화인민공화국을 건립했다. 눈을 크게 뜨고 중국 현대철학의 역사를 살펴보면 마르크스주의 철학이 그 주된 줄기라고 말할 수 있다.

## 3. 기본적 구도

중국철학과 서양철학이 상호 교류하는 과정에서 중국 현대철학은 유불도 삼교가 서로 우위를 다투던 형세를 바꾸어 중국 마르크스주의 철학 · 현대 신유가 철학 · 실증철학이 상호 작용하는 새로운 구조로 대체되었다.

### 1) 현대 신유가 사조

20세기 초에 시작된 현대 신유학 사조는 오늘에 이르기까지 이미 80여 년의 역사가 되었다. '현대 신유학 사조'의 외연(外延)에는 마땅히 두 구성 부분이 포함된다. 한 부분은 현대 신유가라고 할 수 있는데, 유가의 도통 계승을 명확하게 자신들의 임무로 여기는 학자들을 가리킨다. 그들은 선명한 문화 보수주의의 학술적 입장을 드러내 보인다. 다른 한 부분은 '유가 해석학'이라고 부를 수 있으며 도통을 표방하지 않는 연구자 혹은 해석학자들을 가리킨다. 그들은 각각 서로 다른 학술적 입장에 서서 유가 사상을 공감적으로 이해하고 해석하면서 유학의 현대적 가치를 뚜렷하게 드러낸다. 바꾸어 말하면 '현대 신유가' 는 다만 현대 신유학 사조의 부분적 내용으로 이 사조 가운데 하나의 견해이지 이 사조의 전체 내용은 아니다. 그러나 중국 현대철학사에서 현대 신유가 사조는 확실히 중요한 철학 사조의 하나이다. 현대 신유가 사조는 이미 역사가 되었고 현대 신유학 사조는 지금도 계속 발전하고 있다.

현대 신유가는 대체로 두 가지 유형으로 구분할 수 있다. 하나는 좁은 의미의 신유가이고 또 하나는 넓은 의미의 신유가다. 좁은 의미의 신유가는 유가의 내성학(內聖學)을 도통으로 받들어서 육왕(陸王)을 존경하고 정주(程朱)를 비난하며 '생명' 의 진로를 채택하고 도덕형이상학을 표방하여 내성(內聖)으로 외왕(外王)을 열어나가자고 주장한다. 이들은 양수명 · 웅십력에서 당군의 · 서복관 · 모종삼에 이르기까지 하나의 분명한 학맥을 구성하였으며 진영도 비교적 커서 엄격한 의미에서 하나의 학파이다. 넓은 의미의 신유가는 비교적 산만하고 각각의 견해도 서로 달라서 서로 영향을 주지만 계승 관계는 구성하지 못해서 엄격한 의미에서 학파는 아니다.

### 2) 중국 실증철학 사조

중국 현대철학사에서 현대 신유가 사조를 제외하면 중국 실증철학 사조 역시 매우 영향력 있는 사조다. 이 사조는 근대에 시작되었지만, 급속한 발전은 현대에 완성되었다. 중국 실증철학 사조는 대체로 도입기 · 발전기 · 반성기의 세 단계로 나눌 수 있다.

도입기에는 엄복과 왕국유(王國維)의 공로가 없을 수 없다. 엄격한 의미에서 그들은 실증론자라고 할 수는 없지만 중국 실증철학 사조의 효시를 열어준 사상가라고 할 수 있다. 발전기에는 호적 · 왕성공(王星拱) · 정문강 등이 가장 대표성을 갖는다. 호적은 실용주의를 널리 알렸고, 왕성공은 마하주의를 선양했으며, 정문강은 '과학과 인생관 논전' 을 일으켰다. 그들의 공동 노력 아래 중국 실증철학 사조는 최고봉으로 발전했다. 반성기에는 장동손과 김악림이 잇달아 실증철학에서 제기한 지식론의 문제를 말했다. 그러나 그들은 실증론자의 견해에 비추어 말하지 않고 새로운 의미를 말함으로써 중국 특색의 지식론 혹은 인식론 체계를 세웠다.

### 3) 중국 마르크스주의 철학 사조

마르크스주의 철학은 5 · 4 신문화운동 시기에 중국으로 전입되기 시작했고 이로부터 중국 마르크스주의 철학 사조의 발전 과정이 시작되었다. 이 역사적 과정은 대개 세 단계로 개괄할 수 있다. 그것은 유물사관의 전파와 이해 단계, 마르크스주의 철학 체계에 대한 규범화된 전파와 이해 단계, 마르크스주의 철학의 중국화 단계이다.

5 · 4 신문화운동 기간에 이대소와 진독수는 잇달아 급진적 민주주의로부터 공산주의로의 전환을 완수하였고 또 중국 마르크스주의 철학의 첫 전파자와 이해자(理解者)가 되었다. 그들의 선도 아래 마르크스주의 전파는 중국에서 첫 번째 절정을 맞이했다. 1921년에 중국공산당이 성립된 이후 중국에서의 마르크스주의 전파는 자발(自發)로부터 자각(自覺)으로 향해 나아가면서 두 번째 절정을 이루었다. 두 번째 절정에서 구추백은 먼저 변증유물주의의 중요성에 주목하고 마르크스주의 철학 체계의 규범화에 대한 전파와 이해의 새로운 단계를 열었다. 1927년 대혁명 실패 후 중국 마르크스주의자들은 진솔하게 경험적 교훈을 총결산하고, 한 걸음 더 나아가 마르크스주의 전파의 힘을 강화하여 중국에서 마르크스주의 전파의 세 번째 절정을 이루었다. 세 번째 전파의 절정 중에 이달(李達)

자·료·카·드

### 등중하(鄧中夏)의 현대 중국사상계론

과학적 방법파는 대개 과학을 배웠던 사람들이다. 그들의 태도는 첫째 단계는 회의(懷疑)이고 둘째 단계는 실증(實證, 증거를 가져오라)이다. 그들의 주장은 자연과학적 우주관 · 기계론적 인생관 · 진화론적 역사관 · 사회화적 도덕관(모두 호적이 상해대학에서 강연할 때 한 말이다.)이다. 특히 양전(楊銓)은 사회학을 공부하였는데 그는 오로지 장행엄(章行嚴: 5 · 4운동 중 전통문화를 옹호한 대표적 인물 가운데 하나)만 공격했다.

유물사관파 역시 과학에 근거하고 과학적 방법을 응용하였으며 위의 과학적 방법파와 근본적으로 다르지 않다. 다른 점은 다만 그들은 물질의 변동(사실대로 말하면 경제변동) 즉 인류의 사상은 모두 변동을 따라야 한다는 것을 믿는 것이다. 이것은 그들이 위의 과학적 방법파에 비해 더욱 유식하고 더욱 철저한 점이다. 이 학파는 지금도 글을 통한 선전을 진행하는 데 노력할 뿐만 아니라 동시에 실제적 활동에도 종사한다.

총괄하면 동방문화파는 새로움을 가장하였을 뿐 비과학적이었으며, 과학적 방법파와 유물사관파는 진실로 새롭고 과학적이다. 현재 중국 사상계의 형세는 뒤의 두 파가 연합 전선을 결성하여 함께 전자(동방문화파)에게 공세를 취하며 호된 공격을 하고 있다.

_ 등중하, 『중국 현재의 사상계〔中國現在的思想界〕』, (『중국청년』, 1923(6))

과 애사기(艾思奇) 등 마르크스주의 철학가가 배출되었다. 그들이 집필한 규범화되고 대중화된 교재는 마르크스주의 철학의 광범위한 전파를 위해 매우 큰 공헌을 하였고 마르크스주의 철학의 중국화를 위한 조건을 만들어 냈다. 모택동 철학 사상의 형성은 중국 마르크스주의 철학 사조가 중국화의 단계까지 발전하였음을 상징하고 있다.

## 4. 주요 문제

중국 현대철학이 직면한 주요 이론 문제로는 아래의 세 가지가 있다.

첫째, 삶의 가치 관념은 어떻게 세우는가?

20세기 초 청(淸)왕조의 멸망에 따라 유가의 강상윤리(綱常倫理)를 핵심으로 한 가치 관념 체계는 파산을 선고하고 '사람의 마음을 제한하는' 작용을 발휘할 수 없게 되었다. 이로 인해 가치 관념의 체계를 어떻게 다시 세울 것인가가 사상계의 중요한 임무가 되었다. 신문화운동 초기에 진독수는 「우리들의 마지막 각성」이라는 글을 내놓았다. 여기서 그는 "서양 문명이 우리나라에 들어오면서 가장 먼저 우리들의 각성을 재촉한 것은 학술로서 우리의 부족함이 드러난 것을 온 나라가 다 알았다. 그다음은 정치인데 근년 이래의 정치 현상이 증명하듯이 이미 혁신을 바라지 않는 보수적 기세를 이기지 못하고 있다. 오늘 이후로 사람들이 의심하면서도 해결할 수 없는 것은 당연히 윤리 문제가 될 것이다. 여기서 각성하지 못한다면 앞에서 각성했다고 한 것은 철저한 각성이 아니며 아마도 마치 멍하고 헷갈리는 경지와 같을 것이다. 나는 감히 윤리적 각성이 내 마지막 각성의 마지막 각성이 될 것이라고 단언한다."[19]고 했다. 그가 말하는 '마지막 각성'은 사실상 가치 관념을 어떻게 다시 세울 것인가의 문제였다. 현대 중국철학이 가치 재건의 문제를 연구하고 토론할 때 선택할 수 있는 주요 방향에는 세 가지가 있다. 첫째는 유가의 가치관을 개조하여 현대인의 정신적 요구에 부응하도록 하는 것이고, 둘째는 서양 근현대의 자유주의 가치관을 끌어들여 전통적 가치관을 대체하는 것이며, 셋째는 마르크스주의 가치관을 받아들여서 중국의 실제와 서로 결합하게 하는 것이다.

19) 陳獨秀, 『獨秀文存』, 41쪽, 合肥, 安徽人民出版社, 1987.

현대 신유가는 첫 번째 방향과 제도를 선택했다. 그들은 유가의 도통을 잇는 것이 자신들의 임무이지만 강상윤리(綱常倫理)를 수호할 생각은 없다고 명확히 표명하고, 서양 근현대철학의 사상적 자원을 이용하여 유가 도덕형이상학의 기초를 다시 세웠다. 그들은 가치 이성을 분명히 드러내어 '도덕자아'의 본체론적 가치를 논증하였으며, 유학자가 지녀야 할 인격의 현대적 내재의의를 설명하였고, 도덕 이상주의의 가치가 선택한 방향을 확고히 세웠다. 중국 실증파는 두 번째 방향과 제도를 선택했다. 그들은 대부분 과학기술과 이성을 추앙하고 과학은 충분히 인생관의 문제를 해결할 것이라고 굳게 믿으며 현대 신유가의 가치관을 비판하고 과학과 인생관 논전에 시동을 걸었다. 그들은 민주정치를 옹호하고 자유주의의 이상적 인격을 지향하였다. 가치관 방면에서 그들의 과학주의 방침과 자유주의 방침은 명백히 나타나고 있다. 그러나 가치재건 문제에서 그들은 지나치게 도입과 전파에만 편중돼 있고 적극적인 연구 성과는 얻지 못했으며 또 그들 마음속의 '과학적 인생관'도 찾지 못했다. 중국 마르크스주의자는 세 번째 방향과 제도를 선택했다. 그들은 변증법적 유물주의와 역사적 유물주의의 철학적 입장에서 출발하여 가치재건 문제를 다루었다. 그들은 개인과 집단의 통일을 강조하였고 인민대중의 주체성을 강조했으며 인류의 해방과 사람의 전반적인 발전을 강조함으로써 공산주의의 이상적 인격을 제창하였다. 모택동의 『인민을 위해 일함〔爲人民服務〕』 및 『백구은을 기념함〔紀念白求恩〕』과 유소기(劉少奇)의 『공산당원의 수양을 논함〔論共產黨員的修養〕』에서는 모두 중국혁명의 실천과 결부시키고 중국의 우수한 전통문화와 결부시켜 공산주의의 이상적 인격에 대하여 깊이 논술하였다. 이들은 오늘날까지 가치재건 문제의 해결에 여전히 중요한 지도적 의미를 갖추고 있다. 삼대사조(三大思潮) 가운데 가치 관념의 재건 문제에 가장 관심을 갖춘 것은 당연히 현대 신유가다.

둘째, 과학적 지식은 어떻게 획득하는가?

과학과 민주는 5 · 4 신문화운동이 제기한 가장 우렁찬 두 가지 구호였다. 진실로 과학을 중국에 모셔 들이기 위해 중국 현대철학은 과학 지식이 어떻게 획득되는가의 문제에 특별한 관심을 두고 인식론 연구를 매우 중시했다. 전통적 중국철학은 비교적 인생 문제에 관심을 두고 인식론 문제에는 그다지 주의하지 않았다. 설사 인식론 문제와 관련되었다고 하더라도 역시 심성수양과 하나로 결합하여 오직 '가치적 지식' 은 어떻게 얻는가 하는 문제에만 관심을 두었고 '사실적 지식' 은 어떻게 획득하는가에 대해서는 결코 충분한 관심을 두지 않았다. 전통유학에서 '가치적 지식' 은 '대체(大體)의 지식' '천덕양지(天德良知)' 등으로 불리었고, '사실적 지식' 은 '소체(小體)의 지식' '견문의 지식' 으로 불리었다. '가치적 지식' 을 높이고 '사실적 지식' 을 낮추는 것은 전통유학의 한 특징이라고 말할 수 있다. 현대 신유가는 이 전통의 영향을 받고 또 그들의 관점을 '가치적 지식' 에 집중함으로써 과학적 지식이 어떻게 얻어지는가 하는 문제에 대해서는 깊이 있는 연구를 진행하지 않았다. 중국의 실증파 학자들은 대부분 국외에서 유학한 경력이 있어서 비교적 깊게 서양 문화의 영향을 받았다. 그들은 과학기술의 이성을 숭배하고 과학 정신을 제창하였으며 철학 연구의 중점을 '과학적 지식은 어떻게 획득되는가?' 하는 문제에 두었다. 호적은 '유용한 것이 진리' 라고 굳게 믿고 '대담한 가설과 조심스러운 증거 찾기' 라는 사상 방법을 제기하며 실용주의의 깃발을 쳐들었다. 정문강은 감각경험이 지식의 유일한 원천이라고 생각하고 유각주의(唯覺主義)를 주장했다. 장동손은 경험론과 선험론(先驗論)을 절충하여 다원주의적 인식론을 제기하였다. 김악림은 독립적으로 존재하는 외적인 사물을 인정하고 감각적 재료는 객관적으로 드러나는 것임을 강조하며 생각의 이중 작용을 중시함으로써 객관주의적 지식론을 제기하였다. 중국 마르크스주의자는 변증법적 유물주의의 인식 노선을 관철하고 인식은 객체에 대한 주체의 능동적 반영이라고 생각했으며, 실천은 주체와 객체가 서로 연결되는 유일한 연결체로서 인식의 동력 · 기초와 원천 · 인식의 목적 · 귀착점과 검증의 기준이라고 주장했다. 실천으로부터 인식에 이르고, 다시 인식으로부터 실천에 이른다. 이와 같은 "실천 · 인식 · 재실천 · 재인식이라는 이 형식은 순환 반복하면서 무궁에 이른다." 이것이 바로 인식이 단순에서 복잡으로, 저급에서 고급으로, 유한에서 무한으로 넘어가는 발전 과정이다. 중국 마르크스주의자는 비록 '과학적 지식은 어떻게 획득되는가?' 하는 문제를 전문적으로 논하지는 않았지만, 그들이 견지한 변증법적 유물주의 인식론이 이 문제를 해결하는데 지도적 의의를 갖추고 있음은 의심할 수 없다.

셋째, 중국 사회를 어떻게 개조할 것인가?

중국 현대철학의 발전은 마침 중화 민족이 빈곤의 축적과 누적된 약세와 제국주의의 온갖 기만과 억압을 다 받던 고난의 시기를 만났고, 중국 사회가 전통으로부터 현대로 방향을 바꾸던 변동의 시기를 만났다. '중국은 어디로 가는가?' 는 전체 민족이 가장 관심을 가지는 문제였으며 응당 철학 이론 연구자들이 가장 관심을 가지는 문제였다. 그들은 자신의 이론적 연구 활동을 중화 민족의 운명과 단단하게 하나로 연계하였으며 여러 각도에서 중국 사회를 개조할 방안을 찾았다. 현대 신유가는 학술과 문화로 나라를 구하여 이미 파산한 중국 사회를 재건해보려는 환상을 가졌다. 그들 가운데 어떤 사람은 학교를 설립하였고 어떤 사람은 향촌 건설 운동에 참여하면서 자신의 학설이 사회에 영향을 끼치기를 바랐는데 아쉽게도 일은 뜻대로 되지 않았고 효과도 매우 적었다. 중국 실증학파들은 과학과 교육과 언론으로 나라를 구하려는 환상을 가졌다. 그들은 '좋은 사람의 정부' 를 세우자고 호소하였고, '소수의 사람' 이 사회적 책임을 지자고 호소하였으며, 정치적 논평에 관한 간행물을 만들었고, 인권을 고취하였으며, 단체를 조직하여 자유주의의 주장을 내놓았고, '제3의 길'로 가자고 요구했는데 현실에서는 역시 여러 번 난관에 부닥쳤다. 오직 중국 마르크스주의자만이 정확한 이론적 지도 아래서 중국 사회를 개조하는 정확한 길을 찾았다. 마르크스주의 철학이 겨우 세계만을 해석한 옛 철학과 가장 크게 구별되는 것은 그것이 긴밀하게 사회실천과 연결되어 사회실천을 지도하고 세계를 개조하는 예리한 무기라는 데 있다. 중국 마르크스주의자는 마르크스주의의 보편진리와 중국의 혁명과 실천을 서로 결합하고 중국의 우수한 전통과 결합하여 현대 중국의 새로운 철학을 세웠다. 마르크스주의 철학에 근거하여 중국공산당원들은 반식민지 반봉건사회인 중국의 국가 상황을 정확하게 인식하였으며, 많은 국민을 동원하는 지도적 사상을 찾아냈고, 무장혁명의 정확한 길을 찾아냈으며, 새로운 민주주의 혁명의 총노선을 제정하였다. 중국공산당의 지도 아래서 중국 국민은 수십 년의 힘든 분투를 거쳤으며 드디어 과거 중국의 고난의 역정을 끝내고 사회주의 신중국을 세웠다.

위에 서술한 세 가지 문제에 대하여 중국 마르크스주의 철학 · 현대 신유가 철학 · 실증철학 등 삼대 사조는 모두 그들 자신의 공헌을 만들어 내었다. 다만 각각 편중된 점도 있다. 서로 비교해서 말하면 현대 신유가는 첫 번째 문제를 연구 토론하는 데 기울어져 있고, 실증철학은 두 번째 문제를 연구 토론하는 데 기울어져 있으며, 중국 마르크스주의 철학은 세 번째 문제를 연구 토론하는 데 기울어져 있다. 중국 마르크스주의 철학과 비(非)마르크스주의 철학의 가장 큰 구분은 그것이 서재 속의 학문이 아니고 온 국민의 혁명과 실천의 나침반이라는 데 있다. 중국 마르크스주의의 철학의 지도 아래서 중국 국민은 드디어 "중국은 어디로 가는가?"의 정확한 답을 찾았고 제국주의 · 봉건주의 · 관료자본주의라는 세 개의 거대한

자·료·카·드

### 모택동(毛澤東)의 현대 중국의 사상전환론

이 반항 운동의 기나긴 시간 즉 1840년 아편전쟁부터 1919년 5·4운동 전야까지의 70여 년 동안 중국인들은 제국주의에 저항하고 방어할 수 있는 어떠한 사상적 무기가 없었다. 낡고 완고한 봉건주의적 사상 무기로 싸웠고 패전했으며 막아낼 수 없어서 파산을 선고하였다. 어쩔 수 없이 중국인들은 제국주의의 고향인 서양 자산계급 혁명 시대의 무기고에서 진화론·천부인권론·자산계급 공화국 등등의 사상적 무기와 정치적 방안을 배워서 정당을 조직하고 혁명을 진행하여 밖으로는 열강을 막을 수 있고 안으로는 민국을 세울 수 있다고 생각했다. 그러나 이러한 것들 역시 봉건주의적 사상 무기와 마찬가지로 너무나 연약하고 또 버틸 수가 없었으며 패전으로 돌아옴으로써 파산을 선고했다.

1917년 러시아혁명은 중국인들을 깨어나게 했다. 중국인들은 그들과 똑같이 새로운 것을 배웠다. 이것이 바로 마르크스·레닌주의였다. 중국은 공산당을 탄생시켰는데 이것은 유사 이래 큰 변화였다. 손중산(孫中山) 역시 '러시아를 스승으로 삼자.' 라고 제창하고 '러시아와 연합하고 공산주의와 연합하자.' 하고 주장했다. 결국 그 이후로 중국은 방향을 바꾸었다.

_『모택동선집(毛澤東選集)』, 2판, 제4권, 1513-1514쪽, 북경, 인민출판사, 1991.

산을 뒤집어엎었다. 중국 마르크스주의 철학은 중국 사회의 낙후한 모습을 변화시켰고 중국 국민의 정신적 면모를 변화시켰으니 이치상으로 보아 마땅히 중국 현대철학의 주류가 된다.

## 5. 이론적 특징

중국 현대철학의 이론적 특징은 주로 아래 세 가지로 표현된다.

첫째, 시간은 짧았으나 내용은 풍부했다.

중국 현대철학은 1919년 5·4 신문화운동부터 1949년 중화인민공화국의 설립을 끝으로 겨우 30년이란 짧은 시간을 갖는다. 이 30년 동안에 중국철학은 모든 것을 포함하고 있는 전통철학으로부터 독립적 철학 분야에 이르는 전환을 실현했다. 서양철학은 이러한 변화를 실현하는 데 몇백 년의 시간이 걸렸다. 이 30년 동안 서양철학은 중국에 전해져 들어왔고, 각종 철학 이론을 거의 모두 사람들이 소개함으로써 중국학자들의 이론적 시야는 최대한 넓혀졌다. 또 이 30년 동안 학자들은 현대적 방법을 사용하여 중국 전통철학의 자원을 개발하고 전통과 현대의 상호 교섭을 촉진하여 중국철학을 새롭고 분명하게 설명했다. 이로부터 신유학(新儒學)·신도학(新道學)·신묵학(新墨學)·신불학(新佛學) 등이 나타났는데, 이는 정말 모든 학파가 벌떼처럼 일어난 것이라고 말할 수 있다. 중국 현대철학의 풍부한 수준은 선진시기와 비견할 만하다. 만일 선진시기가 백가쟁명(百家爭鳴)을 이루었다면 현대 중국은 제2차 백가쟁명을 이루었다고 할 수 있다. 선진시기의 백가쟁명은 중국 전통철학의 기초를 세웠고, 현대 중국의 백가쟁명은 중국철학이 독립적 학문분과가 될 수 있게 하였다.

둘째, 사상들이 싸우고, 논쟁은 빈발하였다.

중국 현대철학 사상이 매우 왕성해지고 각 학파가 출현하면서 그들은 자기의 생존 공간을 개척하기 위해 노력했다. 각종 관점이 서로 교전하고 논점을 세운 이유를 주장하였으며 서로 다른 관점을 비판하고 논박하여 많은 논전과 사상논쟁을 형성했다. 이진하(李振霞) 교수는 『중국현대철학

사강요(中國現代哲學史綱要)』에서 중국 현대에서 일어난 논전과 사상 교전을 다음과 같이 개괄했다. 즉 "문제와 주의의 논전 · 사회주의 문제에 관한 논전 · 마르크스주의와 무정부주의의 논전 · 과학과 현학(玄學)의 논전 · 무신론과 유신론의 논전 · 마르크스주의와 국가주의의 논전 · 대계도(戴季陶)주의를 반대하는 투쟁 · 진독수(陳獨秀)를 반대하는 투쟁 · 중국 사회의 성격과 중국 사회사 문제의 논전 · 변증법에 관한 논전 · 왕명(王明)의 주관주의에 반대하는 투쟁 · 유생론(唯生論)과 역행철학(力行哲學)을 반대하는 마르크스주의의 투쟁 · 신리학(新理學)과 신심학(新心學)을 반대하는 마르크스주의의 투쟁 등이다.[20] 이러한 논전과 사상논쟁을 통해서 정확한 학설과 이론은 광범하게 전파되고 사상적 진지를 점령하여 중국 현대철학의 주류가 되었으며, 잘못된 학설과 이론은 사상의 논단에서 제거되었다.

셋째, 중국과 서양을 융합하고 새로운 방법을 종합하였다.

중국 현대철학자에게 중국 고유의 사상 자원과 서양철학 사상 자원은 모두 간단한 물리적 조합이 아니라 화학 반응을 일으킨 것이었다. 그들은 두 가지 자원을 충분히 이용하여 시대적 요구에 적응하는 철학의 이론 체계를 창조해 내려고 애썼다. 고유의 사상 자원에 대해서든 서양에서 온 사상 자원에 대해서든 그들은 모두 '따라서 논하는 것' 이 아니라 '이어받아서 논하는 것' 이었고 또 새로운 의미를 논하려고 노력했다. 중국 마르크스주의자는 절대로 교조(教條)를 그대로 답습하지 않았으며 마르크스주의의 입장과 관점과 방법을 운용하여 중국 사회의 실제 문제를 연구하였다. 그리고 그것을 중국 사회에서의 실천과 결합하여 마르크스주의를 발전시켰으며 최후에는 마르크스주의의 새로운 형태인 모택동 사상과

---

20) 李振霞, 『中國現代哲學史綱要』, 北京, 紅旗出版社, 1986을 참고할 것.

자·료·카·드

애사기(艾思奇)의 중국 현대철학론

진정한 새로운 시대의 도래는 새로운 시대가 이미 자신의 특수한 무기를 완성하여 독립적으로 전통과 싸울 수 있을 때이다. 유럽에서 이것은 문예부흥에서 계몽운동에 이르는 시기였고 중국에서는 5·4운동을 들어야 할 것이다. 철학적으로 5·4운동의 표현과 유럽이 같은 점은 양자가 똑같이 새로운 과학적 방법의 건립을 기초로 한 점이다. …… 철학에서 사상 방법의 과학화는 역사적 의미에서 말하면 그 밖의 어떠한 연구를 소개하는 것보다 한층 더 중요하다.

_『애사기 문집(艾思奇文集)』 제1권, 62쪽, 북경, 인민출판사, 1981.

등소평 이론을 창조해 내었다. 현대 신유가는 비록 도통(道統)을 표방했지만 사실 결코 단순히 구습에만 얽매인 것은 아니었다. 그들은 각자의 방식으로 중국과 서양철학을 융합하여 자신의 이론을 완성하려고 애써 노력하였으므로 그들을 '봉건주의의 수호자'라고 간주할 수는 없다. 중국 실증파 학자들은 비록 서화(西化)의 색채가 매우 짙었지만 역시 단순히 서양의 학설을 그대로 사용하지는 않았다. 그들은 자신만의 이론적 선택이 있었고 자신의 독립적 사고가 있었으며 자신의 이론적 창신(創新)이 있었다. 예를 들면 호적의 실용주의 철학은 미국의 실용주의와 구분이 된다. 그는 "실용적인 것이 진리다."라고 하는 관점을 받아들여 낡은 사상의 구속을 깨트리는 데 사용하였으나 실용주의의 종교관은 결코 훌륭하다고 여기지 않았다. 우리는 중국 현대철학을 연구할 때 마땅히 그것의 중국적 특색을 파악하는 데 주의해야 하며, 중국 현대철학자들에게 간단하게 서양의 어떠어떠한 주의라는 모자를 씌우는 것으로 끝마치는 그러한 일은 하지 말아야 한다. 왜냐하면 이러한 '모자를 씌우는' 방법은 중국 현대철학자의 중국적 특색을 소홀히 한 것이며 다만 아주 얕은 피상적 견해로 흐를 수 있기 때문이다.

**생각해 볼 문제**

1. 철학의 학문 분과에 대한 중국 현대철학자의 인식을 간략히 서술하시오.
2. 중국 현대철학의 기본 구조를 간략히 서술하시오.
3. 중국 현대철학의 이론적 특색을 간략히 서술하시오.

**참고 문헌**

1. 馮契, 『中國近代哲學的革命進程』, 上海, 上海人民出版社, 1984
2. 馮友蘭, 『中國現代哲學史』, 廣州, 廣東人民出版社, 1999
3. 李澤厚, 『中國現代思想史論』, 北京, 東方出版社, 1987

제1장

# 현대 신유가(現代新儒家) 사조

## 이 장의 요점

1 현대 신유가 사조는 중국 현대철학 사상의 발전 방향 가운데 하나다. 그것은 중국 학술과 서양 학술의 융합을 기본 특징으로 하며 인류 정신문명의 발전을 근본 취지로 하여 유학의 현 시대적 표현 방식을 탐구한다.

2 양수명은 맨 처음 현대 신유가의 기치를 치켜들고 '대 생명(大生命)' 의 본체론, '삼량설(三量說)' 의 인식론, '세 방향' 의 문화관, '내면적 추구' 의 가치관을 제기했다.

3 웅십력은 좁은 의미의 신유가적 본체론 및 내성학(內聖學)을 창시한 인물이다. 그는 '체용불이(體用不二)론' 을 구상하고 내성학에 관심을 쏟으며 '성체정로〔性體呈露〕' 설을 제기했다.

4 당군의는 홍콩 및 대만 신유가의 지도적 인물이다. 그는 내성학의 길을 따라 인문정신을 드러내고 '도덕자아' 의 본체론과 심령구경(心靈九境)설을 제기했다.

5 모종삼은 좁은 의미의 신유가를 집대성한 사람이다. 그는 서양철학과의 대화 방식을 취하며 유학의 이론적 특징을 분명하게 드러냈고, 도덕형이상학과 '내성(內聖)이 신외왕(新外王)을 출발시킨다' 라는 이론을 제기했다.

6 신리학자(新理學者) 풍우란은 객체적 성격의 시각에 맞추어 들어가서 넓은 의미의 신유가 학설의 조리를 개척하고 논리적 분석의 방법을 사용하여 '이세계(理世界)' 의 본체론과 인생경지설(人生境地說)을 구성했다.

7 신심학자(新心學者) 하린(賀麟)은 주체와 객체의 통일적 시각에 맞추어 들어가서 한 세계의 원칙을 거듭 천명하고 논리적 종합의 방법을 사용하여 '심리합일(心理合一)' 의 본체론과 신식유자인격론(新式儒者人格論)을 세웠다.

현대 신유가 사조는 이론의 중심을 세계에 대한 인간의 가치 관계에 두고 "인생의 가치관념은 어떻게 세우는가?"를 핵심 주제로 삼고 있다. 현대 신유가는 도구적 이성을 지나치게 드러내는 과학주의 경향에 견주어 도덕적 이성을 높임으로써 현대적 문맥 속에서 보람 있는 세계 혹은 가치 있는 세계를 재건할 것을 요구하고 다시 안신입명의 단계를 회복하려 한다. 그들은 천인합일적 철학의 사유 방식과 주객 이분적 철학의 사유 방식을 결합하여 더 이상 전통유학처럼 성인(聖人)의 권위에 호소하지 않고 방향을 전환하여 도덕이성의 해석에 호소하였다. 그들은 세계를 가치화하여 생명 · 본심 · 이(理)의 세계 · 인(仁)의 우주관 · 도덕자아(道德自我) 등의 본체론 관념을 제기하였으며, 각자의 방식으로 도덕이성의 최고성을 본체론적으로 증명함으로써 각양각색의 현대 신유학 사상체계를 창립했다.

## 1. 개설

5 · 4 신문화운동 이후 현대 신유학 사조는 중국 현대철학 사상 발전 방향의 하나가 되었다. 이 사조는 중국과 서양 학술 사상의 융합을 기본 특징으로 하고, 인류 정신문명의 발전을 근본 취지로 한다. 그것은 한편으로는 세계로 향하여 마르크스주의를 포함한 서양 각종 학술 사상을 받아들여서 이해하고 전환하는 것이며, 다른 한편으로는 시대적 요구에 근거

하여 전통유가 사상을 반성하고 충실히 하며 진전시켜 나가서 현시대에 유가 사상이 새로운 표현 방식을 획득하도록 함으로써 인류 정신문명의 발전을 촉진하고 시대의 요구에 적응하는 정신적 고향을 건설하는 것이다. 현대 신유학 사조는 현대 신유가에서 시작되었으나 현대 신유가에 국한되지는 않는다. 그것은 중국 현대와 당대(當代)의 주요 발전 방향의 하나로서 그 범위는 이미 몇몇 학자의 현대 신유가를 뛰어넘었다. 많은 학자가 현대 신유가의 사유 방식을 전례대로 쓰지 않고 각자의 방식으로 유학을 연구하고 해석하였다. 그들의 연구 성과 역시 현대 신유학 사조의 범위에 속한다. '현대 신유학 사조' 는 사회의 사상적 동향을 가리키고, '현대 신유가' 는 중국 현대철학사에서 이미 확정된 문화현상을 가리킨다. 둘 사이의 외연에는 비록 부분적으로 중복되는 상황이 있으나 결국 같은 개념은 아니다. '현대 신유가' 는 '용트림하며 등장' 하여 이미 역사가 되었고, '현대 신유학 사조' 는 '뻗어나가 이룬 지세' 로서 역사 창조에 참여하는 중이다. 그러나 현대 신유학 사조의 경과 상태를 이해하려면 의심할 것 없이 현대 신유가부터 논해야 한다.

### 1) 현대 신유가 사조의 발생원인

현대 신유가 사조가 5 · 4 신문화운동 시기에 시작된 까닭은 당시에 이미 독립적 사고 능력을 갖춘 새로운 지식인들이 형성된 것과 밀접한 관련이 있다. 아편전쟁 이래 진보적 중국인은 "서양으로부터 진리를 찾자" 라는 의식을 마음에 품고 자기도 모르게 서양학을 이상화하여 그것이 모든 문제를 해결할 수 있는 좋은 방법으로 여겼다. 그들은 항상 중국학과 서양학을 대립시켜 중국학을 옛 학문과 동일시하고 서양학을 신학문과 동일시함으로써 유가 사상에 대해서 반드시 가져야 할 공감은 부족하였다.

허심탄회하게 말하여 이러한 상황이 나타날 수 있었던 까닭은 그들이 아직 독립적 사고를 형성하지 못한 것과 관련 있다. 5·4 시기가 되면서 이러한 상황은 면모를 일신하였다. 이 시기의 신지식인 집단은 수적으로는 물론이고 질적인 면에서도 아주 크게 변화했다. 사람 수에서 보면 일본에서 유학한 많은 학자가 귀국했을 뿐만 아니라 중국이 직접 문을 연 신식 학교에서도 많은 졸업생을 배출하였다. 질량에서 보면 미국과 유럽에서 박사학위를 취득한 한 무리의 학자들이 중국으로 돌아왔다. 서양 문화에 대한 이해가 비교적 깊었기 때문에 그들은 서양 문화가 결코 완전무결한 것이 아니며 또 많은 폐단이 있음을 발견하였다. 특히 1차 세계대전을 겪은 후 사람들은 이러한 폐단을 더욱 분명하게 보았다. 중국의 신지식인들은 차츰차츰 서양 문화에 대한 미신을 타파하고 독립적 사고 능력을 형성하였다. 그들은 다시 중국이 나아갈 길을 생각하기 시작하였고, 중국학과 서양학의 관계 및 신학(新學)과 구학(舊學)의 관계를 다시 이해하였으며, 다시 고유문화의 가치를 상세히 살펴보기 시작했다. 그리하여 이러한 집단에서 한 무리의 현대 신유가 학자가 배출되었는데 양수명·웅십력·마일부·풍우란·하린 등이 모두 이 집단에 속한다.

5·4 신문화운동 시기에 중국 사상계가 관심을 둔 초점은 이미 전통사회 형태의 파괴에서 현대사회 형태의 건설로 방향을 바꾸는 것이었다. 신해혁명 이전 진보적 중국인이 관심을 가졌던 초점은 전통사회의 파괴와 청왕조(清王朝)를 전복시키는 투쟁에 힘쓰는 것이었다. 신해혁명 이후 중화민국의 성립은 수천 년 동안 중국을 통치해온 오랜 봉건왕조 체제를 없애는 것이었으므로 대체로 파괴의 목적에는 도달했다고 말해야 할 것이다. 그러나 중국의 사회 상황은 호전되지 않았을 뿐만 아니라 오히려 더욱 악화되어 갔다. 청왕조의 어린 황제 하나를 타도하자 수십 명의 토호가 등장하고 군벌 간 전쟁은 끊임없이 이어졌다. 바로 손문이 "만주의 전

제(專制)를 제거하자 다시 강도 같은 전제가 무수히 생겨났고 그 독의 맹렬함은 이전보다 더욱 심하다. 이로 인해 백성들은 생계를 유지할 수가 없다." [1]고 말한 것과 같다. 잔혹한 현실은 사람들에게 말한다. 단지 파괴만으로는 턱없이 부족하니 반드시 건설에 착안해야 하며 건설은 더욱 어렵고도 막중한 임무라고. 여기서 말하는 건설은 다방면에 걸친 것으로 그 속에는 이미 경제건설과 제도건설이 포함되어 있고 또 사회건설과 정신문명 건설도 포함되어 있다. 경제건설과 제도건설은 서양의 성공적 경험을 거울삼을 수 있다. 그러나 서양의 사회 상황과 정신문명 상황은 결코 사람들이 만족하도록 할 수는 없었으므로 중국인은 반드시 독자적으로 찾아 나가야 했다. 손중산이 언급한 '심리건설' 이론은 사회건설과 정신문명 건설 차원에서 탐색한 것이고, 진독수가 제기한 '윤리적 각성은 내 마지막 각성의 마지막 각성' 이라는 견해도 이러한 차원에서 탐색한 것이다. 현대 신유가가 제기한 여러 가지 학설 역시 이러한 차원에서 해나갔던 탐색에 속한다.

현대 신유가 사조는 5 · 4 시기의 유학 비판 사조에 대하여 반성하는 탄환이다. 아편전쟁 이후 중국의 지식인들은 중국을 구하고자 하는 희망을 서양 학문의 도입에 두었고 더욱이 전통유학을 서양 학문 도입의 사상적 장애가 된다고 봄으로써 서양을 칭송하고 중국을 낮추는 경향을 형성하였다. 이러한 경향은 5 · 4 시기에 이르러 "유학을 타도하자"라는 유학 비판 사조로 진화했다. 신문화운동 중 급진파가 전통유학이 포함하고 있는 봉건주의 사상 요소를 비판한 것은 의심할 바 없이 정확했다. 문제는 그들이 유학을 완전히 봉건주의로 귀결시키고 전반적으로 그 긍정적 가치를 부정하며 민족문화에 대한 허무주의적 정서를 나타낸 데 있다. 심지어

1) 『孫中山選集』, 104쪽, 北京, 人民出版社, 1956.

어떤 사람들은 도를 넘어 현실에 맞지 않은 주장을 제기하고 한자를 폐지하자든가 선장서(線裝書)는 화장실에 집어넣어 버리자는 등의 주장을 하였다. 이것은 분명히 민족의 자존심을 세우고 자신감을 끌어 올리는 데 손해가 되었다. 바로 이 급진파의 민족문화 허무주의 경향에 견주어 현대 신유가 사조가 일어나기 시작한다. 신지식인 집단에서 나온 현대 신유가 학자들은 과학과 민주의 가치를 동일시하고 봉건주의를 반대하며 현대성을 받아들인 점에서 수구파와 구별된다. 그들이 전반서화론(全盤西化論)을 거부하고 배척하며 급진적 정서의 혼란을 벗어나서 이성적 눈과 동정적 태도로 유학의 가치를 대우하고 유학의 현대적 전환을 추진하고 힘쓴 점에서는 역시 급진파와 구별된다. 그들은 민족의 자존심과 자신감을 끌어올리는 데 공헌한 것이다.

현대 신유가 사조의 출현은 세계적 경향의 문화비판 사조와도 밀접한 관계가 있다. 근대 이래 중국철학은 세계를 향해 나아갔고 세계 철학은 중국으로 들어왔다. 우리가 현대 신유가 사조를 고찰해보려면 그것이 일어난 국내 배경을 살펴봐야 하고 또 그것의 국제 배경을 살펴봐야 한다. 제1차 세계대전이 일어난 이후 서구 자본주의 사회의 모순과 위기가 더욱 표면화하고 첨예화함으로써 서구 자본주의가 가진 현대문명의 약점이 폭로되었고, 이로부터 세계적 경향의 문화비판 사조가 형성되었다. 슈펭글러는 그의 책 『서구의 몰락』에서 '몰락'이라는 단어를 사용하여 당시 서양인의 사상 상태를 형용했다. 양계초는 유럽을 돌아보고 와서 마찬가지로 "모든 사회 사람들의 마음은 회의와 깊은 고민과 두려움 속에 깊이 잠겨 있었다. 마치 방향타를 잃은 배가 바람을 만나고 안개를 만나서 앞길을 어찌하면 좋을지 모르는 것과 같았다."라고 말했다. 현대문명의 큰 문제 가운데 하나는 도구적 이성과 가치 이성이 균형을 잃은 것이다. 현대 서양 사상계는 과학주의를 비판하는 목소리가 갈수록 강해지고 인본주의 사조가 대두하는 추세를 나타낸다. 이것이 가치 이성을 중심으로 하는 유학이 발전할 수 있는 계기를 얻도록 하였다. 현대 신유가는 비이성주의(非理性主義) 및 인본주의 사조에서 현대적 전환의 자원을 찾아 유학의 새로운 형태를 세우려고 시도하였다.

현대 신유가 사조가 일어난 근본 원인은 유학은 여전히 현대적 전환을 실행할 가능성이 있고 충분히 중국 정신문명의 건설에 없어서는 안 될 고귀한 자원이 된다는 데 있다.

유학은 중국 문화의 주된 역량으로서 시대적 경향의 일면이 있을 뿐만 아니라 민족적 경향의 일면도 있다. 시대적 경향에서 전통유학은 농업사회의 산물로서 역사적 한계성을 드러내지 않을 수 없었으며 심지어는 제왕들이 통치를 보호하는 도구로 사용되어왔다. 5 · 4 시기 신문화운동의 창시자들이 전통유학에 대한 비판으로 제의한 것은 사실 결코 유학에 대한 전반적 부정은 아니었다. 그들이 창끝으로 가리킨 곳은 전통유학의 역사적 한계성이었다. 이대소는 "그러므로 내가 공자를 배격한 것은 공자 그 자체를 배격한 것이 아니라 역대 군주들이 형상화한 우상인 공자의 권위를 배격한 것이었다. 공자를 배격한 것이 아니라 전제정치의 영혼을 배격한 것이다."[2]라고 말했다. 여기서 그는 '공자 그 자체'와 '공자의 우상'을 구분하여 다만 후자를 배격하고 전자를 배격하지 않았음을 명확하게 나타냈다. 전통유학의 역사적 한계성에 대한 5 · 4 시기의 비판은 긍정적 의의를 지니고 사상해방의 역할을 다했다. 이것은 부정할 수 없는 일이다. 이것을 보고 '문화의 발생 중단 현상〔文化斷層〕'이라고 하는 그러한 논점은 성립할 수 없다. 실제로 신문화운동을 앞장서서 이끌었던 사람들은 이미 전통유학을 비판하였고 또 공감적으로도 해석했다. 사람들이

2) 『李大釗選集』, 80쪽, 北京, 人民出版社, 1959.

유감을 느끼도록 한 것은 오랫동안 '좌(左)' 라는 말이 주도적 지위를 차지한 상황에서 사람들이 5 · 4 시기에 있었던 '유학 비판' 의 측면은 과장하고 '유학 해석' 의 측면은 홀시했던 점이다. 전통유학의 역사적 한계성에 대한 5 · 4 시기의 비판에서 그 공헌의 한 가지는 유학이 현대적 전환을 실행해야 한다는 필요성을 뚜렷하게 드러낸 점이다. 바로 하린의 말처럼 5 · 4 신문화운동은 "유가의 경직된 껍데기인 형식적이고 지엽적인 일과 개성을 속박하는 전통의 썩은 부분을 타파하였다." "그들은 결코 공맹의 참된 정신 · 참된 뜻 · 참된 학술을 타도한 것은 아니었다. 오히려 그들의 세척과 청소의 노력으로 인하여 공맹의 진면목이 더욱 명백해지도록 하려는 것이었다."[3)]

유학은 시대적 성격의 일면을 가지고 있으므로 반드시 역사의 잔재를 깨끗이 제거하고 신시대의 요구에 적응하여 끊임없이 새로운 해석을 해야 한다. 그리하여 현대 신유학 사조의 형성을 재촉해야 한다. 유학은 민족적 성격의 일면이 있으므로 중화 민족의 문화적 공감대를 구현해왔다. 유학이 구현한 시대정신의 긍정적 가치를 어떻게 발굴하는가가 장차 항구적 과제이다. 이러한 시각에서 보면 현대 신유학의 출현 또한 필연적이었다. 철학과 인류학의 의미에서 보면 어떠한 사회조직이든 반드시 전체 사회 구성원이 달성한 기본적 공감대의 주된 가치관과 윤리적 규범이 있다. 이것은 각 민족의 형성에 반드시 모자라면 안 될 문화적 공감대다. 이러한 문화적 공감대는 종교적 형식을 채용하여 나타낼 수도 있고 비종교적 형식을 채용하여 나타낼 수도 있다. 대다수 민족은 종교적 형식을 채용하는데, 바로 볼테르가 말한 "한 민족은 설사 신이 없다고 하더라도 신을 만들어 내려 한다."라는 것과 같다. 중화 민족은 비종교적 형식을 채용

---

3) 賀麟, 『當代中國哲學』, 9쪽, 南京, 勝利出版公司, 1947.

하였는데 이것이 바로 유학이다. 유학은 세계에서 드물게 비종교적이고 내재초월적인 방식으로 정신세계를 안정시킨 성공적 모델이다. 이 점은 기독교 · 불교 · 이슬람교 등의 종교적 모델과 구별된다. 중국인은 유학에 근거하여 효과적으로 사회를 조직하고 사람의 삶을 안정시켰다. 오랜 역사 발전의 과정에서 유학은 이미 중국인의 문화적 유전자가 되었으며 더욱이 강성한 생명력을 갖추었다. 유학은 깊고 두텁게 역사적으로 장기간 누적되었고 폭넓은 사회적 영향을 가지고 있어서 결코 신문화운동의 충격으로 인해서 끝날 수는 없다. 어떻게 민족성과 시대성을 서로 통일시키는 원칙을 장악하려는지, 전통 유학의 한계성을 극복하고 민족문화에 대한 잘못된 허무주의적 구역에서 걸어 나오려는지, '좌' 의 편견을 떨쳐버리고 새롭게 유학의 가치를 평가하려는지, 유학의 자원을 개발하여 시대정신에 적응하는 중화 민족 정신을 배양하려는지가 장차 우리의 중요한 이론적 임무다.

계몽주의의 문구 아래 현대 관념과 전통 관념 사이의 연계는 절단되었고, 전통에 대한 현대적 변혁이 지나치게 강조되어 전통에 대한 현대적 계승을 대수롭지 않게 보았다. 이것은 결코 현대사회 발전의 실제에 부합하지 않았다. 서양 선진국을 예로 들면 비록 각국이 기독교를 비판하는 계몽주의 운동을 일으켰음에도 불구하고 기독교는 결코 이로 인해서 사라지지 않았으며, 오히려 현대적 전화를 진행하여 의연히 문화 공감대의 작용을 발휘하였고 여전히 현대 서양 사회의 흐름과 연결되고 있다. 5 · 4 시기에 급진파는 계몽주의 영향을 받았고 또 서양 계몽주의자가 기독교를 비판한 것처럼 유학을 비판하였다. 이리하여 전반적으로 유학을 부정하는 서양화(西洋化)의 사조가 출현했다. 서양 기독교는 계몽주의 사조의 충격을 받았지만 끝내 사라지지 않았고 오히려 현대적 전화로 이행하였다. 마찬가지로 유학은 서양화 사조의 충격을 받아들였지만 역시 사라지지지 않았으며 또 현대적 전화로 이행할 수 있었다. 현대 신유학 사조의 출현은 바로 서양화의 사조에 대한 반격으로서 중국 문화 발전의 큰 흐름을 구현한 것이었다.

오랫동안 '좌' 사조의 주도 아래서 유학은 봉건주의의 의식 형태로 여겨져서 전반적으로 부정되어왔다. 유학의 역사적 한계성은 확대되었고, 유학의 보편타당성은 없어졌다. 전통과 현대의 대립적 사유형식 아래서 유학은 다만 쫓겨나야 할 소극적인 요소일 뿐이어서 "유학을 타도하자."라는 말은 유행어가 되었다. 많은 사람이 "유학을 타도하자."를 5·4 시기의 구호라고 간주했지만, 사실 그것은 오보였다. 5·4 시기에는 결코 "유학을 타도하자."라는 표현법이 없었고, 비슷한 표현으로 "유학을 때리자."라는 말은 있었다. 호적이 일찍이 『오우집(吳虞集)』의 서문을 쓸 때 오우를 칭찬한 것은 '다만 손으로 유학을 때린 영웅' 이었을 뿐 결코 '타도(打倒)' 라는 두 글자는 사용하지 않았다. "유학을 타도하자."와 "임표(林彪)를 비판하고, 공자를 비판하자."라는 구호는 모두 1949년 이후에 출현한 '좌' 의 말로서 전반적으로 유학을 부정하는 편견을 반영한 것이다.

유학은 매우 복잡한 민족문화 현상으로서 그것을 단순히 봉건주의 의식 형태와 동일시할 수는 없다. 유학과 중화 민족은 이미 공생 관계를 형성하여 중화 민족이 사회를 조직하고 가치를 적절하게 안착시키도록 철학적 기초를 제공했다. 이미 중국 전통문화의 대들보가 된 유학에 대해서는 적어도 아래와 같은 세 가지 관점에서 파악해 볼 수 있다.

첫째, 학문적 이론으로서의 유학이다. 유학은 실제적 효과가 있는 사회조직원리로서 인간성 혹은 공동체성을 실현하는 데 보편적이며 적합한 가치를 갖추고 있다. 선진시대에 공자는 '예악붕괴(禮樂崩壞)' 라는 역사적 현상의 반성을 통해서 인(仁)을 핵심으로 하는 유학을 건립하였으며, 그 주장은 사람 노릇 할 수 있는 도리와 인간관계의 준칙을 안배하는 것으로서 도덕규범의 건립이었다. 공자가 세운 유학은 여러 학파 가운데 한 학파일 뿐 결코 어용 철학은 아니었다. 후대 유학자들의 유학을 담론한 것도 모두 어용의 입장에 서서 말한 것은 결코 아니었으며, 많은 사람이 당연히 학문적 이치로 여기는 것을 연구한 것이었다. 비록 역대 유학자들이 서술한 유학이 우리가 유학의 사회조직원리에 대해서 인식하는 데 많은 도움을 주었지만, 현대사회발전의 요구에 적응하려면 여전히 끊임없이 새롭고 정확하게 설명하는 것이 필요하다. 이러한 의미에서 말하면 유학은 변함없이 논의되고 변함없이 새로운 학문으로서 현대적 전화를 실현할 수 있다.

둘째, 도구화(道具化)된 유학이다. 한무제가 "백가(百家)를 몰아내고 유가의 학술만 존중하자."라는 정책을 채용한 이후, 유학은 한 학파의 학설에서 어용 철학으로 상승하게 되었다. 주목할 만한 것은 곧 유학이 의식형태 영역에서 주도적 지위를 획득한 후에도 결코 한목소리만 내지 않고 여러 목소리를 내었다는 것이다. 유학의 진영에는 고문경학(古文經學)과 금문경학(今文經學)의 구별된 주해가 있었고, 송학과 한학의 구별된 주해가 있었으며, 정주리학(程朱理學)과 육왕심학(陸王心學)의 구별된 주해가 있었다. 유학 내면의 서로 다른 학파끼리의 토론은 유학이 어용 철학이 된 이후에도 도움이 되어서 여전히 학문적 이론을 발전시키는 활력을 유지하였다. 거리낌 없이 말한다면 고대 중국 사회에서 유학은 이미 통치자에 의해 사상통치의 도구로 간주됨으로써 사상을 속박하는 반면 작용을 했었다. 사회의 발전에 따라서 이러한 귀족화 · 제도화 · 정치화된 유학은 이미 존재할 합리성을 잃었다. 그러나 주의해야 할 것은 우리가 도구화된 유학을 비판할 수 없는 시점에서는 유학의 보편타당한 가치를 말살하는 것이 된다.

셋째, 생활 신념으로서의 유학이다. 선진시대 이후 일부 유학자들은 확실히 어용의 입장에서 유학을 논하며 도구화된 유학을 밀고 나갔다. 그러나 결코 모든 유학자가 이렇게 한 것은 아니다. 상당수의 유학자는 결코 어용의 입장에서 도구화된 유학을 말하지 않고, 민중의 입장에 서서 생활 신념으로서의 유학을 말했다. 진헌장(陳獻章) · 왕간(王艮) 및 그를 따르는 제자들이 대체로 이러한 태도를 견지하고 있었다. 왕간의 제자 가운데 많은 사람은 일반 노동자들이었다. 그들의 유학 담론은 어떠한 이익 추구의 목적을 마음에 품은 것이 아니라 오직 정신적 '안신입명'(安身立命)의 땅을 찾기 위해서였다. 유학은 중국에서 이미 수천 년의 역사를 가지고 백성들의 정신세계와 생활세계 속에 깊이 침투해 있었으며, 중국인들이 도덕 이념을 세우고 인간관계를 처리하며 민족 집단을 응집시키는 이론적 근거가 되었다. 생활 신념으로서의 유학은 귀족화 · 제도화 · 정치화한 유학과는 구별된다. 그것은 민간 유학 혹은 풀뿌리 유학이라고 부를 수 있다. 이러한 유학에는 폭넓은 사회적 기초가 있으므로 현대적 전화를 실행할 충분한 근거가 있다.

오랫동안 많은 사람이 군주제를 유학의 유일한 서식지로 여겨왔고 군주제의 해체에 따라 유학도 역사의 옛 자취가 되었다고 생각해왔다. 이러한 관점은 단편적이다. 실제로 유학의 서식지는 결코 하나가 아니라 적어도 세 곳으로서 군주제 · 가정 · 마음 깊숙한 곳이다. 통치 도구로서의 유학은 군주제를 위해 더부살이해왔고 군주제의 폐지에 따라 명백하게 천수를 다하고 사망했다. 그러나 학문 이론으로서의 유학과 생활 신념으로서의 유학은 결코 군주제의 더부살이 물건이 아니며 군주제의 해체로 인해서 그 존재 가치를 잃어버릴 수는 없다. 군주제를 폐지해도 가정은 결코 그로 인해서 폐지할 수 없으며 사람들의 마음 깊숙한 곳에 있는 집단적 기억도 그로 인해 없앨 수는 없다. 이 두 가지 유학의 서식지는 변함없이 존재한다. 군주제의 보호를 잃어버림으로써 유학에 대한 사람들의 관념은 어쩌면 옮어질 수도 있고 더는 주류의 언어도 아니다. 그러나 결코 사라질 수는 없다. 군주제가 전복된 이후 유학은 주요 서식지 하나를 잃어버렸다. 그러나 아직 두 개는 남아있다. 이렇게 보면 중국에서 유학은 여전히 진일보하여 존재하고 발전할 가능성이 있다. 유학을 '떠도는 넋'이라고 보는 그러한 견해는 발을 딛고 설 수가 없다.

오늘의 중국은 어제 중국의 연속이다. 역사를 존중하지 않는 허무주의 관점은 어떠한 것이든 발을 딛고 설 수 없다. 서양 선진국은 현대화를 실현한 이후에 폭넓은 사회적 기초인 기독교를 버리지 않았고 그 현대적 전환을 실행하도록 하였다. 마찬가지로 중국의 현대화 건설 또한 당연히 폭넓은 사회적 기초인 유학을 버릴 수 없고 또 마땅히 그것의 현대적 전환을 실행하도록 해야 한다. 이것이 바로 현대 신유학 사조가 발생한 내재적 원인이며 근본적 원인이다.

**자•료•카•드**

장대년(張岱年)의 유학론

유가 학설은 확실히 미언대의(微言大義)를 갖추고 있다. '미언'은 미묘한 말이고, '대의'는 기본적 함의다. 미언대의 즉 비교적 심오하고 정밀함을 갖춘 사상이란 바로 유학의 깊은 내재적 의미다. 유학에는 시대성이 있다. 오늘에 이르기까지 유학의 많은 관점(주로 정도가 낮은 사상)은 모두 시대에 뒤떨어졌다. 그러나 그 가운데는 몇 가지 중요한 관점(주로 심층 사상)은 오히려 상대적으로 '보편적 의의'를 갖추고 있다. 비록 영원한 가치를 갖추지는 않았으나 지금도 여전히 사람들에게 깊은 깨우침을 줄 수 있다.

_『장대년전집』, 제7권, 1-2쪽, 석가장(石家庄), 하북인민출판사(河北人民出版社), 1996.

### 2) 현대 신유가 사조의 발전 과정

현대 신유가의 발전 과정은 대체로 5 · 4 시기의 창시와 1930, 40년대의 이론적 구성과 1950년대 이후 홍콩 및 대만 신유가의 활약이라는 세 단계로 개괄할 수 있다.

#### (1) 5 · 4 시기의 창시

5 · 4 시기는 중국사상사에서 사상이 비교적 활기 있던 시기로써 심지어 선진 시기와 견줄 만하다. 양계초는 백가쟁명(百家爭鳴)이라는 말로 선진 시기 사상 활동의 정도로 형용했다. 이로 인해 어떤 사람은 '소백가쟁명(小百家爭鳴)' 이라는 말로 5 · 4 시기 사상 활동의 정도를 형용했다. 5 · 4 시기로부터 시작하여 서양의 학술 사조가 대규모로 중국에 쇄도해왔다. 사람들은 각종 각양의 학설을 거의 모두 소개하였다. 듀이 · 러셀 등 서양의 유명한 철학자가 연이어 중국에 와서 강연하였고 청중 또한 매우 많았다. 유럽과 미국으로 간 중국 유학생들은 중국 문화와 관련 있는 주제를 박사학위 논문의 제목으로 선택하였다. (예를 들면 호적의 박사논문 제목은 『중국 고대철학 방법의 진화사(進化史)』였는데 출판할 때는 『선진명학사(先秦名學史)』로 고쳤다.) 이로부터 서양 학술이 중국으로 들어왔고 중국 학술은 세계를 향해 나아갔다. 물론 이러한 교류는 결코 평등한 것이 아니어서 서양 학술은 강세였고 중국 학술은 약세였다. 서화사조(西化思潮)는 5 · 4 시기 동안 한 차례 주된 흐름의 말이 되었다.

신해혁명 후 원세개(袁世凱)는 중화민국 대통령의 직위를 찬탈하고 더욱이 군주제 회복을 시도하여 1916년 1월 1일 '천자 등극 의식' 을 거행할 예정이었다. 시류에 역행하는 이 원세개의 행위는 전국적인 원세개 반대 투쟁을 일으켰으며, 그의 황제의 꿈 또한 실현되지 못했다. 원세개가 죽은 후 북양군벌은 몇 개의 파벌로 분열되었으며 아울러 군벌끼리 혼전하는 정세를 형성하였다. 북양군벌 정부는 자신의 통치를 지키기 위해서 '공자 존중' 의 깃발까지 세웠다. 1919년 10월 북경 정부의 총통 서세창(徐世昌)은 친히 나서서 추정사공(秋丁祀孔: 음력 8월 上丁日에 공자 제사를 지냄.)활동을 펼쳤고, 또 북경 정부는 공자의 생일을 공휴일로 제정했다. 서세창은 앞장서서 사존학회(四存學會)를 조직하여 '주공과 공자의 학문' 을 발전시켰다고 자화자찬하였다. 당시 또 어떤 사람은 공자 존중을 헌법에 명기하자고 제의했다. 당국의 공자 존중 활동은 진보적 중국인의 격렬한 비판을 받았다. 이대소는 "우리는 공자주의(즉 중국인들이 말하는 강상명교(綱常名教)다.)가 결코 영구불변한 진리는 아님을 알 수 있다. 공자 혹은 그 밖의 옛날 사람들은 다만 한 시대의 철인이지 결코 '만세의 사표' 는 아니다. 그의 학설이 중국에서 이천여 년 동안 유행할 수 있었던 까닭은 오로지 중국의 농업경제가 큰 변동이 없었고, 그의 학설이 그러한 경제 상황에 알맞았기 때문이다. 지금 경제적 변동이 일어나고 그의 학설이 근본적으로 흔들리는 것은 그것이 중국의 현대생활과 현대사회에 알맞지 않기 때문이다. 공자를 존경하는 몇몇 신도들은 매일 곡부(曲阜)로 순례 가고 또 매일 홍헌(洪憲) 의관을 갖추고 공자의 제사를 지내러 간다. 도처에 공교당(孔教堂)을 세우고, 도처에 '자왈(子曰)' 의 복음을 전파하며, 또 결코 경제적 변동을 견딜 수 없는 세력들은 저 '만세사표(萬世師表)' '지성선사(至聖先師)' 라는 위령을 보호하고 있다." [4]라고 말했다. 진독수는 「강유위가 총리에게 보낸 편지를 반박함」 「헌법과 유교」 「공자의 도와 현대생활」 「원세개의 부활」 「유교 문제를 재론함」 「구(舊)사상과 국체(國體) 문제」 「복벽과 공자숭배」 등의 문장을 썼는데, 공자의 도는 이미

4) 『李大釗選集』, 301-302쪽.

현대사회생활의 수요에는 적합하지 않으므로 마땅히 폐기해야 한다고 생각했다. 그래서 그는 북경 정부의 공자 존경 활동을 반대했다. 공자 존경을 반대하는 사조와 서양을 찬양하고 중국을 억누르는 서화 사조(西化思潮)가 합류하며 함께 존재했으나 곧 당시에 사상 및 여론계에서 주도적 지위를 차지한 '유학 비판' 의 조류가 형성되었다.

5 · 4 시기 유학 비판 조류의 긍정적 의미는 사상계에서 구식유학의 권위를 전복시키고 봉건주의를 청산한 데 있다. 그것은 통치자가 유학을 도구화하려는 계략을 분쇄하고 계몽의 제창과 사상해방 작용의 역할을 함으로써 중국 인민들의 각성이 새로운 수준에 도달하도록 하는 지표였다. 구식유학의 권위를 전복시킴으로 말미암아 새로운 사상의 발전을 위한 조건을 제공하였고, 따라서 중국철학 사상 발전의 새로운 한 페이지가 열리게 되었으며 그것이 현대적 단계로 진입하도록 하였다. 그러나 이 조류 역시 분명한 결함은 있다. 첫째, 당시의 형세가 절박함으로 말미암아 비판자들은 자기도 모르게 학술 비판과 정치 비판을 하나로 섞어서 감정적 색채가 매우 짙었다. 심지어는 군벌 정부에 대한 증오를 유학에 분풀이함으로써 학술적 비판의 분명함과 냉정성을 유지하기 어려웠고, 항상 과격한 어구를 사용하여 이론적 깊이도 부족했다. 둘째, 사고하는 방법에 단면성이 있었다. 비판자들은 다만 유학의 국한성만 보고 유학의 합리성은 보지 못하여 마치 목욕물과 어린아이를 함께 쏟아버리는 것과 같았다. "당시의 많은 지도자는 아직 마르크스주의의 비판 정신이 없었다. 그들이 사용한 방법은 일반적으로 자산계급의 방법 즉 형식주의적 방법이었다. 그들이 구식의 팔고문(八股文)이나 구식의 교조를 반대하고 과학과 민주를 주장하는 것은 매우 옳은 일이었다. 그러나 그들은 현재 상태와 역사 그리고 외국 사물에 대해서 역사 유물주의적 비판 정신은 없었다. 그리하여 나쁘다고 말한 것은 절대적으로 나쁜 것으로서 모든 점에서 나쁘고,

좋다고 말한 것은 절대적으로 좋은 것으로서 모든 점에서 좋았다. 이렇게 형식주의로 문제를 보는 방법은 뒷날 이 운동의 발전에 영향을 끼쳤다.[5] 유학 비판 풍조에 존재하는 이러한 결함은 현대 신유학 사조의 발생을 초래하였다.

유학 비판 풍조에 직면하여 처음으로 "유가를 위해 말하겠다."하고 일어선 사람은 양수명이었다. 1917년에 양수명은 북경대학 총장 채원배의 초청으로 북경대학 철학과 특약강사를 담당하였다. 그는 "내가 여기에 온 것은 석가와 공자를 대신하여 의사를 표현하는 것 이외에 달리 할 일은 없다."[6]고 선언하였다. 유학 비판 풍조와 마주치면서 원래 불교를 믿던 양수명은 유가로 방향을 바꾸었다. 그는 북경대학에서 강의하는 동안 「우리가 나서지 않으면 백성들은 어떻게 하겠는가?」라는 글을 쓰고 그것을 책으로 만들어서 친구들에게 나누어 주었다. 이때 그는 이미 불교의 출세간주의를 버리고 유가의 입세간주의로 돌아와서 나랏일과 백성들의 아픔에 관심을 가지는 것을 자신의 임무라고 표명하였다.

그 당시 북경대학은 5 · 4 신문화운동의 중심지로 신 · 구 양파들의 논쟁이 매우 격렬했다. 양수명은 유학 비판 조류를 반대하고 유가에 대해서 동정과 경의를 표시하여 마치 구파로 기우는 듯했다. 그러나 그는 결코 구파에 속하는 사람이 아니었다. 그는 이대소 등 신파 인물들과 왕래하였고 또 공통의 인식도 있었다. 그는 새로운 시각에서 신구(新舊) 양파가 논쟁한 문제를 생각하면서 유학의 새로운 발전에 힘을 쏟았다. 그가 보기에 고홍명(辜鴻銘)을 대표로 하는 구파는 다만 전통유학을 굳게 지킬 뿐 실제로 진독수 등 신파 사람들의 상대가 되지 못했다. 양수명은 "구파는 다만 신파에 대한 반동일 뿐이다. 그것은 결코 과거화를 창도하지 못한다.

5) 『毛澤東選集』, 2판, 제3권, 831-832쪽, 北京, 人民出版社, 1991.

6) 梁漱溟, 『東西文化及其哲學』, 서문.

…… 그들 자신의 사상적 내용은 매우 이상하고 궁핍하여 과거화의 근본 정신이 어디에 있는지 결코 인식하지 못하니 어떻게 진선생〔陳獨秀〕처럼 그렇게 명석한 두뇌와 예리한 필봉을 이겨낼 수 있겠는가?"[7]라고 했다. 구파가 패하여 진영이 물러난 까닭은 애석하게도 '사상 내용이 매우 궁핍해서' 였으니 오로지 구습을 지키는 것은 통하지 않고 결코 진정으로 유학을 확대 발전시킬 수 없음도 알 수 있다. 이러한 인식에 근거하여 양수명은 서양 현대철학에서 이용할 수 있는 사상 자원과 사상 방법을 찾으려 노력하였으며 중국 문화와 서양 문화를 비교 융합하는 방법을 통해서 유학의 장점을 새롭게 해석하여 유학이 부흥하도록 해나갔다. 이렇게 하여 그는 새로운 학술의 방향을 열었으니 바로 현대 신유학의 방향이다. 그는 마침내 현대 신유가의 원조가 되었고 동시에 현대 신유학 사조의 원조가 되었다.

1920년 가을에 양수명은 북경대학에서 「동서문화 및 그 철학(東西文化及其哲學)」을 강연하고, 다음 해 또 왕홍일(王鴻一)의 초청을 받아 산동성 교육청에서 같은 제목으로 강연하여 매우 큰 반향을 일으켰다. 1922년에 그의 학생 나상배(羅常培)와 진정근(陳政根)은 이 두 차례의 강연을 기록한 원고와 양수명이 『소년중국』 잡지에 발표한 글인 「종교문제」를 정리하여 책을 만들었다. 그 책의 제목이 『동서문화 및 그 철학』으로 상무인서관(商務印書館)에서 출판했다. 이 책은 양수명이 명성을 얻게 된 작품으로서 그의 신유학 사상이 이미 형성되었음을 나타내고, 또 현대 신유가 사조가 세상에 나오기 시작했음을 나타낸다. 1923년에 양수명은 북경대학 철학과에서 「공학역지(孔學繹旨)」를 강의했고, 또 『인심여인생(人心與人生)』이란 책을 써서 유가의 '인간심리학' 을 깊이 있게 논술할 계획이었

7) 梁漱溟, 『東西文化及其哲學』 205쪽.

다. 여러 가지 원인 때문에 이 책은 꾸물대다가 탈고하지 못했다. 1984년, 나이 91세 때에 그는 비로소 이 책을 다 쓰고 학림출판사에서 자비로 출판함으로써 수십 년의 염원을 끝냈다.

5·4 시기에 공자 비판 조류를 반대하고 고유문화를 동정하며 서양 문화에 대한 맹목적 숭배를 반대한 학자로는 양수명 외에도 많이 있었다. 그들은 현대 신유학 사조가 세차게 일어나는 데에도 파란을 일으키는 작용을 하였다. 맨 먼저 마땅히 언급해야 할 사람은 양계초다. 1920년, 양계초는 제1차 세계대전 후의 유럽을 시찰하러 가서 직접 전후 서양 학술 사상의 변화에 감명을 받았다. 세계대전은 자본주의 문명의 위기를 폭로하였고, 많은 지식인은 이러한 문명의 폐단을 반성하기 시작했다. 심지어는 이러한 문명의 합리성에 대해 회의를 나타내고 근대 이후 줄곧 서양의 주된 어조였던 과학주의 사조를 비판하기 시작했다. 깊은 감동을 받은 양계초는 귀국 후에 「구유심영록(歐遊心影錄)」이라고 제목을 붙인 한편의 긴 글을 써서 상해 『시사신보(時事新報)』에 발표하였다. 그는 이 글 속에서 "당시에 과학 만능을 구가하던 사람들은 과학적 성공에 의한 황금 세계가 머지않아 출현할 것이라는 희망에 가득 차 있었다. 이제 그 성과는 대체로 성취했다. 백 년간의 물질적 발전이 이전 3,000년의 소득에 비해 몇 배가 될 것이다. 우리 인류는 행복을 얻지 못했을 뿐만 아니라 오히려 많은 재난을 가지고 왔다. 마치 사막에서 길을 잃은 여행자가 멀리 커다란 검은 그림자를 바라보고 온 힘을 다해 앞으로 뛰어가면서 그것을 안내자로 의지할 수 있다고 생각하였는데 뜻밖에 몇 걸음 따라잡자 그림자가 보이지 않아서 한없이 슬퍼하고 두려워하며 실망하는 것과 같다. 그림자는 누구인가? 바로 이 '과학 선생' 이란 분이다. 유럽인은 한차례 과학 만능의 큰 꿈을 꾸었다. 지금은 오히려 과학은 파산했다고 외치는데, 이것이 바로 최근 사조 변천의 큰 키포인트다."[8]라고 말했다. 과학과 민주의 큰 깃

발을 드날린 5·4 시대에 양계초가 과학주의를 비판한 관점을 소개한 것은 시의에 맞지 않은 듯하였다. 오해를 피하고자 양계초는 특히 글 속에서 자기는 결코 과학을 반대하지 않았으며 다만 과학을 숭배 대상으로 여기려는 과학주의를 반대한다고 선언하였다. 어쩌면 양계초는 5·4 시기에 제일 먼저 과학주의를 반대한 학자일 것이다. 그의 이러한 관점은 사람들이 서양 문화의 부정적 영향을 벗어나는 데 의심할 수 없는 가치가 있다. 그는 사람들이 서양 문화가 결코 완벽한 것은 아니며 모두 받아들일 필요는 없다고 인식하는 데 도움을 주었다. 양계초의 이러한 새로운 서양 문화관은 사람들이 맹목적으로 서양 문화를 숭배하는 오류에서 벗어나도록 도와주었고 유가에 대한 사람들의 동정을 불러일으키는 데 도움을 주었다.

양계초는 과학주의를 비판하는 관점을 소개하고, 재차 서양 문화를 자세히 살펴보게 하는 새로운 분위기를 열어주었다. 그러나 서양 문화에 대한 그의 질문은 아직 겨우 과학주의 사조에 국한되어 있었다. 『동방잡지』의 주필 두아천(杜亞泉)은 질문의 범위를 전체 서양의 물질문명과 정신문명으로 확대하였고 아울러 동서양 문화의 관계를 새로 정상화하자고 주장했다. 그는 "서양인들은 물질적으로는 비록 성공을 거두어 부강의 효과를 이루었으나 정신적 번민은 매우 많다. 마치 부자가 비단옷을 입고 고기를 먹으며 수판알을 굴리지만, 근심스러운 표정을 가득 짓고 가족은 불안하며 몸과 마음이 함께 병든 것과 같다."라고 말했다. 서양의 물질문명과 정신문명의 병적인 상태는 유가 학설을 대표로 하는 동양 정신문명의 장점에 의해 대비되어 나온다. 그러므로 마땅히 동양 정신문명의 가치를 새로이 평가해야 한다. 그것은 어쩌면 서양 사람들이 곤경에서 벗어나는

8) 梁啓超選集』, 724쪽, 上海, 人民出版社, 1984.

데 도움을 줄 수 있고 정신문명 방면의 위기를 구하고 치료하는 데 도움을 줄 수 있을 것이다. 두아천은 여기서 중국 고유문화에 대한 자신감을 찾아냈다. 그는 "동양 사회를 대표하는 우리 중국은 이 세계적 추세가 역전하는 때를 맞이하여 자각과 자신을 갖지 않을 수 없다." "우리나라 선현들은 사상을 종합하고 정리하는 측면에 가장 정신을 집중하였다. 주공이 삼왕(三王)을 종합하였고, 공자가 집대성하였으며, 맹자가 사악한 것을 배척한 설은 모두 종합과 정리에 힘쓴 것이었다. 후세의 대 유학자들 역시 모두 이전에 들은 것을 계승 발전시킨 것으로서 독창적인 이설(異說)은 듣지 못했다. …… 이것은 사실 선현들의 정신적 산물이며 우리나라 문화의 결정체이다."[9]라고 말했다. 두아천은 유학이 중국 문화의 기둥이며 보편적이고 적절한 가치를 갖추고 있다고 생각했다. "우리나라의 유가는 한편으로는 평화스러운 통치의 이상과 자강불식과 진화를 갖춘 낙천관을 마음에 품고, 한편으로는 안빈낙도(安貧樂道)하고 영광을 추구하지 않으며 또 초월적 낙천관을 갖추고 있다."[10] 그는 물론 유학에 대하여 동정과 경의를 품고 있었다. 그러나 결코 오로지 수구(守舊)만을 주장하지 않고 '동서양 문명의 조화' 를 주장함으로써 미래 인류 문명의 발전 방향을 탐구하였다. 그는 "구제(救濟)의 길은 우리 고유 문명을 종합하고 정리하는 데 있다. 본래 체계적인 것은 그것을 명료하게 하고, 그사이에 틀린 것이 있으면 완전무결하게 고쳐야 한다. 한편으로는 서양 학설을 수입하는 데 힘을 다하여 그것이 우리나라의 고유 문명 가운데로 어우러져 들어오도록 해야 한다. 서양의 단편적 문명이 땅바닥에 흩어진 돈이라면 우리나라의 고유 문명을 밧줄로 삼아서 그것을 하나로 꿰어야 한다."[11]고

9) 『杜亞泉文存』, 363쪽, 上海, 上海教育出版社, 2003.

10) 위의 책, 128쪽.

11) 위의 책, 367쪽.

말했다. 이러한 주장은 바로 현대 신유가의 공통적 인식이다.

『동방잡지』 외에 『학형(學衡)』 잡지 역시 현대 신유학 사조를 밀고 나아가기 위한 요충지였다. 학형파의 대표적 인물인 매광적(梅光迪)은 '중국의 가장 큰 병의 뿌리'는 '사실 공자의 가르침을 실행하지 않은 데 있다.'라고 제기했다. 그는 "수천 년 동안 성철(聖哲)이 숭상해온 정신생활을 지키고 도덕을 인류 문명의 귀결점으로 삼아야 한다."[12]고 주장했다. "서양으로부터 진리를 찾자."라는 말로 사람들의 칭찬을 받은 엄복도 이때 서양을 칭찬하고 중국을 헐뜯던 이전의 태도를 바꾸어서 『학형』 집필자의 한사람이 되었다. 「엄기도와 웅순여의 서찰절초〔嚴幾道與熊純如書札節鈔〕」에 의하면 그는 "제 나이 이제 70에 가깝습니다. 제가 가만히 철학적 원리를 연구하고 살펴보니 오래가도 폐단이 없는 것은 오직 공자의 책이라고 생각됩니다. 사서오경은 당연히 가장 풍부한 매장 광물입니다. 다만 반드시 신식 사고를 사용하여 파내고 씻고 다듬어야 합니다."[13] 신식 사고란 분명히 서양철학의 사상과 방법을 가리킨다. 그는 이러한 방법을 사용하여 유가 학설을 새롭게 해석하고 또 현대 신유학 사조를 위해 사기를 북돋우고 사람을 끌어들이기를 바랐다.

5 · 4 신문화운동 후기에 중국 사상계에는 영향력이 매우 컸던 '과학과 인생관 논전'이 발생했다. 그것은 '과학과 현학 논전'이라고도 불린다. 1923년에 장군매가 청화대학(淸華大學)에서 「인생관」에 대하여 강연하면서 과학은 인생관 문제를 해결할 수 없다고 생각했다. 그가 말한 '인생관'은 결코 일반적 의미의 인생 가치에 관한 견해가 아니라 오히려 철학적 의미의 세계관을 가리키는 것이었다. 철학에서 그는 인문주의의 깃발을 들어 올리고 과학주의적 철학관을 반대했다. 장군매의 인문주의 철학

12) 梅光迪, 『學衡』, 「警告我國學術界」, 1923(23).

13) 梅光迪, 『學衡』 「嚴幾道與熊純如書札節鈔」, 1922(13).

관은 과학주의자인 정문강의 비평을 초래하였다. 여기서 '과학과 인생관 논전' 이 일어나게 되는데 혹은 '과학과 현학 논전' 이라고도 부른다. 정문강은 장군매의 인문주의적 철학관에 대하여 과학주의적 깃발을 펼치고 '과학적 방법의 만능' 을 공언하며 "과학은 인생관의 문제를 해결할 수 있다." 라고 강조했다. 1923년 12월 20일자 중국공산당의 이론 잡지인 『신청년』에는 진독수의 「과학과 인생관 서문」과 구추백의 「자유세계와 필연세계」가 발표되었다. 이 글은 논전 쌍방의 유심주의 관점을 똑같이 비평하고 유물사관의 입장을 심도 있게 논술하였다. 이로써 드디어 과학파 · 현학파 · 유물사관파의 세파가 정립하는 골격이 형성되었다. 중국 현대철학의 문맥에서 장군매가 인문주의적 깃발을 들어 올린 것은 현대 신유가의 깃발을 들어 올려 현대 신유가의 학술적 입장을 표명한 것에 불과하다. 그는 송명리학자에게 공감과 경의를 표명하여 그들의 "공(功)이 우임금보다 못하지 않다." 라고 극찬했다. 그는 스스로 '20세기의 신유가' 라고 불렀고, 1958년에 당군의가 기초한 「중국 문화에 관해 세계 인사들에게 알리는 선언」(학계에는 현대 신유가 선언이라고도 부름)에 자기의 이름을 서명했다. 과학과 인생관 논전을 통해서 현대 신유가 사조는 중국 현대철학 영역에서 과학파 및 유물사관파와 맞먹는 위치를 차지함으로써 중국 현대철학 발전의 중요한 한 방향을 대표하게 되었다.

(2) 1930, 40년대의 이론 구축

1930년대에 남경 정부가 성립되고 동북 군벌 장학량이 투항함으로써 군벌의 혼전은 잠시 진정되었다. 1931년에는 일본제국주의가 침략하여 동북 삼성을 점령했다. 민족의 위기가 더욱 커지고 항일 구국의 민족주의 정서가 팽배하면서 공자 비판 사조는 점차 물러갔다. 이러한 상황에서 유학에 대한 학술계의 공감은 매우 높아졌으며 현대 신유학이 이론적으로

**자·료·카·드**

학형파(學衡派)

잡지 『학형』을 출판하면서 얻게 된 이름이다. 1922년 1월, 남경의 동남대학 교수 매광적·호선숙(胡先驌)·오밀(吳宓) 등이 이 잡지를 창간했으며, 5·4 이후의 신문화운동을 공격하고 봉건문화를 보호하였다. 그들은 "학술을 논구하고, 진리를 상세히 밝히며, 고유문화의 정수를 발전시키고, 새로운 지식을 융해하는 것"을 취지로 한다고 주장하며, "신문화운동은 막 입을 열면서 폐단이 동시에 발생하였으니 그 나쁜 결과는 즉시 볼 것이다."(매광적, 「신문화 제창을 평함〔評提倡新文化者〕」)라고 사실을 꾸며서 헐뜯었다. 문학개혁을 공격하여 "눈먼 사람이 등불을 말하는 것" "단조롭고 아무 맛도 없는 교훈주의에 불과하다."(호선소, 「상시집을 평함〔評嘗試集〕」)라고 하였다. 마르크스의 과학적 사회주의의 선전을 지적하여 "격렬할수록 더욱 귀머거리가 소리를 들어보는 것이니 더욱 인정머리 사납다."라고 하였고, "지금 중국은 아직 자본제를 실현할 시기에 이르지 못했는데 오늘날 중국에서 사회주의를 부르짖는 것은 비록 병이 없다고 말하고 싶지만 신음하고 있는 것이 아니겠는가?"(소순금(蕭純錦), 「중국의 사회주의 제창에 대한 검토〔中國提倡社會主義之商榷〕」)라고 단언했는데 당시에 바로 노신(魯迅) 등의 반박을 받았다. 1922년 말에 이르러 분파로서의 실체는 이미 분해와 소멸로 기울어졌다.

_ 풍계 주편, 『철학대사전·중국철학사권』, 443-444쪽,
상해, 상해사서(上海辭書)출판사, 1985.

구성되는 단계까지 발전하도록 재촉했다.

이 단계에서 유학을 제창하는 것은 새로운 조류가 되기 시작했다. 5·4 신문화운동의 지지자이며 유명한 교육자인 채원배는 「중화 민족과 중용의 도」 「공자의 정신생활」 등의 글을 썼으며 유학을 손중산이 창립한

삼민주의와 하나로 연계시켰다. 그는 "손 박사가 이러한 주의를 창립하고 중국국민당을 세운 것은 참으로 중화 민족성에 적합하며 고대의 유가와 같다." "우리는 공자의 말이 오늘날도 마디마디 모두 가치 있다고 말할 수는 없다. 또 감히 공자의 행위가 오늘날 아직도 가지가지로 모범이 될 수 있다고 말할 수는 없다. 그러나 추상적으로 그의 정신생활의 개요를 제출하면 지인용(智仁勇)을 그 범주로 하고 종교적 미신은 없으나 음악적 교화는 있다. 이것은 완전히 본보기로 삼을 수 있을 것이다."[14]라고 제기했다. 그는 유가 윤리가 현대적 전화를 이행한 후에는 변함없이 중국인의 정신생활을 지도할 수 있다고 생각했다. 국학의 대가 장태염(章太炎)은 젊은 시절에는 유학이 '용기를 꺾고' '거만하고 인색하며' '세상 물정에 어둡다' 라고 비판했었는데, 이때 태도를 바꾸어 유학에 공감과 경의를 표시하였다. 그는 "나는 나라를 구하는 길이 경전 공부를 포기하면 지나갈 수 없다고 생각한다."[15]라고 공언하였다. 유명 인사인 그들이 직접 나서서 유학을 창도했으므로 그 사회적 영향은 상당히 컸다. 가장 먼저 나서서 '공자를 위해서 말한' 양수명은 1930년대 이후에는 향촌 건설 운동에 힘을 쏟았다. 이 운동의 지도 사상은 바로 양수명이 세운 신유학이었다. 그는 『중국민족 자구 운동의 마지막 각성〔中國民族自救運動之最後覺悟〕』과 『향촌건설이론(鄉村建設理論)』 등의 책을 써서 신유학 사상이 사회 개조의 실천 속으로 관철되도록 시도했다. 비록 향촌 건설 운동이 성공하지는 않았지만, 유가 사상의 영향에 대한 확대는 촉진한 점은 있다.

1935년에 상해의 왕신명 등 10명의 교수는 「중국 본위의 문화건설선언〔中國本位的文化建設宣言〕」을 발표했다. 이 선언문은 그해 1월 10일 출판

14) 『蔡元培哲學論著』, 397 · 431쪽, 石家庄, 河北人民出版社, 1985.

15) 章太炎, 『讀經有利無弊』, 蔡尚思 主編 『中國現代史思想史資料簡編』, 제3권, 650쪽 참조, 杭州, 浙江人民出版社, 1982.

한 『문화건설』 월간지 제1권 4기에 가장 먼저 실렸다. 이로 인해 '1 · 10 선언' 으로도 불린다. 이 선언이 각 신문에 전재(轉載) 된 후 여러 분야에서 토론이 일어났으며 5 · 4를 계승한 후 사상계의 중국과 서양의 문화 관계에 관한 제2차 대토론을 형성했다. 이 토론에서 서화파(西化派)는 비록 본위문화파(本位文化派)를 반박했지만 이미 여론을 통제할 힘이 없었다. 왕신명 등의 '본위문화건설' 의 주장은 결코 어떠한 체계적 문화이론을 제기하지는 않았다. 그러나 그들은 유학을 기둥으로 하는 고유문화의 사상 경향에 공감을 나타냈다. 이것은 현대 신유학의 영향이 확대되고 있으며 더욱이 이미 일종의 사회여론이 되었음을 반영한다.

10여 년의 이론적 준비와 여론의 준비를 거치면서 현대 신유학의 이론적 구축 조건은 이미 성숙했다. 이론 구축 방면에서 공을 세운 주요 현대 신유가로는 웅십력 · 풍우란 · 하린 등이 있다.

(가) 웅십력의 『신유식론(新唯識論)』: 웅십력은 신육왕(新陸王)적이며 협의적인 의미에서 현대 신유가다. 그는 불교에서 유가로 전향하였다. 이 때문에 자기의 이론 체계를 신유식론이라고 불렀다. 이 '신(新)' 자는 그가 이미 불교의 유식학에서 나와 태어난 곳인 유가로 돌아왔음을 나타낸다. 그는 비록 명확하게 육왕(陸王)의 학맥을 이었다고 표명하지는 않았으나 사실상 육왕을 이어 논하고 있다. 그가 제기한 '체용불이론(體用不二論)' 은 육구연의 '내 마음이 바로 우주이고, 우주가 바로 내 마음이다' 와 왕양명의 '마음의 밖에 이(理)가 없고, 마음의 밖에 물(物)이 없다.' 라는 주장과 사고의 맥락이 일치한다. 그가 보기에 본심은 바로 우주 만유의 본체이며 우주 만물은 이 본체의 기능 혹은 표현이다. 본심은 유일한 참된 존재이며 현실적 우주 만물은 '드러난 것처럼 보이는 흔적' 일 뿐이다. 본체로서의 본심은 형성력〔翕〕과 복귀력〔闢〕의 두 기능을 갖추고 있

다. 본심은 '형성력' 기능의 도움을 받아 물화(物化)하여 물질적 우주가 되고 또 '복귀력' 작용의 도움을 받아서 물질적 우주가 자기를 향해 복귀하도록 한다. 흡(翕)과 벽(闢)은 상호 보완하고 대립 통일하면서 우주의 무한한 운동과 발전 과정을 구성한다. 본심이 이미 우주만유의 본체라면 그것은 또 인생에서 가치의 본체이기도 하다. 가치 본체의 의미에서 말하면 본심은 바로 유가가 말하는 '인(仁)' 이다. 그러나 현실 사회생활에서 사람은 양지(量智)적 사유의 제약을 받음으로 인하여 항상 세계를 물질적인 것으로 간주하며, '습심' 이 본심을 가리게 하여 가치 본체를 체인 할 수 없고 결국 선과 악의 분화가 이루어진다. 이 때문에 웅십력은 '성지(性智)' 적 사유로 '양지적' 사유를 대신하며 습심을 제거하고 본심을 세워서 '내성(內聖)' 의 도덕적 가치이념을 배양하자고 주장했다. 웅십력은 내성은 마땅히 외왕 즉 경세치용을 통과하여 체현되어 나와야 하며 때문에 송명리학의 '내성은 있으나 외왕은 없다' 라는 알맹이 없는 공허한 폐단을 바로잡자고 강조했다. 어쨌든 본심은 신유식론의 최고 범주이자 핵심 범주이며, 내성외왕(內聖外王)은 최후의 가치이고 목표이다.

(나) 풍우란의 '신리학(新理學)' : 풍우란은 신정주(新程朱) 유형 혹은 넓은 의미에서의 현대 신유가다. 그는 정주리학(程朱理學)을 정통으로 받들면서 신실재론의 사상적 자원을 융합하였고 논리분석의 방법을 운용하여 '신리학' 사상의 체계를 구축하였다. 그는 사람들의 경험이 미치는 '실제' (현상계) 밖에 초경험적 '진실계〔眞際〕' 가 숨어있다고 생각했다. 진제는 논리적으로 실제에 앞서며, 그것은 실제의 모범적 유형이고 목적이며 근거다. 진제는 바로 정주리학에서 말하는 '이세계(理世界)' 이며, 또 '대전(大全)' '태극' '진제' '천(天)' 혹은 '철학에서의 우주' (이것은 과학에서의 우주 혹은 실제적 우주와는 구별된다)라고 부를 수 있다. '이(理)' 는

우주 만물의 형식인(形式因)을 형성하고, '기(氣)' 는 우주 만물의 질료인(質料因)을 형성하며, '도체(道體)' 는 우주 만물의 동력인(動力因)을 형성하고, '대전' 은 우주 만물의 목적인(目的因)을 형성한다. '이세계' 는 이미 존재 의미에서의 본체인 동시에 가치 의미에서의 본체이다. 사람은 '깨닫고 이해하는〔覺解〕' 과정과 '이세계' 의 발생 관계를 통해서 주관적 정신 상태 즉 사람의 정신 경지를 형성한다. 사람들이 '이세계' 를 깨닫고 이해하는 정도에 따라서 인생의 경지는 자연 · 공리(功利) · 도덕 · 천지(天地) 등 네 가지 유형으로 구분할 수 있으며, 그 가운데 천지의 경지가 가장 높은 경지이다. 이 경지에 있는 사람은 '추상(抽象)과 초월에 의해 높은 경지로 건너가서' '스스로 완전함과 하나가 되고' '높고 밝음을 극진히 하면서도 중용에 통하여' 주관 정신과 진제 자체가 하나로 합치된다. 천지의 경지는 바로 중국 전통철학에서 말하는 천인합일의 경지다. 진제가 실제에 앞선다는 본체론의 원칙에서 출발하여 '깨닫고 이해하는' 과정을 거쳐 가장 높은 천지의 경지에 도달하는 것, 이것이 바로 신리학의 기본 구조다.

(다) 하린의 '신심학(新心學)' : 하린은 신육왕의 유형으로써 넓은 의미의 현대 신유가다. 그는 육왕의 학맥을 이어받고 신헤겔주의의 사상 자료와 방법을 참고하여 '신심학' 의 사상체계를 세웠다. 하린은 세계는 마음의 표현이라고 생각했다. 일반적으로 말하는 사물의 색깔과 형태는 의식의 과장으로 말미암아 형성되며 그 질서와 가치 또한 마음이 부여한 것이다. 사물의 객관성은 사람의 인식적 보편성과 공동성에서 오니 바로 이른바 "사람은 이 마음과 같고, 마음은 이 이치와 같다." 그러므로 "마음과 사물은 나눌 수 없는 총체다." 이 총체에서 마음은 본질이고 주제이며 논리적 주체이다. 그는 이러한 우주관을 인식론 방면으로 끌어들여서 '자연

적 지행합일론(知行合一論)' 을 만들었다. 지행합일의 전개 과정에서 지는 행의 본질이며 행은 지의 표현이다. 지는 영원히 행을 결정함으로써 주(主)가 되고, 행은 영원히 지가 결정하는 것임으로 종(從)이 된다. 심리합일의 우주관과 '자연적 지행합일론' 에 근거하여 하린은 '이성을 합하고 · 인정을 합하며 · 시대를 합하는' 현대 유학자의 인격을 구상하였고 '충효 · 인애 · 신의 · 평화의 도덕을 중시하는 유상유공(儒商儒工)' 이 나와서 사회의 주춧돌이 되자고 주장했다.

웅십력 · 풍우란 · 하린을 제외하고 비교적 유명한 현대 신유가로는 마부(馬浮)와 전목(錢穆)이 있다.

마부(馬浮, 1886~1967)는 자가 일부(一浮)이고 호가 담옹(湛翁)이며 별명은 견희노인(蠲戲老人)이다. 그는 오랫동안 서호(西湖) 옆에 은거하며 깊이 학문을 연구했다. 전통 학문의 기초가 튼튼했고 시(詩) · 사(詞) · 서화(書畵)에도 정통했으며 여러 외국어에도 통달했다. 항일전쟁 시기에 그는 사천 오룡사(烏龍寺)에 복성서원(復性書院)을 창설하고 강사직을 맡았다. 그는 학계에서 명성이 아주 높았다. 하린은 그를 '중국 문화의 가까스로 살아남은 큰 열매' 라고 불렀다. 그의 제자들 눈에는 "선생님은 정주(程朱)의 거경궁리의 가르침을 지켰는데 수양의 순수함과 폭넓은 독서는 당시 그와 비교할 수 있는 사람이 없었다." 마부는 "주경(主敬)은 수양의 관건이고, 궁리는 치지(致知)의 관건이며, 박문(博文)은 입사(立事)의 관건이고, 독행(篤行)은 진덕(進德)의 관건이다."라는 복성서원의 규칙을 세웠다. 주요 저작으로는 『태화회어(泰和會語)』, 『의산회어(宜山會語)』, 『이아태답문(爾雅台答問)』, 『복성서원강록(復性書院講錄)』 등이 있다.

마부는 문화는 정신의 산물이며 유가의 육예(六藝)에 관한 학문은 인류 문화의 근본이라고 생각했다. 그는 "전 인류의 심령은 그 표현하는 바가 육예를 벗어나지 않고, 그 변화와 발전도 이에서 제외되지 않는다."라고 했다. 그는 정주(程朱)의 경전 중시와 폭넓은 독서의 학풍을 계승하고 유가 경전의 깊은 연구를 중시했다. 또 육왕(陸王)이 명쾌하게 설명한 본심의 전통을 계승하여 심성을 육예의 토대라고 보았다. 그는 "성(性) 외에 도(道)가 없고, 사(事) 외에 이(理)가 없다. 육예의 도는 우리의 자성이 본래부터 갖춘 이(理)이다. 다시 말하면 윤리로서 날마다 마땅히 행해야 할 일이다."[16]라고 하였고, 또 "일체 학술 사상과 방법은 모두 육예에 통섭되고, 육예는 사실상 한마음에 흡수된다. 즉 그것은 한마음의 전체적 작용이다."[17]라고 했다. 이미 심성이 육예의 도의 토대라면 학문하는 원칙은 당연히 널리 학문을 닦고 예절과 예의를 바르게 하는 것이다. 그는 "지금 마음의 밖에 사물이 없고 일의 밖에 이(理)가 없음을 밝히니, 사물과 접촉하여 이(理)를 탐구하는 것은 바로 이 마음의 사물이 본래부터 갖춘 이(理)를 탐구하는 것이다. 이 이(理)는 어디에나 두루 미치고 충만하며 없는 곳이 없어서 안과 밖을 고집할 수 없다."[18] 마부는 주희와 육구연을 조화하였으나 도의 보편성과 절대성에 치중하여 사실상 육구연보다는 주희에 더 기울어 있다. 마부의 명성은 매우 컸다. 그러나 이론상의 참신함은 그리 높지 않았다.

전목(錢穆, 1895~1990)은 자(字)가 빈사(賓四)이고 강소성(江蘇省) 무석(武錫) 출신이다. 1949년 이전에는 북경대학 · 서남연합대학(西南聯合大學) · 강남대학(江南大學) 등에서 교수를 역임했고 대만으로 간 이후에는 중앙연구원 원사(院士)를 역임했다. 저술에는 『선진제자계년(先秦諸子系年)』, 『중국근삼백년학술사(中國近三百年學術史)』, 『국사대강(國史大綱)』, 『국사신론(國史新論)』, 『중국 문화사도론(中國文化史導論)』, 『송명리학개

16) 馬浮, 『復性書院講錄』 권3.
17) 馬浮, 『宜山會語』.
18) 馬浮, 『復性書院講錄』 권1.

론(宋明理學槪論)』 등 40여 종이 있다. 그는 스스로 "얻은 것이 있는지 스스로 물어보면 송명유학자가 준 선물 아닌 것이 없다."[19]라고 말했다. 그는 송명리학을 지도 사상으로 하여 역사를 편찬했으며 역사서술의 방식으로써 송명리학을 명확하게 설명했다. 그는 유학의 특색을 매우 중시했다. 또 그것을 외국 문화와 비교하여 얻어낸 결론은 "대체로 중국은 효를 중시하고, 서구는 사랑을 중시하며, 인도는 자비를 중시한다. 그러므로 중국의 교육은 청년들에게 있고, 서구의 교육은 장년에 있으며, 인도의 교육은 노년에 있다. 내가 잠시 좋은 이름을 붙여준다면 중국은 곧 청년 성향의 문화이고, 서구는 장년 성향의 문화이며, 인도는 노년 성향의 문화이다. 또 아름다운 시호(謚號)를 선사한다면 중국 문화는 효의 문화이고, 서구는 사랑의 문화이며, 인도는 자비의 문화가 된다."[20]는 것이었다. 그가 보기에 공자는 청년들의 본보기라고 부를 수 있다. "공자는 중국의 위대한 성인으로서 그의 사람됨은 분발하면 밥 먹기도 잊고 즐거워서 근심을 잊어 늙음이 다가오는 줄도 몰랐으니 이것이 공자가 죽는 날까지 몸에 지닌 청년의 기개였다. 『논어』는 중국의 위대한 경전으로 20편 가운데 첫머리인 「학이(學而)」 편에서 선생님께서는 '배우고 그것을 때에 맞게 익혀나가면 기쁘지 않겠는가? 벗이 먼 곳에서 찾아오면 즐겁지 않겠는가?' 라고 말씀하셨고, 유자(有子)는 '효성스러움과 공손함은 인(仁)을 실천하는 근본이 아니겠는가?' 라고 말씀하셨으며, 증자(曾子)는 '나는 날마다 자주 나 자신을 반성한다. 남을 위하여 일할 때 불충실했는가? 벗들과 사귀는 데 불성실했는가? 가르쳐준 학업을 익히지 않았는가?' 라고 말씀하셨는데, 이것은 공자 문하 제자들의 가르침은 모두 청년을 위주로 하였음을 나타낸 것이다. 『논어』는 바로 청년들의 보배로운 교훈이다."[21]

19) 錢穆, 『宋明理學槪述』 序, 臺北, 學生書局, 1977.

20) 錢穆, 『中國文化與中國青年』, 『中國現代思想史資料簡編』, 398쪽.

**자•료•카•드**

「중국 본위의 문화건설 선언」

왕신명 등이 지어서 1935년 1월『문화건설』1권 4기에 발표했다. 문화 본위주의를 주장한 대표적 성격의 글이다. 이 글에서는 중국은 이미 현대 세계문화의 영역에서 사라졌으므로 중국이 과거의 영광을 회복하고 다시 중요한 위치를 차지하도록 하는 길은 바로 중국 본위의 문화건설에 종사하는 것으로 생각한다. 본위 문화의 건설 방침은 "중국 본위에 근거하여 비평적 태도를 채택하고 과학적 방법을 응용하며 과거를 검토하고 현재를 파악하여 미래를 창조하는 것이다."라고 생각했다. 또 서양 문화를 무턱대고 따르거나 모방하는 것을 반대하고 복고와 수구도 반대한다고 소리 높여 주장했다. "자아 인식을 지니고 있어야 할 뿐만 아니라 또 세계적 시야도 가지고 있어야 하고, 문을 닫지 않고 자기를 지키는 아량을 지니고 있어야 할 뿐만 아니라 맹목적으로 모방하지 않으려는 결심도 가지고 있어야 한다."라는 말 아래 형태만 바꾸어 중체서용의 관점을 견지하였다. 중국공산당이 이끄는 혁명운동은 '소련을 모방한 것'이며 "그 착오는 영미를 모방하자고 주장한 사람들과 완전히 똑같으니 모두 중국이라는 공간과 시간의 특수성을 경시했다."라고 생각했다.

_ 방극립 주편,『中國哲學大辭典』, 115-116쪽,
북경, 중국 사회과학출판사, 1994.에서 발췌.

그가 보기에 유학은 영원한 가치를 지니고 있어서 "오직 공자의 마음 교육이 중국에 남아있기 때문에 중국은 굳이 법률과 종교가 필요하지 않으며 사회도 흔들리지 않고 우뚝 서 있을 수 있다. 이후의 중국, 더 나아가 전 세계는 실로 공자의 마음 교육의 필요성을 열렬하게 외칠 것이다."

---

21) 위의 책, 400쪽.

전목은 주로 사학(史學)의 시각에서 유학을 제창하였으므로 철학적으로는 별 공적을 쌓지 못했다.

(3) 1950년대 이후 홍콩 · 대만지역 신유가의 활약

1950년대 이후, 웅십력을 전승한 당군의 · 서복관 · 모종삼 등이 홍콩에 도착하였다. 그리고 늘 대만에 가서 교편을 잡고 강의하며 홍콩과 대만을 왕래하였다. 그들의 추진 아래 홍콩대만지역의 신유가가 힘차게 일어나기 시작했다. 홍콩 · 대만지역 신유가의 첫 번째 큰 조치는 신아서원(新亞書院)을 창설한 것이다. 1949년 6월 당군의 · 장비개(張丕介) · 정조웅(程兆熊) 등은 공동으로 신아서원을 창설하고 당군의가 교육업무의 책임자가 되었다. 1960년대 초까지 신아서원은 발전하여 철학 · 역사 · 중문학 · 수학 · 생물학 · 물리학 · 화학 등의 학과를 갖춘 종합적 단과대학이 되었다. 1963년에 신아 · 숭기(崇基) · 연합(聯合)의 세 서원(書院)이 합병하여 홍콩중문대학〔香港中文大學〕을 세웠다. 신아서원은 홍콩과 대만 신유가의 연구기지라고 할 수 있다. 서복관 · 모종삼 등은 모두 일찍이 이곳에서 교편을 잡았었다. 홍콩 · 대만지역 신유가의 두 번째 큰 조치는 『민주평론(民主評論)』을 창간한 것이다. 이것은 서복관이 자금을 마련하여 홍콩에서 창간한 잡지로 홍콩 · 대만지역 신유가의 주요 사상 진지(陣地)였다. 홍콩 · 대만지역 신유가의 세 번째 중대한 조치는 「중국 문화에 관해 세계의 인사들에게 알리는 선언(〔爲中國文化警告世界人士宣言〕 - 중국학술연구 및 중국 문화와 세계문화의 앞날에 대한 우리들의 공동 인식」(약칭 「선언」)이었다. 그들은 세계 각국의 학자들과 교류하는 과정에서 서양학자들이 유학을 기본으로 하는 중국 문화에 대해 가지고 있는 크나큰 오해를 깊이 느꼈다. 그들은 이 책임이 자신들에게 있다고 생각하면서 이러한 오해를 바로잡으려는 입장에 서서 국제적으로 중국 문화의 위상

을 끌어 올렸다. 당군의는 당시 대만에 있던 모종삼 · 서복관 및 미국에 있던 장군매와 연결하여 공통의 인식에 도달하였다. 이 「선언」은 당군의가 기초하고 네 사람이 공동으로 서명하여 1958년 1월 1일에 『민주평론』과 『재생(再生)』 잡지에 동시에 발표하였다. 전목도 「선언」의 초안 작성에는 참여하였지만 약간의 견해 차이가 있어서 마지막에 「선언」에는 서명하지 않았다.

「선언」은 4만여 자가 넘으며 홍콩 · 대만지역 신유가의 기본적 주장과 공통의 학술적 입장을 표현했다. 그들은 중국 문화에 관한 서양학자들의 편견에 대해 비평을 제기했다. 「선언」에서는 어떤 서양학자는 전도(傳道) 목적 때문에 중국 문화를 곡해하였고, 어떤 사람은 정치적 목적 때문에 중국 문화를 곡해하였으며, 어떤 사람은 호기심 때문에 중국 문화를 박물관 속의 문물로 여긴다고 지적했다. 일부 서양인들의 눈에 중국 문화는 고대의 이집트 문화 · 고대의 스페인 문화 · 소아시아 문화와 마찬가지로 모두 이미 사망한 문화에 속했다. 이러한 편견에 대하여 「선언」은 비록 중국 문화에 결함은 있지만 '병든 사람' 으로 부를 수는 없으며 결코 '죽은 사람' 으로 부를 수도 없다는 것을 엄정하게 선언하였다. 수천 년 역사를 가진 중국 문화는 변함없이 살아있는 생명으로서의 존재이며, "이 가운데는 피도 있고 땀도 있으며 눈물도 있고 웃음도 있어서 일관된 이상과 정신이 관통하고 있다." 그러므로 중국 문화를 고찰할 때는 마땅히 '공감' 과 '경의' 를 지니고 있어야 한다. "경의가 앞을 향해 조금 더 뻗어나가면, 지혜의 운용 역시 그에 따라 조금 더 증가할 것이며, 이해 역시 그에 따라 조금 더 증가할 것이다." (「선언」 제3절). 이 「선언」은 해외에 비교적 큰 영향을 일으켰고 홍콩 · 대만지역의 신유가가 이미 하나의 학술 집단으로 형성되었음을 상징한다. 이 학술 집단에서 당군의 · 서복관 · 모종삼은 의심할 바 없이 가장 대표성을 갖는다.

당군의는 인자형(仁者型)의 홍콩 · 대만지역의 신유가다. 그는 정면으로 중국 문화의 정신과 가치를 소통시키는 데 중점을 두고 민족문화에 대한 허무주의적 경향을 바로 잡으려고 했다. 본체론 연구의 방면에서 서양철학을 잘 알고 있던 당군의도 생명의 진로에서는 의기투합했지만 웅십력과 비교하면 역시 한 걸음 더 앞으로 나아갔다. 그의 본체론 사상은 인문학적 색채가 더욱 뚜렷하고 또 도덕적 이성을 지향하고 있다. 그는 더는 불교를 대화의 주요 대상으로 삼지 않았고 중국철학과 서양철학의 비교와 소통을 더욱 중시했다. 그는 독일 고전철학(특히 헤겔철학)의 이론과 사유의 성과를 빌어 유가의 심성학을 해석하고 '도덕자아'의 본체론적 지위를 증명하려고 애썼다.

그가 보기에 우주 사이의 만물은 시간 공간적으로는 물론 서로 외재하지만, 이러한 외재성 가운데는 만물 사이에 서로 연결된 내재성이 숨겨져 있다. 내재성은 물질세계를 초월한 그 위의 것이며 사실 그것은 생명의 표현형식이다. 그리하여 당군의는 물질세계에서 생명의 세계까지 뛰어오른다. 그는 생명의 특질은 반드시 자신의 끊임없는 연속성에서 찾아야 하며 과거의 생명은 현재에 내재하는 생명에서 찾아야 하고 현재의 생명은 미래의 생명에서 찾아야 한다고 지적했다. 이로부터 당군의는 "어떠한 생물이든지 모두 전 우주의 물질이 그 신체 형식의 잠재적 요구를 표현하도록 하고 있다. 이것은 한 생명의 맹목적 이기심이고 또 아주 어두운 원시적 무명(無明)이며 혹은 일체를 정복하기 바라는 권력의지다."[22]라는 결론을 얻어냈다. 여기서 그는 우주의 내재성을 생명으로 귀결시키고 생명을 움직임의 본체로 이해하였으며 이해를 맹목적 의지라고 하였는데, 이것은 분명히 쇼펜하우어에서 베르그송에 이르는 서양 현대 비이성주의의

22) 唐君毅, 『文化意識與道德理性』, 62쪽, 臺北, 學生書局, 1986.

영향을 받아들인 것이다. 그러나 당군의는 결코 비이성주의자가 아니다. 그가 보기에 생명의 세계는 여전히 궁극적 세계는 아니다. 생명의 세계에는 늘 자각할 수 없는 가치 의식이 있고 '무명(無明)' 의 상태에 있기 때문이다. 그러므로 반드시 생명의 세계를 뛰어넘어 계속 앞을 향해 탐구해야 한다.

당군의는 생명의 세계를 다음과 같이 분석했다. 생물의 생명 활동은 불가피하게 생존 환경의 제약을 받게 된다. 그러나 이러한 제약은 생명의 발전에 따라서 돌파될 수 있고 초월될 수 있다. 생명의 고급 형태에 이르면 "이때를 극복하면 자신의 형식적 제약을 뛰어넘는다. 더 보태서 말하면 즉 생물의 본성은 자각할 수 없는 이기심 혹은 무명(無明)이라고 말할 수 없으며 그 이기적인 형식에서 끊임없이 해방되어 그 자체가 깨어나고 외부에 통달하게 된다."[23] 이러한 분석은 당군의가 이미 비이성주의를 벗어나서 이성주의의 궤도로 들어선 것을 분명하게 나타낸 것이다. 그는 비이성적 생명 세계로부터 이성적 인문 세계로 도약하였으며, 또 인문 세계를 도덕적 가치를 체현한 세계라고 묘사하고 현대철학 용어를 적용하여 '인(仁)은 만물과 한 몸이 되는 것' 이라는 유가의 정서를 나타냈다. 인문 세계에서는 '이기심' '무명' '권력의지' 등 비도덕적 요소는 모두 제거되고 형이상학적 정신 실체가 밝게 드러난다. 여기에 이르러 당군의는 결국 형이하에서 형이상에 도달하고 물질세계와 생명 세계의 '잡다함' 에서 인문 세계의 통일을 실현하여 그의 마음속에 있는 본체를 증명하게 되었다. 그는 그것을 '생생불식(生生不息)하는 기(氣)의 형이상적 실체 혹은 형이상적 우주의 생명 정신' 이라고 불렀다. 이러한 우주의 생명 정신은 사람의 자각적 체현을 통해서 나오는 것이며 이러한 의미에서 말하면 그것은 바로

---

23) 唐君毅, 『文化意識與道德理性』, 62쪽, 臺北, 學生書局, 1986.

'본심' '인체(仁體)' '도덕 자아' '정신 자아' '초월적 자아' '도덕 이성' 등이다. 우리는 당군의의 철학적 사고가 한 걸음 한 걸음 전개되는 과정으로부터 그의 본체론적 사상은 한결같이 인문적 가치와 도덕적 가치에 관심을 두고 있음을 식별하기 어렵지 않다. 그의 본체론은 의심할 바 없이 일종의 유심주의다. 그러나 그것은 서양철학에서 볼 수 있는 인지(認知)적 의미의 유심주의가 아니라 도덕적 의미의 유심주의다. 당군의의 본체론 사상에는 이미 웅십력의 흔적이 있고 또 헤겔식의 사변도 나타나서 그 이론적 깊이에서 말하면 분명히 그의 스승을 뛰어넘어 있다.

서복관은 용감형(勇敢型)의 홍콩·대만지역 신유가다. 그는 형이상학적 사변철학에 대해서는 흥미가 없었다. 심지어 그는 스승과 친구들도 비평하였으며 그들이 "중국 문화의 발전 방향을 뒤바뀌게 했다."라고 의심했다. 그가 보기에 유학의 토대는 인심(仁心) 혹은 본심이라는 이 하나의 가치 있는 자아의식 위에 세우면 충분하며 그에 대해 형이상학적 본체론에 의한 증명은 필요가 없었다. 그는 '인심'이 인생의 가치 혹은 의의를 규정한다고 생각하고 이 가치와 의의의 원천임에 동의했다. 또 이로부터 생활의 격식과 사회질서를 끌어내어 이것이 바로 유가 사상의 기본 절차라고 생각했다. 분명히 서복관의 신유학 사상은 그의 스승 및 벗들과 마찬가지로 역시 인심이라는 가장 높은 범주에 기초하고 있으며 또 내성외왕의 이치를 관철하고 있다. 스승이나 벗과 다른 점은 그가 사고의 중점을 본체론 방면에 두기를 원하지 않음으로써 사람들이 유학을 그곳에 발을 들여 놓기 어려운 무서운 길로 보는 것을 없앤 것이다. 그의 생각에 의하면 힘을 낭비하며 내성(본체)이 어떻게 건립하는가를 연구 토론하는 것은 외왕(과학과 민주)이 어떻게 출발하는가를 연구 토론하는 것만 못하며 이렇게 할 때 비로소 신유학이 더욱 현대적 감각을 갖게 하고 더욱 사회적 영향력을 갖게 한다.

그러면 외왕은 어떻게 내성으로부터 출발하는가? 서복관이 내놓은 방안은 '인을 전환하여 지를 이루는 것〔轉仁成智〕' 이다. 이른바 '인' 은 가치적 자아의식을 가리키고 '지' 는 인지이성을 가리킨다. 그는 '인' 으로부터는 직접 과학과 민주가 출발할 수 없으므로 반드시 인이 전환하여 지가 되어야 비로소 유학의 현대적 전화(轉化)를 실현할 수 있다고 생각했다. 그는 전통유학이 과학과 민주를 출발시킬 수 없었던 원인의 하나는 바로 '전인성지' 를 실현하지 못한 데 있다고 지적했다. 서복관은 전통유학에 대하여 깊은 공감과 숭고한 경의를 품고 있었으나 결코 전통유학의 결점을 말하려 하지 않은 것은 아니다. 그는 전통유학은 대부분 통치자를 위해 말했고 피통치자를 위해 말한 것은 매우 적었으므로 현대 신유가는 반드시 입장을 전환하여 피통치자의 대변인이 되어야 한다고 생각했다. 그는 이렇게 말했고 또 이렇게 행동했다. 그는 수많은 정치평론을 발표하여 당국의 전제주의 정책을 공격하였고 민주를 호소하기 위해서 큰소리로 다급하게 부르짖었다.

엄격하게 말하면 서복관의 '전인성지' 설은 결코 어떻게 내성으로부터 신외왕으로 출발할 것인가의 문제에는 대답하지 않고, 다만 반드시 내성으로부터 신외왕을 출발시켜야 함을 긍정하였다. 그의 주장은 사실 전통을 밀고 나가는 것이었지 전통을 굳게 지키려는 것은 아니었다. 그는 힘껏 전통적 유학과 현대적 민주정치가 결코 모순되지 않음을 증명하였으며 유가 경전에서 "하늘은 우리 백성들이 듣는 것으로부터 듣고, 하늘은 우리 백성들이 보는 것으로부터 본다."라는 종류의 민주 사상의 섬광을 찾아내었다. 그러나 유학으로부터 바로 민주정치를 열어나간다고 결론짓지는 않았다. 서복관은 전통 유가의 학설과 민주정치의 관계를 이렇게 처리하여 비교적 강한 비판적 정신과 역사를 바로 보는 실질 정신과 세계와 대면하는 시대정신을 표현해내었다. 이것은 좁은 의미의 신유가에서는 매우 독특하다.

모종삼은 지자형(智者型)의 홍콩 · 대만지역 신유가다. 그는 생명-인문-도덕의 진로를 따라서 '도덕형이상학'을 분명하게 제기하고 마지막으로 신유가 사상에 대한 본체론적 해석을 완성했다. 모종삼은 '도덕형이상학'은 '도덕의 형이상학'과는 다르다고 말했다. 후자는 형이상학의 관점에서 도덕을 연구하는 것이지 결코 형이상학 자체는 아니다. 전자는 "형이상학 자체를 위주로 하며 '도덕의 진로'로부터 들어가서 '도덕성 자체'가 바라보는 근원으로부터 우주의 근원에까지 스며들어 간다. 이것은 바로 도덕으로부터 들어가서 형이상학에 이르는 것이다. 그러나 오히려 '도덕의 진로'로부터 들어가므로 '도덕형이상학'이라고 한다."[24] 모종삼의 해석에 의하면 유가에서 말하는 '인'이나 '본심'은 다만 도덕적 의미에서의 주체만을 가리키는 것이 아니라 당연히 우주만유의 본체로 보아야 한다. 그러므로 도덕형이상학이라고 불렀다. — 이것이 바로 유가철학의 특질이 있는 곳이다. 이른바 '도덕형이상학'은 또한 유가가 대대로 이어온 '내성심성지학(內聖心性之學)' 혹은 '성덕지교(成德之敎)'를 가리킨다. 그것이 논의하고자 하는 주요 문제는 두 방면으로 나눠진다. "첫째는 도덕 실천이 가능한 선험적 근거(혹은 초월적 근거)를 토론하는 것으로서 이것은 바로 심성 문제이다. 이로부터 나아가서 다시 실천의 착수 문제를 토론하는데 이것이 바로 공부이고 그 길로 들어가는 문제이다. 전자는 도덕 실천이 가능한 이유로서의 객관적 근거이고, 후자는 도덕 실천이 가능한 이유로서의 주관적 근거이다. 이 두 가지 문제는 송명유학자의 심성에 관한 학문의 모든 것이다. 송명유학자의 어휘로 말하면 전자는 본체 문제이고 후자는 공부 문제이다."[25] '본심과 인체(仁體)'라는 이 '도

24) 牟宗三, 『心體與性體』, 제1책, 140쪽, 臺北, 中正書局, 1968.

25) 위의 책, 8쪽.

덕형이상학'의 기본 이념에 근거하여 모종삼은 "외왕은 어떻게 내성으로부터 출발하는가?"라는 문제를 해결하려고 시도했다. 그는 세 개의 술어를 사용하여 전통유학을 판정했다. 첫째는 도통으로서 바로 '도덕형이상학'이다. 이것은 유학의 가장 뛰어난 이론적 성취다. 둘째는 학통으로서 곧 과학적 지식인데 전통유학은 이것을 그리 중요하게 여기지 않았다. 셋째는 정통(政統)으로서 곧 민주정치를 말한다. 이 방면에서는 다만 이성의 운용에 대한 표현만 있을 뿐 이성의 구조에 대한 표현은 없다. 결론적으로 말하면 전통유학에는 "도통은 있으나 학통과 정통은 없다." 바꾸어 말하면 전통유학은 사실상 결코 신외왕을 출발시키지 않았고 과학과 민주를 출발시키지 않았다. 그렇다면 이론상으로 유가의 내성지학(內聖之學)에서는 신외왕을 출발시킬 수 없었을까? 모종삼의 대답은 긍정적이었다. 그는 출발시킬 수 있는 구체적 길은 '양지(良知)의 자아감함(自我坎陷)' 즉, 덕성주체로부터 지성주체로 전환되어 나옴으로써 과학과 민주 발전에 근거를 제공하게 된다고 생각했다. 그는 "동태적인 덕을 완성하는 도덕이성으로부터 정태적인 지식을 완성하는 즉 보고 이해하는 이성〔觀解理性〕으로 바뀌게 되는데, 이 한 번의 전환을 우리는 도덕이성의 자아감함〔自我否定〕이라고 말할 수 있다. 이 감함을 통해서 동태(動態)에서 정태(靜態)로 바뀌고 무대(無對)에서 유대(有對)로 바뀌며 실천을 통한 직접 관통으로부터 이해(理解)에 의한 횡렬(橫列)로 바뀐다."[26] 어떻게 도덕주체의 감함으로부터 지성주체로 나아가는가에 대해서 그는 사람들이 믿고 따를만한 설명을 하지 못했다.

---

26) 牟宗三, 『政道與治道』, 58쪽, 臺北, 學生書局, 1983.

## 장군매(張君勱, 1887~1969)

현대 자산계급의 학자이며 정치가다. 본명은 가삼(嘉森)이고, 호는 입재(立齋)이며, 달리 세계실주인(世界室主人)으로 기명하기도 한다. 강소성(江蘇省) 보산(寶山: 지금은 상해에 속함) 출신이다. 1952년 미국 시애틀에 살면서 오로지 저술 활동에 종사했다. 3년 후 샌프란시스코로 이사했다. 1957년과 1963년을 전후하여 『신유학사상사』 두 권을 발표했다. 1958년 모종삼 · 서복관 · 당군의와 함께 「중국 문화에 관해 세계의 인사들에게 알리는 선언」을 발표하고 유학을 근본 줄기로 하는 중국 전통문화는 영원히 지속하고 발전하며 그것은 살아있는 유기체이고 하나의 커다란 생명이라고 생각했다. 그리하여 당대 신유학운동과 중국철학과 문화의 연구를 절정으로 밀어 올렸다. 만년에도 여전히 중국 전통문화에 대하여 간절하고 천진하며 거짓 없는 마음을 잃지 않고 좌절하면서도 바쁘게 뛰어다니며 지팡이를 짚고 강의했다. 그는 철학적으로 자기는 '유실적유심주의자(唯實的唯心主義者)〔=실재론적 유심주의〕' 라고 표방했다. 그는 "나의 체계에서는 만물의 존재를 전제로 한다. 그리고 마음이 인식하는 까닭과 만물이 건립하는 까닭을 논하는 것은 마음의 종합과 정신의 운행으로 귀착된다." "유심론을 근본으로 하고 실재론의 장점을 동시에 취한 것이다."라고 말했다. 사실 그는 이원론 혹은 유심론자이다. 그는 역사관에서 사회의 '함변설(函變說)' 혹은 '기능설' 을 제출하여 사회 역사의 발전은 '사람의 의지력이 객관 환경에 들어가서 일으킨 일종의 함변관계(포괄적 변화관계)' 라고 주장했다. 그는 정치 · 법률 · 경제의 사회적 관계는 "어느 것이 상층구조인지 어느 것이 하층기초인지 찾아낼 수 없다."라고 생각했다. 그의 주요 철학 저작으로는 『인생관』 『재론인생관여과학병답정재군(再論人生觀與科學幷答丁在君)』 『내일의 중국 문화〔明日之中國文化〕』 『변증유물주의박의(辨證唯物主義駁議)』 『신유가 사상사』 『중국서양인도철학문집(中西印哲學文集)』

등이 있다.

_ 방극립 주편, 『중국철학대사전』, 399쪽,
북경, 중국 사회과학출판사, 1994.

### 3) 현대 신유가의 유형

현대 신유가는 유가 도통의 계승을 명확하게 나타내는 일군의 학자들로서 대체로 두 가지 유형으로 나눌 수 있다. 한 유형은 협의의 신유가로 양수명 · 웅십력 · 당군의 · 모종삼 등을 대표로 하고, 다른 한 유형은 광의의 신유가로 풍우란 · 하린 등을 대표로 한다.

#### (1) 협의의 신유가

협의의 신유가는 비교적 분명한 학파적 특징이 있다. 그들은 혹은 동지이고 혹은 스승과 제자로서 왕래가 매우 잦고 관계도 밀접하다. 양수명과 웅십력은 동지이고, 당군의 · 서복관 · 모종삼은 모두 웅십력의 가르침을 따르던 제자이면서 또한 동지다. 사상적으로 그들은 많은 공통의 인식을 소유한다. 그들은 비교적 강한 도통의식을 소유하며 모두 유가의 내성학을 도통으로 여긴다. 그들은 의식적으로 육왕(陸王)의 심학을 이어받아서 설명하며 육왕을 존중하고 정주(程朱)를 폄하한다. 그들은 생명의 진로를 취하고 중국과 외국의 철학적 자원을 융합하여 도덕형이상학의 구상을 시도했다. 그들은 유학의 현대적 가치를 긍정하고 내성으로부터 외왕이 출발한다고 주장하며 과학 · 민주 등 현대문명의 성과에 끼워 넣었다.

양수명은 협의의 신유가의 창시자이다. 그는 이 학파의 기본 품격을 확립했다. 우선 그는 제일 먼저 "유가를 위해 말하겠다."라며 앞으로 나섰고 현대적 이론이 요구하는 관점에서 유학의 가치를 인정하였다. 그는 서양에서 발생한 1차 세계대전의 잔혹한 사실에서 서양 문화가 결코 일부 중국인들이 상상하듯이 그렇게 아름답고 묘한 것이 아님을 알아차렸다. 비록 물질문명 방면의 성취에서 중국은 서양보다 훨씬 못하나 정신문명의 방면에서는 오히려 서양 문화가 비교할 수 없는 우수한 점을 갖추고 있다. 유가 사상이 서양 문화보다 우수하다는 그의 이러한 견해는 비록 이후 협의의 신유가 속에서 수정되기는 하였으나 기본적으로 비교적 일치된 동의를 얻었다. 그다음 그는 생명의 진로를 채택하여 유학의 현대적 가치를 해석했다. 그는 베르그송의 생명철학과 유학은 서로 통하는 점이 있다고 생각하고 베르그송의 사유방법과 사상적 자료를 참고하였다. 그는 주체주의 입장에서 출발하여 육구연 · 왕양명 등의 심학파를 이어받았으며 협의의 신유가를 위해서 육왕을 숭상하고 정주를 폄하함으로써 내성학의 기본적 발전을 발휘할 수 있는 사유의 길을 예약해 두었다. 이것은 이후에도 협의의 신유가 이론의 기본적 특징이 되었다.

양수명은 유학 우위론과 주체주의 및 생명의 진로를 제기했는데, 그것은 협의의 신유가의 기본 이념을 표현한 것이라고 할 수 있다. 그러나 그는 충분히 논증해내지는 못했다. 그는 다만 시작한 사람이지 종결한 사람은 아니다. 그는 신유학 사상을 창시한 다음 바로 실천으로 전향하여 오랫동안 향촌 건설 운동과 그 밖의 사회활동에 힘을 쏟았으므로 이론 방면에서는 별다른 진전을 얻지 못했다. 양수명의 동지인 웅십력은 그를 이어받아 북경대학 교수가 되었으며 다년간 강의와 이론 연구에 종사하면서 협의의 신유가의 기본적 이론을 발전시키는 임무를 담당했다. 그는 생명의 단계에서 인문의 단계로 진입하여 유가의 '본심' 범주의 본체론적 의의를 확인했다. 그는 『신유식론』에서 "이 책에서 생명이란 단어는 본심의 별칭으로서 쉼 없이 생명을 탄생하는 본체를 가리켜 이름 붙인 것이다."[27]라고 썼다. 본심은 형성력〔翕〕과 복귀력〔闢〕의 두 가지 기능을 가지고 우주를 펼치고 우주를 통섭하며 존재를 구성하는 본체다. "인(仁)은 본심이다. 즉 우리와 천지만물이 함께 똑같이 갖춘 본체다."[28] 본심은 또 인생 가치의 근원이다. 그는 '체용불이' 론에 근거하여 내성학을 표현해내고 '성체정로설(性體呈露說)' 을 제기하였다.

웅십력의 신유학은 특히 두 가지 문제에 관심을 두고 있다. 첫째는 본체가 어떻게 성립되는가의 문제이고, 둘째는 외왕(外王)은 어떻게 내성(內聖)으로부터 출발하는가의 문제다. 그는 이 문제에 많은 정력을 쏟았다. 그러나 그는 서양철학에 대해 자세히 알지 못하였기 때문에 주로 불교와 대화하는 방법을 취하여 그의 철학적 구상을 전개하였다. 비록 새로운 견해는 많았으나 서양철학에 대한 반응은 결국 생각뿐 힘이 미치지 못했다. 이것은 웅십력의 이론적 사유의 깊이에 대해 형성될 수밖에 없는 뚜렷한 한계점이다. 그의 제자 모종삼조차도 그 스승의 본체론 사상은 "전방위로 펼쳐지지 못했다."라고 느꼈다. 외왕이 어떻게 내성으로부터 출발하는가의 문제에 대해서는 그가 해결한 것 역시 이상적이지 못했다. 그의 외왕 관념 역시 비교적 케케묵은 것이어서 오히려 과학과 민주의 함의를 명확하게 해주지 못했다. 비록 주관적 혹은 객관적 조건의 제한을 받긴 했으나 웅십력은 위에 서술한 두 가지 문제에 대해서 원만하게 해결하지 못했다. 그러나 그는 바로 이 두 가지 문제를 뚜렷하게 드러내어 미래 협의의 신유가를 위한 넓은 이론적 사고의 공간을 열어줌으로써 협의의 신유가의 발전에 방향을 인도하는 역할을 하였다. 1949년 이후 협의의 신유가의 연구 중심지는 홍콩과 대만지역으로 옮겨갔는데 웅십력의 제자인 당군의 · 서복관 · 모종삼 등이 협의의 신유가의 대표가 되었다. 그들

27) 熊十力, 『新唯識論』, 525쪽, 北京, 中華書局, 1985.

28) 위의 책, 567쪽.

의 신유학 사상에는 각자의 특색이 있지만 동시에 공통성도 있다. 그 공통성은 바로 그들 모두가 각자의 방식에 의해 '본체는 어떻게 성립되며'와 '외왕은 어떻게 출발하는가?' 라는 이 두 가지 협의의 신유가의 근본문제를 해결하려고 시도한 점이다.

당군의 역시 생명의 진로로부터 시작했으나 웅십력과 비교하면 한 걸음 더 앞으로 나아갔다. 그는 인문주의의 입장에 서서 서양철학과의 대화를 통한 방식을 시도하고 한 걸음 더 나아가 "본체는 어떻게 건립하는가?" 의 문제에 회답했다. 그는 서양철학에서 이성 · 자아 등 철학의 범주를 끌어들여 본체가 바로 '도덕자아(道德自我)' 혹은 '도덕이성(道德理性)' 이라고 생각하고 유가의 심성학을 초월적 유심론으로 해석하였다. 그가 보기에 시공(時空) 속에서 우주 간의 만물은 물론 모두 서로 외재적이지만 이러한 외재성 가운데서도 만물 사이에는 서로 연계된 내재성을 품고 있다. 내재성은 물질세계를 초월한 그 위의 것으로 사실은 생명의 표현형식이다. 이리하여 당군의는 물질세계에서 생명 세계로 도약했으며 또 생명 세계에서 인문 세계로 도약했다. 이를 위해 그는 한 걸음 더 나아가 '생명삼향설(生命三向說)' 과 '심령구경설(心靈九境說)' 을 제기하고 '도덕자아' 에 관한 그의 체계적 논술을 전개하였다.

철학적 사변을 싫어했던 서복관은 "본체는 어떻게 건립되는가?" 라는 문제에는 그다지 관심이 없었는데 특별히 "외왕은 어떻게 내성으로부터 출발하는가?" 라는 문제는 중시했다. 서복관이 제출한 해결 방안은 '전인성지(轉仁成智)' 였다. 인(仁)은 가치적 의미에서의 자아의식을 가리키고 지(智)는 도구적 이성을 가리킨다. 과거의 유가는 인(仁)에 지나치게 구애되어 '전인성지' 할 수 없었기 때문에 과학과 민주를 출발시킬 방법이 없었다. 현대 신유가는 마땅히 그 이전 유학의 기초 위에서 유학을 한 걸음 앞으로 나아가게 하여 전인성지를 실현하고 유학의 현대적 전환을 실현함으로써 과학과 민주를 받아들이도록 해야 했다. 서복관은 이미 도구적 이성의 결함과 실책이 전통유학의 부족한 점이며 이 한 가지 부족을 보완하는 것이 바로 유학의 현대화를 실현하는 관건임을 깨달았다. 인(仁)으로부터 어떻게 지(智)로 바꾸어 나갈 수 있을까?에 관해서 혹자는 가치적 이성으로부터 어떻게 도구적 이성으로 바꾸어 나갈 수 있을까? 라고 말하는데 그는 아직 깊이 있는 이론적 탐구는 하지 못했던 것 같다.

모종삼은 양수명이 열어놓은 생명의 진로를 따라 웅십력의 본심본체론에 동의하고 당군의와 서복관의 연구 성과를 받아들여 마지막에는 '도덕형이상학' 을 구축했다. 그는 유가는 사람만이 특별하게 소유한 '지적직관(智的直覺)' 에 근거하여 유한에서 무한으로 들어감으로써 '도덕형이상학' 에 도달한다고 강조했다. 이른바 '도덕형이상학' 은 바로 도덕적 의미에서의 본체론이며 서양철학의 인식적 의미에서의 본체론과는 구별된다. 이러한 '도덕형이상학' 은 바로 유가의 사람됨의 철학적 근거이고, 바로 유가의 독특한 이론적 조예(造詣)이며, 바로 이전의 유학자들이 말한 천덕(天德)과 양지(良知)이고, 바로 유가의 편안하고 근심 없이 살 수 있는 땅이다. 모종삼은 유가의 '도덕형이상학' 은 이미 칸트를 넘어서서 서양철학이 도달하지 못했던 이론적 높이에 도달했다고 강조했다. '도덕형이상학' 에 근거하여 모종삼은 '감함(坎陷)' 설을 제출했다. 그는 우선 반드시 덕성주체의 감함으로부터 지성주체로 나아가야 한다고 가리켰다. 그 후에 비로소 유가의 내성학으로부터 외왕학이 출발할 수 있고 곧 과학과 민주가 출발할 수 있다. 여기에 이르러 그는 비교적 체계적으로 협의의 신유가의 두 기본문제에 회답함으로써 이 학파 발전의 마침표에 서명하였다. 그의 신유학 사상은 협의의 신유가에선 가장 높은 단계다. 바꾸어 말하면 협의의 신유가는 모종삼의 이곳에 이르러 종결을 선고한 것이다. 여기서 말하는 종결은 완결을 의미하는 것은 아니며 모종삼의 뒤를 잇는 사람이 없다는 말도 아니다. 다만 그의 후계자는 계속 그의 사고 맥락을 따라서 그의 이론을 추진해 나가기가 매우 어렵고 또 학문적 이론에서도 새로운 돌파구를 갖기가 매우 어려울 것이라는 뜻이다.

(2) 광의의 신유가

광의의 신유가는 도통 관념이 매우 넓다. 풍우란은 정주(程朱)를 정통으로 추대하였고, 하린은 육왕(陸王)과 정주의 대립을 풀기 위해 애썼으나 육왕으로 기울었다. 그들은 사상체계를 건립할 때 비이성주의적 생명의 진로는 선택하지 않고 이성주의적 원리나 이론의 진로를 선택하였다. 협의의 신유가와 비교하면 광의의 신유가는 엄격한 의미에서 학파라고 할 수는 없다. 그들 사이에는 분명한 관점의 차이가 있다.

풍우란은 논리분석의 진로를 채택하여 신리학(新理學)의 체계를 세웠다. 그는 이(理) · 기(氣) · 도체(道體) · 대전(大全) 등의 네 가지 논리적 관념을 사용하여 세계를 해석했다. 이(理)는 만사 만물의 형식인(形式因)이고, 기(氣)는 질료인(質料因)이며, 도체는 동력인(動力因)이고, 대전은 목적인(目的因)이다. 이세계(理世界)에 대한 사람의 깨달음과 이해의 정도에 근거하여 인생의 경지는 자연 · 공리(功利) · 도덕 · 천지 등 4종의 경지로 구분할 수 있으며 그 가운데 천지의 경지가 최고의 경지이다. 천지의 경지에 있는 사람은 바로 유가에서 말하는 성인(聖人)으로서 천인합일의 경지에 들어간 이상적 인격이다. 신리학은 당시 현대 서양철학계에서 비교적 유행한 논리분석의 방법을 끌어들여 전통 유가철학의 사유 방식을 개혁하였고 유학의 현대적 전환을 추진하는 촉진 작용을 하였다. 일반적으로 말하면 전통적 유가 학자는 비록 어느 정도의 심오한 철학적 이론을 제기하였지만, 논리적 논증을 중시하지 않았으므로 이론적 성격은 비교적 약하게 드러난다. 신리학은 애써 이러한 결점을 바로 잡았다. 풍우란은 지성적 사유의 논리성과 명석성으로 직관적 사유의 독단성과 신비성을 비판하고 중국철학 연구의 새로운 길을 열었다. 동시에 풍우란의 신리학은 이(理)세계의 초월성을 현저하게 드러내고 초월성으로부터 내재성을 말함으로써 송명리학의 학술 정신을 전면적으로 드날리는 데 필요한 일을 했다. 협의의 신유가들은 자주 육왕을 존중하고 정주를 낮추어 생명의 진로로부터 내성학을 잇는다. 그러나 그들의 길을 따라가면 초월성을 말하지 못하지 않을까 염려된다. 이러한 의미에서 신리학은 확실히 협의의 신유가가 미치지 못하는 점이 있다.

하린은 논리를 종합하는 진로를 취해서 신심학의 체계를 구축했다. 그는 마음〔心〕과 물질〔物〕은 나눌 수 없는 통일체로서 마음을 떠나서 사물의 존재를 해석할 수 없고 또 사물을 떠나서 마음을 추상화할 수 없다고 보았다. 마음은 두 가지 의미를 포함하고 있는데 하나는 심리상의 마음이고 또 하나는 논리상의 마음이다. 심리상의 마음은 사물을 규정하고, 논리상의 마음은 이(理)를 규정한다. 심리상의 마음은 사물에 지배받는 마음으로서 송명리학의 이발(已發)에 상당하므로 마음 역시 사물이며, 논리상의 마음은 "초경험적 정신원칙으로서 경험의 통섭자 · 행위의 주재자 · 지식의 조직자 · 가치의 판정자이며 심리적 의미의 마음이 성립되는 근거"로서 송명리학의 미발(未發)과 같다. 미발은 이발의 본체〔體〕가 된다. 그러므로 "마음은 사물의 본체가 되고, 사물은 마음의 작용이 된다." 마음과 사물은 두 가지 모양으로 분리될 수 없으며 모든 현실적 존재물은 마음과 사물이 하나로 합한 것이다. 하린은 마음에 맞추어 실재를 말했고, 이(理)에 맞추어 실재를 말했으며, 의미의 가치에 맞추어서 실재를 말했다. 그가 얻어낸 결론은 "철학에서 보면 인(仁)은 바로 인체(仁體)이고, 인은 천지의 마음이며, 인은 천지가 끊임없이 생명을 탄생하는 생기(生氣)이고, 인은 자연과 만물의 본성이다. 인은 만물일체이며 삶의 의지 일

서복관(1903~1982)

당대 사학자 · 정치평론가로서 홍콩과 대만 신유가 학파 가운데 중요 대표의 한 사람이다. 호북성 희수(浠水) 출신이다. 1920년 호북성 무창 제일사범학교에 입학하였다. 1926년에는 국민혁명군 제7군에 참가하였다. 1928년에 일본으로 유학해 먼저 명치대학에서 경제학을 공부한 다음 일본사관군사학교 보병과에서 군사학을 공부했다. 9 · 18사변 후 귀국하여 국민당 군대에서 단장 · 형의사관구사령관(荊宜士管區司令) · 중경복국단교관(重慶復國團教官) · 국공연합비서처부비서장(國共聯合祕書處副祕書長) 등의 직책을 역임하였다. 1946년에 소장으로 퇴역한 다음 남경에서 월간지 『학원(學原)』을 발간했다. 1949년 홍콩에서 반월간 『민주평론(民主評論)』을 발간했다. 1952년에는 대만의 대중(臺中)농과대학에서 강의하였고, 1955년에는 동해(東海)대학 중문과 교수 및 학과장을 역임하였다. 1969년에 동해대학을 퇴임하고 다음 해 홍콩으로 가서 홍콩중문대학 객좌교수 · 신아연구소 교수 및 지도교수를 역임하였다. 그는 반평생을 군인으로 살다가 50세 이후에 공부를 시작하였는데 주로 중국사상사 특히 선진(先秦)과 양한(兩漢)사상사를 연구하였다. 그는 사상사 연구의 가장 중요한 임무 가운데 하나는 "중국 문화 중에서 발견되어야 하는 것은 민주정치와 관련 있는 것"이며 이 사명을 완수하려면 우선 반드시 유가 사상이 본래의 면목으로 돌아가는 데 힘써야 한다고 생각했다. 왜냐하면 "공맹의 참 정신을 따라 추적해 내려가면 정치에서는 반드시 민주를 요구하기 때문이다." 주요 저작으로는 『중국인성론사(中國人性論史)(先秦篇)』 『양한사상사(兩漢思想史)』 『중국경학사의 기초(中國經學史的基礎)』 『중국사상사논집(中國思想史論集)』 등이 있다.

_ 방극립 주편, 『중국철학대사전』, 579-580쪽,
북경, 중국 사회과학출판사, 1994.

반의 유기적 관계와 신(神)과 맺는 경지다. 간단히 말하면 철학적으로는 인이 있는 우주관이며 인의 본체론이라고 말할 수 있다. 인을 떠나서 본체를 말하고 인을 떠나서 우주를 말하면 활기가 전혀 없는 기계론에 빠지거나 암흑천지의 허무론으로 흘러갈 것이다."[29]라는 것이었다. 인이라는 이 유가의 윤리 규범에 대한 강조를 통해서 하린의 신심학적 우주론은 이미 유심주의로부터 범도덕주의로 건너갔으며 결국 유가의 학맥을 향한 복귀를 실현하였다.

## 2. 양수명(梁漱溟)

양수명(1893~1988)은 본명이 양환정(梁煥鼎)이고 원적은 광서성 계림이다. 그는 일찍이 경진동맹회(京津同盟會)에 참가하였고, 중화민국 초기에는 북경 정부의 사법부 비서를 역임하였다. 1917년에는 북경대학 철학과 특약강사로 초빙되었다. 1922년에 『동서문화 및 그 철학(東西文化及其哲學)』을 출판하고 그의 신유학 사상을 심도 있게 논술하여 현대 신유학 사조를 열었다. 1931년에는 향촌건설운동에 종사하며 산동향촌건설연구원 연구부 주임을 역임했다. 항일전쟁 기간에는 촌치파(村治派)의 영수(領袖) 신분으로 국민참정회에 참가하여 참의원을 맡았다. 그는 장란(張瀾) 등과 함께 발기하여 민주정단동맹(民主政團同盟)을 결성하고 비서장(秘書長)을 맡았다. 신중국 창립 후에는 전국정협위원 및 상임위원에 당선되었다. 저작으로는 『양수명전집(梁漱溟全集)』을 엮어 산동인민출판사를 통해 출판하였다.

---

29) 賀麟, 『文化與人生』, 10쪽, 北京, 商務印書館, 1988.

중국 문화를 전반적으로 부정하던 5 · 4 시기의 편견을 겨냥하여 양수명은 최초로 현대 신유가의 깃발을 들어 올렸다. 그는 엄복(嚴復) 이래 지식인들이 서양을 앞세우고 중국을 억누르는 사고를 한결같이 반대하였으며 결국 유학을 통해 서양 문화의 위기를 구할 수 있다고 주장했다. 그는 기백 있게 "나는 또 서양인을 가련하게 보고 있다. 그들은 지금 물질적 피폐 속에서 정신적 회복을 얻으려고 생각하고 있다. 그러나 그들이 말하는 정신은 다만 히브리적인 것으로서 이리저리 허둥대며 이 범주를 벗어나지 못한다. 진실로 이른바 큰 도(道)를 듣지 못했으니 내가 당연히 그들을 이 공자의 길로 오도록 인도해야 하지 않겠는가?"[30]하고 공언하였다. 양수명은 현대 신유학 사조의 원조인 동시에 협의의 신유학의 원조이다. 그의 많은 관점은 뒤에 오는 협의의 신유가 사상가 모두의 공감을 얻었다.

### 1) '대 생명' 의 본체론

중국 전통철학에서 본체론 문제를 연구하고 토론하는 철학적 사유 형식은 서양 근대철학과는 다르다. 중국 전통철학은 천인관계(天人關係)를 근본 문제로 함으로써 주체와 객체를 대립시키지 않으며 사람이 단독으로 존재의 시각에서 본체를 찾아가는 일은 거의 없다. 중국 전통철학은 천인합일을 주장하고 우주와 인생을 내적으로 연계된 통일체로 본다. 이와 관련하여 중국 전통철학에서 본체는 단지 우주 존재의 철학적 근거일 뿐만 아니라 더욱 중요한 것은 인생의 의미와 가치의 철학적 근거이다. 서양철학과 비교하면 중국철학은 비교적 본체의 가치적 의의를 중시한다. 서양 근현대철학과 접촉한 후 현대 신유가의 본체론 사고방식에 변화

30) 梁漱溟, 『東西文化及其哲學』, 序.

가 일어났다. 그들은 한편으로 서양 근현대철학의 영향을 받아들여 주객이분(主客二分)의 각도에서 본체론 문제를 사고함으로써 세계를 해석하는 존재본체론(存在本體論) 학설을 세우려고 시도하였고, 다른 한편 중국철학의 천인합일의 학맥을 계승하여 존재본체론을 뒤집어 가치본체론(價值本體論)으로 바꾸려고 노력함으로써 본체의 가치적 의의를 뚜렷하게 드러냈다.

양수명은 베르그송 철학에서 계발을 받아 생명의 진로를 채택하고 주체에서 출발하여 유학을 해석하였다. 이것은 뒤에 협의적 신유가의 기본적 특징이 되었다. '생명' 은 양수명이 베르그송으로부터 받아들인 첫 번째 철학적 관념이다. 이 관념에서 출발하여 그는 천인합일의 형식을 타파했고 주객이분의 각도에서 우주 존재의 본체론적 근거를 생각한다. 그는 존재론의 시각에서 우주를 고찰하여 객체 자신의 실재성을 부인하고 우주를 삶 혹은 생명의 표현형식으로 보았다. 그는 "나의 사상 가운데 근본관념은 '생명' 과 '자연' 이고, 우주는 살아있는 것이라고 보며, 일체는 자연을 근본으로 한다."[31]라고 말했다. 양수명의 철학에서 삶 · 생명 · 자연은 동등한 본체론 관념으로서 모두 동태적 우주 본체를 가리킨다. 그는 "우리들의 생각에 의하면 줄곧 우주는 하나의 삶으로서 다만 삶만 있었고 처음에는 우주도 없었다. 삶이 상속함으로 말미암아 우주는 마치 영원히 존재하는 것 같은데 사실 우주는 수많은 상속(相續)이지 하나의 살아있는 존재는 아닌듯하다. 우주는 사실 삶 속에서 이루어지며 삶에 의탁하여 존재한다. 이렇게 큰 삶이 삶의 참모습이고 삶의 진정한 이해다."[32]라고 말했다. 이것이 생명본체론에 관한 양수명의 기본적 개괄이다.

그가 보기에 기정사실로서의 우주는 결코 독립적 존재가 아니며 반드

31) 梁漱溟, 『朝話』, 135쪽, 重慶, 商務印書館, 1940.

32) 梁漱溟, 『東西文化及其哲學』, 48쪽.

시 생명 본체를 궁극적 근거로 삼아야 한다. 우주와 생명은 서로 구별될 뿐만 아니라 또 연계되어 있다. 우주는 현상이고 생명은 본체이며, 우주는 정태적 '살아있는 존재' 이고 생명은 동태적 '상속' 이다. 근본적으로 말하면 우주는 다만 생명의 표현형식일 뿐이다. 양수명은 "우주는 하나의 큰 생명이다. 생물의 진화 역사에서 인류 사회의 진화에 이르기까지 한줄기로 이어져 온 것은 모두 이 생명의 다함도 없고 끝도 없는 창조다."[33]라고 결론지었다. 물론 자연현상이든 아니면 사회현상이든 양수명이 보기에는 모두가 생명의 창조이며, 우주의 통일성은 바로 생명으로서의 본성의 표현에 있다. 양수명이 말하는 생명은 철학적 의미의 개념이지 결코 생물학적 의미의 개념은 아니다. 그가 보기에 철학적 의미의 생명은 결코 운반체에 의지하지 않는다. "삶은 바로 '상속' 이다. …… 삶과 '살아가는 자' 는 결코 두 가지 일이 아니다. 삶을 떠나서 살아가는 자는 없음을 알아야 하는데, 혹자는 다만 삶만 있고 살아가는 자는 없는 것을 생물이라고 말한다. 좀 더 명백하게 말하면 다만 삶이라는 이 사건만 있고 살아가는 이 물건은 없다. 소위 생물은 다만 삶이다. 삶과 생물은 둘이 아니다. 그래서 모두 '상속' 이라고 부를 수 있다."[34] 이와 같은 해석에 의하면 생명 과정은 바로 일체이며 실체는 존재하지 않는 것이다.

양수명의 생명본체론은 본래 그가 베르그송의 계발 아래서 만든 이론적 창조이다. 그러나 그가 보기에 이러한 본체론은 기존 유가철학에도 충분히 근거가 있는 것이었다. 예를 들면 공자의 형이상학은 바로 "삶을 짝하고 좋아하는 태도이다. 이와 같은 형이상학은 본래 '우주의 생(生)' 을 말하는 것이다. 그리하여 '낳고 낳음을 일러 역(易)이라 한다.' 라고 말하는 것이다. 이로부터 공자가 생을 찬미하고 찬양한 말은 매우 많다. 마치

33) 梁漱溟, 『朝話』, 79쪽.

34) 梁漱溟, 『東西文化及其哲學』, 48쪽.

'천지의 크나큰 공덕을 생(生)이라 한다.' '하늘이 무슨 말을 하더냐? 사계절이 운행하고 온갖 물건이 생겨난다. 하늘이 무슨 말을 하더냐?' '중화(中和)를 지극히 하면 하늘과 땅이 바르게 되며' 가 있고, 또 '오직 천하에 지극히 성실한 사람이라야 그의 본성을 모두 실현할 수 있다. 그의 본성을 모두 실현할 수 있으면, 다른 사람의 본성을 모두 실현하게 할 수 있다. 다른 사람의 본성을 모두 실현하게 할 수 있으면 만물의 본성을 모두 실현하게 할 수 있다. 만물의 본성을 모두 실현하게 할 수 있으면 천지의 화육을 도울 수 있다. 천지의 화육을 도울 수 있으면 천지와 함께 셋이 될 수 있다.' '천지가 변화하여 운행하니 성인이 이를 본받는다.' '위대하구나, 성인의 도는 곳곳에 충만하여 만물을 발육시키니 지극히 높기가 하늘에 이르는구나!' 등이다. 이러한 종류는 모두 끝없는 찬탄이다. 이 생(生)자는 가장 중요한 관념으로서 이것을 알면 모든 공자학파의 일을 알 수 있다. 공자학파는 다른 것이 아니라 바로 자연의 도리에 따라서 가장 활발하고 가장 유창하게 발전해 가려고 하는 것이다. 공자는 우주는 결국 앞을 향해 발전하는 것이며 만물이 생을 바라면 곧 그 생에 맡기고 조작을 가하지 않아서 반드시 우주와 일치하고 전체 우주가 삶의 의지와 봄기운으로 충만하도록 해야한다고 생각했다."[35]라는 것이다. "그는 알맞은 생활은 가장 자연스럽고 우주 자신의 변화에 가장 부합하는 데 있다고 믿었다. — 그는 그것을 자연의 이치가 널리 행해지는 것이라고 불렀다."[36] 이러한 양수명의 견해는 당연히 그가 생명본체론의 각도에서 말한 유가철학에 대한 일종의 이해이고 일종의 해석이다. 우리는 이러한 견해가 유가철학의 본의에 완전히 부합하는지 아닌지는 반드시 너무 신경 쓸 필요는 없다. 그러나 당연히 그것은 분명히 새로운 의미가 있음을 인정해야

35) 梁漱溟, 『東西文化及其哲學』, 121쪽.

36) 위의 책, 129쪽.

한다. 그것은 바로 현대철학의 각도에서 유학의 현대적 전형(轉型)을 위한 합치점을 찾았기 때문이다. 그밖에 전통 유가철학의 본체론은 확실히 실체본체론이 아니라 동태본체론이다. 비록 과거의 유가에서는 동태본체론을 명확하게 생명으로 결론짓지는 않았지만 결국은 생명본체론과 일치하는 점이 있다. 그러므로 양수명의 해석 역시 완전히 근거가 없는 것은 아니다. 우리는 양수명이 유가철학을 곡해했다고 말할 수는 없다. 왜냐하면, 그가 전통 유가철학을 잇고 있으나 결코 전통 유가철학에 의해서 말한 것은 아니다. 그는 반드시 새로운 견해를 찾으려 했다.

양수명은 "전 우주는 하나의 삶이다."라는 명제를 제출한 후 한 걸음 더 나아가서 생명의 근본을 탐구하였다. 그가 만들어 낸 두 번째 명제는 "삶의 근본은 의욕에 있다."라는 것이다. 양수명은 각 개인이 직면하게 되는 우주는 모두 눈 · 귀 · 코 · 혀 · 몸 · 의식 등 6근(六根)이 끊임없이 "탐문 혹은 추적한" 결과라고 생각했다. 그리고 "이러한 도구의 뒤에는 이들 도구가 스스로 만들어 내고 조정하여 조사하고 묻는 것이 있는데 우리는 그것을 큰 잠재력 혹은 큰 요구 혹은 큰 의욕 – 다함이 없는 의욕이라고 부른다." 양수명의 해석에 의하면 큰 의욕이란 쇼펜하우어가 말하는 '우주 의지' 다. 그는 "삶은 한없는 의욕 – 여기서 말하는 의욕은 쇼펜하우어가 말하는 의욕과 대체로 비슷하다 – 과 끊임없는 만족과 불만족일 뿐이다."[37]라고 말했다. 이렇게 그는 생명본체론으로부터 의지본체론으로 넘어갔다.

양수명은 우주 의지를 유식종에서 말하는 아뢰야식과 동등한 정도의 관념으로 보고 불교 유식종의 술어를 빌어 의지본체론적 의미의 설명을 전개했다. 그는 각 개인이 대면하고 있는 '거의 확정적인 우주' 는 사실은

37) 梁漱溟, 『東西文化及其哲學』, 24쪽.

'표층적 삶' 혹은 '영상(影象)'이라고 지적했다. 널리 통용되는 철학적 용어를 사용해서 말하면 바로 현상(現象)이다. '거의 확정적인 우주'를 조성하는 궁극적 원인은 우주 의지 혹은 아뢰야식으로부터 온다. 양수명은 "변화하면서 나타나는 영상은 어떻게 오는가? 이렇게 되는 본질은 모두 아뢰야식에 있다. …… 유일한 물건(物件)은 다만 이 아뢰야식으로서 동쪽에서 보든 서쪽에서 보든, 위에서 보든 아래에서 보든 만나는 것은 모두 그것이다. 그러나 영상은 수시로 변해서 나타날 뿐만 아니라 언제나 존재하는 사물이 아니다. 바로 이 안팎의 본질은 당신이 그것을 죽은 물질세계라고 보더라도 실제로는 역시 쉬지 않고 흘러 서로 이어지면서 바뀌어 간다. 한 개의 돌멩이는 한 개의 돌멩이가 아니라 수많은 돌멩이가 서로 이어진 것이다. 영상은 사람에 따라 그 나타나는 변화가 각각 다를 뿐만 아니라, 당신의 안식(眼識)에 나타나는 붉은 것과 흰 것은 당신에게 속하고 나의 안식에 나타나는 붉은 것과 흰 것은 나에게 속한다. 바로 본질 역시 객관적 존재가 아니고 사람에 따라 다르다. 당신의 우주는 당신이 나타낸 것이고, 나의 우주는 내가 나타낸 것이다. 이때 가장 주의할 것은 안과 밖 모두 하나의 아뢰야식인 데 결국 우리에 의해 둘로 잘렸으며 그 중간에 겹겹이 틈이 더해진 것이다."[38]라고 설명하였다. 현상세계가 변화하며 나타나는 과정에서 말나식(末那識)이 일으키는 작용은 지극히 중요하다. 왜냐하면, 그것은 아뢰야식과 인지주체를 연결하는 중간 부분이기 때문이다. "가장 중요한 것은 역시 제7식(즉 말나식)이며, 대개 생명의 있고 없음이 생물과 생물 아닌 것의 구별이 된다."라는 것은 완전히 이에 의한다. 말나식은 생물체의 감관의 도움을 빌어 "극히 영악하게 그곳에서 이리저리 찾아다니며" 현상세계를 변화시켜 나타낸다. 우주 의지로

38) 梁漱溟, 『東西文化及其哲學』, 85쪽.

서의 아뢰야식에서 말나식에 이르고 다시 말나식에서 생물체의 감관 탐구에 이르는데, 생물체의 감관 탐구의 과정에서 현상세계로 바뀌어 나타난다. 이것이 바로 양수명이 구상한 현상세계 발생론이다.

양수명은 현상세계의 발생 원인에 대한 해석으로부터 자연적으로 주체주의의 결론을 끌어낸다. 그는 사람에게 없는 우주 의지는 궁극에는 사람에게 있는 주체를 통과하여 실제 장소에 정착하게 된다고 가리켰다. "어느 한 곳이 우주 대 생명의 핵심이 된다면 그곳은 바로 사람이다." "우주는 본래 '나' 에게 있다. …… 하나의 중심으로서 각각의 생명은 우주로 돌아가면 모두 그 얻는 바를 위해서 통괄 지배하게 된다."[39] "일체 삶은 모두 내가 있음으로 말미암으며 반드시 내가 있음으로써 비로소 활동하고 비로소 살아간다."[40] 양수명은 인지주체를 '현재의 의욕' 혹은 '현재의 나' 라고 불렀고, 주체와 상대적인 현상세계를 '이전의 나' 혹은 '기성(旣成)의 나' 라고 불렀다. 객체로서의 현상세계는 주체로 말미암아 설정된 것이며 주체의 활동이 보존되어 내려온 옛 자취다. 그가 물질적 우주의 형성 원인에 대해 내린 철학적 해석은 아래와 같다.

이 거의 확정적인 우주는 — 참된 이숙과(異熟果) — 이전의 우리 자신으로 말미암아 이렇게 완성된 것이다. 이것은 '이전의 나' 혹은 '기성의 나' 라고 부를 수 있으며 현재의 의욕은 바로 '현재의 나' 이다. 그러므로 우리가 말하는 작은 범위의 삶에 대한 설명은 '현재의 나' 가 '이전의 나' 에 대한 일종의 분투와 노력이다. '이전의 나' 혹은 '기성의 나' 는 바로 물질세계가 우리를 위해 도달한 것으로서 가령 흰색 · 소리 · 굳음 등의 감각은 그것이 나타낸 그림자가 우리 앞에 드러난 것이다. 그리고 이때 일종의 보이지 않고 들리지 않으며

---

39) 梁漱溟, 『中國民族自救運動之最後覺悟』, 80쪽, 上海, 中華書局, 1933.

40) 梁漱溟, 『東西文化及其哲學』, 160쪽.

만질 수 없는 비물질적인 것이 바로 '현재의 나' 이다. 이 '현재의 나' 를 모두 혹은 마음이라고 부르고 혹은 정신이라고 부른다. 바로 지금 앞에서 일어나고 있는 활동이며 '기성의 나' 인 물질과는 서로 상대적이다.[41]

여기에 이르러 양수명은 생명이라는 이 '근본 관념' 에서 출발하여 '큰 의욕' (우주 의지)을 경유한 다음 '현재의 나' 를 확정하고, 현존 세계에 대한 철학적 해석을 완성한 후에 '생명-의욕-나' 를 뼈대로 하는 우주관을 형성하였다. 그의 우주관은 아래와 같은 몇 가지 특성을 갖추고 있다.

(가) 자각적으로 주체성 원칙을 관철하여 현대철학의 문지방을 넘어왔다. 현대 중국철학자로서 양수명은 이미 주객이분(主客二分)의 철학적 사유 방식을 파악하였다. 그는 물질세계를 현상적 의미에서의 존재로 보았으며, 주체가 객체를 장악한다고 주장하고 직접 물질과 정신의 관계라는 이 철학적 기본문제에 대면하였다. 그가 보기에 주체는 다만 정신적 규정성만 갖추고 있으므로 그것을 '현재의 나' 라고 불렀다. 물질세계는 결코 독립적이고 객관적인 존재는 아니며 '기성의 나' 라고 귀결될 수 있다. 주객이분을 특징으로 하는 주체성 원칙은 결코 서양철학의 전매특허가 아니라 현대성의 한 표현일 뿐이다. 누구나 알 수 있듯이 서양 근대철학에서 주체성의 자각은 데카르트가 제출한 "나는 생각한다. 그러므로 나는 존재한다."를 기준으로 하고 있으며 그 당시 유럽은 자본주의 경제가 이미 상당히 발달해 있었다. 양수명이 '현재의 나' 에서 출발하여 세계를 해석한 것은 데카르트가 제출한 "나는 생각한다. 그러므로 나는 존재한다."와 마찬가지로 중국 현대철학자가 이미 주체성 원칙에 대한 자각에 도달하였음을 상징하고 있다.

---

41) 梁漱溟, 『東西文化及其哲學』, 49쪽.

(나) 우주를 발전 과정이라고 보는 것에는 매우 짙은 비이성주의적 색채가 갖춰져 있다. 양수명의 마음속에 있는 주체는 이성적 개념이 아니라 비이성적 생명이다. 그는 서양 근대 이성주의자들처럼 우주 본체를 물질적 실체 혹은 정신적 실체라고 귀결 짓지 않고, 그것은 생명의 연화 과정에 있다고 귀결 짓는다. 그는 생명 본체를 쇼펜하우어가 말한 우주 의지와 하나로 연계함으로써 결국에는 비이성주의 사조와 서로 연결하였다. 그는 생명 본체를 전통유학의 "천지의 크나큰 공덕을 생(生)이라고 말한다." 등의 명제로 해석하여 유가의 동태본체론과 비이성주의의 결합 부분을 찾았다.

(다) 개체주의를 뚜렷하게 드러내어 각 개인이 모두 하나의 인지 주체(認知主體)임을 강조하였다. 양수명의 우주관에서 주체는 바로 개체였다. 주체로서의 각 개인은 모두 다만 그 자신에게 속하는 현상세계만을 변화시켜 나타낼 수 있다. 그는 "대개 각자는 각자의 우주를 가지고 있다. 즉 나의 우주와 그의 우주는 하나가 아니니다. 그렇다면 이 우주는 바로 그이다. 그는 우주와 둘이 아니니다."[42] 이러한 견해에 근거하여 그는 다만 소아(小我)만 인정할 수 있었고 대아(大我)는 인정할 수 없었다. 그는 대아를 위한 철학적 근거를 주지 않았으며 또 '공공의 우주' 를 위한 철학적 근거도 주지 않았다. 그리하여 양수명은 극복할 수 없는 어려움을 만났다. 그는 각각의 개체를 모두 그 자신을 변화시켜 드러내는 우주의 주체로 보았는데 그렇다면 각각의 주체 사이에는 어떻게 관계가 발생할까? 그는 스스로 나의 의욕이 타인의 의욕과 충돌을 일으킨다면 어떻게 해야 할까? 하는 의문을 일으켰다. "예를 들어, 내가 다른 사람에게 나를 미워하지 말라 요구한다면 물론 때로는 내가 간절하게 표명하여 옆 사람의 '그 마음' 을

42) 梁漱溟,『東西文化及其哲學』, 48쪽.

자·료·카·드

## 생명철학

일종의 시도로서 생명의 발생과 발전을 사용하여 우주를 해석하고 심지어는 지식 혹은 경험의 기초를 해석하는 유심주의 학설 혹은 사조다. 19세기 말에서 20세기 초까지 독일과 프랑스 등에서 유행하였다. 그것은 A. 쇼펜하우어의 생존의지론과 F. W. 니체의 권력의지론 그리고 C. R. 다윈의 생물진화론과 H. 스펜서의 생명진화학설 및 프랑스의 M. J. 귀요(1854~1888)의 생명도덕학설의 영향 아래서 형성되었다. 독일의 철학자 W. 딜타이가 가장 먼저 생명철학이라는 용어를 써서 그의 철학을 표명했으며, 정신생활 철학을 주장한 R. C. 오이겐(1846~1926) 역시 이러한 사조의 대표적 인물이다. W. 빈델반트 및 H. 에크하르트 등의 신칸트주의자는 자연과학과 가치론(혹은 문화철학 및 정신과학)을 엄격하게 구분하였으며 또 생명철학의 발전에 강력한 힘을 실어주었다. 20세기 초 독일 H. A. E. 드리쉬(1867~1941)의 생기주의와 프랑스 H. 베르그송의 창조적 진화론은 생명의 진화 혹은 생물학의 입장에서 생명철학을 위해 자연과학적 기초를 세우기 위한 시도였다.

생명철학은 19세기 중기 헤겔주의와 자연주의 혹은 유물주의에 대한 일종의 반항이다. 생명철학자들은 G. W. F. 헤겔이 주장한 냉혹한 이성에 불만을 품었고 자연주의 혹은 유물주의의 근거가 되는 인과결정론에도 만족하지 않았으며 이러한 사상들은 개성과 인격과 자유에 대하여 부정적이라고 생각했다. 그들은 생명에서 출발하여 우주와 인생을 말하려 했고, 의지와 정감과 실천 혹은 활동을 사용하여 이성의 작용에 충실하였다. 그들은 자신들은 결코 자연과학과 이성을 반대하지 않는다고 선언하였으며 다만 이러한 경험 혹은 지식은 완전하지 않으므로 반드시 의지와 정감의 지위를 높여야 비로소 생명의 본질을 다할 수 있다고 말했다.

_『중국대백과전서 · 철학』, 787쪽, 북경, 중국대백과전서출판사, 1987.

바꿀 수 있을 것이다. 그러나 때로는 어떻게 설명하더라도 그는 계속 나를 미워할 것이며, 어떤 사람은 입을 열 때마다 미워하지 않는다고 하지만 마음으로는 여전히 미워한다. 이것은 내 요구의 만족 여부에 대해서는 조금도 규정할 수 없는 것이며 내가 처리할 수 있는 것도 아님을 뜻한다."[43] 이 주체와 저 주체가 모순을 일으킬 때 이러한 모순은 해결할 방법이 없다. 사실 양수명의 개체주의 우주관에 의하면 결코 이러한 모순은 일어날 수가 없다. 왜냐하면, 주체 사이에는 결코 보편적 관계를 세울 수가 없고, 각 주체 사이에는 결코 서로 소통할 이유가 없기 때문이다.

### 2) '삼량설(三量說)'의 인식론

전통유학은 천인합일의 철학적 사유 방식을 채용하여 본체론을 구성했으나 결코 그것에 대한 인식론상의 논증은 하지 않았다. 양수명은 주객이분의 철학적 사유 방식을 사용하여 생명본체론을 구성하면서 반드시 인식론적 근거를 찾아야 했다. 이 근거가 바로 '직관(直覺)'이다. '직관'은 양수명이 베르그송에게서 받아들인 두 번째 철학적 관념이다. 그는 '직관'에 의해서도 유가 사상을 인증할 수 있고, "유가는 될 수 있는 대로 직관을 사용하였고 매우 드물게 이지(理智)에 대해 말한다."라고 보았다. 그는 개념적 인식을 이지(理智)라고 부르고, 이지는 인식 본체의 경로가 될 수 없으며 다만 직관만이 인식 본체의 유일한 경로라고 생각했다. 그는 불교 유식학의 술어를 빌려서 직관주의 인식론을 심도 있게 논술하였으며 또 이것을 생명본체론의 인식론적 기초로 삼았다.

43) 梁漱溟, 『東西文化及其哲學』, 52쪽.

(1) 현량(現量) – 감각론

양수명은 감각을 현량이라고 불렀다. 그는 "이른바 현량은 바로 감각이다. 예를 들어, 내가 차를 마실 때 맛보는 차의 맛이나 혹은 내가 책상 위의 흰 수건을 볼 때 얻을 수 있는 백색 등은 모두 현량이다."[44]라고 말했다. 불교의 유식학에서 양(量)은 헤아린다는 뜻이다. 유식학의 견해에 따르면 감각은 바로 견분(見分: 인지 주체)과 상분(相分: 인지되는 객체)이 직접 관계를 일으키는 것이다. 양수명 역시 감각을 이렇게 대했다. 그의 견해대로 감각이 이미 주체와 객체가 직접 관계를 일으키는 것이라면 그것은 순간적으로 발생하고 순간적으로 사라지는 것이다. 그러므로 감각은 본질을 파악하는 작용은 갖지 않고 다만 '성경(性境)' 즉 현상의 영역에 머물 수 있을 뿐이다. 예를 들어 "하얀 수건의 '하얀' 을 보는 것이 바로 성경이다. '하얀' 은 나의 영상이고 내가 '하얀' 을 느끼는 까닭은 바깥 경계에 대한 시신경의 자극으로 인해서 반사하는 것이다. …… 왜냐하면, 누구든지 눈을 사용하여 볼 수밖에 없고 눈을 사용하여 볼 때 얻는 것은 나의 안식이 변해서 나타난 것이지 수건의 본질은 아니기 때문이다."[45] 그의 분석에 따르면 감각으로 말미암아 얻은 인식은 비록 본질과 모종의 대응 관계는 있으나 결코 본질을 파악할 수는 없으며 다만 감관으로 말미암아 바뀌어 나타난 현상일 뿐이다. 이렇게 그는 본질과 현상 사이에 하나의 뛰어넘을 수 없는 경계를 그어놓고 사람이 현상을 통해 본질을 인식하는 가능성을 부정했다. 물론 감각은 직접 사물의 본질을 감지할 수 없고 감성인식이 이성인식으로 올라갈 때까지 기다려야 하지만 감각은 결국 사람이 현상을 꿰뚫고 본질로 깊이 들어가는 교량이 된다. 양수명은 이 교량을 해체하고 그가 직관을 높이 끌어올리기 위해 한 줄기 복선을

44) 梁漱溟, 『東西文化及其哲學』, 70쪽.

45) 위와 같음.

깔았다. 그가 말하는 본질은 결코 다만 사물을 가리키는 구체적 본질이 아니라 주요하게는 우주 만유의 추상적 본질을 가리키는 것이며 본체 즉 '대 생명' 에 불과하다. 이러한 현량 즉 감각론에 근거하여 양수명은 버클리처럼 그렇게 경험주의 논리에 근거하여 본체론을 구성할 수는 없었고 직관주의〔直覺主義〕 논리를 선택하였다.

(2) 비량(比量) – 이지론(理智論)

양수명은 개념적 이성인식을 비량(比量)이라고 불렀다. 그는 " '비량지(非量智)' 는 바로 오늘날 말하는 이지(理智)이며 또 우리의 심리 방면에서 구성해가는 지식의 한 작용이다." 라고 말했다. 이러한 작용은 바로 "여러 가지 감각을 같은 것은 종합하고 다른 점은 간단하게 구별한 다음 비로소 정확하고 명료한 개념을 구성할 수 있는 것" 이다. 예를 들어 '차(茶)' 라는 개념은 한편으로는 홍차 · 녹차 · 청차(淸茶) · 농차(濃茶) 등의 '고유성질〔自相〕' 을 총괄하는 공통의 모습〔共相〕이고, 다른 한편으로는 물 · 국 · 기름 · 술 등 차가 아닌 액체와 구별해준다. 그는 개념적 인식이 감관적 인식에 근원을 두고 있음을 부인하지는 않았으나 개념적 인식이 인식 대상의 본질을 파악해 간다고 생각하지는 않았다. 그가 보기에 개념적 인식은 본질까지 깊이 들어가지 않을 뿐만 아니라 오히려 본질로부터 훨씬 더 멀리 떨어진다. 개념으로부터 얻는 '주관의 영향 아래 나타나는 망상적 경계〔獨影境〕' 는 본질과는 결코 관련이 없다. " '독영경' 은 영상은 있으나 본질은 없다. 우리가 마음으로 차라는 생각을 가질 때 그것을 일으키는 생각 역시 하나의 영상이다. 그러나 이 영상은 수반되는 본질은 없으나 견분과 같은 종류로 생겨난다. 직설적으로 말하면 그것은 객관적 사물에 의지하여 비로소 바뀌어 생기는 것이 아니라 우리 마음속에서 스스로 생겨서 갖게 된 것이다."[46] 개념은 구체적 사물의 본질조차도 인식할 수 없는데 당연히 우주 본체의 인식 수단이 될 수는 없는 것이다.

양수명이 보기에 개념에 구속된 인식은 사실 사람들이 생명 본체를 분리하는 인식론적 원인을 형성한다. 사람들은 오로지 이지에 호소함으로 말미암아 천인합일의 상태를 깼다. "직관(直覺) 속의 '나'와 내가 처한 우주는 뒤섞여 나뉠 수 없다. 그러나 이때 두 동강 나게 되면 다시는 합칠 수가 없는데 지금까지 줄 곳 모든 이지의 활동이 그렇게 하였다."[47] 그는 이지가 본체를 가리는 것이라고 보고 직관을 높이 추켜세우기 위해 두 번째 복선을 깔았다. 이러한 '비량(比量)-이지'론에 근거함으로써 그는 헤겔처럼 이성주의적 논리에 근거하여 본체론을 세울 수 없었고 오히려 비이성주의적 논리를 선택한 것이다.

### (3) 비량(非量) – 직관론〔直覺論〕

비이성주의의 논리에 따라서 양수명은 직관이 인식 과정에서 결정적 작용을 한다고 강조하였다. 그는 그 이유를 "오직 현량과 비량(比量)에 의지해서는 성공하지 못한다. 왜냐하면, 유식학자의 견해에 비춰서 현량은 무분별하고 무소득이기 때문이다. 즉 이것은 영상을 제거하는 것 외에 전혀 얻을 수 있는 것도 없고 털끝만큼의 의미도 없다. 만일 처음 한 번 검은 색을 보고 얻은 것이 없다면 몇 차례 거듭되어도 여전히 얻을 것은 없다. 이때 비량지(比量智)가 어찌 그 간소화와 종합의 작용을 할 수 없지 않겠는가? 그러므로 현량과 비량(比量) 사이에 별도로 일종의 작용이 있는데 그것은 바로 감각－심왕(心王)－에 따르는 느낌〔受〕과 인식〔想〕이라는 두 심리작용이다. 느낌과 인식의 두 심리작용이 의미에 대해 갖는 인식이 바로 직관이다."[48]라고 말했다. 그는 직관은 주객이분(主客二分)을 넘어

46) 梁漱溟, 『東西文化及其哲學』, 71-72쪽, 上海, 商務印書館, 1922.

47) 梁漱溟, 『東西文化及其哲學』, 63쪽.

서 있으며 이들이 혼연일체가 되도록 한다고 생각했다. 그래서 그것을 비량(非量)이라고 불렀다. 그는 직관으로 말미암아 얻는 것은 일종의 의미 있는 지식이라고 지적했다. 예를 들어 한 폭의 서예 작품 감상에서 감각이 얻게 되는 것은 검은 필획이며 이지(理智) 역시 그 속의 오묘함을 드러낼 길이 없지만 다만 직관만이 그 속의 의미를 체득할 수 있어서 말로 전하기 어려운 정신을 포착할 수 있다. 이 의미와 정신은 "이미 무표정하고 고요한 감각과는 다르고 또 고정된 관념과도 다르며 실제로는 일종의 살아있는 기세이다."

양수명은 직관을 내성적(內省的) 지식이라고 강조했다. "생각으로부터 착안하는 것은 내면세계의 생명이고 그 작용하는 것은 직관이다." "'나'의 인식은 감각이 할 수 없는 바이고 이지가 할 수 없는 바이니 아마도 모두 직관이 얻은 것에서 나올 것이다." 내면적으로 살핀 직관을 통해서 내면세계의 생명과 대 생명 사이의 관계를 발견하고 궁극적 본체를 증명할 수 있을 것이다. 그의 견해는 "감각과 우리 내면의 생명은 상관이 없으며 상관이 있는 것은 이지를 따르는 직관임을 알아야 한다. 우리 내면의 생명과 외면이 기(氣)가 통하는 것은 다만 직관이라는 창문일 뿐이다"[49]라는 것이었다. 직관은 양수명이 '대 생명' 본체론을 위해 찾아낸 유일한 인식론적 근거였다. 그러나 이것이 결코 그의 본체론을 위해 충분한 논증을 한 것은 아니었다. 이성주의적 관점에서 보면 양수명의 직관론은 여전히 일종의 비이성주의적 독단론이다.

---

48) 위와 책 72쪽.

49) 위의 책 121쪽.

## 직관주의〔直覺主義〕

직관주의는 인식 작용에서 직관 혹은 직관을 강조하는 일종의 사조(思潮)와 학설이다. 그것은 직관이 추상적 이성 인식에 비해 한층 더 기본적이고 믿을만한 세계 인식의 방식이라고 생각한다. 이러한 학설이나 사조는 일반적으로 강렬한 반이성주의와 반실증주의 그리고 반유물주의의 경향을 지니고 있다. 직관 혹은 직관이란 용어는 라틴어 intueri에서 왔으며 "자세히 살펴 보다."라는 의미다. 철학에서 직관은 인식 주체가 자신 · 그 밖의 심령 · 외부 세계 및 공통점 · 가치와 진리의 직접인식 및 이러한 인식을 획득하는 능력을 가리킨다. 역사적으로 적지 않은 철학자들이 모두 직관을 중시하였지만 20세기 초에 이르러 비로소 진실로 일종의 학설과 사조를 형성하였다.

프랑스 철학자 H. 베르그송은 직관과 분석을 근본적으로 다른 두 종류의 인식 방법으로 보았다. 그는 직관은 사물의 내면까지 깊이 들어갈 수 있으나 분석은 반대로 다만 사물의 밖에 정지할 뿐이라고 생각했다. 전자가 도달하는 인식은 절대적이고 후자가 도달하는 인식은 상대적이다. 오직 직관만이 비로소 끊임없이 흘러가는 세계의 본질 즉 '지속'을 장악할 수 있다. 분석은 도리어 시간을 공간화하니 '지속'의 시간을 분할하는데 불과하다. 그리하여 활동 중의 실재를 경직시켜 정지(靜止) 상태가 되도록 한다. 그는 직관은 사람이 사물 그 자체 운동의 정신 상태를 체험하고 궁극적 존재의 비개념적 인식을 통찰하도록 한다고 지적했다. 베르그송이 떠받들었던 직관은 일종의 반이성주의적 신비주의 색채를 띠고 있다.

_『중국대백과전서 · 철학』, 1174쪽,
북경, 중국대백과전서출판사, 1987.

### 3) '세 방향 노선' 의 문화관

양수명은 세계화 시대에 살아서 이전의 유학자들에 비해 훨씬 넓은 시야를 가지고 있다. 그는 유학에 관한 일종의 새로운 해석 방식을 찾아냈는데 그것은 바로 문화 비교의 방식이다. 그는 본체론과 인식론을 논술한 다음에 화제를 문화관으로 돌려 '세 방향 노선' 설을 제기했다.

양수명의 문화 관념은 '대 생명' 본체론에서 연역 되어 나왔다. 그는 "문화란 어떤 것인가? 어떤 한 민족의 생활방식일 뿐이다. …… 통하는 것이 민족이고 통하는 것이 생활인데 어찌하여 그것이 표현되어 나온 생활방식이 두 가지 다른 색깔을 이루겠는가? 다만 생활방식으로서 최초 근본원인이 되는 의욕이 두 가지 다른 방향으로 나뉘었기 때문에 그것이 발휘되어 나온 것도 바로 두 가지 모양일 뿐이다."[50]라고 말했다. 그는 문화의 민족성과 차이성을 매우 중시했다. 그러나 또 문화의 보편성과 상통 가능성도 부인하지 않았다. 이러한 인식에 근거하여 그는 인류의 문화 노선의 방향을 전진적 요구를 하려고 하는 것 · 조화하며 중(中)을 유지하고자 하는 것 · 돌이켜 반성하며 향후를 바라는 것 등의 세 가지 유형으로 구분하였다.

첫 번째 노선의 방향은 서양 문화다. 서양 문화는 '전진적 요구를 하려고 하는 것을 그 기본정신으로 하며', 사유 방식에서 이지(理智)의 숭상(崇尙)을 기본적 특징으로 한다. 이것은 일종의 공리주의적 노선이다. 그는 서양인의 '전진적 요구의 노선 방향' 에는 수용할 만한 내용이 있음을 부인하지 않았다. 그것은 바로 생산력의 발전을 촉진하여 물질생활 방면에서 매우 큰 성취를 이룬 것이었다. 그러나 그것은 정신생활 방면에서는

---

50) 梁漱溟, 『東西文化及其哲學』, 24쪽.

오히려 실패한 것이었다. 지나친 공리 추구로 인해서 "그들은 이로 인해 정신적으로 상처를 입었고 생활에서 고통도 맛보았다. 이것은 19세기 이후 숨길 수 없는 사실이다."[51] 서양의 공리주의 노선 방향은 생명의 본성을 위배하였으므로 사람들에게 진정한 행복을 가져다줄 수 없었다. "서양인들은 애써 이러한 태도를 견지한 이래 결국 외면적 환경을 바꾸어 만족을 추구한다. 밖에서 구하고 안에서 구하지 않으며 남들로부터 구하고 자신에게서 구하지 않는다. 그들은 자연계에 대하여는 자연계를 개조하였고 사회에 대하여는 사회를 개조하였다. 그리하여 자연을 정복하고, 권위와 싸워 이겼으며, 기물도 날로 새로워졌고, 제도도 날로 새로워졌다. 개조하고 또 개조하여 나날이 새로워지고, 이 사회가 개조되는 큰 걸음을 내디뎌 이상적 세계가 출현할 때까지 개조하였다. 이 길은 막바지에 도달할 때까지 달려갔다!"[52] 양수명은 인류 사회의 발전이 '사람 대 물질 문제의 시대'에 처해서는 서양의 공리주의 노선 방향이 적용될 수 있었지만, 지금은 이미 '사람 대 사람 문제의 시대'로 들어왔으므로 이러한 노선 방향도 이미 시간이 지났다고 지적하였다. "지난날의 만족은 밖에서 구하고 남에게서 구하였는데 이 시대에는 그래도 역시 안에서 구하고 자신에게서 구해야 한다." 그는 서양식의 공리주의 노선 방향은 장차 유가가 줄곧 창도해온 조화주의 노선으로 대체되어야 하고, 인류 문화의 발전은 첫 번째 노선 방향에서 두 번째 노선 방향으로 전환되어야 한다고 예언했다.

두 번째 노선의 방향은 중국 문화다. 중국 문화는 '조화하며 중(中)을 유지하고자 하는 것'을 기본 정신으로 하고 사유 방식에서는 직관〔直覺〕의 숭상을 기본적 특징으로 한다. 이것은 일종의 순세주의(順世主義) 노선

51) 梁漱溟, 『東西文化及其哲學』, 63쪽.

52) 위의 책. 167쪽.

방향이다. 이 노선 방향에 의하면 "사람들이 문제를 만나면 해결을 요구하는 것이 아니라 상황을 개조한다. 즉 이와 같은 경지에서 나 자신의 만족을 찾는다. 예를 들면 집이 작아서 비가 새면 가령 본래 노선의 방향에 의하면 반드시 새로운 집으로 바꾸자고 요구해야 한다. 그러나 두 번째 노선 방향을 가지고 이러한 문제에 부딪히면 그는 결코 다른 집으로 바꿔 달라고 요구하지 않고 이러한 상황에서 자기의 생각을 바꿔 만족하고 또 똑같이 흥미를 갖는다. 이때 해결해야 할 부분은 결코 전면에 드러나지 않으며 눈동자는 결코 앞을 바라보지 않고 옆을 향해 본다. 그는 결코 싸워서 상황을 고칠 생각을 하지 않으니 이는 생각을 돌려 자기가 처한 현실에 만족하는 것이다. 그가 가진 문제에 대응하는 방법은 다만 자기 의욕의 조화일 뿐이다."[53] 서양 문화는 사람을 환경과 대립시켜 그것을 개조의 대상으로 간주하였다. 양수명은 그것을 '상대(相對)가 있는' 문화라고 불렀다. 중국 문화는 사람을 환경과 조화시켜 그것을 순응의 대상으로 간주하였다. 양수명은 그것을 '상대(相對)가 없는' 문화라고 불렀다.

양수명은 중국 문화에는 '조숙(早熟)' 의 문제가 존재하고 있음을 인정했다. 곧 '사람 대 물질의 문제' 가 해결되지 않은 상황에서 너무 일찍이 '사람 대 사람' 의 문제로 방향을 바꾸었다. 그러나 또 그것은 서양 문화가 미치지 못하는 것이기도 하다. 그는 서양 문화의 다음 단계의 발전은 두 번째 노선 방향을 선택하여 중국 문화에서 그 사상 자원을 얻을 것이라고 예언했다. 그는 비교의 방법을 채용하여 중국 문화의 현대적 가치를 충분히 긍정하고 중국 문화가 서양 문화의 위기를 구출할 수 있다고 확신하며 "세계의 미래문화는 바로 중국 문화의 부흥으로서 마치 오늘날 그리스 문화의 부흥처럼 그렇게 닮아있다."라고 단언했다.[54]

53) 위의 책, 53-54쪽.

54) 위의 책, 199쪽.

자·료·카·드

호적의 양수명의 문화관 비평

우리는 여기서 양선생의 출발점이 두리뭉실한 실수를 범했다는 것을 지적해야 한다. 두리뭉실하게 결론 내린 하나의 문화가 만일 세계적 문화가 될 수 없다면 근본적으로 존재할 자격이 없고, 두리뭉실하게 결론 내린 하나의 문화가 만일 존재하려면 반드시 낙후한 모양이나 불리한 처지를 고치고 변화시켜야 세계문화가 된다. 그는 자신을 '확실하게 한 선을 정해서 걸어가는' 사람이라고 인정하였는데, 자기도 모르는 사이에 세계문화 역시 '한 선을 정해서 걸어가는' 것이라고 추론하였다. 그 두리뭉실한 출발점에서 자연히 일종의 매우 두리뭉실한 '문화철학'이 나왔다. 그 자신은 이 세계가 나아가는 '한 선'을 현재는 서양화의 시대이며 더 내려가면 중국화가 부흥하여 세계문화의 시대가 되고 다시 더 내려가면 인도화가 부흥하여 세계문화의 시대가 된다고 추산했다. 그렇다면 이렇게 '가지런하여 감상하기 좋은' 한 선은 무슨 근거가 있는가? 원래부터 전혀 근거는 필요 없고 다만 양선생 자신의 사상만 필요한 것으로서 충분하다.

_『호적문존(胡適文存)』, 2집, 169-170쪽,
합비(合肥), 황산서사(黃山書社), 1996.

세 번째 노선의 방향은 인도 문화다. 인도 문화는 '돌이켜 반성하며 향후를 바라는 것'을 기본 정신으로 하고 있는데 이것은 일종의 출세간주의 노선 방향이다. 이러한 노선 방향에 의하면 "문제에 부딪히면 인도 문화는 근본적으로 이 문제 혹은 요구를 취소하고 싶어 한다. 이때 그것은 이미 상황을 개조하려는 첫 번째 노선 방향과 다르고, 또 자기의 뜻을 바꾸려는 두 번째 상황과도 다르며, 다만 근본적으로 이 문제를 취소하고 싶어 한다."[55] 양수명이 보기에 인도 문화는 사람들의 감정과 의지 문제 즉 살아가면서 늙음과 병듦과 죽음으로 곤혹하게 되지 않도록 요구한다. 인도 문화는 장차 중국 문화를 대체할 수도 있을 것이다. 그러나 지금은 아직 중국과 세계에서 이를 부르짖기에 적당하지 않다.

세 종류의 문화적 노선 방향의 비교를 통하여 양수명이 얻어낸 결론은 전반서화(全般西化)의 오래된 길로 가지 않고 인도의 태도도 배척하며 "비평적으로 다시 중국 원래의 태도를 가져오는 것"이었다. 그가 말하는 중국 문화는 바로 유학을 가리킨다. 비록 그는 유학의 현대적 가치에 대하여 충분히 인정하였으나 결코 유학을 원래 모습 그대로 가져오자고 주장한 것은 아니며 개혁과 발전을 주장한 것이다. 그의 '세 방향의 노선' 설은 사실 결코 실증적 연구 바탕 위의 문화학적 이론은 아니지만 유학의 현대적 가치를 드높이는 일종의 표현방식이다.

### 4) '내면에서 찾는' 가치관

양수명은 베르그송의 생명철학을 참고하여 '대 생명'을 우주의 본체라고 보았다. 그러나 주의해야 할 점은 양수명의 생명 관념과 베르그송의 생명 관념은 결코 완전히 똑같지는 않다는 것이다. 베르그송에게 생명은 존재를 드러내 보이는 본체론적 범주를 사용한 것으로서 가치상 중립적이고, 양수명에게 생명은 오히려 가치판단의 주체이다. 양수명은 이와 같은 가치판단의 주체를 '내면적 생명'이라고 불렀다. 그는 '생명' '직관' 등 현대철학의 술어를 빌려서 유가가 한결같이 중시해왔던 "내가 인(仁)을 원하면 그 인이 찾아온다." "인은 나로부터 실현한다." "자신을 돌이켜 인을 구한다." "먼저 그 큰마음을 세우라." "본심을 밝게 드러내라." "양

55) 위의 책, 54쪽.

지를 실현하라."라는 등등의 내재성 원칙을 위해 현대적 표현방식을 찾아냈다. 정통유학과 마찬가지로 양수명의 신유학 사상 체계도 '내면에서 찾는' 가치관으로 귀착된다.

양수명은 가치판단과 사실판단은 구별된다고 생각했다. 사실판단은 주객이분을 전제로 하는데 그는 그것을 '상대가 있는 것' 이라고 불렀다. 사실판단에서 주체의 인식은 객체에 의해 규정되며 자유의지와는 관계없다. 가치판단은 주객이분을 넘어서서 직관에 호소한다. 그는 그것을 '상대가 없는 것' 이라고 불렀다. 가치판단과 사실판단의 다름으로 말미암아 사람들의 가치 취향은 두 가지 서로 다른 선택이 있을 수 있다. 하나는 '외부에서 찾는 것' 으로 사실판단에 근거하고, 다른 하나는 '내면에서 찾는 것' 으로 가치판단에 근거한다.

'외부에서 찾는 것' 을 따르는 방침은 공리주의나 개인주의적 가치관을 형성하며 서양 현대인이 대표적이다. 이러한 가치관을 안고 있는 서양 현대인은 자기를 주체로 간주하고 자연과 사회를 객체로 간주하여 객체의 개혁을 통해서 자기의 염원을 만족시키길 요구함으로써 자기를 객체와 서로 대립적 위치에 둔다. 양수명은 "서양인이 행하는 삶은 이지(理智)를 유일하고 중요한 도구로 삼는데, 이것은 매우 명백한 일이다."[56]라고 말했다. 그는 이지를 인정하는 것은 개체의 공리주의적 가치관 형성의 근본 원인이라고 생각했다. 이지는 "한번 인정하면 한번 계산하니 내가 중심을 잃고 있으면 밖으로 편중케 된다. …… 이것은 선이고 저것은 악이며 이것은 옳고 저것은 악이라고 제정하는데 이것은 사실 큰 잘못이다." 공리주의와 개인주의 가치관을 품고 있는 사람은 모두 자아중심주의자이며, 모두 자기를 외계와 대립시키고 자기를 타인과 대립시킨다. 이러한 사람

---

56) 梁漱溟, 『東西文化及其哲學』, 158쪽.

은 '소아(小我)' 적 의식이 강하고 사심(私心)이 많으며, 중요하지 않은 일을 지나치게 따지고 논쟁하며, 재물을 얻지 못해 노심초사하고 그것을 잃지 않을까 고심한다. "스스로 가늠하고 계산하려 하는 것을 모두 '사심' '사욕' 이라고 부른다. …… 사심과 인욕(人欲)이 반드시 가무 · 여색 · 명예 · 이익 등 욕망의 종류는 아니지만, 이지의 일체 가늠과 계교와 안배도 직관에 의해 느끼고 감응하는 것은 아니다."[57] 양수명은 이러한 인생을 '계산하는 인생' 이라고 불렀으며, 또 이러한 인생은 '공자학파의 인생' 과는 조금도 어울리지 않는다고 생각했다. "사람들과 가장 어긋나는 삶은 계산하는 삶이다. 이른바 불인(不仁)한 사람은 별다른 것이 아니라 바로 계산하는 사람이다." "이지는 편리하게 분배하고 가늠하기 위해서 거짓으로 분별한다. 만약 그것을 참된 분별이라고 간주한다면 그것은 잘못된 것인 동시에 위험하다. 무엇이 잘못되었고 위험한가? 그것은 바로 전체 인생의 삶을 둘로 단절하여 잘라낸 이 한쪽을 완전히 잘라낸 저쪽에 부속시킴으로써 자체로서 그 의미가 없는 것이다."[58] 그는 서양인의 이러한 인생 태도는 생명 본성을 위배한 것이므로 결코 중국인이 본받을 가치가 없다고 생각했다. 서화파(西化派)의 '전반서화' 주장에 대해서도 그는 "종래 서양인들의 인생 태도는 현재까지 이미 많은 병폐가 나타났기 때문에 엄중한 비평을 받았다. 그러나 그들은 아직도 대체로 그들이 선택해야 할 중요한 점을 있는 그대로 파악해 낼 줄 모른다."[59]고 비평적으로 말했다. 그는 서양의 공리주의와 개인주의 관념을 비판 없이 중국으로 옮겨오는 것을 반대했다.

'내면에서 찾는 것' 을 따르는 방침은 직관주의와 군체주의(群體主義)

---

57) 위의 책, 127쪽.

58) 위의 책, 133-134쪽.

59) 위의 책, 205쪽.

적 가치관을 형성하며 중국의 유가가 대표적이다. 양수명은 유학의 가치관과 서양의 공리주의 및 개인주의 가치관의 근본적 구별은 그것이 결코 주체와 객체의 분별을 전제로 하는 것이 아니라 직접 생명본체 위에서 성립하는 데 있다고 생각한다. "고대 중국 사람은 의외로 바로 인간 생명의 화해(和諧)에 관한 견해를 가지고 있었다. 즉 사람은 스스로 화해적이고, 사람과 사람도 화해적(이른바 '천하는 한 집안이며 중국은 한 사람' 이라는 것이 이에 해당한다.)이며, 사람이 중심인 전체 우주가 화해적(그리하여 "중화를 지극히 하면 하늘과 땅이 바르게 되며, 만물이 제대로 생기고 자라게 된다." "천지의 화육을 도울 수 있으면 천지와 함께 셋이 될 수 있다." 등등으로 말한다.)으로서 유가는 우주와 인생에 대하여 언제나 매우 찬탄하였다."[60] 유학의 가치관은 결코 개체성적 원칙을 나타내지 않고 합군체성(合群體性)적 원칙을 나타내어 화해를 핵심적 가치로 하고 있다. 만일 서양인의 공리주의 및 개인주의적 가치관이 이지형(理智型)이라고 말한다면 유학의 가치관은 직관형〔直覺型〕이다. 중국인은 "서양이 그렇게 지식(과학)의 발달과 성취를 가지고 그것에 의하여 생활하는 것과는 달리 그 이지가 어떠한 작용을 하지 않는 것은 매우 명백하다. …… 그 사람과 자연의 혼융은 직관으로 말미암은 것이 아니겠는가? 사회생활에서 사람과 사람이 정감을 숭상하고 논쟁을 적게 하는 것이 직관을 사용한 것이 아니겠는가? 그 삶의 근거로서의 일체 학술이 현학화나 예술화하지 않은 것이 없는데 이 모두가 직관을 사용한 것이 아니겠는가?"[61] 양수명이 보기에 유학을 주체로 하는 중국 문화와 공리주의를 핵심으로 하는 서양 문화는 가치 취향에서 서로 다르며 사유 방식에서 다르고 행위 방식에서 다르다. 이들은 서로 다른 두 가지 유형의 문화다.

---

60) 梁漱溟, 『中國文化要義』, 144쪽, 成都, 路明書店, 1949.

61) 梁漱溟, 『東西文化及其哲學』, 159쪽.

생명주의와 직관주의에 근거하여 양수명은 유학의 가치관에 대하여 새롭고 명확하게 설명했다. 그는 "공자는 인류 생명을 아주 깊은 곳을 근거로 하여 파악했기 때문에 무궁무진한 앞길을 열어나갔다."[62] "그는 남과 나와의 어떠한 경계도 나누지 않았고, 어떠한 권리와 의무도 말하지 않았으며, 이른바 부모에게 효도하고 형을 공경하며 공손하게 사양하는 가르침도 곳곳에서 감정을 중시하여 자아를 내세우지 않았다."[63]고 말했다. 그는 유학 가치관의 특징을 '감정을 중시하며 자아를 내세우지 않는 것'으로 개괄한 동시에 논술을 전개하였다.

첫째, '감정을 중시함'이란 느낌에 따라 대응하는 것이다. 양수명은 "사람은 저절로 바른길로 갈 수 있으니 원래 당신이 걱정하고 가늠할 필요는 없다. 일이 일어나면 그는 바로 느낌에 따라 반응하고 그것이 통하면 옳은 것이다." "이러한 직관은 사람이 본래부터 가지고 있으며 또 원래 매우 예리한 데 다만 습관에 오염되는 때가 있다. 당신이 어떻게 그 본연의 예리함을 회복하는지가 그것이 자유롭게 활동하여 법칙을 잃지 않게 할 수 있는 것이다."[64]라고 지적하였다. 여기서 그는 유가의 성선론에 대해 직관주의적 해석을 하였다. 즉 생명본체로서의 인성이 체현된 것이 최고선〔至善〕이며, 도덕 가치의 판단은 양지가 스스로 드러난 것〔自我發現〕으로서 바로 직관에 맡긴 것이었다. 이러한 판단은 이지가 점검하고 헤아리는 것과는 무관하며 주체 자신의 자각과 자원(自愿)에 의해 결정된다. 도덕 가치의 판단 근거는 그 내재성에 있는 것이지 외재성에 있는 것이 아니다. 양수명에 따르면 정주리학은 밖에서 이치를 캐는 방법을 취해서 "공자학파의 취지를 별로 얻지는 못했다." 그 이유는 "공자에게는 오

62) 梁漱溟, 『中國民族自救運動之最後覺悟』, 76쪽.
63) 梁漱溟, 『東西文化及其哲學』, 152쪽.
64) 위의 책, 125-126쪽.

직 사람의 삶이 있을 뿐 성리(性理)라는 것은 없으며 성리는 송대 학자들의 말이고 공자는 별로 말하지 않았기 때문이다." 그는 유가 윤리는 일종의 덕성윤리학이며 결코 정주리학자들이 해석한 규범윤리학은 아니라고 생각했다. 신문화 운동의 영향을 받음으로 말미암아 그는 정주리학에 대하여 일종의 비평적 태도를 품고 있었고 전통 예교에 대해서도 일종의 비평적 태도를 품고 있었다. 그는 "송대 이래 여러 가지 편향된 사상과 완고한 교조가 많은 사람의 손을 거쳐 전해져 내려오면서 더욱더 매서워졌고, 사회와 인간 생활에 끼친 무리한 압박은 더욱더 많아졌다."[65]고 말했다. '완고한 교조'를 비판한 점에서 양수명은 결코 신문화 운동의 창도자들과 다르지 않다. 그런데 그는 한 가지만 움켜쥐는 것을 단호하게 반대했고 그 나머지까지 미치지는 않았기 때문에 결국 전반적으로 유학의 가치관을 부정한 것이었다. 그는 '감정 중시'의 관점에서 송유의 천리학설(天理學說)을 새롭게 해석하였다. "이 저절로 행해지고 일상에서는 알 수 없는 법칙이 바로 천리인데 완전히 직관활동의 자유자재에 맡긴다. 천리는 당연히 규칙을 잃지 않으니 이를 '천리에 합치한다'고 말한다."[66] "공자의 윤리는 실제로 그가 말하는 혈구지도(絜矩之道) 안에 깃들어 있어서 부모는 자식을 사랑하고 자식은 부모에게 효도하며 형은 동생과 사이가 좋고 동생은 형에게 공손히 하여 결국 양 방면이 서로 조화하고 돕게 하는 것이다."[67] 그가 보기에 유가 윤리의 보편적절성은 내재적 덕성의 자각에서 오는 것이지 결코 외재적 이성의 강제에서 오는 것은 아니었다.

둘째, "감정을 중시함"은 인도(仁道)를 실천하는 것이다. 양수명은 유가 윤리의 핵심 범주인 인(仁)을 "공자가 말하는 인이란 어떤 것인가? 이

65) 梁漱溟, 『東西文化及其哲學』, 150쪽.
66) 위의 책, 127쪽.
67) 위의 책, 152쪽.

예리한 직관이 바로 공자가 말하는 인이다." "인은 바로 본능 · 정감 · 직관이다." "인은 오직 삶의 홍취가 넘쳐흐르는 것이다."[68]라고 해석했다. 이미 이렇다면 인을 추구하는 것 역시 정감상 안정을 추구하는 것이며 '평안(安)' 이란 글자 위에서 '인' 을 구하여 얻은 것이다. "직관이 예리하고도 강한 사람은 평안을 요구하고 평형을 요구하며 조화롭고 강함을 요구하여 그것이 행위로 드러나게 된다. 만일 그 추구한 바가 평안하고 제삼자가 그를 인인(仁人)이라고 말하면 그의 행위는 미덕이 된다고 인정한다. 사실 그는 다만 자연스럽게 행하면서 중(中)을 추구하는 법칙을 따라갔을 뿐이다."[69] 정감상의 안정을 추구하는 과정 역시 내면적 마음을 향한 탐색이며 생명의 본성을 체험하는 과정이다. 양수명은 이로부터 "유학에서 정감의 안정은 모두 그 삶의 중점이 그 내면에 있기 때문이다." "유학이 특별히 중시할 가치가 있는 것은 동서양의 모든 학파를 넘어서서 다만 오직 그것이 삶을 원만하게 하고 삶에 알맞기 때문이다."[70]라는 결론을 얻어냈다. 유가 인학(仁學)에 대한 그의 해석이 비록 전통유학과 다른 점은 있으나 그는 여전히 유가가 역대로부터 주장해온 '안으로 스스로 돌이켜 보고(內自省)' '안으로 스스로 책망하는(內自訟)' 내재성 원칙을 이어받고 있다.

셋째, "감정을 중시함" 은 스스로 즐거움을 얻는 것이다. 양수명은 "인생의 즐거움은 삶 자체에 있으며 외적으로 즐기는 데 있는 것이 아니다. 시험 삼아 모두에게 하나의 큰길을 가르쳐주면 그들은 외적 즐거움에서 삶을 추구하는 방법을 바꾸어서 고개를 돌려 자기가 활동하는 즐거움을 마음대로 골라서 각자가 그러한 곳을 찾아가서 활동한다. 인간은 천성적

68) 위의 책, 134쪽.
69) 위의 책, 127쪽.
70) 위의 책, 181쪽.

으로 활동을 좋아하며 활동하는 가운데 즐거움이 있다."라고 지적했다. 본능의 자각적 활동에 따라 '감정'이 안정되고 '이치'를 알게 되면 그것이 바로 '즐거움'이며 그와 반대는 '괴로움'이다. 이것이 바로 '공자와 안회의 즐거움'에 대해 양수명이 내린 새롭고 상세한 설명이다. 이러한 고락관(苦樂觀)에 근거하여 그가 얻어낸 결론은 다음과 같다. "중국의 모든 일상생활과 그것을 누리는 것은 서양인과는 다르다. 중국인이 물질적으로 누리는 행복은 사실 서양인과 반대되는 것이 많이 있다. 대개 우리들의 행복과 즐거움은 우리가 누릴 수 있는 점에 있으며 누릴 수 있는 물건에 있는 것이 아니다. 비단옷을 입는 것이 반드시 더 즐거운 것은 아니며 해진 옷을 입는 것이 어쩌면 훨씬 즐거울 수도 있다. 중국인은 자연과 더불어 놀며 즐기는 태도로써 한 가지가 있으면 한 가지를 즐긴다. 그러나 서양인은 쏜살같이 앞을 향해 추구함으로써 정신을 잃고 고민에 빠지니 비록 얻는 것은 많지만 사실 조용히 즐긴 적은 없다."

넷째, '무아(無我)'는 이지(理智)와 소아(小我)의 방해를 물리친다. "감정을 중시함"은 양수명이 유학의 가치관에 대하여 정면으로 논술한 것이고, '무아'는 그가 유학의 가치관에 대하여 반면(反面)에서 설명한 것으로 이지의 각도에서 인생의 가치를 취급하는 것을 반대한 것에 불과하다. 그는 직관의 관점에서 보면 "인생은 기대할 만한 어떠한 의미가 있는 것이 아니다. 만일 그것을 묻는다면 그것은 인생의 삶에 그 의미가 있을 것이다. 인생에는 평가할 만한 어떠한 가치가 없다. 만일 그것을 묻는다면 그러면 어떤 사람을 막론하고 곧바로 모두 이미 충분히 만족하고 흠이 없으며 모자람도 없다. (어떠한 사업 · 공덕 · 학문 · 명예 할 것 없이 어쩌면 어떠한 좋은 성취 이후에 비로소 가치가 있다) 인생에는 우리가 짊어져야 할 어떠한 책임도 없다. 만일 그것을 묻는다면 다만 곧 자기가 자기를 꾸짖는 것이 될 것이다."라고 지적했다. 그러나 이지의 각도에서 보면 "입을 열면 바로 권리와 의무 및 법률관계를 말하고 누구는 누구와 결판을 내야 한다고 한다. 심지어는 부모 자식이나 부부 사이에서도 이와 같다. 이러한 삶은 참으로 불합리하고 참으로 너무 괴롭다."[71] '무아' 이면 비로소 '무욕' 할 수 있다. 왜냐하면 "사람은 욕망 가운데서는 늘 오직 자신만을 위할 줄 알고 상대방은 살피지 못한다. 그와 달리 사람은 정감 속에서는 늘 오직 상대방을 보고 자신은 잊는다."[72] 그는 '소아' 가 없어야 비로소 '대아' 가 있고 비로소 '어진 사람은 만물과 한 몸이 된다.' 라는 유학자의 심경을 세울 수 있다고 보았다.

결국 유학의 가치관에 대한 양수명의 새로운 설명은 바로 이전 유가 윤리규범 체계의 구조를 해석하여 인성이 선하다는 유학의 가치이념을 보존하는 것이었다. 그의 첫 번째 착안점은 유가의 합군체성 원칙을 논증하고 화해(和諧)의 이념을 강조하는 것이었다. 그는 이에 의해 당시 파산에 직면한 중국 사회의 문제를 해결하여 중국 사회를 중건하려는 목적에 도달하기를 바랐다. 그의 이러한 바람은 의심할 바 없이 훌륭하고 좋았으나 당시의 혼란스러운 사회 상황 아래서는 어찌할 수 없었고 또 실행할 수도 없었다. 사마천의 말을 빌려 말하면 "현실과 거리가 멀어서 용무로부터 아득하다."라고 할 수 있다. 그의 두 번째 착안점은 유가의 내재성 원칙을 논증하여 '몸이 편안하고 근심 없이 생활하는 곳' 을 중건하려는 시도였다. 그는 사람의 생명 본성 속에는 자아 완성의 궁극적 바탕이 있음을 인정하였는데 이는 유가의 일관된 주장에 부합된다. 아쉬운 것은 그가 다만 내재성의 비공리주의 성향을 지나치게 강조함으로써 오히려 유가의 경세치용적 공리주의 성향은 주의하지 않은 동시에 이 두 가지 성향을 나누어 대립시킴으로써 유가의 '합내외지도(合內外之道)' 를 전면적으로 파악할

71) 梁漱溟, 『東西文化及其哲學』, 152쪽.

72) 梁漱溟, 『中國文化要義』, 149쪽.

가치

가치학과 철학의 기본 범주로 가치는 인간 생활 가운데 일종의 보편현상과 내용에 대한 본질적 개괄이며 각 영역 가운데 각종의 특수하고 구체적인 가치 형태의 전체적 개괄이며 전체적 추상이다. '가치' 란 단어의 어원은 가장 먼저 산스크리트어의 Wet(덮어 감추다, 보호하다)와 Wal(덮어 감추다, 강화하다) 그리고 라틴어 Vallo(제방(堤坊)을 사용하여 머무는 곳을 보호 · 강화하다) Valeo(힘있고 견고하며 건강한 것이 되다)와 Valus(제방)에서 왔으며 '사람에 대하여 엄호하고 보호하며 유지 · 작용한다.' 라는 의미를 취하였다. 훗날 "소중하게 여길 만하다. 사람을 중시하다. 존중할 만하다." 라는 뜻으로 변천되었으며 일상 언어 가운데 '좋다' 는 말과 서로 비슷하다. 한 개의 명사로서 그것은 이미 전문 용어가 되었다.

일반적 내용에서 말하면 가치는 다음과 같이 정의할 수 있다. 그것은 객체의 존재와 속성 및 그 변화가 주체의 구조와 필요와 능력과 부합하고 서로 일치 혹은 접근하는지 아닌지의 성질이다. 만일 이러한 성질이 긍정적이라면 그것은 객체가 주체에 대하여 가치가 있거나 바른 가치라고 말하며, 만일 부정적이라면 그것은 객체가 주체에 대하여 가치가 없거나 마이너스 가치임을 의미하고 있다. 이러한 정의는 정치경제학적이 아닌 '상품 가치' 의 의미에서의 각종 가치개념에 적용된다. 만일 객체가 주체를 만족시키는 공리(功利)적 필요이면 그것은 주체에 대한 공리적 가치 혹은 사용 가치이며, 객체와 주체의 심미구조가 서로 일치하면 그것은 주체에 대해 말하면 아름다운 것이다. 개인적 행위가 만일 사회 주체의 도덕규범에 부합되면 이 행위는 사회에서 선이라고 평가된다. 위에 서술한 것과 서로 반대되는 상황은 각각 '쓸모없음' '추함' '악' 등등이 된다.

가치 및 그 의식의 일반적 기초 · 본질 · 특징 · 규율의 전개에 관한 연구는 철학적 가치론의 내용을 구성한다.

_ 이덕순(李德順) 주편, 『가치학대사전』, 261-262쪽, 북경, 중국인민대학출판사, 1995.

수 없었던 점이다. 양수명의 가치관에서는 내재성과 경세치용을 하나로 연계시킬 수 없었기 때문에 그것은 매우 추상적으로 보였다. 개인주의와 공리주의 가치관에 대한 그의 비평은 매우 준엄하고 모질었고 서양 현대 사회에 유행하던 현대병을 강력하게 폭로하여 보여줌으로써 우리가 이에 의해 경계 삼도록 하기에 충분하였다. 그는 유학에 현대병을 치료할 수 있는 효능이 있음을 인정하였다. 그러나 그는 유학이 충분히 현대적 발전에 적응할 수 있는 가치를 발굴해내지는 못했다. 그의 가치관은 기본적으로 전통적 유형으로서 아직은 전통에서 현대에 이르는 전환은 실현하지 못했다. 그의 가치관은 본능에 호소하고 직관에 호소하며 정감에 호소하고 과정에 호소하여 궁극적 가치의 목표를 설정하지 않았으며 유가의 공부론에 대한 명백한 설명에 소홀하여 농후한 자연주의 색채를 가지고 있다. 그가 유가의 인문주의 정신과 도덕이상주의 정신의 발굴에 대해서 한 일은 분명히 충분하지는 않았다. 양수명의 가치관 방면의 편향은 그의 학문적 동지인 웅십력에 이르러 상당한 정도 바로잡혔다.

## 3. 웅십력(熊十力)

웅십력(1885~1968)의 본명은 계지(繼智)이며 정중(定中)·승항(升恒)이라고도 불렀고, 자(字)는 자정(子貞)이다. 그는 호북성 황강 출신으로

1906년 일지회(日知會)에 가입하였으며 또 황강군학계강습회(黃岡軍學界講習會)를 조직하였다. 1911년 무창기의(武昌起義)에 참가하여 도독부참모를 맡았다. 1920년에는 남경지나내학원(南京支那內學院)에 들어가서 구양경무(歐陽竟無)로부터 불교의 유식학을 깊이 공부하였으며 1922년에 북경대학 철학과 특약 강사로 초빙되었다가 뒤에 승진하여 교수가 되었다. 1932년에 『신유식론』 문언문판을 출판하고, 1944년에는 『신유식론』 구어체판을 출판하여 '신유식론' 사상체계를 세움으로써 협의의 신유학 본체론 학설의 기초를 잡은 사람이 되었다. 1956년에는 전국정치협상회의에 참가했으며 또 연이어 제2 · 3 · 4회 전국정협위원으로 당선되었다. 그의 주요 저작은 『웅십력전집(熊十力全集)』으로 편집되어 호북교육출판사(湖北教育出版社)에서 출판하였다.

양수명은 문을 연 사람이지 종결자는 아니었다. 그는 신유학 사상 연구를 최초로 시작한 후 실천 방면으로 방향을 바꾸어 오랫동안 향촌건설운동과 그 밖의 사회활동에 힘을 쏟았으며, 이론 방면에서는 별다른 진전을 얻지 못했다. 양수명의 동지인 웅십력이 그의 북경대학 교직을 이어받아 여러 해 동안 교학과 이론 연구에 종사하며 협의의 신유가 철학이론을 발전시키는 임무를 짊어져야 했다.

### 1) '체용불이' 론(體用不二論)

양수명의 신유학은 비록 본체론을 언급하긴 했으나 이것을 중점 문제로 삼지는 않았다. 그가 좀 더 관심을 둔 것은 문화 문제와 사회개조 문제였다. 『동서문화 및 그 철학』에 본체론과 관련된 지면은 많지 않았으며 설령 본체론을 언급하더라도 겨우 논의하여 결정한 것을 제출하는데 국한되었고 논증한 것은 아니었다. 진정으로 본체론 연구를 중시한 현대 신유학자는 웅십력이었다. 그는 심지어 철학은 바로 본체론이라고 생각하며 일부 서양 철학자들의 '철학은 바로 인식론'이라는 견해를 반대했다. 그는 한평생 온 힘을 다하여 '신유식론'의 체계를 세웠는데, "『신론(新論)』은 본래 체용을 설명하기 위해서 썼다." "이 책의 근본 문제는 체용을 벗어나지 않는다." "만일 학자들이 체용의 의미를 철저히 깨닫는다면, 우주와 인생의 모든 큰 문제에 대하여 마음이 활짝 트여 밝게 이해하고 더는 막힘이 없어질 것이다."[73]라고 거듭 표명하였다. 그가 창립한 본체론 학설은 '체용불이론'이라고 불릴 수 있다.

웅십력 역시 생명의 진로로부터 본체론 연구의 영역으로 들어갔다. 그 역시 베르그송의 생명주의의 영향을 받아서 동태적 과정의 본체론에 동의하고 "생명론자는 그 견해가 충분히 『신론』의 설명보다 적지 않다."라고 인정했다. 그러나 그는 결코 생명론자의 비이성주의적 경향에 동의하지 않았다. 첫째로 그는 베르그송이 생명본체를 '맹목적 충동'이라고 말한 것에 찬성하지 않았고, 또 "최근 사람인 베르그송의 창조적 진화론의 견해는 영속성〔恒性〕을 제대로 관찰한 적이 없이 다만 제멋대로 짐작한 일종의 맹목적 행동이 되었으므로 도리어 생명 변화의 진실을 알지 못했다."[74]라고 비평했다. 그는 생명의 철학적 함의에 대하여 다시 이렇게 정의 내렸다. "대개 생명(生命)이라고 하는 것은 항상 시작하면서 항상 새로운 것을 생(生)이라 하고, 자기를 근본으로 하고 자기를 뿌리로 하는 것을 명(命)이라 한다. 이 두 가지 뜻은 서로 통하며 생은 바로 명이고 명 역시 생이다. 그러므로 생명은 공허한 명사가 아니다. 우리가 인식하는 자신의 생명은 바로 우주의 본체이므로 내 몸을 안으로 하고 우주를 밖으로 할 수는 없다. 나와 우주는 동일한 대 생명이기 때문이다. 이 하나의 대 생명

73) 熊十力, 『新唯識論』, 241쪽, 重慶, 商務印書館, 1944.

74) 『熊十力論著: 新唯識論』, 681쪽, 北京, 中華書局, 1985.

은 분할할 수 없으므로 안과 밖이 없다."[75] 웅십력은 다만 생명의 본체론적 의미만 인정하고 그것의 비이성주의적 의미는 배제하였다. 그가 보기에 '맹목적 충동'은 다만 '습심(習心)'의 표현일 뿐이므로 그것을 사용하여 본체를 표현할 수는 없었다. 둘째 그는 또 베르그송이 직관을 본능이라고 말하는 것에 찬성하지 않았으며 베르그송이 직관과 본능을 뒤섞어 하나로 말하는 것도 비판하였다. 그는 생명본체의 인식론적 근거는 결코 본능이 아니라 '성지(性智)'라고 생각했다. 셋째 그는 베르그송은 결코 본체와 공용을 통일시키지 못했다고 생각했다. 베르그송의 창조적 진화론에 의하면 사물의 형성은 "눈덩이를 굴리는 것처럼 굴리면 굴릴수록 커진다. 눈덩이를 굴리는 비유에 근거하여 말하면 비록 시시각각 새로운 눈 조각을 더하더라도 오히려 언제나 이전의 눈 조각은 사라지지 않는다."라고 했다. 어찌 사물이 스스로 그 사물이 되는 것이 이미 본체의 통제를 벗어났음을 의미하는 것이 아니겠는가? 웅십력이 보기에 베르그송은 결코 체용불이의 높이에는 도달하지 못했다. 그는 체용불이론을 제출하여 힘써 베르그송을 넘어서려 꾀하면서 유가 특색의 본체론 학설을 세웠다.

웅십력은 철학의 근본 임무는 본체를 탐구하는 것으로서 본체는 현상과 구별된다고 생각했다. 그래서 "현학 혹은 본체론의 관점에서 말하면 모든 형상〔相〕을 쓸어 없애야 비로소 심오한 참 법계를 얻게 된다. 만일 모든 형상을 비우지 못하면 진실을 볼 수 없다. 예를 들면 여기에 삼〔麻〕으로 만든 끈이 있는데 우리가 이 끈의 본래 모습을 인식하려고 한다면 그것을 끈이 아닌 것으로 보아야 한다. 바꾸어 말하면 끈의 형상은 그것을 비워야만 비로소 그것이 다만 하나의 삼일 뿐임을 직접 알 수 있다. 만약 끈의 형상이 비워지지 않는다면 그것은 한 가닥의 끈임을 알뿐이고 그

75) 위의 책, 535쪽.

것이 한 가닥의 삼줄인지는 알 수 없을 것이다."[76] 여러 해 동안 불교에 깊이 빠져 있던 웅십력은 불경에 있는 끈과 삼의 비유를 빌려다 본체와 현상의 대립 관계를 설명했다. 즉 본체는 진실하고 현상은 진실하지 않으므로 현상이 본체를 가리면 반드시 현상을 부정해야 비로소 본체를 증명할 수 있다. 만약 다만 현상으로 현상을 논한다면 삼줄의 본체는 삼이지 뱀 같은 외형이 아니라는 것을 인식하지 못한다. 웅십력의 본체론에 관한 사고방식은 불교의 진제(眞諦)와 속제(俗諦)의 이분법적 형식의 영향을 깊게 받았다.

웅십력이 제거하려고 한 첫째 종류의 형상은 '물상(物相)'으로 이는 사물 자체를 진실한 존재로 보는 그러한 소박유물론의 관점을 비판한 것에 불과하다. 그는 소박유물론자는 물상 혹은 외부경계에 집착함으로써 '적용하는데 생각이 없지는 않았다.' 라는 잘못을 저질렀다고 생각한다. 무엇을 '적용하는데 생각이 없지는 않았다.' 라고 하는 것인가? 그는 이것을 해석하여 "이것은 일상생활 방면에서 사물에 적용하는 관습에 따라 외재적 실제 경계를 생각한 것이다. 즉 이미 도리에 맞지 않은 생각에 기인하여 이름 지은 것을 '적용하는데 생각이 없지는 않았다.'[77]라고 말한다." 고 말했다. 사람들은 일상생활의 필요에 따라 대체로 자기가 직면한 세계를 객관적으로 실재하는 것으로 생각하고, "혹은 개별적으로 생각하여 병(瓶)과 화분 등의 사물이 마음을 떠나 실재하는 것이며, 혹은 합쳐서 생각하여 물질세계는 마음을 떠나 실재하는 것" 이라고 본다. 웅십력이 보기에 이러한 소박한 유물론의 관점은 진실한 본체에 대해 방해가 되는 우매한 증거이므로 반드시 제거해야 한다. 그는 감각 분석의 방법을 채용하여 '물상'에 대한 집착을 뿌리치고 이렇게 말했다. "'적용하는데 생각이 없

76) 熊十力, 『新唯識論』, 296-297쪽, 重慶, 商務印書館, 1944.

77) 위의 책, 257쪽.

지는 않았다.' 라는 것은 아마 개별적으로 현전하는 하나하나의 거친 물질적 대상이 마음을 떠나 홀로 존재한다는 생각일 것이다. 이러한 대상을 알지도 못했다면 만약 나의 마음을 떠나서도 이 물건은 없을 것이다. 왜냐하면, 나의 식별이 지금 일어나면 거친 대상의 경계도 지금 일어나기 때문이다. 만약 식별을 떠난다면 이러한 경계는 근본적으로 없다. 병을 예로 들어 말해 보면, 그것을 보면 다만 하얀색일 뿐 결코 전체로서의 병은 아니나 그것을 만져보면 다만 딱딱할 뿐 역시 전체로서의 병은 아니다. 우리의 의식은 딱딱함과 하얀 것을 종합한 형상이며 그 이름이 전체로서의 병이 된다. 거친 대상을 견지하고 있는 사람은 본래 병이란 대상은 마음을 떠나 실제로 있는 것이라고 말한다. 그러나 만약 실사구시의 태도로 그것을 상세히 연구하고 이 병이란 대상이 안식(眼識)으로 본 하얀 형상과 신식(身識)으로 느낀 딱딱한 형상 및 의식이 종합한 작용을 떠나 있는 것을 안다면 이 병이란 대상에는 또 어떤 것이 거기에 있겠는가? 이로부터 알 수 있듯이 병이라는 대상은 실제로 '텅 비어서 없다〔空無〕.' 라고 말할 수 있다."[78] 물상의 제거를 통해서 웅십력은 불교의 "인연에 따라 생겨나는 법에 보이는 것은 바로 무(無)"라는 관점에 근거하여 물질세계가 객관적 실재라고 인정하는 유물주의의 본체론적 사고의 방향을 부정하였다. 그는 "유물론자는 물질을 본원이라고 여기는 것이 가장 큰 착오다."라고 지적했다.

웅십력이 말끔히 제거하려고 한 두 번째 형상은 '심상(心相)' 으로 바로 사물을 감각적이고 복합적이며 경험론적으로 간주하는 것을 비판하는 유심론적 관점이다. 유심주의 경험론자는 심상에 집착하여 '존재는 바로 감지된 것' 임을 인정하고 감각경험을 본체로 여긴다. 웅십력은 이러한 견해

---

78) 위의 책, 257-258쪽.

는 성립될 수 없다고 생각하며 "저 집착하여 취한 대상의 인식을 실유(實有)라고 하는 이러한 견해는 타파해야 한다."라고 주장하고 나아가 진실한 본체를 증명하는 목표에 도달하였다.

웅십력은 '마음'에는 두 가지 의미가 있다고 지적했다. 한 종류는 인지주체로서의 마음으로 그는 그것을 '습심(習心)'이라고 불렀고, 또 한 종류는 우주본체로서의 마음으로 그는 그것을 '본심(本心)'이라고 불렀다. 습심은 감각경험의 범위 안에 국한되며 물질현상과 상대하여 일어나고 물상과 상대하여 말하며 이로부터 심상이 형성된다. 심상은 물상과 마찬가지로 역시 본심 본체에 대한 차폐(遮蔽)를 구성하므로 반드시 타파되어야 한다. 웅십력은 불교의 연기설을 끌어와서 습심을 물리치고, 이러한 "망령된 집착의 마음 혹은 대상을 취하는 인식은 근본적으로 자체(自體)가 없다."[79]고 생각하였다. 불교의 연기설에서는 일체 사물은 반드시 여러 가지 인연과 조건을 갖춘 다음에 떠오른다고 생각한다. 우주와 인생 중의 각종 현상은 모두 인연 관계 가운데 존재하며 이러한 관계를 떠나서는 결코 독립적으로 존재할 수 없으므로 자성은 없다. 『중아함경』 권47에서는 "이것이 있으면 저것이 있고, 이것이 없으면 저것이 없다. 이것이 생기면 저것이 생기고, 이것이 사라지면 저것이 사라진다."라고 했다. 이에 의해 웅십력은 다음과 같이 습심을 명백히 밝혀서 물리쳤다. "망령되이 집착하는 마음(혹은 대상을 취하는 인식)은 바로 조건에 따라 생겨난다. 바꾸어 말하면 이 마음은 많은 조건이 서로 의지하고 기대어 지금 발생한 일종의 모양으로서 물론 자체가 있는 것은 아니며 실재하는 것이 아니다. 만약 수많은 조건 하나하나를 제거한다면 이 마음은 어디에 있을까? 실제로 그것은 결국 공(空)이며 무소유라고 말할 수 있다." 습심은 결코 본체

79) 熊十力, 『新唯識論』, 278쪽.

가 될 수 없다. 왜냐하면, 그것은 상대적이고 조건적이기 때문이다. 습심이 변하여 나타난 '심상' 은 '물상' 을 조건으로 한다. 만일 물상을 떠난다면 심상은 홀로 발생할 수 없다. "물상이 본래 공(空)하면 심상 역시 소멸한다." 이 둘은 모두 진실하지 않은 것이다. 심상의 제거를 통해서 웅십력은 인지주체를 실재로 여기는 경험유심주의적 본체론의 사고를 부정했다.

'형상 제거'〔掃相〕는 웅십력이 본체론을 건립하기 위해 실행한 준비 작업이다. 그의 말을 사용하여 말하면 "곧 본체에서 말하면 반드시 공의 현상이 되고 난 다음에 본체를 본다."라는 것이다. 물상과 심상에 대한 제거를 통해서 웅십력은 이미 유물론적 본체론의 길을 부정했고 또 유심주의적 경험론의 본체론 사고도 부정했으며 결국 본체론 문제를 생각하기 위해서 정체주의(整體主義)적 시각을 찾아냈다. 그가 보기에 만약 본체를 깊이 있게 증명하고 싶으면 부분으로부터 착수할 수는 없고, 보이는 현상만으로 사물을 논하는 현상주의적 이치로 갈 수도 없으며, 반드시 부분을 초월하고 현상을 초월하여 총체적이고 직관적인 이치를 채택해야 했다. 이러한 이치는 우선 우주를 보편적 관계를 가진 유기적 전체로 보고 그다음에 보편 관계를 구성하는 철학적 근거를 고찰하여 전체 우주가 의지하는 존재의 본체를 찾는 것이다. 웅십력은 이 이치를 '작용에서 바로 본체가 드러난다.' 라고 했다.

총체적 각도에서 보면 자성이 없는 물상과 심상은 모두 '작용〔用〕' 이라고 부를 수 있다. '작용' 은 독립적으로 존재할 수 없고 반드시 본체를 최종 원인으로 삼아야 한다. 그러므로 '작용' 으로 말미암아 '본체' 에 이를 수 있는 것이다. 본체에 관해서 웅십력은 마땅히 아래와 같은 규정성을 가지고 있어야 한다고 생각했다.

(가) "본체는 온갖 이치를 갖추고 있고 온갖 이치를 품고 있으며 온갖

변화를 일으키지만, 청정본연(淸淨本然)을 본받을 뿐이다." …… 청정이란 오염되지 않은 것, 즉 세간에서 말하는 악이 없는 것이다. 본연에서 본은 본래를 말하고 연은 이와 같음을 말한다. 반드시 알아야 할 것은 본체란 '본래 없으나 지금은 있는 것' 이 아니며 생각과 상상으로부터 적절히 세운 것은 더욱 아니므로 본래(本來)라고 말한다. 그것은 영원히 변경할 수 없는 것이므로 '이와 같이〔如此〕' 라는 한 단어로 형용하였다. 본체는 우주 만유의 본원이며 제일 성질의 실재다. 본체에 대하여 말한다면 더 거슬러 올라갈 어떤 것도 없다. 그것은 이상적이고 완벽한 경지로서 세간의 악이나 더러움과는 선명한 대비를 이룬다. 그것은 이미 존재의 최후 근거인 동시에 가치의 최후 근거다.

(나) "본체는 절대적이다. 만약 필요로 하는 것이 있다면 모든 존재의 본체가 된다고 이름할 수 없다." 간단히 말해서 본체는 절대적이며 상대적이 아니다. 일체 마음과 물질현상은 모두 상대적이고 조건적이다. 그러나 상대 가운데 절대를 포함하고 있는데 이 절대가 바로 본체다. 일체 마음과 물질현상은 모두 절대적 본체에서 통일된다. 본체는 바로 각종 현상을 보편적으로 연계해 주는 최후 근거다.

(다) "본체는 깊숙하게 감추어져 있고 형상이 없는 것이다. 즉 공간성이 없는 것이다." 공간적 각도에서 말하면 본체는 초월적 성질을 갖추고 있다.

(라) "본체는 항구적이며 시작도 없고 끝도 없어서 시간성이 없는 것이다." 시간적 각도에서 말하면 본체 역시 초월적 성질을 갖추고 있다. 본체는 시공의 규정성이 없다. 그러므로 물질세계 중의 사물과는 구별이 된다. 웅십력은 시간과 공간은 다만 물질세계 가운데 구체적 사물의 존재형식이라고 생각했다. 각각의 사물은 모두 동서남북 가운데서 '분포상(分布相)' 이 있는데 이것이 바로 공간적 규정성이며 모두 과거 · 현재 · 미래

의 '연속상(延續相)' 이 있는데 이것이 바로 시간적 규정성이다. 본체는 어떠한 구체적 사물이 아니다. 그러므로 시공적 규정의 제한을 받지 않는다.

(마) "본체는 완전하고, 원만하고 결점이 없으며, 분할할 수 없다." 총체로서의 본체를 말하면 결코 부분적 상을 더한 것이 아니며 어떠한 부분에 대해서도 초월적이다. 그러므로 분할할 수 없는 가장 완전한 것이다.

(바) "만약 본체가 변화하면서 바뀌는 것이 아니라고 말한다면 이미 변화하고 바뀜을 내포하고 있고, 만약 본체가 변화하며 바뀌는 것이라고 한다면 이미 변화하고 바뀌지 않음을 내포하고 있다. 그것은 말하기 아주 곤란하다. 본체는 눈에 보이게 드러나면서 한량없고 끝없는 작용이니 바로 이른바 모든 운행이며 그 때문에 변화하며 바뀐다고 말한다. 그러나 본체가 드러나서 서로 다른 모든 작용과 일체 운행이 되었지만 결국 그 자성을 바꾸거나 고친 적은 없다. 그것의 자성은 항상 청정하고 강건하며 장애가 없기 때문에 변화하거나 바뀌지 않는다고 말한다."[80] 본체 자체는 항상 청정하여 '바뀌지 않는다' 라고 할 수 있다. 그러나 온갖 변화의 근원으로서 오직 변동하며 머무르지 않는 심물현상(心物現象)을 통하여 표현해낼 수 있다. 이것이 이른바 '변역(變易)이면서 불역(不易)' 이다. 결론적으로 본체는 동(動)과 정(靜)의 통일이고 변(變)과 상(常)의 통일로서 변증의 성질을 갖추고 있다. 이것은 본체는 강성(剛性)의 실체가 될 수는 없고 유성(柔性)의 변천 과정임을 의미하고 있다. 그러므로 형이상학적 관점을 사용하여 본체를 다룰 수는 없으며 반드시 변증의 관점을 사용하여 본체를 파악해야 한다.

웅십력은 위에서 서술한 본체에 관한 여섯 가지 견해를 평가 척도로 하여 불교에서 말하는 '항전(恒轉)' 과 생명철학에서 말하는 '생명' 그리고

80) 熊十力, 『新唯識論』, 313-314쪽.

유학에서 말하는 '본심'이 모두 본체를 나타내는 철학적 관념이라고 생각했다. 이 세 가지 철학적 관념에서 웅십력이 동의하는 본체론 범주는 역시 '본심'이다. 그는 이렇게 말했다.

"본심은 절대적 전체다. 그러나 그것의 드러남에 의해 차별적 의미가 있으므로 어쩔 수 없이 여러 가지 명칭이 있게 된다. 첫 번째 명칭은 마음〔心〕이다. 마음은 주재자〔主宰〕의 의미로서 그것이 두루 만물의 실체가 된다고 말하지만 바로 물질은 아니다. 비록 다시 응결하여 온갖 물질이 되지만 그 자신의 자질을 표현하기 위해서는 오히려 자성을 버리지 않으면서 물질적 변화를 따라야 한다. 물질적 변화를 하지 않기 때문에 항상 그 본성과 같다고 말한다. 항상 그 본성과 같기 때문에 물질에 대응하여 주재자라고 이름한다. 두 번째는 의지〔意〕라고 부른다. 의지에는 정해진 방향의 의미가 있다. 마음의 첫 번째 명칭은 만물을 통하여 그 전체를 말하는 것으로서 다만 그것이 몸을 주관한다고 해서 그것만 주시하는 것은 아니다. 그런데 나의 몸은 본래 만물 가운데 한 부분으로서 널리 만물의 주인이 되므로 내 몸을 위주로 하였다. 사물의 형상은 나뉘어 서로 다른 데 그것을 주관하는 것은 하나다. 이제 돌이켜 내 몸을 주관하는 것을 찾아보면 깊은 물처럼 늘 정해진 방향이 있다. 이로부터 말하면 이것을 바로 의지라고 말한다. 정해진 방향이란 무슨 말인가? 그것은 언제나 끊임없이 생명을 생성하는 본성을 따라 발전하고 물화(物化)하려 하지 않는 것을 말한다. 그러므로 여기서 정해진 방향이 있다는 것은 바로 생명이고 바로 독립체다. 이것에 의해서 자아를 세우면 비록 수없이 변해도 한결같이 곧바르니 주재자의 의미가 있다. 셋째는 인식〔識〕이라고 부른다. 마음과 의지의 두 가지 명칭은 모두 본체에 접근하여 그렇게 간주한 것이다. 다시 식을 말하는 것은 본체의 작용이 드러난 것을 말한다. 깊고 고요한 본체가 느껴서 통하는 것은 감관 능력을 바탕으로 하여 대상을 이해하는 것으로써 감식(感識)이라고 부르며 움직일수록 더욱 드러난다. 감관 능력에 의지하지 않고 홀로 계산하고 헤아리는 것을 의식이라 부른다. …… 그러므로 마음 · 의지 · 인식의 세 가지 명칭은 각각의 의미를 지니고 있다. 마음이란 명칭은 전체의 의미가 강하다. 의지란 명칭은 개별적으로 갖춘 의미가 강하다. 인식이란 명칭은 대상을 명백히 앎으로써 정해졌다.”[81)]

이 단락의 말속에서 웅십력은 그의 본체론에 대하여 개괄적이면서도 전체적인 결론을 내렸다. 첫째, 본심은 존재의 주체다. 본심은 “사물이 사물로 되도록 하면서 사물에 의해 물질화되지 않고 두루 만물의 실체가 된다.”라는 것으로서 절대적 주재자이다. 둘째, 본심은 발전하고 변화하는 과정 가운데서 구체적으로 실현된다. 그것은 동태적 방식에 의해 “만물을 통하여 그 전체를 말해준다.” 셋째, 본심은 주체로부터 객체로 변화하여 나타나는 근거다. 그것은 ‘인식’ 을 통해 외물 외경 등의 객체를 변화시켜 드러내고, 아울러 객체를 자신 속으로 흡수하여 소화한다. 웅십력은 본체론 인식론 운동관을 통일하여 하나의 체계적인 본체론 체계를 세우려고 애썼다.

웅십력의 유학 본체론에 대한 추진은 역시 그가 본심본체론에서 출발하여 ‘흡벽성변(翕闢成變)’ 의 우주론을 갖추고 물질적 우주의 형성 원인에 대한 철학적 해석을 시도함으로써 결국 현대철학의 이론적 특징을 표현해내었다는 데 있다. 그는 본체 자신은 텅 비어 고요하며 맑고 깨끗한 것으로서 다만 형성력〔翕〕과 복귀력〔闢〕이라는 두 세력 작용의 도움을 빌려 비로소 구체적으로 실현될 수 있다고 지적했다. 흡으로 말미암아 물질적 우주가 형성되고, 벽으로 말미암아 물질적 우주가 다시 본체로 되돌

81) 『熊十力論著: 新唯識論』, 593-594쪽

아가도록 한다. 이것이 그가 세운 '거체성용(擧體成用)' 론 혹은 '흡벽성변' 론이다. 무엇을 흡벽이라고 하는가? 그는 다음과 같이 설명한다.

> 앞에서 이미 말했듯이 본체는 서로 다른 온갖 작용으로 뚜렷이 드러난다. 그러므로 가정하여 본체가 능변(能變)이라면 또 항전(恒轉)으로도 부를 수 있다. 우리는 항전이 최고의 무(無)이지만 잘 움직이는 것임을 알아야 한다. 그 움직임은 끊임없이 연속된다. …… 이러한 끊임없는 움직임은 당연히 단순한 세력 작용이 아니다. 매번의 움직임에서 항(恒)은 일종의 흡수하고 모으는 것이다. 만일 절대로 흡수하고 모으는 측면이 없다면 그것은 의지할 곳 없이 이리저리 떠돌 것이다. 그러므로 움직이는 세력 작용이 일어날 때는 일종의 흡수와 모음이 있는 것이다. 이 흡수하고 모으는 세력 작용은 적극적인 응결의 수용이다. 그러므로 의외로 셀 수없이 많은 형성 방향이 된다. …… 물질적 우주는 이로 말미암아 건립된다. 이 흡수와 모임으로 말미암아 형성된 움직이는 힘을 바로 흡(翕)이라고 부른다. ……
>
> 그러나 흡의 세력이 작용으로 건너가기 시작할 때 반대로 다른 세력 작용이 함께 일어난다. 그것은 항전에 근거하여 일어나는 것이다. …… 이 세력 작용은 뛰어나고 굳세어서 스스로 감당하며 흡에 융화되려고 하지 않는다. (즉, 흡에 반대하는 것이다) 다시 말하면 이 세력 작용은 흡 가운데서 움직이며 스스로 주재가 되고, 그 지극히 강건함을 들어내서 흡으로 하여금 자기를 따라 움직이도록 한다. 이 강건하여 물화하지 않으려는 세력 작용을 벽(闢)이라고 한다.[82)]

흡은 본체가 수렴하고 응집하여 물질세계를 형성하는 경향과 기능을

82) 熊十力, 『新唯識論』, 317-318쪽.

가리킨다. 그러므로 "흡에 의거하기 때문에 가정하여 물질이 된다."라고 말한다. 벽은 본체가 발산하고 강건하여 물질세계가 본심으로 돌아가도록 하는 경향과 기능을 가리킨다. 그러므로 "벽으로 접근해가기 때문에 가정하여 마음이 된다."라고 말한다. 웅십력이 '흡벽성변' 론을 제기한 뜻은 본체가 어떻게 물질세계를 건립하며 물질세계는 어떻게 본체로 돌아가는가 하는 이 두 가지 문제를 해결하는 데 있었다.

어떻게 흡으로 말미암아 물질세계가 형성되는가? 웅십력은 다음과 같이 설명한다. 흡의 힘은 더 이상 나뉠 수 없는 '운동범위' 를 형성하는데 그것을 '작은 하나' (小一)라고 부른다. "이 작은 하나 혹은 응집력은 찰라찰라 생겼다 사라지고, 사라졌다 생긴다." '작은 하나' 는 원자나 전자 같은 종류의 물질적 구조에 관한 개념과는 다르며, 그것은 물리학적 의미의 점이 아니라 형이상학적 의미의 점으로 마치 라이프니츠가 말한 단자와 비슷하다. '작은 하나' 가 구성한 물질세계는 결코 실재성이 없으며 다만 '드러난 듯한 흔적' 일 뿐이다.

웅십력은 흡으로 말미암아 형성된 물질세계는 결코 본체의 제약을 벗어날 수 없다고 강조했다. 왜냐하면, 벽의 세력 작용이 그것을 영원히 본체로 복귀하도록 하기 때문이다. 웅십력의 우주론 가운데서 흡과 벽은 나뉠 수 없도록 연계되어 함께 있는데 이것이 바로 본체 기능의 두 측면이다. "흡과 벽은 본래 서로 다른 몸이 아니고 다만 세력 작용이 나뉘어 달라진 것일 뿐이다. 벽은 반드시 흡을 기다린 다음 운용할 수 있게 되고 흡은 반드시 벽을 기다린 다음 유행으로 드러나서 주재자를 인식하고 알아차린다. 만일 다만 벽만 있고 흡이 없다면 그것은 광대한 세계에 아무 물질이 없는 것이다. …… 만일 다만 흡만 있고 벽이 없다면 그것은 완전한 물화로서 우주는 다만 완고하고 딱딱한 죽은 물질일 뿐이다. 즉 이 죽은 물질이란 것은 역시 스스로 존재할 수 없는 힘일 뿐이다. 바꾸어 말하면 즉 주재함이 없는 뛰어난 작용으로서 다만 기계적일 뿐이다. 그러나 사실 우주는 오히려 막힘없이 유행하는 전체이다. 우리가 우주 만상을 분할하여 단편적으로 이루어진 물건이라고 본다면, 그것은 흡의 세력 작용에 근거한 자취로서 잘못 분별을 일으킨 것이므로 이와 같다. 사실 흡 가운데 가득 차서 흡을 움직이는 것은 다만 벽의 세력 작용이다." 우주가 완전히 물화하지 않고 '완고하고 견고한 죽은 물질'이 되지 않는 까닭은 벽의 세력 작용이 있기 때문이다. 만일 흡이 본체의 이화(異化)라면 벽은 바로 물질세계 가운데서 본체가 직접 드러난 것이다. "벽은 비록 바로 본체는 아니지만 오히려 물화하지 않은 것으로서 본체에 의지하여 일어난 것이다. 그것이 형체가 없고 어느 곳에나 있으며 위로 향하게 되는 등등의 까닭은 바로 본체 자성(自性)의 드러남이기 때문이다. 바꾸어 말하면 곧 그것은 본체를 들어서 작용을 완성한 것이다."[83)]

여기에 이르러 웅십력은 체용불이(體用不二)를 핵심 논점으로 하는 본체론 구상을 완성하였다. 그는 물상과 심상을 제거하는 것에서 착수하여 부분 혹은 현상의 시각에서 본체를 고찰하는 유물주의적 사고의 방향과 경험적 유심주의의 사고 방향을 부정하고 총체적이며 동태적인 과정에서 본체를 고찰하는 정체주의(整體主義)적 사고의 방향을 확립했다. 그가 정체주의적 사고의 방향에서 얻어낸 결론은 항전·생명·본심이 모두 본체의 명칭이며 아울러 본심을 핵심 범주로 선택하였다는 것이다. 본심과 본체에 근거하여 그는 또 흡벽성변의 우주론을 갖추었고, 물질적 우주의 구성 원인을 철학적으로 해석하였다. 물질적 우주는 본심의 이화(異化)이며, 이화하여서 형성된 우주는 여전히 본심으로 복귀한다. 이것이 바로 '체용불이'론의 기본 사상이다. '체용불이'론의 특색은 아래와 같다.

83) 熊十力, 『新唯識論』, 321쪽.

첫째, 과정을 중시하고 실체를 없애는 생명주의적 색채가 있다. 양수명과 마찬가지로 웅십력 역시 베르그송의 생명철학의 영향을 받아들였다. 그러나 그의 독립적 사고 능력은 명백히 양수명을 추월하였다. '체용불이' 론은 양수명의 비이성주의적 경향을 바로잡아서 현대 신유학을 이성주의와 비이성주의가 서로 조화하며 발전하는 궤도에 들어서게 하였다. 이렇게 본체론 학설은 지나친 비이성주의적 경향을 피했으나 여전히 생명주의적 색채를 유지하고 있다. 웅십력은 본체는 동태적 과정으로서 결코 추상적 실체가 아니며 본체는 물질적 우주의 진화과정 가운데 내재하지 결코 물질적 우주 위를 초월한 것은 아니라고 강조했다. 그는 약간의 서양 근대철학과 불교철학은 모두 '작용은 남겨두고 본체를 찾는' 잘못을 저질렀으며 본체를 현상세계를 벗어나고 현상세계를 압도하는 상위의 추상적인 정신적 실체로 여긴다고 생각했다. 이러한 정신적 실체는 아주 쉽게 유신론적 결론을 초래함으로써 철학이 모양을 바꾼 신학이 되도록 하였다. 이와 선명한 대비를 이루어 '체용불이' 론은 본체와 현상의 일치성을 충분히 긍정함으로써 마침내 유신론적 경향을 피하였다.

둘째, 불교의 허무주의적 색채가 있다. 전통유학의 본체론 학설이 관심을 쏟고 있는 중점은 가치문제로서 존재의 문제에는 큰 관심을 두지 않는다. 현대철학 이론으로서의 체용불이론은 전통유학의 본체론과 분명한 한 가지 차이점이 있는데 바로 가치문제에 관심을 가질 뿐만 아니라 동시에 존재의 문제에도 관심을 가지는 것이다. 흡벽성변론은 물질적 우주의 구성 원인에 대해 웅십력이 만들어 낸 일종의 철학적 해석이다. 그러나 그가 그려낸 우주는 '잠깐 나타난 자취' 에 불과할 뿐이다. 각 사물 자체는 결코 객관적 실재성이 없으며 또 확정성도 없다. 그는 예를 들어 "의자나 책상이라든가 사람이나 새라든가 사상 등의 정신 현상이나 심지어 일체 사물에 이르기까지 모두 하나하나 고정된 모양은 아니며 실제로는 다만 기능이다. 예를 들어, 내가 글을 쓰는 연필도 당연히 하나의 물건이라고 하지 말아야 하니 실제로 그것은 다만 하나의 기능이며 우리는 그 기능을 연필이라고 부르면 된다."[84]라고 말했다. 그는 언제나 물질을 '향불이 만드는 바퀴〔香火輪〕'에 비유했다. 어두운 밤에 멀리서 어떤 사람이 타고 있는 향불을 손에 들고 돌리며 흔들면 향불의 불꽃이 만드는 궤적은 꼭 하나의 '태양' 같이 보인다. 그가 보기에 우주 만물은 이 '태양'과 마찬가지로 허황되고 실제가 아니다. 이러한 해석은 분명히 불교의 허무주의적 색채를 가지고 있다. 웅십력은 본심인 본체의 '최고성'을 보호하기 위해 어쩔 수 없이 객체의 '확정성'을 포기했다. 그의 본체론 학설은 양수명과 마찬가지로 여전히 주체주의 범위 안에 국한되어 있으며 주체와 객체의 관계 문제를 결코 충분히 전개하여 논술하지 못했다.

셋째, 유가의 도덕이상주의 색채가 있다. 양수명의 본체론에서 '나〔我〕'는 다만 인지주체로서 가치상에서는 중립적이었다. 웅십력은 유가에 존재하는 철학 범주인 '본심'을 본체와 주체로 봄으로서 이미 개체주의의 제한을 타파하고 '소아(小我)'에서 '대아(大我)'로 가는 방향 전환을 완성했다. 웅십력에게 본심은 더는 비이성주의적 의미의 소아가 아니라 도덕이성주의적 의미의 대아다. 이것은 바로 그가 유가 도덕 이념의 현대적 가치를 분명하게 드러내기 위해 본체론적 근거를 제공한 것이었다. 본체로서의 본심에는 이미 존재의 의미가 포함되어 있고 또 가치의 의미가 포함되어 있다. 웅십력이 강조하는 본심은 이상적으로 완벽한 경지로서 도덕적 가치의 원천이며 몸이 편안하고 근심 없이 살 수 있는 땅이다. 이것은 바로 유가 고유의 전통을 이어받은 것이었다. 이러한 의미에서 말하면 웅십력은 현대 신유가의 본체론의 기초를 잡은 사람이라고

---

84) 위의 책, 301쪽.

자·료·카·드

### 본심(本心)

(1) 고유의 도덕의식을 가리킨다. 맹자가 가장 먼저 사람에게는 측은지심 · 수오지심 · 공경지심 · 시비지심이라는 네 가지 선천적 도덕본능이 있다고 제기하였고, 이러한 본능은 "밖으로부터 나에게 주어진 것이 아니라 내가 본래부터 가지고 있으며", 물욕이 가리기 때문에 사람에게 "그 본심을 잃게 한다."(『맹자 · 고자상』)라고 생각했다. 주희는 "본심은 수오지심 …… 등 사람이 본래 소유한 것을 말한다."(『맹자집주 · 고자상』)라고 말했다. 육구연은 "측은은 인의 실마리이고, 수오는 의의 실마리이며, 사양은 예의 실마리다. 이것이 바로 본심이다."(『송원학안 · 상산학안』)라고 말했고, 또 "젖먹이 어린아이가 우물로 들어가는 것을 보게 되면 깜짝 놀라 측은히 여기는 마음이 생길 것이다. 이 이치(理)는 …… 이것이 나의 본심이다."(『여증택지서(與曾宅之書』))라고 했으며, 또 '본심을 분명하게 나타내는 것' 즉 고유한 선(善)의 실마리를 확충하여 인심의 본연을 회복하고 발전시키는 수양 방법을 제기하였다.

(2) 우주의 실체 혹은 본체를 가리킨다. 웅십력은 "세상의 학문에서는 간혹 우주와 실체가 내 마음을 떠나 외부에 존재한다고 생각하여 밖에서 찾는다. 그래서 『신유식론』에서는 실체는 바로 나의 본심으로서 이것은 외재하지 않으며 더욱이 밖에서 찾는 것을 용납하지 않고 반드시 돌이켜 내면에서 실증(實證)을 찾아야 한다."(『신유식론』 권하 二)라고 말했다.

_ 방극립 주편, 『중국철학대사전』, 185쪽,
북경, 중국 사회과학출판사, 1994.

불릴 수 있다. '체용불이' 론은 '본심' 인 본체를 물질세계 가운데까지 확대하여 본체가 단독존재라는 가능성을 없앰으로써 세계를 이중화(二重

化)하지 않고 다만 하나의 세계만 승인하게 된다. 비록 웅십력은 물질세계를 '잠깐 나타난 흔적' 이라고 말했지만, 그는 결국 물질세계의 현실성을 인정하였다. 이것이 바로 그가 불교의 출세간주의를 떠나 유가의 입세간주의로 방향을 바꾸도록 철학적 근거를 제공한 것이다.

### 2) "성체가 드러남〔性體呈露〕" 이론

양수명과 마찬가지로 웅십력 역시 유학이 가진 가치관의 내재성 원칙을 중시하고 또 이에 대한 본체론적 증명을 해내려고 시도했다. 그는 "우주론에서 만유를 포괄하여 그 본원을 말하면 본체라고 부른다. 이 본체는 그것이 자기 삶의 이치가 되는 까닭에서 말한다면 또 참된 자기라고 한다."[85] "인(仁)이란 본심이다. 즉 나와 천지 만물이 똑같이 갖춘 본체다."[86]라고 말했다. 본심으로서의 본체가 갖추고 있는 도덕적 의미로 인해서 이치상으로 당연히 그것은 삶의 가치의 마지막 근거가 된다. 즉 "삶의 실천에서 말하면 본성을 온전히 하여 그 행위를 완성하는 것이다." 넓게 말하면 "성은 체이다. 온전함은 모자람이 없는 것을 말한다. 나의 참되고 착하고 아름다운 일체 행위는 모두 성체(性體)가 드러난 것이다. 그러므로 본성을 온전히 하여 행위를 완성한다고 말한 것이다."[87] 웅십력은 본심인 본체를 '진실의 근원' 이라고 부르며 "이 진실의 근원을 어떻게 그것이 가장 착하고 가장 아름다운 것이 아니라고 말하겠는가?"라고 했다. 이 점이 바로 유학 가치관의 근본이 있는 곳이다. 유가가 인(仁)을 추구하는 가치 취향은 "모두 본체로부터 용솟음쳐 나오고", "공자의 뜻을 인식

85) 熊十力, 『新唯識論』, 249쪽.
86) 熊十力, 『新唯識論』, 567쪽.
87) 熊十力, 『新唯識論』, 389쪽.

하여 알게 되면 인생에는 위가 없는 숭고한 가치와 무한히 풍부한 의미가 있음을 깨닫게 된다. 더욱이 세계에 대한 공허한 느낌을 가질 수 없으며 스스로 개혁해 가는 용기를 갖게 된다."[88] 사람이 살면서 가장 참되고 가장 선하며 가장 아름다운 본심인 본체를 '편안하고 근심 없이 살 수 있는 땅'으로 삼으면 충실하고 고상하며 힘차게 나아가도록 할 수 있고 그 가치를 얻을 수 있다.

웅십력은 유학의 가치관에서 양수명처럼 그렇게 뚜렷한 비공리주의(非功利主義)적 경향은 없었다. 그러나 내재성 원칙을 경세치용과 튼튼하게 연계해 내성과 외왕을 똑같이 중시하는 것이 바로 유학의 기본 정신임을 강조하였다. 그는 유학은 "조금도 치우치지 않고 가장 올바르다. 가장 꼭대기는 광대하지만 쓸모없는 텅 빈 곳으로 빠지지 않고, 가장 아래로 내려가도 실제에 맞고 쓸모가 있어서 이익 추구로 흐르지 않는다."[89]고 지적하였다. 예를 들어 공자는 중유(仲由)·염구(冉求)·공서화(公西華) 등 제자들의 특별한 장점을 평론할 때 그들은 모두 나라를 다스리고 안정시키는 수완이 있어서 후대의 유학자들처럼 그렇게 일과 업적을 소홀히 하지 않았음을 칭찬하였다. 내성과 외왕을 다 같이 중시하는 것은 유가의 세속주의 원칙 문제 가운데서도 마땅히 있어야 하는 올바른 도리다. 유가는 세속주의를 주장하고 출세간을 반대한 이상 당연히 일과 업적을 소홀히 할 수 없다. 그것은 덕행과 일과 업적의 통일을 중시하는 것이며 "예측할 수도 없고 추측할 수도 없는 이치가 일상적 말과 일상적 행위 중"에 함축된 것을 강조한 것이다. 아쉽게도 공자가 제창한 내성외왕의 정신은 그 이후 유학자들 가운데서는 결코 발휘되지 못하였다. 웅십력은 감탄하며 "공자의 내성외왕 정신은 장자(莊子)가 오히려 잘 알고 있었다. 송명시대

88) 위의 책, 348쪽.

89) 熊十力, 『十力語要』, 제4권, 39쪽, 刊印本, 1948.

학자들에 이르러서 외왕의 학문은 결국 중지되었다. 이로부터 민족은 쇠락하였다. 이는 우리가 오늘날 교훈으로 삼아야 할 실패한 본보기가 아니겠는가?"[90]라고 말했다. '직관에 일임하는' 것에서부터 '내성외왕'에 이르기까지 이것은 현대 신유학의 가치관에 대한 웅십력의 중요한 조정(調整)이었고, 그 후의 현대 신유가는 모두 이것에 대하여 동의를 나타냈다.

내성과 외왕을 똑같이 중시한 원칙에 기초하여 웅십력은 더 이상 유학의 가치 취향을 서양인의 가치 취향과 대립시키지 않고 서양의 정치이론 방면에 우리가 배우고 거울삼을 만한 부분이 있음을 인정하였다. 예를 들면 "서양은 사회와 정치 등의 방면에서 많은 중대 개혁을 이루었으나 중국은 그것이 거의 없었다."라고 했다. 중국에서는 "수천 년 동안 군주정치를 해왔고 때로는 매우 어두운 시기를 만나서 세상에는 저절로 변란이 일어났다. 변란이 일어날 때도 오로지 서로 죽이는 일만 하였다. 그 사이에 능력 있는 사람이 나오기를 기다려 비로소 안정을 얻게 되면 변함없이 군주가 된다. 이것이 순조롭고 자연스러워 사람의 힘을 더해서 개혁하지 않는다. 만약 기꺼이 사람의 힘을 사용하여 상황을 개조하려 할 때는 그는 군주정치의 수많은 어두운 화를 입어서 자연히 민치제도를 이용하여 한번 크게 개혁하려고 생각하였을 것이다. 서양인은 이렇게 하였으나 오히려 중국인은 이와 같지 않았다."[91] 사회개혁과 제도설계 방면에서 서양인은 우리 앞에 걸어가고 있었다. "서양의 개혁 영웅은 글을 쓰고 이론을 세우며 온갖 이치를 논하고 통치 기술을 탐구하는 지식인과 더불어 모두 활기찬 전체정신과 상하고금 그리고 역사상 만사 만물을 근거로 하여 그 득실의 원인을 추리하고 모든 변화의 법칙을 연구했다. 그것이 진리를 분명하게 드러내고 그로써 사람을 깨우치게 하는 것은 처음에는 마치 기이

90) 위의 책, 제2권, 68쪽.

91) 위의 책, 59쪽.

하고 괴이한 말들 같았으나 시간이 오래되면 그것이 바꿀 수 없는 말임을 알게 되었다. 예컨대 군신 문제 · 빈부 문제 · 남녀 문제와 나아가 여러 가지가 모두 이러했다." 서로 비교해 보면 "송유(宋儒)의 자신을 돌이켜 반성하는 공부는 매우 치밀하여 세상의 변화를 살피는 데 모두 더없이 위대했다."[92] 웅십력은 중국 문화와 서양 문화는 서로 보충할 수 있어서 서로가 얻을 수 있는 이익도 분명하다고 생각했다. "지금 말하는 중국과 서양의 인생 태도는 반드시 때에 맞게 조화해야 비로소 부족한 점을 없앨 수 있다. 중국 성철(聖哲)의 자기를 돌이켜 보는 학문은 본성을 다하고 천명에 이르도록 하기에 충분하다. 이 도(道)는 마치 해가 하늘을 경영하는 것과 같으니 어찌 가볍게 논의함을 받아들이겠는가? 물리 세계 즉 격물의 학문에서는 서양인이 꽃피운 것이 바로 우리가 오늘 마땅히 펴 올려야 할 것이니 또 어찌 소홀할 수 있겠는가? 오늘날 문화적으로 가장 큰 문제는 바로 중국과 서양을 구별하는 데 있다. 그 차이를 살펴서 그것이 통하도록 하면 대체로 안팎이 서로 도와서 인도(人道)가 형통하고 치도(治道)는 갖추어질 것이다. 우리는 서양 학문을 겸허하게 받아들여서 그 득실을 분명히 해야 하고, 선철(先哲)들의 훌륭한 서적은 더욱 멀리 떨어진 곳까지 살포하여 그 억측을 없애고 그 본 모습을 보게 해야 한다. 융합하는 일에는 이것이 최고의 바탕이 된다."[93] 그의 중국과 서양 문화관은 여전히 유가의 내성학을 '최고 바탕'의 위치에 두고 "중학을 체(體)로 하고 서학을 용(用)으로 한다."라는 옛 방식을 넘어설 수 없었지만 결국 양수명에 비해서 훨씬 큰 개방성을 드러냈다.

내성과 외왕을 똑같이 중시하자는 원칙에 기초하여 웅십력은 독립 · 자유 · 평등 등 현대적 가치이념을 유학의 가치체계 속에 보강하려고 시

92) 위의 책, 68쪽.

93) 위의 책, 제3권, 73쪽.

도하였다. 독립에 관한 그의 정의는 "의지할 것이 없는 것을 말한다."이다. 더 나아가서 "이 독립이라는 것은 바로 자신의 진실을 다함을 충(忠)이라 하고 성실함을 신(信)이라 한다는 것이다. 오직 자신의 진실함을 다하고 오직 성실하므로 의지할 바 없이 의연하게 독립한다."[94]고 말했다. 그는 변함없이 유가의 충(忠)과 신(信)의 관념에 동의하였다. 그러나 인격의 독립은 이러한 관념을 구현하는 전제조건이라고 강조하고, 이미 사람의 몸이 종속한다는 옛 관념은 버렸다. 자유에 관해서도 웅십력은 역시 유가 사상과 서로 소통할 수 있다고 생각했다. 그는 "고대 유가의 정치적 이상은 본래 매우 고상한 자유주의로서 개인의 존엄을 기초로 하여 서로 조화를 이루며 집단을 형성한다. 세상 사람들에게 바라는 것은 각자 자주를 얻고 또 서로 이웃하여 돕는 것이다. 춘추태평(春秋太平)의 뜻이 여기에 있다."[95]고 하고, 또 "자유란 미친 듯이 날뛰고 욕망에 따르며 비리와 불법으로 일체 질서와 규율을 파괴하면서 자유라고 말할 수 있다는 것은 아니다. 가장 핵심적인 올바른 규칙은 공자가 말한 '내가 인(仁)을 하고자 하면 곧 인에 이를 것이다'."[96]라고 말했다. 자유의 적극적 의미에서 말하면 그것은 유가의 자기가 선을 완성한다〔自我完善〕는 의미와 일치하고, 자유의 소극적 의미에서 말하면 그것은 유가 집단에 부합하는 의미와 전혀 충돌하지 않는다. 그는 평등에 관해서는 이렇게 말했다. "평등이란 귀함과 천함이나 위나 아래가 없는 것을 말하는 것은 아니다." "그렇다면 평등의 의미는 어디에 있는가? 법치에 의해 말하면 법률상에서는 모두가 평등한 것이다. 국가는 불법적으로 인민의 사상 언론 등의 자유를 침범할 수 없는데 하물며 그 밖의 것이야 말할 수 있겠는가? 성품에서 말하면 사

94) 위의 책, 27쪽.
95) 위의 책, 제1권, 75쪽.
96) 위의 책, 제3권, 27쪽.

람의 천성은 근본적으로 차별이 없다. 그러므로 부처는 '일체중생이 모두 성불할 수 있다.' 라고 말했고, 공자는 '인을 실천하는 일은 스승에게도 양보하지 않는다.' 라고 했으며, 맹자는 '사람은 누구나 요순이 될 수 있다.' 라고 했다. 이것이 모두 평등의 의미다."[97] 그는 한편으로는 '법 앞에서 사람은 모두 평등하다.' 라는 새로운 관념을 받아들였고, 다른 한편으로는 오히려 평등을 존비(尊卑)관념과 함께 있도록 목청을 돋우었다. 아울러 평등을 실현하는 희망을 '사람의 천성은 본래 차별이 없다.' 에 맡김으로써 표현상 약간의 혼란을 가져왔다. 설사 이와 같더라도 민주정치에 대한 그의 진실한 기대는 역시 의심할 수 없다. 웅십력의 독립 · 자유 · 평등 등 현대적 가치이념에 대한 동일시에서 보면 그는 양수명에 비해 훨씬 강한 현대성을 표현해내었다.

웅십력의 철학적 사고에서 '본심' 본체는 이미 가치의 마지막 근거인 동시에 가치의 이상적 목표였다. 이 목표의 실현은 양수명이 말한 것처럼 그렇게 다만 '자연에만 맡기는' 것에 의지하는 것으로는 도달할 수 없으며 역시 사람이 가지고 있는 끊임없는 노력과 수행에 의지해야 한다. 이것이 바로 유가가 늘 말하는 반드시 실행해야 할 '공부' 다. '공부' 에 관해서 웅십력은 세 가지 점을 명백하게 서술했다.

첫째는 증량(證量)이다. 이것은 본심본체를 체득하는 것이다. 그는 이것을 '주인공 스스로 명백하다.' 라고 불렀다. 전통적 견해에 따르면 이것은 바로 '본심을 분명하게 나타낸다.' 혹은 '먼저 그 큰 것을 세운다.' 이다. 그는 이 과정이 저절로 실현되는 것은 아니며 "이것은 반드시 수양공부가 있어야 하고, 진리가 축적되어 효력이 오래되어야 하며, 감염된 것이 모두 깨끗해지고, 진실한 본체가 드러나는 것이다."[98]라고 지적해 주

97) 위의 책, 27-28쪽.

98) 熊十力, 『十力語要』, 제3권, 72쪽.

었다.

둘째는 보임(保任)으로 이것은 신념을 확고부동하게 지키는 것이다. 그는 "무릇 사람은 보임이라는 이 단서를 알지 못하고 매번 처음에 생각할 때는 옳고 그름에 미혹되지 않다가 잠깐 생각을 바꾸면 바로 사욕이 시키는 대로 그 본래의 밝음이 가려진다. 그러므로 학자는 스스로 평범한 사람에서 멀어져 반드시 한 생각 옳고 그름의 밝은 곳에서 그 단서를 끌어내고 그것을 확대해 감으로써 온갖 이치를 탐구하고 지극한 도에 통달하며 큰 지혜를 얻는데 도달해야 한다."[99]고 말했다. 전통적 견해에 의하면 바로 '성정(性情)을 수양하는 것' 이다. 웅십력이 볼 때 사람은 모두 본심을 가지고 있다. 평범한 사람이 평범한 사람인 것은 본심을 보호하며 지키지 못하고 그것을 사욕에 가리게 하는 데서 문제가 나온다. 그러므로 단지 증량(證量) 공부만으로는 역시 충분하지 않고 더욱 중요한 것은 늘 본심의 밝은 깨달음의 상태〔明覺狀態〕를 보호하고 지키는 데 있다.

셋째는 보급하고 확산시키는 추확(推擴)이다. 이것은 행위 방면으로 구현하는 것이다. 그는 "우리가 오직 자나 깨나 내가 본체의 밝음임을 알아서 그것을 보급하고 확산시켜 가는 것을 순순히 따른다면 사욕이나 습심이 일어날 수 없다. 보급하고 확산시키는 노력을 조금만 쉬어도 습심은 그 틈을 타고 흘러넘친다." 보임 공부는 추확 공부와 일치한다. "보임은 당연히 추확 중의 일로서 추확 공부를 떠나서 달리 보임을 말할 수 없다. 추확은 바로 본체의 밝음에 의지하여 추확해 나가는 것일 뿐이다." 추확은 바로 "사물에 다가가면서 추구하고 헤아려 나가는" 것이며, 본심본체에 의해 생활 실천과 경세치용을 지도한다. 이 때문에 "바로 공브가 절박한 곳" 이다. 그리하여 그는 다음과 같이 결론짓는다. "추확 공부는 바야

99) 위의 책, 49쪽.

자·료·카·드

내성외왕(內聖外王)

도가의 이상적 인격이다. 안으로는 성인의 덕을 갖추고 밖으로는 왕다운 정치를 시행하는 자를 가리킨다. 『장자 · 천하』에서 "천지의 아름다움을 판단하고, 만물의 이치를 분석하며, 옛사람의 온전함을 살피고, 적음으로 천지의 아름다움을 갖추니 신명의 모양이라고 칭한다. 그러므로 내성외왕의 도는 어두워 밝지 않고, 빛나지만 드러나지 않으며, 천하의 사람들이 각각 그 원하는 바가 되어 스스로 방법이 된다."라고 했다. 후세의 유학자들 역시 이것을 표방했다. 『송사 · 소옹전』에는 "하남의 정호가 처음 그의 부친을 모시고 옹을 만났을 때 종일 의논하고 물러가서 감탄하며 '요부(소옹)의 학문은 내성외왕의 학문이다'."라고 했다. 명청시기의 왕부지는 내성외왕은 '하나〔一〕' 에 근원하고 '하나〔一〕' 에서 갖추어질 수 있다고 생각했으니 모든 말의 총괄적 요지가 될 수 있다. 그는 『장자해(莊子解)』에서 "하나는 이른바 천균(天均)이다. …… 하나이기 때문에 갖추어지며 갖출 수 있는 것은 모든 말의 총괄적 요지가 된다. 그러므로 아래로는 내성외왕의 도로 돌아간다."라고 했다. 하나는 곧 성인의 도이니 곧 인(仁)과 공(公)이다. 내성외왕은 중국 고대 윤리의 정치화의 중요한 특징이다.

_ 방극립 주편, 『중국철학대사전』, 127쪽,
북경, 중국 사회과학출판사, 1994.

흐로 가장 큰 근본을 세우는 방법이다. 예를 들어 깊은 샘의 흐름이 막힘없이 통하면 끊임없고 신속하여 세찬 흐름을 막지 못하니 이른바 근본이 있는 것은 이와 같다." "추확 공부는 바로 양지(良知)의 실현이어서 사욕과 습심이 잠복할 길이 없다. 마치 태양이 늘 떠 있으면 도깨비는 완전히 사라지는 것과 같다."[100)]

웅십력은 체용불이 본체론의 입장에 서서 유학적 가치관의 기본 정신이 내성외왕임을 강조하고 대립적 성격의 사유를 돌파함으로써 양수명에 비하여 더욱 강한 개방성과 현대성을 드러내 보였다. 그는 생명 본체로부터 인문 정신에 이르는 전환을 실현하였고 자연주의로부터 이상주의에 이르는 전환을 실현하였으며 직관 본능으로부터 수양 공부에 이르는 전환을 실현하였고 공리의 배척으로부터 경세치용에 이르는 전환을 실현하였다. 그가 세운 본심 본체는 양수명의 생명 본체와 마찬가지로 모두 유가 심성학의 현대적 해석이며, 모두 육왕심학의 맥을 이어 말한 것이고, 모두 내재성을 가치 취향으로 삼고 있다. 어떻게 현대 중국 사회에서 유학의 윤리규범을 다시 세우고 어떻게 초월적 경지의 추구를 설정할 것인가에 관해서 그들은 모두 더 깊은 사고를 할 수는 없었다.

## 4. 당군의(唐君毅)

당군의(1909~1978)는 사천성 의빈(宜賓) 사람이다. 그는 남경중앙대학 철학과를 졸업하고 일찍이 웅십력을 따르며 공부하였다. 1949년에 홍콩으로 건너간 후 전목 · 장비개(張丕介) · 정조웅(程兆熊) 등과 함께 공동으로 신아서원(新亞書院)을 세우고 교무처장을 맡았다. 신아서원이 홍콩중문대학과 합병한 후 그는 철학 강좌 교수로 초빙되었으며 초대 문학원 원장을 맡았다. 1974년에 퇴직하였다. 그는 서복관 · 모종삼과 함께 신아서원 옛터에 다시 신아연구소를 세우고 소장을 역임했다. 1975년에는 대만대학의 초빙을 받아들여 철학과 객원교수를 역임했다. 그는 홍콩과 대만

---

100) 위의 책, 50-51쪽.

신유가의 지휘자급 인물이었다. 1958년에 그는「중국 문화를 위해 세계 인사들에게 알리는 선언 – 중국학술연구 및 중국 문화와 세계문화의 앞날에 대한 우리들의 공통인식」의 초안을 집필하였다. 서복관 · 모종삼 · 장군매(張君勱) 등이 모두 이 선언서에 서명하였고 동시에 잡지『민주평론』과『재생』에 발표하였다. 이 선언은 실제로 홍콩과 대만 신유가의 사상강령이다. 그의 주요 저작으로는『도덕자아의 건립〔道德自我之建立〕』『인생삼서(人生三書)』『문화의식과 도덕이성〔文化意識與道德理性〕』『철학개론』『중국철학원론』『생명존재와 심령경계〔生命存在與心靈境界〕』등이 있으며,『당군의 저작선』으로 편집되어 2005년에 중국 사회과학출판사에서 출판하였다. 이와 별도로 곽도회(霍韜晦)가 편집한『당군의 전집』이 있는데 1989년 대만학생서국에서 출판하였다.

당군의는 웅십력의 생명의 진로를 따라서 서양철학의 자원을 깊이 개발하고 '도덕자아(道德自我)' 라는 이 현대적 철학 용어를 사용하여 웅십력의 본심본체를 대신함으로써 더욱 분명하게 인문학적 색채를 더했다. 그는 '심령구경(心靈九境)' 설을 제기하여 초월성과 내재성을 통일하려고 시도하였다.

### 1) '도덕자아' 본체론

본체론 방면에서 당군의는 양수명 · 웅십력과 마찬가지로 역시 생명의 진로를 따라 현존 세계의 궁극적 근거를 찾는 것으로부터 착수했다. 그는 이미 갖추고 있던 비교적 좋은 외국어 능력과 아울러 체계적인 서양철학적 사유 훈련을 거쳤다. 그래서 그의 스승들과 비교하면 더욱더 자유자재로 서양철학 사상의 자료를 사용할 수 있었다. 그는 더 이상 불교와의 대화를 주요 수단으로 하지 않았고 오히려 중국철학과 서양철학의 비교와 회통을 더욱 중시하였다. 그는 독일 고전철학(특히 헤겔철학)의 이론적 사유 성과를 참고로 하여 유가의 심성학을 해석하고 '도덕자아' 본체론의 의미를 증명하려고 애썼다. 그의 이론적 사유 수준은 양수명과 웅십력에 비해 비교적 크게 향상되었다. 그는 결코 자기의 유심주의 철학의 입장을 숨기지 않고 자신을 초월적 유심론자라고 인정하였다.

그가 보기에 우주 사이의 만물은 시공 중에서는 물론 서로가 외재적이지만, 이러한 외재성 가운데도 만물 사이에는 서로 연계해 있는 내재성이 은밀하게 포함되어 있다. 내재성은 물질세계를 초월한 그 위의 것으로서 사실은 생명의 표현방식이다. 이리하여 당군의는 물질세계로부터 생명의 세계로 뛰어 올라왔다. 그는 생명의 특질은 그것이 반드시 자신의 부단한 연속을 실현하는 데 있는데 과거의 생명은 현재의 생명에서 찾고 현재의 생명은 미래의 생명에서 찾는다고 지적했다. 당군의는 이로부터 다음 결론을 얻어냈다. "어떤 생물을 막론하고 우주 안의 물질에는 모두 그 신체의 형식을 표현하게 하는 잠재된 요구가 있다. 이것은 한 생명의 맹목적인 커다란 이기심이고 또 어두운 원시적 무명이며 그렇지 않으면 일체를 정복하려는 권력의지다."[101] 여기서 그는 우주의 내재성을 생명이라고 귀결 짓고 생명을 동태적 본체로 이해하며 우주의 의지로 이해하는데 이는 분명히 쇼펜하우어에서 베르그송에 이르는 서양의 현대 비이성주의의 영향이다. 그러나 당군의는 결코 비이성주의자가 아니다. 그가 보기에 생명의 세계는 아직 궁극적 세계는 아니다. 왜냐하면, 생명의 세계 가운데는 아직 자각하지 못하는 가치 의식이 있고 아직 '무명' 상태에 처해있기 때문이다. 그러므로 반드시 생명의 세계를 초월해야 하고 계속 앞을 향해 탐구해 나아가야 한다.

---

101) 唐君毅, 『文化意識與道德理性』, 62쪽, 臺北, 學生書局, 1986.

당군의는 생명 세계에 대하여 다음과 같이 분석하였다. 생물의 생명 활동은 어쩔 수 없이 생존 환경의 제한을 받는다. 그러나 이러한 제한은 생명의 발전에 따라서 돌파될 수 있고 초월될 수 있다. 생명의 고급 형태에 이르면 "바로 이때를 극복하면 자신의 형식적인 제한을 초월한다. 첨언하면 생물의 본성은 곧 자각할 수 없는 큰 이기심 혹은 무명이라고 말할 수 없으며 끊임없이 스스로 그 이기적 형식을 해방하여서 그 자체를 깨우치고 밖으로 통달하는 것이다." 그의 이러한 분석은 당군의가 이미 비이성주의를 벗어나 이성주의 궤도에 들어선 것을 나타낸다. 그는 비이성주의적 생명 세계로부터 이성적 인문 세계로 뛰어올랐으며 동시에 인문 세계를 도덕적 가치의 체현을 위한 세계로 묘사했다. 여기서 그는 현대적 철학 언어를 사용하여 '인(仁)은 만물과 한 몸' 이라는 유가의 심경을 표현하였다. 인문적 세계 가운데서 '큰 이기심〔大私〕' '무명(無明)' '권력의지' 등의 비도덕적 요소가 모두 제거되면 형이상(形而上)의 정신적 실체가 맑고 우렁차게 출현한다. 여기에 이르러 당군의는 드디어 형이하로부터 형이상에 도달하며, 물질세계나 생명 세계의 잡다함으로부터 인문 세계의 통일을 실현하고 그의 마음속 본체를 형성하였음을 증명하였다. 그는 그것을 '생생불식 조짐의 형상실체 혹은 형상의 우주적 생명 정신' 이라고 불렀다. 이러한 우주적 생명 정신은 사람의 자각적 체현을 통해 나오는 것으로서 이러한 의미에서 말하면 그것은 바로 '본심' '인체(仁體)' '도덕자아' '정신자아' '초월적 자아' '도덕이성' 등이다.

우리는 당군의의 철학적 사고가 한 걸음 한 걸음 전개해 가는 과정에서 그의 본체론 사상이 한결같이 인문적 가치와 도덕적 가치에 관심이 있음을 어렵지 않게 볼 수 있다. 그의 본체론은 의심할 바 없이 일종의 유심주의다. 그러나 그것은 서양철학에 있는 그러한 인문적 가치나 도덕적 가치는 아니며 도덕적 의미에서의 유심주의다. 당군의의 본체론 사상에는 이

**자·료·카·드**

『도덕자아의 건립(道德自我之建立)』

당군의의 저서로 1944년 중경상무인서관에서 초판이 나왔고 1963년 홍콩 인생출판사에서 재판이 나왔다. 모두 세 부분으로 되어있다. 첫째 부분은 도덕의 실천으로서 도덕 생활의 본질을 설명하였고, 또 도덕의 자유와 인생의 목적 그리고 도덕적 심리와 도덕적 행위의 보편성을 설명하였으며, 생활의 도덕화가 가능한 까닭 등을 논하였다. 둘째 부분은 세계의 긍정으로서 우주에서 도덕자아의 지위를 거슬러 올라가 도덕자아의 근원은 마음의 본체 및 그 형상성이 됨을 설명하였고, 나아가서 마음의 본체는 바로 현실세계의 본체임을 설명하였다. 셋째 부분은 정신의 표현으로 이 마음의 본체는 현실 생활을 넘어섰으며 또 현실 생활에서 표현되는 것임을 설명하였다. 마지막으로 정신적 실재의 최고 표현은 사회가 진선미의 사회가 되도록 하는 것이라고 논한다. 이 책은 비교적 전면적으로 도덕의 본질과 근원 및 그 지위 등의 문제를 논술하였다. 곧 도덕철학을 논술한 중요 저작이다. 그러나 저자는 도덕의 본원을 형이상의 '마음'으로 귀결시켰는데, 이것이 도덕의 사회성과 계급성이라는 본질 문제를 과학적으로 드러내 보일 수는 없었다.

_ 방극립 주편 『중국철학대사전』, 684쪽,
북경, 중국 사회과학출판사, 1994.

미 웅십력의 흔적이 있으며 또 헤겔식의 사변이 나타나고 그 이론적 깊이에서 말하면 분명히 이미 그의 스승을 뛰어넘었다.

### 2) 심령구경설(心靈九境說)

양수명과 웅십력은 5 · 4 이후 유학의 가치체계가 해체되는 상황에서 용감하게 일어나 유가를 위해 말했다. 그들은 유학 가치관의 내재성을 강조하는 것에서 시작하여 유학 가치관의 보편타당성을 인정하였고, 현재 시대에 가치 세계 혹은 의의(意義) 세계를 중건하는 데 유학은 여전히 중요한 사상 자원임을 인정하였다. 그러나 그들은 유학 가치관의 초월성을 설명하지는 않았다. 풍우란은 유학 가치관의 다른 한 가지 특색에 주의하여 유학 가치관의 초월성을 강조함으로써 초월원칙에 의해 현시대에서 유가 윤리의 유효성을 논증하였다. 그러나 그는 신리학(新理學) 체계의 제약을 받았던 까닭에 초월성과 내재성을 통일해 낼 방법이 없었다. 하린(賀麟)은 유학 가치관의 현실성을 강조하여 초월성과 내재성의 관계 문제를 우회하여 지나갔다. 내재성과 초월성을 유기적으로 통일하기 위해서 홍콩과 대만에서 생활한 신유가 당군의는 1950년대 이후에 '인생구경설(人生九境說)'을 제기하고 현대 신유가의 가치이론을 한 걸음 더 나아가 완벽해지게 하였다. 현대 신유가들이 중국 문화와 공·맹·정·주·육·왕 등의 사상가들에 대하여 차마 헤어지지 못하는 하나의 중요한 원인이 있다. 그들은 보편적으로 생명과 관계있는 세계 각 민족의 학문 가운데서 오직 중국 유가의 경지가 가장 높고 현대인의 정신적 요구에 가장 적합하다고 생각하는 것이다. 양수명의 '문화삼로향(文化三路向)'이든 아니면 풍우란의 '인생사경계(人生四境界)'이든 모두 이 주제를 벗어나지 않는다. 당군의는 만년에 80만 자의 『생명존재와 심령경계』라는 책을 써서 현대 신유가를 위한 호소와 요구를 새로운 단계로 끌어 올렸다.

'도덕이성'의 본체론에 근거하여 당군의는 가치관 방면에서 '도덕자아'를 최후의 가치목표로 삼고 '현실자아'를 고찰의 기점으로 삼았다. 당군의가 가리키는 사람의 생명 심령의 활동은 기본적으로 세 갈래 길과 세 방향의 함의가 있으며 생명 심령 자신의 활동과 운율의 연주에 비추어 '순관(順觀)' '횡관(橫觀)' '종관(縱觀)'의 세 구역으로 구분할 수 있다. 이

세 구역에 대하여 그는 아래와 같이 설명하였다.

> 생명 심령의 활동이 뒤에서 앞으로 향하는 것은 역전(易傳)에서 '자벌레가 몸을 굽히는 것은 다시 펴기 위해서' 라고 말하는 것과 같고, 앞에서 뒤로 향하는 것은 역전에서 '용과 뱀이 칩거함' 을 말하는 것과 같으며, 안에서 밖으로 향하여 열리는 것은 '하늘이 열리어 그림을 그리는 것' 과 같고, 밖에서 안으로 향해 닫히는 것은 '그림을 말아서 품는 것' 과 같다. 아래에서 위로 올라가는 것은 '흙을 쌓아서 대(臺)를 만드는 것' 과 같고, 위에서 아래로 내려가는 것은 '지하에 방을 만드는 것' 과 같다. 생명 심령의 활동이 앞에서 뒤로 가는 것은 주관적 마음가짐의 순서가 이어지는 것을 말하고, 주관적 마음가짐 속의 사상과 내뱉는 언어에서 전후가 일치하고 관통하는 곳을 구하는 것은 생각과 언어 중의 이성 즉 논리 중의 이성을 말한다. 생명 심령의 활동이 안에서 밖으로 향하는 데서 객관적 사실이 있음을 알게 된다. 사람이 사상과 객관적 사실이 서로 일치하고 관통하는 곳을 추구하는 것에서 지식 중의 이성을 말한다. 생명 심령의 활동에서 주관과 객관의 현실적 사물 위에 위치하는 것은 아래로부터 위로 가는 것으로써 사상 중의 목적과 이상을 말한다.[102)]

'앞뒤로 향하고' '안팎으로 향하며' '상하로 향하는' 이 세 종류의 경계에 대하여 당군의는 다시 그것을 나누어 '객관경계〔客觀境〕' '주관경계〔主觀境〕' '초주관객관경계〔超主觀客觀境〕' 라고 불렀다. 이 세 가지 경계는 세계나 인생에 대한 사람들의 세 가지 견해와 체험을 구분하여 대표하고 있다. 즉 사람의 생명 심령의 활동은 앞에서 뒤로 나갈 때는 주체 즉 체(體)를 깨닫는 것이 가장 중요하고, 안에서 밖으로 나갈 때는 객체 즉

---

102) 唐君毅, 『生命存在與心靈境界』, 上册, 39쪽, 臺北, 學生書局, 1986.

'상(相)' 을 깨닫는 것이 가장 중요하며, 아래에서 위로 올라갈 때는 '용(用)' 을 깨닫는 것이 가장 중요하다. 체 · 상 · 용 세 가지는 나누면 각각의 의미를 갖게 되고 합치면 서로 융합하여 혼연일체가 된다. 이 기초 위에서 당군의는 '심령구경설' 을 창립했다.

첫 번째 경지는 '만물산수경(萬物散殊境)' 이라고 부른다. 이 경지에서 사람의 생명 심령의 활동은 그 자신의 체 · 상 · 용을 볼 수 없고, 자각할 수 없다. 마치 문을 열고 방을 나가면 보이는 것은 다만 사물의 개체뿐인 것과 같다. 이에 상응하여 추구하는 것 또한 개인의 자기 보존과 개체적 욕망의 만족이며 결국 개인주의 철학을 만들어 낸다. 이 경지의 핵심 개념은 '서로 다른 상〔殊相〕' 이다.

두 번째 경지는 '의류성화경(依類成化境)' 이다. 이 경지에서 의식은 만물산수경으로부터 발전해 더는 개체를 관조하지 않고, 개체를 같은 부류에 귀속시켜 그 물질의 상을 보고 아울러 실체가 같은 부류에 드나들면서 변화함을 본다. 이 경지의 핵심 개념은 '같은 부류의 상' 〔類相〕이다.

세 번째 경지는 '공능서운경(功能序運境)' 이라고 부른다. 이 경지에서는 한 사물이 같은 부류에 의해 변화됨을 보는 데서 더 나아가 그것과 다른 사물의 인과 관계를 본다. 사람은 사물을 수단으로 하여 목적에 도달하니 반드시 사물의 원인을 탐구해야 한다. 이렇게 하여 효능 및 그 운행 순서의 규율을 볼 수 있다. 그래서 공능서운경이라고 부른다. 모든 인과 관념에 의지하여 세운 철학은 이 경지로 귀착될 수 있다.

네 번째 경지는 '감각호섭경(感覺互攝境)' 이라고 부른다. 이 경지의 요지는 먼저 그 객체 사물의 상을 알고, 이 사물의 상이 있는 시간과 공간 즉 감각에 내재하여 일어난 스스로 느끼고 돌이켜 본 심령을 알며, 나아가 이성을 이용하여 일체 존재의 물체는 각각 능히 감각할 수 있는 주체를 소유함을 미루어 안다. 이 많은 물체의 주체와 감각 주체는 서로 받아들이면서도 각자 독립하여 당연히 분산되어 다르지만 서로 받아들이게 된다. 그래서 '감각호섭경' 이라고 부른다. 이 경지에서는 이미 몸과 마음의 관계 문제를 다룬다.

다섯 번째 경지는 '관조릉허경(觀照凌虛境)' 이라고 부른다. 이 경지에서 사람은 구체적 물상(物相)의 구속을 벗어나서 순수한 상(相)의 세계와 순수한 의의(意義)의 세계를 드러내며 아울러 언어 · 문자 · 부호를 사용하여 표시할 수 있다. 이러한 순수한 상과 순수한 의의의 세계는 추상적 심령의 관조로 인해 드러난다. 그러므로 '관조릉허경' 이라고 부른다.

여섯 번째 경지는 '도덕실천경(道德實踐境)' 이라고 부른다. 이 경지에서는 이미 순수한 의의의 세계를 현실 생활에 실현함으로써 도덕적 이상을 세우고 도덕적 인격의 완성이 빨리 이루어지도록 재촉한다. 도덕을 중시하는 모든 인생철학이 이 부류에 귀착될 수 있다.

일곱 번째 경지는 '귀향일신경(歸向一神境)' 이라고 부른다. 이 경지의 요지는 "일신교에서 말하는 주객을 초월하여 주객을 통일하는 신비로운 경지를 말한다." 이 경지에서 정신은 이미 주객관계를 초월하여 경험을 넘어선 경계 · 신비의 경계를 지향한다. 그래서 당군의는 또 이 경지를 '신교경(神敎境)' 이라고 불렀다. 이 경지에서 정신은 이미 철학의 차원을 벗어나 종교적 차원으로 들어감을 추구한다. 이 경지의 확인을 통해서 당군의는 종교적 신앙 특히 기독교 신앙에 대하여 공감을 표시했다.

여덟 번째 경지는 '아법이공경(我法二空境)' 이라고 부른다. 이 경지는 "일체 유정중생(有情衆生)이 실제로 그들이 가지고 있는 공(空)의 증득 즉 모두 그 붓다의 마음과 붓다의 세계를 뚜렷하게 드러내어 중생을 제도할 수 있음을 말한다." 이른바 '아법이공' 은 바로 불교에서 말하는 "아집을 제거하고, 법집을 제거하여" 도달하는 성불의 경계이다. 그래서 당군의는 이 경지를 '불교의 경지' 라고도 불렀다. 이러한 경지의 확인을 통하여 당군의는 불교에 대하여 공감을 표시하고 아울러 불교가 기독교보다는 높다는 뜻을 드러내었다.

아홉 번째 경계는 '천덕유행경(天德流行境)' 이라고 부른다. 또 '진성입명경(盡性立命境)' 이라고도 이름한다. 이 경지에서는 "유교의 주관의 본성을 다하여 객관의 천명을 세우고, 주객이 관통하여 이 성명(性命)의 작용이 유행하는 큰 질서를 이루며, 이 성덕의 유행이 천덕의 유행이 되도록 하여, 주객 · 천인 · 물아(物我)가 관통하여 주객의 나뉨을 뛰어넘는 것을 말한다." 이 경지는 분명히 유교의 이상 경지를 가리킨다. 당군의는 또 그것을 '유교의 경지' [103]라고 불렀다.

위에 서술한 인생의 아홉 경지 가운데 앞의 세 경지는 '객관적 경지' 가 되고, 중간의 세 경지는 '주관적 경지' 혹은 '지식적 경지' 가 되며, 뒤의 세 경지는 '지혜의 경지' 이다. 당군의는 부류에 따라 말하면 각각 하나의 경지가 되어 스스로 한 부류가 되고, 순서에 따라 말하면 앞에 위치하는 것이 먼저이며, 차원에 따라 말하면 뒤에 위치하는 것이 높다고 생각했다. 다시 말하면 당군의가 이처럼 심혈을 기울인 목적은 다름이 아니라 공 · 맹유학의 최고성을 논증하려는 것이다. 그가 보기에 중국 문화의 가장 큰 특징은 바로 그것의 인문주의 정신이며 이것은 중국 미래문화부흥의 기초이다. 서양도 비록 인문주의 전통이 있으나 차원은 매우 낮고 결함이 매우 많아서 사람 생명의 가치를 뚜렷하게 나타내거나 실현할 수 없다.

당군의는 도덕결정론자로서 도덕이성을 핵심 내용으로 하는 인문 정신은 그의 철학 속에서 이미 학문의 최고 단계를 점거하고 있었으며 또 그 밖의 각종 학문을 통섭하는 중대한 사명을 짊어지고 있었다. 그는 '내성' 에 관심을 쏟고 있을 때도 정치 등과 같은 '외왕' 의 시대 문제에도 관

103) 唐君毅, 『生命存在與心靈境界』, 上册, 47-52쪽 참조.

천덕(天德)

(1) 하늘의 굳세고 힘 있는 특성이다. 『역』「건괘 · 상전」에 "구(九)를 사용함은 하늘의 덕이다."라고 했다. 건괘의 여섯 효가 모두 구(九)이기 때문에 순양(純陽)이고 모두 움직이므로 이것은 "하늘의 운행은 굳세다."라는 것을 상징한다.

(2) 천도(天道)의 자연무위한 덕성이다. 『장자』「천지」 편에서는 "태고 시대의 임금은 천하를 인위적으로 다스리지 않고 오직 하늘의 덕에 따랐을 뿐이다."라고 했고, 『장자』「각의」 편에서는 "허무염담(虛無恬淡)하여 하늘의 덕에 부합한다."라고 했다.

(3) 인의(仁義)의 정치와 도덕 경지에 부합된다. 묵자(墨子)는 겸애가 천덕을 따르고 인의에 부합하는 것이라고 말하며 "위로는 하늘에 이롭고 가운데서는 귀신에게 이로우며 아래로는 사람에게 이로우니 이 세 가지 이로우면 이롭지 않을 곳이 없다. 이것이 천덕이다."(『묵자 · 천지(天志)』)라고 했다. 『순자(荀子) · 불구(不苟)』에서는 "진실한 마음으로 인을 지키면 형체를 갖추고, 형체를 갖추면 신묘하게 되며, 신묘하면 능히 변화한다. 진실한 마음으로 도의를 행하면 이치에 맞고, 이치에 맞으면 명료해지며, 명료해지면 능히 변화한다. 변화가 번갈아 일어나면 그것을 천덕(天德)이라 말한다."라고 했고, 『순자 · 왕제(王制)』에서는 "이것을 천덕이라고 하니 왕의 정치다."라 했다. 『예기 · 중용(中庸)』에서는 "진실로 총명하고 성스러우며 지혜로워서 천덕을 잘 아는 이가 아니라면 누가 지극히 성실한 사람을 알 수 있겠는가?"라고 했다.

(4) 이학자(理學者)들이 말하는 인욕에 가려지지 않은 천부적 도덕이다. 북송의 정호(程顥)는 "성현이 말하는 천덕은 대개 자신의 근본이 천성적이며 완전히 자족한 근거로서 오염되어 망가지지 않은 것을 말한다."(『유서(遺書)』 권1), "사람의 마음은 알지 못하는 것이 없다. 다만 인욕에 가리어 천덕을 잃

게 된다.”(『유서』, 권11)라고 생각했다.

_풍계 주편, 『철학대사전 · 중국철학사권』, 83-84쪽, 상해, 상해사서출판사, 1985.

심을 쏟지 않을 수 없었다. 그러나 그는 정치를 도덕적 가치의 아래에 두고 토론하였다. 그는 이른바 민주정치와 귀족정치와 군주정치는 모두 다만 형식에 불과할 뿐이었고 만일 도덕이성을 기초로 하지 않는다면 모두 좋은 열매를 맺지 못할 것이라고 보았다. 그러므로 그는 가장 근본적 정치는 바로 도덕이성이고 법률 및 민권 등의 관념은 다만 수단일 뿐이며 일단 한 사람 한 사람이 모두 성현이 되면 법률과 민권은 필요하지 않을 것으로 생각했다. 실제로 당군의의 뜻은 단지 중국 전통문화 중 도덕이성만 확대하고 발전시킨다면 더는 정치 형식의 어떠한 글도 쓸 필요가 없다는 말에 지나지 않는다. 중국이 곧바로 할 임무는 조급히 서둘러 서양의 의회와 선거제도를 답습하는 것이 아니라 “중국 고유의 화합으로 관통하며 원만함으로 보강한 인문 정신을 계승하고 다시 갈래를 나눠 발전하는 사회문화 영역을 출발시켜 사회에 각종 서로 다른 사회문화 역량과 각종 사회단체 조직의 존재가 병존하고 상충하지 않도록 해야 한다. 그러한 후에 중국정치의 민주는 곧 그 효과적 조건을 갖추게 된다.”[104]는 것이다. 서양 문화는 한 걸음 한 걸음 다가오고 유가 문화는 ‘꽃과 열매가 우수수 떨어진’ 슬프고 처량한 현상에 대하여 당군의는 또 간단하게 중국인의 ‘빈약함’과 ‘중풍에 걸려 제멋대로 걷는’ 것으로 매듭지으며, 이는 중국인의 공리주의 추구라고 결론지었다. 당군의는 유가 내성학의 중건을 첫

104) 唐君毅, 『人文情神의 重建』, 418쪽, 臺北, 學生書局, 1974.

번째 일로 삼았다. 그는 이 일을 잘 처리하면 민주정치 등 외왕 방면의 일은 자연히 처리하기 어렵지 않을 것으로 생각했다.

## 5. 모종삼(牟宗三)

모종삼(1909~1995)은 자가 이중(離中)이며 산동성 서하(栖霞) 사람이다. 1933년에 북경대학 철학과를 졸업하였으며 또한 웅십력에게 배운 제자이기도 하다. 일찍이 잡지 『재생』 『역사와 문화』 등의 편집장을 담당했으며 『이상적 역사와 문화』의 편집을 담당했었다. 1949년에 중국을 떠난 다음 홍콩과 대만 두 지역의 여러 대학 철학과 교수로 재직하면서 논리학 · 지식론 · 서양철학 · 중국철학과 문화 등의 과목을 강의하였다. 그는 가장 늦게 세상을 떠난 협의의 신유가이고, 또 이 학파의 집대성자이다. 주요 저작에는 『재성과 현리〔才性與玄理〕』 『심체와 성체〔心體與性體〕』 『불성과 반야〔佛性與般若〕』 『지적직관과 중국철학〔智的直覺與中國哲學〕』 『현상과 물자체〔現象與物自身〕』 『원선론(圓善論)』 등이 있으며 『모종삼선생전집』에 포함되어 있다.

모종삼 이전 협의의 신유가는 본체론을 구성할 때 하나의 공통점이 있는데, 그것은 먼저 세계를 해석하는 관점에서 착수하여 존재본체론 학설을 형성하고 그다음에 다시 존재본체론을 가치본체론으로 뒤집어 유가 윤리를 위한 철학적 근거를 제공한 것이다. 그러나 그들이 만난 어려운 문제는 존재본체론이 어떻게 뒤집혀 가치본체론이 될 수 있는가? 였다. 그들은 결코 설득력 있는 이유를 찾아내지 못했다. 아마 이러한 이론상의 어려움을 생각해서인지 모종삼은 더는 먼저 존재본체론을 강의한 다음 다시 가치본체론을 강의하는 방향을 채용하지 않고, 도리어 먼저 가치본체론으로부터 강의한 다음 다시 존재본체론으로 확대해 갔다. 그는 가치본체론을 중시하는 시각으로부터 새겨들어가서 생명-인문-도덕의 진로를 따라 '도덕형이상학' 이라 불리게 된 본체론 학설을 구성했다. 그는 '도덕형이상학' 은 여전히 현대적 가치를 지니고 내성으로부터 신외왕으로 출발할 수 있으며 과학과 민주와 맞추어나갈 수 있다고 생각했다.

### 1) 도덕형이상학

모종삼은 유가철학을 일종의 '도덕형이상학' , 즉 도덕의 진로로부터 설명해 나가는 본체론 학설로서 서양철학에서 설명하는 본체론의 여러 가지 진로와는 다르다고 이해했다. 그는 중국철학과 서양철학을 비교하는 방법을 채용하여 '도덕형이상학' 은 어떻게 성립되는지의 이유를 호소하면서 '이층존재론〔二層存有論〕' 의 학설을 제기했다.

#### (1) 도덕의 진로

모종삼이 먼저 제기한 문제는 무엇이 도덕의 최종 근거인가? 이다. 그는 중국 문화와 서양 문화가 이 문제에 대답하는 사고의 방향이 다르다는 점에 주목했다. 기독교를 문화적 배경으로 하는 서양 사람은 그것을 늘 인성 밖에서 찾으며 하나님을 도덕의 최종 근거로 여기는데, 설사 근대 독일의 대철학자 칸트일지라도 예외는 아니었다. 칸트는 무엇이 도덕의 최종 근거인가라는 문제에 대답할 때 여전히 하나님의 존재와 영혼 불멸과 의지의 자유라는 세 개의 가설을 미리 설치했다. 이 원인으로 인하여 칸트는 '실천이성' 이란 범주를 제기하여 도덕의 진로와 접촉했음에도 불구하고 마지막에는 다만 '도덕신학' 만 이루었지 결코 '도덕형이상학' 은 이루지 못했다. 칸트는 모종삼이 가장 중시하는 서양철학자였지만 이처럼 그를 비평의 대상으로 삼았다. 그는 칸트가 자유의지를 도덕 자율의 근거로 생각하는 데는 전혀 문제가 없다고 분석하며 말했다. 문제는 칸트에게 자유의지는 다만 일종의 가설일 뿐이며 바로 실증할 방법이 없는 '이성체(理性體)' 라는 데 있다. "그러나 의지의 자유를 잊는 것은 일종의 마음의 능력으로서 곧 본심의 명각(明覺)의 활동이다. 그것은 당연히 이성체이다, 그러나 동시에 또한 심체·명각체·활동체로서 …… 순수한 지적직관(智的直覺)은 이 '명각의 활동' 위에 그 가능 근거가 있다."[105] 중국 유가철학은 도덕의 최종 근거를 찾을 때 서양 사람과 다른 사고의 방향을 선택했다. 유가철학은 먼저 인성을 고찰하는 것으로부터 착수하고 나아가서 초월적 본체 즉 '도덕형이상학' 으로 거슬러 올라간다. 헤겔은 중국의 유가철학이 말하는 것은 다만 도덕과 관련된 어떤 실질적인 범례일 뿐이고, 일부 도덕적 경험과 사실일 뿐이며, 어떤 형이하의 생활 느낌일 뿐이지 "사변철학은 조금도 없다."라고 생각했다. 모종삼은 이와 같은 견해에 찬성하지 않았다. 그는 "우리는 공자의 그 진실한 생명을 대표하고 온전한 덕을 대표하며 일체 덕이 나오는 곳인 인(仁)이 경험적 개념이며 후천적 심리학적 관념이라고 말할 수는 없다."[106]라고 말했다. 만약 공자의 "자신을 희생해서 인을 완성하는 일은 있으나 자신이 살기 위해 인을 해치는 일은 없다."라는 견해와 맹자의 "군자가 본성으로 여기는 것은 비록 그의 이상을 천하에 실행하게 되더라도 그 때문에 늘어나지 않고 그가 아무리 곤궁하게 지내더라도 그 때문에 줄어들지 않는다."라는 견해를 다만 평범한 도덕적 교훈이라고 여긴다면 사실은 피상적 견해로 흐를 뿐 결코 유가 사상의 핵심적 의미를 얻지 못한 것이다. 모종삼은 유가의 "이러한 말은 모두 현실의 자연 생명 이상이나 각종 외재적인 이해관계 이외

105) 牟宗三, 『智的直覺與中國哲學』, 194쪽, 臺北, 商務印書館, 1971.

106) 牟宗三, 『心體與性體』, 제1권, 117쪽, 臺北, 中正書局, 1968.

에서 어떤 초월적 도덕이성의 표준을 나타낸다. 이것이 바로 인의 · 예의 · 본심 등의 어휘가 표명하는 것이다. 사람의 도덕 행위와 도덕 인격은 오직 조금의 잡념도 없고 어긋남이 없이 이 초월적 기준 위에 똑바로 서야 비로소 순수할 수 있고 비로소 진정으로 일어설 수 있다. 이 초월의 기준이 만약 도덕 법칙으로 전개되어 사람에게 명령한다면 사람은 반드시 그것에 따라서 실천하는 바가 되어야 하니 선험적이고 보편적이 아니라면 무엇인가?"[107]라고 강조하여 말했다. 모종삼이 보기에 유가 윤리는 궁극적 근거 위에 건립되었다. 이 궁극적 근거는 바로 초경험적이고 보편적인 '도덕형이상학' 이며 바로 가치론적 의미의 본체이다. 유학에서 인의 · 예의 · 본심 · 양지 등의 어휘는 모두 가치 자체에 대한 호칭이다. 유가 윤리가 보편적 도덕 준칙을 구현한다는 것에 관한 모종삼의 견해는 성립될 수 있지만 이러한 보편적 도덕 준칙을 정신적 실체의 차원으로 끌어올려 '도덕형이상학' 으로 부르는 것은 자기 나름의 학설일 뿐이다.

모종삼은 유가가 '도덕형이상학' 을 말하며 채택한 진로는 서양철학과는 다르다고 지적했다. 서양철학에서 형이상학은 '자연의 형이상학' 이다. 철학자들이 본체를 말하지만 어떤 사람은 인식의 진로를 취했다. 예컨대 플라톤과 러셀이다. 어떤 사람은 우주론의 진로를 취하였는데 예컨대 아리스토텔레스와 화이트헤드이며, 어떤 사람은 존재의 진로를 취하였는데 예컨대 후설과 하이데거이고, 어떤 사람은 생물학의 진로를 취하였는데 예컨대 베르그송과 모간(L. Morgan)이며, 어떤 사람은 실용주의적 진로를 취하였는데 예컨대 듀이와 쉴러(F. C. S. Schiller)이며, 어떤 사람은 분석 혹은 추상의 진로를 취하였는데 예컨대 스피노자와 라이프니츠와 데카르트이다. "모두 도덕의 진로로 들어오지 않았기 때문에 그들이

107) 위의 책, 119-120쪽.

말하는 실체나 존유 혹은 본체는 모두 다만 현상을 설명하는 철학(형이상학) 개념일 뿐이며, 도덕 실천이 사람을 도덕적 존재가 되도록 하는 관계를 발생시킬 수는 없었다."[108] 유일한 예외는 아마 칸트일 것이다. 칸트는 '실천이성'의 관념을 제기하여 도덕적 진로와 접촉하였다. 그러나 그는 마지막까지도 단지 '도덕 신학'만 성취했을 뿐 '도덕형이상학'은 성취하지 못했다.

(2) 도덕형이상학의 증명과 성취

모종삼은 칸트와 대화하는 방식을 취하여 '도덕형이상학'에 대해서 이론적으로 논증하였다. 칸트는 도덕 자율의 근거로 자유의지를 인정하였다. 그러나 그는 이것은 다만 일종의 가설이라고 생각했다. 왜냐하면, 사람들은 그것을 감촉할 수 없을 뿐만 아니라 그것을 직관할 수도 없기 때문이다. 모종삼은 유가의 '도덕형이상학'은 충분히 칸트의 명제를 뒤집을 수 있다고 생각했다. 그는 칸트가 실수한 부분을 다음과 같이 분석하여 말했다. 칸트는 자유의지를 단지 '이성체'로만 이해하고 '구체적 양상'으로 이해하지 않아서 "의지의 자유가 바로 일종의 마음의 능력이며 바로 본심의 명각의 활동임을 잊었다. 그것은 당연히 이성체이다, 그러나 동시에 또한 심체 · 명각체 · 활동체로서 …… 순수한 지적직관〔智的直覺〕은 이 '명각의 활동' 위에 그 가능한 근거가 있다."[109] 이러한 분석에 근거하여 모종삼은 사람은 '지적직관'을 갖추고 있는데 이것은 바로 맹자가 말한 '측은지심' '수오지심' 혹은 '이(理)와 의(義)가 나의 마음을 즐겁게 함'이라고 단언했다. 바로 이 마음이 본심인체(仁體)를 증명하고 성취하며 '도덕형이상학'을 증명하고 성취했다. 본심인체는 한 편으로는

108) 牟宗三, 『心體與性體』, 제1권, 38쪽.
109) 牟宗三, 『智的直覺與中國哲學』, 194쪽.

도덕 법칙을 자급하고 자립하여 무조건적 정언명령을 선포하고, 다른 한편으로는 또 그것을 느낄 수 있고 그것을 즐길 수 있으며 그것을 깨달을 수 있다. 이렇게 말하며 "이 본심인체는 선포한 무조건적 정언명령과 함께 어찌 구체적으로 드러난 것이 아니겠는가? 지적직관은 바로 이 본심인체의 즐거움과 명각 가운데 그 근원이 있다. 그래서 그것이 가능하다."[110] 모종삼은 유가의 '도덕형이상학' 은 '지적직관' 에 입각하여 이미 칸트를 넘어섰고 서양철학이 도달하지 못한 이론적 높이까지 도달했다고 생각했다.

모종삼은 '도덕형이상학' 의 이념은 공자에게서 이미 기본적으로 형성되었으며, 후세 유학자들은 이러한 이념을 진일보 계승하고 발전시켜 점차 유가의 도통을 형성하였다고 지적했다. "증자 · 자사 · 맹자 및『중용』·『주역』·『대학』은 유가 전승의 정통을 대표하여 유가 교의(教義) 발전의 본질이 되기에 충분한 것이다." 후세 유학 가운데 이론적 공헌이 가장 큰 것으로는 당연히 송명리학을 손꼽는다. 이학자들은 "천도와 성명(性命)이 하나가 되고" "심(心) · 성(性) · 천(天)이 하나가 된다."라는 관점을 명확히 제기하여 유가의 '도덕형이상학' 의 구상을 완성하였다. "송명유학 종가(宗家)의 견해에 따르면『논어』·『맹자』·『중용』·『역전』은 상통하여 하나가 되며 어긋남이 없다. 그러므로 덕행의 가르침은 도덕적인 동시에 또한 종교적이다. 곧 학문으로 말하면 도덕철학 즉 하나의 도덕을 내포하는 형이상학이다." 그는 송명리학 가운데서는 육왕(陸王)의 무리가 정통이고 정주(程朱)의 무리는 '갈래' 가 된다고 생각했다.

모종삼은 자신이 유가의 정통 계승자이고 '도덕형이상학' 은 현시대의 상세한 해석자라고 자처했다. 사실 '도덕형이상학' 은 그의 이론적 창조

110) 위의 책, 195쪽.

이고 유가 심성지학(心性之學)〔혹은 내성학(內聖學)이라 부름〕에 대한 일종의 이해와 해석이다. 그야말로 그 스스로 유가의 도덕 준칙을 본체론의 높이까지 상승시킨 것으로서 초경험적이고 가장 높으며 유일한 정신적 실체로 생각한다. 모종삼의 철학적 시야에서 이런 지고무상한 정신적 실체는 주체와 객체 두 방면의 규정성을 갖고 있는데 주체의 각도에서 말하면 '심체'라고 부를 수 있고 '도덕 자아'라고 부를 수 있으며, 객체의 각도에서 말하면 '성체(性體)'라고 부를 수 있고 '도덕 이성'이라 부를 수 있다. 심체와 성체는 나누어 말한 것이며 총괄하여 말하면 바로 심성본체이다. 이 심성본체가 바로 그가 말한 '도덕형이상학'이다. 그는 이렇게 말한다.

> 유가가 말한 '성(性)'은 곧 도덕적 창조를 발생시킬 수 있는 '성능(性能)'이다. 만약 체(體)로 본다면 곧 도덕적 창조를 일으킬 수 있는 '창조적 실체'(Creative reality)이다. 이것은 하나의 '유개념(類槪念)'이 아니다. 그것은 절대적 보편성(性體無外, 心體無外)을 갖고 있으며, 오직 사람에게만 특별히 나타난다. 그러므로 바로 이 체를 사람의 '성(性)'으로 삼는다. 그것이 절대적 보편성을 소유한 것에서 말하면 천명 실체와 통하여 하나가 된다. 따라서 천지 만물을 총괄하여 그 체가 되는 것에서 말하면 형이상(形而上)의 실체(도체; Metaphysical reality)라고 부르며, 이는 곧 우주의 생성변화를 발생시킬 수 있는 '창조적 실체'이다. 그것이 개체 속에 갖추어져 그 체가 되는 것에서 말하면 '성체'라고 부르며, 이는 곧 도덕적 창조를 불러일으킬 수 있는 '창조적 실체'이고, 사람은 자각적으로 도덕 실천을 함으로써 그것을 실증할 수 있다. 이것이 맹자가 본심이 곧 성이라 말한 이유다. ……
>
> 마음이 곧 체이다. 그래서 심체(心體)라고 부른다. 그것이 '형이상의 마음'(Metaphysical mind)이 되는 것에서 말하면 '아, 깊고 멀어서 그침이 없구나'

의 체와 하나로 합하여 하나가 되므로 마음이고 또 성이다. 그것이 '도덕적 마음'이 되는 것에서 말하면 성은 이로 인하여 비로소 진실한 도덕적 창조(도덕적 행위의 성실함 역시 그침이 없다)라고 말할 수 있고, 이것이 성이며 또 마음이다. 이런 까닭에 객관적으로 말하면 성이라 하고 주관적으로 말하면 마음이라 한다. '그 자신에게 있음'에서 말하면 성이라 하고, '그 자신에 대한' 자각을 통하여 진실하고 또 구체적으로 뚜렷하게 드러나는 것으로부터 말하면 마음이라 부른다. …… 심과 성은 하나이지 둘이 아니다.[111)]

유가의 심성지학에 대한 해석에서 모종삼은 우선 유가의 도덕 준칙을 가치 본체의 높이까지 끌어올리고, 그다음 다시 가치 본체를 우주 만유의 본체까지 확장하였으며 최후에는 스스로 '도덕형이상학'이라고 부른 심성본체론을 이루었다. 심성본체론의 기본적 논점은 심성은 도덕이 어찌하여 가능한가의 최종 근거가 될 뿐만 아니라 또 우주 만유가 어찌하여 가능한가의 최종 근거이기도 하다는 것이다. 그는 현대철학의 사유 방식을 활용하여 '도덕형이상학'에 대해 논증하고 전개하였다.

'도덕형이상학'은 어찌하여 성립할 수 있는가? 모종삼이 찾아낸 이유는 바로 사람은 '지적직관〔智的直覺〕'을 가지고 있다는 것이다. 사람은 '지적직관'을 통하여 '도덕형이상학'의 존재를 확인할 수 있다. 칸트는 현상과 물자체의 대립이라는 이원론적 관점에서 본체는 알 수 없으며 인식의 대상은 다만 현상계에 제한된다고 생각했다. 본체는 비록 알 수 없으나 다만 생각할 수는 있으니 바로 초경험적인 이성의 직관을 통하여 그것을 사고하는 것이다. 그러나 이와 같은 초경험적인 이성의 직관 능력은 아마 하나님만 가질 수 있으며 사람은 결코 이와 같은 능력을 갖추지 못

111) 牟宗三, 『心體與性體』, 제1권, 40-42쪽.

한다. 모종삼은 칸트가 말한 '초경험적 이성의 직관'을 '지적직관'으로 번역하였고, 또 칸트의 견해에 찬성하지 않음을 표명했다. 그는 "우리는 하나님 몸에 '지적직관'이란 개념을 구성하였는데 이와 같은 구성은 완전히 상상이고 유희이며 혹은 다만 신학에서만 알 수 있다. 결론적으로 전부 쓸모없는 일을 따지고 의논하는 희론이라고 할 수 있다. 지적직관의 구성이 이미 희론이라면 곧 그것들은 다만 하나의 논리적 개념뿐임을 면하지 못한다. 이와 같다면 물자체의 적극적 의미는 여전히 형식적이고 여전히 일종의 피안에 대한 추측이며 그 구체적이고 진실한 의미는 여전히 드러날 수 없다. 드러나지 못할 뿐만 아니라 심지어 그 형식이 지닌 적극적인 의미 역시 진실로 안정적이라고는 생각되지 않는다."[112]라고 비평하여 말했다. 칸트의 "사람은 지적직관이 없다."라는 관점에 대하여 모종삼은 중국 유가의 심성지학 체계에서는 사람이 '지적직관'의 능력을 갖춘다는 것을 단정할 수 있다고 지적하였다.

모종삼은 칸트철학의 견해에 따르면 사람은 유한하여 시공이 한정하는 현상계 속에 제한되고 오직 하나님만이 무한하며, 유가의 심성지학에 따르면 이른바 하나님을 미리 가정할 필요가 없으므로 사람 자신이 무한하다고 분석하여 말했다. "만약 이로부터 사람을 보면 사람은 곧 무한성을 갖추고 있다. 물론 이런 무한성을 갖춘 사람은 하나님처럼 그렇게 무한한 존재일 수는 없으며 또한 근본적으로 하나님과도 다르다. 예를 들어 성인(聖人) · 진인(眞人) · 부처는 모두 무한성을 갖추었지만, 적어도 역시 '지적직관' 아래서 돌아 나와야 비로소 성인 · 진인 · 부처가 될 수 있으며 또 성인 · 진인 · 부처가 하나의 무한한 존재가 되는 것으로 여길 수 있다. 이 무한한 존재는 역시 하나님과는 다르다."[113] 이미 사람이 '무한성'

112) 牟宗三, 『現象與物自身』, 10쪽, 臺北, 學生書局, 1984.
113) 위의 책, 27쪽.

적인 이상 물론 그래도 마땅히 '지적직관' 능력을 갖추어야 한다. 이른바 '지적직관' 이란 곧 '양지의 자아정현(自我呈現)' 이고 심성본체 자신이 자신을 실증하는 것이다. '지적직관' 은 감성의 직관과 구별된다. 감성 직관은 현상계 중의 객체에 대한 인지주체(認知主體)의 인식과 관련되어 피동적으로 외물(外物)에 대처하므로 인식론의 범주에 속한다. '지적직관' 은 심성의 '자기 활동' 으로서 결코 외물과 관련되지 않으므로 인식론의 범주에 속하지 않고 오히려 본체론의 범주에 속한다. 바꾸어 말하면 '지적직관' 은 결코 일반적인 인식이 아니라 '밝게 드러남〔朗現〕' 이다. 모종삼은 " '지적직관' 의 주관적 활동은 비춰진 자기가 밝게 드러나게 되는 객관성과 하나이다. 여기에는 진정한 주객〔能所〕의 짝은 없으며 다만 하나의 초연한 큰 주인공의 밝은 드러남만 있다." [114]라고 말했다. '지적직관' 은 주체와 객체 상호관계의 제한을 받지 않는다. 이 점에서 말하면 또 모종삼에게 '역각체증(逆覺體證)' 으로 불리게 된다.

모종삼이 말한 '지적직관' 은 사실 웅십력이 말한 '성지(性智)' 의 또 다른 진술이다. 웅십력은 『신유식론』에서 "성지는 곧 참된 자기의 각성이다. 여기서 참된 자기라는 단어는 곧 본체를 말한다. …… 다시 말하면 이 각성이 바로 참된 자기다. 이 각성을 떠나면 다시 참된 자기는 말할 수 없다. 이 완벽하고 해맑고 자성을 두루 갖춘 참된 자기는 원래 독립적이고 짝이 없는 것이다. 그러므로 이러한 각성은 비록 감관 경험을 벗어나지 않지만 중요한 점은 감관 경험에 막히지 않고 항상 스스로 속박을 떠나는 것이다." [115]라고 말했다. 그들은 모두 비이성주의의 경로를 통하여 심성본체론의 이론적 근거를 찾아내려고 시도하였다. 칸트철학을 자세히 알고 있는 모종삼은 칸트를 비평하는 방식을 채택하여 관점을 표현함으로

114) 위의 책, 61쪽.

115) 熊十力, 『新唯識論』, 249쪽.

써 훨씬 더 사변철학적 맛을 더했으나 결코 사람이 갖춘 '지적직관' 을 위한 충분한 근거는 찾아내지 못했다. 그는 사람이 무한성을 갖추고 있다고 단언하였는데 그가 가리키는 사람은 추상적인 사람이지 결코 특정한 사람이 아니며 현실세계에서 이런 사람은 찾을 수가 없다. 우리가 알듯이 특정한 사람은 모두 유한하다. 왜냐하면, 특정한 사람은 모두 죽어야 하기 때문이다. 특정하고 유한한 사람이 어떻게 '지적직관' 을 가지고 있을 수 있겠는가? 이 문제는 모종삼에게서는 결코 회답을 얻을 수 없다. 칸트는 이성주의의 입장에 서서 특정한 사람은 '지적직관' 을 갖추고 있지 않다고 생각했는데, 모종삼은 비이성주의의 입장에 서서 칸트의 견해를 비판했다. 만약 칸트가 살아 있다면 그는 절대로 이러한 비판을 받아들이지 않았을 것이며, 반대로 모종삼이 독단에 빠졌다고 비판했을 것이다.

(3) 이층존재론

본체론 방면에서 모종삼의 심성본체론은 웅십력의 본심본체론과 대동소이하다. 그러나 세계에 대한 해석 방면에서 모종삼은 더는 자기 스승의 흡벽성변론(翕闢成變論)을 그대로 쓰지는 않는다. 그는 『대승기신론(大乘起信論)』의 '한마음이 두 문을 연다〔一心開二門〕.' 라는 틀을 채용하여 '이층존재론' 이라는 새로운 이론을 제기한다.

모종삼의 철학에서 '일심(一心)' 은 심성본체를 가리키고 '이문(二門)' 은 심성본체로부터 도덕계와 현상계의 두 경계가 뚜렷이 나타나는 것을 가리킨다. 전자는 '집착이 없는 존재' 이고 후자는 '집착하는 존재' 이다. 모종삼이 생각하기에 심성본체는 신리학(新理學)에서 묘사한 오직 존재하기만 하고 활동하지는 않는 그러한 정태적 이세계(理世界)가 아니라 동태적 존재다. 그는 이것을 '본체에 임하여 바로 유행한다.' 라고 부른다. 본체의 유행과정은 사람을 통하여 실현된다. 사람이 심성본체의 체현자가 될 수 있는 까닭은 사람이 가진 두 가지 지식 능력에 달려 있다. 한 가지는 직접 심성본체에서 나온 가치에 관한 지식 능력으로서 '지지(智知)' '지심(智心)' 혹은 '무한심(無限心)' 이라 부르며, 이로 말미암아 직접 심성본체를 나타내는 도덕계를 드러낸다. 즉 일반적으로 말하는 가치의 세계 혹은 의의의 세계이다. 다른 한 가지는 간접적으로 심성본체로부터 내보낸 현상에 관한 지식 능력으로서 '식지(識知)' '식심(識心)' 혹은 '유한심(有限心)' 이라고 부르며, 이로 말미암아 간접적으로 심성본체를 표현하는 현상계를 드러낸다. 즉 일반적으로 말하는 현실세계 혹은 생활 세계다. 모종삼은 심성본체에 근거하여 세계를 해석하는데, 그 묘사한 세계는 비록 심성본체를 최종 근거로 삼는 전체이지만 두 단계가 있다. 하나는 가치의 세계 · 의의의 세계 · 도덕의 세계 · 이상의 세계 · 시공을 초월한 세계 · 무한의 세계 · 본연의 세계이고, 또 하나는 실제적 세계 · 생활의 세계 · 시공 안의 세계 · 유한한 세계 · 경험 속의 세계 · 현상의 세계이다. "무한심(〔智心〕)에 대하여 말하면 물자체가 되고, 인지심(〔識心, 有限心〕)에 대하여 말하면 현상이 된다. 전자로 말미암아 집착 없는(본체계의) 존재론이 이뤄지고, 후자로 말미암아 집착하는(현상계의) 존재론이 이뤄진다."[116] 전자는 불교에서 말하는 '진제(眞諦)' 에 해당하고, 후자는 '가제(假諦)' 에 해당한다. 모종삼은 세계를 해석할 때 중점을 후자에 두고 있다.

본연의 각도에서 보면 모종삼은 현상세계를 '변계소집(遍計所執)' 의 산물에 불과하다고 생각하고 그것에 대하여 일종의 얕잡아 배척하는 태도를 품고 있다. 그는 "우리는 덕성의 우선성 및 취지와 요점에 따라 우주를 도움으로써 사람의 본래 면목과 우주의 본래 면목을 보게 된다. 우리의 감성과 지성이 서로 방해하여 왜곡된 인생과 우주는 인생과 우주의 본

116) 牟宗三, 『現象與物自身』, 15쪽.

래 면목이 아니라 다만 인생과 우주의 경직된 정체(停滯)이다. 사람들이 이 경직된 정체에 빠져서 인정한 것이 진실이니 본래 면목을 망각한 지 오래되었다. 따라서 본체계의 존재론으로 부드럽게 풀어서 그것을 산뜻하게 드러내는 것이 필요하다."[117]라고 사람들을 훈계하였다. 그러나, 실제적 관점에서 보면 그 역시 현상세계가 경시할 수 없는 것임을 인정한다. 모종삼이 묘사한 현상세계는 비록 자신의 진실성은 없지만, 더는 웅십력이 말한 '가장하여 드러난 흔적' 도 아니다. 그는 현상세계 중의 사물은 확정성을 갖추고 있으며 더욱이 '지성 주체' 를 이러한 확정성의 담보로 삼는다고 인정한다. '지성 주체' 는 이미 심성 주체와 구별되고 또 심성 주체와 관련되기도 한다.

모종삼은 지성 주체는 심성 주체에 대한 변증법적 부정이라고 가리켰다. 그는 그것을 '감함(坎陷)' 이라고 부른다. 그는 "동태적인 덕을 완성하는 도덕 이성으로부터 정태적인 지식을 완성하는 보고 이해하는 이성〔觀解理性〕으로 바뀌고 …… 우리는 도덕 이성의 자아감함(자아부정)이라고 말할 수 있다. 이 감함을 거치면서 동태로부터 정태로 바뀌고, 상대가 없는 것으로부터 상대가 있는 것으로 바뀌며, 행위상의 수직적 관통으로부터 이해상의 횡렬(橫列)로 바뀐다. 이와 같은 전환 중에 지성 주체의 자성(自性)은 도덕과 상관하지 않으며, 그 구성의 드러남이나 성과(즉 지식) 역시 도덕과 관련이 없다." 지성 주체(혹은 관해 이성으로 칭함)는 심성 주체(혹은 도덕 이성으로 칭함)에서 전환되어 나온 후에 현상세계의 직접적인 근거가 된다. 현상세계 속에서 지성 주체는 독립적이며, 그것은 다만 과학 지식의 가능성만 담보할 뿐 도덕적 판단과는 관련이 없다. 모종삼은 심성본체는 '감함하여' 지성 주체가 되므로 매우 필요한 절차라고

117) 위의 책, 30쪽.

자·료·카·드

『지적직관과 중국철학〔智的直覺與中國哲學〕』

모종삼의 저술로 1971년 타이베이 상무인서관에서 초판을 발행했으며 모두 22장으로 되어있다. 저자는 스스로 "이 책은 한 편으로는 나의 이전 저작인 『인식심의 비판』을 이어서 칸트의 원 뜻을 진일보 소통시키고, 다른 한 편으로는 나의 근작인 『심체와 성체』에서 칸트의 도덕철학을 토론한 곳에 관한 종론부(綜論部)의 부족함을 보충하였다."라고 말했다. 이른바 '지적직관'은 곧 '직관 형태의 지(智)'다. "그 직관은 이지적(理智的)이며 '감각적'이 아니다. 그 이지(理智)는 직관적이므로 변명적(辯明的)은 아니니 곧 논리적이 아니다."(『중국 문화의 특질』)라고 생각했다. 칸트는 우리가 '지적직관'을 가질 수 있다는 것을 부인하고 오직 하나님만 '지적직관'을 갖추고 있다고 생각했으며, 사람 마음의 직관은 반드시 감각적인 것으로 생각했다. 그 이지가 틀림없이 변명이라는 관점은 서양철학의 한계로 인한 것이라고 지적했다. "'지적직관'이 가능한 까닭은 대개 중국철학의 전통에 의하여 건립해서다."라고 강조했다. "그러므로 이 책은 온 힘을 다해 중국철학에 다가서서 그것이 품고 있는 지적직관의 의미를 골라 드러낸 것이니 그 함유 속으로 다가섬으로써 이와 같은 직관의 가능이 드러난다." '지적직관'은 이론상 반드시 시인해야 할 뿐만 아니라 동시에 "사실 반드시 드러날 수 있다."라고 지적했다. 이로부터 비로소 하나의 '기본적 존재론'의 통로가 열리며 진실로 하나의 '도덕형이상학'이 건립된다.

_ 방극립 주편, 『중국철학대사전』, 665-666쪽,
북경, 중국 사회과학출판사, 1994.

강조한다. 심성 주체가 어떻게 지성 주체로 감함해 나오는가에 대해서는 그가 마주친 해결할 수 없는 난제였다.

모종삼은 본체론의 연구와 토론을 기본 방향으로 삼은 마지막 협의의 신유가다. 지금까지 아직 그를 추월한 사람은 없으며 아직 새로운 유학의 본체론도 나타나지 않았다. 양수명의 생명본체론에서 시작하여 웅십력의 체용불이론에 이르고, 마지막으로 모종삼의 '도덕형이상학' 에 이르러 본체론에 관한 협의의 신유가의 연구와 토론은 일단락을 고했다.

### 2) 내성에서 신외왕이 출발함

전통유학을 판정할 때 모종삼은 일련의 술어를 만들었다. 첫 번째 술어는 도통(道統)이다. 도통은 '내성학(內聖學)' 의 범주에 속하며 그것이 가리키는 것은 '도덕 주체 바로 세우기' 를 취지로 하는 '도덕형이상학' 이다. 그가 보기에 '도덕형이상학' 은 결국 유학에서 가장 뛰어난 이론적 성과로서 영구적이고 보편적인 가치를 가지고 있다. 그것은 사람들의 가치이념을 지도하며 이미 고대사회에 적용하였고 또 현대사회에도 적용하고 있다. 현시대에서 '도덕형이상학' 의 기본 구조를 바꿀 필요는 없으나 다시 해석할 수는 있다. 또 이것을 '제일의 토대' 로 하여 새로운 외왕학(外王學)이 출발함으로써 더욱 폭넓은 해석력을 얻으면 현대의 물질문명과 제도 문명이 서로 이어진다. 두 번째 술어는 학통(學統)이다. 학통은 '외왕학' 의 범주에 속하며 도구적 이성을 체현하는 과학기술을 가리킨다. 세 번째 술어는 정통(政統) 즉 민주정치다. 모종삼은 웅십력의 견해에 동의하여 전통유학에는 확실히 도구적 이성과 과학 지식을 그다지 중시하지 않는 문제가 있다고 생각했다. 과학기술을 그다지 중시하지 않았기 때문에 과학기술은 서양만큼 발전하지 않았고, 과학기술이 그다지 발전하지 못했기 때문에 물질문명의 수준 역시 서양에 뒤떨어졌다. 현대 신유학은 반드시 이 문제를 해결하여 중국 사회의 현대적 전환의 대세에 순응해야 한다. 전통유학에는 도통은 있으나 학통은 없어서 사실상 신외왕을 전혀 드러내지 못했다.

그러면 이론적으로 유가의 내성학으로부터 신외왕이 출발할 수는 있을까? 모종삼의 대답은 긍정적이다. 모종삼은 '도덕형이상학' 에서 출발하여 '감함' 설을 제기하고 이론상 도구적 이성과 가치적 이성을 통일시키려고 시도했다. 그는 내성으로부터 신외왕이 출발하는 구체적 경로는 바로 '양지(良知)의 자아감함(自我坎陷)' 으로서, 곧 덕성 주체로부터 지성 주체로 전환하여 현대의 과학기술과 민주정치를 받아들이기 위해 철학적 근거를 제공하는 것이라고 가리켰다.

모종삼은 심성본체가 '감함하여' 지성 주체가 되는 것은 매우 필요한 절차라고 강조하고 이렇게 말했다.

> 이 단계의 전개는 변증법적이다(헤겔적 의미의 변증법이지, 칸트적 의미의 변증법은 아님). 이 단계의 변증법적 전개는 이렇게 설명할 수 있다. (1) 외부적으로 말하자면 사람이 이미 사람이라면 성스럽고, 성스러우면 사람이다. …… 즉 과학 지식의 원칙상 필요한 것이며 또 가능한 것이다. 그렇지 않으면 사람의 의미로는 모자람이 있다. 내면적으로 말하자면, 만약 그 외부적으로 달한 것의 필연을 성취하려면 지체(知體)와 명각(明覺)은 명각의 감응 속에서 영원히 멈추면 안 된다. 그것은 반드시 자각적으로 '자아 부정(또는 자아감함이라 한다.)' 하고 전환하여 '지성' 이 된다. 이 지성과 사물이 짝이 되면 비로소 사물로하여금 '대상' 이 되도록 함으로써 결국 변화되어 갔음을 알 수 있다. 그것은 반드시 이 한 단계의 '자아 부정' 을 경유하도록 돕는데, 그것이 비로소 그 자신을 충분히 실현하는 것이며, 이것이 곧 이른바 변증법적 전개다. 그것은 이 한 단계의 '자아감함' 을 경유하고 전환하여 지성이 되며, 그것은 비로소 사람에게 속하는 모든 특수한 문제를 해결할 수 있고, 그리고 그 도덕의 염원

또한 비로소 가로막히지 않고 잘 통할 수 있다.

지성과 명각의 자각적 '자아감함' 은 곧 자각적으로 집착이 없는 것에서 전환하여 집착하는 것이다. '자아감함' 은 바로 집착하는 것이며 '감함' 이란 하락하여 집착으로 빠져드는 것이다. 이 하나의 집착은 바로 그 지체와 명각이 멈추어서 스스로 자기를 유지하는 것이다. 이른바 '멈추기' 는 곧 신묘한 느낌과 신묘한 반응의 두 가지 뚜렷한 정체상(停滯相)이다. 그 신묘한 느낌과 신묘한 반응은 원래 어떠한 표상이 없으니 지(知)에 지상(知相)이 없고, 의(意)에 의상(意相)이 없으며, 물(物)에 물상(物相)이 없다. 그러나 일단 멈추면 곧 정체상을 드러낸다. 그러므로 집착이다. 집착은 멈추어서 스스로 자기를 유지하는 것 즉 그 자기를 집착하며 유지하는 것이다.[118)]

여기서 모종삼은 심성본체의 '감함' 이 지성 주체로 되는 필요성에 대하여 충분히 논술하였다. 그러나 심성 주체가 어떻게 지성 주체로 '감함' 해 나갈 수 있는가? 그는 결코 회답하지 않았다. 사실 그는 단지 헤겔식의 사유 방식을 빌려서 심성 주체로부터 지성 주체까지 뛰어올랐을 뿐이다. '감함' 설은 그의 '도덕형이상학' 의 마지막 부분이다. 이 부분을 통하여 그는 현상세계에 대한 철학적 해석을 완성했다. '감함' 설은 웅십력의 '흡벽성변(翕闢成變)' 에 대한 모종삼의 우주론적 발전이다. 그는 일정한 정도에서 스승이 지닌 허무주의의 경향을 바로잡았고, 현상세계의 확정성을 인정하였으며, 어떻게 내성으로부터 신외왕으로 출발하는지 어떻게 과학과 민주 등 현대적 가치 관념을 인정하는지를 대답하기 위해 하나의 거점을 찾아냈다. 어떻게 도덕 주체의 감함으로부터 지성 주체가 나오며 어떻게 가치 이성으로부터 도구적 이성을 드러내는가에 대해서 그는 사

---

118) 牟宗三, 『現象與物自身』, 122-123쪽.

자·료·카·드

『도덕적 이상주의(道德的理想主義)』

모종삼이 저술하였다. 저자가 1950년 출판한 『이성적 이상주의(理性的理想主義)』를 확충한 것이다. 1959년 동해대학에서 출판하였고, 1978년 타이베이 학생서국(學生書局)에서 재판하였으며 후에 여러 차례 재판하였다. 저자가 1949년부터 1959년 사이에 발표한 일부분 글을 편집하여 만들었다. 저자는 스스로 이 책의 중심 관념은 "공맹의 문화 생명과 덕혜(德慧) 생명이 인증하는 '깜짝 놀라 측은히 여기는 인(仁)' 이다. 우리가 즉각 자기의 주체로 되돌아가서 직접 이 깜짝 놀라 측은히 여기는 인(仁)을 증명하면 이것이 바로 가치의 근원이고 또 바로 이상의 근원이다. 바로 이 의미에 따라서 '도덕적 이상주의' 라고 부른다."라고 말했다. 책 속에서는 유학 발전의 세 시기에 관한 사상을 밝혔는데, 공자 · 맹자 · 순자부터 동중서까지는 유학 발전의 제1기라고 생각하고, 송명 유학이 유학 '제2기의 발휘' 를 대표하며, 현재 직면하고 있는 것은 어떻게 '유학 제3기의 발휘' 를 실현할 수 있는가이다. 유학 제3기 발전을 실현하는 사명은 곧 유가의 '도통' 을 근거로 하여 '학통' 과 '정통' 을 드러내는 것 즉 과학과 민주를 발전시켜 이른바 '신외왕' 을 실현하는 데 있다고 생각했다.

_ 방극립 주편, 『중국철학대사전』, 684쪽,
북경, 중국 사회과학출판사, 1994.

람들이 믿고 따를만한 설명을 하지 못했다. 사실상 가치 이성과 도구적 이성은 두 가지 병행하는 이성으로서 전자는 가치를 안착시키는데 적용하였고 후자는 세계를 인식하는데 적용하여 누가 따르고 누가 '드러내는가' 의 문제는 존재하지 않는다. 과학주의자가 가치 이성을 도구적 이성으로 통합하는 것은 통하지 않으며, 모종삼이 도구적 이성을 가치 이성으로 통합하는 것도 마찬가지로 통하지 않는다.

## 6. 풍우란(馮友蘭)

광의의 신유가에는 협의의 신유가처럼 그렇게 뚜렷한 학맥은 없다. 그들의 도통 관념 또한 비교적 폭넓어서 어떤 사람은 정주(程朱)를 존중하고 어떤 사람은 힘써 육왕(陸王)과 정주의 대립을 풀어보려고 한다. 그들 가운데 어떤 사람은 이성의 진로를 채택하여 유가 철학의 본체를 세우고, 어떤 사람은 역사 혹은 정치학의 각도에서 유가의 정신을 뚜렷하게 드러내기도 한다. 마일부(馬一浮) · 전목 · 장군매(張君勱) · 방동미(方東美) 등은 모두 광의의 신유가라고 부를 수 있다. 지면의 제한으로 이 책에서는 다만 신리학자(新理學者)인 풍우란과 신심학자(新心學者)인 하린(賀麟)의 신유학 사상을 평론하고 서술한다.

풍우란(1895~1990)은 자가 지생(芝生)으로 허난성 당하(唐河) 사람이다. 젊은 시절에 북경대학을 졸업하고 미국 컬럼비아대학에서 공부하여 박사학위를 취득하였다. 귀국 후 중주대학 · 광동대학 · 연경대학에서 교편을 잡았으며, 1928년부터 청화대학 철학과 교수 겸 학과장을 맡았고, 1929년에 이 학교 문과대학 학장을 맡았다. 항일전쟁 기간에는 서남연합대학 문과대학 학장을 맡았다. 1946년에는 미국 펜실베이니아대학 초빙교수를 역임했으며 1947년에 청화대학 교무회의 주석을 담당하였다. 1952년부터 북경대학 철학과 교수 및 중국과학원 철학사회과학부 위원을 역임하였다. 일찍이 제2 · 3 · 4차 전국정치협상회의 위원 및 제4차 전국인민대표대회 대표로 당선되었다. 저작은 『삼송당전집(三松堂全集)』으로 편집되어 하남 인민출판사에서 출판했다. 그는 이성주의의 방향을 따라서 신실재론과 정주리학(程朱理學)을 결합하여 신리학의 사상 체계를 세웠으며 항일전쟁 시기 동안 영향력이 가장 넓고 명성이 가장 컸던 신유가 학자가 되었다.

### 1) '이세계(理世界)'의 본체론

풍우란은 객체성의 시각에서 출발하여 현존하는 세계를 해석하고 '이세계(理世界)' 본체론 학설을 제기했다. 그는 '이(理)'는 논리적으로 현존하는 사물보다 우선하며 그 사물이 따르는 본체가 되어 형식인(形式因)을 구성하고, '기(氣)'는 현존하는 사물이 근거하는 조건이 되어 질료인(質料因)을 구성하며, '도체(道體)'는 이(理)와 기(氣)가 서로 결합하여 현존하는 사물을 형성하는 과정으로서의 동력인(動力因)을 구성하고, 오로지 '이세계'만이 바야흐로 '완전히 갖추어 모자람이 없음〔大全〕'이라고 부를 수 있으며 또 현존하는 세계의 목적인(目的因)을 구성한다고 생각했다.

#### (1) 객체성 시각

양수명과 웅십력은 본체론에 관한 사고에서 주체성 원칙을 파악하는데 노력하고 객체 세계의 형성 원인에 대하여 철학적 해석을 하려고 시도함으로써 이미 현대철학의 문턱에 들어섰다. 그러나 그들이 구상한 주체 의미에서의 본체는 다만 동태적 과정으로 확정성은 없다. 확정성이 없는 주체를 사용하여 해석한 객체 세계 또한 당연히 확정성이 없다. 양수명의 견해에 따르면 우주는 '하나의 살아있는 듯한 것'이 아니라 '많은 것이 서로 이어진 것'이고, 웅십력의 눈에 우주는 단지 '찰나 찰나에 생겨나고 찰나 찰나에 사라지는' '한 뭉치의 기능'일 뿐이다. 그들이 묘사한 우주는 모두 확정성이 없다. 확정성이 없는 객체 세계는 주체의 인식 대상과 개조 대상이 되기에는 불가능하며 결코 진정하고 명실상부한 객체라고 생각할 수 없다. 바꾸어 말하면 양수명과 웅십력의 본체론에 관한 생각 속에는 사실 오직 고정되지 않고 흔들거리며 추상적인 주체만 있을 뿐 결코 확정적인 객체는 없다. 그들의 본체론 학설이 가진 세계에 대한 해석력은 한계가 있다. 그들은 다만 주체성 원칙만 접촉해 봤을 뿐 결코 구체적으로 이 원칙을 관철하지는 못했고 주체와 객체 상호관계에 대한 논술도 전개하지 않았다. 그들이 객체 세계에 대하여 내린 철학적 해석은 철학적 사고의 현대적 성격의 방향 각도를 충분히 드러내지 못했다. 본체론에 관한 사고의 방면에서 풍우란은 그들보다 한 걸음을 더 나아갔다. 그는 '이세계(理世界)' 본체론을 구성해 내었으며 이(理)의 확정성을 써서 객체 세계의 확정성을 해석하였다. 이(理)는 '어떤 사물이 그 사물이 되는 까닭으로서' 의 확정성을 갖추고 있으며, 어떤 이(理)에 따라서 존재하고 있는 어떤 사물이 되는 것도 당연히 확정성을 갖추게 된다. 확정성을 갖춘 사물은 비로소 인식의 대상이 될 수 있고, 비로소 과학적 연구의 대상이 될 수 있다.

양수명과 웅십력의 본체론은 일반 사람들의 세계관에 대한 부정이다. 양수명은 세계를 단지 기정의 사실로 보는 것을 반대하고 세계는 '서로 이어지는' 과정일 뿐임을 강조했으며, 웅십력은 '물상(物相)' 에 집착하는 것을 반대하고 세계는 다만 '드러난 듯한 흔적' 일 뿐이라고 생각했다. 풍우란의 '이세계' 본체론은 일반 사람들의 세계관에 대한 긍정으로서 결코 경험 사실로서 말하는 객관세계가 확실히 존재한다는 것을 부인하지 않는다. 그러나 풍우란이 보기에 일반 사람들의 세계관은 단지 '그러하다는 것' 만 알지 '그렇게 된 까닭' 은 알지 못하므로 여전히 철학적 높이까지 끌어올리는 것이 필요했다. 그의 '이세계' 본체론 학설은 곧 일반 사람들의 세계관에 대한 일종의 철학적 해석이고, 그가 제기한 일종의 세계관과 인생관에 관한 학문이었다.

진실로 풍우란 자신이 말한 것처럼 신리학은 송명리학 중 정주 일파를 이어서 논하였고 또 '이세계' 라는 관념은 바로 정주리학과 신리학 사이의 이음매였다. 주희는 '이세계' 의 관념을 제기하였으나 충분한 논리적 논증을 거치지 않았기 때문에 이론상으로 힘이 없는 것 같다. 정주리학은 고대사회에서 성인의 말씀에 편승할 수 있었으며 성인의 권위에 의지하여 확대할 수 있었다. 그러나 현대 중국에서 성인의 권위는 이미 사라졌고 이미 사람들의 마음을 제한할 수 없었다. 이러한 상황에서 반드시 하나의 방법을 찾아내어 정주리학의 결함을 보완하고 이학(理學)이 생존할 공간을 되찾도록 도와야 했다. 풍우란이 찾아낸 방법은 바로 논리분석의 방법이다. 그는 이 방법을 활용하여 '이세계' 본체론의 의의를 증명하고 정주리학을 발전시켜 신리학이 되도록 했다.

풍우란은 신리학의 '이세계' 본체론 학설을 '신형이상학' 이라 불렀다. 그 의미는 곧 새로운 시각인 '형이상' 의 높이 혹자가 말하는 본체론의 높이에서 세계의 객관 실재성과 구경(究竟)의 진실성에 대하여 일종의 새로운 철학적 해석을 제기한 것이다. 그는 형이하적이며 실제로 존재하는 사물의 고찰로부터 논하기 시작하여 마지막에는 '이세계' 의 본체론 학설까지 논했다. 겉으로 보면 풍우란이 마치 객관 사물이 존재한다고 인정하는 듯하나 오히려 드러나지 않은 수법으로 사물의 객관적 실재성을 뽑아내버리고 사물의 객관적 실재성은 결코 사물 자체에 달려 있지 않고 오히려 형이상의 본체계에 달려 있음을 강조한다. 그는 이렇게 말했다. "우리의 경험 혹은 가능한 경험 속에는 이러이러한 사물이 있는데 …… 산은 산과 같고, 물은 물과 같다. 이 산은 이 산과 같고 이 물은 이 물과 같다. 모든 사물은 각각 이와 같으니 이렇다고 말한다. 모든 이와 같은 것은 바로 실제이고 형이상학은 바로 이와 같은 실제로부터 출발하여 그에 대하여 형식적인 해석을 하는 것이다."[119] 그 의미는 실제 사물은 '우리의 경험 혹은 가능한 경험 속'의 현상('이와 같음')에 불과한 것임을 말한다. 그렇다면 현상 뒤에 숨은 본체('이것')는 무엇인가? 본체는 어떻게 사물을 파생해 낼 수 있는가? 이러한 문제에 회답하기 위하여 풍우란은 '이(理)' '기(氣)' '도체(道體)' 등 일련의 '논리적 관념'을 제출하여 '이세계' 본체론의 학설을 구성하였다. 그 기본적 관점은 모든 실제적 사물은 마지막에는 모두 '이' '기' '도체' '가장 완전함〔大全〕' 등 일련의 '논리적 관념'으로 귀결되고, 이러한 '논리적 관념'에서 모든 실제적 사물을 연역해 낼 수 있다는 것이었다.

⑵ 리(理): 논리적으로 앞서 있음

사물의 본체를 탐구하기 위해 풍우란은 경험적 사실(사물 존재)에서 출발한다. 그리고 사물 및 존재(이와 같음)에 대한 형식적 분석, 즉 '어떤 사물에 대하여 집중하여 생각하기'를 통하여 '이(理)'의 관념을 얻어냈다. 그는 "신리학적 형이상학의 첫 번째의 주요 명제는 다음과 같다. 대개 사물은 반드시 어떤 사물이다. 어떤 사물이면 반드시 모종의 사물이어야 한다. 모종의 사물이 모종의 사물이라면 반드시 모종의 사물이 그 모종의 사물이 되는 까닭이 있다. 중국 옛날 철학의 말을 빌리면 '사물이 있으면 반드시 준칙이 있다'." "모종의 사물이 그 모종의 사물이 되는 까닭을 신리학에서는 이(理)라고 말한다."[120]라고 말했다. 여기서 풍우란은 먼저 구체적 사물("어떤 사물")의 추상(抽象)을 '모종의 사물'로 삼고, 그다음에 구체적인 사물의 특수한 본질을 떠나 모종의 사물이 그 모종의 사물이 되는 원인이나 근거를 고립시켜 분석하였다. 그리하여 '이(理)'의 관념을

119) 馮友蘭, 『新知言』, 58쪽, 重慶, 商務印書館, 1946.

120) 馮友蘭, 『新知言』, 59-60쪽.

얻어냈고 아울러 '이'는 바로 모종의 사물이 모종의 사물이 되기 위한 까닭으로서의 최종의 본체라고 여겼다. '이'에 관하여 풍우란은 다음과 같이 규정했다. 첫째, '이'는 참된 실제〔眞際〕에 잠재해있는 공통의 모습인 공상(共相)이다. 풍우란은 "여기서 말하는 '이'는 서양철학에서는 이름이 공상·형식 혹은 개념이 된다."[121]라고 말했다. 둘째, '이'는 시공을 뛰어넘고 동정(動靜)을 뛰어넘은 절대이다. '이'는 물질세계를 떠난 추상적 공상이기 때문에 자연히 물질 존재의 시공 형식 및 운동 속성과는 조금도 상관하지 않는다. 셋째, '이'는 제1 성질의 영원한 실재이다. 풍우란은 "이세계(理世界)는 논리적으로 실제의 세계보다 앞선다."라고 말했다. 이것은 실제의 '이'는 제1 성질이고 실제적 사물은 제2 성질임을 뜻한다. 이가 제1 성질이기 때문에 "수많은 이는 생겨나지도 않고 사라지지도 않으며 늘어나지도 않고 감소하지도 않는다."[122]라고 하여 실제 사물의 생멸변화의 간섭을 받지 않는다. 이렇게 이와 객관적 사물의 고유한 관계는 끊어지게 된다. 이는 제1 성질이 되고 추상적인 실체가 되어 '형이상학'적 의미를 지니게 된다. 이곳에 이르러 풍우란은 형이하적이고 경험 중인 실제 사물에 대하여 한차례 논리분석을 한 후 마지막으로 형이상적·초경험적·실제적인 '이'를 이끌어 내어 '이세계' 본체론 학설의 기본 관점을 확립했다.

'이(理)'와 사물의 관계는 어떠한가? 풍우란이 가리킨 실제의 이(理)는 실제 세계 중 사물의 최고 모범이나 법칙이다. 간단히 말하면 '이'는 사물의 '절정'이다. 그는 "이른바 극에는 두 가지 의미가 있는데 하나는 표준의 의미이고 …… 하나는 최고 한도의 의미이다. 각 이(理)는 그 따르는 사물에 관하여 극의 어떠한 의미에서 말하는가에 관계없이 모두 그것의

121) 馮友蘭, 『三松堂學術文集』, 422쪽, 北京, 北京大學出版社, 1988.

122) 馮友蘭, 『新理學』, 55쪽, 重慶, 商務印書館, 1937.

절정이다."[123]라고 말했다. 첫째, '극'의 표준의 의미에서 말하면 이(理)는 사물의 원형(原型)이고 사물은 이(理)의 모사본이다. 둘은 체용(體用) 관계로서 이(理)는 체가 되고 사물은 작용이 된다. 그는 예를 들어 "반드시 원(圓)의 이(理)가 있어야지 비로소 원의 성질이 있고, 원의 성질을 가질 수 있어야 비로소 둥근 사물이 있을 수 있다. 그러므로 원의 이(理)는 체가 되고 원의 이(理)를 실현한 실제적인 둥근 사물은 작용이다."[124]라고 말했다. 이것은 이(理)는 사물의 본체이고 사물은 이의 작용이나 표현임을 말한다. 둘째, '극'의 최고 한도의 의미에서 말하면 이(理)는 사물이 추구하는 목표이고 사물은 이(理)가 나누어진 항목으로서 둘 사이는 '이일분수(理一分殊)'의 관계이다. 사물은 반드시 '이(理)'에 의하여(즉 나누어 가짐) 비로소 그 사물이 될 수 있으므로 이(理)는 사물의 주재자가 된다. 풍우란은 "이(理)가 주재자라고 말한 것은 즉 이(理)는 사물이 반드시 그것을 따르고 떠날 수 없는 것임을 말하니 모(某) 이(理)는 모(某) 사물이 반드시 따르며 떠날 수 없는 것이 된다. 모(某) 이(理)를 따르지 않으면 모(某) 사물이 될 수가 없다. 어떠한 이(理)라도 따르지 않으면 그야말로 사물은 성취되지 못한다."[125]라고 말했다. 이것은 의심할 바 없이 사물은 이(理)로부터 파생하여 나온 것으로서 사물이 존재하는 이유는 그것이 이(理)의 실재성을 흡수하였기 때문이며, 이(理)가 사물의 성질을 규정하였는데 만약 이(理)를 따르지 않으면 사물은 "도저히 사물이 될 수 없다."라는 것을 말한다. 바로 이렇게 하여 신리학은 이(理)와 사물의 관계를 완전히 뒤바꾸었고, 관념적 성격의 '이(理)'를 객관적 사물의 궁극적 본체라고 간주하였다.

123) 위의 책, 54쪽.
124) 위의 책, 49쪽.
125) 위의 책, 125쪽.

(3) 도체(道體): 이기결합(理氣結合)의 과정

그러면 참된 실제인 이(理)는 어떻게 실제적 사물로 나타나게 되는가? 이 문제에 맞추어 풍우란은 다시 사물 및 존재에 대하여 논리적 분석을 하였고, 또 "하나하나의 사물에 대해서도 생각하며", 미리 '기(氣)'의 관념도 가정하였다. 그는 이렇게 말했다. "신리학의 형이상학적 체계에서 두 번째 주요 명제는 사물이 반드시 모두 존재해야 하고, 존재하는 사물은 반드시 모두 존재할 수가 있으며, 존재할 수 있는 사물이면 반드시 모두 그가 존재할 수 있는 까닭이 있어야 한다. 지난날의 중국 철학자의 말을 빌려 쓴다면 '이(理)가 있으면 반드시 기(氣)가 있다'." "사물이 존재할 수 있는 까닭은 신리학에서는 기라 한다."[126] 풍우란은 이(理)가 잠재적으로 존재하고 있음을 긍정하는 전제 아래 사물이 존재한다고 인정한다. 그는 사물이 존재하는 데는 이(理)를 본체로 삼는 것 외에도 또 반드시 기를 조건으로 해야 한다고 생각한다. 만약 이(理)가 사물이 존재하기 위한 충분조건이라 한다면 기는 사물이 존재하기 위한 필요조건이다. 논리적 관점에서 풍우란은 기를 '절대적 질료'라고 정의를 내린다. "소위 절대적 질료란 우리가 그것을 이름하여 진원(眞元)의 기라고 부르는 것이다. 때로는 또 간단하게 기라고 부른다."[127] 신리학에서 '기'는 아무런 내용이 없는 공허한 논리적 관념이며 풍우란의 말을 사용하여 말하면 '기'는 '무'와 비슷하다. 그것은 어떠한 구체적인 사물이 아니며 또 물질성도 없다. 그러므로 기는 물질류의 사물이 아니라 정신적 범주에 속하지만 동시에 이성이나 개념적 성분은 포함하지 않는다. 그렇다면 기는 다만 순수한 경험적 재료 즉 신실재론자들이 말하는 '감각 재료'일 뿐이다.

그런데 '이(理)'는 어떤 방식을 통해 '기'와 결합하여 사물을 파생해

---

126) 馮友蘭, 『新知言』, 61쪽; 『新原道』, 118쪽, 重慶, 商務印書館, 1945.

127) 馮友蘭, 『新知言』, 66쪽.

내는가? 이 문제에 회답하기 위해서 풍우란은 사물 및 그 존재에 대한 총괄을 통하여 '도체(道体)' 관념을 제기했다. 그는 이렇게 말했다. "신리학의 형이상학 체계에서 세 번째 주요 명제는 존재가 하나의 유행(流行)이라는 것이다. 대개 존재는 모두 사물의 존재이다. 사물의 존재는 모두 그 기가 어떤 이(理) 혹은 어떠어떠한 이(理)의 유행을 실현하는 것이다. 모든 유행을 총괄하여 도체라고 부른다. 모든 유행은 운동을 내포한다. 모든 유행이 내포하는 운동을 건원(乾元)이라고 부른다. 중국 옛 철학자의 말을 빌리면 '무극이니 태극이다'. 또 '건도(乾道)가 변화하여 각각 성(性)과 명(命)이 바르게 된다'."[128]라고 말한다. 여기서 그는 이(理)와 기가 서로 결합하는 운동('유행') 과정을 '도체' 혹은 '무극이니 태극이다'라고 부른다. 그는 이(理)와 기가 운동하는 중에 결합하여 사물이 파생되어 나오고 사물의 형성에 대하여 말한다면 도체는 동력인이 된다고 생각했다.

풍우란은 동태적 분석의 각도에서 사물 및 그 존재를 총괄하여 '도체'란 관념을 제출하였고, 또 정태적 분석의 각도에서 사물 및 그 존재를 총괄하여 '대전(大全)'이라는 관념을 제출하였다. 그는 "신리학의 형이상학 체계에서 네 번째 주요 명제는 모든 것이 있음〔有〕을 총괄하여 대전이라고 부르니 대전은 곧 모든 있음이다. 중국의 옛 철학자의 말을 빌려서 말하면 '하나가 곧 일체이고, 일체가 곧 하나이다'."[129]라고 말했다. 풍우란은 '대전'은 결코 실제로 존재하는 일체 사물의 합계가 아님을 강조하였는데 실제에서 일체 사물은 단지 '부분적 온전함'이기 때문이다. 실제의 위에는 또 '이(理)'로 말미암아 조성된 참된 실제가 있어서 참된 실제는 실제를 포괄한다. 오직 참된 실제야말로 비로소 '가장 온전함〔大全〕'이라고 불릴 만하다. 신리학에서 '이(理)세계', '참된 실제', '대전'의 철학

128) 馮友蘭, 『新知言』, 64쪽.

129) 위의 책, 65쪽.

적 의미는 똑같으며 모두 본체계에 대한 호칭이다. 대전은 실제로 존재하는 일체 사물이 발전하는 최고의 목표이다. 이런 의미에서 말하자면 그것은 모든 사물 발전의 동력인을 구성한다.

위에서 서술한 것을 종합하면 신리학의 형이상학에서는 객관세계를 경험 속의 '실제' 라고 말한 후에 이른바 '실제' 로부터 출발하고 한 걸음 더 나아가 본체인 '이(理)' 를 추상하고 분석해 내어 사물을 해석하는 형식인(形式因)으로 삼았으며, 본체인 '대전' 을 총괄하고 종합해 내어 사물을 해석하는 목적인(目的因)으로 삼았다. 경험 재료인 '기' 를 추상해 내어 사물을 해석하는 질료인(質料因)으로 삼았으며, 순수한 유동 변화의 과정인 '도체' 를 총괄해 내어 사물을 해석하는 동력인(動力因)으로 삼았다. 이 네 개의 '논리적 관념' 이 신리학 본체론 학설의 기본 구조를 구성한다. 이 네 개의 '논리적 관념' 은 모두 '이세계(理世界)' 란 이 하나의 핵심적 관념을 둘러싸고 전개한 것이다. 이(理)의 총화가 바로 '이세계' 이다. '이세계' 는 상위의 개념으로 설치되며 외연상의 포용에서는 하위 개념적 '실제의 세계' 로 간주한다. 그러므로 '이세계' 는 곧 '대전' 이고 바로 참된 실제이다. 기는 '이세계' 중의 이유인 참된 실제가 전환하여 실제에서 사물이 되는 질료인이고 도체는 바로 이러한 전환을 재촉하는 동력인이다. '대전' 은 결코 실제로 존재하는 모든 사물의 총화가 아니다. 왜냐하면 실제 속에서 모든 사물은 단지 '부분적으로 온전함' 이기 때문이다. 실제에는 또 '이(理)' 로 말미암아 구성된 참된 실제가 있는데 참된 실제가 실제를 포괄한다. 바꾸어 말하면 오직 참된 실제만이 비로소 '대전' 이라 불릴 수 있다. 신리학에서 '이세계' '참된 실제' '대전' 의 철학적 의미는 똑같고 모두 본체계에 대한 호칭이다. 대전은 실제로 존재하는 모든 사물 발전의 최고의 목표이다. 이 의미에서 말하면 그것은 모든 사물 발전의 목적인을 구성한다. 풍우란의 '이세계(理世界)' 본체론에는 다음과 같은 특징이 있다.

첫째, 사유와 존재 간의 관계를 튼튼하게 움켜쥐고 이중화(二重化)적 세계의 도안을 그려냈다. 신리학은 사물이 존재하는 철학적 근거에 대하여 비교적 충분히 해석하였고 체계적인 존재본체론 학설을 형성했다. 이러한 학설은 결코 객관세계(신리학에서는 '실제 세계' 라고 부른다)의 실재성을 부인하지 않는다. 그러나 오히려 객관세계의 실재성을 '이세계' 의 실재성으로 귀결함으로써 정주리학(程朱理學)의 '이(理)가 사(事)보다 우선한다.' 라는 주장과 서양철학 중 일반이 개별에 앞선다는 실재주의(實在主義) 학설과 하나로 융합시켰다. 존재본체론 방면에서 신리학은 유가의 이론을 추진하였고 이론적 깊이도 양수명과 웅십력을 능가했다. 사물의 확정성에 대한 신리학의 해석은 분명히 양수명과 웅십력의 견해보다 훨씬 더 설득력이 있다. 양수명과 웅십력의 주체가 객체를 설정한다는 사고의 방향과는 달리 풍우란은 객체주의적 사고의 방향을 채택했다. 신리학에서 사유와 존재 사이의 모순은 충분히 전개되었다. '이세계' 혹은 '참된 실제' 는 공통의 모습 혹은 일반적인 개념의 총화로서 사유에 해당하고, '실제' 는 곧 존재와 동의어가 된다. 이와같기 때문에 신리학에서는 '이세계' 와 현실세계 혹은 '참된 실제(眞際)' 와 '실제' 는 대립적 관계를 형성했다. 정주리학에서 말하는 '하나의 세계' 는 신리학에서 '두 개의 세계' 로 바뀌었으며 풍우란이 "정주리학을 이어서 말하라. 정주리학 그대로 얘기하지 말라." 라는 의도는 관철되었다.

둘째, 본체의 초월성을 뚜렷하게 드러내고 유가 윤리의 보편적용성을 위하여 철학적 근거를 제공한다. 신리학의 본체론적 사고는 그 이론적 의향이 결코 '사실 세계' 를 해석하는 데만 있는 것이 아니고, 최종 목표는 또한 '의미의 세계' 나 '가치의 세계' 를 건립하는 데 있다. '이세계' 의 존재본체론의 의미를 증명하는 것은 다만 풍우란이 유가의 현대적 의미를 연역하기 위한 첫 번째 작업이었고, 그가 하려던 두 번째 작업은 '이세계' 를 '인도(人道)를 말하는 근거' 로 삼고 더 나아가 유가의 가치본체론을 연역하는 것이었다. 신리학의 본체론적 사고는 그 출발점이 존재본체론으로서 서양철학의 사고 맥락과 비교적 가깝고, 귀결점은 의외로 가치본체론이어서 다시 중국철학의 전통으로 되돌아온다. 풍우란은 솔직하게 '이세계' 가 신비주의의 색채를 가지고 있다고 말했다. 그는 '도체' 의 불가사의와 '대전' 의 불가사의 등의 견해가 이미 이성주의의 범위를 뛰어넘었다고 인정하였다. 그러나 그는 이렇게 뛰어넘는 것이 바로 본체론적 사고의 '가장 높은 수확' 이라고 강조한다. 그는 "많은 철학 저서가 있는데 모두 생각하여 헤아릴 수 없는 것을 생각하여 헤아린 것이고 말할 수 없는 것을 말한 것이다. 학자는 반드시 생각하여 헤아림을 거친 후에 불가사의에 이를 수 있고, 이해를 거친 후에 이해할 수 없는 것에 이를 수 있다. 불가사의한 것과 이해할 수 없는 것은 생각하여 헤아린 것과 이해의 가장 큰 수확이다. 철학의 신비주의는 생각하여 헤아림과 이해함의 가장 마지막 성과이며 생각하여 헤아리고 이해함과 대립하는 것은 아니다."[130]라고 말했다. 가치본체론의 의미에서 풍우란은 '이세계' 를 '성역' , 즉 유가가 말하는 성인을 성취하는 철학적 근거라고 불렀다. '이세계' 는 초월성 · 지상(至上)성 · 항상성을 갖추었기 때문에 유가 윤리의 보편적합성은 논증되었다. '사람이 사람 되는 까닭' 으로서의 유가 윤리의 이치는 고대사회에서 적용되었을 뿐만 아니라 마찬가지로 현대사회에도 적용된다. 유가 윤리는 예로부터 도덕규범을 중시하였고 '이세계' 또한 이 규범의 간청을 위해 철학적 논증을 담당하였다. 서로 비교하여 말하면 양수명과 웅십력은 도덕의 자각성을 중시하여 현대적 방식으로 육왕심학의 학맥을

---

130) 馮友蘭, 『新原人』, 194쪽, 重慶, 商務印書館, 1942.

**자·료·카·드**

## 신실재론의 '중성실체(中性實體)' 설과 공상독존설(共相獨存說)

**'중성실체' 설**

신실재론자는 인지된 대상이 우리의 의식에 의지하여 존재하지 않음을 주장한다. 이것은 그들이 성(性)철학을 세우는 기본 신조의 하나다. 그러나 신실재론자는 또 독립적으로 존재하는 인식 대상의 본성은 물질적이지도 않고 정신적이지도 않지만 '중립적' 이라고 생각했다. 왜냐하면 세계의 가장 근본적인 존재는 이미 물질도 아니고 정신(마음)도 아니며 '중성실체' 나 '중성물(中性物)' 이기 때문이다. 마음과 사물은 결코 근본적으로 다른 두 가지의 실체가 아니다. 그들 사이의 구별은 결코 질료적 혹은 실재적인 것이 아니라 다만 관계적인 것이다. 그들은 모두 다른 관계 속에서 동일한 '중성실체' 가 표현된 것이다.

**공상독존설**

신실재론자의 다른 하나의 기본 신조는 이미 개별 사물과 독립하였으면서 또 의식과 독립된 어떤 공통점이나 본질이 있다고 단언하는 것이다. 이런 독립적 존재의 공통점이나 본질은 경험 속에서는 관찰할 수 없으나 오히려 논리적으로 그들의 존재를 확인할 수 있으며 더욱이 논리적 분석을 통하여 그들을 발견할 수 있다. 이런 종류의 공통점이나 본질은 우선 수학 · 논리적 개념 · 범주이다. 그들은 이것은 일종의 플라톤식 실재론 학설임을 인정한다.

_『중국대백과전서 · 철학』, 1022쪽,
북경, 중국대백과전서출판사, 1987.

이어갔고, 풍우란은 도덕과 윤리의 규범성을 중시하여 현대적 방식으로 정주 이학의 전통을 이어갔다.

셋째, 방법적 제한을 받아서 다원주의의 색채를 가지고 있다. 정주리학이 총체적이고 직관적인 방법을 채용하여 형성한 본체론은 '천리(天理)'를 핵심 범주로 한 일원론적 색채를 가지고 있다. 주희의 말을 사용하여 말하면 "전체는 하나의 태극이고 각 사물도 하나의 태극이다." "한 개가 바로 만 개다." 이른바 '이일분수' 가 강조하는 것은 천리는 '하나' 이고 구체적 사물은 '많음' 이 된다. '많음' 은 '하나' 의 제약을 받으므로 각각의 사물 사이에는 어떤 내재적 관계가 있다. 신리학은 논리분석의 방법을 채용하여 '하나하나의 사물에 대하여 사유하며' 형성한 본체론은 '이세계' 를 핵심 범주로 삼아서 다원론적 색채를 가지고 있다. '이세계' 는 무수한 이(理)의 집합이다. 각 이(理)는 모두 독립적으로 스스로 존재하며 모든 이(理)를 관통하여 일체가 되게 하는 하나의 '천리' 는 존재하지 않는다. 신리학에서 모든 이(理) 사이의 관계는 이미 외재적 관계로 변하고 더는 정주리학에서 말하는 내재적 관계가 아니다. 신리학에서 이(理)는 사실 지성(知性) 개념의 본체화이다. 이런 지성적 사유가 지닌 한계는 바로 그 본체론 학설의 다원주의적 색채를 만드는 근본 원인이다. 풍우란은 또 주희의 '마음은 만 가지 이(理)를 포함한다.' 라는 견해를 버리고 이(理)는 '순수객관적' 인 성질을 가지고 있음을 강조하였으며 이(理)는 자유로운 것임을 강조하였다. 그렇다면 어떻게 자유로운 것을 전화(轉化)하여 나의 것으로 만드는가? 이것은 신리학이 해결하기 어려운 문제가 되었다.

### 2) 인생경지설〔人生境界說〕

유가 윤리에는 덕성 윤리의 호소와 요구가 있을 뿐만 아니라 규범 윤리의 호소와 요구도 있다. 육왕심학 계통에서는 비교적 앞의 방면을 중시하여 유학의 내재성 원칙을 상세히 설명하는 데 중점을 두고 '본심(本心)'을 핵심 범주로 여기며, 정주리학 계통에서는 비교적 뒤의 방면을 중시하여 유학의 초월성 원칙을 상세히 설명하는 데 중점을 두고 '천리(天理)'를 핵심 범주로 여긴다. 5·4 시기의 군주전제정치 해체에 따라 전통적 유가의 윤리 규범 체계는 조직이 분해되었다. 이러한 상황에서 현대 신유가는 유학의 가치관을 다시 구상하려면 오직 먼저 유학의 내재성 원칙을 상세히 설명하는 데서 착수하고 육왕심학 일파를 이어받아서 말하는 수밖에 없었다. 그러나 만약 내재성 원칙만 말하고 초월성 원칙을 말하지 않으면 유가 윤리는 매우 추상적으로 변할 수 있고 사회 풍조를 규범화하는 작용도 발휘할 방법이 없어서 생활 실천의 방면에서 구현하기도 어려울 것이다. 그러므로 다만 육왕심학만 이어받아서 논하면 부족하므로 반드시 정주리학도 이어받아서 말해야 했다. 풍우란이 신리학을 구상한 것은 바로 일종의 정주리학의 현대적 표현방식이다. 양수명·웅십력과는 달리 그는 치중점을 유가의 내재성 원칙에 두지 않고 초월성 원칙에 두었다.

정주리학과 마찬가지로 신리학 역시 유가 윤리와 규범의 최종 근거를 '이(理)'에 귀결시켰다. 그는 유가 윤리와 규범을 전부 '옛 도덕'이라고 질책하는 극단적인 말에는 찬성하지 않고 분석적 안목으로 유가 윤리를 대하라고 주장한다. 그는 전통적 유가 윤리와 규범에는 확실히 '가정을 본위로 삼아' 사회와 상응하는 충효 등과 같은 '옛 도덕'이 있다고 생각했다. 그러나 설령 옛 도덕이라고 하더라도 신 도덕으로 전환할 수 있다. "우리는 군주에게 충성을 다하고 아버지에게 효도를 다하는 것은 옛 도덕이고, 국가에 충성을 다하고 민족에게 효도를 다하는 것은 신 도덕이라고 말할 수 있다."[131] 전통 윤리와 규범에서는 충효와 같은 옛 도덕 이외에 또 어떠한 사회에도 적용되는 도덕을 포함하고 있는데, 이러한 도덕은 신구(新舊)와 관계없다. 그는 이렇게 말했다. "우리의 견해에 의하면 사회가

131) 馮友蘭, 『新理學』, 360쪽.

있으면 각종의 사회가 있게 된다. 일부 도덕은 모종 사회가 있음으로써 있게 된다. 마치 한 민족 혹은 국가가 일종의 사회에서 다른 일종의 사회로 넘어가면 원래 한 사회가 있었기 때문에 있었던 도덕은 이 민족이나 국가에 대해서는 옛 도덕이 된다. 다른 한 사회가 있음으로써 있게 된 도덕은 이 민족이나 국가에 대해서는 신 도덕이 된다. 그러나 대부분의 도덕은 사회가 존재함으로써 있게 된다. 사회가 있기만 하면 반드시 이러한 도덕이 필요하며 그 사회가 어떠한 사회인가는 관계없다. 이러한 도덕을 중국 사람들은 '상(常)'으로 표현했다. 상(常)은 변하지 않는 것이다. 전통적 논법에 따르면 오상(五常)이 있으니 즉 인의예지신(仁義禮智信)이다."[132] 풍우란의 견해에 근거하면 유가가 줄곧 제창한 오상의 가르침은 비록 '구시대의 감정〔舊情〕'에 속하지만 역시 '새로운 본성〔新性〕'을 획득하는 데 없으면 안 되는 근거이므로 오상이 갖추고 있는 보편적 적용 가치를 명확하게 시인한다. 중국이 앞으로 어떠한 사회로 변해가든지 이러한 윤리와 규범은 모두 필요하다. 사실 이러한 판단은 정확한 것임을 증명한다. '삼강(三綱)'은 사회의 변천으로 인하여 이미 시대에 뒤떨어진 결과에 도달했다고 할 수 있다. 왜냐하면 그것은 '가정을 본위로 삼는' 사회에 적용되기 때문이다. 풍우란은 '오상'은 영원히 시대에 뒤떨어지지 않을 것이라고 강조하는데 그것은 '사람이 사람으로 되는 까닭' 혹은 '사회가 사회로 되는 까닭'이라는 이치에 부합하기 때문이다. 이러한 '이(理)'는 초월성과 보편적 적용성을 갖추고 있어서 어떠한 사회에서든 모두 도덕적 평가의 척도가 될 수 있다.

풍우란은 도덕적 가치판단에서 '이세계'에 대한 행위 주체의 자각과 이해의 결정작용을 특히 중시한다. 행위 주체에 대해 말한다면 '이세계'

---

132) 위의 책, 359쪽.

는 초월적이고 이상적이다. 대개 도덕적 행위는 반드시 '이세계'에 대한 행위 주체의 자각과 이해 위에 세워야 한다. 그러므로 이세계에 대한 행위 주체의 자각과 이해의 정도가 곧 그가 인생 경지를 평가하는 준칙이 된다. 풍우란은 『신원인(新原人)』에서 "사람은 우주와 인생의 자각과 이해 정도가 다를 수 있다. 그러므로 우주와 인생은 사람의 의의에 대하여도 다르다. 사람은 우주와 인생에 대해 모종(某種)의 정도에서 소유하는 자각과 이해를 구성하기 때문에 우주와 인생은 사람이 소유하는 모종의 다른 의미에서 바로 사람이 갖는 모종의 경지〔境界〕를 구성한다."[133]라고 썼다. '경지'란 어휘는 불학(佛學)에서 기원한다. 『무량수경(無量壽經)』에서는 "비구가 부처님께 말씀드리길, 그 뜻이 크고 깊어서 저의 경지가 아니옵니다."라고 말했다. 『입능가경(入楞伽經)』에서도 "나는 마음으로 증득한 지혜를 잊어버렸고, 샃된 경지도 잊어버렸다."라고 말했다. 불교에서 경지는 수행자가 붓다의 깨달음에 대하여 도달한 정도를 가리킨다. 풍우란이 이 말을 빌려 쓴 것은 '이세계'에 대한 사람들의 이해 정도 및 이로 인해 형성된 주관적 정신 상태를 가리키는 것이었다. 철학적 술어를 사용하여 말하면 '이세계'는 '스스로 있는 것'이고, 경지는 '나를 위한 것'이며, '이세계'는 객관적이고, 경지는 주관적이며, '이세계'는 일반적이고, 경지는 특수하며, '이세계'는 초월적이고, 경지는 현실적이다. 사람은 각자 자기의 자각과 이해 능력의 힘을 빌려 '이세계'를 자각하고 이해하는 바탕 위에서 주관적 정신적 세계를 형성한다. 이것이 바로 신리학에서 말하는 경지이다. 자각하고 이해하는 사람에게 경지는 바로 그 스스로 세운 의미의 세계 혹은 가치의 세계다. 엄격히 말하면 사람은 각자 모두 그 자신의 경지가 있고, 심지어 사람마다 모두 그 자신의 지금 이때 이

133) 馮友蘭, 『新原人』, 57쪽.

시간의 경지 혹은 다른 때 다른 시간의 경지가 있으며 완전히 똑같은 경지는 없다고 말할 수 있다. 그러나 인생의 경지를 대체로 낮은 곳에서 높은 곳으로 이르는 네 가지 유형으로 귀납할 수가 있다. 즉 자연적 경지와 공리(功利)적 경지와 도덕적 경지와 천지(天地)적 경지이다. 이 네 가지 경지에 대한 논평을 통하여 풍우란은 유학의 가치관적 초월 방침을 설명하였다.

그는 자연적 경지에 있는 사람은 습관에 따르고 재능에 따라서 행동하는데 '이세계' 에 대해서는 알지도 못하고 인식하지도 못하여 명확한 인생의 목적이 없으며 경지가 가장 낮다고 지적했다. 공리적 경지에 있는 사람은 비록 명확한 인생의 목표가 있으나 단지 자기만을 위해 계획할 줄 알며 이기적이어서 경지 또한 높지 않다. 이 두 가지 경지에 있는 사람은 그 행위가 모두 도덕적 가치가 없고, 따라서 모두 인생의 이상적 경지는 아니다. 도덕적 경지에 있는 사람은 이미 '사회적 온전함' 을 자각하고 이해하여 그 행위는 도의를 실천하는 것이지 이익을 위한 것은 아니며 도덕적 가치를 갖추고 경지는 비교적 높다. 이와 같은 사람이 바로 유가에서 말한 현인(賢人)이다. 현인은 이미 자각적 인생 경지에 도달하였으나 아직은 '천리와 인욕이 싸우는' 단계에 머무르고 있으므로 계속하여 향상할 필요가 있다.

천지적 경지가 오직 풍우란 마음속의 이상적인 경지이고, 천지적 경지에 있는 성인(聖人)이 오직 그 마음속의 이상적 인격이다. 그는 『신원인』에서 이렇게 썼다.

> 천지적 경지의 특징은 이러하다. 이러한 경지에 있는 사람의 행위는 '하늘을 섬기는' 일이다. 이러한 경지의 사람은 사회의 온전함 외에 우주의 온전함도 잘 이해한다. 사람이 오로지 우주의 온전함이 있음을 알고 있을 때 비로소

사람의 사람 되는 까닭이 최대한 발전하는 것을 얻도록 할 수 있고 비로소 그 본성을 다할 수 있다. 이러한 경지의 사람에게는 완전히 한 층 더 높은 자각과 이해가 있다. 이것은 곧 그는 이미 완전히 본성을 알아서 그로 인하여 이미 하늘을 알고 있음을 말한다. 그는 이미 하늘을 알고 있으므로 그는 사람이 사회적 온전함의 일부분일 뿐만 아니라 또한 우주적 온전함의 한 부분임을 알고 있다. 사람은 마땅히 사회에 대하여 공헌해야 할 뿐만 아니라 우주에 대하여도 공헌해야 한다.[134)]

현인과 성인에는 구별이 있다. 현인은 다만 '사회적 온전함' 즉 사회 전체에 관한 이(理)만 자각하고 이해했을 뿐이지만, 성인은 오히려 '우주의 가장 온전함' 을 자각하고 이해하여 전체 '이세계' 에 대한 이해를 완성했다. 성인의 경지는 가장 높은 꼭대기에 닿았기 때문에 그것을 '높고 밝은 것을 극진히 하며' 라고 말한다. 현인은 '사회' 의 높이에서 사람의 윤리를 다하고 사람의 직책을 다하는 '의(義)를 실천하여' '사회에 공헌하며', 성인은 '우주' 의 높이에서 '하늘을 섬기며' 하늘의 윤리를 다하고 하늘의 직책을 다하여 '우주에 공헌한다.' '하늘 섬기기' 는 '하늘 알기' 를 전제로 하고, '하늘 알기' 는 우주와 인생에 대한 완전한 이해와 최후의 깨달음을 의미한다. 이러한 깨달음은 사람의 생활이 최대의 의의를 획득하도록 하고 인생이 최고의 가치를 갖추도록 한다. 도덕 행위의 방면에서 성인은 '애쓰지 않아도 선(善)에 들어맞음' 을 성취하였기 때문에 그것을 '중용에 통한다' 라고 말한다. 한마디로 말하면 "높고 밝음을 극진히 하면서도 중용에 통하는" 성인은 신리학에서 가장 우러러 떠받드는 이상적 인격이다. 성인의 경지는 이미 자각적이고 또 자유로우며, 분명하게

134) 馮友蘭, 『新原人』, 64쪽.

깨달았고 또 자연적이다. 풍우란의 견해에 따르면 성인은 마땅히 다음과 같은 네 가지 특징을 갖춰야 한다.

첫째, "높고 밝음을 극진히 하면서도 중용에 통한다." 이것은 성인의 가장 주된 특징이다. '높고 밝음을 극진히 함' 은 신리학이 제창한 하늘과 인간의 관계를 안배하는 최고의 원칙이다. 이른바 '높고 밝음을 극진히 함' 은 신리학의 우주관을 받아들임에 따라 사람의 주관적 정신세계가 '순전히 객관적' 인 우주의 대전(大全)과 합쳐 하나가 됨으로써 '스스로 대전과 같아지는' 정도까지 도달하게 하는 것이다. 이른바 '중용과 통한다' 라는 것은 성인이 참된 실제에 대한 믿음에 바탕을 두고 드러낸 행위를 가리킨다. "성인은 가장 높은 자각과 이해를 갖추고 있으나 그 실행하는 일은 오히려 일상적인 일이다. 이것이 이른바 '높고 밝음을 극진히 하면서도 중용에 통한다' 이다."[135] 행위 방면에서 보면 성인은 "결코 남들과 다른 일을 하지 않는다." 이것이 그 '용(庸)' 의 일면이다. 성인은 비록 일상적인 일을 하지만 오히려 자각적으로 완전하게 각종 이(理)의 규정에 따를 수가 있으니, 이것은 그 '중(中)' 의 일면이다. 성인이 '성(聖)' 이 되는 까닭은 바로 그가 일상적인 일을 할 때 일상적인 일이 일상적이지 않은 의의를 갖추도록 하는 데 있다. 성인이 됐음에도 여전히 "물을 긷고, 장작을 패며" "군주를 섬기고, 부모를 섬긴다." 그러나 성인에 대하여 말하면 "물을 긷고 장작을 패는 데 훌륭한 도리가 아닌 것이 없고" "군주를 섬기고 아비를 모시는 데 훌륭한 도리가 아닌 것이 없다." 성인은 "곧 그 거처하는 자리에서 일상적인 일을 즐기며" 입세간과 출세간 및 내성과 외왕 사이의 모순을 완전히 제거한다.

둘째, "유아(有我)이면서 무아(無我)다." 풍우란이 말하는 '나' 에는 두

---

135) 馮友蘭,『新原人』, 78쪽.

가지의 함의가 있다. 그 하나는 '이기적'이고, 다른 하나는 '주재(主宰)함이 있는 것이다.' 전자는 개인과 사회의 관계에서 말한 것이고, 후자는 주체 자신으로서 한 말이다. 성인을 '무아'라고 말한 것은 '이기적이지 않은 것'에서 말한 것이고, 성인을 '유아'라고 말한 것은 '주재함이 있는 것'에서 말한 것이다. 성인은 "스스로 대전과 동일하여' '본체는 물의 본성과 하나가 되어 천도를 발견하며' '아(我)'와 '비아(非我)'의 구별은 그에게 이미 존재하지 않는다. 곧 '나'라는 '이기적' 의미의 말에 대하여 그는 '아(我)'가 없는 것이다. 하지만 스스로 대전과 동일하여 '본체가 물의 본성과 하나가 되어 천도를 발견한다.' 라고 말할 수 있고, 또 '인간사의 이치는 모두 나에게 갖추어져 있다.' 라고 말할 수도 있다. 이 방면에서 말하면 스스로 대전과 동일하다는 것은 결코 '아(我)'의 완전한 소멸이 아니라 '아(我)'의 무한한 확대이다."[136] '유아'와 '무아'의 관계에서 말하면 풍우란은 '무아'는 '유아'의 전제로서 사람은 반드시 '무아'를 앞세운 다음 비로소 '유아'가 있을 수 있고, 반드시 먼저 '가아(假我)'를 없앤 다음 비로소 '진아(眞我)'가 있을 수 있다고 생각했다. 이상적 인격을 대표하는 성인은 바로 '진아는 있고' '가아는 없는' 통일을 구체적으로 표현하였다. 성인이 갖춘 '자신을 좌우하는 힘'은 이미 도덕 원칙과 도덕규범을 내면화하여 그것을 자신의 일부분으로 삼으므로 '힘을 행하여도 힘쓸 필요가 없으며' 능히 '애쓰지 않아도 선에 들어맞고, 생각하지 않아도 선을 얻으며', '마음 가는 대로 따라도 법도를 넘지 않아서' 한 올의 사욕도 없이 '무아'의 경지에 도달한다.

셋째, "무위이면서 유위다." 풍우란은 유가 사상을 계승하는 동시에 또한 도가의 '무위' 사상을 흡수하고 개조하였으며 그것을 이용하여 그의

136) 위의 책, 195쪽.

이상적 인격의 학설을 구상하였다. 무위에 대한 풍우란의 이해와 정의는 노자와 다르다. 노자는 물성(物性)에 순응하는 것을 무위라 하고 지식과 생각과 정욕을 인위라 하면서 '뛰어난 재주를 버리라.' 하고 주장하였으니 출세간적 경향이 있다. 그러나 풍우란은 사람이 사상을 구비하고 지식이 있으며 정욕이 있고 성취가 있는 것은 모두 저절로 그러한 것으로서 일종의 필연적 '형세' 이므로 물성에 순응하고 인성에 순응하여 '진아' 의 자연스러운 선택에서 나온 행위는 모두 '무위' 이며 다만 '가아' 의 선택에서 나온 행위야말로 취할 수 없는 '유위' 적 행위라고 생각했다. 이렇게 그는 '무위' 사상을 적극적인 입세간의 범위 안에 넣었다. 적극적 입세간은 곧 '형세' 의 방향으로 향하여 애써 일하고 '도에 따라 행하는 것이다.' 이것은 '유위' 라고 말할 수 있고, 또 '무위' 라고도 말할 수 있다. '무위' 가 '유위' 의 방향을 규정하고 있으니 '유위' 는 더욱더 철저한 '무위' 를 위한 것이다. 성인은 바로 '무위이면서 유위' 인 인격을 실현한 전형이다.

넷째, "아는 것이 없으면서 아는 것이 있다." 풍우란은 "하늘과 같은 경지의 사람은 아는 것이 있으면서 또 아는 것이 없다. 하늘과 같은 경지는 가장 깊은 자각과 이해에서 얻는다. 하지만 하늘과 같은 경지는 오히려 이해할 수 없다."[137]라고 말했다. 하늘과 같은 '하늘〔天〕' 은 가장 온전한 것〔大全〕을 가리킨다. 가장 온전한 것은 불가사의하니 가장 온전한 것과 함께하는 경지 역시 불가사의하다. 성인은 이 도리를 분명히 알고 있는데 바로 그는 가장 심오한 자각과 이해를 갖추고 있기 때문이다. 다시 말하면 가장 온전한 것의 '무지' 는 성인의 '유지' 로 말미암아 얻는 것이다. 풍우란이 제기한 '유지' 와 '무지' 의 통일 즉 '유지' 로 말미암아 '무지' 에 도달하는 관점은 분명히 노자와 장자로부터 사상적 자원을 빌려 쓴 것이

---

137) 馮友蘭,『三松堂全集』, 제4권, 634쪽, 鄭州, 河南人民出版社, 1986.

다. 그러나 노자와 장자가 말하는 '진리를 명백히 이해함' 이 강조한 것은 일종의 순수 직관으로서 이성적 인식과 이성의 작용을 그다지 중시하지 않았다. 풍우란은 다만 유가의 이성주의로 '자각과 이해' 를 해석하여 자각과 이해가 개념과 추리의 이성적 인식으로 인해 도달한 정신적 상태라고 생각하였다. 따라서 도가의 '견도(見道)' 와는 차이가 있다.

풍우란은 천지의 경지에 있는 성인의 품격에 대한 구체적 묘사를 통하여 그의 이상적 인격설을 만들고 그의 인생철학을 위해 마지막 한 획을 완벽하게 그었으며, 아울러 이로써 최종적으로 유가의 학설을 주체로 하고 도가사상의 자원을 흡수하여 유가와 도가를 하나의 용광로 속에 융합하였다. 풍우란이 말한 천지의 경지 가운데 성인의 가장 훌륭한 점은 바로 그들은 능히 하늘을 알고 하늘을 섬기며 하늘을 즐김으로써 스스로 가장 온전함〔大全〕과 같아지는 데 있다. 이른바 스스로 가장 온전함과 같아진다는 것은 마치 장자가 말한 "천지는 만물이 하나로 되는 곳입니다. 그 하나 됨을 체득하여 같아질 수 있다면 곧 죽음과 삶이나 끝과 시작도 장차 낮이나 밤의 순환처럼 여겨 어지럽힐 수가 없는데 하물며 득실이나 화복이 끼어들 수 있겠습니까?"(『장자 · 천지』)이다. 도가에서는 이것을 '본체가 물의 본성과 하나가 되어 천도를 발견함.' 이라고 부르는데 유가에서는 이것을 "인간사의 이치는 모두 나에게 갖추어져 있다."라고 부른다. 유가와 도가는 모두 나와 천지 만물이 하나가 되고 나와 천지 만물의 생성과 발육에 참여하는 것을 강조한다. 이것은 결코 육체적인 소멸을 가리키는 것이 아니고 물질상의 한 변화를 가리키는 것도 아니며 정신상의 한 경지를 가리킨다. 풍우란은 "따라서 스스로 가장 온전함과 같아지는 것은 그 육체가 비록 가장 온전함의 일부분일 뿐이고 그 마음도 비록 가장 온전함의 일부분일 뿐이지만 정신상에서 그는 스스로 가장 온전함과 함께 할 수 있다"[138]라고 지적했다. 정신적으로 가장 온전함과 같아지면 어떠한 제한도 받지 않을 수 있다. 제한받지 않으면 바로 자유라고 말한다. 분명히 사람이 스스로 가장 온전한 것과 함께하면, 다시 말해서 정신적 자유를 얻었다면, 이것은 도가에서 말하는 '소요유(逍遙遊)' 의 경지와 비슷하다. '소요유' 는 일종의 완전한 정신적 자유이며 '(의지할)사물을 기다릴 필요 없이' "천지의 바른 기운을 타고 육기(六氣)의 변화를 몰아서" 무궁에서 노니는 것이다. 풍우란은 이러한 사상을 흡수하였고 또 이로써 그의 인생경지설의 가치와 목표의 하나인 자유로 삼았다. 그가 자기의 인생경지설을 위해 설정한 다른 하나의 목표는 자각이다. 이 자각은 바로 유가에서 제창한 도덕이성주의 원칙이다. 자각이란 자신이 의식적으로 선택하는 것을 가리킨다. 바로 자기가 선택한 것이기 때문에 그 '자각' 은 일정한 정도에서는 또 자원한 것이라고 할 수 있다. 성인은 자각적이고 자원적으로 도덕에 따라 행동하고, 이로써 소요하는 '하늘과 함께하는' 경지에 도달한다. 분명히 이성적 자각은 정신적 자유에 도달하는 교량이며 수단이다. 오직 자각의 기초 위에서만 진정한 정신적 자유를 가질 수 있다.

풍우란은 네 종류 인생 경지의 분석을 거치면서 자유와 자각이라는 두 가지의 가치 목표를 설정했다. 그는 착한 본심을 온전하게 실현하는 것이 사람의 본성을 아는 것 즉 윤리를 다하고 직책을 다하는 것이라는 도덕 원칙을 제창하였고, 자연주의와 공리주의 인생관의 한계성을 검토하여 "높고 밝음을 극진히 하면서도 중용에 통하고" "세상과 마주하며 세상에 얽매이지 않는" 가치 주도의 의식을 나타냄으로써 현대사회의 경제생활에 대한 응답을 만들도록 추구하여 인생의 의미 및 귀착점을 새로이 확립하였다. 네 종류의 경지설은 풍우란의 신리학 사상 체계에서 중요한 구성

138) 위의 책, 633쪽.

**자·료·카·드**

### 두국상(杜國庠)의 풍우란의 '경지설' 비평

사회에서 특정인은 계급이 같지 않으면 그로 인해 행동이 다르고 그로 인해 경지 또한 같지 않다. 설령 풍우란의 그러한 경지 층차의 견해를 인정하더라도 동일한 경지 층차에서도 서로 반대되는 견해는 있을 수 있다. 역사 발전의 과정에서 어떤 견해(예컨대 도덕적 견해)는 또 필연적으로 그것의 발전 변화가 있다. 그러나 '현묘하고 또 현묘한' 관점은 풍우란을 제한하여 그가 사람을 추상적인 사람 즉 "사람이 사람 되는 까닭"의 사람으로 여기도록 하여 사람의 사회 역사성을 빼내어 비워놓았다.

_『두국상문집(杜國庠文集)』, 431-432쪽,
북경, 인민출판사, 1962.

부분이며, 또한 매우 이론적 특색이 있는 학술 사상이다. 풍우란은 한 편으로는 도가가 중시하는 자유의 합리적인 핵심을 심층적으로 찾아내고 다른 한 편으로는 유가의 가치관에서 자각을 중시하는 합리적인 핵심을 찾아내어 자유와 자각의 통일을 힘 있게 실현함으로써 유가와 도가의 가치관을 하나의 용광로에 용해했다. 그의 언어를 써서 말하면 곧 "유가와 묵가는 사람이 책임질 수 있는 것을 가르치고, 도가에서는 사람이 물질과 소원해지도록 한다. 책임을 지게 되면 사람은 엄숙하게 되고, 물질과 소원해지면 사람이 초탈할 수 있게 된다. 초탈하고 엄숙하면 비록 사람이 '전혀 개의치 않는' 태도를 갖도록 하지만 결코 모든 사물에 대해서든 '전혀 개의치 않는' 것은 아니다. 엄숙하고 초탈하면 사람이 도덕적 책임을 다했을 때 어떤 일에 대해서는 '전혀 개의치 않아'도 될 수 있도록 한다. 유가와 묵가의 엄숙함을 지니면서 도가의 초연함도 지니게 되면 비로소 진정으로 중국이란 나라의 분위기에서 양육된 사람이고, 비로소 진정한 '중국인' 이다."[139] 이 '중국인' 이 바로 풍우란 마음속의 이상적 인격 즉 천지의 경지에 있는 성인이다. 그는 이러한 이상적 인격으로 현대의 사회생활에 대처하면 여전히 '쓸모없는 것의 큰 쓸모 있음' 이라는 효과를 발휘할 수 있다고 생각했다. 그리하여 전통문화 중의 우수한 성과가 현대적 전환을 실현하도록 촉진하기 위해 가치 있으면서 사람이 깊게 반성하도록 하는 이론적 탐색을 하였다. 풍우란은 노년에 철학적 입장을 전환한 다음에는 더 이상 '이세계' 를 언급하지 않았고 오히려 자주 인생의 경지 문제를 말했다.

## 7. 하린(賀麟)

하린(賀麟, 1902~1992)은 자가 자소(自昭)이고 사천성 금당(金堂) 사람이다. 청화대학을 졸업한 후 미국 오벌린대학교와 하버드대학교에 유학하며 석사학위를 획득하였고 후에 독일 베를린대학교에 유학했다. 1931년부터 북경대학 철학과에서 잇따라 강사 · 부교수 · 교수직을 담당했다. 1955년부터 중국과학원 철학연구소와 중국 사회과학원 철학연구소의 연구원을 담당했다. 일찍이 제3차와 제5차 전국정치협상위원회 위원으로 당선된 적이 있었다. 만년에 중국공산당에 가입하였다. 주요 저작으로는 『근대유심론간석(近代唯心論簡釋)』『문화와 인생〔文化與人生〕』『근 50년의 중국철학〔近五十年來的中國哲學〕』『현대서양철학강연집〔現代西方哲學講演集〕』『철학과 철학사 논문집〔哲學與哲學史論文集〕』 등이 있다. 그는

---

139) 馮友蘭, 『三松堂全集』, 제4권, 363쪽.

이성주의의 사고 맥락에 따라 신헤겔주의와 육왕심학을 결합하여 신심학 사상 체계를 창립하였다.

### 1) '심리합일(心理合一)' 의 본체론

양수명과 웅십력은 주체에서 출발하여 생명의 진로를 따라 확정성 없는 세계 도식을 형성하였고, 풍우란은 객체에서 출발하고 논리분석의 방법을 채택하여 세계의 확정성을 위한 철학적 근거를 찾아냈다. 그러나 풍우란은 사유와 존재를 대립시켜 다원주의적이고 이중적인 세계 도식을 형성하였다. 하린은 그들의 이론적 사유의 성과와 교훈을 총괄하여 새로운 연구 시각을 찾아냈다. 이 시각이 바로 주체와 객체의 통일이다. 하린은 양수명과 웅십력의 주체성 원칙을 받아들여 '마음' 으로서 세계를 해석하는 논리적 출발점으로 삼았지만, 그들의 생명의 진로와 확정성 없는 세계 도식에는 동의하지 않았다. 하린은 이(理)가 세계의 '전범(典範)' 이라는 풍우란의 관점을 받아들였으나 풍우란의 논리분석 방법 · 사유와 존재의 대립적 사고 방향 · 다원주의적이고 이중적인 세계 도식 등은 동의하지 않았다. 하린은 주체와 객체를 통일시키고 사유와 존재를 통일시켜 다원주의적이고 이중적인 세계 도식을 없애서 '하나의 세계' 라는 원칙을 거듭 천명하고 논리적으로 종합하는 방법을 운용하여 '심리합일' 의 본체론을 구성하자고 주장했다.

하린도 '이(理)' 를 중시했다. 그는 이성주의의 진로를 채택하여 본체론을 구성했으며 양수명이나 웅십력과 같은 생명의 진로는 채택하지 않았다. 그러나 그는 풍우란과 달리 '이(理)' 를 외재 초월적이며 독립 자족한 '스스로 존재하는 것' 으로 여기지 않고, 도리어 주체인 '마음' 과 밀접하게 관련되며 내재적인 '나를 위한 것' 으로 여겼다. 그는 만약 '이(理)' 를

'스스로 존재하는 것' 으로 본다면 장차 그것을 '나를 위한 것' 으로 전환할 방법이 없는 어려움에 마주칠 것이라고 지적했다. 그는 정흔(鄭昕)의 말을 인용하여 " '하나의 일에는 그 일의 이(理)가 있고, 하나의 사물에는 그 사물의 이(理)가 있다.' 여기저기 꽉 들어차 있으나 죽은 자는 증명할 수 없는 이(理)를 가정해 본다면 일에 무슨 도움이 되겠는가? 사람에게 무슨 도움이 되겠는가?" 라고 말했다. 그는 '이세계' 의 본체론에 대한 정흔의 비평이 매우 깊이 있다고 생각했다. 하린이 보기에는 이미 '이(理)' 를 '스스로 존재하는 것' 에서 '나를 위한 것' 으로 전환할 방법이 없을 바에는 직접 '이(理)' 가 바로 '나를 위한 것' 임을 인정하는 것보다 못했다. 이러한 인식에 기초하여 하린은 '심리합일(心理合一)' 이라는 본체론의 원칙을 세웠다. 그는 "마음이 곧 이(理)다. 이(理)가 이미 내재하고 외재하지 않는다면 물리를 인식하든 성리를 인식하든 천리를 인식하든 논할 것 없이 모두 결국 본심을 인식하는 이(理)에서 착수해야 한다. 본심을 반성하는 것에서부터 착수하지 않으면 온갖 옳지 않은 일에 달려들게 된다."[140] 라고 말했다. 그가 보기에 마음에는 두 가지 의미가 있는데 하나는 '심리적 마음' 이고 또 하나는 '논리적 마음' 이다. '심리적 마음' 은 물(物)이고, '논리적 마음' 은 이(理)이다. '심리적 마음' 은 '사물에 지배된 마음' 으로서 송명리학의 '이미 드러난 것' 에 해당하기 때문에 '마음 역시 물(物)이다.' '논리적 마음' 은 "경험을 초월하는 정신적 원칙으로서 경험의 통솔자 · 행위의 지배자 · 지식의 조직자 · 가치의 평판자이며 심리라는 의미의 마음이 성립될 수 있는 근거이니" 송명리학의 '아직 드러나지 않은 것' 에 해당한다. '아직 드러나지 않은 것' 은 '이미 드러난 것' 의 본체가 되기 때문에 "마음은 사물의 본체가 되고 사물은 마음의 작용이 된다."

140) 賀麟, 『近代唯心論簡釋』, 28쪽, 重慶, 獨立出版社, 1944.

마음과 사물은 둘이 서로 분리될 수 없는 것으로서 현실적으로 존재하는 사물은 모두 마음과 사물이 하나로 합하여 있다. 여기서 하린은 주체와 객체가 통일된 현대철학의 사유 방식을 운용하여 왕양명의 "마음의 밖에 물(物)이 없고 마음의 밖에 이(理)가 없다."라는 관점을 논증하여 현대 유심주의의 본체론을 구성하였다. 하린은 결코 자기는 유심주의자라고 말하는 것을 꺼리지 않았고, 자기의 철학 체계는 바로 '신심학' 이라고 정직하게 말했다. 유심주의의 본체론을 전개할 때 그는 "마음에 부합되어서 실재라고 한다." "이(理)에 부합되어서 실재라고 한다." "의의와 가치에 부합되어서 실재라고 한다."라는 세 가지 명제를 제기했다.

(1) 마음에 부합되어서 실재라고 한다

이른바 "마음에 부합되어서 실재라고 한다."라는 의미는 사물의 객관적 실재성은 '마음' 의 실재성에서 온 것임을 의미한다. 하린은 마음과 사물의 관계를 해결할 때 직접 마음을 주체와 실체의 위치까지 끌어 올렸다. 하린은 철학에서 해석하려고 하는 세계는 결코 사람과 관련이 없는 순수한 자연 세계가 아니라 사람의 주관적 인식 범위에 집어넣은 객관세계라고 생각했다. 순수한 자연 세계가 설사 존재하더라도 사람의 인식 범위에 집어넣지 않으면 결코 철학적 해석 가능성을 갖추지 않으므로 사람에게는 '암흑천지' 에 불과하다. 철학적 해석 가능성을 갖춘 세계는 단지 사람의 주관적 인식 범위에 집어넣은 객관세계일 수밖에 없다. 이 객관세계를 해석하려면 반드시 해석 주체의 선재(先在)성을 미리 가설해야 한다. 해석 주체가 이미 선재할 바에는 자기가 자기를 규정할 수밖에 없으므로 따라서 실체의 성질을 갖게 된다. 이것이 바로 마음이 유일한 실재의 주체임을 의미한다. 하린은 주체성의 마음에서 출발하여 객관세계를 해석하고 사물 자체의 객관 실재성을 없앴으며 사물의 실재성을 마음의 실재성으로 귀결시켰다. 그는 "보통 사람들이 말하는 '물(物)' 은 유심론자가 보기에는 그 색상(色相)이 모두 의식이 과장하여 이뤄진 것이고, 그 의미 및 조리(條理)와 가치는 모두 인식한 혹은 평가한 주체에서 나온다. 이 주체가 바로 마음이다."[141]라고 말했다. 물자체는 실재성이 없고, 그 색깔 형상(形狀) 등 외재적 속성은 모두 주체의 감각에서 나온 것이며, 그 본질과 규칙 등은 바로 사유의 규정에서 나왔다. 그러므로 사물의 실재성은 모두 '마음' 그곳에서 획득한 것이다.

"마음에 부합되어서 실재라고 말한다."라는 명제가 반영하는 것은 본체론 방면에서 하린은 먼저 주체주의가 출발점이라는 것을 선택하였으며 양수명이나 웅십력과 조금 닮았다는 점이다. 그러나 사물의 확정성을 설명하기 위하여 하린은 또 양수명과 웅십력처럼 자신을 완전히 주체주의의 입장으로 제한할 수 없었으며 반드시 신리학의 객체주의적 사유 성과를 받아들이고 반드시 '이(理)' 의 범주를 끌어들여야 했다. 그는 신심학에서 말한 '마음' 은 결코 '생명 본체' 만 가리키는 것이 아니며, 또 개인의 의식만 가리키는 것도 아니고, 오히려 보편적 공동의 의식을 가리킨다고 지적했다. 이러한 확대화 혹은 객체화한 '마음' 은 바로 '이(理)' 뿐이다. 이렇게 하린은 또 "이(理)에 부합되어서 실재라고 한다."라는 명제를 제기하고 객체의 각도에서 신심학의 본체론에 대한 진일보한 전개로 논증했다.

(2) 이(理)에 부합되어서 실재라고 한다

하린은 '심리적인 마음' 과 '논리적인 마음' 을 구별하는 기반 위에서 다시 "논리적 의미의 마음은 바로 이(理)로서 즉 이른바 '마음이 바로 이

---

141) 위의 책, 1쪽.

(理)다'." 라고 규정했다. "논리적 의미의 마음은 결국 하나의 이상적이고 초경험적인 정신의 원칙이다." 이렇게 논리적 의미의 마음은 이(理)에 불과하게 되어 바로 개체 의식과 경험의 범위를 뛰어넘어 보편성과 공동성과 이상성을 갖게 된다. 개체의 마음은 개별적이고, 공동의 마음〔理〕은 일반적이다. 하린이 보기에 마음과 이(理)는 한편으로는 통일적으로서 마음이 바로 이(理)이고 이(理) 역시 바로 마음이다. "이(理)는 마음의 일부분이며, 이(理)는 마음의 신통하고 밝은 부분을 대표한다. 이(理)는 마음의 본질이다."[142] 다른 한 편, 마음과 이(理)는 또 구별이 있다. 마음은 주체적 성격의 범주로서 감각적 경험과 주관적 의지와 정감적 욕망과 관련이 있다. 그러나 이(理)는 객체적 성격의 범주로서 정신적 실체의 보편성과 항상성을 나타낸다. 이와 같은 해석을 통해서 하린은 이미 정주와 육왕의 대립을 없앴다고 생각했다. 그는 사물의 객관성은 '마음'으로 설명하는 외에도 '이(理)'로 보증해야 한다고 강조한다. "한 사물의 색상(色相)이 가진 의의와 가치가 객관성을 지니는 까닭은 인식하고 평가하는 주체로 말미암아 객관적이고 필연적이며 보편적인 인식 범주나 평가 준칙을 지니기 때문이다. 만약 중국의 옛말을 써서 말한다면 '사람은 이 마음과 같고, 마음은 이 이(理)와 같다'."[143] 마음이 실재성을 갖춤으로 인해서 사물은 비로소 객관성을 갖춘다. "이른바 물질은 반드시 사고를 거친 물질이다. 따라서 마음을 벗어나서 물질을 말할 수 없다." 하린은 예를 들어 "칠판이 객관적 칠판이 되는 까닭은 그것이 우리의 공동 주관의 기초 위에 지어져서 주관을 벗어나면 객관도 없기 때문이다. 대체로 '객(客)'이라는 것은 반드시 '관(觀)'을 거쳐야 한다. 우주 자연이 객관적인 것은 우리가 모두 그것에 대하여 공동의 이해와 공동의 인식을 지니고 있기 때문이다.

142) 賀麟, 『近代唯心論簡釋』, 22쪽.

143) 위의 책, 1쪽.

만약 모두가 인식할 수 없고 '관(觀)을 가지고 있지 않다면 세계는 곧 '객관' 세계가 되지 않는다."[144]라고 말했다. 하린은 집단의 주관적 인식의 공동성을 사용하여 사물의 객관성을 증명하는데 물론 충분한 설득력은 없다. 그의 견해를 역으로 말하면 사물의 객관성을 사용하여 집단의 주관적 인식이 지닌 객관성을 증명할 수도 있다. 만약 칠판이 객관적으로 다만 모두 그것에 대해 공통의 관점을 가지고 있기 때문이라고 말한다면 그러면 모두 그것에 대하여 어째서 공통의 관점을 가질 수 있는가? 그래도 그 칠판 자체가 객관적 존재이기 때문이 아닌가? 만약 실제로 존재하는 칠판이 없다면 모두 어떻게 '공동의 관점' 을 가질 수 있는가? 이것은 신심학에서 해석하지 못했고 또 해석할 방법도 없는 문제였다.

하린은 '이(理)' 로 사물의 객관성을 보증할 뿐만 아니라, 또 '이(理)' 로 사물의 본질적 규정성을 보증한다. 주체로부터 출발하여 객체를 설명하는 점에서 하린은 양수명 · 웅십력과 일치한다. 하린과 그들의 차이는 사물의 확정성이 철학적 근거를 찾도록 하는 데 있다. 하린은 사물마다 모두 그것의 본질적 규정성을 가지고 있다고 인정한다. 그는 이렇게 말한다. "성(性, essence)이 바로 사물의 진실하고 거짓 없는 본질 다시 말하자면 사물의 정수다. 대체로 사물은 성이 있으면 존재하고 성이 없으면 죽게 된다. …… 성은 한 사물이 그렇게 된 까닭 및 당연히 그렇게 해야 하는 본질을 대표하고, 성은 한 사물의 모든 변화와 발전을 지배하는 근본 법칙 혹은 모범적인 유형이다. 대체로 사물은 어떻게 활동하고 발전하는가를 막론하고 결국 그 성의 범위에서 달아나지 못한다. 하지만 성은 한 편으로는 한 사물이 이미 갖추고 있는 본질이고 다른 한 편으로는 또한 한 사물이 실현해야 할 사상이나 모범적인 유형이다."[145] 각각의 사물은

144) 賀麟, 『當代中國哲學』, 73-74쪽, 南京, 勝利出版公司, 1947.

145) 賀麟, 『近代唯心論簡釋』, 3쪽.

모두 그 본질적 규정성이 있으므로 말미암아 이 사물은 저 사물이 아니며 서로 구별해 내어 자신의 확정성도 갖게 된다. 그러나 하린은 결코 본질이 사물 자체에 고유한 것임을 인정하지 않고 그것을 '마음속의 이(理)' 로 귀결시킨다. 그는 "본성은 보편적이고 구체적이며 이와 같은 구체적인 공통점이 곧 '이(理)' 가 된다. 예를 들면 '사람' 과 '사물' 의 성은 각각 그 활동을 지배하는 원리가 된다. 그러므로 유심론은 바로 유성론(唯性論)이고, 성은 바로 이(理)이며, 심학은 바로 이학(理學)이자 또 성리학이다."[146]라고 강조하여 말했다.

각 사물이 확정성을 소유한 까닭은 본질의 규정성에서 결정되는 외에 또 그것의 공간 중의 특정한 위치와 시간 중의 특정한 서열에서 결정된다. 하린은 사물이 본질적 규정성을 가지고 있다고 인정하고, 또 사물이 시공(時空)적 규정성을 가지고 있다고 인정하며, 그리고 이(理)를 사용하여 사물의 시공적 규정성을 보증한다. 그는 칸트의 시공관을 받아들여 시공은 결코 사물 자체의 규정이 아니라 객관적 사물에 대한 주관적 인식의 규정이라고 생각했다. 첫째, "시공은 이(理)다." 선험적 범주로서 시공은 경험 속의 변화무상한 사물이 확정성을 가질 수 있도록 했다. 둘째, "시공은 마음속의 이(理)다." 시공은 선험적일 뿐만 아니라 주관적이기도 하다. "마음을 벗어나서 시공이라 말하면서 시공 속의 사물을 언급하는 것은 전혀 의미가 없다." 셋째, "시공은 자연적 지식이 가능한 원인으로서의 마음속의 이(理) 혹은 선천적 표준이다." 사람들은 시공이란 범주를 운용하여 감성 재료를 정리하고 그것이 뚜렷하고 명백한 자연적 지식이 되도록 한다. 넷째, "시공은 자연적 행위가 가능한 원인으로서의 마음속의 이(理) 혹은 선천적 표준이다." 사람들은 사회적으로 약속된 시공 관념에 따라서

146) 위의 책, 5쪽.

사회생활을 조직하고 안배하는데, "만약 헤아려 판단함이 없이 한편으로는 또 객관적이고 공공적인 시공의 표준이라고 하면 곧 사회사업과 집단생활은 불가능하다." 하린은 이 네 가지 명제를 한마디 말로 개괄하여 "시공은 자연적 지식과 자연적 행위가 가능한 원인으로서의 마음속의 이(理) 혹은 표준이다."[147]라고 했다. 그는 사물의 객관적 규정성 · 본질적 규정성 · 시공적 규정성을 모두 '마음속의 이(理)'로 받아들임으로써 더욱더 철저하게 유심주의의 원칙을 관철했다.

(3) 의의(意義) 가치에 부합되어서 실재라고 한다

"마음에 부합되어서 실재라고 한다." "이(理)에 부합되어서 실재라고 한다."라는 두 명제를 제기하면서 하린은 이미 세계에 대한 유심주의적 해설을 완성했다. 그러나 그는 현대 신유가로서 존재본체론에서 멈출 수는 없었고 반드시 존재본체론에서 가치본체론으로 뒤척임으로써 비로소 유가 윤리를 위한 철학적 근거를 찾아낼 수 있었다. 그래서 그는 "마음에 부합되어서 실재라고 한다." "이(理)에 부합되어서 실재라고 한다."라고 논술한 후에 다시 "의의 가치에 부합되어서 실재라고 한다."라는 명제를 제기했다. 그는 주체에 대하여 가치 있는 것이어야만 주체는 그것의 실재성에 동의할 수 있다고 지적했다. 이 의미에서 말하면 "유심론은 또 이상론(理想論)이나 이성주의라고 부른다." 유심론의 견해에 따르면 "우리의 이상이 진실할수록 사실에 대한 인식도 더욱 정교하고 섬세해진다. 이상은 사실을 이해하는 법칙과 방법을 제정할 수 있어서 우리가 수집한 사실이 모두 이상적 방식에 부합하여 체계적인 지식을 구성하도록 한다. 이상은 사실을 위배하지 않을 뿐만 아니라 우리가 파악한 사실을 도와주고 지

---

147) 위의 책, 24쪽.

도할 수 있으며 사실을 관리할 수 있다."[148] 이와 같은 이상주의의 시각에 따르면 유가 윤리는 당연히 실재성을 갖추고 있다. 그는 "철학에서 보면 인(仁)은 곧 인체(仁體)이고, 인은 천지의 마음이며, 인은 천지가 끊임없이 생명을 탄생시키는 생기(生機)이고, 인은 자연 만물의 본성이다. 인은 만물 일체이고 삶의 의지 일반의 유기적 관계와 기묘하게 마음이 통하는 경지다. 간단히 말하자면 철학에서는 인의 우주관과 인의 본체론이 있다고 할 수 있다. 인을 벗어나서 본체를 언급하거나 인을 벗어나서 우주를 언급하면 의기소침한 기계론에 빠지지 않으면 즉 암흑천지의 허무론으로 흘러갈 것이다."[149]라고 말했다. '인'에 대한 이 하나의 윤리 규범의 강조를 통해 하린의 신심학도 존재본체론에서 가치본체론으로 넘어가서 유가 전통을 향한 복귀를 실현했다.

총괄적으로 보면 하린이 제기한 본체론 학설에는 아래의 세 가지 특징이 있다.

첫째, 사유와 존재를 통일시켜 '하나의 세계'라는 원칙을 거듭 천명하였다. 하린은 주체로부터 출발하여 세계를 해석하는데 그 유심주의적 철학의 입장은 매우 명확하다. 그러나 그는 자기를 완전히 주체의 범위 내에 제한하지 않고 오히려 주체와 객체의 통일성에 착안하였고 사유와 존재의 통일성에 착안하였다. 그는 사물의 확정성을 강조하여 이론상으로는 웅십력이 세계를 '드러난 듯한 흔적'이라고 말하는 허무주의의 경향을 피했다. 그는 '이(理)'의 범주를 끌어들여 사물의 확정성을 보증하였고 마음과 이(理)의 동일성을 강조하면서 신리학이 '이세계'를 실제 세계와 대립시키는 다원주의의 경향도 피했다. 하린은 세계는 하나일 뿐이지 둘이 아님을 강조하고 이성 종합의 방법으로 논리분석의 방법을 대체함

148) 위의 책, 6쪽.

149) 賀麟, 『文化與人生』, 10쪽.

으로써 중국 철학적 전통에 더욱 근접해 있다.

둘째, 규범성과 자각성을 통일하여 '마음이 바로 이(理)'라는 원칙을 나타냈다. 하린이 자신의 본체론을 신심학이라 부르는 것은 육왕의 맥을 이어서 말한 것임을 가리킨다. 그러나 그는 결코 정주리학을 배척하지 않았고 오히려 둘을 모두 유가철학의 정통으로 여겼으므로 파벌적 견해는 없었다. 이는 현대 신유가에서 보기 드물다. 양수명과 웅십력은 육왕심학에는 동의했으나 정주리학에 대해서는 동정심이 모자랐다. 양수명은 일찍이 정주리학을 "밖으로부터 사물의 이치를 찾는 방도를 취하였고" "유학의 요지를 얻은 것이 별로 없다."라고 비평하였고, 웅십력 또한 이학자(理學者)는 "공자의 광대하고 활발한 의미를 잃어버렸다."라고 비평하였다. 풍우란의 신리학은 정주리학을 이어서 말한다. 그러나 육왕 일파에 대해서는 동정심이 부족하고 육왕심학을 형이하학으로 보았다. 하린은 그들과 달리 정주리학과 육왕심학 간의 대립을 없애야 한다는 뜻을 명확하게 나타냈다. 그는 "내가 일찍이 말한 적이 있는데, 정주를 논하면서 육왕까지 발전해 가지 못하면 반드시 지리(支離)함으로 실패한다. 육왕을 논하면서 정주를 회복하지 못하면 반드시 광선(狂禪)으로 실패한다."[150] 라고 말했다. 신심학 본체론의 핵심적 논점은 '마음이 바로 이(理)'이므로 정주리학과 육왕심학을 통일시키려고 힘껏 노력했다. 웅십력의 본체론은 '본심'을 핵심 범주로 삼고 유가 윤리의 자각성 원칙을 뚜렷하게 드러냈으나 규범성 원칙은 언급하지 않았다. 풍우란의 본체론은 '이세계'를 핵심 범주로 삼고 유가 윤리의 규범성 원칙을 뚜렷하게 드러냈으나 자각성 원칙은 소홀히 했다. 만약 웅십력의 본체론이 '정(正)'이고, 풍우란의 본체론이 '반(反)'이라면 하린의 본체론은 바로 '합(合)'이다. '마음이

150) 賀麟, 『五十年來的中國哲學』, 33쪽, 瀋陽, 遼寧教育出版社, 1989.

## 신헤겔주의(新黑格爾主義)

현대 서양의 유심주의 철학 유파 가운데 하나로 19세기 후반 이후 우익 방면에서 부활한 각종 헤겔 철학 사조의 총칭이다.

신헤겔주의의 각 유파 사이에도 몇 가지 공통점이 있다. (1) 그들은 공개적인 유심주의자로서 유물주의를 반대하고 또 유물주의와 유심주의를 넘어서려고 하는 그 밖의 각종 유파의 의도를 반대한다. 그들은 일반적으로 헤겔이 정신적 '절대'를 유일한 진실 존재로 간주하는 객관적 유심주의의 관점을 받아들였다. 다만 또 항상 '절대'를 창조 작용을 갖춘 '자아'나 주체와 융합하여 주관적 유심주의로 바꾸는 경향을 드러낸다. (2) 적지 않은 신헤겔주의자는 헤겔의 이성주의를 제한하거나 심지어 포기를 기도하고 이성은 실재를 인식할 수 없으며 이성적 사유로 얻은 지식은 실재성이 없고 객관적 진리가 아니라고 생각한다. 실재에 도달하여 진리를 획득하기 위해서는 비이성적인 본능과 직관에 의지해야 한다고 생각한다. 어떤 사람은 이로부터 공개적으로 회의론과 신앙주의로 기울었다. (3) 신헤겔주의자는 대부분 변증법적 연구를 중시한다. 어떤 사람은 또 헤겔 변증법의 몇몇 방면을 논증하기도 하는데, 예컨대 헤겔의 구체적이고 보편적인 사상에 관한 것이며 형이상학과 기계론의 일부 결함도 폭로하였다. 그러나 전체적으로 말하면 그들은 주로 헤겔 변증법 중의 유심주의의 성질을 뚜렷하게 나타냈고 아울러 그것을 반이성주의화 하였으며 변증법적 사유를 반이성적 사유로 여겼다. 그들은 또한 헤겔 변증법의 기본적 내용을 왜곡하였는데 특히 대립통일법칙에 관한 학설을 부정한 것이다. (4) 많은 신헤겔주의자는 항상 국가와 사회 이론에 관한 헤겔의 소극적인 방면을 이용하고 발휘하여 사회 역사에 대하여 주관주의와 비이성주의적 해석을 하였으며 사회와 역사의 법칙성을 근본적으로 부정했다.

_『중국 대백과 전서 · 철학』, 1017-1018쪽,
북경, 중국 대백과 전서 출판사, 1987.

바로 이(理)' 라는 핵심적 논점에 기초하여, 하린은 한 편으로는 유가 윤리의 자각성 원칙을 중시하며 '인(仁)의 우주관, 인(仁)의 본체론' 의 수립을 주장하였고, 또 한 편으로는 유가 윤리의 규범성 원칙을 중시하며 '이념에 충실하자.' 라고 주장하여 윤리 규범을 엄격히 지켜야 할 필요성을 논증하였다. 그는 이 두 가지 원칙을 통일하려고 시도하였다.

셋째, 이상과 현실을 통일하여 입세간주의의 원칙을 뚜렷이 드러냈다. 웅십력은 "본체는 모든 이(理)를 갖추고 모든 이(理)를 포함하며 만물의 변화를 일으키니 이치가 이와 같아 청정 본연 하며" 시공을 초월한 이상적 경지라고 생각했고, 풍우란이 말한 '이세계' 또한 실제 세계에 초연하여 '천지 경지' 를 최종의 가치목표로 삼았다. 그들의 본체론은 유가의 이상주의 원칙에 대해서 비교적 충분히 논증하였으나 유가의 현실주의 원칙에 대해서는 오히려 관심이 부족했다. 하린은 이상(理想)은 현실 속에 있다고 생각했으므로 이상을 추상화한 것은 아니다. 신심학에서 이상은 더 이상 시공을 넘어선 본연의 경지는 아니다. 그는 이렇게 이상과 현실의 관계를 처리하고 유가의 입세간주의 전통에 한층 가까이 다가갔다.

### 2) 신식(新式) 유학자의 인격론

본체론 방면에서 하린은 이중적인 우주 도식을 없애고 "마음과 사물은 나눌 수 없는 전체" 임을 강조하였으며 세계는 하나뿐이라고 강조했다. 그는 초경험적 '이세계' 를 부정하고 '마음이 바로 이(理)' 임을 강조했다. 이와 상응하여 가치관 방면에서 그는 초월적 가치 방향에 동의하지 않고 현대사회의 조건 아래서 이뤄진 신식 유학자의 인격을 주장한다. 그는 당시 중국 사회가 농업 사회로부터 상공업 사회로 전환하는 시기에 처해있음을 분명하게 알고 있었다. 사회적 환경이 변했으니 유학자적 인격의 내포도 당연히 그에 따라서 변화가 일어나야 한다. 신시대의 유학자는 더는 '농사지으며 공부하여 집안으로 전해주는 선비' 가 될 수는 없고 당연히 '품행과 학문이 모두 뛰어난 선비' 가 되어야 한다. 상공업 사회에서는 유가적 농민이 필요할 뿐만 아니라 유가적 노동자와 유가적 상인들도 나와서 '사회의 주춧돌' 이 되어야 한다. 바꿔 말하면 신식 유학자는 결코 천지의 경지를 자각하고 이해한 추상적인 성인이 아니라 마땅히 현실 사회의 필요에 적응하는 이상적 인격이어야 한다. 이러한 인격은 물론 고상한 도덕적 품격을 갖추어야 하고 또 뛰어난 재능과 학문과 기능을 갖추며 마땅히 재능과 덕을 함께 갖춘 본보기여야 한다. 그는 얼마 후 동기주의의 오류에서 걸어 나와 도덕 평가에서 동기와 효과를 통일하는 원칙을 관철하려고 시도했다. 그는 신식 유학자의 가치 방향은 마땅히 이성에 부합하고, 인정에 부합되며, 시대에 부합해야 한다고 가리켰다.

(1) 이성에 부합함〔合理性〕

하린은 비록 풍우란처럼 '이(理)' 를 초경험적이고 잠재적인 '스스로 존재하는 것' 으로 여기지 않았으나 마음과 합쳐 하나가 되는 '자신을 위한 것' 으로 간주했다. 그러나 그는 결코 '이(理)' 의 본체적 지위를 부정하지 않았다. 풍우란과 마찬가지로 그 또한 '이(理)' 를 유가 윤리와 규범의 최종 근거로 보고 있다. 그는 신식 유학자는 응당 '이(理)' 에 대한 본체론적 신념에서 출발하여 자각적으로 유가의 윤리와 규범을 엄격하게 지켜야 한다고 생각했다. 그는 "이성에 부합한다는 것은 이른바 '천리를 헤아려서 따르는' 것이다."[151]라고 말했다. 신식 유학자에 대하여는 이성에 부합하는 것이 가장 근본적인 요구이고 그 밖의 요구는 모두 마땅히 이를

151) 賀麟, 『文化與人生』, 13쪽.

기준으로 삼아야 한다고 말한다. 만약 단지 시대에 부합하는 것만 추구하고 이성에 부합하는 것을 추구하지 않으면 유학자의 품행을 잃어버리고 저속하기 그지없는 유행을 따라 전락할 것이다. 만약 단지 인정에 부합하는 것만 추구하고 이성에 부합하는 것을 추구하지 않는다면 곧 '하찮은 인정'으로 흐르게 되어 감정적으로 일을 처리하고 자신의 느낌에 내맡겨서 마음 내키는 대로 편벽되게 고집할 것이다. 이는 모두 유학자가 마땅히 갖추어야 할 가치의 방향을 벗어날 수 있다.

유심주의는 곧 이상주의라는 관점에 근거하여 하린은 이성에 부합하는 것이 이상에 부합하는 것이라고 강조한다. "왜냐하면 이상은 인류의 본성에 기초하기 때문이다. 이상은 이성에서 나오고, 인류는 이성적 동물이며, 이상은 인격을 구성하는 요소다. 인류가 짐승과 다른 까닭이나 위인이 보통 사람과 다른 까닭은 전부 이상의 있고 없음과 높고 낮음에 달려 있다."[152] 사람은 이성에 근거하여 이상을 추구하고 현실 생활에서 이상에 부합하지 않은 곳을 개조하면 인격의 품위를 끌어 올릴 수 있다. 현실 생활 중의 사람에게 이상은 그가 자유를 쟁취하는 데 반드시 모자라서는 안 되는 조건이다. 만일 자유를 쟁취하는 표준으로서 이상이 없다면 이미 자유를 논할 수 없다. 자유는 방임이 아니므로 마음대로 하거나 현실에 안주하는 것이 될 수는 없으며 이상의 추구를 동력으로 삼고 정해진 가치의 목표를 향하여 끊임없이 나아가야 한다. 이상은 또한 현실을 인식하는 주관적 조건이다. 사람은 이상에서 출발하여 현실을 되돌아보면서 현실에서 이상에 맞지 않는 결함을 발견하면 비로소 현실을 개조할 동기를 형성할 수 있다. 이상은 현실을 정복하는 나침반이다. 인간의 의미 있고 가치 있는 어떠한 실적이든 모두 이상과 현실의 유기적 결합의 결과이

152) 위의 책, 103쪽.

다. 하린이 이로부터 얻어낸 결론은 "이상이 주(主)가 되고 현실은 종(從)이 되며, 이상은 체(體)이고 현실은 용(用)이다."[153] 그는 이상을 높은 자리에 두고, 이상이 현실을 가늠하는 가치척도라고 생각했다. 따라서 그가 보기에는 신식 유학자에게 말한다면 이성에 부합하고 이상에 부합하는 것이야말로 가장 중요한 가치의 확정적인 위치다. 명확한 가치 목표만 선택하면 비로소 자각적으로 진선미를 추구하여 이상적 인격을 이룰 수 있다. 가치관 방면에서 하린은 웅십력처럼 그렇게 주관적으로 지나치게 심성을 오가는 공부를 강조하지 않았고, 또 풍우란처럼 그렇게 객관적으로 지나치게 '이세계를 자각하고 이해하기 위해' 오가는 공부를 강조하지 않았다. 그는 힘써 주관과 객관 두 방면을 통일시키려고 하였다.

합리성 혹은 이상에 부합하는 원칙에 근거하여 하린은 유가의 윤리와 규범에 대하여 동의를 나타내고 삼강오륜에 대하여 새로 검토했다. 풍우란은 이미 오상에 대하여 동의를 나타냈으나 삼강에 대해서는 동의를 표명하지 않았다. 하린은 풍우란보다 훨씬 멀리 가서 삼강에 대해서도 동의를 나타내고 삼강오륜은 유가의 완전한 규범 체계로서 현대에서도 여전히 보편적 적용성을 가지고 있다고 생각했다. 그는 심지어 삼강이 오륜보다 더 중요하다고 강조한다. 왜냐하면 "삼강설은 사실 오륜 관념의 핵심으로서 삼강을 벗어나서 오륜을 언급하면 오륜설은 다만 사람과 사람의 관계를 편리하게 다섯 가지로 나눈 것일 뿐이다. 이 주장은 인생·사회와 차등적 사랑의 윤리 학설을 중시하지만, 전통 혹은 정통 예교(禮敎)의 권위성과 구속성은 별로 없다." 그가 보기에 오륜은 단지 상대적 도덕 관계만 나타낼 뿐으로서 이러한 관계를 구성하는 쌍방에게 모두 도덕적 구속력을 가지고 있으며 한쪽이 다른 쪽에게 도덕 의무를 다하는 것은 조건적

---

153) 위의 책, 104쪽.

인 것 같다. 예를 들어 신하가 신하의 도리를 다해야 할지 말지는 군주가 군주의 도리를 다하고 있는지 아닌지를 보고 정해야 한다. 만약 군주가 군주의 도리를 다하지 않으면 신하는 신하의 도리를 다하는 것을 거절할 이유가 있는 것 같다. "이렇게 되면, 만약 사회에서 군주의 도리를 다하지 않는 군주 · 아버지의 도리를 다하지 않는 아버지 · 남편의 도리를 다하지 않는 남편이 있다면 곧 신하가 군주를 죽이고, 자식이 아버지에게 효도하지 않으며 아내는 아내의 도를 다하지 않는 일이 실제로 또 이론적으로 모두 마땅히 발생할 수 있다.[154] 만약에 이론적으로 이와 같은 상대주의의 오류에서 빠져나가지 않으면 상황은 반드시 인간관계의 긴장과 사회질서의 균형을 잃는 일을 초래할 것이다. 이와 같은 상황의 출현을 피하기 위해서 한 대(漢代) 유가는 삼강설을 사용하여 선진유가의 오륜설을 발전시켰으며 유가의 윤리와 규범의 체계가 완선(完善)에 도달하도록 하였다. "삼강설은 상대적 관계의 불안정을 보완하려 했고, 나아가 관련된 사람은 한편으로는 그 사회적 지위를 절대적으로 준수하고, 일방적인 사랑을 실행하며, 일방적인 의무를 이행하도록 요구한다. 그러므로 삼강설의 본질은 군주가 군주의 도리를 다하지 않아도 신하는 신하답지 않을 수 없고, 아버지가 아버지답지 않아도 자식은 자식의 도리를 하지 않을 수 없으며, 남편이 남편답지 않아도 아내는 아내의 도리를 다하지 않을 수 없다. 바꾸어 말하면 삼강설은 신하 · 자식 · 아내는 일방적으로 충성 · 효도 · 정절의 절대 의무를 다하도록 요구하여 상대적 순환 보복에 빠지는 것을 없애고 값을 매기고 값을 깍는 불안정한 관계 속에 빠지지 않도록 했다."[155] 하린은 삼강설이 오륜설보다 더욱 깊고 더욱 힘이 있으며 훨씬 유가 윤리의 특징을 반영할 수 있다고 보았다. 오륜설은 현실적 방면과

---

154) 위의 책, 58-59쪽.

155) 위의 책, 59쪽.

인간관계의 각도에서 도덕 관계를 취급하고 처리하지만, 삼강설은 이상적 방면 및 사람과 이념의 각도에서 도덕 관계를 취급하고 처리함으로써 더욱 잘 합리성의 원칙을 구현할 수 있다.

거리낌 없이 말하면, 하린은 삼강설에 관한 새로운 검토에서 뚜렷한 이성 전제주의와 권위주의의 경향을 나타냈다. 그러나 그는 결코 일부러 봉건주의 도덕을 보호하려는 것은 아니었다. 사람의 종속관계 위에 세우는 봉건주의 도덕에 대하여 하린은 명확히 반대를 표시하고 그것을 낡은 도덕이라 불렀으며 현대사회에서 이와 같은 도덕의 합리성에는 결코 동의할 수 없었다. 그의 삼강설에 대한 새로운 검토는 단지 유심주의 철학의 입장에 서서 엄격하게 윤리와 규범을 지켜야 하는 필요성에 대해 행하였던 일종의 이론적 논증이며 이로써 도덕 책임감과 자각성을 높이길 기대한 것에 지나지 않는다. 그는 한 사람의 유심주의자로서 물론 사회적 존재 속으로 들어가서 도덕의 근거를 찾을 수도 없었고 다만 이성의 본체 속으로 들어가서 도덕의 근거를 찾을 수 있었다. 그는 '이(理)' 의 지상성(至上性)으로 삼강의 보편 적용성을 설명하며 도덕 행위는 반드시 자각적으로 도덕규범의 제약을 받아야 함을 강조하였다. 이것은 칸트가 도덕규범의 근거를 '정언명령' 으로 귀결시킨 관점과 매우 비슷하고 안정된 사회질서 세우기를 주장하며 일종의 사회집단주의적 호소와 요구를 나타낸 것이었다.

(2) 인정에 부합함〔合人情〕

신식 유학자의 인격을 어떻게 구성하는가의 문제에서 하린의 출발점은 유심주의적 이상주의다. 그러나 그의 마음속의 이상은 결코 추상적 정신의 경지가 아니라 구체적 생활 세계 속에서 구현하는 고상한 인격이다. 그는 현실 생활에서 신식 유학자의 인격을 완성하라고 주장한다. 이상과 현실이 통일되는 관점에 바탕을 두고 하린은 합리성의 원칙을 제기하는 동시에 또 인정에 부합하는 원칙을 제기했다. 그는 "인정에 부합하는 것은 바로 '우리 마음에 되돌아보아서 편안함'을 추구하는 것이다."[156]라고 해석하여 말했다. 신식 유학자의 행위는 물론 이성에 부합해야 하지만 절대로 쌀쌀하게 피동적으로 윤리 규범의 제약을 받아들이는 것이 아니라 스스로 원(願)해서 드러내고 인정에 부합되며 아울러 타인이 느끼기에도 받아들일 수 있고 모방할 수 있도록 해야 한다.

인정에 부합하는 원칙에 근거하여 하린은 다시 도덕 가치와 공리 가치의 관계를 자세히 살펴보고 "공리(功利)와 비공리(非功利, 도덕적)는 근본적으로 대립하는 것이 아니라 주(主)와 종(從)의 관계이다. 비공리는 체(體)이고, 공리는 용(用)이다. 재물 관리와 인정(仁政)의 시행은 결코 충돌하지 아니한다. 경제적 여유는 널리 은혜를 베풀어 사람들을 구제하는 데 부족해서는 안 되는 조건이다."[157]라고 강조했다. 그가 보기에 공리와 도덕은 대립적인 것이 아닐 뿐만 아니라 오히려 서로 보완하고 도와서 일을 완성한다. 공리는 바로 도덕적 이상을 실현하는 데 반드시 모자라서는 안 되는 조건이다. 예를 들면 "우리는 돈을 추구하는 것이 인생의 목적이라고 말할 수는 없으나 개성을 발전시키고 국가에 공헌하며 사회를 위해 일하는 수단으로 돈을 이용할 수는 있다."[158] 사람들이 공리를 도모하고 공리를 지키며 공리를 분배할 때 관대함과 공평과 공정의 원칙에 어긋나지만 않으면 비난받지 않아야 한다. 하린은 시장경제와 서로 어울리는 공리 관념을 인격 이론 속에 채워 넣으면서 대담하게 공리주의에 대한 과거 일부 유가의 편견을 바로 잡았다. 그러나 그는 결코 유가의 도덕 지상의 이

156) 賀麟, 『文化與人生』, 13쪽.

157) 위의 책, 209쪽.

158) 위의 책, 209쪽.

념을 포기하지 않았다. 그의 눈에 도덕은 여전히 '체' 이고 공리 또한 다만 '용' 일 뿐이며 공리는 여전히 도덕의 중심을 둘러싸고 돌아가는 것을 필요로 한다. 그가 생각을 집중하는 방향은 분명히 유가의 윤리 사상 체계를 뒤집어엎는 것이 아니라 전통과 현대의 소통과 연결을 도모하는 것이었다.

하린은 공리주의에 대해 지나치게 질책하는 것을 찬성하지 않는다. 일부 유학자는 공리를 추구하는 사람을 비웃으면서 이와 같은 사람은 설령 죽을 때에 이르러도 여전히 두 손을 뻗치고 입을 크게 벌린 채 두 눈을 감으려 하지 않고 밖을 향해 추구하나 만족을 얻지 못하는 가련한 모습이 나타난다고 말한다. 하린의 응답은 이러한 비평가들은 공리주의에 대한 동정적 이해가 부족하여 "추구하는 과정이나 추구하는 정신 자체가 곧 가치를 가지고 있다."라는 것을 알지 못한다는 것이다. 만약 사람이 살면서 공리를 추구하지 않는다면 쉽게 삶에서 도피하는 길로 가게 될 것이다. 가령 사람마다 모두 이 길을 따라 걸어간다면 온 사회는 장차 침체한 분위기가 깊어져 인생의 즐거움도 없어질 것이다. 하린은 이러한 비평가에 대하여 반대로 비평하면서 그들은 "스스로 복지의 실천을 버리고 남의 복지를 경시하며, 스스로 복지의 희생을 원하며 남의 복지를 존중하지 않고, 다른 사람을 강요하면서 또 복지를 희생한다. 자기는 삶을 회피하면서 삶을 긍정하는 사람을 밖을 향해서 추구한다고 꾸짖는다. 이것은 옳지 않다."[159]라고 책망하였다. 그는 인생을 충분히 긍정하고 공리 추구의 가치를 긍정하며 경쟁의식을 제창하여 유학의 가치관을 시장경제 시대 사회 발전의 정신적 동력으로 전환하려고 시도했다.

하린은 신식 유학의 가치관을 명확하게 '신식 공리주의' 로 해석하여

159) 賀麟, 『文化與人生』, 209쪽.

좁은 의미의 공리주의와 구별하였다. 그는 신식 유학의 가치관이 바로 일종의 신식 공리주의라고 가리켰다. 신식 유학자는 개인의 이익을 도모하지 않고 넓게 은혜를 베풀어 민중을 구제하도록 도모하며 집단의 이익 더 나아가서 온 사회의 이익을 도모한다. 그러므로 신식의 공리주의는 또 사회적 이상주의나 사회 복지주의라고 부를 수도 있다. "간단히 말하면 이것은 전체를 위하고 사회를 위한 복지를 꾀하려는 방법을 찾는 것이며 일반 대중을 위하여 이익을 추구하는 도덕적 이상이다."[160] 그는 이와 같은 신공리주의는 유가에서 중시하는 내심의 도덕 및 순수한 의무의 도덕 사상과 전혀 모순되지 않는다고 생각했다. "왜냐하면 내심의 도덕 사상은 인격의 수양을 중시하여 물질의 제약을 받지 않고 자기의 순결함을 유지하기 때문이다. 이것은 물론 아주 좋다. 그러나 신공리주의는 인격의 유지부터 인격의 발전까지, 물질의 지배를 받지 않는 것에서부터 물질을 지배하는 데까지, 소극적인 개인 인격의 수양에서부터 적극적인 대중의 복지 증진에까지 한 걸음 더 나아가려고 한다."[161] 그는 유가의 인격 이론에 인격의 발전 · 물질 자원 창조 · 대중 복지의 증진 등의 새로운 내용을 더하여 아주 강한 현대성을 표현해냈다. 이것은 유가의 전통에 어긋나는 것이 아니라 전통을 더욱 확대 발전시킨 것이다. 그러므로 하린이 보기에는 신식 유학자가 동의하는 인생 태도가 도리로 보아 당연하다.

인정에 부합하는 원칙에 근거하여 하린은 현대적 관점으로 공(公)과 사(私)의 관계를 취급하고 송명리학의 "천리를 보존하고 인욕을 없앤다."라는 이론을 고쳐서 이기주의(利己主義)에 대한 관용을 나타냈다. 그는 "사람이 절대로 이기적이지 않으려고 하면 '남을 나무라는 데 신중하여 철저함' 에 실패할 뿐만 아니라 심지어 조금은 본심을 위반하게 되어 인정에

160) 위의 책, 210쪽.

161) 위의 책, 211쪽.

가깝지 않다."[162]라고 지적했다. 사실 현 생활에서 사람은 "순수하게 공적이며 사심이 없게" 할 방법이 없고, 또한 옳고 그른 것을 가리지 않고 이기적인 것을 꾸짖을 필요도 없다. 하린의 견해에 따르면 '이기'는 반드시 비방의 의미가 아닐 수도 있다. 그 가운데는 또 자신을 보호하고 자신을 위하며 자신을 소중히 여기는 긍정적 의미도 포함되어 있다. '이기'가 솔직하고 깨어있으며 합리적이면 바로 '이기주의'라고 불린다. 이기주의는 일종의 이상으로써 사람의 도덕 생활 상황을 개선할 수 있다. "첫째, 자아의식을 소유함에 달려 있다는 것은 자아가 이기적 권리를 가지고 혼돈 속에 떠돌며 자아의식 하나 없이 노예가 되어 스스로 알아차리지 못하는 위험에 빠지는 것을 면하도록 할 수 있음을 인정하는 것이다. 둘째, 이기주의는 봉건시대의 실속 없는 절대무사(絶對無私)한 억압을 부정함으로써 개인이 마땅히 소유할 권리와 행복을 확인한다."[163] 그는 신식 유학자는 더는 송명리학자처럼 그렇게 이기적이거나 자신에게 이롭게 하는 것을 통렬히 비난할 필요가 없고 마땅히 동정(同情)과 이해와 관용의 의식을 품고 있어야 한다고 생각했다. 풍우란은 공리(功利) 수준에 있는 사람에 대한 평가에서 이기주의에 대해서는 이미 상당한 정도의 관용을 나타냈지만, 하린은 한 걸음 더 나아가 이와 같은 관용의 힘을 더 크게 하였고 아울러 관용의 필요성에 대하여 더욱 충분히 논증하였다.

하린은 더는 공(公)과 사(私)를 분명하게 대립시키지 않고 양자는 서로 협조할 수 있으며 두 가지 일을 동시에 진행하여도 서로 충돌하지 않는다고 강조한다. 그는 공과 사의 관계를 처리할 때 근본적으로 실행할 수 없는 '순수하게 공적이고 사심이 없는 것'에 얽매일 필요는 없으며 마땅히 '사를 빌어 공을 도움'으로 대신해야 한다고 지적했다. 즉 개인의 이익에

162) 위의 책, 67쪽.

163) 위의 책, 69쪽.

대한 추구를 '천하의 대공(大公)을 돕는' 목표로 인도해야 한다는 것이다. 그는 유가의 성선설 이론에 근거하여 이와 같은 인도는 실현될 수 있다고 생각했다. 그 이유는 "사람은 이기적이기를 원하지 않으며 사람이 자신에게 이익되는 일을 하는 것은 상황이 부득이해서다. 그의 마지막 귀착점이나 그의 마음속 깊은 곳의 요구는 남과 나의 간격을 타파하고 남과 나의 경계를 없애버리고 싶은 것이다."[164] 그는 만약 한 사람이 늘 자신을 이롭게 하는 일만 하고 늘 자기를 남과 대립하는 위치에 놓으며 늘 자신을 경쟁과 충돌 가운데 둔다면 정신적으로 억압받는 고통을 일으킬 것이라고 분석적으로 말했다. 서로의 간격이 가져온 비애를 느낌으로써 상호 소통의 갈구가 생겨날 것이다. 이때 그는 이기주의가 사실 자기에게 결코 이익이 된다고 말할 수 없음을 발견할 수 있다. 그래서 자연히 사물과 나를 잊고 자신의 사사로운 이익을 초월하는 요구를 이루어 안과 밖에 부합하고 남과 나를 뛰어넘는 일에 종사하기를 원하며, 힘써 진정한 자아의 실현을 추구하고, 사회를 위해 일하며 국가에 충성하고 사랑하는 공공사업에 투신한다. 이때 그는 뜻밖에 이기주의자로부터 도덕 이상주의자로 변하게 된다. 그러므로 '사를 빌어 공을 도움' 이 기점이 되고, 그 귀착점은 곧 '사를 뛰어넘어 공으로 돌아감' 이다. 하린의 결론은 이렇다. "우리는 사를 빌어 공을 돕는다는 주장에서 시작하여 곧바로 사를 뛰어넘어 공으로 돌아간다고 말했다. 사를 빌어 공을 도움은 천도(天道)이다. 그러나 역시 인위적인 노력을 가할 수 없었다고는 말할 수 없다. 사를 넘어 공으로 돌아가는 것은 수양하여 도달하는 경지다. 그러나 역시 이성적 법칙이며 우주의 대도라고 말하지 않을 수 없다."[165] 여기에 이르러 하린은 유가의 성선설에 편승하여 한 편으로는 현실 생활 속에서의 이기주의의 정당

164) 賀麟, 『文化與人生』, 69쪽.

165) 위의 책, 69-70쪽.

성을 충분히 긍정하고 또 한 편으로는 그것을 도덕 이상주의의 궤도에 넣음으로써 합리성의 원칙과 인정에 부합하는 원칙의 통일을 실현하였다.

(3) 시대에 부합함〔合時代〕

현실을 중시한 것은 하린의 신유학 가치관의 뚜렷한 특징이다. 이상과 현실의 상호 통일이라는 관점에 기초하여 그는 특히 현대사회의 시대성을 파악하는 데 주의했다. 그가 보기에는 대개 현실적이면 반드시 이성에 부합하고 인정에 부합하는 동시에 반드시 시대에 부합한다. 하린은 유학은 고정불변하고 경직되어 생명력을 잃은 일련의 교조가 아니라 끊임없이 살아 움직이는 일종의 문화 정신이며 그것은 시대의 발전에 따라 발전해 간다고 생각한다. 유가의 창시자인 공자 본인은 바로 한 사람의 '성인으로서 시의적절하게 행한 분' 이었으며, 역대로 '예는 때를 중요하게 여김' 을 주장해 왔다. 이렇게 보면 시대에 부합하는 것은 곧 유학의 문제에서 마땅히 있어야 할 정의〔義〕다. 하린의 해석에 따르면 시대에 부합하는 것은 바로 '시기를 살피고 상황을 헤아려서 그대로 두어도 마음먹은 대로 되는' 유학의 문화적 정신이 시대정신과 서로 어울리도록 하는 것이다. 현대 신유가로서 하린은 전통유학에 대하여 깊은 동정과 경의를 품고 있었으나 결코 전통에 속박되지는 않았다. 그는 "우리가 국가와 사회를 현대화하려면 반드시 각 개인의 인생관부터 현대화하도록 해야 한다."[166] 라고 주장했다.

'인생관의 현대화' 를 어떻게 실현할 수 있는가?에 관해서 하린은 다음의 세 마디 말에서부터 시작하자고 주장한다. 첫 마디는 "사람을 알고 싶으면 물(物)을 알지 않을 수 없다."라는 말이다. 그가 말하는 '물' 은 자연

166) 賀麟, 『文化與人生』, 321쪽.

계를 가리킨다. '물을 아는 것' 은 곧 자연과학 지식에 정통하는 것이며, '물을 아는 것' 에 기초하여 건전하고 합리적인 인생관을 세워야 한다. 구체적으로 말하자면 자연의 관찰과 자연의 인식을 통하는 것으로써 자연이라는 이 거울의 도움을 빌려 인생의 의미와 가치를 깊이 이해하는 것이다. "자연은 원래 인생을 위한 도구가 될 수 있다. 자연을 이용하고 자연을 정복하는 것은 바로 우리의 도구에 충실한 것이므로 우리의 생활이 더욱 확장되고 더욱 풍부해지며 더욱 의미 있게 할 수 있다."[167] 두 번째는 "사람을 알고 싶으면 하늘을 알지 않을 수 없다."라는 말이다. 그가 말하는 '하늘' 은 초연한 '심(心)과 이(理)가 합일된' 본체를 가리킨다. '하늘을 앎' 이란 이 초연한 본체에 동의하며 이것으로 몸은 편하고 마음은 안정되는 장소로 삼는 것이다. 이와 같은 동일시는 철학적 의미의 것인 동시에 종교적 의미의 것이다. '하늘을 앎' 이라는 각도에서 인생을 보면 사람은 유한하고 상대적인 존재이지만 '하늘' 은 무한하고 절대적인 존재라는 것이 명백할 수 있다. '하늘' 은 사람의 근본이고 사람의 마지막 관심이 가는 곳이다. "우리가 진정으로 사람을 알고 사람의 지위나 사람의 의의를 알려고 한다면 다만 사람과 사람의 횡적 관계만 아는 것으로는 부족하니 사람 대 하늘 · 사람 대 신 혹은 영원한 이(理)라는 종적 관계를 이해해야 비로소 완전하다."[168] 세 번째는 "살아 있음을 알고 싶으면 죽음을 알지 않을 수 없다."라는 말이다. '죽음' 은 '인생' 의 다른 일면이다. 인생을 철저하게 이해하려면 반드시 죽음을 정확하게 대하는 것을 배워서 알아야 한다. 죽음을 정확하게 대하는 것은 삶 이후의 시각에서 인생을 이해하는 것이다. 만약 죽음을 정확하게 대하지 못하면 또한 건전하고 합리적인 인생관을 세울 방법도 없다. 전통유학에서는 죽음 문제의 연구를 중

---

167) 위의 책, 313쪽.

168) 위의 책, 314쪽.

시하지 않았는데, 하린은 현대 신유학에서는 마땅히 개선되는 점이 있어야 한다고 생각했다. 이 세 마디 말을 총괄하면 곧 여러 영역과 여러 시각에서 인생을 대하고 이로써 인생의 의미와 가치를 철저하게 추구하자고 주장한 것이다. 하린이 보기에 전통유학에는 이 세 방면에 모두 부족함이 있다. "중국 사람은 예로부터 물(物)의 연구에 대해서는 크게 주의하지 않아서 이미 한쪽이 부족하며, 중국은 또 종래부터 진정한 종교가 결핍되어 신에 대해서도 크게 관심을 돌리지 않았기 때문에 또 한쪽이 부족하다."[169] 중국 사람은 "아직 삶을 제대로 모르면서, 어떻게 죽음을 알겠는가?"라는 옛사람의 교훈을 정성껏 지키고 있어서 죽음의 문제에 대해서도 별로 중시하지 않았다. 하린은 당연히 이와 같은 상황을 개선하여 현대 신유학 중에서 시대에 부합하는 원칙을 충분히 구현하자고 주장한다.

하린은 현시대는 이미 상공업경제 시대이지 농업경제 시대는 아님을 반드시 확실하게 인식해야 한다고 강조한다. 지금 시대에는 유농(儒農)만 필요한 것이 아니라 유상(儒商)과 유공(儒工)도 나와서 사회의 기둥이 될 필요가 있다. 이와 같은 언어 환경에서 유학의 사상적 자원을 개발하는 것은 그 목적이 현대사회가 필요로 하는 인재를 양성하는 데 있다. 그러므로 신식 유학자는 다만 천지 경지에 있는 "높고 밝음을 극진히 하면서도 중용에 통하는" 성인만 될 수는 없고 당연히 품행과 학문이 모두 뛰어나고 재능과 덕을 함께 갖춘 본보기여야 한다.

하린은 현시대는 이미 민주정치의 시대이지 전제군주제의 시대가 아님을 반드시 확실하게 인식해야 한다고 강조한다. 그러므로 신식 유학자는 마땅히 적극적으로 민주정신을 받아들이고 현대적 시(詩)와 예(禮)의 풍격을 길러야 한다. 하린은 유가 사상이 단지 봉건전제주의를 수호하는

169) 위의 책, 314쪽.

도구라고 생각하는 것을 반대하며 그 가운데는 민주주의의 요소도 포함되어 있다고 생각했다. 예를 들어 "하늘은 내 백성이 보는 것에서 보고, 하늘은 내 백성이 듣는 것에서 듣는다." "백성은 귀하고, 군주는 가볍다."라는 등의 사상은 모두 민주 사상의 섬광이다. 신식 유학자는 당연히 유가적 민주 사상의 자원을 찾아내고 나아가 서양에서 온 민주 관념과 민주제도를 받아들여 새로운 형식의 시와 예의 풍격을 기르도록 해야 한다. 그들은 행동거지가 의젓할 뿐만 아니라 또 일하는 방법도 민주적이어서 사회의 새로운 분위기를 이끌어 나가기에 충분하다. "대개 시와 예의 풍격을 갖춘 사람이라면 모두 유학자의 기상이 있다고 할 수 있다. 대체로 난폭하고 경솔하며 질서를 어지럽히고 안으로는 부드러운 마음이 없으며 밖으로는 정돈된 품행과 절조가 없으면 바로 예절과 경의〔禮意〕가 결핍된 것이다." 하린은 신식 유학자의 시와 예의 풍격은 현대적 민주정치와 겸용할 수 있어서 양자를 대립시키면 안 된다고 생각한다. 고홍명은 일찍이 구(舊) 유학의 입장에 서서 민주정치를 배척하고, 서양 문명은 "시의 아름다움이 없고, 예의 조화로움이 없다."라고 비평하였었다. 하린은 고홍명의 견해에 동의하지 않았다. 그는 "고홍명은 서양 근대의 상공업 문명적 민주정치를 질책하였는데 오히려 편견과 선입견에 빠졌다. 그는 다만 고중세 귀족식의 시와 예만 알았고 근대 민주화된 시와 예를 알지 못한다."[170]라고 말했다. 현대 생활에서 경쟁적 선거와 국회의 변론과 정치가의 출입과 진퇴는 모두 '예'의 의미를 많이 가지고 있다. 사람들은 노동 이외의 시간에 노래 부르고 춤추며 스스로 그 즐거움을 얻으니 상당히 아름다우면서 시적인 맛이 풍부하다. 하린이 보기에 고홍명의 견해는 사실과 부합하지 않으며 유가의 시와 예의 풍격을 너무 고지식하고 너무 좁

170) 賀麟, 『文化與人生』, 12쪽.

자·료·카·드

신심학에 대한 호승(胡繩)의 비평

유가 사상은 결코 인본주의가 아니다. 유가 사상을 인본주의라고 생각하는 유일한 이유는 바로 유가는 하늘을 말하지 않고 자연을 논하지 않으며 그 사상과 학설이 인륜을 중심으로 하는 데 있다. 그러나 우리가 보기에 유가의 인륜 관념은 그것이 인본주의라는 것을 증명하는 데 부족할 뿐만 아니라 오히려 그것이 인본주의가 아니라는 것을 증명하기에 충분하다. 왜냐하면 보통 사람의 사상과 행위가 독단적인 교리로부터 엄격하게 규정되면, 이 교리가 종교적이든 아니면 윤리적이든 그것은 모두 인본주의에 배치된다.

사람과 사람 사이의 관계에서 고정화(固定化)는 불변의 윤리가 된다. 그래서 통제 기능을 발휘할 때 사람은 결코 독립적이고 자주적인 사람이 아니며 다만 그 절대적 윤리 관계의 담당자일 뿐이다. 따라서 개인과 집단은 모두 추상적인 윤리 교조(教條) 속으로 사라지고 우뚝하게 존재하는 것은 다만 삼강오상이라는 피라미드일 뿐이다. 이것이 무슨 인본주의인가?

_ 호승, 〈사상 만보〉, 『군중』에서 게재, 1943, 8(10).

게 보았음을 면할 수 없다. 민주정치의 시대에서 유학은 여전히 존재할 공간을 가지고 있으며 충분히 정치 문명의 건설을 위한 사상적 자원을 제공할 수 있다.

### 생각해 볼 문제

1. 현대 신유학 사조가 일어난 원인은 무엇인가?
2. 베르그송 철학은 양수명에게 어떤 계발을 가져왔는가?
3. 체용불이론의 이론적 특색은 무엇인가?
4. 심령구경설의 주요 내용으로는 어떤 것이 있는가?
5. 모종삼의 내성외왕 사상은 어떻게 판정하겠는가?
6. 신리학의 이사(理事)관계 이론과 정주리학과의 구별과 관련은 무엇인가?
7. 하린은 신식 유학자의 인격을 어떻게 구상하였는가?

### 참고 문헌


1. 宋志明, 劉成有.『批孔與釋孔 - 儒學的現代走向』, 上海: 華東師範大學出版社, 2004
2.〔美〕艾愷 著, 鄭大華 等 譯.『梁漱溟傳』2版, 長沙: 湖南出版社, 1992
3. 宋志明.『熊十力評傳』, 南昌: 百花洲文藝出版社, 1993
4. 張祥浩.『唐君毅思想研究』, 天津: 天津人民出版社, 1994
5. 顔炳罡.『牟宗三學術思想評傳』, 北京: 北京圖書館出版社, 1999
6. 宋志明, 梅良勇.『馮友蘭學術思想評傳』, 北京: 北京圖書館出版社, 1999
7. 宋志明.『賀麟新儒學思想研究』, 天津: 天津人民出版社, 1998

제2장

# 중국 실증철학 사조

## 이 장의 요점

1 중국 실증철학 사조는 대체로 도입기 · 발전기 · 반성기의 세 단계로 나뉠 수 있고, 외생성(外生性) · 사회공리성(社會功利性) · 비동시발생성〔不同步性〕 · 겸용성(兼容性) · 불충분성을 학술적 특색으로 삼고 있다.

2 호적은 중국 실증철학 사조의 창시자이다. 그는 실재론 · 진리론 · 방법론의 세 방면에서 실용주의의 기본 사상을 상세하게 설명하였다.

3 정문강은 '과학적 방법의 만능' 을 공언하고 유각주의(唯覺主義)〔感覺主義〕와 존의주의(存疑主義)〔不可知論〕를 제창하면서 과학과 현학의 논쟁에서 중국 실증철학 사조를 최고점까지 보급시켰다.

4 장동손은 한 편에선 선험론으로 경험론을 보충하고 다른 한 편에선 경험론으로 선험론을 제한하여 다원주의적 인식론을 제기함으로써 주관주의(主觀主義)적 사상 노선을 관철했다.

5 김악림은 실증주의의 한계를 돌파하고 외재하는 사물의 객관 존재를 확인하여 관념〔意念〕의 이중적 역할을 강조하였다. 이로써 사고의 법칙〔思議原則〕과 귀납원칙〔歸納原則〕을 이론적 담보로 삼아 진리의 정의와 표준을 명백히 서술하고 객관주의적 사상 노선을 관철했다.

중국 실증철학 사조는 이론의 중심을 세계에 대한 사람의 인지 관계에 두고 '과학적 지식은 어떻게 얻는가?' 를 핵심적 화제로 삼았다. 전현대(前現代)의 중국 전통철학은 사회 안정을 관심의 초점으로 삼고 '수신·제가·치국·평천하' 를 중시하였다. 이것은 잠시 도구적 이성을 제쳐놓고 도덕이성이나 가치적 이성을 드러낸 것에 무게를 둔 것이라고 할 수 있다. 중국 사회는 현대로 성큼 발을 내디딘 후 현대화 사업도 발걸음을 떼기 시작하였으며, 사회 발전은 가장 중요한 관심의 초점이 되었다. 이러한 상황에서 도구적 이성은 당연히 더 이상 제쳐놓여질 수 없게 되었다. 중국 실증철학 사조에 속한 철학자는 '견문 지식' 을 경시하는 편향을 바로 잡고 도구적 이성을 고양하는 데 힘을 쏟으며 중국 사회의 현대적 전환의 이론적 필요에 적응했다. 그들은 주관과 객관·지식과 행위·경험과 이성의 관계를 깊이 연구하여 중국적 특색이 있는 각종의 지식론 학설을 세웠다.

## 1. 개설

중국 현대철학사에서 중국 마르크스주의 철학 사조와 현대 신유가 사조를 제외 한 세 번째 주요 사조는 바로 중국 실증철학 사조다. 이 사조는 근대에 시작하였으나 눈에 띄는 발전은 현대에 완성되었다. 현대 신유가가 인생의 가치 취향 문제에 비교적 관심이 있었다면, 중국 실증론자는 과학적 지식이 어떻게 습득되는가 하는 문제에 비교적 관심을 쏟았다. 호적은 실용주의를 전파하며 중국 실증철학의 창시자가 되었고, 정문강은 유각주의(唯覺主義)를 고양하여 중국에서 실증론을 최고점까지 보급하였으며, 장동손은 다원주의적인 인식론을 내놓아 실증론과 선험론을 절충하였고, 김악림은 객관주의적 노선에 따라 실증론의 울타리를 돌파하고 중국 특색의 지식론 학설을 형성하였다.

### 1) 역사적 발전 과정

중국 실증철학 사조는 대체로 도입기 · 발전기 · 반성기의 세 단계로 나눌 수 있다.

도입기에는 엄복과 왕국유의 공이 없을 수 없다. 엄복은 중국에서 가장 일찍이 유학을 다녀온 학생 가운데 한 사람이다. 그는 영국에서 서양 근대의 실증과학을 받아들인 동시에 서양 실증주의 사조의 영향도 받아들였다. 그는 헉슬리 · 스펜서 · 밀 등 실증론자의 저작을 읽었고, 『천연론』을 번역하여 중국 사람들에게 진화론 사상을 소개했으며, 모택동에게 '서양으로부터 진리를 찾는 진보적 중국인' 이라고 불렸다. 엄복은 중국 문화와 서양 문화를 비교한 후에 중국의 전통적 학술에 결점이 있음을 인정하고 서양 문화가 '실측(實測)과 귀납' 의 학문이라고 매우 숭상했다. 그는 중국 학문과 서양 학문의 뚜렷한 차이는 "중국은 유식함을 자랑하고, 서양 사람은 새로운 지식을 존중한다."[1]고 생각했다. 중국의 전통 학술은 '유식함을 자랑하는 것' 이 기본적 특징이어서 결국은 책을 읽고 이치를 탐구하는 것을 기본적 방법으로 하고, 서양의 근대 학술은 '새로운

1) 『嚴復集』, 제1책, 3쪽, 北京, 中華書局, 1986.

지식의 존중' 이 기본적 특징이어서 결국은 경험과 실증을 기본적 방법으로 한다. 각자 취하는 방법이 같지 않아서 학술적 풍격도 같지 않다. 서양 학문은 구체적 사업 수행에 힘쓰고 실제에 응용하며, 중국 학문은 이론 학습에 힘쓰고 심오하게 생각한다. 각자 취하는 방법이 같지 않아서 실제적 효과 역시 다른데, 서양은 점점 더 강해지는데 중국은 점점 더 쇠약해지고 있다. 엄복은 중국이 오랫동안 빈곤하고 오랫동안 쇠약한 상황을 바꾸려고 생각한다면 반드시 사상의 방법을 바꿔야 하고 '유식함을 자랑하는 것' 으로부터 '새로운 지식을 존중하는 것' 으로 전환해야 한다고 생각했다. 그는 중국 학술계에서 힘껏 서양의 실증과학을 제창하였고 실증 방법도 제창하였으며 경험 원칙과 논리 원칙을 대체로 명백히 서술하여 전통적 사유 방식을 개혁하자고 호소함으로써 어리석은 사람을 깨우쳐주는 역할을 하였다.

엄복의 뒤를 이어 왕국유는 칸트철학 저작의 깊은 연구를 통하여 서양 철학적 사유 방식의 훈련을 받아들였다. 그는 인식론의 시각에서 착수하여 실증 방법의 철학적 기초를 연구하고 실증 방법을 실증 원칙의 높이로 끌어 올렸다. 그는 현대 사학계에 중대한 영향을 끼치고 있는 '이중증거법' 을 분명히 설명하고, 지하에서 출토한 사료를 이용하여 현존하는 문헌을 교정하자고 주장했다. 이것은 한 편으로는 현존하는 문헌에 근거하여 지하 사료를 해석하고 다른 한 편으로는 지하 사료에 근거하여 현존하는 문헌을 고증하는 것으로서 사학 연구영역에서 실증 원칙을 관철하는 것이다. 그는 중국에서 가장 일찍 '실증' 이란 술어를 사용한 학자다. 왕국유는 비록 철학적 사고를 편애하였으나 전문적인 철학자가 되지는 못했다. 그는 자기의 사상 형성과정을 말할 때 "나는 철학에 지친 지 오래되었다. 철학에서 하는 말은 대부분 사랑스러운 것은 믿을 수가 없고, 믿을 만한 것은 사랑스럽지 않다. 나는 진리를 알고 또 그 오류도 좋아한다. 위대한 형이상학과 높고 엄격한 윤리학과 순수 미학은 다 내가 매우 사랑하는 것이다. 그러나 믿을 만한 것을 추구한다면 차라리 지식론에서의 실증론과 윤리학이서의 쾌락론과 미학에서의 경험론이다. 믿을 만하지만 사랑할 수 없음을 알고, 사랑할 만하지만 믿을 수 없음을 느끼는 것이 최근 이삼 년 중의 가장 큰 고민거리다."[2]라고 말했다. 사랑할 만한 것과 믿을 만한 것 사이에서 발버둥 치고 있는 왕국유는 비록 실증철학의 믿을 만한 것으로 기울어져 있으나 형이상학의 사랑할 만한 것도 잊을 수가 없었다. 엄복과 마찬가지로 왕국유 또한 엄격한 의미에서의 실증론자라고 할 수는 없다. 그러나 그들은 중국 실증철학 사조의 효시를 열어 준 사상가가 아닐 수 없다.

발전기에는 호적 · 왕성공(王星拱) · 정문강(丁文江) 등이 가장 대표적인 인물들이다. 호적은 미국에 유학하며 듀이에게서 공부하였고 실증철학의 미국적 분파라고 할 수 있는 실용주의 사상을 받아들였다. 실용주의는 실증철학의 기본적 특성을 갖추고 있다. 실용주의는 형이상학적 사고방식을 배척하고, 현상의 영역 안에서 철학적 문제를 사고할 것을 주장하며, 실험적인 방법과 과학적인 방법을 표방한다. 1917년에 귀국한 호적은 『실험주의』라고 제목을 붙인 긴 글을 써서 실용주의 철학의 기본적 관념 및 역사적 발전을 상세하게 소개했다. 그는 "나는 실험주의의 신도이다." 라고 명확히 나타냈다. 그는 실증철학을 신봉하였으며 "증거를 가져오라."라는 구호를 사용하여 실증철학이 지닌 회의정신(懷疑精神)을 개괄하였고, 아울러 실용주의의 사상적 방법을 '대담한 가설, 신중한 증거 찾기' 라는 공식으로 귀결 지었다. 진리론 방면에서도 그는 실증철학의 일반원칙을 철저히 실행하였고 진리가 지닌 유용성과 상대성과 실증 가능성

2) 『王國維文選』, 108쪽, 上海, 上海遠東出版社, 1997.

을 강조했다. 5 · 4 시기에 '과학' 과 '민주' 는 가장 호소력을 지닌 두 가지 구호였다. 호적은 이 계기를 움켜잡고 실용주의가 '과학적 방법' 의 한 측면으로서의 실용주의임을 힘껏 확대 발전시켰으며 실증철학의 시장을 신속하게 확대해 나감으로써 그것이 중국 현대에서 가장 영향력 있는 철학 사조 가운데 하나가 되도록 했다. 우리는 호적을 중국의 첫 번째 실증론자라고 부르는데, 그것은 이미 그 자신의 사상적 현실과 부합하고 또 중국 현대 철학사적 사실과도 부합한다.

그러나 호적 본인은 자연과학자가 아니기 때문에 그가 비록 '과학적 방법' 을 확대 발전시키는 데 애썼다고 하지만 결국 사람들에게 정곡을 찌르지 못한 느낌을 주게 된 것은 면하기 어렵다. 자연과학자 겸 철학자인 왕성공과 정문강 등은 호적의 부족한 점을 보완했다. 그들은 자연과학자의 이름으로 나서서 실증철학을 널리 보급하였고 이 사조의 영향력을 확대했다. 그들은 자연과학과 결합하여 실증주의를 선전하였으므로 더욱 쉽게 독자들에게 받아들여졌다. 5 · 4 시기에 왕성공은 『과학적 방법론』이란 책을 출판하여 실증주의의 직계인 마하주의 철학을 소개했다. 마하주의는 철학을 인식론으로 귀결시키고 세계를 '감각 요소의 복합체' 라고 여긴다. 마하주의는 경험을 과학의 출발점으로 삼고 현상 이외에 또 본질적 존재가 있다는 것을 부정함으로써 과학과 인류의 인식이 미치는 대상은 다만 감성적 경험일 뿐이라고 주장했다. 1923년의 과학과 현학의 논쟁 속에 '과학의 신' 이라 불린 정문강과 '현학의 귀신' 이라 불린 장군매는 "과학은 인생관 문제를 해결할 수 있는가?" 에 대한 논쟁을 벌여 '유각주의' 와 '존의주의' 의 이론적 깃발을 내걸고 나와서 마하주의의 영향력을 진일보 확대함으로써 중국 실증철학 사조를 최고봉까지 밀어 올렸다. 그들은 호적이 과학적 방법을 공허하게 논의한 것과 달리 과학적 연구의 과정을 결합해서 실증론의 원칙을 정확하게 설명하고 과학의 철학적 기초와 과학 지식의 근원과 과학의 기능 및 그것과 논리와의 관계 등 문제를 비교적 자세히 논술하였는데 상당한 이론적 깊이가 있다. 정문강은 '존의적유심론(存疑的唯心論)' 이라고 자칭하며 물질적 실체를 반대하고 또 정신적 실체를 반대하며 모든 '현학' 즉 형이상학을 없애자고 주장했다. 그가 보기에 감각적 경험은 결국 과학의 유일한 기초이며 "과학적 재료는 원래 모두 심리적인 현상" 이므로 근본적으로 형이상학은 그사이에 발을 들여놓을 필요가 없다. 왕성공 역시 '지식의 최초 기원은 모두 기관의 촉감에 말미암는 것' [3]이라고 주장했다. 두 사람은 모두 과학적 방법은 만능으로서 인생의 문제를 해결할 수 있고, 과학적 방법은 바로 "사실의 진위를 판별하고 사실을 상세하게 분류해 낸 다음 그들의 질서 관계를 찾아내어 가장 간단명료한 말로 그것을 개괄하려고 한다." [4]라고 생각했다. 분명히 그들이 이해한 과학적 방법은 주로 경험적 귀납법을 가리키며 연역법은 그들의 충분한 중시를 일으키지 못했다.

중국에서 실증철학의 발전은 인식론 문제에 대한 사람들의 흥미를 불러일으켰고 이 방면에서 사람들이 진일보한 탐색을 하도록 이끌었다. 이 때문에 중국 실증철학 사조의 발전은 조리 있고 분명하게 반성기로 들어갔다. 실증주의는 19세기 말 20세기 초에 중국으로 전래했는데, 당시 중국학자의 눈에는 그래도 비교적 신선하였다. 그러나 서양에서는 이론적 결점이 이미 폭로됐고 많은 비평을 받아 왔으므로 이미 주된 흐름으로 이끌어 갈 수 없었다. 중국의 현대 학자는 실증주의의 영향을 받아들이는 동시에 실증주의를 비평한 자의 영향도 받아들였기 때문에 독립적 사고의 공간도 찾았다. 1930, 40년대에 이르러 장동손과 김악림은 자기들의 인식론 체계를 건립하여 실증론이 해결할 수 없는 문제를 해결하려고 시

3) 王星拱, 『新青年』「甚麽是學學方法」, 7(5).

4) 張君勱 · 丁文江等, 『科學與人生觀』, 42쪽, 濟南, 山東人民出版社, 1997.

도했다. 이 문제들은 어떻게 특수한 경험에서 일반적인 과학 지식을 얻을 수 있는가? 객관적 실재와 사람의 인식적 관계는 도대체 어떤 것인가? 이다. 그들의 학설 자체로 말하면 실증주의로 귀결하기가 매우 어렵지만 그들의 관점은 확실히 실증주의가 제기한 문제에 대하여 말한 것이기 때문에 우선은 그것을 '후기 실증철학' 이라고 부를 수 있다. 반성기에서 장동손과 김악림은 가장 사상적 창의력을 갖춘 철학자다. 그들은 실증론의 한계를 타파하여 독자적 특색을 갖춘 지식론의 이론 체계를 세우려고 시도했다.

장동손은 칸트로부터 일깨움을 받아 주관주의(主觀主義)적 사고의 방향을 따르면서 선험론을 사용하여 실증론의 '유각주의(唯覺主義)' 적 관점을 고치자고 주장하였고, 각종 인식론 학설을 종합하여 자기 나름의 학설을 완성하였다. 그는 단지 감각론만으로는 인식의 근원 문제를 충분히 설명할 수 없다고 생각했다. 감각은 결코 인식 대상 자체로서의 '존재자' 와 같지 않기 때문이다. "감각은 외물의 묘사도 아니고 외물의 번역도 아니니 결국은 마치 무(無)에서 유(有)가 생기는 것과 같은 모양이다."[5] 그러나 그 역시 감각이 인식의 한 요소라는 것은 부인하지 않았고, 다만 감각은 기타 요소와 협력해야 비로소 역할 할 수 있다고 생각했다. 그는 칸트의 범주와 선험 논리를 이용하여 실증론과 감각론의 일면성을 극복하고 이른바 '다원 인식론' 을 제기했다. 비록 이 이론은 관점이 뒤섞여 있고 짙은 절충주의의 색채도 갖추고 있어서 실증론의 한계성을 완전히 돌파하진 못하였다고 하더라도 그것은 결국 실증론이 나아가는 방향을 향해서 한 걸음 내디딘 것이었다.

20세기 중국의 철학자들 가운데서 진정으로 실증론의 문제를 이어받

5) 張東蓀, 『認識論』, 48쪽, 上海, 上海書局, 1934.

## 실증주의(實證主義)

감각경험을 강조하고 '형이상학'을 배척하는 서양철학의 한 학파이다. 1930, 40년대에 프랑스와 영국에서 생겨났다. 창시자는 프랑스의 철학자이며 사회학자인 A. 콩트이고 주요 대표자로는 영국의 J. S. 밀과 H. 스펜서가 있다.

'실증주의'란 단어는 19세기 초 프랑스의 공상사회주의자인 H. 생시몽(Saint Simon)이 최초로 사용하였고, 콩트는 이 단어를 사용하여 자기의 사상 체계를 지칭하였다. 콩트의 관점에 따르면 넓은 의미의 실증주의는 철학과 정치 체계로 이루어진 것으로서 전자가 기초라면 후자는 넓고 체계적인 목적이다. 좁은 의미에서 말하면 실증주의는 바로 콩트가 창립한 실증철학이다. 후일 그것이 변천하는 과정에서 마하주의와 논리실증주의가 나타났다. 이리하여 조기의 실증주의는 구(舊)실증주의라고 불리었고, 논리실증주의는 신(新)실증주의라고 불렀다. 실증주의는 주요하게 아래의 몇 가지 특징이 있다.

(1) 현상론의 관점을 출발점으로 삼는다.

(2) 경험에 대하여 현상주의적 해석을 하고, 경험이나 직접 주어진 것으로부터 출발하기를 주장하며, 이성을 통해서 재료를 파악하는 것은 거절한다.

(3) 철학과 과학의 관계 처리를 이론의 중심 문제로 삼고, 동시에 일정한 정도의 과학 지상과 과학 만능의 경향을 띠고 있다.

실증주의는 유물주의와 유심주의를 포함한 그 이전의 각종 철학을 모두 '형이상학'이라고 하여 반대하였는데 그 실질은 철학 자체를 부정하는 데 있다. 실증철학이 '실증'이란 단어를 앞에 덧붙인 이유는 그것이 이미 더는 원래 의미에서의 철학이 아니며 철학을 과학 속에 용해한 것임을 분명히 나타내는 데 있었다.

_『중국대백과전서 · 철학』, 807-808쪽,
북경, 중국대백과전서출판사, 1987년.

아서 강의하고 또 실증론의 한계를 돌파하려던 학자는 당연히 김악림이다. 그는 영미의 신실재론을 참고하고 객관주의적 사고의 길을 따르며 매우 착실하게 인식 형성 등의 문제를 연구하여 자기의 독자적 견해를 제기했다. 그는 단지 감각경험에 의지해서는 결코 지식을 형성할 수 없으며, 인식은 결국 독립적으로 존재하는 외물에서 온다고 생각했다. 지식 형성의 과정에는 틀림없이 '관념'의 추상적 작용이 보인다. 그는 비록 지식이 감각에서 유래된다고 생각했으나 감각이 주관적이라는 것은 부인하였고, 도리어 감각 역시 객관적 근원이 있으므로 사람들은 감지된 대상의 객관성을 반드시 인정해야 한다고 강조했다. 이러한 관점은 마지막에는 실증론의 울타리를 벗어나는 것이었다. 김악림은 신실재론의 영향을 받아 지식과 지혜를 연구 토론하는 길로 나아가서 관념의 이중 역할에 관한 새로운 이론을 제기했다. 그는 중국 전통철학의 저작 방식을 채택하지 않고 오히려 서양의 논리적 방식으로 그 철학적 관점을 서술하였으나 동시에 전통적 형이상학에 대해서도 공감하는 바가 있었다. 그는 비교적 성공적으로 중국철학과 서양철학의 도리와 사리에 정통하여 여러 가지 가치 있는 이론적 사유의 성과를 얻었다.

### 2) 학술적 특색

서양에서 온 실증주의는 중국에 전입된 후 중국의 문화 배경과 서로 어울리고 중국의 사회적 수요와 서로 결합하면서 중국적 특색이 있는 실증철학 사조를 형성하였다. 옛 격언의 논법대로 "귤은 회수(淮水) 남쪽에서 나면 귤이 되고 회수 북쪽에서 나면 탱자가 된다."라고 말할 수 있다. 우리는 중국 실증철학 사조를 서양 실증주의의 간단한 이식으로 간주하면 안 되며, 당연히 그 가운데서 중국 사람들의 이해와 새로운 창조를 보아야 한다. 서양의 실증철학에 비해서 중국 실증철학 사조의 학술적 특색은 대체로 다음의 다섯 가지로 총괄할 수 있다.

(1) 외생성(外生性)

아편전쟁 이후 중국 고유의 사회 형태는 서양 침입자의 대포에 의해 부서졌다. 구국운동의 과정에서 중국인들은 이성적인 태도로 반드시 서양 사람들에게 배워야 함을 인식했다. 처음에 중국인들은 다만 서양으로부터 총과 대포의 제조 기술만 배우는데 국한되었으나 후에 진보적 중국인은 서양의 사회 이론과 제도를 배워야 할 필요성을 의식하였고 그리하여 유신변법(維新變法) 운동을 일으켰다. 유신변법이 실패한 후 중국인은 다시 서양으로부터의 배움을 한 걸음 더 밀고 나갔다. 즉 서양으로부터 철학을 배움으로써 서양 문화의 근원을 끌어들인 것이다. 실증주의는 바로 이러한 과정 중에 차츰차츰 중국으로 들어왔다.

중국의 문화 전통 가운데서 비록 일부 실증 관념의 맹아가 출현하고, 또 사람들이 실증 방법을 채용하여 고증에 종사했더라도 결국 독립적 실증철학 사조는 형성하지 못했다. 중국 전통문화의 주요 내용을 구성하는 유가 · 도가 · 불가 3대 학파는 모두 각자의 이상적 인격의 배양을 종지로 함으로써 실증철학 자체의 연구 토론에 대해서 언급한 것은 드물다. 실증철학은 서양의 실증과학이 발전한 이후의 산물이며 서양의 실증과학을 기초로 하는 철학 유파이다. 그것은 관찰과 실험적 사실 및 지식으로부터 출발하여 추상적인 형이상학적 원칙의 배제를 요구하며, 그것은 명석하고 실증적이고 정확한 사유 방식을 제창한다. 이것은 중국 전통의 경지〔境界〕적 사유와는 완전히 다르다. 중국 실증철학의 외생성 때문에 그 계승자를 결정한 것은 거의 모두 서양 문화의 언어 환경에서 성장한 신식 학자들이다. 따라서 일반 사람이나 비실증주의자 사이에서 보편적인 동의를 얻기는 매우 어려웠다. 엄복에서 시작하여 왕국유 · 호적 · 정문강 · 왕성공 · 홍겸(洪謙) · 장동손 · 김악림 등은 모두가 서양 문화를 받아들이고 전파한 사람들이다. 이들은 서양에 근원을 둔 실증철학을 끌어들였으므로 문화의 혈맥에서 말하면 이미 중국의 전통문화와는 서로 분리되어 서양화의 색채로 물들 수밖에 없었다. 그들은 중국에서 실증철학의 시장을 개척하려면 중국과 서양의 문화적 차이를 풀려고 노력하지 않을 수 없었으므로 비교적 큰 어려움에 직면했다. 이들 학자의 몇십 년의 노고와 정성을 거쳐 실증철학 사조는 비록 중국 학술계에서 일정한 지위를 획득하였으나 끝내 주도적 어구(語句)는 되지 못했다.

(2) 사회 공리성(功利性)

실증철학은 중국에 끌려 들어오면서 먼저 사회를 개조하는 무기로 출현하였고 그다음은 철학의 면모로 나타났다. 그러므로 분명한 사회적 공리성을 띠고 있다. 중국에는 실증철학의 전통이 없으며 그것이 중국에서 발전할 공간을 획득할 수 있었던 까닭은 그것이 당시 중국 사회변혁의 요구에 적응하는 것과 긴밀한 관계가 있다. 중국 사회는 전통에서 현대로 전환하면서 도구적 이성을 배양하고 도덕 이성을 바꾸어 천하를 통일하는 국면이 필요했다. 중국학자가 서양에서 실증철학을 끌어들인 것은 분명히 중국의 전통사회를 개조하려는 공리적 목적을 가진 것이지 결코 단순한 이론적 흥미에서 나온 것은 아니다.

엄복과 호적 등의 학자는 모두 사회개혁의 선도자로서 사상계에 출현하였으며 모두 실증철학을 그 사회개혁 주장의 이론적 근거로 삼는다. 엄복은 '실측귀납〔實測內籀〕'의 학설을 제창하고 아울러 이것으로써 중국 옛 문화의 공소(空疏)함과 진부(陳腐)함을 폭로했다. 그는 중국 학문과 서양 학문을 비교하여 "중국 사람은 옛것을 좋아하며 현재에는 소홀하고,

서양 사람은 현재에 힘을 쏟아서 옛것을 이긴다.”라고 생각하며 서양 학문의 ‘실측귀납’ 이라는 방법과 전통 학문의 방법을 대립시켰다. 그는 사람들이 서양 학문을 이해하고 흡수하며 중국 학문을 비판하고 배척하도록 애써 권유했다. 호적의 시대에 접어들어 중국과 서양의 합류는 점차 자각적 과정이 되었고 동시에 전통문화에 대한 비판도 나날이 깊어 갔다. 그는 실증 원칙을 일종의 새로운 학풍으로 제기하며 ‘대담한 가설, 신중한 검증’ 및 ‘증거를 가져오라’ 를 고취하였고, 또 이것을 옛 사상과 옛 관념을 없애는 도구로 여겼다. 정문강과 왕성공 등은 과학을 모든 것을 판정하는 표준으로 삼고 중국에서 과학의 관념이 대중의 생활 속으로 깊이 들어오게 하였다. 그들이 실증철학을 끌어들인 착안점은 결코 그것이 일종의 철학 이론이라는 데 있지 않고, 더욱 중요한 것은 그것이 사회를 개조하고 낡은 것을 없애며 새로운 것을 건립하는 일종의 도구라는 데 있다.

중국 실증철학 사조는 대체로 두 방면으로 나눌 수 있다. 하나는 철학 방면의 지식론 연구 토론이고, 다른 하나는 대중 방면의 과학적 사유와 과학적 동향의 선전이다. 철학 방면에서는 호적 · 장동손 · 홍겸 · 김악림 등을 대표로 한다. 그들은 지식의 형성 및 진리 문제에 대하여 비교적 깊게 연구 토론하였으며 독립적 견해와 사고를 형성하여 일정한 이론적 사유의 성과를 획득했다. 대중 전파 방면에서 실증철학은 과학을 존중하고 과학을 신봉하는 사회 풍조를 사방으로 방출하고 형성하면서 과학을 대중들이 사상 관념을 바꾸는 좌표체계가 되도록 하였다. 이런 풍조의 인도 아래 과학 관념은 중국인이 현실을 관찰하는 도구가 되었으며 각종 문제를 처리하는 수단이 되었다. 이 방면에서 실증철학은 비교적 커다란 성공을 거두었고 사회 여론에 영향을 끼치는 역할을 하였다.

(3) 비동시발생성〔不同步性〕

실증철학은 중국에 들어온 이후 서양의 실증주의와 구별되면서도 관련 있는 길을 걸어갔다. 중국의 실증철학 발전사에서 말하면 먼저 중국에 전수해 준 실증철학은 비록 서양에서 왔지만 결국 자신의 독립적 발전 과정을 지니고 있다. 이 발전 과정은 직선이 아니라 곡선이다. 중국에서 그것의 발전은 언제나 국내 각종 요소의 방해로 말미암아 중단되었다. 서양에서 실증주의 사조는 명확히 두 발전 단계가 있다. 첫째는 초기의 실증주의이고, 둘째는 논리실증주의이다. 그러나 중국에서는 오히려 이와 같은 발전 경로를 형성할 수 없었다. 중국에서는 비록 모리츠 슐리크(Moritz Schlick)한테 직접 가르침을 받은 홍겸(洪謙)을 중국의 논리실증주의의 계승자로 여기지만 중국에서 논리실증주의의 사회적 영향과 학술적 영향은 모두 그다지 크지 않아서 새로운 발전 단계는 형성하지 못했다. 1940년대 이후 서양의 논리실증주의 철학은 분석철학 사조로 집중되면서 이전 실증주의의 철학적 원칙에 대한 연구 토론 단계에 들어갔다. 그러나 실증철학의 영향을 받은 중국의 철학자 장동손과 김악림 등은 여전히 전통적 지식론의 노선을 따라 나아감으로써 서양 실증철학의 발전 경향과 보조를 유지할 수 없었다.

중국 실증철학 사조에서 토론했던 문제도 역시 서양의 실증주의와는 다른 상태로서 심지어는 주제에서도 유사성을 결핍하였다. 시작 단계에서 서양의 실증주의는 오귀스트 콩트(Auguste Comte) · 존 스튜어트 밀(John Stuart Mill) · 허버트 스펜서(Herbert Spence) 등이 철학의 입장에 서서 철학의 출로를 토론하고 철학은 마땅히 자연과학적 방법으로 뚜렷하고 명백한 체계를 세워야 하며 지식은 마땅히 현상과 경험을 기반으로 삼아야 한다고 생각했다. 그러나 엄복과 왕국유 등은 도리어 이러한 철학적 문제를 깊이 토론하지 않고 실증철학을 중국의 전통적인 학술과 구별되는 새로운 사조로 중국에 소개해 왔다. 실용주의가 미국에서 유행할 때 듀이로부터 가르침을 받은 호적이 그것을 받아들였다. 그러나 호적이 중국에서 실용주의를 강연할 때는 결코 융통성 없이 틀에 박힌 대로 하지 않고 선택을 하였는데 특히 '증거를 가져오라' 라는 이성의 원칙과 '유용하면 진리다' 라는 관념은 두드러졌고 실용주의적 종교관은 거의 회피하고 말하지 않았다. 서양의 실증론자는 형이상학 배제를 중요한 임무로 여긴다. 서양의 실증론 철학은 콩트 이래 줄곧 '형이상학' 을 반대했다. 콩트는 "진정한 실증 정신은 현상에 대하여 변하지 않는 규율을 사용한 연구로 이른바 원인을 대체하는 것이다." 라고 생각했다. 밀은 "우리는 현상 이외의 어떠한 것에 관한 지식도 없으며, 현상에 관한 우리의 지식은 상대적이며 절대적인 것이 아니다." 라고 말했다. 이후 마하주의 · 실용주의 · 논리실증주의는 줄곧 '형이상학' 을 배제하는 태도를 취했다. 마하는 그의 관점은 일체 형이상학적 문제를 배제하는 것이라고 공언했는데, 이러한 문제들이 잠시 해결하지 못하는 것으로 인식되든 혹은 근본적으로 영원히 의미가 없는 것이든 논하지 않는다. 비교해 보면 형이상학에 대한 중국 실증파 철학자의 태도가 훨씬 너그러워 결코 서양 실증론의 반형이상학적 전통을 완전히 인정하는 것은 아니다. 그들은 한 편으로는 경험론을 찬성하면서, 다른 한편 형이상학을 연구하는 문제에서 또 서양 실증론자의 이론적 경향과 일치하지 않는다. 호적 · 정문강 · 홍겸 등이 비교적 단호하게 형이상학을 반대하는 외에 그 밖의 엄복 · 왕국유 · 김악림 등은 형이상학 문제에 대하여 어느 정도의 흥미를 유지하고 있었다. 엄복은 비록 본체는 알 수 없고 불가사의하다는 것을 인정하였지만 그것이 의미 있다는 것을 부인하지 않았고 본체의 존재도 부인하지 않았다. 왕국유는 실증론은 '믿을 수 있다' 라고 인정하지만 이와 같은 철학은 결코 '사랑스럽다' 라고 여기지는 않는다. 그는 '사랑스러운' 철학을 동경하였는데 사실 그것은 형이상학에 대하여 친근을 표시한 것이다. 김악림은 지식론과 논리학에 중대한 공헌을 하였다. 그러나 그는 지식론을 형이상학과 상대적인 것으로 구분하여 형이상학은 사람들이 감정상의 만족을 얻게 할 수 있다고 인정했다. 그는 한 편으로는 실증주의가 제기한 문제에 이어 지식론을 강의하고, 다른 한 편으로는 '도(道)'가 핵심이 된 본체론 학설 체계를 세우기 시작했다. 그들은 끝까지 현상 배후의 최후 원인에 대한 탐구를 포기하지 않았다.

(4) 겸용성(兼容性)

중국 실증철학 사조에서 형이상학에 대한 철학자의 너그러운 태도는 중국 전통문화의 영향에서 비롯되었다. 그들은 중국 전통철학과 실증철학을 철저히 이해하고 융합하도록 시도함으로써 중국 실증철학 사조가 겸용성을 드러내도록 하였다. 근대의 충돌에서 중국과 서양은 어떤 의미에서는 중국과 서양의 두 문화의 충돌이라 귀결할 수가 있다. 서양을 배우는 과정에서 중국인은 서양의 과학이 가진 선진성을 알게 되었고 더 나아가 서양의 과학적 사유 방식과 중국적 사유 방식의 차이도 알게 되었다. 그러므로 정확함과 실증을 추구하는 사상 방법은 중국인에게 서양 과학기술의 기초로 소개되어 중국에 들어왔고 중국의 과학을 발전시키는 출발점으로 여기게 되었을 뿐만 아니라 또 전통문화를 반성하는 출발점으로 여기게 되었다. 엄복은 서양의 문화를 참조계통으로 하여 중국 학문과 서양 학문을 대비하였다. 그는 "중국인은 옛것을 좋아하면서 현재에 소홀하고, 서양 사람은 현재에 힘을 다하여 옛것을 이긴다."라고 말하고, 또 서양은 "학문하는 것이 하나하나 모두 실측에 근거한다." "대개 이(理)의 진실함과 도리에 어긋남은 입씨름으로 다툴 수 있는 것이 아니고 그 증거는 사실에서 가려진다."라고 지적해 냈다. 엄복에서 시작하여 실증의 관점은 신식 지식분자가 전통문화를 반성하는 도구가 되기 시작했다. 반성의 과정에서 그들은 실증철학이 중국에 발붙이고 빠르게 전파될 수 있게 하고 또 차츰차츰 발전하여 일종의 사회 사조가 되도록 하였다. 실증철학의 영향을 받은 학자는 누구나 전통문화를 비평하는 언론을 발표했었으며 모두 전통에서 벗어나 세계적 추세와 접속하자고 요구했다.

그러나 이것은 단지 중국 실증철학 사조와 중국의 전통문화 간 관계의 한 측면일 뿐이다. 다른 측면에서 보면 중국 실증철학 사조의 발전은 또 전통문화의 영향을 받음으로써 중국적 특색을 드러내고 그것이 서양의 실증주의와 서로 구별되도록 한다. 중국 실증철학 사조의 중국 전통철학의 계승은 주로 정주학파의 개조와 흡수에서 표현된다. 엄복은 비록 전통적 옛날 학문을 비판하여 쓸모없는 학문이라고 배척하였으나 방법론에서는 비판의 창끝이 주로 육왕(陸王)을 가리켰고 정주(程朱)에 대해서는 보류하였다. 그는 정주가 격물치지로 이(理)를 인식하는 것은 인지 대상을 설정한 것이고 육왕은 주관을 중시하여 인지 대상을 확정하지 않았으므로 비교해 보면 정주가 비교적 과학적 방법에 접근한다고 생각했다. 호적의 견해는 근본적으로 엄복과 일치하며 또 주희의 격물치지설에 대해서도 공감을 나타낸다. 김악림이 그의 지식론 체계를 구축할 때 역시 중국 전통문화의 영향을 받아서 힘써 중국의 고유문화와 서양 문화를 결합하려고 도모했다. 그의 말을 사용하여 말하면 바로 '낡은 병에 새 술을 담는 것' 이다. 중국 전통문화에 대한 감정에서 나와 그의 철학에서는 무극 · 태극 · 기(機) · 수(數) · 이(理) · 세(勢) · 정(情) · 성(性) · 용(用) 등 많은 중국철학의 고유명사를 보류하였고 아울러 이들 명사에 새로운 개념을 부여했다. 『논도(論道)』에서 도(道) · 식(式) · 능(能) 등의 어휘 자체가 모두 중국의 문화 전통에 속하는 것은 그의 철학 체계가 중국 문화의 영향을 받았다는 것을 충분히 설명해 준다. 그러므로 실증철학과 전통문화 사이의 역할 및 영향은 양방향이지 단일방향은 아니다.

중국의 실증철학을 돌이켜보면 그것은 일종의 철학으로서 중국의 현대 학술사에 존재하고 있을 뿐만 아니라 더 중요한 것은 그것이 일종의 사조로서 중국 현대사상의 형성 및 그 운명적 선택에 영향을 끼쳤다는 것이다. 실증 원칙과 실증철학은 중국학자에게 이질적 문화로 받아들여졌고 나아가서 폭넓은 영향을 형성하여 사람들의 사고의 대상을 자기 수양에서 구세(救世)와 치세(治世)로 방향을 바꾸도록 하였으며 격물치지의 몸과 마음의 수양에서 실효를 추구하는 과학적 탐색으로 전환하도록 하였다. 실증주의는 중국에서 계몽적 역할을 하였다. 그것은 한 방면에선 중국철학이 세계를 향해 나가도록 촉진하였고 다른 한 방면에선 서양철학을 중국에 끌어들여 중국철학과 서양철학이 교류하고 융합하는 매개가 되었다.

(5) 불충분성(不充分性)

중국에는 엄격한 의미의 실증철학 전통이 없었기 때문에 실증철학 사조는 고유의 사상 자료와 서로 결합하기가 매우 어려웠으며, 20세기 초 중국의 실증과학은 비교적 낙후하고 수준이 높지 않았기 때문에 그것을 위해 튼튼한 과학적 기초를 제공해 줄 방법도 없었다. 중국 실증철학 사조가 처한 언어 환경은 정말 선천적으로는 부족하고 후천적으로는 불리하다고 말할 수 있다. 중국 사회는 20세기의 촉박한 변혁 시기에 처하여 철학 분파의 교체가 빈번하고 신속하였으며 마르크스주의 철학을 제외한 기타 철학 분파는 오랫동안 영향력을 유지하기가 매우 어려웠다. 중국의 실증철학 사조 또한 예외는 아니었다. 이 점에서 말하면 중국의 실증철학 사조는 발전의 공간을 가지기가 매우 어려웠다. 이런 원인 때문에 중국의 실증철학 사조는 빠른 발전을 이루지 못했다. 5 · 4 시기에 호적이 제창한

실측(實測)

중국 근대 사상가인 엄복의 인식론 원칙이다. 즉 관찰과 실험의 실제 경험에서 공리와 법칙을 끌어내는 것이다. 이들 공리와 법칙은 동시에 실제적 경험의 검증을 받아서 그 자체의 정확성을 증명한다.

엄복은 '사물에 접촉하여 실측함'을 강조하고 서양의 학술은 객관적 사물에 대한 실제적 고찰을 통해서 대량의 자료를 쌓고 '그것을 분명하게 앎으로서 그렇게 된 까닭의 도리를 추구함'에 따라서 차차 공리와 법칙을 귀납해간다고 생각했다. 이와 같은 학문이 바로 '실측귀납의 학문'이다. '내주(內籀)'는 귀납법을 가리킨다. '실측귀납'은 일종의 유물주의의 경험적 귀납법에 속한다. 이 논리 방법은 원래 프랜시스 베이컨이 근대 자연과학의 경험에 근거하여 세운 것이다. 엄복은『밀의 논리학』(J. S. 밀 저)의 번역을 통해서 이와 같은 경험적 논리의 방법을 중국에 소개하였고 또 이를 사용하여 중국의 '심성지설(心成之說)'에 맞섰다. 그는 실제적 경험에서 출발하지 않고 자기의 견해가 정확하다고 여기며 다른 사람을 강박하여 자기의 편에 서도록 하는 이러한 주관주의적 방법이 가장 얄밉다고 생각했다.

엄복의 실측 사상은 감각론을 기초로 한 것이다. 그는 '알 수 있는 것은 감각에서 끝난다.'라는 것을 너무 강조하고, H. 헉슬리와 R.데카르트 사상의 영향을 받았기 때문에 한 개의 돌에 대한 사람들의 인식은 다만 돌의 색깔 · 형상 · 경도만 감지할 뿐이며, "돌의 본체는 반드시 알 수 없다."라고 생각하였다. 마지막에는 불가지론에 빠졌다.

_『중국대백과전서 · 철학』, 799쪽,
북경, 중국대백과전서출판사, 1987년.

실용주의는 상당히 잘 팔렸다. 1923년의 과학과 인생관 논전까지 중국의 실증철학 사조는 최고봉의 상태에 도달하였는데 그 후에 쇠퇴로 방향을 바꾸었다. 엄격히 말하면 중국의 실증철학은 단지 십여 년의 역사만 가지고 있고, 1930년대에는 이미 후기 실증철학 시기로 들어갔다. 장동손과 김악림은 모두 실증철학의 울타리를 타파하자고 요구하며 자기의 철학 체계를 세우려고 하였다. 그들은 엄격히 실증론자로 간주할 수는 없고 단지 중국 실증철학 사조의 철학자인 셈이다. 그들의 학설은 다만 실증철학의 여파인 셈이다. 설사 중국 실증철학의 전성기라 하더라도 호적과 정문강 등도 선전하고 소개한 것은 많았으나 연구와 토론은 적었다. 실증주의의 기본 이론에 대하여 그들은 칭찬할 만한 실적을 쌓지 못했다.

### 3) 관련된 사회 사조

실증주의는 서양에서 대개 일종의 철학 사조로 인정되었으나 중국에서 실증철학은 몇 가지 비교적 광범위한 사회 사조를 일으켰다. 중국 사회의 발전을 촉진한 측면에서 실증철학은 어리석은 사람을 깨우쳐 준 역할을 했다. 문화를 반성하는 과정에서 실증철학을 받아들인 학자들은 한결같이 이질적 문화를 참조 체계로 하여 전통문화를 다시 헤아리는 이론 근거와 분석 도구로 실증철학의 사상 관념을 활용하였다. 중국 현대사에서 중국의 실증철학과 관련 있는 사회 사조는 다음과 같다.

#### (1) 서구화〔西化〕 사조

실증철학은 중국 근현대의 서구화 사조와 튼튼하게 하나로 연결되어 있다. 그것은 중국에서 상당히 많은 신식 지식분자가 문화적 취향에서 서양의 문화를 선택하도록 인도했다.

엄복이 착수하면서부터 '중국 학문'과 '서양 학문' 사이에서 비교와 선택의 진행은 이미 시작되었다. 엄복이 보기에 중국 문화의 결점은 '무실(無實)'과 '무용(無用)'이다. 극단적으로 말하면 "위조에서 시작하여 몰염치에서 끝난다."라고 말할 수 있다. 중국 문화가 낙후한 현상을 고치려고 한다면 반드시 중국 문화보다 훌륭한 서양 문화를 배워야 한다. 그는 "근세 300년에 이르러서 배와 차가 날마다 왕래하고, 또 왕래가 더욱 확대되면서 그 백성은 더욱 부유해지며, 왕래가 더욱 빠르면 그 나라는 더욱 강해진다. 그들의 능력이 왕래하게 하는 것이 아니라 사실 그들의 불능이 왕래하지 못하게 하는 것이다. 왕래하면 다만 이전의 예속(禮俗)과 종교는 모두 한 쪽에서 일어난 것으로서 천하의 공리가 아니고 인성도 대체로 같은 바가 아니다. 모두 하루도 넘기지 못할 만큼 형세가 위태하다." "불행과 행복은 같지 않으니 천하의 공리가 아니고 인성이 대체로 같은 바도 아니다. 그것이 결국 가고 멈추지 않는 것은 같을 뿐이다."[6]라고 지적했다. 엄복이 제기한 공리는 중국 문화가 반드시 복종해야 하는 규범과 출로를 가리키는 것이며 바로 서양 문화를 가리키는 것이다. 그가 보기에 "이백 년 이래의 하늘의 운행과 인간사는 모두 왕래하기 위함이지 막기 위함이 아니다. 증기기관과 전기가 사용되니 지구는 당연히 비좁은 땅이 된다. …… 그러나 오대주에서 비옥한 중국은 그 사천 년의 옛 풍습을 지키려고 완고하게 버티는데 비록 아무리 어리석은 사람이라도 그것이 타당하지 않음을 안다."[7]라고 했다. 그는 중국인은 더 이상 옛 사상과 옛 풍습과 옛 관념에 얽매일 수는 없으니 반드시 시선을 서양으로 돌려 그곳에서 출로를 찾아야 한다고 큰 소리로 호소했다.

5·4 시기에 이르러 실증철학의 영향을 받은 진독수는 과학과 민주의

6) 『嚴復集』, 4권, 989-990쪽.

7) 『嚴復集』, 1권, 79쪽.

깃발을 치켜들고 신문화 운동을 최고조로 보급하며 대대적으로 유교를 반대하고 옛날 도덕을 반대하였으며 옛날 문학과 옛날 예술을 반대했다. 그가 확신한 발전 논리는 이미 민주와 과학이 서양을 고도로 문명이 발달한 사회로 이끌어 간 이상 그렇다면 틀림없이 중국도 이 목표에 도달하도록 도와줄 수 있다는 것이다. 이와 같은 판단에 근거하여 그는 일찍이 서구화를 중국 민족의 생사존망의 위기를 구하는 반드시 거쳐야 할 길이라고 여겼다. 민주와 과학은 서양으로부터 배우는 돌파구가 되었고 또 중국 사회를 변화시키는 돌파구가 되었다.

중국 문화와 서양 문화를 대조하고 선택하는 과정에서 중국의 첫 번째 실용주의 신봉자인 호적은 '전반적 서구화' 라는 문화적 주장을 제기했다. 그는 동양 문화에 대한 불만족으로부터 나아가 일체를 서양에서 배우자고 주장했다. 호적은 『서양 근대 문명에 대한 우리의 태도』라는 글에서 이렇게 말했다. "동양 문명의 가장 큰 특색은 만족할 줄 아는 것이고, 서양 근대 문명의 가장 큰 특색은 만족할 줄 모르는 것이다. 만족할 줄 아는 동양인은 초라한 생활에 스스로 만족하기 때문에 물질적 향락의 향상을 추구하지 않으며, 우매함에 스스로 만족하고 아무것도 모르는 것에 스스로 만족하기 때문에 진리의 발견과 기예(技藝) 및 기계의 발명을 주의하지 않는다. 이미 갖춰진 환경과 운명에 스스로 편안함으로써 자연을 정복하지 않고 다만 천명에 순응하여 자신의 처지에 만족하며, 제도를 개혁하지 않고 다만 본분을 지키고 자신을 지키며, 혁명을 바라지 않고 다만 순종하는 백성이 되려 한다. …… 서양인은 전혀 그렇지 않다. 그들은 '만족할 줄 모르는 것이 신성한 것이다' 라고 말한다. 물질적으로 만족할 줄 몰랐던 것이 오늘날 강철의 세계 · 기계의 세계 · 전력의 세계를 만들어 냈다. 이지적으로 만족할 줄 몰랐던 것이 오늘날의 과학 세계를 만들었다. 사회와 정치제도에서 만족할 줄 몰랐던 것이 오늘날의 민권세계 · 자유정체 · 남녀의 권리 평등사회 · 노동자의 신성한 함성 · 사회주의 운동을 일으켰다. 성스러운 '만족할 줄 모름'이 모든 진화의 원동력이다. 이렇게 사람의 총명과 지혜를 충분히 활용하여 진리를 추구함으로써 사람의 마음을 해방하고, 하늘의 운행을 정복하여 사람이 사용하도록 제공하며, 물질적 환경을 개조하고, 사회적 제도를 개혁하며, 인류의 최대 다수의 최대 행복을 도모한다. 이와 같은 문명이 인류의 정신적 요구를 만족시키는 것은 당연하다. 이와 같은 문명이 정신적 문명이며 진정으로 이상주의적 문명으로서 결코 물질만의 문명은 아니다."[8] 1930년, 호적은 「나 자신의 사상을 소개함」에서 우리는 반드시 "진지하게 그 사람들을 배워야 한다. 모방을 두려워하지 말라. 모방은 제조에 필요한 예비적 공부이기 때문이다. 우리 자신의 민족문화를 잃을까 봐 두려워하지 말라. 절대다수 사람의 오래되어 굳어진 나쁜 버릇은 이미 그 옛 문화를 지키는데 절정에 달했으니 당신들 젊은 사람까지 걱정할 필요는 없기 때문이다."[9]라고 더욱 밝고 확실하게 말했다.

명백히 알 수 있듯이 호적의 서구화 사상은 조금 극단적으로서 민족문화의 허무주의 경향을 드러내 보이지만 당시 국민이 구습에 얽매인 심리상태를 극복하고 개방적 관념을 형성하는 데는 도움이 되었다. 호적 이후 중국의 마르크스주의자는 이성적인 태도를 취하며 실증철학과 서구화 사조의 합리적 요소를 비판적으로 받아들이고 중국 문화와 외국 문화의 교류를 적극적으로 추진시켰다. 그리고 중국 현대화 건설의 역사적 진행 과정에서 개혁개방의 관념이 차츰차츰 사람들의 마음에 깊이 스며들도록 하였고, 중국 인민이 세계로 눈길을 돌리는 안목과 도량을 형성하도록 하였다.

---

8) 『胡適文存』, 3집, 10쪽, 合肥, 黃山書社, 1996.

9) 『胡適文存』, 4집, 459쪽.

(2) 과학주의 사조

실증철학과 과학주의는 같은 개념이 아니다. 그러나 양자는 비교적 긴밀한 연관을 갖는다. 톰 소렐(Tom Sorell)은 과학주의를 언급할 때 "과학주의는 일종의 신앙이다. 그것은 과학 특히 자연과학은 인류의 지식 가운데 가장 가치가 있는 부분이라고 여긴다. 그것이 가치가 있다고 한 이유는 과학이 가장 권위를 갖추었고 가장 엄밀하며 가장 유익하기 때문이다."[10]라고 말했다. 이 견해에 근거하면 과학을 인류 문명 발전의 최고 단계로 여기는 실증론은 과학주의의 범주에 속하는 것이 틀림없다. 그러나 과학주의의 외연은 분명히 실증론보다 더 넓고 과학주의를 신봉하는 사람이 모두 실증론자는 아니다. 중국 근현대사상의 발전사에서 실증과학·실증철학·과학주의는 하나의 뚜렷한 줄거리를 구성한다. '과학'이 '주의'로 상승하는 진행 과정에서 실증철학은 촉진작용을 하였다.

명청 시대부터 근대의 실증과학이 중국에 들어오기 시작하였으나 아쉽게도 광범한 사회적 영향을 형성하지 못했고, 옹정(雍正) 시기에 이르러 중국 문화와 서양 문화의 교류가 중단되는데, 그에 따라서 실증과학도 중국인의 학술 시야에서 점점 희미해졌다. 19세기 중엽에 와서야 청나라 국운의 쇠락과 서양 열강의 침입에 따라 서양의 실증과학이 다시 중국으로 전해져 들어왔다. 실증과학과 서양 문명에 대한 중국인의 이해는 '기구〔器〕'와 '기술〔技〕'에서 비롯된다. 사람들은 우선 '배는 견고하고, 대포는 예리하다.'라는 것의 대단함을 느끼게 되었으며, 그다음에 '오랑캐의 장점을 배워 오랑캐를 정복한다.'라는 소원이 생겼다. 양무운동 중 과학에 대한 사람들의 인식은 '기구'와 '기술'에서 '격치지학(格致之學)'으로 향상되어 과학은 수학이나 광학 등과 같은 이론적 형태로 나타났으며 과

10) 楊國榮,『科學的形上之維』上海, 上海人民出版社, 1999. 119-120쪽 재인용.

학에 대한 사람들의 이해 또한 끊임없이 깊어져 갔다. 19세기 후반기에는 유신사상가가 출현한다. 그들 또한 과학에 대한 이해를 한 걸음 더 추진시켰고, 안목도 '기구'와 '기술'에서 그 배후의 사상 관념으로 전환하여 과학에 대한 추적은 '도(道)'의 형태까지 상승하기 시작하였으며, 동시에 또 과학을 세계관 및 가치관과 서로 연관시켰다. 그것은 바로 자연적 대상 및 원리가 그 공능을 발휘한 것일 뿐만 아니라 세계관과 가치관의 공능을 부여받은 것이었다. 유신사상가 쪽에서는 이미 과학주의의 맹아가 나타났으나 이때의 '과학'은 아직 '주의'로까지 상승하지는 못했다.

실증과학의 전래와 발전은 실증철학의 전래를 위한 밑바탕이 되었다. 진정으로 실증과학을 중국으로 끌어들이기 위하여 엄복과 왕국유는 실증방법과 실증 원칙을 강력하게 외치며 전통적 사유 패턴을 개조하길 기대했다. 이 기초 위에서 호적은 실용주의를 중국으로 끌어들였고 중국의 첫 번째 실증론자가 되었다. 그 후로 왕성공과 정문강 등도 중국 실증철학의 진영에 가입했다. 그들의 노력과 추진 아래 실증철학은 드디어 현대 중국에서 일종의 광범한 영향을 가진 사회 사조가 되었다.

실증철학의 인도 아래 1923년에 유명한 과학과 인생관 논쟁이 일어났다. 이 논쟁은 중국의 과학주의 형성의 상징이 되었다. 그때 중국에서 과학은 이미 '주의'로 상승하여 일종의 신념으로 변하였으며 이론 체계를 구축한 거점이 되었다. 더욱이 학술과 정치 및 사회생활의 각 분야에 스며들어 인생관에 영향을 주고 지배하기 시작했다. 이때 과학은 이미 실증연구의 범위를 뛰어넘어 가치와 신앙의 기초가 되었다. 이것은 중국에서 과학주의가 이미 일종의 주도적인 사조가 되었음을 분명히 나타내는 것이다. 상당히 큰 한 무리의 지식분자는 과학을 전통적 가치 관념을 타파하는 도구로 간주하고, 지식을 갱신하고 낡은 것을 없애고 새로운 것을 건립하는 이론적 근거로 여기며, 미래 이상 사회의 청사진을 묘사하는 주요 색조(色調)로 간주했다. 결론적으로 그들은 과학을 일종의 가장 좋은 물건으로 여기고, 만능을 가진 만병통치약으로 여기며, 과학적 방법을 진리와 지식을 찾는 유일한 방법으로 받아들이고 널리 알렸다.

오늘날의 관점으로 보면 과학주의에는 확실히 커다란 결함이 존재한다. 비록 과학주의자가 과학 정신과 과학적 방법을 극도로 숭배하더라도 과학의 발전에 필요한 사회적 메커니즘은 오히려 늘 그들에게 대수롭지 않게 보였다. 과학주의자 쪽에서 과학은 단지 일종의 구호로 선양되었고 거의 모든 관념을 지배하는 근거가 되었다. 과학주의는 비록 사회생활의 모든 방면에 영향을 끼쳤으나 결코 직접 과학의 발전에 이로운 것은 아니었다. 사람들은 과학을 기본적인 교조로 삼아 생활의 각종 상황에 응용하며 방법에 대한 숭배를 통하여 방법론의 형이상학까지 초래했다. 과학의 형이상학화 다음에 가져온 결과는 도구적 이성이 가치적 이성을 압도한 것으로서 결국은 과학과 인문 · 이성과 가치 · 생활 세계와 과학의 그림 같은 경치 사이의 심각한 대립을 초래하였다. 이와 같은 대립은 과학의 발전에 결코 이로운 점이 없다. 중국 현대사에서 보면 비록 과학주의가 몇십 년 유행했음에도 불구하고 결코 과학 자체가 이와 상응하는 발전을 얻도록 하지는 못했다. 하지만 우리는 오늘날의 관점으로 1920, 30년대의 사상가들을 통렬히 비난할 수는 없다. 그들이 당시에 과학주의를 강력히 외치며 사람들이 관념을 전환하고 과학적 권위를 상승시킨 것에 대해서는 여전히 적극적인 의미가 있다. 이에 대하여 우리는 당연히 충분히 긍정해 줘야 한다.

(3) 자유주의 사조

신해혁명 후 많은 유학생이 유럽과 미국 및 일본에서 귀국하였고 또 문화 교육계에 많이 재직하였다. 이 사람들 가운데 매우 많은 사람이 직접 유럽과 미국의 자유주의를 받아들여 늘 신문에 자유주의를 선전하는 언론을 발표하였으며 또 어느 정도의 영향력도 있었다. 그러나 공통의 사상적 기초는 결핍되었다. 이때의 자유주의자는 아직 조직이 없는 상태에 처하여 정치 무대에서 정치적 역량을 형성할 수는 없었다. 중국의 자유주의가 중국에서 조직이 있고 진영이 있으며 영향력을 가지고 일종의 정치파벌을 형성한 것은 실증철학 사조가 번창한 이후다. 실증철학적 경향이 있는 사상가가 반드시 자유주의자는 아니지만(예컨대 왕국유) 실증철학은 사실 확실히 중국의 자유주의자들에게 공통의 사상적 기초를 제공했다. 이런 의미에서 말하면 중국의 자유주의 사조는 사회 정치 방면에서의 실증철학적 전개라고 말할 수 있다.

은해광(殷海光)은 한 사람이 아래 열거하는 속성 가운데 네 가지만 갖추면 중국에서 자유주의자라고 불릴 수 있다고 생각했다. 첫째 유학 위주의 전통을 비판하고, 둘째 과학을 제창하며, 셋째 민주를 추구하고, 넷째 자유를 숭상하며, 다섯째 진보로 기울어지고, 여섯째 백화문을 사용한다. 만일 이와 같은 관점에 의하면 실증철학의 영향을 받아들이는 학자라면 대부분 자유주의자라 부를 수 있다. 1920, 30년대에 중국의 실증철학 사조는 중국에서 전성기에 들어갔고 그에 따라 자유주의파 또한 하나의 정치세력으로서 정치 무대에서 활약하였다. 호적은 이미 중국 실증철학 사조의 대표이고 또 자유주의파의 지도자였다. 호적은 일단 '정치를 언급하지 않겠다.' 라는 처음의 생각을 바꾸면서 적극적으로 정치 활동에 참여하고 '좋은 사람의 정부' 를 세우자고 호소하며 '인권파' 를 조직하고 기타 자유주의자와 연락하여 언론 진영인 『노력주간』을 창립했다. 정문강 역시 가만히 있지 않고 「소수인의 책임」 등의 글을 발표하면서 그의 자유주의의 정치적 주장을 명백히 서술했다.

중국에서 호적을 우두머리로 하는 자유주의파의 운명은 확실히 좋지 않다. 청나라 정권이 몰락하여 무너지고 전통적 의식 형태가 그 역할이 끊어졌을 때, 중국 사회는 어떠한 가치체계를 수립해야 할지 확정하지 못했는데, 자유주의 사상이 그 틈을 타고 들어오는 기회를 얻었다. 그러나 중국에서 자유주의는 풍부한 생존의 토양이 없었고 강력한 정권의 건립에 따라서 자유주의는 억압되어 갔다. 국민당 남경 정부가 설립된 후에는 '정치적 훈도' 를 실시하여 의식 형태 방면에서 통제를 강화하고 '삼민주의' 는 교조화되었다. 전통적 윤리 도덕 또한 다시 제기되어서 당시의 사회규범으로 수립되었으니 그 보수적인 측면은 물론 더 말할 필요가 없다. 이와 같은 상황에서 국민당 정부의 전제정치는 폭넓게 선전되고 받아들여져서 정부는 강력한 권력으로 민중의 사상적 공간을 빼앗았다. 이때 자유주의자는 원래의 정치적 입장을 바꾸지 않을 수 없었다. 일찍이 자유·평등·박애를 선양한 무정부주의자이며 '선장본 책은 읽지 않기로 맹세하고' 공자를 반대한 투사 오취휘(吳稚暉)는 뜻밖에 국민당 정부의 정객이 되었다. 정문강은 1934년 이후 더 이상 민주정치를 고취하지 않았고 도리어 이상적 '전제' 와 진보적 '독재' 의 실행을 요구했다. 호적조차도 '인권이란 말을 끝내고 왕권을 말하는' 처지로 떨어졌다.

1930년대의 호적에 대하여 사람들은 그의 비판 정신을 훌륭하다고 여겼으나 오히려 그의 치국 계획과 책략은 받아들이지 않았다. 보수주의와 전제와 독재에 대한 그의 공격은 국민당 당국의 불만을 불러일으켰고, 민족주의에 대한 무관심과 온화한 개량주의의 주장은 공산당 사람의 비판을 받았으며, 그의 전반서구화〔全般西化〕 주장은 문화보수주의자의 맹렬한 공격을 받았다. 이들 요인이 중국에서 자유주의가 반드시 실패할 것임을 결정했다. 제롬 B. 그리더(Jerome B. Grieder)는 『호적과 중국의 르네상스』에서 중국의 자유주의파가 실패한 원인에 대하여 이렇게 분석했다. "중국에서 자유주의가 실패한 것은 결코 자유주의자 자신이 그들에게 제공된 기회를 잡지 못한 것이 아니라 그들이 필요로 하는 기회를 창조할 수 없었기 때문이다. 자유주의가 실패한 원인은 그때 중국이 혼란에 처해 있었기 때문이다. 자유주의가 필요로 하는 것은 질서이다. 자유주의가 실패한 것은 자유주의가 가정하는 마땅히 존재해야 할 공통의 가치 표준이 중국에서는 오히려 존재하지 않았기 때문이다. 자유주의는 또 이러한 가치 표준을 만들어 낼 수 있는 어떠한 수단도 제공할 수 없었다. 그것의 실패는 중국인의 생활이 무력(武力)으로 말미암아 만들어졌기 때문이다. 자유주의의 요구는 사람은 마땅히 이성에 의지하여 생활해야 하는 것이다."[11]

당시 중국의 상황에서 자유주의는 다만 일종의 정치적 이상으로서 현실 사회와는 서로 받아들일 방법이 없었다. 자유주의파는 몸은 네거리에서 있고 마음은 상아탑에 있어서 재주가 있으면서도 기회를 만나지 못하게 되었으니 당연히 실패를 면하기 어려웠다. 우리가 자유주의 사상의 역사적 과정을 되돌아보면 자유주의파와 실증철학 사조는 거의 같은 보조를 유지하고 있음을 볼 수 있다. 하나는 정치적 호소에 반영되었고, 하나는 사상 관념에 반영되었다. 중국에서 자유주의는 일종의 정치적 호소로써 의심할 바 없이 실행될 가능성이 없었으나 일종의 사회 비판 사조로는 오히려 결코 가치가 없는 것은 아니었다. 그것은 여러 방면에서 봉건 문화의 낙후성을 폭로하였고 전제주의 정치를 물리쳤으며 인권 · 자유 · 민주 · 평등 · 박애 등의 이념을 선양함으로써 중국 사회의 진보에 얼마간의 적극적인 역할을 하였다.

---

11) J. B. Grieder 著, 魯奇 譯『胡適與中國的文藝復興』, 377-378쪽, 南京, 江蘇人民出版社, 1989.

자·료·카·드

## 자유주의(自由主義)

일종의 개인주의와 개인의 자유를 핵심으로 하여 자본주의 제도를 유지하는 데 목적을 두고 있는 서양의 정치 사조로서 주로 개인과 사회의 관계 문제를 논술한다. 또 보수주의와 사회주의 사이의 중간적 정치 입장을 사용하여 표현하는데, 개혁은 찬성하지만 급진주의는 반대하는 입장이다. 영국의 사상가인 로크가 처음으로 자유주의를 체계적으로 논술했다. 17, 18세기의 자유주의는 고전 자유주의라고 불린다. 그것이 강조하는 것은 정치적 자유 즉 공민의 사상의 자유와 언론의 자유와 집회결사의 자유 그리고 사유재산을 보장하고 대의제 정부를 건립하는 것이다. 그것은 자산계급이 봉건전제 통치와 종교적 구속을 반대하는 무기이며 진보성을 갖춘 이론이다. 19세기의 자유주의는 전통적 자유주의로 불리며 벤담(Jeremy Bentham)과 제임스 밀(James Mill)을 대표로 한다. 경제적 자유 즉 자유 경영과 자유무역과 자유경쟁을 강조하며 정부의 개인적 경제활동 간섭을 반대하고 불간섭주의와 방임주의를 주장한다. 자유로운 자본주의에서 제국주의로 넘어가는 과도기에 자유주의 이론은 분화가 발생했다. 한 파는 스펜스(Herbert Spencer)를 대표로 하며 '생존경쟁' 적인 사회적 다윈주의를 이용하여 독점의 합리성을 논증하고 있고, 또 한 파는 토마스 그린(Thomas Hill Green)을 대표로 하며 국가가 경제적 생활을 간섭하고 중소자산계급의 이익을 보호하여 독점은 당연히 제한하도록 주장한다. 이 시기는 수정자유주의로 불린다. 1930년대 전후에는 신자유주의가 일어나는데 미국의 루이스 브랜디스(Louis Brandeis) · 듀이(John Dewey) · 루즈벨트(Franklin D. Roosevelt)를 대표로 한다. 그것은 정부가 개인의 경제활동에 간섭하지 않는 방임주의를 포기하고, 국가가 경제에 간섭하고 독점자본의 발전을 제한하는 주장을 제기하며, 개인은 자신의 이익을 추구하는 동시에 공공의 이익도 고려해야 함을 강조한다. 자유주의는 자산계급에 속하는 의식 형태이며 자산계급의 이익을 대표하는 일종의 정치이론이다. 그것은 자산계급의 경제적 정치적 지위의 변화에 따라 변하고 있으나 자본주의 통치를 보호하는 목적은 한결같이 변하지 않는다.

_李德順 주편, 『가치학대사전』 1010-1011쪽, 북경, 중국인민대학출판사, 1995.

## 2. 호적(胡適)

호적(1891~1962)은 자(字)가 적지(適之)이고 안휘성 적계(績溪) 사람이다. 13살 때 상해중국공학(上海中國公學)에서 공부하면서 신사상을 받아들이기 시작했다. 1910년 미국 국비 유학생 시험에 합격하여 코넬대학교 농업대학에 입학하였다가 후에 문과대학으로 옮겼다. 1914년 졸업 후 미국 컬럼비아대학 대학원 철학과에 합격하여 듀이 문하로 들어갔다. 이 대학교에서 박사학위를 취득했다. 1917년에 졸업하여 귀국한 후 북경대학 교수로 임명되었으며 『신청년(新青年)』 편집부에 참가하면서 적극적으로 신문화운동에 종사했다. 5 · 4 시기에 그는 『신청년』에 「문학개량소견〔文學改良芻議〕」을 발표하고 백화문을 제창하여 아주 큰 반향을 불러일으켰다. 북경대학에서 가르치는 동안에 그는 중국철학사를 강의하였고, 박사 논문인 『선진명학사(先秦名學史)』를 기초로 하여 『중국철학사대강(中國哲學史大綱)』 상권을 저술하였는데 가장 먼저 현대적 사상 방법을 채용하여 중국철학사를 연구한 것이었다. 일찍이 주미 중국대사 · 북경대학 총장 · 대만중앙연구원 원장 등을 역임했다. 저작은 『호적전집(胡適全集)』으로 편집되어 안휘교육출판사(安徽教育出版社)에서 출판하였다.

그는 자칭 '실험주의의 신도' 이며 5·4 시기의 중국에서 실용주의를 전파하였고 '과학적 방법' 을 숭배하여 현대 중국 실증철학 사조의 발전 방향을 열었다.

### 1) 도구적 이성에 관심을 쏟음

중국의 전통철학은 가치적 이성의 배양을 비교적 중시하고 도구적 이성의 배양은 크게 중시하지 않았다. 이것은 현대 이전 어느 사회에서도 모두 피할 수 없었다. 지식론의 태도 방면에서 중국의 전통적 철학자는 도덕적 가치에 관한 지식을 중시하였고 도구적 의미에서의 과학기술을 경시했다. 일반적으로 전자를 '천덕양지(天德良知)' 혹은 '대체지지(大體之知)' 라고 부르고 후자를 '견문지지(見聞之知)' 혹은 '소체지지(小體之知)' 라고 불렀는데 과학기술을 가볍게 보는 마음을 명백히 알 수 있다. 중국이 현대화하려면 반드시 이와 같은 학술적 인도의 방향을 전환하여 도구적 이성의 중요성에 대한 인식을 끌어올리고 중국의 형편에 맞는 현대성을 길러야 했다. 호적이 끌어들인 실용주의는 중국 사회의 현대적 발전을 위한 이와 같은 이론적 필요에 적합했다.

호적이 실용주의를 끌어들이기 전에 중국 근대의 사상가들은 도구적 이성을 경시하는 경향으로 바뀌기 시작했다. 중국의 전통문화에서는 비공리주의(非功利主義)를 특징으로 하는 유가철학이 주도적 지위를 차지했다. 비록 선진의 묵가와 법가·송대의 진량(陳亮)과 엽적(葉適)·명청 즈음의 안리학파(顔李學派) 등과 같은 공리주의 경향을 가진 사상 유파가 있었다고 하더라도 비공리주의가 차지한 주류적 지위의 상황을 바꿀 수는 없었다. 근대에 와서야 상황에 비교적 큰 변화가 일어났다. 서양 학문의 충격으로 인하여 많은 진보적 사상가들은 유학의 비공리주의 경향을 비판하고 공리주의 사상에 동감을 나타냈다. 엄복은 서양 학문을 확대 발전시키고 중국 학문을 헐뜯고 억눌렀으며 서양 학문을 신학(新學)이라 하고 중국 학문을 구학(舊學)이라 하여 구학을 '한마디로 말해서 알맹이도 없고 쓸모도 없다.' 라고 지적했다. 장태염은 『구서(訄書)』에서 공리주의 경향을 가진 사상가 안원(顔元)과 대진(戴震)을 힘껏 표창하였으나 유가의 정통 관념에 대해서 완곡한 비판이 없지는 않았다. 근대에 와서 이와 같은 변화가 나타났기 때문에 공리주의를 특징으로 하는 실용주의가 잇달아 들어오고 또 빠르게 전파하기 시작하였다. 이것은 당연히 이치에 합당한 일이라고 말해야 한다. 근대 이래 중국에서 공리주의 경향이 대두한 것은 도구적 이성을 점점 더 중시한 것이며, 이것은 중국에서의 실용주의 전파를 위한 조건을 준비한 것이었다.

도구적 이성에 대한 중시에서 나와 중국 근대사상가들은 진화론 철학을 힘껏 제창했다. 근대 중국에서는 어떠한 사조도 진화론의 영향보다 더 크지 않았다. 유신파이든 아니면 혁명파이든 모두 진화론을 모범으로 받들었다. 다윈이 세운 진화론은 본래 일종의 자연과학 이론이지만 현대철학의 발전에는 오히려 매우 큰 영향을 일으켜서 철학의 이론 형태에도 중대한 변화가 일어나도록 하였다. 기계적 유물주의가 치명적 타격을 받자 독일의 고전철학도 뒷줄로 밀려나고, 증거를 중시하고 심오한 생각을 반대하는 것이 새로운 학풍의 상징이 되었다. "이 '증거를 가져오라.' 라는 함성이 전해진 이후부터 세계의 철학 사상은 근본적 혁명, 즉 철학 방법상의 대혁명이 일어나지 않을 수 없었다. 이리하여 19세기 전반기의 철학적 실증주의는 한 차례 변하여 19세기 말의 실험주의가 되었다."[12] 진화론에서는 고정불변의 궁극적 본체를 인정하지 않고 세계를 영원히 멈추

12) 『『胡適文選』, 241쪽, 上海, 上海亞東圖書館, 1922.

지 않는 발전 과정으로 간주한다. 만약 이 과정을 단지 경험적 사실로 이해하게 된다면 아주 쉽게 실용주의로 기울어지게 된다. 실용주의적 사유방식에는 뚜렷하게 진화론의 낙인이 찍혀있다. 예를 들어 사람과 환경의 관계를 따지거나 사람이 환경에 대응하는 방법을 탐구하거나 형이상학을 배제하는 등은 모두 진화론의 관점에 서서 철학적 문제를 해결하는 것이다. 바로 실용주의와 진화론은 이처럼 밀접한 관계였기 때문에 진화론의 기초 위에서 다시 실용주의를 받아들인 중국 사상계는 그다지 큰 어려움을 만나지 않았을 것이다. 더욱이 주의할 만한 것은 근대의 진보적 중국인은 진화론을 다만 일종의 자연과학 이론으로만 여기지 않고 오히려 죽음에서 벗어나 살길을 찾는 사상적 무기로 삼았다는 것이다. 사람들이 그것의 과학적 의미에 관심을 가졌다고 말하기보다는 차라리 그것의 철학적 의미에 관심을 가졌다고 말하는 것이 낫다. 진화론의 인도 아래 과학의 위신은 크게 증가하고 과학을 표방하는 철학 이론도 따라서 그 사상체계가 크게 유행하였다. 바로 이와 같은 사상적 배경 아래 진화론에 의지하는 실용주의는 아주 쉽게 중국에서 시장을 찾았다. 진화론이 성행하고 차츰 사람들의 마음속 깊이 들어감에 따라서 실용주의의 전파는 알맞은 토대를 마련하게 되었다.

실용주의가 현대 중국에서 재빨리 전파될 수 있었던 까닭은 그 지식론적 태도에서 중국 전통철학과 서로 근접하는 것과 관계가 있다. 중국 고대의 철학자들은 이론 체계의 건립을 그다지 중시하지 않았으며 이론의 실천 효과를 특별히 중시하여 실천을 중시하는 전통을 형성하였다. '실천' 은 목적성을 포함하고 있으며, 목적성에 대한 분명한 이해와 정확하게 정해진 위치는 바로 '지식' 일 뿐이다. 중국 철학자의 마음속의 지식은 서양철학에서 말하는 '학술을 위하여 학술하는' 순수한 지식이 아니라 '실천' 과 긴밀하게 하나로 연결된 실용적 지식이다. 중국의 철학자는 지식은 실천에서 오고 실제를 지도하며 '배움은 실천에 이르러 멈춘다.' 라고 강조한다. 중국의 철학자는 늘 지식과 실천을 함께 논하고 지식이 행동으로 관철되도록 하라는 지행합일을 주장한다. 미국의 실용주의자는 '철학의 혁명' 을 실현했다고 공언하는데, 그 뜻은 그들이 서양인의 '지식을 위한 지식' 의 전통을 바꾸었으며 관심의 중점을 '지식' 에서 '실천' 으로 바꾸었음을 말한다. 실용주의는 사람의 인식 활동의 창조성을 강조하고, 모든 과학과 인식의 대상은 다 사람 자체의 창조에서 나온다고 강조한다. 이와 같은 행동주의적 지식론의 태도는 서양철학의 주지(主知)적 전통을 등졌으나 의외로 중국철학의 실천 중시 전통과는 거리를 가까이 끌어당겼기 때문에 중국학자들이 비교적 쉽게 받아들이게 되었다.

호적은 미국에서 유학한 기간에 듀이에게서 배우며 실용주의를 받아들였다. 그는 귀국하기 전에 이미 신문화운동에 참가하였으며 『신청년』 잡지에 글을 발표했다. 이들 글에는 이미 실용주의 사상이 스며들어있다. 귀국 후에 그는 더욱 적극적으로 실용주의를 선전했다. 1919년 4월, 그는 『신청년』 제6권 제3호에 「실험주의」라는 긴 글을 발표하여 퍼스 · 제임스 · 듀이 등 몇 명 미국의 주요 실용주의자의 사상을 비교적 전면적이고 체계적으로 소개했다. 그는 실용주의를 지도 사상으로 하여 『중국철학사대강』을 저술하고, 북경대학에서 중국철학사를 강의하며 중국의 전통철학을 다시 해석하는 방식을 이용하여 실용주의가 중국에서 발 디딜 곳을 찾도록 시도했다.

실용주의의 영향력을 확대하기 위하여 호적 등 미국 유학에서 돌아온 학자들은 강소성교육회 · 북경대학 · 지행학회(知行學會)의 이름으로 듀이가 중국에서 강의하도록 초청했다. 1919년 4월 말, 듀이는 부인과 딸을 데리고 상해로 왔는데, 호적 · 장몽린(蔣夢麟) · 도행지(陶行知) 등이 특별히 상해에 가서 영접했다. 듀이는 원래 중국에서 몇 개월만 강의하기로 계획하였는데, 강연이 매우 환영받아서 결국은 2년 2개월의 기간을 더 끌었다. 그가 갔던 곳은 요녕 · 하북 · 산서 · 산동 · 강소 · 강서 · 호남 · 호북 · 절강 · 복건 · 광동 등 11개 성(省)이니 거의 중국의 반을 돌아다니며 수십 차례의 강연을 한 것이다. 그의 강연 원고는 빠르게 중문으로 번역되어 『신청년』 『매주평론』 『신보부간(晨報副刊)』 『신조(新潮)』 『각오(覺悟)』 『학등(學燈)』 등 유명한 간행물에 게재되었고, 그 큰 영향력은 전국으로 파급되었다. 그 후 북경출판사에서 '듀이 5대 강연록' 을 출판하였는데, 그 가운데 『사회철학과 정치철학』 『교육철학』 『사상의 유파〔思想派別〕』 『현대의 삼대 철학자』 『윤리강연기략〔倫理講演紀略〕』 등은 십수 차례 다시 출판하여 당시에 가장 잘 팔리는 서적의 하나가 되었다.

호적은 북경대학에서 '듀이저작선독' 이라는 과목을 개설하여 크게 학생들의 환영을 받았다. 그는 1919년 10월 27일의 일기에 "나는 처음에 이 반이 30명을 넘지 않도록 제한하였는데 오늘 첫 수업에 가니 60여 명이 넘었다."라고 썼다. 북경대학 학생 부사년(傅斯年) · 라가륜(羅家倫) · 고힐강(顧頡剛) 등의 학생은 듀이와 호적의 실용주의 사상을 받아들여서 의젓하게 하나의 학파를 형성했다.

5 · 4 시기의 진보적 지식분자는 실용주의에 대하여 대부분 환영과 공감의 태도를 품고 있었다. 마치 애사기(艾思奇)가 말했던 것처럼 "철학에서 호적이 표방한 실험주의가 한 시대의 우세를 차지하였다. 그 밖의 철학 사조는 물론 소개된 적이 없지는 않으나 전통의 전복 · 미신의 타파 · 과학의 제창은 당시의 급선무였고 '증거를 가져오라.' 를 중심 구호로 하는 실험주의는 당시 전형적인 과학 정신으로 인정되었다." "실험주의의 학문 방법은 어떤 의미에서는 전통적 미신과 첨예하게 대립하였으며 이로 인해 5 · 4 문화 중 하늘이 내린 총아가 되었다고 말할 수 있다."[13] 공산주의 사상을 초보적으로 갖추고 있는 적지 않은 지식분자 또한 실용주

의의 영향을 많이 받아서 실용주의 색채를 띤 언론을 발표했다. 모택동은 호남건학회(湖南健學會)의 어느 회원이 한 「듀이의 교육주의를 채용한다」라는 제목의 강연에 지지를 나타내고 이 강연이 '그 진리를 얻을 수 있다.' 라고 칭찬하였다. 그는 또 호적의 '문제를 많이 연구하는' 사고 방향에 따라 호남(湖南)의 '문제 연구회' 조직에 참여하였고 이 연구회의 회칙에 140여 개의 구체적 사회문제를 열거하여 모두 연구하도록 호소했다. 진독수는 "사회경제(즉 생계)에 관한 듀이 박사의 민치주의(民治主義)적 해석은 사회주의 각파의 공동 주장이라고 할 수 있다."[14]고 말했다. 심지어 1923년의 과학과 인생관 논전이 발생한 후에 진독수는 한 걸음 더 나아가 유물사관과 실용주의의 연합전선을 조직하여 현학파에 공동으로 대응하려 했다.

비록 호적은 자주 자기가 실용주의의 신도라고 말했지만, 사실 그는 결코 실용주의를 단순히 중국에 그대로 옮겨오진 않았다. 많은 호적 비판자들은 호적을 '미국 실용주의의 추종자' 라고 질책하는데 결코 사실과 부합하지 않는다. 호적에게 있어서 미국의 실용주의는 다만 그의 사상적 근원의 하나이지 결코 그의 사상 전부는 아니다. 그는 결코 미국의 실용주의를 기계적으로 답습하고 모방하지 않았으며 자기의 이해에 근거하여 고치고 다듬었다. 그는 한 중국 현대철학자가 도달할 수 있는 이해 정도에 근거하여 실재론 · 진리론 · 방법론의 세 방면에서 실용주의의 기본 사상을 서술하고 해석했다.

13) 『艾思奇文集』, 제1권, 57. 59쪽, 北京, 人民出版社, 1981.

14) 陳獨秀, 『獨秀文存』, 251쪽.

## 도구적 이성〔工具理性〕

일종의 기술 지상의 도구주의 사상을 가리킨다. 독일 철학자 막스 호르크하이머(Max Horkheimer)가 제출한 관념이다. 호르크하이머는 오늘날 과학기술은 이미 해방의 도구에서 예속의 도구로 바뀌었음을 명백히 밝히기 위하여 막스 베버(Max Weber)의 합리화 이론에 대하여 해명하였다. 베버는 사회행동을 합리적인 것과 비합리적인 것으로 나누고 그중 합리적인 행동은 다시 도구적 합리성 행동과 가치적 합리성 행동으로 나눈다. 이른바 도구적 합리성 행동은 가치판단을 배제하고 다만 수단만 중시하는 행동, 즉 공리적 목적을 위하여 구사하는 행동을 가리킨다. 호르크하이머는 인류는 이성적 사유를 운용하여 끊임없이 자연을 극복하고 기술의 진보와 효율의 제고를 합리적 행동의 준칙으로 삼아서 마지막에는 지식 이성과 공업 기술이 자연과 사람을 통치하는 효력 있는 도구가 되도록 한다고 생각했다. 문예부흥과 계몽운동 이래 생산도구가 더욱 정밀하고 복잡해질수록 과학기술과 정치적 통치적 관계도 더욱 긴밀해져서 사람은 나날이 기계가 조종하는 대상으로 타락했다. 오늘날 과학기술의 거대한 발전은 자연과 인류 자신에 대한 사람의 통치적 욕망을 충분히 나타냈다. 공예의 합리성은 통치의 합리성으로 바뀌었다. 기술적 지식이 사람의 사상 활동 범위를 넓히는 동시에 사람의 자주성과 상상력은 마치 약화된 듯하다. 목적은 인류의 기술 진보에 따르는 생산의 비인간화 과정을 해방하는 데 있다. 도구적 이성은 날로 의식 형태의 역할을 드러내고 아울러 사회생활의 각 방면으로 스며들었다. 반대로 비판적이고 부정적인 이성은 '침울한 모양과 창백한 얼굴로' 더는 해방의 역할을 갖지 못했다.

_李德順 주편, 『가치학 대사전』, 176-177쪽,
북경, 중국인민대학출판사, 1995.

### 2) 경험주의적 실재론

호적은 기본적으로 실용주의의 실재관(實在觀)을 받아들이면서 듀이를 철학사에서 '대 혁명가'라고 칭찬했다. 그는『호적문존(胡適文存)』에서 "왜냐하면 그는 흄과 칸트 이래 유럽 근대철학의 근본 문제를 일제히 없애야 하며 토론할 가치도 없다고 생각하기 때문이다. 모든 이성파와 경험파의 논쟁이나 모든 유심론과 유물론의 논쟁 또 칸트 이래의 모든 지식론은 듀이의 눈에는 모두 문제가 안 되는 논쟁으로서 모두 '중간에서 흐지부지 그만두는 것'일 수 있다."[15]고 말했다. 듀이는 스스로 철학의 근본적인 문제를 뛰어넘어 철저한 경험주의의 입장을 찾았다고 자랑했다. 호적은 듀이의 철학적 입장을 받아들이기로 표명하고, 또 경험 주체가 앞선다는 관점으로 실재를 대하며 '실재'를 해석하는 것에서부터 착수하여 철학적 사고를 시작했다. 철학의 사유 유형 방면에서 호적은 이미 더 이상 중국 전통철학의 천인합일의 방식에 국한되지 않고 주체와 객체 상호관계의 각도에서 '실재'를 고찰함으로써 '실재'를 첫 번째 철학적 화제로 간주했다. 그가 보기에 '실재'는 결코 물질의 객관실재성을 가리키는 것이 아니라 사람들의 주관적 범위 내에 들어선 경험적 사실을 가리킨다. 그는 실용주의의 실재관을 소개할 때 "우리가 말하는 '실재'는 크게 세 부분을 포함한다. (A) 감각, (B) 감각과 감각 사이 혹은 생각과 생각 사이의 여러 가지 관계, (C) 옛날부터 있던 진리."[16]라고 말했다. 그는 실재라고 말하는 구역을 감각경험의 범위 내로 엄격하게 한정하고 실재와 감각경험을 동일시하는데, 유심주의 경향이 명백하게 보인다.

호적은 실용주의의 경험론과 서양철학사에서 과거의 경험론 사이의

---

15)『胡適文存』, 1집, 230쪽.

16) 위의 책, 228쪽.

차이에 주의했다. 그는 서양 전통철학의 경험에 관한 이해는 요점을 파악하지 못하였고 듀이야말로 진정으로 경험의 상세한 경위를 이해한다고 생각했다. '경험' 에 관하여 듀이는 아래의 몇 가지를 강조했다.

첫째, 경험은 사람이 환경에 대응하는 일이며 환경에 대응하는 활동이다. 실용주의에서는 이전의 철학이 경험을 감각으로 말미암아 획득한 지식으로 이해한다고 생각했다. 이것은 경험을 응고화(凝固化)한 것이다. 실용주의는 응고화하고 지식화한 경험을 다시 사람이 환경에 대응하는 과정이나 행동으로 환원한다. 호적은 "경험은 확실히 한 살아있는 사람이 자연적 환경과 사회적 환경에 대하여 일으키는 모든 교섭이다."라고 말했다. 그는 진화론의 계몽을 받아서 경험을 '환경' 속에 풀어 놓고 고찰하며 동태적 해석을 함으로써 '경험' 이라는 어휘에 진화론의 의미를 더했다. 그는 듀이의 말을 인용하여 "경험은 바로 생활이다. 생활은 허공 속에 있는 것이 아니라 환경 속에 있으며 이 환경에 기초한 것이다."[17]라고 말했다. 실용주의는 경험이 '죽은' 것이 아니라 '살아 있는' 것임을 강조하는데 확실히 이전의 사람과 다른 점이 있다. 호적은 이 점을 비교적 정확하게 움켜잡았다. 물론 호적이 말하는 '환경' 은 결코 객관적 세계를 가리키는 것이 아니라 경험이 구성한 세계를 가리키는 것이다.

둘째, 경험의 특성은 미래를 향해 뛰어드는 데 있다. 이미 경험이 생생하게 살아 있는 사람과 환경의 상호작용인 이상 그것이 가리키는 방향은 과거일 수 없고 미래이다. 호적은 경험은 단지 이미 발생한 경험적 사실을 가리킬 뿐만 아니라 그 가운데는 또 미래에 대처하고 미래를 예측하며 미래와 연계하는 일을 포함해야 하는데 더욱이 후자가 전자보다 훨씬 중요하다고 생각했다. 이전의 경험론은 역사주의의 기초 위에 건립되었고,

---

17) 위의 책, 232쪽.

실용주의의 경험론은 미래주의의 기초 위에 건립되었다. 그는 "구설(舊說)은 현 상태의 밖에 오직 하나의 과거만 인정함으로써 경험적 원소는 다만 지나간 일만 기억한다. 사실 산 경험은 시험적이며 현존재를 변환시켜야 하는 일이고, 그의 특성은 일종의 '투영'의 역할로써 알지 못하는 앞길을 향해 펼치는 데 있으며, 그의 주요 성질은 미래와 연락하는 데 있다."[18]고 말했다. 이전의 경험론은 뒤로 향하는 것이고, 실용주의의 경험론은 앞으로 향하는 것이다. 이것이 둘 사이의 큰 차이점이다. 호적은 경험이 '투영' 작용을 발휘할 수 있는 까닭은 '경험 속에는 바로 수없는 연락과 수없이 일관된 관계가 내포되어 있어서' 결코 굳어져 불변하면서 이미 결정된 경험적 사실이 아니라고 지적했다. 경험자는 이러한 관계에 근거하여 바로 미래를 예측하고 미래를 연결할 수 있다. 그는 더 이상 이전의 경험론자처럼 경험을 객체로 보지 않으며 또 경험적 사실로도 보지 않고 오히려 의식을 가진 주체의 활동 과정이나 구축 과정으로 보고 주체와 객체의 일치성을 강조한다.

셋째, 경험과 사상(思想)은 하나의 일이다. 실용주의는 이전의 경험론은 경험을 감각의 범위 안에 제한하고 경험을 사상과 대립시킴으로써 양자 사이의 관계 문제는 해결할 방법이 없는 어려운 문제가 된다고 생각한다. 실용주의는 경험과 사상 간의 관계 문제를 없앴으며 사상 또한 경험의 내포 속에 넣어 경험에 대한 가장 넓은 의미의 해석을 하였다. 호적은 "구파(舊派) 사람들은 경험과 사상을 절대적으로 상반된 것으로 여긴다. 그들은 모든 추리 작용은 경험을 뛰어넘어 나온 다른 곳의 일이라고 생각한다. 그러나 우리가 말하는 경험 안에는 무수한 추론이 내포되어 있다. 의식이 있는 경험이 없으면 추론의 작용도 없다."라고 말했다. 그가 생각

18) 위의 책, 231쪽.

하기에 경험에 관한 실용주의적 견해는 혁신적 의미를 갖추고 있는데 그것은 바로 이전 사람이 사상과 경험 사이에서 한쪽으로 편중된 것을 바로잡은 것이다. 이미 경험과 사상이 하나의 일이니 "그렇다면 경험파와 이성파의 모든 분쟁, 심지어 흄의 회의철학과 칸트의 사분오열된 심법(心法)의 범주까지 포함하여 모두 뇌 뒤쪽으로 내던질 수 있을 것이다."[19] 호적은 '사상' 을 '경험' 속에 합쳐서 더는 그것을 지식으로 보지 않고 행위로 본다.

호적은 비교적 정확하게 듀이 실용주의의 기본 정신을 파악했다고 말해야 한다. 그러나 또 당연히 호적의 경험주의 실재론의 치중점과 듀이는 결코 완전히 같지는 않다는 점도 봐야 한다. 듀이의 실용주의 사상은 제임스가 비평받은 후 제기한 것이다. 그리하여 그는 온 힘을 다해 '경험주의적 자연주의' 를 표방하며 경험적 자연을 강조하고, 경험자와 경험의 대상을 모두 경험 속에 포괄함으로써 주체와 객체는 결코 존재하는 두 개의 분리된 항목이나 형태가 아니라 기껏해야 경험 속의 어떤 목적을 위하여 확고하게 세운 일정한 구별일 뿐 둘은 근본적 구별이 없다고 생각했다. 호적이 현대 중국에서 경험주의적 실재론을 논술한 것은 문맥이 듀이와 달라서 듀이처럼 주체와 객체 사이의 분리를 없애려고 노력할 필요는 없었으며 도리어 인본주의 원칙이나 주체성 원칙을 나타내려고 노력하였고 주체에서 출발하여 객체를 파악해야 하는 필요성을 강조했다. 그는 "실재는 우리 스스로가 개조하였던 실재이다. 이 실재 안에는 무수한 사람이 만든 분자를 내포하고 있다. 실재는 아주 복종적인 여자아이다. 그녀는 어떤 일에나 순순히 따르며 우리가 그녀를 대신함으로 인해 분을 바르고 치장한다."라고 말했다. 그는 또 실재를 100개의 동전을 인위적으로

---

19) 위의 책, 231쪽.

50개씩 두 덩어리로 나눌 수 있을 뿐만 아니라 또 25개씩 네 덩어리로 나눌 수도 있으며 또 10개씩 열 덩어리로 나눌 수 있다는 것에 비유하였다. 결론적으로 각 사람의 마음속에서는 그 자신의 '실재' 를 형성할 수 있다. 예를 들면 "한 시인과 한 식물학자가 함께 문을 나서서 돌아다니며 노는데 그 시인의 눈에는 다만 해가 밝고 바람이 맑으며 꽃이 예쁘고 새가 아름다운 것만 보이고, 식물학자는 다만 길가에 자라는 것은 어떤 풀이고 울타리에 핀 것은 무슨 꽃이며 물가에 심은 것은 무슨 나무인가만 본다. 이 두 사람의 우주는 크게 다르다."[20]

호적은 실재는 사람들이 경험해온 실재이며 가공하고 인간화한 실재라는 것을 강조하였다. 많은 연구자가 호적 실재관의 유심주의적 성질을 비평하고 중국의 철학적 사유 방식 변혁의 측면을 재촉하면서도 호적 실재관의 적극적 의미를 소홀히 했다. 중국의 전통철학이 전근대 단계에 처하였기 때문에 철학자들은 결코 자각적으로 주체와 객체의 관계 문제를 연구하지 못했다. 중국의 전통철학에서는 천인합일의 철학적 사유 방식이 지배적 지위를 차지한다. 그리하여 주체와 객체의 관계 문제는 가려져 있었다. 전통적인 철학자는 특히 주체 문제에 관심을 두지 않았으며 주체를 기본 입장으로 삼아서 객체를 파악하는 자각 의식을 형성할 수 없었다. 이러한 경향에 대하여 호적은 원래의 철학적 사유 방식을 타파하고 주체성 원칙을 고양함으로써 중국의 철학적 사유 방식이 근현대로 들어서는 데 촉진 작용을 하였다. 천인합일의 철학적 사유 방식 아래 주체성 원칙은 충분한 관심을 받지 못하고 객체성 원칙도 마찬가지로 관심을 받지 못했다. 사람과 실재의 관계에 한 층의 윤리적 색채가 칠해짐으로써 전통철학자는 결코 전문적으로 실재 문제를 연구하지 않았고 다만 아무

20) 위의 책, 228쪽.

## 실용주의(實用主義)

19세기 말 미국에서 생겨난 경험론적 철학 노선에 속하는 한 분파다. 주요 대표적 인물의 관점이 비록 각각 예컨대 명제의 의미에 관심이 있고 진리의 효용성을 숭배하며 사유의 도구적 역할을 강조하는 따위의 특징은 있으나 그들은 모두 철학을 경험의 범위에 제한하고 '행동' '생활' '효과'를 중시하며 지식을 환경에 적응하는 도구로 간주하여 진리를 '유용(有用)'과 동일시한다. 실용주의는 비교적 뚜렷하게 눈앞의 이익에만 급급한 미국 자산계급의 사유 방식과 생활 방식을 반영하였다. 그리하여 미국에서 20세기 이래 영향이 가장 큰 철학 분파의 하나가 되었다.

실용주의 방법론의 근본적 원칙은 일체가 효과와 공용을 표준으로 삼는 것이다. 그 목적은 유물주의와 유심주의 · 과학과 종교 등 대립하는 이론을 조화하는 데 있다. 실용주의가 전통철학과 다른 특징의 하나는 방법으로부터 착수하여 철학을 말하는 것이다.

실용주의는 전통철학이 인지의 주체 · 경험자와 인지된 대상 · 경험을 분리하고 정신과 물질을 두 개의 다른 영역의 것으로 여기는 관점을 비평한다.

인식과 진리에 관한 실용주의의 이론과 그 경험론은 밀접하게 연관되어 있다. 그것은 사람의 인식과 사유가 경험의 한 방식이며 사람의 적응 행위와 반응의 기능이라고 생각한다. 그것은 결코 객관적 세계의 주관적 영상을 제공하지 않는다. 인식 또한 어떤 객관적 진리를 탐구하고 찾는 것이 아니라 환경에 적응하는 만족스러운 효과를 추구하여 생활이 유쾌하고 안정되고 만족하도록 하기 위해서이다.

사회와 역사 문제에 관한 이론은 실용주의 이론의 아주 중요한 구성요소이다. 실용주의의 형성 시기에 '형이상학 클럽'의 많은 구성원은 바로 사회와 역사 문제에 대한 논술을 통하여 자기의 실용주의 관점을 진술한다. 예를 들면 퀴스커(John Fiske)는 역사가 사람들이 자기의 필요와 편리에 근거하여 세운 사건의 퇴적일 뿐 결코 객관적 규율성은 없다고 생각했다.

_『중국대백과전서 · 철학』, 804-806쪽,
북경, 중국대백과전서출판사, 1987.

생각 없이 이 문제를 건드렸을 뿐이다. 호적은 실재관에서 착수하여 철학적 사고를 전개하고 현대 중국 철학자의 사유 방식과 전통철학자는 아주 큰 차이가 있다고 표명했다. 호적 쪽에서 철학은 더 이상 모든 것을 두루 완비한 학문이 아니라 이미 하나의 독립적 학문분과가 되었다. 그러므로 그는 비로소 '실재'를 하나의 단독적 철학 문제로 제기하여 연구할 수 있었다. 실재관 방면에서 호적은 인본주의에 근거하여 대담하게 개성을 추구하고 또 당시 중국의 진보적 지식분자의 정신적 면모를 반영하여 5 · 4 시기가 요구한 개성의 해방과 개성의 자유를 응결시켰고 봉건의 속박을 벗어나는 시대정신을 요구하였다. 이 의미에서 말하면 그의 경험주의 실재관은 비록 유심주의적 경향이 있으나 당시로서는 역시 사상 계몽의 역할을 다하였다고 하겠다.

### 3) 도구주의적 진리론

호적은 실재를 경험 속에서 끊임없이 형성하고 발전하는 과정으로 이해할 뿐만 아니라 동시에 인식을 경험 속에서 끊임없이 형성하고 발전하는 과정으로 이해함에 따라서 '유용(有用)이 곧 진리다.'라는 진리관을 형성했다. 실재관 방면에서 그는 과정론자(過程論者)이며, 지식론 방면에서도 그는 역시 과정론자다.

실용주의에서 보면 사상 · 관념 · 지식 · 진리는 모두 경험에 종속되며 사람이 경험과 연결하는 도구이다. 대체로 각종 경험을 성공적으로 연결할 수 있는 사상 · 관념 · 지식은 모두 진리라 부를 수 있다. 실용주의에서 경험 · 사상 · 관념 · 지식 · 진리는 모두 동의어다. 호적은 "진리는 원래 사람이 만든 것으로서 사람을 위하여 만들었고, 사람이 만들어서 사람이 사용하도록 제공하였으며 그들에게 크게 쓸모가 있으므로 '진리' 라는 아름다운 이름을 붙여준 것이다. 우리가 말하는 진리는 원래 사람의 도구에 지나지 않는다. 진리는 내 손 안의 이 종이 · 이 분필 · 이 칠판 · 이 찻주전자와 같은 물건으로서 모두 우리의 도구이다."[21]라고 말했다. 그가 생각하기에 진리는 사람들이 환경에 잘 대응하기 위하여 제기한 가설로서 반드시 객관적 사물 및 그 법칙을 반영하는 것은 아니다. 호적은 반영론의 각도에서 진리를 해석하는 것에 동의하지 않고 결코 주객 관계의 의미에서 인식의 진리성을 설명하지 않는다. 그는 형식적 측면에서 진리의 주관성을 과장했고 진리의 객관적 내용을 없앴다. 그는 모든 실용주의자와 마찬가지로 진리의 신성한 후광을 없애고 그것을 지식과 동일시하고 경험과 동일시했다. 그의 눈에는 결코 신앙으로서의 진리는 없으며 다만 이성적 도구로서의 진리만 있을 뿐이다. 그가 말하는 진리론은 사실상 바로 지식론이다. 그는 중국의 현대철학사에서 제일 먼저 지식론을 연구한 철학자로 도구적 이성의 각도에서 진리나 지식을 해석하였다. 그러나 그는 결코 지식을 이미 정해져 있는 형태로 여기지 않고 경험을 형성하는 과정으로 여겼다. 그는 이미 결정된 지식에 대하여 철학적 해석을 하지 않고, 지식은 어디서 오는가 하는 문제를 캐묻지 않으며, 인식 과정에서의 주관과 객관의 관계 문제를 깊게 연구하지 않고, 행위 주체에 대한 지식의 지

---

21) 『胡適文存』, 1집, 225쪽.

도적 의미에 역점을 두어 설명하며, 심지어 진리나 지식이 객관성을 갖추었다는 데 동의하지 않는다. 그는 다만 지식이나 진리의 상대성에만 동의할 뿐 지식이나 진리의 절대성과 객관성 등의 문제를 토론하는 것을 거절했다.

호적은 지식이나 진리가 절대성 및 객관성을 갖추었다는 데 동의하지 않았을 뿐만 아니라 또 지식이나 진리가 보편적 적용성을 갖추었다는 데 동의하지 않았다. 그는 지식이나 진리가 변동의 과정에 놓여 있음을 강조한다. "모든 주의(主義)나 모든 학술 이론은 전부 연구해야 한다. 그러나 다만 일부 가설적〔증명이 필요한〕 견해는 인정할 수 있으나 불변의 진리적 신조는 인정할 수 없다. 다만 참고하고 입증하는 재료는 인정할 수 있으나 금과옥조가 되는 종교는 신봉할 수 없다. 다만 마음을 일깨우는 도구로는 사용할 수 있으나 총명함을 덮고 생각을 정지시키는 절대 진리는 절대로 사용할 수 없다."[22] 그가 보기에 영원히 변하지 않는 진리는 없으며 심지어 자연과학 방면의 정리(定理)나 학술 이론 등도 예외가 아니다. 그러므로 진리는 결코 반드시 준수해야 하는 준칙이 아니고 다만 사람이 가설을 제기할 때 참고할 재료를 제공할 뿐이다. 호적은 진리를 끊임없이 발전하는 과정으로 이해하여 실용주의의 진리론은 사실상 '역사적 진리론' 이라고 주장한다. "왜냐하면 이와 같은 진리론이 중시하는 점은 진리는 어떻게 발생하는지, 어떻게 획득하는지, 어떻게 공인된 진리가 되는지에 있기 때문이다." 호적의 '진리가 하나의 과정' 이라는 사상에 관해서는 합리적인 측면도 있다. 그러나 그는 인식의 상대성을 과장하였고 진리를 재는 객관적 척도를 없앴다. 그는 진리를 겨우 '가설' 로만 이해하였을 뿐 그것을 인류의 인식 발전의 이정표로 보지는 못하였다. 이것은 과학에 대

22) 『胡適文存』, 4집, 454쪽.

한 추상적 위상 강등이다. 여기서 실용주의 경험론의 협애성은 이미 드러났다.

호적이 보기에 이미 진리가 사람이 만든 도구이고 또 어떤 객관적 근거가 존재하지 않는 이상 당연히 진리를 검증하는 객관적 표준도 존재하지 않는다. 진리가 진리로 불리는 것은 그것의 '참' 에 있지 않고 그것이 '유용' 한지 아니한지 효과를 낼 수 있을지 없을지에 있다. 그는 제임스의 말을 인용하여 "대체로 진리는 모두 우리가 소화하여 받아들일 수 있고 검증할 수 있으며 방증(傍證)으로 증명할 수 있고 검사를 하여 구명(究明)할 수 있는 것이다. 대개 가짜 관념은 모두 이와 같을 수 없다."라고 했다. 호적은 진리를 은행수표에 비유하여 "하나의 관념(의미)은 마치 한 장의 수표와 같아서 위쪽에 어느 정도 지출할 수 있는지의 효과가 분명하게 적혀 있다. 만약 이 자연은행이 이 수표를 보면 즉시 숫자대로 현금으로 바꿔준다. 수표는 곧 진짜이고, — 그 관념도 진짜이다."[23]라고 했다. 호적은 진리는 마땅히 실재와 서로 부합해야 함을 부인하지 않는다. 그러나 그가 이해한 실재는 그 자체가 '남이 마음대로 치장하게 하는 여자아이' 처럼 수의성(隨意性)을 가지고 있다. 그가 말하는 '부합(符合)' 은 실재를 모사(模寫)하지 않고 실재에 대처하고 실재에 적응하는 것이다.

구체적으로 말하면 진리의 용도는 그것이 경험을 연결하는 중개가 되어서 사람의 일부 경험과 다른 일부의 경험을 흡족하게 연결하고 조정하는 데 있다. 호적은 이와 같은 작용을 '나룻배로 운반한다.' 혹은 '중매선다.' 라고 부른다. "진리가 공인된 진리로 될 수 있는 까닭은 그것이 우리를 위하여 나룻배로 운반하거나 중매 섰기 때문이다."[24] "나룻배로 운반한다."는 것은 진리가 연결 작용을 하여 사람들이 일부의 경험에서 다

23) 『胡適文存』, 1집, 223-224쪽.

24) 위의 책, 226쪽.

른 일부의 경험으로 넘어가도록 도와줌으로써 더욱 효과적으로 환경에 대처하는 것을 가리킨다. 그는 예를 들어 설명했다. 한 사람이 숲에서 길을 잃었는데 그는 이전의 경험에 근거하여 흐르는 물을 따라 숲을 나갈 수 있다는 것을 안다. 그는 이 방법을 따라 하여 과연 위험에서 벗어났다. 이렇게 "흐르는 물을 따라 숲을 나갈 수 있다."라는 것은 하나의 실증된 진리라고 할 수 있다. 소위 '중매 선다' 라는 것은 진리가 조정하는 작용을 하여 사람들이 원래의 구사상(舊思想)과 새로 알게 된 사실을 어울리도록 돕는 것을 가리키는데 마치 매파가 한 쌍의 남녀를 교제시켜서 부부를 만드는 것과 같다. 예를 들면, 사람들이 지구가 둥근 것을 알게 되면, 그렇다면 둥근 공 위에 있는 물체가 아래로 향할 때 왜 우주로 떨어지지 않을까? 이 문제를 해결하기 위하여 뉴턴은 '만유인력' 의 법칙을 제기하여 그것이 만족스러운 해석을 얻도록 하였다. 그래서 모두 만유인력설은 하나의 진리라고 인정하는 것이다.

실용주의에서는 연구의 중점이 진리와 대상의 일치에서 진리의 효용으로 옮겨감에 따라 특별히 진리의 상대성을 강조한다. 호적은 진리는 "바로 이 시간 · 이 경지 · 이 나의 이 진리이다. 저 절대적 진리는 현실과 거리가 멀고 추상적이며 두리뭉실하고 증거가 없으며 검증할 수가 없다."[25] 고 생각했다. 그가 보기에 진리는 사람이 구체적인 형편에서 제기한 가설에 불과하며, 이와 같은 가설은 현상을 해석하는 데 사용한다. 해석이 만족스러우면 진리라 부를 수 있으며 해석이 불만족스러우면 이 진리의 자격을 박탈하고 다른 가설을 찾아서 그것을 대신하여도 무방하다. 마치 운반해 주는 배가 파손되면 다시 하나 만들 수 있고 이 매파가 유능하지 않으면 쫓아내고 훨씬 더 적당한 사람을 찾는 것과 같다. 여기서 호적은 이

25) 『胡適文存』, 1집, 215쪽.

미 '진리는 반드시 구체적이다.' 라는 사상과 접촉하였다. 그러나 그는 단지 진리를 개체의 특수인식으로 여기고 진리의 공통성 및 일반성을 말살하여 피할 수 없이 "각자 자기의 주장이 옳다고 생각한다."라는 상대주의와 회의주의 관점을 초래하였다.

호적이 창도한 실용주의적 진리관은 중국 현대철학사에서 긍정적이며 이론적인 의미를 갖추었다. 먼저 그것은 이성을 숭상하는 회의주의 정신을 포함하고 있어서 봉건주의 · 교조주의 · 신앙주의 · 독단론을 반대하는 긍정적 의의를 갖추고 있으며, 사람이 관념을 갱신하고 사상을 해방하는 데에 일정한 도움이 된다. 호적은 이렇게 말했다. " '삼강오륜' 을 예로 들면 고대 사람들은 진리로 생각하였는데 이러한 말이 고대 종법 사회에서는 꽤 쓸모가 있었기 때문이다. 그러나 현재는 시대가 변했고 국가 형태도 변하여 '삼강' 에서는 군신의 강(綱)이 적어졌고 '오륜' 에서는 군신의 윤(倫)이 적어졌다. 또 '부위자강(父爲子綱)' 과 '부위처강(夫爲婦綱)' 두 강령 역시 성립할 수 없다. 고대의 '불변의 진리' 가 지금은 쓸데없는 말로 바뀌었다."[26] 호적이 실용주의의 회의 정신과 실증 정신을 두드러지게 나타낸 것은 역시 전통철학의 독단론적 경향에 대한 비판이며, 그가 현대적 사유 방식을 써서 전통적 사유 방식의 이론적 의향을 개조하려고 시도한 것을 나타낸다. 그는 "예로부터 철학자는 자기 마음대로 무책임하게 말했다. 이 사람이 '도' 라고 말하면 저 사람은 '이' 라 하고, 세 번째 사람은 '기' 라고 하며, 네 번째 사람은 '무' 라 하고, 다섯 번째 사람은 '하느님' 이라 하며, 여섯 번째 사람은 '태극' 이라 하고, 일곱 번째 사람은 '무극' 이라 한다. 당신과 나는 누구 말이 옳은지 누구 말이 그른지 단정할 수 없고 하는 수 없이 그들의 무책임한 말을 중지해야 한다."[27]라고 지

26) 위의 책, 225-226쪽.

27) 위의 책, 215쪽.

적했다. 호적은 실용주의의 입장에 서서 대담하게 옛 사상의 권위를 뒤집어엎고 "모든 가치를 다시 추정하자."라고 주장하면서 아주 강한 비판 의식과 계몽 정신을 나타냈다. 호적은 모든 외재적 권위를 없애고 자신을 가치의 척도로 삼자고 주장하며 철학적 관점에서 신식 지식분자가 요구하는 개성 해방의 염원을 나타냈다. 이 점에서 보면 그가 제기한 "쓸모가 있으면 진리다."라는 관념과 데카르트가 제기한 "나는 생각한다. 그러므로 나는 존재한다."라는 명제는 방법은 다르나 결과는 같은 절묘함을 갖고 있다.

그다음 그가 중국 전통철학이 지나치게 가치적 이성을 외치고 도구적 이성을 홀시한 상황을 바꿈으로써 당시 도구적 이성에 대한 중국인의 관심을 불러일으켰다. 중국 전통철학은 '무용지대용(無用之大用)' 을 귀중히 여기고 '천덕양지(天德良知)' 를 중시하며 '견문지지(見聞之知)' 를 경시한다. 심신수양 방면에서는 철학의 역할을 중시하였으나 실천에 대한 실용적 지식의 지도 역할은 중시하지 않았다. 호적의 진리관은 전통철학과 상반되어 '쓸모 있으면 진리다.' 라는 편향적인 구호를 제기하고 도구적 이성에 동의하는 것을 명확히 나타내면서 현대 중국인의 가치관 전환에 대한 촉진 작용을 하였다. 그는 사람들이 좀 더 실무에 힘쓰는 정신으로 어떤 탁상공론이나 한가로이 근거 없는 말을 하는 나쁜 풍습을 버리도록 요구한다. 그는 사람들이 시야를 이상에서 현실로 이끌어 더 이상 이상주의적 공담(空談)으로 깊이 빠지지 않고 공담으로 나라를 해치는 곤경에 빠지지 않도록 호소한다. 호적이 말하는 '쓸모 있음' 은 아주 큰 정도에서 과학 지식의 유용성을 가리키기 때문에 그의 '쓸모 있음이 바로 진리다' 라는 관념은 5 · 4 시기에 과학을 높이 세운 함성과도 일치한다.

물론 호적의 실용주의 진리관 또한 소극적 의미가 없는 것은 아니다. 그것은 바로 중국에서의 마르크스주의 전파를 배척한 것이다. 그러나 인

**자·료·카·드**

## 듀이(1859~1952)

미국의 철학 · 윤리학자 · 가치이론가 · 사회활동가 · 교육자다. 미국 버몬트주 버링톤에서 태어났으며 버몬트대학교와 존스홉킨스대학교에서 공부를 마쳤고 미시간 · 미네소타 · 시카고 · 컬럼비아대학교에서 교편을 잡았다. 듀이는 평생 30여 권의 저작과 900여 편의 글을 썼는데 그 가운데서 중요한 철학 · 윤리학 · 가치론의 저작으로는 『윤리학』(1908) · 『철학의 개조』(1920) · 『인성과 행위』(1922) · 『경험과 자연』(1925) · 『확정성의 탐구』(1929) · 『자유와 문화』(1939) · 『평가이론』(1939) · 『사람의 문제』(1946) 등이 있다. 듀이는 실용주의의 주요 대표 인물의 하나다. 그가 제기한 경험자연주의는 경험과 자연의 합일을 강조하는데 경험은 전부 받아들이는 전체로서 사람의 정감과 의지 등 모든 심리적 주관적인 것을 포괄하며 또 사물 · 사건 등 모든 객관적인 것을 포괄하고 주체와 객체 · 유기체와 환경의 상호 작용으로서 능동성을 갖추었다고 여긴다. 그는 또 실용주의의 도구주의적 인식론과 진리관을 제기하고 체계적으로 명백하게 서술하였으며 사상 · 개념 · 이론은 다만 사람들이 기대하는 목적을 달성하기 위하여 설계한 도구라고 여겼다. 만약 도구의 역할을 성공적으로 수행하여 의심스럽거나 판단하기 어려운 상태를 해소한다면 곧 참된 것이다. 그는 또 사상오보설(思想五步說) 즉 실험 논리를 제기하는데 사상은 다섯 단계를 거쳐야 한다고 생각한다. 그것은 곤란을 느끼면 의심스럽거나 판단하기 어려운 것을 찾아서 가설을 제기하고 추리 연역하여 가설을 실증하는 것이다.

_李順德 주편, 『가치학 대사전』, 109쪽,
북경, 중국인민대학출판사, 1995.

정해야 하는 것은 5 · 4 시기에는 호적의 실용주의 진리관의 적극적인 방면이 주도적 지위를 차지하였고, 5 · 4 이후에는 그 소극적 요소가 바야흐로 점점 주도적 방면으로 올라온 것이다. 호적의 진리관은 일종의 지식론으로서 지식론이라는 이 하나의 철학이 독립된 학문분과 다음의 전문적 화제가 되는 길을 열었고 중국철학의 발전이 이미 현대 단계에 들어섰음을 표명한다. 호적으로부터 시작하여 지식론은 점차 중국 실증철학 사조의 핵심 화제 가운데 하나가 되었다. 비록 지식론에 대한 호적의 연구가 결코 깊이 들어간 것은 아니지만, 그가 현대 중국에서 지식론 연구 분야에 발을 들여놓은 첫 번째 사람임은 인정하지 않을 수 없다.

### 4) 실증주의적 방법론

실용주의자인 호적은 '유용하면 진리다.' 라는 점을 강조하는데, 사실상 그는 진리를 완전히 지식의 형태로 다루지 않고 일종의 탐색 방법으로 다룬다. 그는 다만 지식론 문제를 언급하기만 할 뿐, 지식의 과정 가운데 주관과 객관 · 감성과 이성의 관계 등 이론적 문제는 깊이 연구하지 않았다. 그가 특별히 중시한 것은 어떻게 지식을 획득할 수 있는가 하는 사상의 방법 문제이다. 호적은 실용주의를 소개하고 서술할 때 사상의 방법을 중시하는 특징을 파악하는 데 매우 주의하였다. 그는 실험주의는 물론 일종의 주의(主義)지만 실험주의는 주로 일종의 문제를 연구하는 방법임을 거듭 자세히 설명했다.

호적은 듀이의 실용주의 사상의 방법은 다섯 단계로 나눌 수 있다고 소개하였다.

첫째, 의심스럽거나 판단하기 어려운 경지.

둘째, 의심스럽거나 판단하기 어려운 점은 도대체 어느 곳에 있는가를 찾아낸다.

셋째, 의심스럽거나 판단하기 어려운 것을 해결하는 여러 가지 방법을 가정한다.

넷째, 각 가정이 내포하는 결과를 하나하나 생각해 내어 어느 가정이 이 어려움을 해결할 수 있는가를 예상한다.

다섯째, 이러한 해결을 사람이 믿도록 검증하거나 혹은 이러한 해결의 오류를 증명하여 사람이 믿지 않도록 한다.

호적의 이해로는 듀이의 사상 방법이 아래 몇 가지 점에서 주의할 만하였다. 첫째, 듀이의 방법은 일종의 역사적 방법이다. 그러므로 '조손(祖孫)의 방법' 이라고도 부를 수 있다. 호적은 다음과 같이 말했다. "그(듀이를 가리킴)는 지금까지 하나의 제도나 학설을 하나의 고립된 것으로 간주하지 않고 대체로 그것을 중간 단계로 간주한다. 한쪽 끝은 그것이 발생하는 까닭으로서의 원인이고, 한쪽 끝은 그 자체가 왕성하게 되는 효과다. 위쪽 끝에는 그 조부가 있고 아래에는 그의 자손이 있다."[28] 그는 이러한 사상 방법은 '비평 정신' 이 가장 풍부하며 경직된 관점이 아니므로 모든 사물을 발전하는 과정 중에 두고 고찰하도록 주장한다. 둘째, 듀이의 방법은 귀납과 연역을 함께 중시한다. 첫째 단계부터 셋째 단계까지는 귀납법을 두둔하고, 셋째 단계부터 다섯째 단계까지는 연역법을 두둔한다. 그것은 내용과 형식 두 방면의 배합에 주의하므로 형식논리적 의미에서의 사상 방법은 아니다. 셋째, 듀이의 방법은 가설을 가장 중시하는데 이 다섯 단계 가운데 가설이 그 중심 고리가 된다. 호적은 "사상의 진정한 훈련은 사람이 선명한 경험을 가설의 근원으로 삼도록 하게 하고, 사람이 이 여러 가지 가설을 비평하고 판단하는 능력을 갖추도록 하게 하며, 사

28) 『胡適文存』, 1집, 277쪽.

람이 방법을 만들어 내어 가설의 옳음과 그름과 진짜와 가짜를 증명할 수 있게 하는 것이다."[29]라고 말했다. 넷째, 듀이의 방법은 '실험적인 방법'이다. 구체적인 사실과 경지에서 착수하여 모든 학설이나 이론을 전부 증명을 기다리는 가설로 삼고 실험을 진리의 유일한 시금석으로 여기며 실증성과 실행 가능성을 매우 중시한다.

자신의 이해에 근거하여 호적은 실용주의적 방법을 다섯 단계에서 세 단계로 간략하게 하였다.

첫째, 이것저것 구체적인 문제부터 착수하여 먼저 문제의 여러 방면의 여러 사실을 연구하고 도대체 병은 어디에 있는지를 찾아본다.

둘째, 일생의 경험과 학문에 근거하여 여러 가지 해결 방법을 제기하고 병을 치료하는 처방을 제기한다.

셋째, 일생의 경험과 학문에 상상력을 더하여 가정하는 각각의 해결 방법마다 어떠한 효과를 갖추는지를 추론하며, 이러한 효과가 참으로 눈앞의 이 곤란한 문제를 해결할 수 있을지 없을지를 추측하며, 마지막으로 하나의 해결 방법을 찾아낸다.

나중에 그는 또 이 세 단계를 하나의 공식으로 요약하여 '대담한 가설, 신중한 증명'이라고 부르고 실용주의적 방법의 요점을 진술하는 데 사용하였다. 호적의 방법은 듀이의 방법과 일치하는데 모두 문제를 사유의 기점으로 간주하고 가설을 문제 해결의 방안으로 간주하며 효과를 증명의 근거로 삼는다. 서로 비교하여 말하면 호적의 진술이 훨씬 간결함에 따라서 중국인들에게 더욱 쉽게 이해되었다.

마땅히 인정해야 할 것은 호적이 명백히 논술한 사상 방법은 대체로 과학자의 사고 과정을 기술하여서 일정한 과학적 요소를 갖추고 있다는 점

---

29) 위의 책, 239쪽.

이다. 자연과학자들은 연구에 종사할 때 종종 다음과 같은 몇 가지 단계를 거친다. 첫째는 제목을 선정하고, 둘째는 방안을 설계하며, 셋째는 가설을 제기하고, 넷째는 실험을 통하여 가설의 정확도를 검증하며, 마지막으로 과학적 법칙에 부합하는 인식을 획득한다. 호적은 이와 같은 과학적 연구의 순서가 철학의 높이까지 올라가고 널리 확대되도록 힘썼다. 그는 '실험실의 태도' 를 매우 중요시하여 일찍이 과학적 방법에 대하여 경의와 동의를 표명했었다. 바로 이 때문에 당시의 많은 지식 분자가 모두 호적의 방법을 훌륭하게 여기고 그것을 '과학적 방법' 으로 간주하며 받아들였다.

그다음에 호적은 가설을 중시하며 탐색에 용감한 학술 정신을 드러내 보인다. 이것은 구식 학자들의 사상 방법과 비교하여 뚜렷한 발전이다. 구식 학자들은 늘 '성현을 대신하여 훌륭한 말하기' 를 자기의 임무로 삼았고, 엄청난 옛날 서적 더미에서 하루하루 생활하는 것에 만족하였으며, 사상은 보수적이었고, 일정한 한계는 한 걸음도 넘어서지 못하였으며, 대담하게 가설하는 사상적 능력은 모자랐다. 호적은 구식 학자의 좁은 시야를 타파하고 대담한 가설을 제창하여 성현에 대하여 오만함을 드러내면서 하나의 새로운 바람을 불러왔다. 그는 구식 학자의 '공자의 옳고 그름으로 옳고 그름을 삼기' 라는 신앙주의와 교조주의의 태도를 바꾸도록 요구하며 대담한 탐색을 격려하고 독립적 사고를 격려한다. 이것은 의심할 바 없이 사상해방을 호소하는 의미를 갖추는 것이며 중국인이 전통적 사유 방식의 굴레를 타파하는 데 도움이 된다.

또 그다음에 호적의 방법은 '사실을 존중하고, 증거를 존중하자.' 라는 실증 정신으로 일관하고 독단적 이론을 반대하며 차라리 '의심하여 잃더라도, 믿지 않아서 잃어버리지 않기' 를 주장한다. 호적은 어떤 하나의 이론이 증명되기 전에는 다만 증명을 기다리는 가설로 여길 수는 있지만 스스로 진리라는 작위를 내려줄 수는 없었다. 설사 검증을 거치더라도 결코 고정불변은 아니다. 이와 같은 태도 역시 취할만한 점은 있다. 그가 옛 학술 규범의 타파를 요구하고 새로운 학술 규범을 세우며 개척과 진취를 격려한 것은 신흥 학문분과의 설립에 대하여 일정한 도움이 되는 것이었다.

호적의 방법에도 치명적 결함은 있는데 결코 엄격한 의미의 과학적 방법이 아니라는 것이다. 호적이 말한 사실은 결코 객관적 사실이 아니라 개인의 감각이 도달한 경험적 사실을 가리킨다. 이것은 근본적으로 실사구시의 과학적 원칙을 위반했다. 그가 말한 문제와 의심스러운 점 또한 사물이 발전하는 과정에서 존재하는 모순을 가리키는 것이 아니라 도리어 주관적 범위 내 경험 사이의 비협조 현상을 가리킨다. 그가 말하는 가설은 충분히 일차 자료를 지니고 과학적 분석을 거친 기반 위에 세우지 않았으며 오히려 이전의 경험과 학문에 근거하여 획득한 갑자기 나타난 영감과 직관을 가리킨다. 호적은 가설은 두 가지 근원을 가지는 데 하나는 천재(天才)이고 하나는 학문이라고 말했다. 그는 가설의 "이 첫 단계는 때가 된 사상일 때는 강요할 수 없으며 자연스럽게 온 것이다. 마치 조수처럼 억제할 수 없는 것이다. 그것이 만약 오지 않을 때는 당신이 어떻게 머리를 긁든 귀를 잡든 심혈을 다 기울이든 모두 소용없다"라고 강조했다. 그는 심지어 가설을 '대담함'의 기초 위에 세우고 "가설이 대담하지 않으면 새로운 발명은 있을 수 없다."라든가 "가설은 과감하면 할수록 더 좋다."라고 말하는 데 이것은 분명히 잘못된 것이다. 그가 언급했던 가설은 가설과 객관적 사실 간의 관계를 분리하였기 때문에 비록 맞을 수도 있으나 과학성을 보증하기는 매우 어렵다. 호적이 말한 증명에 관해서는 이미 사실의 기초 위에 세운 과학적 논증을 가리키는 것이 아니었고 또 형식상의 논리적 증명도 아니었으며 오히려 일생의 경험과 학문에 상상력을 더하여 추론해낸 효과를 가리킨 것이었다. 이와 같은 효과는 사람을 만족스럽게 하므로 곧 증명되었다고 여긴다. 그가 제기한 증명 원칙은 완전히 주관적이어서 얼마나 설득력이 있는지 확정적이지 않다. 이 밖에 호적의 방법은 과정에 따라 부단히 변화하였으며 늘 다만 국부적이고 작은 구체적 문제에만 주의하였을 뿐 전체 과정에 대하여 거시적인 개괄과 분석을 할 수 없었고 경험주의의 협애성을 벗어날 수 없었다.

결론적으로 말하면 호적의 실용주의 방법은 바로 주관적 경험에서 출

**자·료·카·드**

의고파(擬古派)

'고사변파(古史辨派)' 라고도 부른다. 고대를 의심해서 진위를 구별하는 것을 취지로 하는 5·4운동 이후에 나타난 역사학파다. 주요 대표로는 전현동(錢玄同)·고힐강(顧頡剛)·호적 등이다. 그들의 논문이 모두 1926년부터 1940년 사이에 출판된『고사변(古史辨)』에 수록되었기 때문에 그렇게 이름 지었다. 그들은 "고사(古史)의 연구는 '『육경』에서 점검하고 믿어야 한다'."라는 전통적 견해를 타파하자고 제기하며 "경서의 도리를 따르지 않고 유가의 도에 어긋나는 것은 성인이 아니면 방법이 없다는『육경』론"이라고 주장하였고, 동주(東周) 이후의 역사 자료에 대하여 "차라리 고대를 의심하여 잃어버릴지언정 고대를 믿어서 잃어버릴 수는 없다.(호적의 말)"라고 생각했다. 이와 같은 의고(擬古) 정신은 봉건 전통을 반대하는 의미를 갖추고 있다. 그러나 그들은 다만 고대의 역사나 전설에 관한 변화를 연구하는 데만 중시하고 역사적 문헌에 대해서는 오로지 회의적 태도를 지니고 있어서 상당한 혼란을 조성했다. 특히 그들은 유물사관을 배척하고 반대하였기 때문에 역사의 연구에는 정확한 결론을 얻어내기 어려웠다.

_ 방극립 주편,『중국철학대사전』, 722쪽,
북경, 중국 사회과학출판사, 1994.

발해 의심스러운 문제를 찾고 가설을 통하여 만족스러운 결론을 찾아내는 방법이다. 그의 방법은 그 경험론 및 진리론과 일치하는 것으로서 모두 주관주의적 사상 노선을 관철하였다. 호적의 방법 가운데는 일부분 합리적 성분이 함유된 것을 부인할 수 없으나 본질적으로 보면 결국 일종의 잘못된 사상 방법이다. 이 사상 방법을 채용하면 어떤 문제에서는 성공을 거둘 수 있으나 결국 과학적 연구가 제공하는 보편적 지도 원칙이 될 수는 없다. 호적의 방법은 과학적 지식을 위하여 튼튼한 철학적 기초를 제공하지 않고 명백한 회의주의 경향을 함유하여서 이와 같은 방법을 운용하면 쉽게 편파적 결론을 초래하게 된다. 예를 들면, 5・4 시기 사학(史學) 연구 영역의 의고풍(擬古風)이 호적의 방법과 직접적인 관계가 있다.

## 3. 정문강(丁文江)

정문강(1887~1936)은 자(字)가 재군(在君)이고 강소성(江蘇省) 태흥(泰興) 사람이다. 영국 글래스고우대학교를 졸업하고 동물학과 지질학의 두 개 학사 학위를 취득했다. 중국에서 첫 번째 지질조사연구소를 설립하여 소장 직을 담당하였으며 북경대학 지질학과 교수를 겸임했다. 그는 우수한 지질학자일 뿐만 아니라 또 사상계의 활동적 인물이었다. 1923년, 그는 과학파를 지휘하는 인물로서 장군매(張君勱)와 함께 과학과 인생관 논전을 전개하고 「현학과 과학」 「현학과 과학 – 장군매에게 답함」 「현학과 과학에 관한 토론의 여흥」 등 글을 발표하면서 그의 철학적 견해를 상세히 진술했다.

비록 호적이 중국에서 제일 먼저 실증론에 동의를 나타낸 철학자이지만 그는 한 사람의 실용주의자로서 경험적 행위의 의미를 비교적 강조하였고 경험적 인식의 의미에는 큰 관심을 두지 않았다. 그리하여 그는 인식론 방면에서 실증주의의 기본 원칙을 충분히 전개하지 못했다. 호적과 동시대의 과학철학자 정문강 등은 이 결함을 보완했다. 그들은 경험의 인식론적 의미에 비교적 관심을 두고 마하주의의 도입을 통하여 실증주의의 기본 원칙을 비교적 충분히 전개하였다. 유명한 과학과 현학의 논쟁(또는 과학과 인생관의 논쟁으로 부름)에서 정문강은 과학파의 대표로서 중국에서 실증철학 사조를 최고봉으로 보급하였다.

### 1) 과학과 현학 논쟁을 일으킴

정문강의 실증주의 사상은 "과학과 현학"의 논쟁에서 전개한 것으로써 그의 관점을 이해하고 싶으면 반드시 이 논쟁의 경과 과정을 분명히 해야 한다.

과학과 현학 논쟁은 1923년에 일어났다. 이 논쟁은 대개 두 단계로 나눌 수 있다. 첫째 단계에서는 정문강을 대표로 하여 호적과 오취휘(吳稚暉)의 지지를 받은 과학파가 한편이 되고, 장군매를 대표로 하여 양계초의 지지를 받은 현학파가 다른 한편이 되어, 쌍방은 과학이 인생관 문제를 해결할 수 있는지 없는지를 둘러싸고 논쟁을 전개하였다. 1923년 12월 20일, 중국공산당의 이론적 간행물인 『신청년(新青年)』 2기는 진독수가 작성한 『과학과 인생관』의 서문과 구추백이 저술한 『자유세계와 필연 세계』를 발표하고 위에 서술한 쌍방의 유심주의 관점을 비판하며 오직 유물사관만이 과학적 인생관이라고 인정하였다. 드디어 과학파 · 현학파 · 유물사관파의 삼파 정립이 형성되어 이 논쟁은 두 번째 단계로 들어섰다.

과학과 인생관 논쟁은 장군매의 1차 강연이 불러일으켰다. 1923년 2월, 장군매는 청화대학에서 '인생관'에 관한 강연을 하면서 과학은 인생관 문제를 해결할 수 없다는 견해를 진술했다. 그는 이론의 근거로 다섯 가지 이유를 열거한다. 그는 "인생관의 특징은 주관적 · 직관적 · 종합적 · 자유의지적 · 단일성이다. 그것은 이 다섯 가지 특징을 가지고 있으므로 과학이 아무리 발달해도 인생관의 해결은 결코 과학의 힘으로 되는 것이 아니라 오로지 인간 자신에게 의지할 뿐이다."[30]라고 말했다. 그가 말한 '인생관' 은 넓은 의미로서 결코 인생의 가치에 관한 인식만 가리키지 않고 인류 사회와 우주 만물에 관한 총괄적 견해로서 일반적으로 말하는 세계관과 대등하다. 그가 보기에 대개 '나 이외의 사물과 사람' 에 대한 관찰 · 주장 · 요구는 모두 인생관의 범위에 속한다. 분명히 그는 주체와 객체 상호관계의 각도에서 인생관 문제에 대처하고 있다. 그는 인생관은 주관적이며 객체와 관련되지 않고 과학과도 무관하다고 생각한다. 그가 말한 '과학과 인생관' 의 관계 문제는 사실 과학과 철학 사이 관계의 문제였다. 그는 철학은 과학의 밖에 독립해 있으며 과학이 대신할 수 없다고 생각했다.

같은 해 4월, 정문강은 친상을 당하여 귀향한 호적을 대신하여『노력주보(努力周報)』의 편집을 주관했다. 그는『노력주보』에「현학과 과학 - 장군매의 '인생관' 을 평함」이라는 글을 발표하여 장군매의 견해를 반박함으로써 과학과 현학 논쟁의 서막을 열었다. 정문강의 비평에 대하여 장군매는 신속하게 응답하며「인생관과 과학을 다시 논하며 정재군에게 회답함」을 써서 반박하였다. 정문강은 계속 격노하며「현학과 과학 - 장군매에게 답함」과「현학과 과학 토론의 여흥」등의 글을 발표하여 장군매의 해명을 반박함에 따라 드디어 이 논쟁은 절정에 들어갔다. 이 논쟁은 학술계에서 광범위한 흥미를 불러일으켰고 많은 학자가 잇달아 글을 발표

---

30) 張君勱 · 丁文江 等,『科學與人生觀』, 38쪽, 濟南, 山東人民出版社, 1997.

하여 자기의 견해를 나타냈다. 그 가운데는 호적 · 오치휘 · 양계초 · 임재평(林宰平) · 당벽황(唐擘黃) · 왕무오(王撫五) · 범수강(范壽康) 등이 있으며 어떤 사람은 정문강 지지를 나타냈고 어떤 사람은 장군매 지지를 나타냈다. 논쟁은 거의 1년 동안 지속되었고, 발표된 글은 수십 편이 되었다. 1923년 말, 현학파는 관련된 문장을 한데 수집하고 『인생관 논쟁』이라는 한 세트의 논문집을 편집하여 상 · 중 · 하 세 권으로 나눠 태동도서국(泰東圖書局)에서 출판하였으며 장군매가 서문을 썼다. 과학파 역시 관련된 문장을 한데 수집하여 『과학과 인생관』이란 책을 편집하고 아동도서관(亞東圖書館)이 출판하고 호적과 진독수가 서문을 썼다. 1997년에 산동인민출판사(山東人民出版社)는 위의 두 책을 『과학과 인생관』으로 합편하여 "현대중국사상논저선수(現代中國思想論著選粹)" 시리즈에 집어넣었다.

1923년 말에 진독수 · 구추백 · 등중하(鄧中夏) 등 공산당 사람들이 글을 발표하여 과학파와 현학파의 관점에 대한 잘못된 관점을 나누어 비평하고 유물사관을 운용하여 과학과 인생관의 문제를 해결하려고 시도함으로써 논쟁을 두 번째 단계로 이끌었다. 진독수는 인생관은 일정한 객관적이고 물질적인 조건 아래 형성된 것으로서 절대로 주관적 의지의 산물이 아니라고 지적했다. 그는 현학파에 대한 과학파의 비평은 어느 정도 일리가 있으나 급소를 찌르지 못해서 어떠한 인생관이 과학적 인생관인지 설명하지 못했고, "다만 객관적 물질적 원인만이 사회를 변동시킬 수 있고 역사를 해석할 수 있으며 인생관을 지배할 수 있는데 이것이 바로 '유물론적 역사관' 이다."[31]라는 것을 알지 못했다고 생각했다. 구추백은 과학파와 현학파의 논쟁 문제는 사실 자유와 필연의 관계 문제라고 생각하였다. 그는 글에서 변증법적 유물주의의 관점을 써서 자유와 필연의 변증법

31) 위의 책, 7쪽.

자·료·카·드

현학파(玄學派)

1923년 '과학과 현학 논쟁' 중의 한 분파다. 대표적 인물인 장군매가 인생의 문제는 자유의지의 표현이며 다만 현학으로만 해결할 수 있다고 주장하였기 때문에 이 이름으로 불린다. 주요 인물로는 장군매와 양계초 등이 있다. 주요 대표작으로는 장군매의 「인생관」, 「인생관과 과학을 다시 논하며 정재군에게 답함」과 양계초의 「인생관과 과학」 등이 있다.

과학파(科學派)

'과학과 현학 논쟁' 중의 한 분파다. 대표적 인물인 정문강이 과학은 모든 문제를 해결할 수 있으며 과학은 만능이라고 주장하였기 때문에 이 이름으로 불린다. 그것은 5·4 이후 자산계급 사상계에서 비교적 활발했던 유파이다. 주요 인물로는 정문강·당월(唐鉞)·오취휘·호적 등이 있다. 주요 대표작으로는 정문강의 「현학과 과학」「현학과 과학 – 장군매에게 답함」과 오취휘의 「하나의 새로운 신앙적 우주관 및 인생관」 등이 있다. 이 학파의 대부분 저작은 상해 아동도서관(亞東圖書館)이 1923년에 편집한 『과학과 인생관』이라는 책에 포함되어있다.

_ 방극립 주편, 『중국철학대사전』, 218·532쪽,
북경, 중국 사회과학출판사, 1994.

적 관계를 설명했다. 중국의 마르크스주의자는 이미 과학과 인생관 논쟁을 마르크스주의 철학의 선전 운동으로 전환하였다.

### 2) 과학 만능론

장군매의 "과학은 인생관의 문제를 해결할 수 없다."라는 중심 논점을

겨냥하여 정문강은 "과학은 인생관의 문제를 해결할 수 있다."라는 논단을 내렸는데 이론을 내세운 주요 이유는 바로 '과학의 만능'이다. 그는 "과학의 만능은 그 결과에 있지 않고 그 방법에 있는 것이다." "지식의 세계에서 과학적 방법은 만능이니 현학이 끝내 투항하지 않아도 두렵지 않다."[32]라고 지적했다. 그가 생각하기에 인식 방법으로서의 과학은 보편적 의미를 갖추고 있으며 적용되는 범위는 이미 자연과 만물을 포함하고 또 사회와 인생을 포함하므로 어떠한 제한도 없다. 인생관은 일종의 사회적 · 심리적 현상으로서 결코 과학적 연구 범위 밖으로 배제할 수 없다. 그래서 과학은 이치상으로 보아 마땅히 인생관의 문제를 해결할 수 있다.

그렇다면 무엇이 과학적 방법인가? 호적이 『정문강 전기(丁文江的傳記)』에서 소개한 말에 의하면 정문강은 비정식적(非正式的) 견해와 정식적(正式的) 견해를 가지고 있다. 그의 비정식적 견해에 따르면 과학적 방법은 바로 과학 정신이다. 혹자는 제약받는 상식적 추리 방법이라고 말한다. 그는 예를 들어 과학적 방법과 근 300년 이래 경학대가(經學大家)의 학문 연구 방법이 마찬가지라고 말한다. "양임공(梁任公)이 역사 연구법에 대해 논한 것이 과학적 방법이고, 호적지(胡適之)가 『홍루몽』에 대해 논한 것도 과학적 방법이다." 그의 정식적 견해는 다음과 같다. "우리가 과학적 방법이라고 하는 것은 세계의 사실을 분류하여 그들의 질서를 찾아내는 것에 불과하다. 질서의 분류가 명백해지기를 기다려서 우리는 다시 가장 간단하고 명백한 말을 생각해 내어 이 많은 사실을 총괄하게 되는데 이것을 과학적 법칙이라고 부른다. 사실이 복잡하면 당연히 분류하기가 쉽지 않고, 그 질서를 찾기도 쉽지 않으며, 총괄적 법칙을 찾기도 쉽지 않다. 하지만 과학적 방법은 결코 이로 인해 적용하지 않는 것은 아니

32) 張君勱 · 丁文江 等, 『科學與人生觀』, 51쪽.

다."[33] 이 두 가지 견해의 정신은 실질상 똑같으니 모두 과학적 방법을 경험적 귀납의 방법 혹은 분류의 방법으로 이해하는 것이다. 과학적 방법에 대한 그의 이와 같은 이해는 아마도 그의 직업적 습관과 관련이 있을 것이다. 그는 지질학 하는 출신이고 지질학은 현지 조사 · 야외 고찰 · 귀납과 분류를 아주 중요시하기 때문에 정문강은 귀납적 방법을 과학적 방법의 첫 자리에 놓는다. 그는 경험적 사실에서 출발하고 특수한 것을 일반적인 것으로 끌어올려 '법칙' 으로 총괄함으로써 객관적 사실에 부합하는 과학적 결론을 얻어내자고 주장한다.

정문강은 귀납과 분류를 강조하면서 또 개념과 추리의 작용을 배척하지 않는다. 그는 과학의 연구에서 개념적 추리의 논리적 방법을 떠날 수 없다는 것을 부인하지 않는다. 그는 추론적 방법이 과학적이고 효과적인 이유는 그 원인이 "무릇 일반 사람의 심리적 내용 즉 성질은 모두 서로 같다."는 데 있다. 이렇게 서로 같은 성질에 근거하면 타인이 직접 아는 것에서부터 자기가 간접적으로 아는 것까지 추론해 낼 수 있다. 그러므로 추론적 지식의 정확 여부를 판단하는 것은 마땅히 세 조항의 준칙을 따라야 한다.

첫째, "개념과 추론이 자체 모순에 빠지면 과학은 그것이 참이라고 인정하지 않는다." 다시 말해서 사유 과정에서 반드시 동일률 · 모순율 · 배중률을 준수해야 한다. 과학에 부합하는 명제는 먼저 반드시 사유형식에서 정확하고 틀림없어야 하며, 그다음에 비로소 내용의 정확 여부를 말할 수 있다. 이것은 그가 사유의 형식 방면에서 참 명제에 대하여 만든 규정이다.

둘째, "개념이 정상적인 사람의 지각으로부터 미루어 판단해 낼 수 없

---

33) 張君勱 · 丁文江 等, 『科學與人生觀』, 42-43쪽.

다면 과학은 그것이 참이라고 인정하지 않는다." 다시 말해서 과학에 부합되는 명제는 그래도 당연히 정상인의 감각경험 속으로 환원할 수 있어야 한다. 다만 감각경험 방면에서 충분히 실증될 수 있는 명제가 비로소 과학적 명제에 부합된다. 이것은 그가 사유의 내용 방면에서 참 명제에 대하여 만든 규정이다.

셋째, "추론이 평범한 논리적 훈련을 받은 사람이 근거하는 개념에 따라서 역시 똑같은 추론을 얻을 수 있도록 할 수 없다면 과학에서는 그것을 참이라고 인정하지 않는다."[34] 바꿔 말하면 과학에 부합하는 명제는 반드시 모두의 공인을 얻어야 받아들일 수 있는 성격과 전달할 수 있는 성격을 갖춘다. 이 조항은 위에 서술한 두 조항의 종합이다.

정문강이 제기한 이 세 조항의 기준은 '명제는 어떻게 참이 되는가?'의 문제에 정면으로 대답한 것이 아니라 다만 부정적 표현을 사용하여 '어떠한 명제들은 과학이 그것을 참이라고 인정하지 않는다.'라는 것을 판정하는 것으로서 진리관 방면에서 그의 상대주의적 경향을 표명한다. 그가 입안(立案)한 이 세 조항의 기준에서는 두 번째 조항이 가장 중요하다. 그는 연역은 반드시 귀납의 기반 위에 세워져야 하고 추론은 마땅히 경험과 관찰에 근거해야 함을 강조한다. 이것은 그의 귀납주의적 학술의 입장을 반영한다. 그가 진술한 과학적 방법은 의심할 바 없이 분명한 결함을 갖추고 있다. 즉 귀납의 역할을 지나치게 과장하고 연역의 역할에 대해서는 충분히 중시하지 않아서 과학적 추상과 이론적 분석을 소홀히 하는 경향이 있다. 당시에도 어떤 사람은 그가 제기한 과학적 방법에 관한 정의에 대하여 불만을 나타내고 그가 과학의 함의를 분명하게 설명하지 않았다고 생각했는데 이러한 비평이 일리가 없는 것은 아니다. 그러나

---

34) 위의 책, 47쪽.

그래도 그는 문제를 연구하려면 응당 사실에서 출발해야 하고 추상적 개념에서 출발하는 것이 아니라고 주장하였으니 확실히 상당한 정도의 과학 정신을 구현하고 아울러 과학의 위신을 지키는 데 적극적 역할을 다하였다고 보아야 한다.

정문강은 과학적 방법을 제창하며 장군매 등이 표방한 '현학적 방법'을 반대한다. 그는 과학적 방법은 이성의 기초 위에 세우는 것이라 생각했다. 이성의 척도에서 헤아리면 현학자가 말하는 '생명의 충동' 및 '양심의 자각' 과 같은 관념은 모두 조금도 근거 없는 독단이고 억측하는 말이다. 실증론의 입장에 근거하여 그는 '충분한 증거가 없는 모든 것을 엄격하게 불신임할 것' 을 단호하게 주장한다. "어떠한 논단 어떠한 주의와 마주치는 것을 막론하고, 첫 번째 말은 증거를 가져오라." 이다. 실증론의 관점에서 보면 베르그송과 장군매의 생명철학은 완전히 발을 딛고 설 수가 없다. 왜냐하면 그들은 비유와 추측을 증거로 가장하기 때문에 사람들이 믿고 따를 방법이 없다. 정문강의 분석에 따르면 '생명의 충동' 과 같은 가정에 대하여 그것이 있다고 증명할 수 없고 또 그것이 없다고도 증명할 수 없으므로 따라서 그것이 참이라고 인정할 방법이 없다. 이와 같은 가정을 제기한 사람이 결코 그것을 증명하는 의무를 이행하지 않았기 때문이다. 이미 이와 같은 가정을 제기한 사람이 증명의 의무를 이행하지 않은 이상 그의 논쟁은 틀림없이 패하게 되어있다. 정문강은 비유하여 이렇게 말한다. 어떤 사람이 그가 대낮에 귀신을 봤다고 주장하면 우리는 그가 정말 귀신을 봤는지 아닌지를 증명할 수가 없다. 왜냐하면 이 증명의 책임은 그에게 있고 우리에게 있지 않기 때문이다. 정상인은 누구나 귀신을 볼 수 없으니 이에 의하여 우리는 완전히 근거를 가지고 이 사람은 거짓말을 하는 것이 아니라 정신이 병들었다라 판정한다. 정문강은 베르그송과 장군매가 '생명의 충동' 과 '자유의지' 를 우주 본체라고 말하는 것은 마치 밝은 대낮에 귀신을 봤다고 주장하는 것처럼 터무니없고 근거 없는 것으로 보았다. 그는 독립적 사유를 제창하고 말은 증거가 있어야 함을 주장하며 신앙주의 · 몽매주의 · 독단론을 반대한다. 이것은 5 · 4이래 과학을 숭상하고 이성을 숭상하는 계몽주의 정신의 계승과 발휘이다. 그러나 그가 실증주의의 관점으로 철학을 대하고 철학자는 반드시 철학적 결론을 실증의 기초 위에 세우라고 요구하는 것 역시 할 수 없는 일이다. 철학은 세계 전체를 연구의 대상으로 삼고 세계 전체에 관한 학문을 제기한다. 이와 같은 학문은 실증할 방법이 없는 것이다.

정문강은 과학의 목적은 고정불변의 '규칙'을 추구하는 데 있는 것이 아니라 더욱 정확하게 사실을 관찰하는 데 있다고 생각한다. 이런 의미에서 말하면 어떠한 학문분과이든 모두 추구할 만한 '법칙'이 있고 모두 과학에 부합하는 인식을 획득할 수 있다. 이것에 기초하여 그는 장군매가 제기한 사회 · 생리 및 생물학 분야에는 '법칙'이라고 부를만한 것이 없어서 미래를 추측할 수 없다고 한 관점을 반박했다. 정문강은 유전학의 '멘델의 법칙'을 예로 들어 "만약 우리가 노란색 껍질의 옥수수로 하얀색 껍질의 옥수수와 교배한 잡종을 가지고 있다면, 새로 생겨나온 옥수수에는 몇 알이 노란 껍질인지 몇 알이 하얀 껍질인지를 모두 미리 계산해 낼 수가 있다. 근년 이래 이와 같은 유전성에 관한 대단한 설명은 내 개인적 관점에서 보면 그 중요함이 아인슈타인의 상대성이론 못지않다."[35]라고 말했다. 그는 장군매의 착오는 "과학적 분류를 과학적 격차라고 간주함."에 있다고 지적했다. 그가 보기에 사람들이 물리 · 화학 · 생물학 · 사회학 등 학문분과를 구획한 것은 다만 연구의 편리를 위해서였다. 사실 각종 학문분과는 모두 과학적 분과로서 상호 간에는 내재적 연관성이 있다. 그

35) 張君勱 · 丁文江 等, 『科學與人生觀』, 190쪽.

는 "나는 결코 생물학이 물리학과 마찬가지로 확실하다고 말하는 것은 아니다. 나는 또 결코 각종 과학적 재료는 나누어서 연구할 수 없다고 말하는 것도 아니다. 나는 분류는 편리성을 위한 것으로서 확실히 정도의 문제이며 그것으로 지식계에 정말 간격이 있다고 증명할 수는 없음을 말하는 것이다."라고 말했다. 정문강은 이로부터 모든 사실은 추구할만한 법칙이 있으며 모두 과학의 대상이 될 수 있다는 결론을 얻어냈다. "대체로 사실은 모두 과학적 방법을 사용하여 연구할 수 있으며 모두 과학으로 변할 수 있다. 하나의 학문이 일종의 과학으로 되는지 되지 않는지는 완전히 정도의 문제다."[36] 그는 우주나 인생 같은 문제에 대한 인식이 비교적 복잡하고 비교적 어려워서 지금까지 아직 무르익지 않았음을 부인하지 않았지만, 이와 같은 문제가 영원히 해결할 수 없는 것은 아니다. 그가 보기에는 비록 현재는 아직 모두가 공인하는 과학적 인생관이 없으나 과학이 인생관 문제를 해결할 수 없다고 단언할 수는 없다. 그는 언젠가는 모든 사람이 받아들이는 과학적 인생관이 나타날 것이라고 굳게 믿는다. 마하주의의 철학적 입장에 사로잡혀서 정문강은 한결같이 모두가 공인하는 과학적 인생관을 가져오지 못하였고 또 사회과학과 과학적 인생관에 내포된 함의에 대하여 구체적인 진술을 하지 못하였다. 이것이 그의 반박이 연약하고 힘이 없어 보이게 하며 그의 논쟁 상대가 진심으로 복종하게 할 방법이 없도록 한 것이다.

정문강은 과학 만능론을 제기하여 과학적 방법의 보편적 적용성을 강조하고 과학의 위신을 지키며 봉건주의와 교조주의의 진부한 관념의 속박을 제거하자고 요구함으로써 중국인의 사유 방식 변혁에 대하여 촉진적 의미를 갖추고 있다. 그러나 '과학 만능론'의 편파성은 명백히 알 수

---

36) 張君勱 · 丁文江 等, 『科學與人生觀』, 188쪽.

자 • 료 • 카 • 드

장군매의 과학적 방법론

과학적 방법은 두 가지로 하나는 연역적이고 하나는 귀납적이다. 귀납적인 것은 먼저 약간의 사례를 모아 그 법칙을 찾는 것이다. 예컨대 물리 · 화학 · 생물학에서 선택하는 것은 모두 이 방법이다. 기하학에서는 자명(自明)한 공리를 기초로 한 다음 모든 원칙을 미루어 판단하여 연역해 나오니 이른바 연역적이다. 과학자의 저서는 먼저 하나의 정의를 잡고 약간의 기본 개념으로 그것을 계속한 다음에 그 책은 곧 체계적인 저작이 된다. 정치학에서 말하는 것을 예로 들면 먼저 국가의 정의를 세우고 주권 · 권리 · 의무의 기본 개념으로 그것을 계속하며 또 정부 내각의 권력 장악으로 그것을 계속한다. 만약 먼저 이미 군주대권설을 선택한다면 다음에 다시 국민주권설을 선택할 수 없고, 먼저 사회주의를 주장하면 뒤에 개인주의를 주장할 수 없다. 왜 그런가? 방법이 제한되고 체계가 제한되기 때문이다. 그런데 인생관은 쇼펜하우어 · 하르트만의 비관주의든가 라이프니츠 · 헤겔의 낙관주의든가, 공자의 수신제가주의든가, 석가의 출세간주의든가, 공자와 맹자의 친소나 원근의 등급이 분명하든가, 묵자와 예수의 범애(汎愛)이다. 만일 이와 같다면 애초에 논리학의 법칙으로 그것을 제한할 것도 없고 정의라고 할 것도 없으며 방법이랄 것도 없어서 모두 그 자신의 양심이 명하는 대로 주장하고 천하 후세의 본보기로 여기니 직관적이라고 말한다.

_『과학과 인생관』, 35-36쪽, 제남, 산동인민출판사, 1997.

있는 것이었다. 그는 과학으로 모든 인문학 분과를 집어삼키고 특히 철학을 대신하자고 주장한다. 이것은 일종의 전형적인 실증주의의 이론적 하소연과 요구이다. 그는 과학의 패권적 문구를 확립하였고 과학을 숭배의 대상과 신앙의 대상으로 바꾸었다. 이렇게 과학을 대우하는데 그 자신은

'과학이 부족했다.' 정문강의 이론적 시야에서는 도구적 이성이 일체를 주도하였고 가치적 이성에는 결코 빈틈을 남겨주지 않았다.

### 3) 과학과 인생관의 관계를 논함

정문강은 "과학은 인생관의 문제를 해결할 수 있다."라는 논단을 제기한 다음 결코 '과학적 인생관'을 구상하지 않았고 다만 과학과 인생관의 관계에 대하여 몇 가지 설명을 하였다.

(1) 과학은 사람이 진리 추구의 정신을 배양하고 심미적 취향을 높이는 데 도움이 될 수 있다. 그는 과학의 목적이 개인의 주관적 선입견을 없애고 사람들이 진리에 대한 공통 인식을 달성할 수 있도록 추구하는 데 있다고 지적했다. 주관적 선입견은 사람들이 정확한 인생관을 수립하는 것을 방해하는 가장 큰 장애이다. 오직 과학만이 비로소 사람들이 이 장애를 옮기고 정확한 인생관을 세우도록 도움을 줄 수 있다. 그는 "과학은 외재적인 것에 힘쓰고, 현학은 내재적인 것에 힘쓴다."라고 한 장군매의 견해를 반박하고, 과학은 사람들이 자연세계를 인식하는 것을 도와줄 뿐만 아니라 또한 사람들이 인류 자신을 인식하는 것도 도와줄 수 있다고 생각했다. 과학은 사람들이 자아 교육과 자아 수양을 진행하는 데 가장 좋은 도구이다. 그것은 사람이 진리를 사랑하는 성실한 마음을 기르고 우주의 위대함을 직접 느껴서 생활의 즐거움을 이해할 수 있도록 한다. 그는 오직 망원경에 의해서 하늘의 텅 빈 광활함을 머리를 쳐들어 관찰하고 현미경을 사용하여 사물의 미약함을 굽어본 사람만이 비로소 '생기가 있는' 심경을 체득할 수 있다고 말한다. 그리고 이와 같은 심경은 우두커니 앉아서 선(禪)을 말하거나 함부로 심오한 이치를 말하는 사람은 절대로 상상하지 못한다고 말한다.

(2) 과학은 사람들이 갖가지 유신론적 관념을 깨고 미신의 속박을 무너뜨려 우매함에서 벗어나도록 도와줄 수 있다. 그는 "지식층에서 과학적 방법은 만능이다. 과학은 한계가 없으며 모든 현상은 과학의 재료가 될 수 있다. 대체로 과학적 방법을 사용하여 연구한 결과라면 재료의 성질이 어떠한가를 막론하고 모두 과학이다. 이와 같은 지식론에서 얻어낸 결론은 대체로 직관적 철학과 신비적 종교는 모두 지식이 아니며 모두 우리의 길잡이로 삼을 수 없다. 나는 세계를 주재하는 하느님이 있고 신체를 떠나 있는 독립적 영혼이 있다는 것은 믿지 않는다."[37]라고 말했다. 그는 현학과 신학은 쌍둥이 자매로서 과학은 현학과 양립할 수 없다고 지적하였다. 그것은 이미 현학의 적수인 동시에 신학의 적수다. 과학은 사람들이 심오한 천국에서 현실적 속세로 되돌아와 정확한 생활 신념을 세우도록 도와줄 수 있다.

(3) 과학은 사람들이 '종교심'을 기르고 도덕적 관념과 집단의식을 세우도록 도와줄 수 있다. 정문강은 유신론을 반대하지만 '종교심'을 반대하지는 않는다. 그는 '종교심'이 사회를 조직하는 필요조건이며 '종교심'이 없으면 사회를 조직할 수 없고 인생의 가치를 확정할 수 없다고 생각했다. 그가 내린 '종교심'의 정의는 "종교심은 모든 인종의 영구한 세월을 위하여 개체의 일시적 천성을 희생하는 것으로서 인류가 무리를 이룬 다음 오랜 기간 진화한 결과이다. 이와 같지 않으면 생존할 수 없기 때문이다. 인류뿐만 아니라 무리를 이루는 개미나 벌과 같은 동물도 모두 이러한 본성이 있다."라는 것이다. 그는 진화론의 관점에서 출발하여 '종교심'의 개념을 제기하고 아울러 '종교심'을 인류의 집단의식으로 해석했다. 그가 보기에 '종교심'은 사람의 집단성에서 진화해 온 것이다. 누

37) 丁文江, 『大公報』「我的信仰」, 1934-05-06.

구나 모두 '종교심' 이 있으며, 인류는 '종교심' 에 의지하여 사회를 조직하고 사회의 존재와 발전을 유지한다. 그는 또 이미 인류가 동물에서 진화해온 이상 동물군 중에서 집단에 불리한 여러 가지 나쁜 근성이 인류 자체에 반영될 수 있다고 지적했다. 이와 같은 나쁜 근성은 두드러지게 '질투심' 으로 표현된다. 그리하여 인성에서 '종교심' 과 '질투심' 사이의 모순이 형성되는데 전자는 사람이 선을 향하도록 하고 후자는 사람이 악하게 되도록 한다. 사회가 '종교심' 이 우세를 차지하게 되면 사회는 진화하고, 사회가 '질투심' 이 우세를 차지하게 되면 사회는 퇴화한다.

정문강은 사람이 착한 일을 하도록 하거나 악한 일을 하도록 하는 것은 비록 선천적 요소도 있지만 주된 것은 역시 후천적 교육의 결과라고 생각했다. 과학은 사람들에게 후천적 교육을 진행하도록 하는 사명을 맡고 있다. 과학의 학습을 통해서 사람들의 '종교심' 은 더욱 발전할 수 있고 '질투심' 은 억제될 수 있다. 그는 "우리가 과학교육을 힘껏 부르짖는 까닭은 과학교육이 종교적 충동의 맹목적인 것으로부터 자각적인 것으로 바뀌게 하고, 어두운 것으로부터 밝은 것으로 바뀌게 하며, 두리뭉실한 것으로부터 분석적인 것으로 바뀌게 하기 때문이다. 우리는 종교성을 발전시키려고 할 뿐만 아니라 그것이 발전하는 방향을 인생에 알맞게 하려고 한다." 라고 말했다. 그는 과학적 방법을 자연의 영역에서 한 걸음 더 나아가 사회의 영역까지 널리 확대하여 인간 자신을 인식하고 인간 자신을 개조하여 과학이 "인류 종교성의 밝은 등불이 되고, 인간이 참을 추구하는 성실한 마음을 갖출 뿐만 아니라 동시에 참을 추구하는 도구를 갖추도록 하며, 착한 일을 하는 의향을 갖추게 할 뿐만 아니라 동시에 착한 일을 하는 기능까지 갖추게 하도록 하자!"[38]라고 주장했다.

38) 張君勱 · 丁文江 等, 『科學與人生觀』, 205쪽.

그는 사회가 발전하고 진보할 수 있는지 없는지는 종교심이 풍부한 '소수의 사람'이 지도자의 책임을 지는지 아닌지에 달려 있다고 생각한다. 그는 「소수 사람의 책임」에서 "우리 중국의 정치적 혼란은 국민의 수준이 유치해서가 아니고 정객이나 관료가 부패해서가 아니며 군인이나 군벌이 전횡해서가 아니라 '소수인(少數人)'이 책임감이 없고 또 책임을 지는 능력이 없기 때문이다."라고 지적했다. 그가 말한 '소수인'은 고등교육을 받은, 특히 유학하고 귀국한 현대적 지식분자로서 물론 자신도 그 안에 포함된다. 그는 옳은 일은 사양하지 않고 발 벗고 나선다는 듯이 "우리가 소수의 우수 분자가 아니면 누가 소수의 우수 분자인가? 우리가 책임감이 없으면 누가 책임감이 있겠는가? 우리가 책임질 능력이 없다면 누가 책임질 능력이 있겠는가?"[39]라고 공개적으로 말한다. 그의 이러한 말은 현대 지식분자가 중국의 낙후한 모습을 바꾸려는 참여의식을 요구하는 것이 충분히 반영되어 나온 것이며 그들의 나라 걱정과 국민 걱정 및 천하의 일을 자신의 책임으로 삼는 애국주의 정신이 반영되어 나온 것이다.

상술한 정문강의 견해가 당연히 과학적 인생관이라고까지 말할 수는 없다. 그는 사람에 대한 이해가 추상적이고 '소수인'의 역할을 지나치게 과장하며 '종교심'의 역할도 지나치게 과장하여 유심사관(唯心史觀)의 정형화된 격식을 뛰어넘을 수 없었다. 그의 '종교심' 이론은 사실상 동물의 무리 짓는 본성을 간단히 인류 사회로 옮긴 것이다. 이것은 일종의 사회다원주의의 인간학 개념이다. 정문강의 친한 친구 호적조차도 알아차렸듯이 정문강이 비록 과학이 인생관의 문제를 해결할 수 있다고 공언하였지만 결국 어떤 것이 '과학적 인생관'인지 명확하게 설명하지 못하였다. 그리하여 그는 자신의 논적을 철저하게 반박하여 굴복시킬 수가 없었다.

---

39) 丁文江, 『努力周報』「少數人的責任」, 1923(67).

자·료·카·드

과학(科學)

범주 · 정리 · 법칙의 형식으로 현실세계의 각종 현상의 본질과 운동 규칙을 반영하는 지식 체계이다. 또 일종의 사회적 · 역사적 현상, 즉 지식을 생산하는 인간의 활동과 과정 혹은 하나의 사회제도와 사회사업을 가리킨다. 그것은 또 세계를 파악하는 일종의 전문적인 방법과 표준을 가리키기도 한다. 넓은 의미의 과학은 그 연구 대상에 따라 대체로 자연과학 · 사회과학 · 사유과학(思維科學) 및 이러한 대상 영역을 관통하는 철학과 수학으로 나눌 수 있다. 좁은 의미의 과학은 주로 자연과학을 가리킨다. 실천과의 다른 연계에 따라 과학은 또 이론과학 · 기술과학 · 응용과학으로 나눌 수 있다. 현대 과학의 각 분류와 학문분과와 분파 사이의 상호관계 · 침투 · 교차는 갈수록 더욱 정밀해지고 완전해지는 인간의 과학적 인식의 네트워크를 구성한다. 사회의식 형태의 한 형식으로써 과학은 특유의 대상 · 파악 방식과 표준 · 활동 방법과 내용 등으로 도덕 · 예술 · 종교 등과 구별된다.

_ 이덕순 주편, 『가치학 대사전』, 35 · 4쪽,
북경, 중국인민대학출판사, 1995.

### 4) 유각주의〔唯覺主義, 感覺主義〕와 존의주의〔存疑主義, 不可知論〕

정문강의 '과학 만능' 론은 감각주의적 철학의 기초 위에 세운 것이다. 그는 전형적인 감각주의자로서 감각된 사실이 유일하게 믿을 만한 실재라고 생각한다. 감각의 밖에 실체가 있는지 없는지에 관해서는 그가 보기에는 알 수가 없다. 그는 대체로 감각된 사실은 모두 과학의 대상이 될 수 있다고 생각한다. 과학과 현학 논쟁에서 장군매는 정문강의 철학을 '유각주의(唯覺主義)' 라고 불렀다. 정문강은 흔쾌히 이 명칭을 받아들이고 그 스스로 "군매의 명사를 사용하면 나의 지식론은 유각주의다." 라고 서술했다. 정문강 자신의 해석에 근거하여 본체론의 각도에서 보면 유각주의 또한 '존의적 유심론(存疑的唯心論)' 이라고 부를 수 있다. 그는 이와 같은 철학은 헉슬리 · 다윈 · 스펜서 · 제임스 · 피어슨 · 듀이 · 마하와 일맥상통하고 과학자가 철학적 문제를 연구할 때 형성하는 '과학 지식론' 이라고 강조했다. 그는 "대체로 철학의 문제를 연구해 본 과학자인 헉슬리 · 다윈 · 스펜서 · 제임스 · 피어슨 · 듀이 및 독일의 마하파 철학은 비록 사소한 부분은 다르지만 대체로 이와 같지 않은 것이 없다. 왜냐하면 그들은 감각기관의 접촉과 느낌이 우리가 물체를 아는 유일한 방법이라고 여기며 물체의 개념은 심리적 현상이기 때문에 유심이라고 한다. 감각기관으로 접촉하고 느끼는 외부 세계와 자각의 뒤편에 물체가 있는지 없는지 물체의 본질은 어떠한 것인지에 대하여 그들은 모두 알 수 없다고 생각하고, 당연히 존재해야 하지만 논하지 않으므로 존의(存疑)라고 말한다."[40] 라고 말했다. 감각주의의 철학적 입장에 서서 정문강은 형이상학 즉 본체론 문제를 없애자고 단호하게 주장하며 '오컴의 면도날' 을 사용하여 이 문제를 제거하자고 요구한다. 그 이유는 사람들이 자기 감각경험의 범위를 벗어날 수가 없고 직접 본체와 사귈 수도 없기 때문이다. 그는 피어슨이 일상적으로 사용하는 비유 하나를 빌어서 이 관점을 설명한다. "우리의 신경계는 예를 들면 한 세트의 전화기다. 뇌신경은 아주 권위 있는 전화 교환원이고, 지각신경은 전화를 호출하는 선로이며, 운동신경은 전화에 응답하는 선로다. 만약 전화 교환원이 영원히 전화국 안에 갇혀 있으며 나와서 전화를 호출하거나 응답하는 사람과 만날 수가 없다면, 전화

40) 張君勱 · 丁文江 等, 『科學與人生觀』, 48쪽.

교환원은 이와 같은 그의 단골손님에 대하여 전화에서 말하는 것을 듣는 것 이외에 또 무슨 방법으로 그들을 검토할 수가 있겠는가? 존의적 유심론자는 사람이 물체의 본체를 직접 알 수 없는 것은 마치 이 전화 교환원과 똑같다고 말한다. 이렇든 저렇든 사람이 신경계의 테두리나 감각기관의 감촉 범위를 벗어날 수가 없는 것은 바로 이와 같은 전화 교환원이 전화교환실의 범위를 나올 수 없어서 전화의 범위라고 하는 것과 같다."[41] 감각은 원래 주관이 객관세계를 연결하는 교량인데 정문강의 눈에는 도리어 인류가 객관세계를 인식하는 것을 가로막는 장벽이 되었다. 그는 사람의 인식능력을 엄격하게 감각의 범위 내에 제한하고 감각주의에서 불가지론, 즉 그가 말하는 존의주의(存疑主義)로 나아갔다.

정문강은 사람들은 감각 범위의 밖에 물질적 실체나 정신적 실체가 존재하는지 아닌지를 알 수 없으며 실체에 관하여 내린 어떠한 판단도 모두 독단론을 초래할 수 있다고 지적했다. 예를 들면, 유심론자가 숭배하는 '자아' 나 '정신적 실체' 는 확실히 그러한 일이 있다고 말하기는 매우 어렵다. 왜냐하면 '자아' 나 '정신적 실체' 는 실제로 '기억과 감정이 연합한 복합체' 에 불과하기 때문이다. 비록 우리는 명백하게 '나' 가 있다는 것을 느끼지만 사실상 꼭 이와 같지는 않다. 정신적 실체가 물질을 초월한다는 것에 관해서는 더욱 아무 근거도 없다. 그는 "우리는 결코 물질을 초월한 그 위의 정신이나 바깥의 모습과 단절된 내면 혹은 나 아닌 것을 떠난 독립적인 나를 믿을 수 없다."라고 표명했다. 그는 사실을 예로 들어 분석하여 소주 몇 잔을 마시면 '나' 는 멋대로 말할 것이고, 산소를 조금 마시면 '나' 는 미친 듯이 웃을 것이며, 음식이 너무 느리게 소화되면 '나' 는 초조하고 불안해할 것이고, 내선의 분비가 비정상적이면 '나' 는 두려워할 것

41) 위의 책, 49쪽.

이며, 마취약을 맞으면 '나의 정신'과 '나의 육체'는 어디로 가는지 알지 못한다고 말했다. 결론적으로 그는 '자아'는 수많은 요인의 총합일 뿐이라고 생각한다. 즉, "모든 기억하지 못하는 경험 · 여러 해 전의 느낌 · 스스로 알지 못하는 욕망 등으로 모두 나와 밀접한 관계가 있다. 나의 정신을 통제하는 것은 '신체상의 영양 · 동물성적 행동 · 야만인적 전설 · 어릴 적의 인상 · 관례적 효과 · 계승되어 온 지식' 등이다."[42] 요약하여 말하면 '자아'는 '비아(非我)'를 떠날 수 없으며, '자아'는 독립적으로 존재하는 본질은 아니다. 이것이 바로 전통적 유심론에 대한 그의 비판이다.

정문강은 유심주의자가 제기한 정신의 실체 관념을 배제하고 또 유물주의자가 제기한 물질의 관념도 인정하지 않는다. 그는 감각주의에 근거하여 물질 관념의 유래에 대해서 이렇게 분석했다. "우리가 말하는 물(物)과 질(質)은 무엇으로부터 아는가? 나는 여기에 앉아서 내 앞의 책장을 보고 있다. 나는 그것이 사각형이고 중간이 비어 있으며 누런 칠을 하였고 나무로 만들었으며 매우 견고하고 매우 무겁다는 것을 안다. 나의 시각기관이 접촉한 것은 책장의 색깔과 형식이지만 나는 나무와 칠의 성질을 연상하여 그것의 무게와 경도(硬度)까지 추론해 냄으로써 나의 책장 개념이 완성된다. 그렇다면 이와 같은 개념은 감각기관이 감촉한 것에 연상적 추론을 더한 것이다. 이른바 연상적 추론 또한 이전의 감각기관이 감촉의 경험으로 얻어 낸 것이다. 그러므로 감각기관의 감각은 우리가 알고 있는 물질의 근본이다. 우리가 그 밖에 감각기관을 감촉할 수 있는 물질을 추론할 수 있는 까닭은 우리가 이전의 경험을 기억하기 때문이다. 우리가 말하는 물질은 대부분이 허다한 기억으로 남아 있는 감각기관의 감촉으로서 여기에 직접 감각기관의 감촉을 조금 더한 것이다. 만약 우리의 감

42) 위의 책, 202쪽.

각기관의 조직이 따로 하나의 형태이면 우리가 말하는 물질도 반드시 그것에 따라 변할 것이다. 예를 들면 색맹인 사람의 눈에 장미꽃은 초록색이다. 따라서 모르간(Conway Lloyd Morgan)은 그의 『동물 생활과 총명(聰明)』이라는 책에서 외부에 있는 물체를 '구상(構想)' 이라고 부른다."[43] 그는 동물학자 모르간(Thomas Hunt Morgan)에게서 '구상' 이라는 어휘를 빌려 그가 단지 인식의 각도에서 물질적 개념을 받아들일 수 있을 뿐이며 본체론의 각도에서 물질적 개념을 받아들일 수 없다는 것을 나타냈다. 총괄적으로 말하자면 정문강은 각종 본체론 학설을 모두 '현학' 으로 보고 전부 반대한다. 그는 "현학자의 생존 도구는 존의유심론자(存疑唯心論者)는 알 수 없는 것 · 잠시 보류하고 논하지 않는 것 · 마음을 떠나서 홀로 있는 본체라고 생각한다. 이와 같은 불가사의한 것을 버클리는 하느님이라 불렀고, 칸트와 쇼펜하우어는 의향(意向)이라 불렀으며, 뷔히너(Karl Georg Büchner)는 그것을 물질이라 불렀고, 클리퍼드(James Clifford)는 그것을 심리질(心理質)이라 불렀으며, 장군매는 그것을 나〔我〕라고 불렀다. 그들은 언제나 모두가 공인하는 정의와 방법이 없이 저마다 갖가지 신비함을 가지고 억지로 모르는 것을 안다고 하니 제삼자는 모호하다고 말하는데 그 자신은 현묘하다고 생각하는 것과 똑같다."[44]고 말했다. 여기서 그는 비속한 유물주의자인 뷔히너(Georg Büchner)를 언급하고 또 버클리 · 칸트 · 쇼펜하우어 · 클리퍼드 · 장군매 등 유심주의자를 언급하는데 마치 쌍방에게 치도곤 50개를 치는 것 같지만 사실상 그가 비판하는 중점은 분명히 후자에 있다. 그는 비판의 창살을 각종 신비관념 쪽으로 돌리고 그에 대하여 의심을 품거나 혹은 문제를 잠시 보류하고 논하지 말자고 주장하는데 그 의도는 과학의 발전을 위한 장애물을 제

43) 張君勱 · 丁文江 等, 『科學與人生觀』, 44-45쪽.
44) 위의 책, 48-49쪽.

거하는 것이었다.

정문강이 '감각주의' 및 '존의적 유심론'을 찬성하는 까닭은 그가 보기에 이와 같은 학설이 가장 충분하게 실증 정신을 나타낼 수 있기 때문이다. 그는 헉슬리의 '충분한 증거가 없는 모든 것을 엄격히 불신임하라.' 라는 명언을 매우 훌륭하다고 생각했다. 그는 헉슬리의 존의주의에 관한 몇 단락의 명제를 인용한 후 자기의 의사를 다음과 같이 표현했다. "존의주의는 적극적이고 소극적이 아니며 노력하며 방관적이 아니다. '충분한 증거가 없는 모든 것을 엄격히 불신임하기' '비유나 추측으로 나와 대화하는 것은 소용없음.' 을 요구하고, 때문에 어떠한 명제 어떠한 주의와 마주치더라도 어쨌든 첫 번째 말은 '증거를 가져오라.' 이다. 그의 증거가 충분하지 않으면 우리는 그를 믿지 않는다. 그가 비유나 추측으로 증거 삼으려 하면 우리는 반드시 그의 계략을 밝혀내어 타인을 속이지 못하도록 해야 한다."[45] 중국의 전통철학에서는 이론적 논증을 그다지 중시하지 않고 늘 '성현의 말씀' 을 이론 근거로 삼는다. 정문강이 힘껏 회의주의와 실증주의 정신을 제창하는 것은 전통적 사유 패턴에 대한 큰 충격이라고 말해야 하는 것이 마땅하지만 중국철학의 현대적 전환에 있어서 적극적 의미가 없었던 것은 아니다. 서양 초기 계몽주의의 사상가인 데카르트 등은 일찍이 회의를 전통적 사유 패턴을 부정하는 예리한 무기로 삼았었다. 정문강이 숭상한 회의 정신은 데카르트와 마찬가지로 독단주의 · 신앙주의 · 교조주의를 반대하는 진보적 기능을 갖추었다. 그는 감각의 권위를 수립하고 낡은 방법을 답습하거나 무턱대고 따르는 심리를 반대하며 감각의 척도로 새롭게 세계를 탐색하자고 주장하는데, 이 또한 일종의 인문 정신과 이성 정신의 표현이다.

---

45) 위의 책, 194쪽.

인식론의 관점에서 보면 정문강은 한 명의 감각주의자이고, 본체론의 관점에서 보면 그는 한 명의 불가지론자이다. 엥겔스는 『공상에서 과학까지 사회주의의 발전』에서 영국의 헉슬리(Thomas Henry Huxley) 등 흄주의자를 '수줍어하는 유물주의자' 라고 불렀다. 레닌은 『유물주의와 경험비판주의』에서 이와 같은 표현법은 "완전히 철저하게 유물주의를 견지하는 관점에서 출발한 것이다."[46]라고 생각했다. 엥겔스와 레닌의 뜻은 헉슬리의 불가지론에는 유물주의적 요소를 품고 있음을 말한다. 이와 같은 평가는 정문강에 대해서 말해도 똑같이 적용된다. 정문강은 비록 각종의 본체론 학설을 반대하였으나 객관적 물질세계의 존재를 부인한 적은 없다. 이것은 그가 실천에서 유물주의로 전환하기 위해 여지를 남긴 것이다. 그는 이론적으로 감각주의와 불가지론을 높이지만 실제 작업에서는 도리어 조사(調査)를 중시하는 유물주의의 방법을 철저하게 실행한다. 옹문호(翁文灝)는 중국인이 "야외 현장 조사에 노력하는 기풍은 실로 선생님이 솔선수범하며 진지하게 선도하여 이루어졌다."라고 공평 타당하게 지적했다. 지질학계에서 정문강은 언제나 동료들에게 유물주의자로 여겨졌다. 반운당(潘雲唐)은 『탁월한 애국주의 지질과학자 – 정문강 선생 탄신 100주년』에서 정문강과 장군매의 논쟁을 '유물주의 세계관과 유심주의 세계관의 한판 대논쟁' 이라 불렀다. 심지어 정문강의 논쟁 상대도 그를 유물주의자로 보고 있다. 장군매는 "재군(在君)이 만약 그의 유물주의나 감각주의(예컨대 피어슨이 그랬다.)를 버리고 나에게 배워서 유심주의자가 된다면 인생관이 비록 자유의지에서 나오지만, 하루아침에 자리 잡을 수 없는 것은 아니니 그 뜻은 스스로 훤히 뚫려 정통할 것이다. 만일 그 유물주의나 감각주의를 품고 바꾸지 않는다면 비록 내가 다방면으로 변론

46) 『列寧選集〔레닌선집〕』 3판, 제2권, 231쪽, 北京, 人民出版社, 1995.

해도 아마 여전히 재군이 보고 듣는 것을 돌릴 수 없을 것이다."[47]라고 말했다. 비록 정문강이 유물주의의 철학적 관점을 명확하게 논술한 적이 없었고 또 거듭 피어슨 · 마하 · 헉슬리의 논의를 인용하여 이론 근거로 삼았지만 역시 어떤 사람들은 그를 유물주의자로 여긴다. 이것은 정문강의 실제 철학적 경향과 그의 이론적 진술 사이에는 확실히 모순이 있다는 것을 적절하게 설명한 것이다. 그는 하나의 훌륭한 지질학자이지만 뛰어난 철학자는 아니다.

정문강은 감각주의와 존의주의를 높이 들고 실증철학의 기본 사상을 비교적 충분히 전개했다. 비록 그가 사용한 언어가 대부분 빌려온 것으로서 독창적 사상은 매우 드물게 제기하였으나 중국 현대철학의 발전에서 말하면 여전히 중대한 이론적 의의가 있다. 중국 전통철학은 인지적 의미의 연구를 그다지 중시하지 않고 특히 가치적 의미의 연구를 중시하며, '소체지지(小體之知)' 혹은 '견문지지(見聞之知)'는 그다지 중시하지 않지만 '대체지지(大體之知)' 혹은 '천덕양지(天德良知)'는 특별히 중시한다. 이와 같은 상황은 중국의 전통철학이 과학과 직접적 관계를 구축할 수 없음을 결정하였으며, 그것은 또 본의 아니게 과학적 연구를 위한 이론적 지도(指導)를 제공했다. 만약 이와 같은 상황이 바뀌지 않으면 중국철학은 과학적 지식과 접속할 수 없고 현대성과 접속할 수가 없다. 그러므로 지식론 방면에서 어떻게 연구의 활력을 키우고 어떻게 전통철학의 사유 패턴의 변혁을 추진하는지가 현대 중국의 철학자 앞에 놓여 있는 중대한 과제가 되었다. 정문강은 자각적으로 이 과제에 대면한 철학자 가운데 하나라고 말할 수 있다.

정문강은 실증철학을 최고봉으로 밀어 올린 동시에 그것의 한계성도

47) 張君勱 · 丁文江 等, 『科學與人生觀』, 84쪽.

마하주의〔馬赫主義〕

마하주의는 1870년대부터 20세기 초까지 독일 · 오스트리아 및 기타의 유럽 국가에서 발생하고 유행한 유심주의 철학의 분파다. 그것은 영국의 경험론 철학자인 죠지 버클리와 데이비드 흄의 주관적 유심주의와 프랑스 철학자이자 사회학자인 오귀스트 콩트의 실증주의 노선을 계승했다. 그 창시자인 에른스트 마하로 인하여 얻게 된 이름이다. 그것의 또 한 사람의 창시자는 독일 철학자인 아베나리우스(Avenarius, Richard Heinrich) 이고 그의 대표작은 『순수경험비판』이기 때문에 마하주의는 또 '경험비판주의' 라고도 불린다.

마하주의에서는 경험의 중요성을 강조하고 감각경험을 인식의 한계와 세계의 기초로 간주하며 유물주의와 유심주의는 모두 단편적이라고 생각하여 이 둘을 넘어선 위에 일종의 중립적이고 당파성이 없는 철학을 건립하자고 제의했다. 그들은 가장 중요한 특성은 물질도 아니고 정신도 아니며 감각경험의 복합이라고 생각했다. 이 입장에서 출발하여 마하주의는 과학적 이론이 객관적 세계 및 규율에 대한 정확한 반영이 아니라 감각경험에 대한 서술이라고 생각한다. 이와 같은 서술은 마땅히 가장 적은 사유로 가장 완벽한 진술을 만들어 내는 원칙을 따라야 한다. 마하는 그것을 '경제적 사유의 원칙' 이라 부르고, 아베나리우스는 '힘이 가장 적게 드는 원칙' 이라 부른다. 그들이 얻어낸 결론에서는 모든 과학적 이론은 다만 하나의 가설이 될 뿐이고, 그것들은 다만 편리한지 아닌지로 나누어질 뿐이며, 정확함과 착오의 구별은 없다고 말한다. 그러므로 객관적 진리는 존재하지 않는 것이다.

마하주의 사상은 직접 이후의 실용주의 · 신실재론 · 논리실증주의 등의 서양철학 분파에 영향을 끼쳤다.

_『중국대백과전서 · 철학』, 557쪽,

북경, 중국대백과전서출판사, 1987.

폭로했다. 비록 정문강이 과학적 지식은 어떻게 형성되는가의 문제에 특별히 관심을 가졌으나 유각주의적 노선에 의지함으로써 오히려 이 난제를 해결할 수 없었다. 그는 어쩔 수 없이 이와 같은 당혹함에 직면하게 된다. 즉 지식은 물론 감각에서 오고 감각 할 수 있는 것은 모두 특수한 것이지만 과학적 지식은 도리어 일반적이다. 그렇다면 어떻게 특수한 것에서 일반적인 것으로 올라가는가? 이 원인으로 말미암아 중국의 현대철학자들은 어쩔 수 없이 정문강의 이론적 사유의 교훈을 받아들이고 실증철학의 한계성을 진지하게 되돌아보면서 지식론 연구 방면에서 다른 방도를 개척한다. 장동손과 김악림이 바로 이와 같은 철학자들이다. 그들은 힘껏 실증철학의 한계성을 타파하고 지식론의 연구를 깊게 끌어들였다. 장동손과 김악림은 물론 실증론자라고 할 수는 없지만 그들의 철학적 문구와 철학적 문제는 결국 실증철학을 이어서 말한 것이다. 이런 의미에서 말하면 그들의 철학적 사고는 실증철학의 여파로 간주할 수 있다. 만약 정문강 등 실증론자가 먼저 분위기의 서막을 열지 않았다면 또한 후에 장동손과 김악림 등의 인식론 전문 서적도 유행하지 않았을 것이다. 이 의미에서 말하면 정문강은 중국의 현대철학 발전사에서 혹시라도 없으면 안 되는 연결고리다.

## 4. 장동손(張東蓀)

장동손(1886~1973)은 절강성 항현(杭縣, 현재의 여항(余杭)) 사람으로서 어릴 적부터 정통 유학 교육을 받았다. 19살(1905년) 때 일본으로 건너가서 신식 교육을 받으면서 서양의 과학과 철학을 접촉하기 시작하였고 도쿄제국대학을 졸업했다. 귀국 후에는 주로 간행물 편집 작업에 종사하였다. 신해혁명 후에 그는 남경 임시정부의 내무부 비서를 맡았었고 후에 양계초를 따르며 연구 계통의 핵심 인물이 되었다. 그는 필치가 매우 빨라서 당시 언론계에서 유명한 기자였다. 1912년부터 그는 상해의 『대공화일보(大共和日報)』 및 양계초가 주관하는 『용언(庸言)』과 『대중화(大中華)』의 편집을 맡았다. 그리고 상해의 원세개(袁世凱) 반대 잡지인 『정의』를 위해 헌법 문제와 관련된 글을 쓰고, 장사소(章士釗)가 도쿄에서 창립한 『갑인(甲寅)』 잡지에 정치 이론의 글을 제공해 주었다. 그는 적극적으로 정치에 참여하여 당시의 유명한 정론가(政論家)였다. 1917년, 그는 장군매를 대신하여 상해에서 『시사신보(時事新報)』의 편집 책임을 맡았고, 또 『개조와 해방〔改造與解放〕』 잡지의 편집에도 참여하며 민주정치와 점진적 사회주의를 창도했다. 이 사이 그의 주된 정신은 신문화운동으로 전향하며 서양 사조를 소개하고 영향이 깊고 큰 사회주의 논쟁을 시작했다. 1925년부터 장동손은 대학교에서 교육하는 삶을 시작하였는데 전후하여 국립정치대학(國立政治大學)·사립광화대학(私立光華大學)·연경대학(燕京大學)에서 교수로 재직하였고, 또 오송중국공학대학부(吳淞中國公學大學部) 학장·광동학해서원(廣東學海書院) 원장을 역임했다. 그는 연경대학에서 가르친 시간이 비교적 길었다. 1927년 이후, 장동손은 "신문이 완전히 다른 사람의 대변자로 변하여 자기의 말을 할 수 없게 되었다."라고 생각하고 신문 분야를 벗어나 철학교육과 연구 분야로 들어갔다.

학계에서는 물론 정계에서도 그는 활동적 인물이었다. 항일전쟁 시기에 그는 북경에 남아 있었는데 일본군을 위해 충성하라는 것을 거절하고 체포되어 감옥에 들어갔다. 1934년, 그는 장군매 등과 함께 국가사회당을 창건했다. 1946년, 장군매와 정견이 일치하지 않아서 이 당을 떠났고 또 1948년 장개석이 소집한 '국대(國大)'에 참석하는 것도 거절했다. 해방전쟁 기간에 그는 부작의(傅作義) 장군을 도와 중국인민해방군과 연락하며 북경의 평화로운 해방을 위해 적지 않은 일을 했다. 신중국이 성립된 후에는 중앙인민정부위원 · 정무원문화교육위원회위원 · 민맹중앙상위 등의 직무를 맡았었다. 1952년, 중대 비밀 누설의 일로 인해 해직당했다. 주요 저작으로는 『신철학논총(新哲學論叢)』『현대철학』『도덕철학』『과학과 철학』『지식과 문화』『사상과 사회』『이성과 민주』『다원적 인식론 재논술〔多元認識論重述〕』 등이 있고, 번역서로는 베르그송의 『창화론(創化論)』과 『시간과 기억』이 있다.

### 1) 유각주의(唯覺主義)에 관한 질의

장동손은 최초로 신칸트주의자인 빈델반트의 저서 『서양철학사강좌〔西洋哲學史教程〕』를 강의한 중국 현대철학자의 한 사람이다. 그가 받은 신칸트주의의 영향은 비교적 크다. 하린은 『50년 동안의 중국 철학〔五十年來的中國哲學〕』에서 장동손에 대해 이렇게 말했다.

> 그는 스스로 절충파이며 잡가라고 불렀다. 대개 실용주의 · 신실재론 · 비평적 실재론 · 층창조론〔層創論〕 · 신유심론 등이 모두 그가 소개한 것들이다. 당시 어떤 사람은 그의 저작을 풍자하여 "결코 창조적이 아니며 어떠한 부분이든 모두 외국에서 받아들였다. 대개 고대와 근대의 유럽과 미국의 중요한 철학자이면 그는 널리 섭렵하고 잡아챘기 때문에 그의 철학은 마치 외국 철학자를 편집한 것 같다."(곽잠파(郭湛波) 『근오십년중국사상사(近五十年中國思想史)』, 북평인문서점(北平人文書店), 1936년 출판, 184쪽)라고 했다. 그러나 그의 주된 관점은 여전히 칸트의 인식론이다. 『다원적 인식론』(1934년 출판)에서 그는 "나의 인식다원론은 대체로 칸트의 궤도를 따른 것이라고 할 수 있다."(『다원적 인식론』, 45쪽)라고 스스로 진술하여 말했다. 그는 지식이 가능한 까닭이

감각 재료〔感相〕 및 배후의 조리(條理) · 형식 · 가설〔設準〕 · 개념 등을 구성하는데 기초한다고 생각한다. 그가 소개한 칸트는 주로 칸트의 인식론과 윤리학이다. 그는 칸트가 "본체계가 현상에 나타난 것은 지식 방면에서는 선험적 형식이고 행위 방면에서는 자율적 의지(즉 실천이성)이다. 그러나 선험적 형식은 반드시 대응하는 것이 있어야 한다. 다시 말하면 반드시 후천적인 재료가 필요하므로 그것의 나타남은 제한이 된다. 그러나 자율적 의지는 대응할 바 없이 스스로 만족하므로 그것이 나타내는 것은 비교적 자유자재하게 발휘할 수 있다. …… 이로써 전자는 '필연'에서 멈추지만 그렇지 않은 것이 없고, 후자는 비록 마땅히 그러해야 하지만 오히려 그렇지 않을 수 있다."(『도덕철학』, 중화서국, 1933년, 318쪽)라고 생각했다. 그는 이렇게 하면 바로 칸트철학의 양대 비판 즉 『순수이성비판』과 『실천이성비판』의 정수를 파악할 수 있다고 생각했다. 이것은 당시 상당한 영향을 끼쳤다.[48]

하린의 견해는 장동손 사상의 실제에 부합한다. 장동손이 인식론을 연구한 기본적 사유 방향은 칸트의 선험론에 근거하여 실증론의 한계성을 반성함으로써 결국은 하나의 절충적 노선을 찾아내는 것이다.

장동손의 일부 견해는 실증론자와 비슷하다. 예컨대, 그 또한 철학의 기본적 문제를 애써 피하고 각종 본체론 학설을 반대하며 "형이상학 중의 본체론을 근본적으로 완전히 없애자."라고 주장한다. 그는 유심론과 유물론의 논쟁은 전혀 의미가 없다고 생각하며, "우리는 지금 가장 공경스럽게 이 두 개 명사를 쓰레기 더미 속으로 보내고 그 위에 '영원히 등용하지 말아야 한다.'라는 네 글자가 쓰여 있는 봉인 용지 한 장을 붙인다."[49]라고 했다. 그는 또 경험을 매우 중시하여 인식론을 연구하려면 경험에서

48) 賀麟, 『五十年來的中國哲學』, 99쪽.

49) 張東蓀, 『哲學評論』「條理,範疇與設準」, 1933(4), 3-4쪽.

출발하는 것이 마땅하다고 생각한다. 그는 "나는 철학의 출발점은 역시 경험이라고 생각한다."[50]라고 말했다. 개념에 관한 그의 견해는 실용주의와 일치하며, 개념은 경험의 기초 위에 세우는 것으로서 그 "근거는 바깥 세계의 자연적 성질에 있는 것이 아니라 오히려 그것에 대응하는 우리의 경험적 태도이다."[51]라고 생각했다. 그가 보기에 개념은 외물을 대표하는 부호가 아니라 오히려 우리가 외물에 대응할 때의 많은 행위의 부호를 대표한다. 그는 인식은 경험과 행위를 떠날 수 없다고 생각하고, 아울러 "나의 사상은 여기에서 완전히 유용론(唯用論)을 찬성하는 것이다."라고 표명했다. 이러한 말로부터 그의 철학 사상은 실증철학과 확실히 매우 밀접한 관계가 있음을 볼 수 있다.

그러나 장동손은 실증론자가 앞장서서 제창한 유각주의에 대하여 결코 만족하지 않는다. 그가 보기에 유각주의는 지나치게 간단해서 비교적 복잡한 인식론 학설 체계를 세울 필요가 있었다. 그가 한 첫 번째 일은 바로 이론적으로 정문강의 '구상(構想)' 설을 비판하여 유각주의의 울타리에서 벗어나는 것이었다. 그는 정문강이 비록 '존의적 유심론' 을 표방하지만, 그의 유심론은 결코 철저하지 않으며 심지어 유물론과도 명백한 경계를 그을 수 없다고 분석하여 말한다. 그는 이렇게 말했다. "정재군 선생이 외부 세계의 물체는 단지 우리 감각기관의 느낌이 '구성한 것' 이라고 주장하는 것은 소박실재론에서 확실히 그대로 따를 수 있는 외물이 있다고 생각하는 것과는 물론 다르다. 그러므로 그가 스스로 존의적 유심론이라고 이름한 것은 바로 외물은 다만 감각일 뿐이며 감각 이외에 대해선 잠시 보류하고 당분간 논하지 않는다는 말이다. 이렇게 하여 확실하게 앞문을 닫았으니 바로 감각으로부터 외부로 다가가서 물체까지 가는 길이

50) 張東蓀, 『科學與哲學』, 12쪽, 北京, 商務印書館, 1978.

51) 張東蓀 等, 『認識論』, 115쪽, 上海, 世界書局, 1934.

끊어졌다. 앞문을 닫고 난 후에 만약 다시 뒷문을 열면 반드시 여전히 뒷문으로 나가 돌아서 앞문의 입구에 이를 수 있게 된다."[52] 그는 정문강은 마치 감각으로 외물을 설명하고 외물 자체의 실재성을 없앤 듯 보이지만 사실상 그렇지는 않다고 지적한다. 그는 신경으로 감각을 설명하고 또 생리로 신경을 설명하며 다시 화학원소로 생리를 설명한다. 이 논리에 따라 추론해 나가면 그는 반드시 외물로 화학원소를 설명하게 될 것이다. 한 바퀴 돌아서 다시 외물의 실재성으로 돌아오게 된다. 따라서 정문강의 구상설은 "겉으로는 실증론이지만 남모르게 일찍이 유물론 속으로 물러갔다."[53] '구상' 설에 대한 분석과 비판을 통하여 장동손은 주관주의의 철학적 입장을 확립했다.

그다음 장동손은 정문강의 "사상이 아무리 복잡해도 결국 감각기관의 감촉을 벗어날 수가 없다."라는 관점을 비판했다. 그는 정문강의 이 명제는 다음과 같이 삼층의 의미가 있다고 분석하여 말했다. 첫째, "사상의 시동을 거는 것은 감각이다." 사상은 마치 총알과 같고 감각은 마치 총 본체와 같아서 사상을 감각으로 귀결시키는 것은 마치 총알을 총 본체와 동일시하는 것이니 이것은 이치에 닿지 않는다. 둘째, "사상의 재료는 감각이다." 사상은 마치 식품과 같고 감각은 마치 밀가루와 같다. 하지만 밀가루는 바로 식품과 동일시할 수가 없으니 이 조항 역시 발붙이고 설 수 없다. 셋째, "사상의 주요 성분은 감각이다." 이 조항 역시 문제가 있다. 이미 사상의 주요 성분이 감각이라고 했으니 그러면 그중에는 감각에 속하지 않는 요소도 있다는 것을 인정하는 것과 같다. 비록 이런 요소는 부차적이긴 하지만 말이다. 총괄적으로 말해 정문강의 '사상이 곧 감각이다.' 라는 논점은 이론상 다듬지 않을 수 없다.

---

52) 張東蓀, 『科學與哲學』, 67쪽.

53) 위의 책, 68쪽.

유각주의에 대한 분석과 비판을 통하여 장동손이 얻어 낸 결론은 인식의 근원 및 형성 과정은 절대로 정문강이 말한 것처럼 그렇게 간단하지 않다는 것이다. 만약 정문강이 현대 중국에서 처음으로 인지적 의미에서 인식론 문제를 중시한 철학자라면 장동손은 인식론 문제의 복잡성을 중시한 첫 번째 철학자라고 할 수 있다. 장동손은 칸트의 선험론을 이용하여 유각주의의 단순화 경향을 극복하자고 주장한다. 선험론에 따르면 감각은 비록 사상 재료의 하나이지만 주된 재료는 아니며 더욱이 유일한 재료도 아니다. 사상의 형성은 개념적 추론과 관련이 있다. "감각은 단지 딱딱한 재료이고, 개념과 추론은 마치 요리사의 솜씨와 같아서 그것을 익혀서 향기로운 요리를 만드는 것이다. …… 만약 요리사의 솜씨가 선천적이라고 말한다면 개념에 대한 추론도 사람들이 선천적으로 갖춘 것이라고 말하는 것이니, 이것이 바로 칸트의 선험철학이다."[54] 장동손이 보기에 선험론은 실증론보다 해석력이 훨씬 강하다. 선험론에서는 감각이 모든 지식의 재료인 점을 부인하지 않는데, 이것은 실증론과 일치하는 점이다. 그러나 그것은 재료가 반드시 '장치 능력'의 가공을 거쳐야지 비로소 완성품이 될 수 있다고 강조한다. 그는 "유감각론(唯感覺論)의 입장에서는 이미 결코 류(類)(즉 개념)가 스스로 바깥 세계에 존재한다고 주장할 수 없고 또 감각이라고 말할 수도 없다. 이와 같은 유감각주의는 자연히 선험과 철학이 감각적인 재료 외에 별도로 이성적인 표준 형식을 가지고 있음을 인정하는 것에 투항할 수밖에 없다."[55]라고 말했다.

그러나 장동손이 결코 칸트의 선험론 입장을 완전히 받아들인 것은 아니다. 그는 칸트의 범주론 및 물자체에 관한 견해에 동의하지 않고 신실재론과 실용주의로 그것을 개조하려고 시도했다. 이렇게 하여 그의 '다원

---

54) 張東蓀,『科學與哲學』, 72쪽.

55) 위의 책, 76쪽.

적 인식론' 이 형성된다. 그는 "나의 사상 근원을 총괄하여 말하면 화이트헤드류의 실재론과 칸트의 선험철학 그리고 루이스(Clarence Irving Lewis)와 쉴러(F. von Schiller)류의 유용주의(唯用主義)이다"[56]라고 진술했다. 1931년에 장동손은 『철학평론』에 「조리(條理) 및 범주(範疇)와 가설〔設準〕」이라는 글을 발표하여 다원적 인식론의 기본적 관점을 제기했다. 1934년에 그는 다른 사람과 협력하여 『인식론』을 저술하였는데 이 책에서 장동손이 집필한 제5장 「인식의 다원론」에서 그의 관점을 상세히 설명했다. 1936년에 그는 다시 「다원적 인식론 재논술」이라는 글을 써서 그의 관점에 대하여 보충하고 논증하였다. 이 글은 그의 다원론적 인식론 체계의 최종 형성을 보여주고 있다.

장동손은 그가 말한 '다원론' 은 곧 '일원론' 과 '이원론' 에 상대하는 개념이라고 주장했다. 그는 이전의 인식론 학설은 모두 일원론 혹은 이원론의 잘못을 범했는데 사실상 인식은 외부 세계의 조리(條理) · 경계 세계의 감각 · 내면세계의 형식 및 경험적 개념 등의 다원적 구성이며 단순히 그중 어떤 하나의 차원으로 귀결시키는 것은 모두 타당하지 않다고 생각한다. 그는 이렇게 분석했다. "경험론은 감각을 기점으로 하여 감각에서부터 내면세계로 추진해가고 내면세계에서 다시 외부 세계로 추진해 나간다. 실재론은 외부 세계를 기점으로 삼아 외부 세계로부터 감각으로 추진해가고 감각에서부터 다시 내면세계로 추진해 나간다. 유심론은 형식과 가설을 기점으로 하여 이로부터 밀고 지나가서 전과 다름없이 한 바퀴 돌고 멈출 수 있다. 한마디로 말하면 그들은 모두 이 동그라미를 직선으로 바꾸려 하는데 그리하여 마침내 양쪽 끝이 생긴다. 하지만 내가 보기에는 근본적으로 하나의 동그라미가 아니므로 원상태로 돌아가는 것은

56) 張東蓀, 『哲學評論』, 「條理,範疇與設準」, 1933(4).

## 신칸트주의

19세기 말부터 20세기 초에 이르기까지 서유럽의 각 나라 특히 독일에서 폭넓게 유행하였던 칸트철학의 부흥을 부르짖은 학파이다.

신칸트주의는 제일 처음 1860년대의 독일에서 형성했다. 1855년, 독일의 자연과학자인 헬름홀츠(H. L. F. von Helmholtz)는 그의 「사람의 시력을 논함」이라는 글에서 먼저 칸트 인식론의 중요한 의미를 강조하였고 아울러 감각기관의 생리학적 성과를 이용하여 칸트의 선험주의를 증명하려고 시도했다. 1860년 쿠노 피셔(Kuno Fischer)의 『칸트의 생애 및 그 이론 기초』와 1862년 에두아르트 첼러(Eduard Zeller, 1814~1908)의 『인식론의 의의와 임무』라는 두 저작의 출판은 한 걸음 더 나아가 칸트에 대한 사람들의 주의와 흥미를 일으켰다. 신칸트주의의 형성에 중대한 작용을 일으킨 사람들은 독일 철학자인 오토 리프만(Otto Liebmann)과 프리드리히 랑게(Friedrich Albert Lange)이다. 리프만은 1865년에 출판한 『칸트 및 그 후계자』에서 분명하게 반드시 "칸트로 되돌아가자."라는 구호를 제기했다. 랑게는 『유물주의의 역사 및 현재 그 의의에 대한 비판』에서 칸트는 그 자신의 시대에 비해 현대에 더욱 깊은 영향을 가지고 있다고 강조하고 아울러 사람들이 아리스토텔레스를 연구하는 것처럼 그렇게 칸트 체계의 깊은 뜻을 밝혀내자고 호소했다. 이 두 저작의 출현은 당시 독일에서 일어난 칸트철학의 부흥 운동을 촉진시켰으며 신칸트주의의 정식 형성을 상징하고 있다.

마르부르크학파와 프라이부르크학파가 있다. 이 두 학파의 공통점은 리프만과 랑게가 창립한 길 위에서 칸트철학을 받아들이고 칸트의 '물자체' 개념에 관한 유물주의적 요소를 부정하며 칸트철학의 주관적 유심주의와 불가지론을 발전시킨 동시에 또 칸트의 자율적 윤리학을 이용하고 발전시켜서 이른바 윤리사회주의 이론을 제기하였다.

1920년대 이후, 신칸트주의는 점점 세력을 잃어 갔다. 제2차 세계대전 이후에 또다시 부활한 경향이 있다.

_『중국대백과전서 · 철학』, 1018쪽,
북경, 중국대백과전서출판사, 1987.

있을 수 없다. 나는 근본적으로 다섯 가지의 서로 독립된 것, 즉 감각으로부터는 외물을 알 수 없고 형식으로부터는 감각을 알 수 없으며 가설로부터는 형식을 알 수 없고 개념으로부터는 가설을 알 수가 없다고 생각한다. 이것이 바로 나의 주장이 이전의 인식론에 관한 각종 학설과 다른 까닭이다. 그들의 학설이 이름은 인식론상의 일원론이나 인식론상의 이원론이라 할 수 있지만, 나의 이 주장은 이름하여 인식론상의 다원론이라 말하는 것이 적당하다."[57] 이 단락의 말로 그의 다원론적 인식론의 기본 사상을 대체로 서술했다. 한 방면으로는 선험론으로 경험론을 보충하고, 다른 한 방면으로는 다시 경험론으로 선험론을 제한하였는데, 이것이 장동손의 다원주의 인식론의 요점이다. 다음에서 우리는 감각 · 외재적 근본 원인 · 선험적 형식 · 가설 · 개념에 관한 그의 견해를 구체적으로 논평 서술하기로 한다.

### 2) 존재하지 않는 것의 감각 재료〔感相〕와 잠재된 조리(條理)

장동손은 먼저 인식의 근원 문제를 연구하고 토론했다. 이 문제에서 그의 견해는 정문강과 다른 점이 있다. 정문강은 인식의 근원은 다만 하나

57) 張東蓀 等, 『認識論』, 112쪽, 上海, 世界書局, 1934.

일 뿐이며 그것은 바로 감각이라고 생각한다. 그러나 장동손이 보기에 인식의 근원은 단지 감각 하나만이 아니라 마땅히 두 가지여야 한다. 하나는 감각으로서 그것은 인식의 직접 근원이다. 장동손은 그것을 '현현(顯現)적 소여' 라고 부른다. 다른 하나는 조리(條理)로서 또 '외재적 근본 원인' 이라고 부르며 인식의 간접 근원이다. 그는 그것을 '잠재적 소여' 라고 부른다. 이 두 근원의 서로 다른 성질에 대하여 그는 각각 논술했다.

(1) 존재하지 않는 것의 감각 재료

그는 실증론자가 감각과 존재를 동등하게 여기는 관점에 동의하지 않는다. 그는 감각이 주관성을 가지고 있다고 생각하며 그것을 '존재하지 않는 것' 이라고 부르고 "나는 모든 감각적 내용은 전부 '존재하지 않는 것' 이라고 생각한다."[58] "만일 구식의 표현에 따른다면 이른바 존재하지 않는 것이란 곧 '환상(幻相)' 이다."[59]라고 했다. 이른바 '환상' 의 뜻은 감각이 주관적으로 자생한 것이지 결코 외물(外物)에 대한 반영이나 묘사가 아님을 말한다. "감각이 외물의 묘사가 아니고 또 외물의 번역도 아니라면 오히려 다만 마치 어느 정도는 무(無)에서 유(有)가 생겨난 듯한 꼴이다."[60] 그는 감각주의를 거절하고 배척하며 또 유물론의 반영론도 거절하고 배척한다. 유물론의 반영론에 대응하는 방면에서 그는 오히려 실증론자와 일치한다.

감각은 '존재하지 않는 것' 이고 외물과 구별됨을 설명하기 위하여 그는 두 가지 이유를 찾아낸다. 첫 번째 이유는 생리학적 유심주의자가 제

58) 張東蓀 等, 『認識論』, 48쪽, 上海, 世界書局, 1934.

59) 張東蓀, 『張菊生先生七十生日紀念論文集』, 「多元認識論重述」, 118쪽, 上海, 商務印書館, 1936.

60) 張東蓀 等, 『認識論』, 48쪽.

기한 '동질 자극에 이질 감각' 설이다. 독일의 생리학자인 요하네스 페터 뮐러(Johannes Peter Müller)는 실험 중 만약 같은 전류로 사람의 다른 감각기관을 자극하면 서로 다른 감각을 형성할 수 있다는 것을 발견했다. 예를 들어 눈을 자극하면 섬광의 감각이 일어날 수 있고 귀를 자극하면 음향의 감각이 일어날 수 있다. 그는 이로부터 결론을 얻어내어 외계의 자극과 주관적 형성의 감각은 서로 다른 관계없는 두 가지 일이라고 말했다. 장동손은 이와 같은 견해가 그의 관점을 증명할 수 있다고 생각한다. 그는 "감각 재료의 '비존재'는 심리학에서 증명할 수 있다. 최근 아드리안(Edgar Douglas Adrian)은 모든 신경 전달의 흐름은 전부 똑같으나 내면에 들어가면 오히려 결국 색깔 · 소리 · 향기 · 따뜻함 등 다르게 나눠진다."[61]라고 말했다. 두 번째 이유는 실재론자인 드레이크(Durant Drake)가 제기한 '시각 차이' 설을 비판한 것이다. 드레이크는 똑같은 인식 대상에 대하여 다른 사람은 다른 감각을 형성할 수 있다고 생각한다. 설령 같은 사람이라도 처한 위치가 다르면 역시 다른 감각을 형성할 수 있다. 예를 들어 한 조각의 매달려 있는 빨간색과 초록색이 뒤섞인 체크무늬 천을 마주하는 데 근처에 서서 보면 빨간색과 초록색이 뒤섞인 인상이 형성되며, 만약 멀리 서서 보면 보이는 것은 한 조각의 보라색이다. 이 두 가지 서로 다른 감각은 도대체 어느 것이 대상과 서로 부합하는가? 알 수가 없다. 서로 다른 감각은 완전히 대상으로 인하여 일어난 것이 아니라 관찰하는 사람 스스로가 만든 것임을 알 수 있다. 장동손은 드레이크의 관점을 받아들이고 또 더욱 발휘하여 "우리 보통 사람이 본 꽃은 빨간색이지만 색맹인 사람은 보라색으로 본다. 사실 이와 같은 감각은 본인에게는 모두 참이다."[62]라고 했다. 그는 감각은 사람에 따라 다르고 시간에 따라

61) 위의 책, 49쪽.

62) 위의 책, 47쪽.

다르며 장소에 따라 달라서 결코 외부 사물이 사람의 감각기관에 작용하여 형성되는 것이 아니라 '우리가 만들어 낸 것' 이라고 생각하는데, 이로써 감각은 '존재하지 않는 것' 임을 잘 알 수 있다.

사실상 장동손이 제시한 두 가지 이유는 결코 그의 관점을 증명할 수 없다. 왜냐하면 이 두 가지 이유는 다만 사람의 감각 속에는 확실히 주관적 요소가 존재한다고 설명할 수 있을 뿐이며 결코 주관적 요소와 객관적 대상이 전혀 관계가 없다는 것을 설명할 수 없기 때문이다. 감각은 주관과 객관이 서로 작용하는 과정에서 형성하는 것이다. 만약 대상으로서의 객관적 사물이 없다면 감각은 생겨날 길이 없다. 이것은 바로 비록 감각의 형식은 주관적이지만 그 내용은 오히려 객관적이며, 감각 속에는 틀림없이 주관과 객관의 모순이 포함되어 있으나 이와 같은 모순은 인식하는 과정에서 점차 해결될 것이라고 설명한다. 장동손은 감각을 '존재하지 않는 것' 으로 여겨 감각의 객관적 내용을 없애고 감각의 주관적 형식을 과장함으로써 일종의 주관주의적 감각론을 초래하였다.

주관주의적 감각론에 근거하여 장동손은 감각이 주관과 객관을 연결하는 교량임을 부인하고, 그것을 인식 과정에서 단독으로 작용하는 하나의 성분으로 여긴다. 그는 말한다. "감각은 위로는 하늘에 있지 않고 아래로는 밭에 있지 않은 중간의 것이다. 이 중간의 것은 그 자체가 '존재하는' 것이 아니다. 그러므로 그것을 이름하여 '존재하지 않는 것' 이라고 말하며 외부의 구조에서 이것을 찾을 수 없고 또 내면의 심리에서도 역시 그 근원을 추적해 낼 수가 없으니 그것은 다만 두 층 사이의 허공에 뜬 것이라 말하는 것과 다름이 없다. 외부로 말미암아 말하면 그것은 밖에 있지 않고 오히려 내면에 있다고 말하는 것만 못하다. 바꾸어 말하면 외부 사물의 대표가 아니라 오히려 '장애물' 이다."[63] 그는 감각을 '장애물' 로 여기고 주관과 객관 사이의 연결을 절단하여 주관주의 사상 노선을 관철하기 위해 복선을 감추었다. 감각에 관한 그의 견해는 물론 문제가 있다. 그러나 그는 확실히 "감각은 인식의 유일한 근원이다"라는 관점을 번복하고 아울러 이로 말미암아 '외재적 원인' 론을 끌어냈다.

(2) 잠재된 조리(條理)

장동손은 비록 감각은 '존재하지 않는 것' 이지만 결코 감각이 외재적 요인의 제한을 받지 않음을 의미하지는 않는다고 생각한다. 그는 "감각은 일종의 비존재자(非存在者)다. 그러나 이와 같은 비존재자는 또 마치 우리가 자유로울 수 없도록 강요하는 권한이 있는 듯하지만 사실 결코 외계성(外界性)은 없다."라고 말했다. 감각 자체는 비록 외계성이 없으나 그 배후에는 도리어 감각을 제약하는 어떤 외재적 요인이 존재한다. 그는 이와 같은 요인을 '서로 관련 있는 변화' 혹은 '외재적 근본 원인' 이라고 부른다. 그는 이렇게 말한다. "우리는 현재 한편으로는 감각 재료가 존재하지 않는 것으로 인정하지만, 다른 한편에선 이 비존재의 감각 재료와 그 배후의 것이 상당히 관계있는 변화가 있음을 인정하지 않을 수 없다. 인식의 다원론은 그리하여 외부의 존재는 감각 재료가 아니라 이 관련 있는 변화임을 주장하게 된다."[64] '외재적 근본 원인' 혹은 '서로 관련 있는 변화' 는 인식의 근원에서 말하면 감각과 병렬적 관계이고 또 독립적 일원(一元)이다. 그러나 그것은 숨어서 존재하는 것이어서 인식 가운데 직접 나타날 수 없다. 그것은 반드시 감각을 매개로 삼아야 한다. 장동손은 감각은 외물에 대하여 말하면 비록 하나의 '장애물' 이지만 그것은 오히려 투명하지 않은 것이 아니라 얼마간의 희미한 빛이 통과할 수 있다고 지적한다. 이로부터 감각의 배후에는 '드문드문 흩어져 성긴 외재적 원인' 이

63) 張東蓀, 『張菊生先生七十生日紀念論文集』, 「多元認識論重述」, 118쪽.

64) 張東蓀 等, 『認識論』, 67쪽.

존재하고 그 '외재적 원인' 또한 감각의 도움을 빌려 인식 가운데 나타날 수가 있음을 알 수 있다. 장동손의 외재적 원인은 신실재론의 일부 관점을 받아들임에 따라서 그것이 유감각주의의 실증론자와 구별되어 일정한 객관주의적 경향을 나타내도록 한다.

장동손은 신실재주의자와 다르다. 그는 '외재적 원인' 은 결코 어떤 숨어있는 '공상(共相)' 이 아니라 순수한 '조리' 라고 강조한다. 그는 "다만 이 관련된 변화에서만 외부 세계의 존재는 비로소 우리의 마음에 뚜렷하게 나타내 보일 수 있으며, 이 관련된 변화는 질료가 아니라 오히려 방식이다. 바꾸어 말하면 우리에게 주어진 것은 내용이 아니라 조리이다."[65] 라고 말한다. 그는 외부 세계의 조리로 원자성(原子性) · 연속성 · 창조적 변화성의 세 가지가 있다고 지적한다. 그는 "외부 세계의 모든 조리가 어느 정도 있는지 없는지 우리는 정말 알 길이 없다. 마치 매우 무겁고 두꺼운 커튼과 같아서 햇빛이 그 위에 발산해도 완전히 통과할 수 없다. 이 세 가지(즉 원자성 · 연속성 · 창조적 변화성)는 마치 이 커튼 위에 스며든 어떤 희미한 빛과 같다. 이것을 제외하고 실재는 더 이상 스며들 방법이 없다."[66]고 말한다. 세 가지 외부 세계의 조리에 관하여 장동손은 따로따로 서술했다.

(가) 원자성(原子性) : 장동손은 사물은 인식 대상으로 말하면 무수한 개체 혹은 부분으로 분해될 수 있다고 생각한다. 이와 같은 분리 가능성이나 개체성은 외부 세계에 존재하는 첫 번째 조리인 원자성에서 생긴다. 그는 원자성은 결코 원자 · 전자와 같은 물질적 소립자가 아니라 시간상의 '순간' 과 공간상의 '점' 과 같은 추상적 의미의 구조를 가리킨다고 강조한다. 그는 물리학적 유심주의자의 견해를 받아들여 '물질은 이미 사라

65) 위의 책, 49쪽.

66) 위의 책, 63쪽.

졌다.' 라고 믿으며 유물론을 반대하는 물질 개념을 나타낸다. 그는 "이른바 원자성은 다만 구조상 '원자의' 성질만 있을 뿐으로서 결코 외부 세계에 확실히 원자라는 물체가 있음을 말하는 것이 아님을 반드시 알아야 한다. 원자가 없을 뿐만 아니라 또한 전자도 없고, 파(波)도 없으며, 모든 것은 다만 외부 세계의 구조상 약간의 단위로 나눠는 가능성일 뿐이다."[67] 라고 말한다. 그는 '원자성' 이란 개념을 제기함으로써 물질 구조로서의 '원자' 와 구별됨을 나타낸다. '원자성' 은 인식에 관한 철학적 개념이지 결코 물질의 실체성 혹은 객관적 실재성을 인정하는 것과 같지 않다. '원자성' 이란 개념은 신실재론의 개체성 원칙에서 온 것으로서 그것은 개체성 원칙을 '외재적 원인' 론 속에 집어넣었음을 나타낸다. 그는 인식론적 의미상에서 말하면 바로 '원자성' 적 조리를 담보하기 때문에 외부 세계의 사물은 비로소 인식 대상으로 형성될 수 있고, 인식 과정도 비로소 발생할 수 있으며 만약 인식 대상이 분리 가능성이나 원자성이 없으면 인식 과정은 근본적으로 발생할 수 없다고 지적했다.

(나) 연속성 : 장동손은 인식 대상으로서의 사물은 이미 분리 가능성과 개체성을 구비하고 있으며 또 총체성을 가지고 있다고 생각한다. 이와 같은 총체성은 외부 세계 존재의 두 번째 조리 즉 연속성에서 온다. 연속성은 원자성과 밀접하게 관련된다. 그는 "나는 외부 세계의 조리는 물론 끊을 수 있는 원자성이 있지만 동시에 또 반드시 끊을 수 없는 연속성도 있다고 생각한다. 전자는 사물을 몇 조각으로 나눌 수 있음을 말하고, 후자는 비록 몇 조각으로 나눌 수 있으나 여전히 오로지 온전한 사물임을 말한다."[68]라고 말한다. 그는 원자성과 연속성은 서로 도우며 일을 완성하는 데, 원자성은 연속성 속에 깃들고 연속성은 동시에 원자성으로 표현된

67) 張東蓀 等, 『認識論』, 52-53쪽.

68) 張東蓀 等, 『認識論』, 55쪽.

다고 지적한다. 그는 예를 들어 수학에서 두 개의 숫자가 마치 두 개의 '원자'와 같고 이 두 개의 숫자 사이에 언제나 세 번째 숫자를 집어넣을 수 있다면 두 개의 숫자 사이에는 일종의 연속성이 작용하고 있음을 알 수 있다고 말한다. 이와 같은 연속성은 우주를 무한히 뻗어나간 총체가 되도록 한다. 그가 제기한 '연속성' 개념은 화이트헤드로부터 온 것으로서 그가 화이트헤드의 과정철학을 그의 '외재적 근본 원인'론 속에 받아들였음을 나타낸다. 그는 인식론적 의미에서 바로 '연속성'의 조리를 담보하고 있는 까닭에 인식은 비로소 고립적이지 않고 비로소 지식 체계를 형성할 수 있으며 만일 '연속성'의 조리를 전제로 하지 않는다면 인식은 전개할 방법이 없고 부분적 인식으로부터 총체적 인식으로 발전해 갈 방법이 없다고 말한다.

(다) 창변성(創變性) : 장동손은 사물은 끊임없이 발전하고 변화하며 결국 그 원인은 외부 세계에 존재하는 제3의 조리인 창조적 변화성〔創變性〕에 있다고 생각한다. 이른바 창변성은 "새로운 것이 생기는 것을 가리켜서 말한 것이다. 만약 이 세계에 절대로 새로운 것이 나오지 않는다면 이 세계는 틀림없이 변화가 없다. 그러므로 어찌 되었든 이 세계는 항상 어디서나 변화하며 이것은 조금도 문제가 없다." "대체로 변화에는 대부분 창신한 점이 있다. 그렇지 않으면 우리는 반드시 근본적으로 변화를 인정하지 않게 된다. 그러므로 우리는 반드시 별도로 하나의 조리를 세워야 하며 그것을 이름하여 '창변성'이라고 말한다."[69] 그가 말하는 창변성은 알렉산더(Alexander)가 말하는 '창발(創發)' 혹은 베르그송이 말하는 '지속〔綿延〕'에 불과하며 운반 설비가 없는 순수한 흐름과 변화를 가리킨다. 장동손은 바로 이와 같은 흐름과 변화가 사물이 끊임없이 발생하고

69) 張東蓀等, 『認識論』, 60쪽.

발전하도록 하며 인식을 위해 새로운 내용을 제공한다고 생각한다. '창변성' 이라는 조리는 인식 발전의 가능성을 위해 이론적 보증을 제공한다.

장동손은 외재적 근본 원인으로 위에 서술한 세 가지 조리를 말한다면 다만 공허한 구성일뿐 결코 실질적 내용이 없다고 본다. 그는 스스로 '범구조주의자' 라고 부르고 또 독자들에게 "절대로 이 세 가지 조리를 합하여 물질이라고 부를 수는 없으며 이와 같은 주장을 생각하는 것 역시 유물론적 색채가 있다."[70]라고 경고하였다. 그는 반복하여 "일체는 모두 구조이지 실질이 아니다. 그리고 구조는 오히려 우리의 인식을 떠날 수 없다."[71]라고 강조했다. 이 세 가지 조리는 비록 '외재적 근본 원인' 이지만 여전히 은밀히 감각 속에 담겨있다. 그것은 비록 감각에 대해서는 제한적이지만 그러나 감각의 주관성을 방해하지는 않는다. 그는 외재적 조리는 마치 네 부분이 있는 것 같은데 감각은 이 네 부분에 근거해서 원형 · 정방형 · 평행선 · 교차선 등 서로 다른 기하 도형을 구축해 낼 수 있다고 말한다. 이렇게 보면 장동손의 외재적 근본 원인론은 비록 객관주의적 경향이 있으나 결코 이로 인해 주관주의 입장을 버리는 것은 아니다. 총괄적으로 보면 인식의 근원 문제에서 그는 마음으로부터 사물에 이르는 주관주의 사상 노선을 관철하였다. 비록 이와 같다고 하더라도 그는 결국 정문강의 감각주의의 협애한 입장을 넘어섰고 인식의 근원 방면에서 감각경험에 앞서 존재하는 객관적 요소를 인정하였다.

70) 위의 책, 62쪽.

71) 위의 책, 131쪽.

**자·료·카·드**

## 비판적 실재론

1920년대를 전후하여 미국에서 신실재론에 이어 출현한 철학 분파다. 창도자는 드레이크(D. Drake)·러브조이(Lovejoy, A. O.)·프래트(J. B. Pratt)·로저스(A. K. Rogers)·산타야나(G. Santayana)·셀라스(R. W. Sellas)·스트롱(C. A. Strong) 등이다. 그들은 1921년에 공동으로 『비판실재론 논문집』을 출판하여 인식 문제에 대한 그들의 공통 관점을 발표했다. 산타야나는 일반적으로 이 학파의 주요 대표 인물로 생각된다. 셀라스는 1916년에 단독으로 『비판실재론』이라는 책을 출판했었다.

비판실재론의 출현은 신실재론자가 사람들의 인식상 오류와 착각을 설명할 때 만나는 어려움과 관련이 있다. 다수의 비판적 실재론자는 소박실재론에 가까운 그러한 신실재론의 일원론적 인식 노선을 버리고 방향을 바꾸어 이원론적 관점을 취하며, 인식의 주체와 인식된 객체는 이원적으로 존재한다고 생각하고 결국은 의식과 객관세계를 형이상학적으로 대립하도록 하였다.

비판적 실재론자는 결코 신실재론을 완전히 부정하지는 않았다. 그들 또한 객관세계는 사람들이 지각하든 하지 않든 관계없이 실제로 존재하는 것이라고 인정한다. 프래트 역시 신실재론자가 우리에게 제공해 주는 사상의 자료에 관하여 여러 가지 의의 혹은 성격이 있다는 관점을 찬양한다. 그러나 그는 동시에 또 신실재론자는 결코 이러한 의의는 "우리의 심리상태 중 감각성 부분 사이의 구별"을 보지 못한 것이며, 이러한 의의는 "사람들이 생각하는 것은 이러한 의의를 일으키는 현존하는 물질적 대상 사이의 구별"임을 보지 못한 것이라고 생각한다. 한 걸음 더 나아가 그는 신실재론은 이로 인해 "자신을 위해 매우 엄중한 어려움을 만들었는데 특히 지각과 오류의 문제들이다."라고 지적했다. 비판적 실재론자는 이러한 '어려움'의 극복을 시도하는 과정에서 자신의 학파를 형성하였다.

_『중국대백과전서·철학』, 665-666쪽, 北京, 중국대백과전서출판사, 1987.

### 3) 직관적 형식과 판단적 형식

장동손은 인식의 근원을 연구 토론한 다음 이어서 인식 형성의 주관적 조건을 연구하였고 이 관점에서 정문강의 감각주의의 단순화 경향을 바로잡으려고 시도한다. 그는 감각론자가 인식을 완전히 감각으로 귀결한 것은 잘못한 것으로서 다만 감각에 의지해서는 결코 인식을 형성할 수 없기 때문이라고 지적했다. 인식의 과정에서 감각은 '경계점'에 속한다. 그것의 한쪽 끝은 조리 혹은 구성으로서 외부 세계에 이어져 있고, 다른 한쪽 끝은 직관적 형식과 판단적 형식으로 내면세계에 이어져 있다. 감각과 조리는 다만 인식의 재료를 제공하며 재료를 가공하여 완제품이 되려면 반드시 내면세계의 두 형식을 거쳐야 한다.

#### (1) 직관적 형식

장동손은 칸트의 관점에 찬성하고 또한 직관적 형식이 선험적이라고 생각한다. 그는 "칸트는 이와 같은 선험적 형식을 둘로 나누어 한 가지는 감성적이고 다른 한 가지는 판단적 형식으로 인해 형성된다고 생각한다. 나의 생각 역시 대체로 이와 똑같다."[72]라고 말했다. 그러나 그는 경험론을 사용하여 칸트의 선험론을 개조하였다.

그는 직관적 선험 형식에 두 종류가 있다고 생각했는데, 한 가지는 시간과 공간이고 다른 한 가지는 주관과 객관이다. 칸트와 마찬가지로 그는 시간과 공간은 물질적 존재의 형식이 아니라 사람이 형성한 경험의 선결 조건이고 인식상의 자립 준칙이라고 생각한다. 만일 시간과 공간의 형식이 없다면 "감각 재료가 비록 우리 위에 흔적을 남겨도 결코 경험을 짜 맞

72) 張東蓀 等, 『認識論』, 68쪽.

출 수 없다."[73] 그러므로 사람들은 감각으로 외부의 사물을 감지하려면 반드시 시간과 공간 두 개의 형식을 경유해야 한다. 그는 시간과 공간은 다만 일종의 주관적 형식으로서 외부의 사물과는 관계없다고 강조한다. 그는 시간과 공간의 주관성에 관한 칸트의 논증은 "절대로 뒤엎을 수 없다."라고 생각하고 아울러 상대론을 시간과 공간의 주관성에 대한 증거라고 본다. 그는 "이미 시간과 공간이 상대적임을 인정한다면 곧 시간과 공간은 개인의 경험에 속하는 것임을 인정하는 것이다." "시간과 공간이 이미 상대적이라면 반드시 주관적이라고 말할 수 있다."라고 지적했다. 장동손의 시간과 공간에 관한 전체적 견해는 "공간과 시간은 다만 인식에서는 주관적인 것에 속한다. 바꾸어 말하면 즉 다만 순수 지식이 인식을 실행할 때 필요한 조건으로서 외계와는 다만 서로 관련이 있을 뿐 절대로 일치하지는 않는다."[74]는 것이다. 시간과 공간 형식의 역할은 이렇다. 감각기관이 감각 재료를 제공한 후에 그들을 선후로 서로 계승하고(시간) 좌우로 병렬(공간)하는 질서를 배열시켜 인식 대상이 확정될 수 있도록 함으로써 결국 인식하는 자의 주관적 범위 안에 집어넣어 인식하는 자의 경험으로 바뀌도록 한다.

장동손이 시간과 공간에 관해 위에서 서술한 견해는 기본적으로 칸트를 뛰어넘지 않는다. 그가 칸트를 보충한 것은 '주객(主客)'을 또 직관적 선험 형식으로 여긴 것이다. 그는 직관적 형식은 두 개가 아니라 세 개로서 "첫째는 공간이고, 둘째는 시간이며, 셋째는 능소(能所) 관계(혹은 주객 관계라고 부름)다."라고 생각한다.[75] 그는 사람들이 만약 인식을 진행한다면 반드시 주객 쌍방이 구분되어야 하며 그렇지 않으면 경험을 형성

73) 張東蓀 等, 『認識論』, 82쪽.

74) 위의 책, 74-75쪽.

75) 張東蓀 等, 『認識論』, 71쪽.

할 수 없고 경험상 단지 객관만 있고 주관이 없는 단계는 여태껏 존재한 적이 없다고 분석하여 말했다. 이로부터 "주객의 구분은 '자연적', 즉 선험적이고 이유가 없으며 후에 경험으로 인하여 만든 것이 아니다. 만약 지식 가운데 어느 정도의 선험적 성분이 있는가를 묻는다면 주객을 배열해 내지 않을 수 없다."[76]는 것을 알 수 있다. 그는 "나는 어떤 인식이든 능지(能知)와 소지(所知)를 포함하여 하나의 존재가 되지 않는 것은 없다고 믿는다. 그러므로 대체로 하나의 인식은 자연히 그 가운데 주객을 갖추었다."[77]라고 말했다. 원래 주관과 객관은 인식 과정에서 기본적 모순의 하나이다. 이 점에서 장동손은 결코 잘못 본 것은 아니지만 그가 주객의 구분을 다만 선험적 형식으로 귀결시키는 것은 타당하지 않다. 왜냐하면 이 형세는 반드시 인식 대상의 객관성을 없애기 때문이다. 장동손은 스스로 주객 이론이 선험적 직관 형식이 된다고 한 것은 칸트의 통각(統覺) 사상의 발전이라고 생각하는데, 사실 그의 선험적 형식론은 선험론과 경험론의 절충에 불과하고 전체적으로 보면 칸트를 초과하지 않았다.

(2) 판단의 형식

장동손이 보기에는 대개 인식이란 모두 판단의 형식으로 나타나기 때문에 인식 형성의 주관적 조건은 직관적 형식을 제외하면 또 반드시 판단의 형식이 있어야 한다. 직관의 선험적 형식은 칸트의 선험적 감성에 해당하고 판단의 형식은 칸트의 선험적 오성에 해당한다. 그는 전자를 '인식상의 선험적 형식'이라 부르고 후자를 '논리〔名理〕상의 선험적 형식'이라 부른다. '논리상의 선험적 형식'은 두 가지 방면을 포함하는데 하나는 정적(靜的) '가설'이고, 다른 하나는 동적 '상호 포함 관계'이다. 장동

76) 張東蓀, 『張菊生先生七十生日紀念論文集』「多元認識論重述」, 114쪽.

77) 張東蓀等, 『認識論』, 79쪽.

손이 말하는 '가설' 이란 단어는 칸트가 말하는 범주에 해당하는데 그는 고의로 '범주' 라는 두 글자를 사용하지 않고 별도로 '가설' 이라는 단어를 만들어서 그가 칸트의 범주론을 개조했다고 표명했다. 그는 '범주' 두 글자를 버리고 '가설' 로 고쳐 썼는데, 그 이유는 "나는 범주 한 단어는 가설이 할 수 있는 수월함에 미치지 못하고 또 쉽게 그 안에 '가정' 의 의미를 함축할 수 없다고 생각한다."[78]는 것이다. 그는 '범주' 란 한 단어는 규범성이 너무 강하고 '가설' 만큼 신축성이 없다고 생각한다. 이로부터 장동손은 결코 칸트식의 선험론자가 되는 것을 원하지 않고 다만 반선험론자(半先驗論者)가 되기를 원한다는 것이 반영되어 나온다. 그는 칸트의 범주론에 대하여 아래의 몇 가지를 고쳤다.

첫째, 그는 칸트의 범주론이 포함하고 있는 법칙 연계 방면의 의미를 없애고 가설의 독립적 지위를 부각하였다. 그는 가설은 이미 사물 사이 법칙 연계의 모사본이 아니고 또 심리적 경계의 '내던짐' 도 아니며 '단지 장기를 둘 때 사용하는 일종의 규칙과 같다.' 라고 생각한다. 칸트의 범주론은 비록 객관적 현실로부터 인과성과 필연성이 파생되어 나오기를 거절하지만 결국 인과성과 필연성의 존재를 인정한다. 장동손은 오히려 가설이 다만 '논리계〔名理界〕' 에 속하여 바로 논리적 의미만 있을 뿐 인과 개념이나 필연성 개념과는 관계없다고 생각한다. 이렇게 그는 칸트 범주론의 유물론적 요소를 제거했다.

둘째, 그는 가설은 다만 방법상의 가설로서 사람들이 자기의 필요에 근거하여 임의로 선정한 가설이며 다만 도구적 역할만 갖추고 있다고 강조한다. 왜냐하면 가설은 '사람이 만든 것' 이기 때문에 칸트가 나열한 12쌍의 범주에 국한될 필요가 없으며 마음대로 증가 혹은 감소시킬 수 있다.

78) 張東蓀, 『張菊生先生七十生日紀念論文集』「多元認識論重述」, 106쪽.

그가 보기에는 적어도 7조 36쌍의 가설을 열거할 수 있다. 그는 가설의 도구적 성질과 가설적 성질을 강조하는데 이미 칸트에서 실용주의로 전향한 것이 분명하다. 그 자신도 이 점을 인정하고, "이 점에서 유용론이 말한 것은 아주 옳아서 칸트보다 훨씬 더 진보하였다. 나는 바로 그들의 주장을 취했는데 그 가운데 쉴러(Schiller)가 더욱 분명히 드러난다. 그는 이러한 가설을 '방법상의 가설' 이라고 불렀다."[79]라고 말했다.

셋째, 그는 가설이 완전히 선험적인 것은 아니고 반경험(半經驗)·반선험(半先驗)적이라고 강조한다. 그는 "사람의 심리 속에는 사물에 대한 인식에 있어서 역시 일종의 반경험 반선험적인 가설이 있다."[80]라고 말한다. 이른바 '반선험' 이란 가설이 보편적으로 적용되는 일종의 판단 형식으로 이를 버리면 사람들은 사상을 교류할 방법이 없게 됨을 말한다. 이른바 '반경험' 은 가설의 선택과 사용은 사람들의 경험과 관련이 있음을 말한다. 가설과 칸트의 범주는 다르다. 그것은 인류의 보편적 오성 형식이 아니라 도리어 어떠한 민족의 특정적 인지(認知)유형이다. 사회제도가 다르고 민족이 다르며 문화적 배경이 다름으로 말미암아 형성된 가설 또한 다르다. 가설의 성질을 어떻게 보느냐 하는 문제에서 그는 완전히 실용주의의 관점에 동의함을 나타냈다. 그는 루이스는 가설이 "모두 사회적이고 문화적이며 민족정신적이지만 인류의 보편적인 것은 아니라고 생각한다. 이 점에 관하여 나는 매우 찬성한다."[81]라고 말했다.

'논리상의 선험적 형식' 의 동적 방면에 관해서 장동손이 가리키는 것은 개념 사이의 논리적 관계다. 그는 이와 같은 관계를 '서로 포함하는 관계' 혹은 '함의' 라고 부른다. 그는 "나는 이것이 모든 판단의 기초이며 또

79) 『張菊生先生七十生日紀念論文集』「多元認識論重述」, 106쪽.

80) 위의 책, 108쪽.

81) 『張菊生先生七十生日紀念論文集』「多元認識論重述」, 107쪽.

모든 추론의 기초라고 생각한다. 함의가 없으면 어떠한 명제도 성립할 수 없다. 왜냐하면 대개 명제란 것은 모두 함의의 형식적 표시이기 때문이다. 평범한 판단이나 평범한 추론은 모두 함의에 기초한다." "우리는 함의가 논리보다 선행하는 기초라고 말할 수 있다. …… 왜냐하면 모든 분석 · 모든 추론 · 모든 증명은 반드시 먼저 함의의 존재를 가설하고, 그다음에 비로소 내보낼 수 있기 때문이다."[82]라고 말했다. 그는 형식 논리의 세 가지 기본 규칙이 유효한 까닭은 그것들이 모두 개념 사이의 논리 관계의 기초 위에 건립된 것이기 때문이라고 지적했다. 동일률은 개념 사이의 동일 관계를 나타내고, 모순율은 개념 사이의 포함 관계를 나타내며, 배중률은 개념 사이의 병렬 관계를 나타낸다. 그는 개념 사이의 논리적 관계는 선험적이라고 생각한다. "다만 함의에 대하여 말하면 우리는 정말로 그것이 어디서 왔는지 알 수 없다. 부득이 우리는 어쩔 수 없이 그것을 가장 근본적인 것으로 여길 수밖에 없다. 바꾸어 말하면 설사 인식할 때라도 판단을 내리고 분별하며 의식하는데 먼저 그것이 있지 않으면 안 된다. 그것은 뒤에 생기는 것이 아니고, 가정한 것도 아니며, 만들어 낸 것도 아니다. 그것은 도리어 선험적이고 기초적이다."[83] 그는 개념 사이의 논리 관계가 비록 선험적이지만 결코 신실재론자가 말하는 것처럼 고정불변의 구조는 아니라고 생각한다. 그는 개념 사이의 논리 관계는 변화하는 것으로 사람들은 필요에 따라 자유롭게 확정할 수 있다고 강조한다. 예를 들면, 우리는 탱자가 곧 귤이고 고래가 바로 물고기라고 말할 수 있으며 또한 탱자가 귤은 아니고 고래가 물고기는 아니라고 말할 수도 있다. 장동손의 '선험적 형식' 론은 기본적으로 칸트의 선험론과 실용주의의 경험론이 서로 결합한 산물이다. 그는 한 편으로는 선험론을 사용하여 경험론

82) 張東蓀 等, 『認識論』, 90쪽.

83) 위의 책, 93쪽.

## 선험적 종합판단

독일의 철학자 임마누엘 칸트철학의 기본적 개념이다. 빈사(賓辭)는 주사(主辭)로부터 분석하여 나오는 것은 아니지만 필연적으로 주사와 연결된 판단을 가리킨다. 즉 이미 새로운 내용을 추가하고 또 보편적 필연성을 가지기도 한 판단이다. 칸트는 모든 과학적 지식은 전부 이러한 판단으로 인해서 구성되는 것이라고 단언한다. …… 자연과학적 명제 같은 것은 발생한 사물마다 모두 그 원인이 있다. '원인'은 발생한 사물과 다른 어떤 것으로 주사에 포함하지 않는 것을 가리킨다. 하지만 발생한 사물마다 필연적으로 원인이 있는데 이와 같은 필연성은 완전히 경험으로부터 얻으며 선험적 지성 개념을 근거로 삼는 것이다. 오직 선험적 종합판단만이 비로소 과학적 지식을 구성할 수 있다.

칸트는 선험적 종합판단을 철학을 비판하는 중심 문제로 간주하고, 순수이성 · 실천이성 · 판단력의 세 방면으로부터 이 문제에 해답하려고 했다. 그는 『순수이성비판』에서 과학적 지식의 가능성을 제기하였고, 『실천이성비판』에서 도덕 의지의 선험적 법칙이 지닌 객관적 유효성을 제기했으며, 『판단력비판』에서 즐거움과 불쾌한 정감을 판단하는 보편적 필연성을 제기했는데 모두 선험적 종합판단을 근거로 삼고 있다.

선험적 종합판단의 제기는 칸트철학이 유리론(唯理論)과 경험론이 지닌 편파성을 극복하려는 조화와 경향을 나타낸다. 그러나 칸트가 강조한 것은 이성의 선험성으로서 이성의 선험적 요소가 없으면 경험 지식과 실천 도덕과 심미 활동은 모두 불가능하다고 생각한다.

_『중국대백과전서 · 철학』, 987-988쪽,
북경, 중국대백과전서출판사, 1987.

을 개조하고 다른 한 편으로는 또 경험론을 사용하여 선험론을 개조하여 주관주의의 기초 위에서 양자의 절충과 조화를 꾀했다.

### 4) 경험의 개념

장동손은 내면세계의 선험적 형식과 외부 세계의 질서와 접경의 감각 세 방면의 상호 작용이 바로 경험성적 인식을 형성한다고 생각한다. 이것은 인식의 형성에 관한 그의 기본적 구상이다. 그러나 경험성적 인식은 반드시 개념적 형식의 도움을 빌려서 보존하고 전달할 수 있다. 그러므로 그는 인식의 근원 및 인식 형성의 주관적 조건을 상세히 서술하고 난 후에 바로 개념에 관한 다원론적 인식론의 관점을 제기했다.

개념론 방면에서 장동손은 완전히 경험론의 입장으로 되돌아온다. 그는 개념이 감성적 인식에 대한 심화가 아니라 경험에 대응하는 수단이자 도구라고 생각하고 또 조작주의자인 브리지먼(Percy Williams Bridgman)의 관점에 찬성을 나타냈다. 그는 "개념은 외물에 대한 사진이 아니라 도리어 자기가 외물에 대응하는 행위의 총괄이다. 각각의 개념은 많은 행위를 대표한다. 이런 행위를 연결하여 한 조를 이룬다. 각각의 조는 하나의 총괄적 명칭을 가지는데 바로 개념이다."[84]라고 말했다. 그는 예를 들어 '귤' 이라는 이 한 개념은 '들 수 있는 것' '먹을 수 있는 것' '냄새 맡을 수 있는 것' '단 것' '타인에게 선물할 수 있는 것' '식탁 위에 놓을 수 있는 것' '입체적 원형을 대표할 수 있는 것' '쥐어 짜서 즙으로 만들 수 있는 것' …… 등 많은 행위의 대응을 나타낸다. 만약 이런 행위와 대응을 떠나면 '귤' 이란 개념은 곧바로 그 의미를 잃어버리게 된다.

---

84) 張東蓀 等, 『認識論』, 111-112쪽.

그는 개념이 다만 사람들이 외물에 대응하는 경험적 태도만 나타낸다고 생각했다. 개념의 "근거는 외부 세계의 자연적 성질에 있는 것이 아니라 바로 우리가 그 사물에 대응하는 경험적 태도이다." "두 물체가 같은 종류에 있는 것은 그의 고유한 자연적 성질이 서로 같아서가 아니라 그에 대한 우리의 경험적 태도가 같아서다."[85] 그가 보기에 개념은 인식주체의 경험 · 습관 · 행위로 말미암아 만든 것이며, 개념은 한 조(組)의 습관적 동작의 고정된 형태가 아닌 것이 없다. 한마디로 말하면 개념은 다만 '경험적 개념'으로서 개념은 행위 가운데서 형성되고 역으로 하면 다시 행위를 이끌어 가서 처음부터 끝까지 경험과 함께 연결되어 있다. 그는 "나는 개념(즉 관념)의 구성은 행위로 말미암는다고 생각하며, 우리는 많은 행위를 한 조로 묶어 마침내 하나의 개념을 만든다. 따라서 각 개념은 한 조의 반응 행위를 대표한다. 이와 같은 행위의 한 조는 습관으로 인하여 비교적 고정된 것으로 변하기 때문에 결국 한 세트 동작의 고정된 형태라고 부를 수 있다. 각 조의 고정된 형태는 다만 조그마한 자극만 있으면 바로 그 전부를 유인할 수 있다. 이른바 관념의 지도 작용은 이와 같을 뿐이다. 그 작용은 전부 중복하는 데 있다. …… 만일 경험이 중복되지 않으면 모든 개념은 그 효력을 잃는다."[86]라고 말했다. 그는 실용주의가 미래 행위에 대한 개념의 지도 작용을 지나치게 과장함으로써 개념과 경험이 서로 관계가 끊어지도록 하는 경향이 있다고 생각했다. 그는 실용주의의 이와 같은 경향을 바로잡을 필요가 있다고 여겨서 자기의 견해를 '과거의 유용론'이라 부른다. 이 때문에 일반적 실용주의와 구별한다.

장동손의 견해에 따르면 개념이 경험의 산물인 이상 당연히 주관적 임의성을 피할 수 없다. 그는 개념은 주관적이고 임의적이며 허구적인 부호

85) 張東蓀 等, 『認識論』, 116쪽.

86) 위의 책, 117쪽.

로서 결코 사물 본질의 제약을 받지 않는다고 생각한다. 그는 이렇게 말했다. "나는 개념이 경험적일 뿐만 아니라 총괄적으로 이루어지며 더욱이 다만 일종의 부호라고 생각했다. …… 이른바 부호는 마치 일종의 종류의 명칭을 말하는 것과 같다. 그 속에는 많은 특수한 것을 포함하고 있지만 이러한 특수한 것이 반드시 하나의 공통적 속성을 가지고 있는 것은 아니다. 다만 우리는 이러한 것에 대해 똑같이 대처하는 것이 필요하다. 그러면 우리는 이러한 것을 총괄하여 하나의 명사로 만들 수 있다. …… 따라서 이런 종류의 명칭은 외물의 진정한 분류를 대표하는데 제한되지 않으니 이는 바로 우리의 '자유로운 분류' 이다."[87] 그는 형식 방면에서 개념의 주관성을 과장하여 그 내용의 객관성을 부인함으로써 유명론(唯名論)에 가까운 결론을 얻어냈다. 그러나 그 또한 유명론의 견해에 전적으로 동의하는 것은 아니며 또 유실론(唯實論)의 일부 견해도 받아들였다. 장동손은 한 편으로는 개념이 주관적으로 제정한 부호라고 생각하고 다른 한 편으로는 이와 같은 부호의 제정 또한 전혀 근거가 없는 것은 아니라고 생각한다. 이와 같은 근거는 바로 신실재주의가 말한 '관계 속성〔關係質〕' 이다. 만약 '관계 속성' 이 없으면 개념이 외물에 대응하는 효율성에는 곧 이론적 담보가 없다. 그는 실용주의는 개념의 진실성을 가지고 외물에 대응하는 유효성 위에 세우는 것은 옳지만 실용주의는 다음과 같은 문제에는 대답하지 않는다고 지적한다. 즉, 우리는 개념으로 외물에 대처할 때 어째서 어떤 외물은 받아들일 수 있고 어떤 외물은 받아들일 수 없는가? 예컨대 어째서 '귤' 은 어떤 종류의 과일에는 대응시킬 수 있는데 오히려 외형적으로 귤과 모양이 비슷한 돌에는 대응시킬 수 없는가? 그는 신실재주의의 '관계 속성' 이론이 이 어려운 문제를 해결할 수 있다고 생

87) 張東蓀 等, 『認識論』, 99-100쪽.

자·료·카·드

브리지먼(Bridgman, Percy Williams, 1882~1961)

미국의 실험 물리학자 · 과학철학자 및 조작주의의 창시자이다. 1946년 고압 장치 및 고압물리학 방면의 연구 성과로 노벨 물리학상을 받았다. 그의 주요 저작으로는 『현대 물리학의 논리』(1927) · 『물리 이론의 본질』(1936) · 『어느 물리학자의 명상』(1950) · 『몇 가지 물리 개념의 본질』(1952) 등이 있다.

브리지먼의 기본적 관점은 모든 과학적 개념을 경험 과정 및 조작 과정과 연결하려 하는 것이다. 그는 "개념은 상응하는 조작과 같은 의미"이며 대개 조작에서 확정할 수 없는 개념은 반드시 과학적 개념의 범위에서 철저히 제거해야 한다고 생각한다. 그가 말하는 조작은 주로 실험 조작을 가리키며 또 측정 기구에 의한 조작이 아닌 정신적 조작을 포함한다. 그는 정신적 조작을 두 종류로 나눈다. 한 종류는 '종이와 필기도구의 조작' 으로 수학적 연산과 논리적 연산을 가리키며, 다른 한 종류는 '언어적 조작' 이다. 언어적 조작은 과학자의 모든 언어활동을 포함할 뿐만 아니라 또 그들의 사유 활동도 포함한다.

브리지먼은 이미 물리적 대상과 물리적 개념이 다만 한 세트의 조작 활동이라면 진리는 바로 주관적 인식과 객관적 실재가 서로 일치하는 것이 아니라 다만 편의와 실용뿐이다. 예를 들면 '장(場)의 학설' 이 '초거설(超距說)' 을 대신한 까닭은 결코 전자가 후자보다 정확하게 객관적 실재를 반영하는 것이 아니라 다만 사람들이 전자를 채택하는 것이 후자를 채택하는 것보다 비교적 편리하기 때문이다.

_『중국대백과전서 · 철학』, 79쪽, 북경, 중국대백과전서출판사, 1987.

각한다. 즉 귤을 먹을 수 있다는 것은 귤과 사람의 관계가 발생할 때 일종의 '먹을 수 있다' 라는 관계 속성이 존재하기 때문이며, 돌을 먹을 수 없다는 것은 사람과 돌의 관계가 발생할 때 '먹을 수 있다' 라는 관계 속성이 존재하지 않기 때문이다. 장동손은 이와 같은 '관계 속성' 은 결코 외물 자체의 속성이 아니라 주관과 객관이 서로 관계가 발생할 때 형성된 특질이라고 강조한다. 그는 독자를 훈계하여 "우리는 제발 이와 같은 관계 속성을 바로 외물(귤과 돌)의 본성이라고 생각하면 안 된다. 이 관계 속성은 다만 관계 중에서만 존재할 뿐이다."[88]라고 말했다. 관계 속성을 만드는 객관적 원인은 물체 자신이 아니라 외계의 질서이다. "우리는 기껏해야 귤은 일종의 가능성 혹은 우리로 하여금 '먹을 수 있음' 을 일으키는 관계 속성을 갖도록 하는 것이라고 말할 수 있다. 그러므로 나는 외계가 결코 절대로 조리 없는 것이 아니라고 인정한다. 하지만 외계의 조리는 오히려 매우 분명하지 않아서 여러 겹의 덮개 속에서 멈추었다."[89] 그는 개념 속에 객관적 요인을 포함하고 있음을 인정한다. 그러나 또 이런 요인에 대하여 진실하지 않은 처리를 함으로써 그것이 그의 개념론적 주관주의의 기조에 영향을 끼치지 않도록 하였다. 이로부터 우리는 그의 개념론 역시 절충주의의 특징을 나타내며 실용주의와 신실재주의를 하나의 화로에 녹이고 유명론과 유실론을 하나의 화로에 녹이려고 시도한 것을 간파할 수 있다.

### 5) 마음을 본위로 하는 중간 단계론

장동손은 「다원적 인식론 재논술」이란 글에서 그의 인식론 사상에 대하여 이렇게 개괄했다. "우리의 지식은 사실 가장 복잡한 것이다. 그중에는 환영(幻影) 같은 감각 재료가 있고, 성기고 견실하지 못한 외재적 근본 이유도 있으며, 직관적 선험 형식도 있고, 방법상 선가설(先假設)적 가설

88) 張東蓀 等, 『認識論』, 117쪽.

89) 위의 책, 117쪽.

이 있으며, 자연히 나눠진 주객(主客)도 있고, 추론상 선험적 논리의 기본 법칙이 있으며, 더욱이 습관과 행위로 말미암아 만들어진 이른바 '경험적 개념' 도 있다. 대개 이 모든 것은 사람의 마음을 본위로 하여 말한 것이다."[90] 이 결론에 근거하여 그는 '다원적 인식론' 도 역시 '중간 단계론' 으로 부를 수 있다고 주장한다. 이와 같은 학설의 특징은 '인식주체' 의 한쪽과 '인식 대상' 의 한쪽에 대하여 모두 보류하고 논하지 않으며 다만 인식주체와 인식 대상 중간의 한 부분을 생각한다.

인식주체 쪽은 '참된 내적 자아' 가 되고, 인식 대상 쪽은 '참된 외물(外物)' 이 된다. 이 둘은 모두 절대로 알 수 없는 것이며 중간의 한 단락은 상대적으로 알 수가 있다. 사람의 인식 과정은 바로 조리 · 개념 · 가설 · 형식 등의 부분을 통하여 상대적 지식을 획득한다. 장동손의 '다원적 인식론' 혹은 '중간 단계론' 에 대하여 우리는 아래와 같은 몇 가지 점으로 판정할 수 있다.

(1) 주관주의를 기본 노선으로 삼는다. 장동손은 다원론적 인식론이 사람의 마음을 본위로 삼는다고 명확히 밝혔다. 그가 보기에 참된 외물은 이미 절대로 알 수 없고 또한 없다고 생각할 수도 있다. 그래서 외부 사물의 객관적 실재성을 말끔히 청산했다. 이리하여 그의 인식론은 다만 주관적 범위 내에서만 생각할 수 있다. 조리는 주관적 범위 내의 객관적 요인으로 간주 되고, 가설과 형식은 주관적 인식 형식으로 간주 되며, 개념에 관해서는 주관적 형성의 부호와 행위에 대응하는 경험적 태도로 해석된다. 그는 주관주의를 실마리로 하여 각각의 인식 부분을 연결한다. 그는 마치 '참된 내적 자아' 의 존재도 부인한 듯하지만, 사실은 다만 그것을 전체 인식 과정 속으로 확대해 간 것이었다. 그는 지식은 사람이 만든 것

---

90) 張東蓀,『張菊生先生七十生日紀念論文集』「多元認識論重述」, 124쪽.

이고 주체로부터 투사해 나간 것이라고 주장한다. 그는 이렇게 말한다. "외부 세계의 사물에 관한 지식이 감각 배후의 자극을 편집하고 해석한 것이라면 결코 그러한 자극의 본래 모습은 아니다. 솔직히 말하면 다만 내면세계에서 만든 후 외부 세계로 내던진 것일 뿐이며 사실 그대로 외부 세계에 존재하는 것으로 생각하지만 실제로 찾아보면 다만 하나의 '창조자'에 불과하다."[91]라고 말했다. 또 "인류는 정말 괴물이다. 스스로 많은 것을 만들어 내고, 스스로 또 이론을 사용하여 그것을 해석하며, 또 때로는 그것을 파괴한다. 떠들썩하지만 여전히 자기가 만든 것 속에서 공중제비하고 있다."[92]라고 말했다. 여기서 그는 사람의 마음을 지식의 원천으로 말하여 '참된 내적 자아'의 존재라고 형태만 바꾸어서 긍정하였다.

(2) 회의론적 색채를 띠고 있다. 장동손은 인식을 주관적 범위 안에 제한시키고 그것과 외부 사물 사이의 연결을 절단함으로써 인식의 진위를 판단하는 객관적 표준을 잃어버렸다. 그는 모든 지식은 상대적이며 신뢰성을 말할 수 없다고 생각한다. "감각은 반드시 신뢰할 만한 것이 아니며 이론 또한 그러하다."[93] 대체로 말하면 "모든 상식과 문화 및 과학과 철학이 이와 같지 않은 것이 없는데 모두 그 작용이 자기가 자기를 속이는 데 있는 것이다. 이 속임이 바로 진짜 속이는 것임을 알아야 한다."[94] 주관주의로 말미암아 회의론으로 향해 나아가는 이것은 장동손의 필연적 귀착점이다. 인식의 근원 문제에서 그는 선험적이고 객관적인 요소를 끌어들이고, 인식의 형성 문제에서 그는 정확하게 인식주체의 주관적이고 능동적인 작용을 지적하는데, 이것은 모두 어느 정도 유각주의의 편협성을 극

---

91) 張東蓀, 『張菊生先生七十生日紀念論文集』「多元認識論重述」, 119-120, 128쪽.

92) 상동.

93) 張東蓀 等, 『認識論』, 108쪽.

94) 張東蓀, 『張菊生先生七十生日紀念論文集』「多元認識論重述」, 129쪽.

복한 것이다. 그러나 진리관 방면에서 그는 어떠한 진전도 얻지 못했다. 현대 중국에서 철학자들은 인식론 문제의 연구에 열중하고 있는데 그 근본 뜻은 과학적 지식을 위하여 튼튼하고 신뢰할 수 있는 철학적 기초를 찾는 데 있다. 장동손이 일체 지식은 단지 모두 '진짜 속임수' 라는 결론을 얻었을 때, 그는 분명히 철학자로서의 초지(初志)를 위배하였다.

(3) 비록 장동손은 선험론과 신실재론을 사용하여 실증론을 보충하려고 노력하였으나 결코 실증론의 울타리를 타파하지 못했다. 장동손은 실증론자의 감각주의적 관점을 찬성하지 않고, 조리 · 가설 · 형식 등을 인식론에 끌어들인다. 그의 '중간 단계론' 은 '참된 외적 사물' 과 '참된 내적 자기' 에 대해 보류하고 논하지 않으며, 인식을 주관과 객관의 긴밀한 연계에 국한시킨다. 사실 그가 말하는 '중간 단계' 또한 바로 실증론에서 말하는 경험적 사실이다. 인식 대상에 관한 주관주의와 현상주의의 관점에 관해서나 개념의 도구주의와 유명주의의 관점에 관해서 그리고 진리의 상대주의와 회의주의의 관점에 관해서 그는 실증론자와 어떠한 원칙상의 구별이 없다.

총괄적으로 보면 장동손은 유각주의에 대해 불만을 나타냄에도 불구하고 실제로는 도리어 경험론의 범위를 넘어서지 않는다. 그는 중국 현대 철학사에서 첫 번째로 유각주의의 단순성과 편협성을 발견하였고 아울러 다원론 이론을 써서 그것을 바로잡으려고 시도하였다. 이것은 그가 이루어 낸 이론적 공헌이다. 그러나 그는 마치 그리 대단치 않은 한 사람의 의사로서 다만 병세만 진단할 뿐 병을 고치는 좋은 처방은 낼 수 없는 것과 같았다. 그의 다원적 인식론은 결코 어느 정도의 독창성 있는 견해를 제기하지 못했다. 마치 그 스스로 인정한 것처럼 그렇게 그는 한 사람의 절충론자이다. 그러나 그는 확실하게 인식론 문제의 복잡성을 의식하였고 아울러 진지한 철학적 사고를 하였다. 그는 중국 현대철학사에서 인식의

자·료·카·드

하린(賀麟)의 장동손 평가

실용주의 · 신실재론 · 비평적 실재론 · 층창조론 · 신유심론 등에 대하여 그는 대체로 분명하고 유창한 글로 각각 소개한 바가 있다. 그는 이런 글을 모아서 하나의 큰 책을 만들었는데 『신철학논총』이라고 부른다. 그 가운데 플라톤의 '이데아'를 서술한 한편의 글에서는 그의 플라톤 및 신실재론의 공상설(共相說)에 대하여 연구한 성과를 나타내고 있고 또한 그의 비평과 융합의 능력이 드러난다. 그것은 아마 1929년 전후 서양철학을 언급한 가장 가치 있는 한편의 글일 것이다. 그 후 몇 년 동안 그는 칸트를 읽은 듯하며 한 차례 인식론에 힘을 쏟고 여러 대가의 학설을 혼합하여 『다원적 인식론』(1934년 출판)을 저술하였다. 지식이 가능한 이유는 감각 재료 및 그 배후의 조리 · 형식 · 가설 · 개념 등이 구성하기 때문이라고 생각한다. 이 책은 영역본도 동시에 간행되었다. 이것은 아마도 중국의 서양철학 연구자가 체계를 세우려고 기도한 최초의 시도라고 여겨진다. 하지만 그것의 체계는 비록 가장 이르다고 할 수 있으나 대담하다고 생각할 수는 없다. 왜냐하면 그는 겸손하게 스스로 다만 절충론자 혹은 잡가라고 인정하기 때문이다. …… 그는 신문기자 출신으로서 완전히 독학하였기 때문에 방법도 아마 치밀함이 조금 부족하며 사상의 선후도 역시 일관되지 않는다. 그러나 그는 여러 해 동안 끊임없이 노력하여 번역 · 소개 · 이론 창립 · 시대사조 비평 · 청년 사상 지도 등 모두 상당한 공헌과 공적을 남겼다. 항일전쟁 이후 그는 북평연경대학에 남아서 강의하며 적의 유혹과 잔혹한 고문을 당했으나 그 절개를 바꾸어 비합법적 직책을 받아들이지는 않았다.

_ 하린, 『근 50년의 중국 철학』, 28쪽, 심양, 요녕교육출판사, 1989.

복잡성을 자각적으로 연구한 첫 번째 사람이다. 그의 『다원적 인식론』이 발표된 후에 그에 대한 철학계의 비방과 칭찬은 일치하지 않는다. 유물주의자가 그를 비판한 외에도 일부의 유심주의자 또한 그의 이론적 혼란을 지적한다. 물론 어떤 사람들은 그의 학설을 훌륭하게 여긴다. 손도승(孫道升)은 「장선생의 인식론을 읽고 난 느낌」에서 "장동손 선생의 이 『인식론』은 분량이 비록 많지 않지만, 질(質)에서 말하면 나는 그것의 가치가 사실 버클리의 『시각신론』과 선후를 비견할만하다고 생각한다."라고 썼다. 비방이든 칭찬이든 그의 다원적 인식론은 당시에 일정한 영향이 있었으며 아울러 중국 현대철학 발전사에서 하나의 중요한 부분을 구성하였음을 입증한다.

## 5. 김악림(金岳霖)

김악림(1895~1984)은 자(字)가 용손(龍蓀)이며 호남성 장사(長沙) 사람이다. 1914년에 청화대학을 졸업한 후 미국 펜실베이니아대학에서 박사학위를 취득했다. 일찍이 영국 · 독일 · 프랑스 · 이탈리아 등에서 공부하였다. 1925년에 귀국하여 논리학을 강의했다. 1926년에는 학교 측의 부탁을 받아 청화대학 철학과를 조직했다. 청화대학 · 서남연합대학철학과 교수 · 주임 · 문학원 원장 등을 역임했다. 1937년에 그는 『논리』란 책을 편찬 출판했다. 이것은 중국 사람이 체계적으로 형식논리학을 소개하여 쓴 첫 번째 교과서이다. 1944년에 김악림의 『도(道)를 논함』이 출판되었는데, 이 책은 중국 전통철학의 수많은 중요한 범주와 개념을 그대로 쓰고 또 새로운 의미를 부여했다. 중국 현대철학사에서 가장 공을 들여 지식론을 연구한 철학 전공자로는 김악림이 속하지 않으면 안 된다. 항일전쟁 시기에 『지식론』을 완성하였지만 아쉽게도 한 차례의 공습을 피할 때 조심하지 않아서 잃어버렸다. 몇 년간 심혈을 기울인 것이 수포가 되었다. 그는 다시 십여 년 시간을 들여서 1948년에 완성했다. 그러나 당시는 마침 전국의 해방 시기였기 때문에 상무인서관에서는 비록 김악림의 원고를 받았지만 때맞추어 출판할 수가 없었다. 1983년에 와서야 70만 자가 되는 이 철학 대작은 비로소 상무인서관을 통해 정식으로 출판되었고, 아울러 이로써 김악림이 철학과 논리학을 가르치고 연구하는데 종사한 56주년을 기념하였다.

1949년 이후, 김악림은 다년간 자신이 형성한 철학적 신앙을 바꾸어 진심으로 마르크스주의 철학을 받아들였다. 1956년에 중국공산당에 가입했다. 1952년에 전국의 대학과 전문대학을 조정하였는데 겨우 북경대학 철학과 하나만 남겨두었다. 그는 이 학과의 학과장을 맡았다. 1956년 중국과학원 철학사회과학부 학부위원 · 철학연구소 부소장을 맡았고, 또 전국정치협상회의 위원 · 중국민주동맹 중앙상무위원 · 중국논리학회 이사장 · 중국 논리학과 언어 통신대학 명예총장 등의 직무를 담당했었다.

김악림의 주요 저작으로는 『논리』 『도를 논함』 『지식론』 『러셀 철학』이 있고 『형식 논리학』을 편집하였다. 저작은 4권으로 된 『김악림문집』(감숙인민출판사, 1995)에 들어있다.

### 1) 주관주의를 비평함

김악림은 장동손처럼 주관주의 노선을 취하지 않고 객관주의 노선을 취하여 인식론 문제를 연구한다. 그는 신실재론의 이론적 사유 성과를 참고하여 외물의 객관적 존재 · 관념의 이중 역할 · 사고의 법칙〔思議原則〕과 귀납의 법칙〔歸納原則〕의 이론적 담보 · 진리의 정의와 표준을 확인하여 실증론의 감각주의 · 귀납주의 · 회의주의 및 상대주의적 편향을 바로 잡았다.

김악림은 지식의 근원을 외물까지 거슬러 올라가자고 주장하며 감각에서 정지하는 것을 반대한다. 이와 같은 관점에서 출발하여 그는 주관주의 지식론을 비평했다. 주관주의 지식론자는 지식의 근원을 주관적 감각으로 귀결시키고 감각을 지식론의 출발점으로 삼는다. 김악림은 그들의 사고 맥락을 '오직 주관적인 출발 방식' 이라고 부른다. 그는 주관주의 지식론은 이론상 적어도 두 가지의 극복할 수 없는 어려움을 만난다고 분석하여 말한다. 첫째, 주관적 감각에서 출발하면 추론할 방법이 없거나 혹은 "외물의 존재를 건립하는데 실재감이나 진실감을 얻을 방법이 없다." 많은 주관주의자는 일찍이 감각에서 외물이 도출해 나온다고 상상했었다. 예컨대, 버클리는 지각(知覺)에서 존재를 도출하고, 러셀은 외물을 감각으로 인해 형성된 '논리적 구조' 라고 여기는 등등이지만 결과적으로 모두 실패했다. 김악림은 이 길은 통하지 않는다고 지적했다. 왜냐하면 감각은 변화가 일정하지 않으며 지금의 감각은 그때의 감각과 같지 않으므로 변화가 일정하지 않은 감각에서는 상대적으로 안정된 외물을 도출해 낼 수 없기 때문이다. 둘째, 감각에서 출발하면 "진정한 공통적 객관과 참과 거짓을 얻을 수 없다." 감각하는 자의 감각은 모두 특수한 것이며, 이 사람의 감각은 저 사람의 감각과 다르므로 사람들은 대상에 관한 완전히 똑같은 인식을 형성할 방법이 없다. 만약 각 감각이 각자의 감각으로 참과 거짓을 판단하는 척도로 삼으며 각자가 각자의 표준이 있다면, 그것은 참과 거짓을 판단하는 객관적 표준을 잃어버리고 진실감을 말할 수 없음을 의미한다. 결론적으로 주관주의적 지식론에 따르면 외물을 구축할 방법이 없고 지식을 형성할 방법도 없다. 감각은 특수하고 지식은 일반적이어서 특수한 감각에서는 영원히 일반적 성격의 지식을 얻을 수 없다.

이것은 해결할 방법이 없는 모순이다.

김악림은 주관주의적 지식론은 사실 일종의 '자아 중심론' 이며 적어도 일종의 '인류 중심론' 이라고 지적했다. 실제로 지식론의 연구는 어떠한 지식의 입장 위에 국한할 수 없으며 마땅히 이와 같은 국한성을 넘어 '객관적 지식' 을 연구해야 한다. '객관' 이란 어휘는 김악림의 지식론에서 일정한 함의가 있다. 김악림은 지식을 가지고 감각하는 세계를 '유관적 자연세계(有觀的自然世界)' 라고 부른다. '유관적 자연세계' 는 '무관적 본연세계(無觀的本然世界)' 의 일부분이다. 그는 지식이란 결코 인류에 한하지 않고, 원숭이와 소 등 모든 감각 있는 생물류이면 모두 지식 있는 자 즉 인식주체가 될 수 있다고 생각한다. 만일 인류보다 더 고급스러운 감각류가 존재한다면 그 또한 지식 있는 자가 될 수 있다. 각 감각류의 감지는 모두 서로 다르다. 사람이 보는 것은 소가 보는 것이 아니고, 소가 보는 것은 원숭이가 보는 것이 아니다. 예를 들어, 빨간 천 한 조각을 마주하면 사람은 보더라도 아마 어떠한 표시도 안 할 것이고, 원숭이가 보면 기쁨을 표할 것이며, 소가 보면 곧 분노를 표할 것이다. 각 감각의 종류 가운데 각 구성요소가 얻어낸 감각 역시 서로 다르다. 당신이 본 것은 내가 본 것이 아니고 내가 본 것은 당신이 본 것이 아니다. 그러나 감각 종류 중의 구성요소가 이미 같은 종류라면 그들이 지닌 서로 다른 감각 속에는 틀림없이 대체로 서로 비슷한 인식 구조를 내포할 것이고, 이로 인하여 공통의 '유적 관점' 을 형성할 수 있다. 그는 이와 같은 '유적 관점' 을 '객관' 이라 칭한다. 그는 "만약 갑의 감각 종류 중 갑m이 X의 얻은 바에 대하여 나타낸 것은 유형의 나타냄이며 이 나타냄은 객관적이다."[95]라고 말했다. 각 감각의 종류 사이에 비록 공통적 '객관' 은 없지만 직면하고 있는 본연 세계는

95) 金岳霖, 『知識論』, 147쪽, 北京, 商務印書館, 1983.

어디까지나 하나이니 이로 인해 인식은 서로 통할 수 있다. 사람은 비록 소가 보는 것을 볼 수 없지만, 소가 아는 것을 알 수는 있다.

김악림은 『도를 논함〔論道〕』에서 그의 '근본적 학문 태도'를 분명히 나타냈고, 『지식론』이란 책에서는 그의 '지식론적 태도'를 표명했다. 본체론 방면에서 그는 신실재론의 이론적 사유 성과를 참고하여 '도(道), 식(式)-능(能)'을 틀로 하는 본체론 학설을 제기하였으며 지식론 방면에서도 그는 신실재론의 이론적 사유 성과를 참고하여 객관주의적 지식론 이론을 제기한다. 김악림이 보기에 신실재론은 경험론과 유리론(唯理論)의 대립을 비교적 잘 해결했으며, 또 경험론과 유리론의 장점도 함께 가지고 있다. 그러나 실증론은 경험론에서든 아니면 개념론에서든 논할 것 없이 모두 심각한 결함이 존재하고 있다. 실증론자는 유각주의를 유지하여 감각과 경험을 인식의 유일한 원천으로 여기지만 그들은 어떻게 감각경험에서 보편성과 필연성을 갖춘 지식에까지 올라갈 수 있는가? 하는 난제를 해결할 방법이 없다. 개념론상에서 실증론자의 잘못은 개념의 추상성을 부인한 데 있다. 김악림은 칸트의 범주에 관한 선험성의 견해가 이 문제를 해결하는 데 생각의 맥락을 제공했다고 여긴다. 그는 범주가 갖춘 선험성에 관한 칸트의 견해를 채택했으나 범주를 선험의 근원으로 귀결시키지는 않았다. 김악림이 보기에 개념과 범주는 이미 선험성이 있고 또 후험성도 있다. 전자는 개념이 구비하고 있는 규범의 '객관적으로 주어진 것〔所與〕'의 작용을 가리키고, 후자는 개념과 범주가 결국에는 역시 경험에서 발생하는 것을 말한다. 이렇게 그는 경험론과 유리론 양대 사조의 이론적 사유 성과를 종합시켰다. 여기에 이르러 김악림은 이미 자기의 이론적 개성을 드러냈으며 더욱이 지식론 방면에서 실증주의의 한계를 돌파했다.

김악림은 지식론을 연구할 때 응당 "일방적으로 내가 사람임을 잊고 그리하여 나의 태도를 냉정함에 따르도록" 마음에 품어야 한다고 강조하는데, 그 뜻은 마땅히 주관주의적 입장에 서는 것이 아니라 객관주의적 입장에 서서 지식의 발생 및 그 형성 과정의 문제를 고찰해야 함을 말한다. 실증론자가 지식이 감각경험에서 온다고 인정하는 것을 김악림은 결코 반대하지 않는다. 그 또한 감각경험은 '지식의 근거지' 임을 인정한다. 그러나 그가 보기에 다만 감각경험에 의지해서는 역시 지식을 형성할 수 없으며, 마땅히 인식 형성의 과정에서 일어나는 '의념(意念)' 의 역할도 충분히 예측해야 한다. 그는 감각경험이 제공하는 재료를 '소여(所與)' 라고 부르고 소여가 반드시 의념의 구조에 들어선 후 비로소 지식이 형성될 수 있다고 생각한다. 그는 『지식론』의 기본 사상을 이렇게 개괄한다. "이 책의 요지는 경험으로 얻은 것으로서 다시 경험을 관리하고, 혹은 감각기관의 깨달음으로 얻은 것으로서 다시 감각기관을 관리하는 것이다. 지식인은 사실상 소여로 소여를 묘사하여 다수의 소여에서 의념을 뽑아내어 표준으로 삼는다. 그다음에는 이 표준을 미래의 소여에 인용하므로써 미래의 소여 방식을 받아들이게 된다."[96] 이 요지를 중심으로 하여 김악림은 체계적으로 지식의 발생 · 지식 형성의 과정 중 의념의 작용 · 지식 신뢰성의 근거 · 진위를 따지는 표준 등의 문제를 체계적으로 논술하였으며, 인식론의 각도에서 실증철학의 결함을 전면적으로 검토하고 객관주의적 지식론의 체계를 구축하였다.

### 2) 소여는 객관이 드러난 것

정문강은 유각주의에 기초하여 감각경험이 인식의 유일한 근원이라고

96) 金岳霖, 『知識論』, 688쪽.

『도를 논함(論道)』

『도를 논함』은 김악림의 저술로서 1940년 상무인서관에서 출판했다. 「서론(緖論)」 「도(道), 식(式) – 능(能)」 「가능한 현실」 「현실의 개체화」 「공상(共相)의 관련」 「시(時) – 공(空)과 특수」 「개체의 변동」 「조짐(幾)과 수(數)」 「무극이태극(無極而太極)」 등의 장으로 구성되어 있다. 지은이는 논리분석의 방법을 운용하여 '형이상학' 적 본체론 체계를 세웠다. "도는 철학에서 가장 위에 있는 개념 혹은 가장 높은 경지이다." "만사 만물이 따르지 않을 수 없고, 의존하지 않을 수 없으며, 돌아가지 않을 수 없는 도야말로 중국 사상에서 가장 숭고한 개념이고, 가장 기본적 원동력이다." 여기서 '능' 은 만물을 구성하는 질료인과 동력인이고, '식' 은 만물을 구성하는 형식인이라고 생각한다. '식' 과 '능' 이 서로 결합하는 과정을 '도' 라고 부른다. 만사 만물이 "식에 위치하며 능에 말미암으면 도가 되지 않는 것이 없다." 현존하는 어떠한 사물도 모두 '식' 의 구현이며 '무극이태극' 의 역사적 과정에 처해 있다. "무극은 능이 아니나 능에 가깝고, 태극은 식이 아니나 식에 가깝다." '태극' 은 세계가 진화 발전하는 목표이자 "지극히 참되고 지극히 선하며 지극히 아름답고 지극히 자유로운" 완벽한 경지이다. 저자는 논리분석의 방법을 채용하고 중국 전통철학의 범주를 개조하여 새로운 본체론 학설을 구성하려고 시도했다. 이것은 중국철학의 현대화 추진을 위해서 유익한 탐색이었다. 그러나 유실론(唯實論)의 영향을 비교적 깊게 받아서 일반(一般)이 개별보다 우선하고 실재가 존재보다 우선한다고 생각하여 이론상의 실책을 면할 수는 없다. 저자가 철학과 논리학을 가르치고 연구하는데 종사한 56주년을 기념하기 위하여 1987년에 상무인서관에서는 이 책을 다시 인쇄했다.

_ 방극립 주편, 『중국철학대사전』, 299쪽,
북경, 중국 사회과학출판사, 1994.

강조한다. 장동손은 그의 견해를 수정하여 감각은 '존재하지 않는 것' 으로서 단지 '드러난 소여' 일 뿐이지 인식의 모든 근원은 아니며, 감각경험 외에 또 '잠재적으로 주어진 소여' 가 있는데 '외재적 근본 원인' 혹은 '조리' 라고 부를 수 있다고 지적한다. 장동손은 물론 정문강보다 한 걸음 더 나아갔다. 그러나 그는 외재적 원인은 다만 텅 빈 구성일 뿐이며 여전히 지식의 확정성과 객관성을 설명할 수 없으므로 근본적으로 실증론자의 주관주의적 경향을 바꿀 수 없다고 강조한다. 김악림은 장동손에 비해 또 한 걸음 더 나아가서 지식의 최종 근원은 객관적 외물이지 텅 빈 구성이 아니라고 직접 인정했다. 그는 외물의 객관성 · 진실성 · 확정성을 인정하여 인식의 근원 문제에 대한 실증론자의 주관주의 원칙을 근본적으로 뒤집었다. 김악림이 보기에 외물의 독립적 존재는 인식하는 자의 인식 여부에 따라 달라지지 않는다. 그는 외물의 객관적 실재성을 인정하는 것은 지식론을 구상하는데 유일하고 믿을 수 있는 발판이라고 강조한다. 그는 "실재주의의 입장에서 '독립적으로 존재하는 외물이 있음' 은 의심할 수 없는 명제다."[97]라고 말했다. "이 책은 이 명제를 직접 인정한다."[98] 어째서 이 명제가 의심할 수 없는가? 그는 세 가지 이유를 제기한다.

첫째, "알려지는 것은 지식의 존재를 따르지 않고 존재한다."[99] 인식 대상은 객관 존재의 실체이지 인식하는 사람 감각기관의 산물이 아니다. 그의 이 관점은 모든 주관주의적 인식론에 대하여 표명한 것이다. 주관주의 인식론자는 인식의 발판은 외재하는 사물이 아니라 인식하는 사람의 주관적 감각이라고 생각한다. 외부 사물은 독립적 실재성이 없으며, 그것은 감각경험으로부터 말미암아 파생하여 나온 것이다. 예를 들면 버클리

97) 金岳霖, 『知識論』, 119쪽.
98) 위의 책, 121쪽.
99) 金岳霖, 『知識論』, 99쪽.

는 일찍이 "존재는 지각된 것이다."라는 관점을 제기한 적이 있다. 김악림은 이와 같은 견해에 찬성하지 않고 '존재'와 '지각된 것' 사이에 필연적 연관은 없으며 어떤 사물의 존재 여부는 감각하는 자의 지각으로써 변화하지 않는다고 지적한다. 감각하는 사람이 어떤 물체를 지각하지 못하면 감각하는 사람과 이 물체 사이에 관계가 없다는 점만 설명할 수 있을 뿐이며 이 물체가 지닌 실재성에는 영향을 끼치지 않는다. 이와 같은 분석에 근거하여 그가 얻어낸 결론은 아래와 같다. 즉 "'외부 사물이 있다.'라는 이 하나의 명제와 '감각기관의 감각이 있다.'라는 이 하나의 명제는 적어도 똑같이 우리에게 진실감을 줄 수 있고, 이 두 개의 명제는 모두 인식론에서 필요한 것들이다."[100] 둘은 하나라도 모자라면 안 되며 그 가운데 어느 하나라도 없애 버리면 인식의 근원을 설명할 방법이 없다.

둘째, "대상의 성질은 감각기관의 감각이 만든 것이 아니다." 이미 외부 사물이 독립적 존재인 이상 외부 사물이 갖춘 성질 또한 당연히 독립적 존재이다. 감각하는 사람이 외부 사물을 지각하는 것은 결코 감각의 성질을 외부 사물의 몸에 억지로 더한 것이 아니다. 외부 사물의 성질은 "인식하는 사람의 의지가 능히 좌우하고 수정하며 만들어 내는 것"[101]이 아니다.

셋째, 외부 사물은 "각자 그 자체의 끊임없는 동질성"을 가진다. 외부 사물은 하나의 개체로 말한다면 감각의 퇴적이 아니고 또 하나의 큰 덩어리 진 속성의 합계도 아니다. 그 자체는 실체성과 상대적 안정성을 갖추고 있다. 어떤 물체와 다른 물체와의 관계는 끊임없이 변하며, 어떤 물체와 감각의 관계도 끊임없이 변한다. 그러나 이 물체의 실체적 성질은 이로 인해서 변화가 일어날 수는 없다. 김악림은 이것을 '자체의 끊임없는

100) 金岳霖, 『知識論』, 76쪽.

101) 위의 책, 103쪽.

동일성' 이라고 부른다. 그는 예를 들어 어떤 사람이 서화(書畫) 가게에서 그림 하나를 샀는데 그가 이 그림을 집으로 가져가서 다시 펼쳐 본다면 이 그림은 절대로 다른 하나의 모양으로 바뀔 수 없다고 말한다. 이것은 바로 그 그림은 '끊임없는 동일성' 을 갖추고 있음을 설명한다.

그렇다면 인식하는 자의 감각은 외계의 대상을 인식할 수 있을까, 없을까? 김악림의 견해는 긍정적이다. 그는 "소여(所與)는 객관적인 드러남" 이고, 인식하는 자가 느끼는 내용은 외부 세계의 대상과 서로 일치할 수가 있다고 생각한다. 그는 감각을 세 가지 유형으로 구분한다. 한 종류는 '야각(野覺)' 이라 부르며 인식하는 자가 비정상적 상태 아래서 형성하는 감각으로서 높은 열이 나거나 술에 취했을 때 형성한 환각 및 색맹의 시각 등이 모두 이 종류에 속한다. 다른 한 종류는 '몽각(夢覺)' 이라고 부르며 인식하는 자가 꿈에서 형성하는 감각이다. 또 한 종류는 '정각(正覺)' 이라 부르며 인식하는 자가 정상적인 상태에서 형성하는 감각이다. 야각과 몽각은 당연히 외부 사물을 정확히 지각할 수 없다. 그러나 '정각' 의 지각은 외부 사물과 당연히 일치한다. 그는 "우리는 정각의 드러남을 '소여(所與)' 라고 부르며 기타 감관 능력 활동의 드러남과 구별한다. 소여는 바로 외부 사물이나 외부 사물의 일부분이다. 소여는 두 방면의 지위를 가지는데 그것은 내용인 동시에 대상이다. 내용으로 말하면 그것은 드러남이며 대상으로 말하면 그것은 대상성을 갖춘 외부 사물 혹은 외부 사물의 일부분이다. 내용과 대상은 정각의 소여에서 하나로 합하며 다른 활동에서는 둘이 반드시 하나로 합할 필요는 없다. 예를 들면 내가 런던의 친구를 생각할 때 내용이 하나의 일이고 대상은 다른 하나의 일이다. 소여가 내용이라는 점에서 말하면 그것은 감관 능력의 활동에 따라오고 감관 능력의 활동에 따라가며, 소여가 외부 사물이라는 점에서 말하면 그것은 감관 능력의 활동에서 독립하여 존재하는 것이다."[102]라고 말했다. 이것은 '소여' 가 인식하는 자를 외부 사물과 연계하는 믿을 수 있는 교량으로서 그것의 한쪽에는 인식 대상을 연결하고 다른 한쪽에는 인지하는 주체를 연결하고 있다. '소여' 를 통하여 외부 세계의 대상은 인식의 내용으로 바뀐다. 그래서 "소여는 객관적 드러남이다." 라고 말한다. 위에서 서술한 분석에 근거하여 김악림은 '소여는 지식의 재료' 라는 결론을 얻어낸다. 그는 "소여는 정각의 드러남이다. 그래서 정각은 지식의 재료를 공급해주는 감관 능력의 활동이다. 어떠한 지식이든 재료에서 말하면 직접적이든 혹은 간접적이든 정각에 근거한다. 일상적 지식은 이와 같으며 과학적 지식 또한 이와 같다." [103]고 말한다. 외부 사물로부터 '소여' 에 이르고, 다시 지식에 이른다. 이것이 바로 지식의 근원 문제에 관한 김악림의 기본적 관점이다. 그는 외부 사물 자체의 객관성을 인정하고 외부 사물은 인식의 최종 근원임을 강조하며 '소여' 가 인지 대상과 인지 주체를 연계하는 매개임을 강조하여 객관주의적 사고의 방향을 관철하고 주관주의와는 명백히 경계선을 그었다.

김악림은 외부 사물의 실재성을 인정하고 감각을 주체와 객체 사이의 교량으로 간주함으로써 유물주의의 반영론과 서로 가까운 부분이 있다. 그러나 유물론적 반영론으로 귀결시킬 수는 없다. 김악림은 자기의 관점을 '정현설(呈現說)' 로 부르며 반영론과 차별이 있음을 나타낸다. 당시 그는 유물론적 반영론은 이론상 곤란하다고 생각했다. 반영론의 견해에 의하면 감각은 객관에 대한 주관의 반영이며 외부 사물에 대한 모사다. 비록 모사본과 원본이 본질상 같지만 둘은 결국 구별이 있다. 그렇다면 어떻게 둘의 동질성을 증명할 수가 있겠는가? 당시의 김악림은 반영론에 찬성하지 않고 이와 같은 학설을 '인과설' 혹은 '대표설' 이라고 불렀다. 이

102) 金岳霖, 『知識論』, 130-131쪽

103) 金岳霖, 『지식론』, 185쪽.

**자·료·카·드**

소여(所與)

김악림이 사용한 용어다. 주체와 객체의 관계 가운데 집어넣은 감각의 재료를 가리킨다. 그것은 독립적으로 존재하는 외부 사물과 구별되며, "그것의 존재는 해당 감각기관 종류의 존재에 의지해야 한다." 즉 인식주체에 상대하여 비로소 존재라고 말하며, 독립적으로 존재하는 객체는 아니다. 그러나 그것은 결코 감각의 파생물이 아니고 객관적 드러남이다. "소여에는 두 방면의 지위가 있는데, 그것은 내용이며 동시에 대상이다. 내용으로 말하면 그것은 드러남이며, 대상으로 말하면 그것은 대상성의 외부 물질 혹은 외물의 일부분이다. 내용과 대상은 정각의 소여에서 하나가 된다."(『지식론』, 130쪽) 그러므로 '소여'는 인식주체를 외부 사물과 연계하는 교량으로서 한쪽에서는 주체를 연결하고 있고 다른 한쪽에서는 객체를 연결하고 있다. 그리하여 외부 세계의 대상이 인식의 내용으로 바뀌도록 한다. 김악림은 '소여'는 인식의 근원으로서 이른바 인식은 바로 "소여에서 얻어서 다시 소여에 작용하는 것이다."라고 생각한다. 그는 소여가 외물의 일부분임을 인정하고 아울러 외부 사물이 독립적으로 존재하는 것도 인정하여 유물론의 경향을 갖추고 있다. 그러나 그는 반영론에는 동의하지 않고 인식의 내용과 외재적 대상의 차별을 부인하여 주체와 객체의 경계를 뒤섞었다.

_ 방극립 주편, 『중국철학대사전』, 444쪽,
북경, 중국 사회과학출판사, 1994.

른바 인과설은 반영론이 객관적 대상에 관해 주관적 인식을 일으키는 원인이라는 논점을 가리키고, 이른바 대표설은 반영론이 주관적 인식에 관해서 객관적 대상의 모사라는 관점임을 가리킨다. 그는 반영론에 대하여 다음과 같은 질의를 제기한다. 모사본은 주관적 방면에 있고 원본은 객관적 방면에 있으므로 이렇게 말하면 모사본과 원본은 마치 두 개의 개체인 것 같다. 그렇다면 어떻게 모사본과 원본이 원칙적으로 동일함을 증명할 수 있겠는가? 김악림은 당시에 모사본과 원본 사이의 변증 관계를 잘 이해하지 못해서 반영론에 대하여 약간의 오해를 낳은 것처럼 보인다. 김악림의 정현설(呈現說)에 따르면 정각이 느낀 내용과 외부 세계의 대상은 아무런 구별이 없으며 완전히 한 물체의 두 방면이다. 그가 모사본과 원본 사이의 차이를 없앰으로써 가져온 최종 결과는 주관과 객관의 경계를 뒤섞고 외부 사물의 객관적 실재성이 모호하게 변하도록 한 것이다.

김악림의 정현설은 주관과 객관 사이의 모순을 없앴다. 그것이 가져온 또 하나의 결과는 참된 감각과 잘못된 감각을 구별할 방법이 없다는 것이다. 그가 보기에 정각은 영원히 외부 사물의 정확한 드러남이며 절대로 착오가 없을 것이다. 예를 들면 젓가락은 공기 속에서는 곧지만 반을 물 속에 꽂으면 구부러져 보인다. 이 두 종류의 정각은 모두 옳다. 이렇게 하나의 문제를 가져왔는데 젓가락 자체는 도대체 곧은 것인가? 아니면 구부러진 것인가? 이 문제에 대하여 김악림은 사람들이 만족할 만한 해석을 할 방법이 없었다.

### 3) 의념(意念)의 디자인에 소여를 받아들임

정문강은 인식론 방면에서 유각주의를 견지하며 인식 형성의 과정에 대해서 어떠한 설명도 하지 않았다. 장동손은 정문강보다 좀 더 깊이 감각 재료에 대한 직관 형식과 판단 형식의 가공(加工) 작용을 보았다. 그러나 여전히 개념을 실재에 대응하는 경험적 성격의 부호로 여기고 그것이 인식 형성의 과정에서 일으키는 작용에 대해서는 인식이 부족하다. 김악림은 정문강과 장동손을 직접 비평하진 않고 실증철학의 창시자인 흄을 비평했다. 그가 보기에 흄이 인식론을 연구한 도구는 "지나치게 간단하다." 왜냐하면 흄에게는 다만 '인상' 만 있고 '의념' 은 없기 때문이다. 김악림이 말하는 '의념' 은 보통 말하는 '개념(概念)' 이다. 그러나 김악림은 '의념' 과 '개념' 의 두 술어에는 차이가 있다고 생각한다. '개념' 이란 단어는 다만 논리학적 의미에서만 사용할 수 있을 뿐이고 지식론적 의미에서는 사용할 수가 없다. 지식론적 의미에서는 다만 '의념' 이란 이 단어만 사용할 수가 있고 '개념' 이라는 이 단어는 사용할 수 없다. 그가 보기에 '의념' 은 그다지 명백하지 않고 그다지 정확하지 않고 그다지 엄격하지 않은 개괄로서 논리학에서 말하는 개념과 완전히 똑같지는 않다. 이로 인해 그는 '의념' 이란 단어를 채용하고 '개념' 이라는 술어를 사용하지 않는다. 그는 인식의 과정에서 수용과 대응으로 드러난 인식하는 자의 도구는 '의념' 이며 논리학적 의미의 '개념' 이 아니라고 생각한다. 흄에 대한 그의 비평은 정문강과 장동손에 대해서 말할 때도 적용된다. "다만 인상만 있고 의념은 없다."라고 한 실증론자의 한계를 극복하기 위해서 김악림은 인상론부터 의념론까지 밀고 나가며 인식 형성의 전제조건을 캐묻고 '의념의 이중 작용' 이론을 세웠다.

김악림은 소여는 다만 지식의 근원일 뿐이며 소여 자체는 아직 지식이 아니라고 생각한다. 감성적인 소여에서 이성적인 지식으로 올라가려면 반드시 그것에 대한 가공을 진행해야 한다. 이것이 '소여의 수용과 대응' 이라고 불린다. 이른바 '수용' 은 인식하는 자가 소여를 지식의 내용으로 바꾸는 것을 가리키고, 이른바 '대응' 은 인식하는 자가 얻어 들인 지식에 근거하여 취하는 행동을 가리킨다. 예를 들어, 어떤 사람이 전쟁터에서 대포 소리를 듣고 바로 도망가면 그가 들은 대포 소리는 소여에 대한 수용이고 도망가는 것은 소여에 대한 대응이다. 수용과 대응은 상호작용하며 "만약 어떤 감관 능력이 수용할 수 없으면 그 역시 대응할 수 없다. 그가 대응할 수 없으면 그 역시 그의 소여가 이미 그에게 수용된 것임을 나타낼 수가 없다."[104]

인식하는 자에게는 수용과 대처의 도구가 매우 많다. 습관 · 기억 · 상상 · 믿음 · 언어 · 의지 등이 모두 그것이다. 그러나 가장 주된 도구는 역시 '추상적 의념' 이다. 소여에 대한 의념의 수용과 대응은 두 방면에서 나타나는데, 하나는 '모사(模寫)' 이고 하나는 '규율(規律)' 이다.

그는 "이른바 모사는 소여가 드러낸 것을 의념의 디자인 속에 부호화하여 처리하고 이 드러낸 것이 잘 보존되거나 혹은 전달되도록 하는 것이다."라고 해석했다. '의념' 과 '인상' 은 다르다. 인상은 그림으로 된 것이고, 의념은 부호화된 것이다. 바꾸어 말하면 의념은 추상적이지 구체적이 아니다. 각각의 의념은 모두 고립적이지는 않고 모두 그 밖의 의념과 서로 연결하여 '의념적 디자인' 을 결성한다. 의념을 소여에 인용하는 것은 곧 소여를 의념의 디자인 속에 집어넣고 그것이 보존되거나 전달될 수 있도록 하는 것이다. 이것을 바로 '부호화된 안배' 라고 부른다. 그는 예를 들어 만일 어떤 사람이 하나의 물건을 보고 난 후 "이것은 주황색 물건이다."라는 판단을 하였다면 사실은 '주황색' 이란 의념을 사용하여 그가 받아들인 '소여' 를 모사한 것이라고 말했다. '주황색' 은 하나의 고립된 의념이 아니다. 그것의 한쪽은 빨간색이고 다른 한쪽은 노란색이다. 이 세 가지 색깔은 하나의 의념적 디자인을 형성하는데 곧 '빨강-주황-노랑' 이며 주황은 빨강과 노랑의 사이에 있는 색깔이다. '주황' 을 사용하여 소여를 모사하는 것은 곧 소여를 '빨강-주황-노랑' 의 의념적 디자인에 받아 넣은 것이다. 소여는 인식하는 사람에게 의념적 디자인에 받아들여진 후 곧 그의 경험 속의 사실로 바뀐다. 그는 모사의 방식을 사용하여 이 일

104) 金岳霖, 『知識論』, 186쪽.

을 다른 사람에게 전달할 수 있다. 예를 들면, 갑이 을에게 "이것은 주황색 사물이다."라는 경험적 사실을 전하여 알리는데, 만일 을이 무엇을 주황색이라고 하는지 명백하지 않다면 갑은 을에게 주황색은 빨강보다 옅고 노랑보다 짙은 색깔이라고 말할 수 있다. 이렇게 을은 이해하지 못하는 상태에서 이해하는 상태로 변할 수 있다. 김악림은 모사는 지식을 전달할 때 매우 중요하다고 지적한다. 듣는 사람이 이해하지 못할 때는 반드시 예를 들어주어야 하며 예를 들어주는 것이 바로 모사다.

김악림은 또 "이른바 규율은 의념상의 안배로 새로운 소여를 기다리거나 받아들이는 것이다"[105]라고 말한다. 그가 말하는 '규율'은 일반적 의미와는 같지 않다. '규'는 '규정'의 의미이고 '율'은 '범위'나 '구속'의 의미이니 '규율'은 사실상 '규범'의 의미다. 의념의 규범 작용은 바로 고정된 의념적 도안을 도구로 삼아 새로운 소여를 받거나 안배하는 것이다. 이것은 법관이 법률 조문을 인용하여 형벌의 정도를 정하는 것과 비슷하다. 법률 조문에 '사람을 죽인 자는 사형'이라는 규정이 있다. 이 규정은 법관에게 범죄자가 사람을 죽였는지 아닌지는 알려 주지 않지만 다만 만약 범죄자가 사람을 죽였으면 그에게 사형을 판결하여 선고할 수 있음을 말해 줄 뿐이다. 김악림은 또 의념의 규범적 작용은 마치 우편집배원이 우편물을 나눠 주는 것과 같다고 말한다. 각각의 기관마다 우체통이 하나씩 있는데 이들 우체통은 '의념'에 해당하고, 분류해야 할 우편물은 '새로운 소여'에 해당하며, 우편집배원은 각 기관에 속하는 우편물을 해당 기관의 우체통에 넣는다. 이것이 바로 우편물에 대하여 규범화한 것이다. 김악림은 의념이 선행성을 갖추고 있다고 지적한다. 그러나 그것이 결코 적극적으로 소여를 규범화하지는 않고 다만 소극적으로 소여를 기다리고

105) 위의 책, 364쪽.

있다. 그것은 "소여가 어떻게 드러나는가를 규정하는 것이 아니다. 그것이 규정하는 것은 우리가 어떻게 받아들이는가이다."[106)]

김악림은 의념의 모사 작용과 규범화 작용은 분리할 수 없는 것이라고 강조한다. 둘 사이의 관계는 마치 좌우 · 상하 · 인과와 마찬가지로 긴밀하게 연결되어 있고, 한쪽을 잃어버리면 다른 한쪽도 더는 존재하지 못한다. 분리해서 말하면 규범이 없으면 곧 모사도 할 수 없다. 왜냐하면 모사는 의념에서의 안배이며 이와 같은 안배는 동시에 바로 규범이기 때문이다. 분명히 규범은 모사의 필요조건임을 알 수가 있다. 반대로 말하면 모사가 없으면 규범화할 수도 없다. 만약 다만 규범화만 하고 모사하지 않으면 의념은 너무 추상적이어서 인식을 전달하는 작용을 일으킬 방법이 없다. 요컨대 "의념이 규율적이지 않으면 그것은 모사할 수 없고, 모사하지 않으면 그 또한 규율적이지 않다. 둘이 상호 작용하면 의념은 비로소 의념이 될 수 있다."[107)]

김악림은 의념이 이미 선험성(先驗性)을 가지고 있고 또 후험성(後驗性)도 가지고 있다고 생각한다. 그것의 모사 작용에 관해서 말하면, 그것은 후험적이다. 모사는 반드시 소여를 전제로 하기 때문이다. 만약 소여가 없다면 또 모방할 수 있는 '형상' 도 없다. 규범 작용에서 말한다면 그것은 선험성을 갖추고 있다. "소여 이후에 어떻게 드러날지는 논할 것 없이 우리의 방법은 이미 결정되었다. 이것이 바로 의념의 선험성이다."[108)] 의념은 선험과 후험의 통일이다.

바로 의념이 후험성과 선험성의 두 방면을 갖추고 있기 때문에 그것은 "소여로부터 얻고 또 소여를 관리할 수 있다." 이른바 '또 관리한다.' 라는

106) 金岳霖, 『知識論』, 366쪽.

107) 위의 책, 382쪽.

108) 위의 책, 402쪽.

것은 곧 소여에 대하여 정리하고 다듬어 가는 것이다. 김악림은 소여는 동태적 감성의 흐름으로서 그것은 끊임없이 솟아 나와서 쉼 없이 변화하는 상태에 처한다고 지적한다. 의념은 곧 정태적 인지 구조이며, 의념의 수량은 인지하는 자의 머릿속에서 끊임없이 늘어날 수 있다. 그러나 의념 자체에는 가감을 말할 수 없다. "의념은 근본적으로 변할 수 없으며, 그것은 근본적으로 변화와 불변을 말할 수가 없다. 그것은 추상적이고 보편적이다."[109] 그러므로 의념으로 소여를 관리하는 것은 "사실은 불변으로 변화를 관리하는 것"이니 곧 동태적 소여를 정태적 의념의 디자인 속에 조직함으로써 지식을 형성하는 것이다. 의념의 디자인에는 개요가 있고 세칙이 있다. 개요는 시간 · 공간 · 성질 · 관계 · 물건 · 일의 체계 · 변화 · 움직임 등 가장 일반적인 의념을 가리키며, 인식하는 사람이 어떠한 대상이든 움직이려 하는 것을 인식하면 그것들을 사용하기 때문에 그것을 '개요'라고 부른다. 그가 말하는 개요는 바로 가장 보편적인 인식 범주를 가리킨다. 세칙은 침대 · 책상 등 구체적인 경험적 성격의 의념을 가리키고 이들 의념의 도움으로 인식하는 사람은 구체적인 지식을 얻게 된다. 인식하는 사람이 획득한 지식 또한 의념의 도움에 의지하여야 비로소 보존해 갈 수 있다. 의념 사이에는 논리적 연관이 존재하며 인식하는 사람은 논리적 연관에 근거하여 판단을 형성하고 인식 대상의 함의를 파악한다. 김악림은 일반적 인식 과정에서 형성한 판단을 '의사(意思)'라고 부르고 논리학에서의 판단을 '명제(命題)'라고 부르는데 '명제'는 가장 정확한 '의사'이다.

요컨대, 김악림의 견해에 의하면 인식 과정은 바로 인식하는 사람이 의념을 도구로 하여 객관적 소여를 파악하는 것으로서 소여를 지식으로 바

---

109) 위의 책, 394쪽.

꾸는 과정이다. 인식하는 사람이 파악한 의념은 많을수록 더욱 정확하며, 그가 소여를 모사하고 규범화하는 재능이 커질수록 그의 지식은 더욱 풍부해진다. 인류의 지식 총량은 끊임없이 증가하고 지식 총량의 증가는 끊임없이 새로운 의념을 제출하는 데서 나타나므로 새로운 소여에 대하여 전혀 방법이 없는 정도에 이르지는 않는다. 김악림은 새로운 의념의 형성 과정을 이렇게 표현한다. 인식하는 자가 본 적이 없는 소여를 만나면 처음에는 부정적 의념으로 그것을 안배하여 '이것은 모모가 아니다.' 라는 판단을 하고, 이어서 바로 긍정적인 의념의 안배에 들어가서 새로 발명한 X · Y · Z 등의 이름으로 그것을 부른다. "우리는 그러한 일을 여러 번 되풀이 하는데, 쌍방이 서로 비교함으로써 우리는 한 세트의 새로운 의념을 얻을 수 있다. 이 한 세트의 의념 혹은 새로 얻은 의념 또한 모사이고 또한 규율이다."[110] 분명히 새로운 개념이 어떻게 형성하는가에 대한 그의 해석은 지나치게 간단하다. 그러나 그는 지식론에서 발전의 관점을 관철하려고 애쓰는데 이것은 합리적이다. 신개념은 어떻게 형성하는가에 관한 문제는 러셀에게도 인식론 혹은 지식론 연구의 난제라고 불리었다. 이 문제에 대한 김악림의 탐색이 비록 성공적이라고 할 수는 없어도 그래도 풍부한 계발성은 있다.

김악림이 제기한 개념의 이중 역할에 관한 이론은 철학사에 공헌한 점이 있다. 서양철학의 시각에서 보면 그가 이 이론을 제기한 뜻은 흄의 경험론이 지닌 편파를 바로잡는 데 있다. 흄의 지식론에는 다만 '의상(意像)' 만 있지 '의념' 은 없기 때문에 지식의 형성 과정에 대하여 합리적 해석을 할 방법이 없다. 김악림은 흄의 이론적 교훈을 받아들여 인식 형성의 과정에서 개념의 능동적 작용을 충분히 예측하고 경험론의 한계를 타

---

110) 金岳霖, 『知識論』, 405쪽.

파했다. 중국 현대철학의 시각에서 보면 그는 정문강의 유각주의와 장동손의 경험주의의 좁은 시야를 타파하고 지식론 연구의 방면에서 커다란 진전을 취득했다. 김악림은 경험과 이성을 똑같이 중시하자고 주장한다. 그는 "이 두 방면이 똑같이 중요하다는 것은 우리가 경험을 중시할 뿐만 아니라 동시에 이성도 중시하는 것을 나타낸다. 소여에는 본래 가지각색 · 이것저것 · 종종 등이 있다고 말하는 것은 우리가 경험을 중시하고 있음을 나타내는데 감관의 감각이 의념을 얻는 근거가 바로 이들이다. 소여는 본래 이름이 없다고 한 것은 감관의 감각이 의념으로 소여를 받아들인 후 감관의 감각에 대하여 소여가 의념상의 질서를 가지고 있는 것으로서 우리가 이성을 중시하는 것을 말한다. 우리는 사실 의념의 구조 속에 소여를 받아들인 것이다. 소여로 하여금 감관의 감각에 대하여 일종의 질서화를 얻도록 하는 것이다."[111]라고 말했다. 이로부터 반영되어 나온 것은 김악림이 소여와 의념의 관계 · 감성과 이성의 관계 · 경험과 개념의 관계를 변증법적으로 다루려고 시도함으로써 경험론과 유리론을 종합시키려는 것이었다. 그러나 그는 이 목표를 완전히 달성하진 못했다. 그는 의념을 고정된 인지 패턴으로 여기고 개념의 이해에 대하여 약간 경직됨으로써 선험론과 형이상학의 경향을 초래했다. 그의 인지 구조에 대한 정태적 분석은 비교적 깊이가 있다. 그러나 동태적 각도에서 '구체적 개념'의 형성과 운동에 대해서 분석적 고찰을 하지 못하였기 때문에 이성적 인식이 추상적인 것에서 구체적인 것으로 발전하는 과정에 대하여는 사람들에게 설득력 있는 해석을 하지 못한 것 같다.

111) 위의 책, 630쪽.

## 흄의 인식론

흄은 로크와 G. 버클리의 경험론 관점을 계승하고 철저히 실행하여 사람의 인식능력인 '이지(理智)'와 인식의 구성 요소인 '지각(知覺)'을 해부하고 분석함으로써 회의론적 인식론을 만들었다. 그 주요 내용은 다음과 같다.

(1) 지각론과 회의론: 흄은 '지각'을 지식의 기본 요소로 삼고 또 지각을 인상(印象)과 관념 두 종류로 나눈다. 그가 생각하기에 인상은 사람들이 듣고·보고·만지고·사랑하고·미워할 때 생겨나는 비교적 활동적인 지각을 가리키고, 관념은 위에서 말한 감각을 반성할 때 사람들이 의식하는 어떤 비교적 활동적이지 않은 지각이다. 이와 같은 관념 또한 사상이다. 흄은 한 걸음 더 나아가서 인상도 감각과 반성 두 종류로 나눈다. 그는 반성적 인상은 상응하는 관념의 이전에 생겨나지만 도리어 감각적 인상의 뒤에 나타나고, 게다가 감각적 인상으로부터 얻어 온 것으로 생각한다. 이렇게 흄은 감성적 인식과 사유를 모두 지각 아래에 귀속시키고 아울러 반성과 관념을 모두 감각적 인상으로 귀결시킨다.

(2) 지식론과 인과론: 흄은 사람의 이지(理智)에는 각종 사실을 추론하고 각 관념을 비교하는 두 가지 작용이 있다고 생각한다. 마찬가지로 사람의 지식 또한 두 종류로 나눈다. 한 종류는 실제적 일에 관한 지식으로서 자연과학·자연철학·역사학 등을 포함하며, 이것은 경험적 기초 위에 세워지는 인과성 지식이다. 다른 한 종류는 추상적 과학과 증명적 지식으로 곧 수학적 지식이다.

흄은 경험적 기초 위에 세워지는 인과성 지식이 대부분 사람의 지식을 구성하며 모든 인간 행위의 원천이라고 생각한다. 따라서 그는 중점적으로 인과성 문제를 연구 토론하였다. …… 그는 인과(因果) 사이에는 일종의 전후(前後) 계승의 관계가 있지만 '이것을 뒤로함'이 결코 '이로 인해서'가 아니라고 지적한다. 인과관계 관념의 기본적 조건은 필연적 연관에 있다. 즉 결과가 있으면 반드시 원인이 있고 원인이 있으면 반드시 결과가 있다는 말이다. 이와 같은 인과관계의 나타남은 이성에 의하지 않고 경험에 의한다. 그러나 한 번의 단독 경험만으로는 인과 관념을 형성하기에 부족하며 다만 유사한 현상이 여러 번 중복되거나 늘 모여 함께 있고 또 사람의 마음속에서 습관적 영향을 일으킬 때 비로소 이와 같은 관념을 형성할 수 있다.

_『중국대백과전서 · 철학』, 1042-1043쪽,
북경, 중국대백과전서출판사, 1987.

### 4) 사고의 법칙〔思議原則〕과 귀납의 법칙

지식의 발생 및 형성 과정 등의 문제를 고찰한 후, 김악림은 한 걸음 더 나아가 지식의 신뢰성 문제를 연구했다. 의념을 받아들이는 도구로 삼아 소여가 형성한 지식을 수용하고 대응하는 것은 믿을 수 있는가? 김악림이 제기하고 연구한 지식의 신뢰성 문제는 역시 실증론의 사상적 한계성을 겨냥하여 말한 것이다. 실증론의 관점에 의하면 사실에 관한 사람들의 지식은 모두 감각경험으로부터 귀납하여 온 것이고, 귀납으로부터 온 지식은 모두 개연적이어서 결코 필연성을 갖추지 못한다. 비록 사람들은 "내일은 해가 여전히 동쪽에서 떠오른다."라고 믿지만 "내일은 해가 반드시 동쪽에서 떠오른다."라고 단언할 이유는 없다. 김악림은 실증론자의 이런 관점을 뒤집었다. 그는 지식의 신뢰성에는 문제가 없다고 생각한다. 왜냐하면 사고의 법칙과 귀납의 법칙은 지식을 위해 '이론적 담보'를 제공해 줄 수 있기 때문이다. 전자는 지식 신뢰성의 선천적 필요조건이고, 후자는 지식 신뢰성의 선험적 충분조건이다.

사고의 법칙은 또 "사고의 기본적 규율"이라 부르며 형식논리 중의 동일률과 배중률과 모순율을 가리킨다. 그는 "동일 · 배중 · 모순의 세 원칙은 확실히 그 밖의 논리적 명제보다 더 기본적이다."[112]라고 생각한다. 이 세 조항의 원칙은 "모사의 모사와 규율의 규율이다." 어떠한 의념도 그들을 떠나면 모두 소여를 모사하고 규범화하는 작용을 발휘할 수 없다. 사고의 법칙 자체는 직접 소여를 모사하지 않고 또 직접 소여를 규범화하지 않는다. 바꾸어 말하면 그것은 소여를 받아들이는 방식은 아니다. "그러나 그것은 의념이 받아들이는 방식이 될 수 있도록 하는 조건이다."[113] 어째서 사고의 법칙이 의념이 받아들이는 방식이 될 수 있는 조건이라고 하는가? 김악림은 인식론의 각도에서 설명하지 않고 오히려 본체론의 각도에서 설명한다. 그는 본체계 중의 '능(能)'은 현존하는 세계의 재료 방면의 본질이고 '식(式)'은 형식 방면의 본질로서 능과 식의 흩어지고 합하는 변화가 현존하는 세계에서 각종 사물이 발생하고 멸망하는 변화를 구성한다고 생각한다. '도, 식-능'의 본체론에서 보면 "식은 곧 논리의 원천이다."[114] 그는 "식은 논리 자체라고 말할 수 있다. 보통 말하는 논리의 일반적 모양은 마치 다만 논리를 나타내는 도구일 뿐인 것 같다."[115]고 말한다. 그 원인을 규명하면 동일 · 배중 · 모순의 세 원칙이 본체계의 '식'에 기초하며 이와 같기 때문에 그것들은 비로소 선천적 유효성을 갖추게 된다. 바로 사고의 법칙이 선천적 유효성을 갖추기 때문에 그것에 근거해서 성립한 의념 역시 '이론적 담보'를 획득하고, 따라서 의념의 안배를 거쳐 '소여'로 인해 형성된 지식 또한 신뢰성을 갖게 된다.

세 가지 사고 법칙의 규범 작용에 대하여 김악림은 일일이 분석했다.

---

112) 金岳霖, 『知識論』, 414쪽.

113) 위의 책, 409쪽.

114) 金岳霖, 『論道』, 21쪽, 北京, 商務印書館, 1987.

115) 金岳霖, 『知識論』, 408쪽.

먼저 그는 동일률은 의념이 될 수 있는 까닭으로서의 가장 기본적인 조건이라고 지적한다. 그는 "세 가지 사고의 법칙 가운데 동일률이 확실히 기본이다. 가장 두드러지는 견해는 그것이 의미가 가능한 가장 기본적 조건이라고 말하는 것이다."[116]라고 말했다. 어떠한 의념이든 반드시 이 법칙을 준수해야 비로소 확정적 의미를 지닐 수 있다. 그는 예를 들어 만일 아버지가 아버지 아닐 수 있고, 자식이 자식 아닐 수 있다면 "X는 Y의 아버지다." 혹은 "Y는 X의 아들이다."가 모두 의미 없는 헛소리가 된다. 동일률은 바로 아버지는 반드시 아버지고 자식은 반드시 자식이라는 한마디 말이 반드시 그 말임을 보장한다. 어떤 의념 혹은 어떤 말은 동일률을 준수하는 것이 반드시 의미가 있는 것은 아니다. 그러나 동일률을 위배하면 반드시 의미를 지닐 수 없을 것이다. 동일률은 의념에 확정적 외연과 내포가 있음을 보증해 준다. 그리하여 의념으로 하여금 소여를 모사하고 규범화하는 작용을 하게 한다.

그다음 배중률은 가장 기본적인 추론 원칙이다. 그는 "배중률은 일종의 사고상 가위로서 그것은 단호하게 잘라낸다. 그것은 사고상 가장 근본적인 추론이다."[117]라고 말했다. 인식하는 사람은 소여를 받아들인 후에 의념을 사용하여 "그는 갑이다." 혹은 "그는 갑이 아니다."라고 판단하여 자기가 어떤 지식을 획득하였음을 나타내야 한다. "그는 갑이다."와 "그는 갑이 아니다."의 둘은 반드시 하나를 취해야 한다. 만약 "그는 갑이다."라고 말하면 동시에 "그는 갑이 아니다."라고 말할 수 없다. 그 반대도 역시 그렇다. 어떤 '소여'가 갑이라고 말하면 곧 갑의 의념으로 이 '소여'를 받아들이는 것이고, 어떤 '소여'가 갑이 아니라고 말하면 갑이 아닌 을, 병, 정 …… 의 의념으로 이 '소여'를 받아들이는 것이다. 바로 배

116) 위의 책, 414쪽.

117) 위의 책, 415쪽.

중률을 이론적 보증으로 하기 때문에 인식하는 사람은 비로소 결국 새로운 '소여' 를 받아들일 방법이 있고 끊임없이 하나의 의념으로부터 그 밖의 의념을 도출해 낼 수 있다.

또 그다음, 모순율은 가장 기본적 배제원칙이다. 그는 "모순율은 배제원칙이다. 그것은 사고 중의 모순을 배제한다. 모순이 배제되지 않으면 사고는 근본적으로 불가능하다."[118]라고 말했다. 그는 모순율이 다른 일면에서는 의념이 반드시 논리를 준수해야 함을 강조한다고 생각한다. 모순은 '사고의 제한' 으로서 사고와 서로 용납하지 않는다. 대개 모순적 의념은 모두 불가사의한 것으로서 논리를 위반한다. 그러므로 이치상으로 '소여' 를 받아들이는 방식이 될 수 없는 것은 당연하다. 모순율은 결코, 사고의 과정에서 모순이 나타나지 않음을 보증할 수 없고, 그것은 다만 일단 모순이 나타나면 더 이상 인지 구조를 형성할 수 없음을 표명한다. 왜냐하면 "구조는 근본적으로 모순이 있을 수 없고, 모순이 있으면 곧 구조가 아니다." 그러므로 인식의 과정에서 반드시 모순이 있는 의념을 배제하고 모순이 없는 의념을 보존해야 한다. 오직 모순이 없는 의념만이 비로소 '소여' 를 받아들이는 방식이 될 수 있다.

김악림은 선천적 논리 규범으로서의 사고의 법칙을 말하면 역시 '소여의 필요조건' 이라고 생각한다. 그는 "소여의 가능함 또한 논리적 명제에 의지하는 것을 필요조건으로 한다."[119]고 말했다. 그는 선천적 사고의 법칙에서 '선(先)' 은 시간적으로 앞에 있는 것이 아니라 논리적으로 앞에 있는 것이며, 그것으로 선결적이고 필요한 조건의 의미로 삼으라는 것이다. 선천적 사고의 법칙은 경험적 사실과 무관하다. 그러므로 '선천' 또한 '선험' 과 구별된다. 선천적 사고의 법칙은 소여가 어떻게 드러나는가

118) 金岳霖, 『知識論』, 416쪽.
119) 위의 책, 407쪽.

를 규정하지 않고, 다만 소여가 만일 드러난다면 그것의 제약을 받을 수 없음을 규정한다. 이렇게 보면 사고의 법칙은 한편으로는 의념이 의념으로 되는 필요조건이고, 다른 한편으로는 '소여'가 가능하게 되는 필요조건이다. 종합적으로 말하면 "선천적 명제 또한 경험이 가능해지는 필요조건이다. 즉 반드시 먼저 이와 같은 명제를 인정한 다음에 경험은 비로소 가능하다. 그렇지 않으면 경험은 불가능하다. 이른바 이들 명제를 인정하는 것이 바로 이들 명제가 참이라는 것을 인정하는 것이다. 만일 이들 명제가 참이 아니라면 소여는 이미 불가능하며 우리는 당연히 경험이 있을 수가 없다."[120] 미루어 논의하면 오직 사고의 법칙이 참이라고 인정해야 인식은 비로소 가능해진다. 바꾸어 말하면 사고의 법칙의 영원한 참이 곧 지식 신뢰성의 이론적 보장이다.

김악림은 지식론에서 동일률 · 배중률 · 모순율의 지위에 대하여 매우 중시한다. 그가 이 세 가지 규칙의 작용에 대하여 분석한 것은 상당히 깊고 철저하다. 그러나 그가 원래는 사유 형식 방면에 속하는 이 세 가지 구체적인 규칙을 본체론의 높이까지 끌어올려 취급하는 것은 분명히 타당하지 않다. 그러나 김악림의 이와 같은 학술 사상이 중국 현대철학사에서 적극적 의미가 있다는 것도 당연히 보아야 한다. 1930년대부터 40년대까지 사유(思惟) 과학으로서의 형식논리학이 중국에 들어온 시간은 아직 길지 않아서 이 학문에 대한 사람들의 이해가 많이 부족하고 심지어 약간의 오해도 생겼다. 어떤 사람은 형식논리를 형이상학으로 여겨서 비판하였으며 전반적으로 이 학문의 가치를 부정하였다. 이와 같은 상황에서 김악림은 지식론에서 논리학의 역할을 중시하고 형식논리에 관한 사람들의 오해를 극복하는 데 도움을 주었다.

---

120) 위의 책, 406쪽.

김악림은 또 선천적 사고의 법칙은 비록 지식이 가능한 충분조건이지만 지식이 가능한 필요조건은 아니라고 제기한다. 왜냐하면, 그것들은 '소여'에 적극적으로 작용할 수가 없기 때문이다. 그가 생각하기에 지식의 신뢰성은 선천적 사고의 법칙에 의지하여 보장해야 하는 것 외에 또한 선험적 귀납의 법칙에 의지하여 보장해야 한다. 전자는 지식 신뢰성의 충분조건이고, 후자는 지식 신뢰성의 필요조건이다. 전자는 소극적이고, 후자는 적극적이어서 지식의 총량이 끊임없이 증가하도록 보증할 수 있다. 김악림은 '선천'과 '선험'에 대하여 엄격하게 구분한다. 선천은 지식의 분석적 성분에 관한 것으로 경험과는 관련이 없다. 선험은 지식의 귀납적 성분에 관한 것으로 그것이 비록 전체적으로 보면 경험을 벗어날 수 없지만 어떠한 구체적인 경험보다 앞에 있다. 그가 '선험'에 내려준 정의는 다음과 같다. 즉 "만약 우리가 모모의 형식을 가지고 있는데 소여 이후에 어떻게 드러나는지 논할 것 없이 우리는 이 형식을 경험의 접수 방식으로 사용할 수 있으니 즉 이 모모의 형식은 선험적 형식이 된다."[121] 선험적 형식은 경험이 계속해서 나갈 수 있도록 보장해 주고 인식하는 자가 끊임없이 새로운 지식을 획득하도록 한다. 그는 귀납의 법칙이 바로 이와 같은 형식이라고 생각한다. 귀납의 법칙은 영원히 참된 선험적 원리다. "만약 경험이 계속된다면 귀납의 법칙은 반드시 참이다."[122]

김악림은 어떤 사람이 귀납의 법칙이 영원히 참인 성질을 의심하는 까닭은 그들이 귀납의 법칙과 귀납하여 얻은 결론을 동일시하기 때문이라고 분석하여 말한다. 그는 귀납하여 얻어낸 결론은 '역사적 총괄'이므로 당연히 부정적 예증에 의해 뒤집힐 수 있다. 그리고 귀납의 법칙이 "만약 … 이면 … 이다."라는 식의 보편적 명제이면 이것은 부정적 예증에 의해

121) 金岳霖, 『知識論』, 397쪽.
122) 위의 책, 424쪽.

뒤집힐 수 없다. 그는 "귀납의 법칙은 귀납으로부터 얻어낸 원칙이 아니다."[123]라고 강조한다. 부정적 예증의 출현은 공교롭게도 인식하는 사람이 원래 가지고 있는 의념으로는 새로운 소여에 대응하고 안배하기에 부족해서라고 설명한다. 그리하여 그들이 새로운 의념을 찾아내도록 분발시킨다. 예를 들어서 유럽인은 검은 고니를 발견하기 이전에 모든 고니가 흰색이라고 생각했는데 후에 검은 고니를 발견하고는 "모든 고니가 흰색이다."라는 결론을 번복했다. 이와 같기 때문에 유럽인의 의념은 더욱 풍부해졌고 '검은 고니'의 의념도 증가했다.

김악림은 귀납의 법칙이 시간과 하나로 연결되어 있으므로 만약 시간이 멈출 수 없다면 귀납 법칙의 영원히 참된 성질도 흔들릴 수 없을 것이라고 지적했다. 그는 "우리는 당연히 순수한 이론상의 이유로 시간을 멈추게 할 수 없다는 것을 보증할 수 없다. …… 그러나 이 가설 역시 다만 생각으로 헤아리는 것일 뿐이며 우리는 어떠한 이유로든 시간을 멈추게 할 수 있다고 표명할 수 없다."[124]라고 말한다. 사실상 시간은 멈추게 할 수 없는데, 이것은 귀납의 법칙은 적어도 사실상 영원히 참임을 설명한다. 왜냐하면, 순전히 이론상의 이유로 시간을 멈추게 할 수 없음을 보증할 수 없으므로 귀납 법칙의 영원히 참된 성질은 선험적이지 선천적은 아니기 때문이다.

귀납에서 어떻게 보편적 지식을 얻어낼 수 있는가의 문제는 예로부터 지식론 연구 가운데 어려운 문제이다. 흄은 오래도록 이 문제로 곤혹스러워했는데 마지막에 마침내 "귀납은 결국 특수한 것으로 말미암아 특수한 것에 이르며 영원히 보편성적 지식은 얻을 방법이 없다."라는 결론을 얻어냈다. 김악림은 "귀납의 법칙은 영원히 참이다."라는 이론을 제기하여

123) 위의 책, 451쪽.

124) 위의 책, 449쪽.

자·료·카·드

『지식론』 저작에 대한 김악림의 회상

시간 소모가 가장 길었고 어려움이 가장 많았던 것이 『지식론』 그 책이다. 이 책은 내가 곤명(昆明)에서 이미 다 썼었다. 그때는 일제 비행기가 자주 와서 폭격하였기 때문에 나는 하는 수 없이 원고를 휴대한 채 공습경보를 듣고 대피하여 북쪽 산 위로 갔다. 나는 원고 위에 앉아 있었다. 그 첫 번째 폭격의 시간은 길었고 날도 곧 어두워졌다. 나는 일어나서 바로 갔는데 원고는 그대로 산 위에 펼쳐 놓았다. 나중에 생각나서 돌아가 봤으나 이미 보이지 않았다. 다시 쓸 수밖에 없었다. 60, 70만 글자의 책 한 권을 전부 기억하고 있을 수는 없었다. 소위 다시 쓴다는 것은 다만 아마 처음부터 끝까지 새로운 것을 쓰는 것일 것이다. 이 작업은 1948년 12월 어느 날(아마 12일이나 14일)에 완성하여 상무인서관으로 부쳐주었다. 이때 서국(書局)도 그다지 바쁘지 않았다. 왜냐하면, 북경은 이미 해방 전야였기 때문이다.

_ 유배육(劉培育) 주편, 『김악림의 회상과 김악림을 회상함』, 49쪽, 성도, 사천교육출판사, 1995.

흄의 결론을 뒤집었다. 그는 '귀납의 법칙은 영원히 참' 이라는 증명에 대하여 이전 사람이 드러내지 못한 것을 드러내어 이론상에서는 참신하고 독특하다. 그러나 그의 이론에 따르면 귀납으로 인하여 얻어낸 결론은 비록 보편성을 갖추고 있어도 여전히 개연적이며 필연적은 아니다. 김악림은 단지 양적 시각에서 귀납 문제를 사고하였고 질적 시각에서 깊이 생각하지는 않았다. 이것이 아마 그가 실패한 원인일 것이다. 귀납에서 얻어온 결론이 필연성을 갖추고 있다고 설명하려면 먼저 반드시 객관적 사물 사이에 본질적이고 필연적인 관계가 있음을 인정해야 한다. 이것이야말로 이 난제를 해결하는 관건이다.

### 5) 참과 거짓의 정의와 표준

김악림의 지식론에 따르면 인식하는 사람은 의념을 도구로 삼고 사고의 법칙과 귀납의 법칙을 따르며 '소여'를 받아들여 안배하고 마지막에 지식을 형성한다. 지식은 의미나 명제의 형식으로 보존되거나 표현되고 의미나 명제로 말미암아 복잡한 이론 체계를 조성하여 인류의 지식 빌딩을 구성한다. 그렇다면 이 빌딩은 진리성을 가지고 있는가? 이것은 어떠한 지식론 연구자든 모두 피할 수 없는 문제다. 이 문제에 관한 호적(胡適)의 답은 부정적이다. 그는 모든 지식은 실재에 대처하는 도구이고 모두 여러 가지 가설이어서 불변의 진리라고 할 신조로 인정할 수는 없다고 생각한다. 그가 보기에 "유용하면 바로 진리다."라는 것은 다만 지금 이곳의 진리일 뿐, 절대적 · 객관적 · 보편적인 진리는 없다. 정문강은 비록 이 문제에 정면으로 대답하지 않았지만 사실상 부정적 태도를 견지하였다. 예를 들어 그는 과학에서 이른바 '일반적인 규칙〔公例〕'이란 다만 사람들이 사실을 관찰하는 방법을 설명하는 것으로서 만약 새로 발견된 사실에 알맞지 않으면 수시로 바꿀 수 있으므로 결코 필연성을 갖고 있지 않다. 다시 말하면 인류 지식의 빌딩에는 다만 상대적 진리성만 있을 뿐 어떤 절대적 진리는 존재하지 않는다. 장동손 또한 인류의 지식 빌딩의 진리성을 부인하고 모든 문화 지식의 작용은 모두 '자기가 자기를 속이는' 데 있다고 공언한다. 이 문제에서 그들의 상대주의와 회의주의의 경향이 분명히 나타나고 있다. 김악림은 실증론의 한계를 돌파하려고 생각하면 반드시 상대주의와 회의주의의 오류를 벗어나서 지식의 진리성에 대하여 긍정적 대답을 해내야 한다. 이 문제에 대답할 때 그는 절대주의와 상대주의를 서로 결합하는 방법을 채택했다. 절대적 의미에서 말하면 그는 지식의 참과 거짓을 저울질하는 정의가 있음을 인정하고, 상대적 의미에서 말하면 그는 지식의 참과 거짓을 판단하는 표준이 있음을 인정한다.

무엇이 지식의 참과 거짓을 헤아리는 표준인가? 김악림은 '도, 식-능'의 본체론적 시각에서 이 문제에 대답한다. 그는 지식의 참과 거짓을 헤아리는 표준은 '물론 그러한 이(理)' (또 공상(共相)의 관계' 로 부름)에서 온다고 생각한다. 그가 참 명제에 대하여 내린 정의는 "보편적인 명제는 만일 참이라면 자연법칙을 나타낸다. 혹자는 우리가 『도를 논함〔論道〕』에서 사용한 술어를 이용하는데 그것은 물론 그러한 이(理)를 나타내거나 긍정한다."[125]는 것이었다. 다시 말하면 대체로 '물론 그러한 이(理)' 에 부합하는 명제는 모두 참 명제이고 그렇지 않으면 거짓 명제이다. 김악림은 지식의 참과 거짓의 정의에 관한 문제는 지식론에서 아주 중요하다고 강조한다. 왜냐하면 "지식을 논하는 것은 바로 참을 논하는 것이기 때문이다." 그래서 그의 지식론 체계는 이 문제가 발판이 된다. 김악림은 철학 문제를 연구할 때 본체론과 지식론을 구별하여 서로 다른 태도를 채택하자고 주장한다. 진리 문제를 언급하지 않던 이전에는 그도 줄곧 이렇게 해 왔는데 일단 진리 문제를 언급하면서 그는 둘을 한데 연계하지 않을 수 없었다. 왜냐하면 어떠한 실재관이 있는가에 의해 필연적으로 어떠한 진리관이 있기 때문이다. 실증론자는 실재의 확정성을 인정하지 않아서 결국 상대주의의 진리관을 초래한다. 김악림이 진리관 방면에서 충분히 상대주의의 오류에서 나갈 수 있는 것은 그의 본체론 학설과 직접적인 관계가 있다. 그의 본체론 학설에서 '물론 그러한 이(理)' 는 영원한 참이다. 이와 같은 영원한 참인 성질은 인식하는 사람이 그것을 인식하는지 아닌

---

125) 金岳霖, 『知識論』, 751쪽.

지와는 결코 관계가 없다. '물론 그러한 이(理)' 혹은 '보편적 특성의 관계'는 절대적 진리 체계를 구성한다. 풍우란의 말을 빌려서 말하면 마치 한 권의 '글자가 없는 하늘의 책'과 같다. 인식하는 사람이 이 하늘의 책을 읽고 이해할 수 있는지 없는지에 관한 것은 다른 또 하나의 일이다.

김악림은 자신의 본체론에서 출발하여 지식의 참과 거짓에 정의를 내려주었다. 그러나 이 정의는 순수 이론적 성격이고 인식 과정에서 결코 실용성은 없었다. 그러므로 다만 지식의 참과 거짓에 관한 정의만 있으면 아직 부족하며 역시 당연히 인식 과정에서 지식의 참과 거짓을 판단하는 수단을 찾아내야 한다. 김악림은 인식의 과정에서 지식의 참과 거짓을 판단하는 수단을 '표준'이라 부른다. 그는 지식의 참과 거짓을 판단하는 표준 문제에 관한 학술계의 견해를 귀납하면 대체로 네 가지가 있는데 그것은 (1) 융화설 (2) 유효설 (3) 일치설 (4) 부합설이라고 가리켰다. 이 네 가지 학설에 대하여 김악림은 하나하나 평론하고 아울러 그 자신의 견해를 형성하였다.

그는 이들을 분석하여 융화설은 일종의 총체주의적 관점으로서 참된 지식은 응당 '총체적 경험'과 서로 융화해야 하는 것으로 생각하고, 인식하는 사람의 전체 경험과 서로 조화해야 할 뿐만 아니라 또 모든 인식하는 사람의 경험과 서로 융화해야 한다고 말한다. 다만 총체적 경험과 서로 융화하는 명제는 '전체적 참'이며 전체를 벗어나면 어떠한 부분이든 모두 단독적 참이 될 수는 없다. 김악림은 이와 같은 견해는 "현학적 취향이 많다."라고 생각하여 받아들일 수 없다고 표명했다. 유효설은 일종의 실용주의적 관점으로서 대체로 인식하는 사람에게 유용한 명제이면 모두 참이라고 여긴다. 그는 이 설 또한 성립하기 어렵다고 생각한다. 왜냐하면 "참인 명제는 모두 유용하지만 유용한 것이 반드시 모두 참이지는 않다." 일치설 또한 일종의 실증주의적 관점으로서 과학은 '결말을 알지 못하고, 또 결말을 알려고 추구하지 않으며, 추구하는 것은 다만 감각이나 자연을 형용하는 것' 이라고 생각한다. 이와 같은 견해에 의하면 이른바 '참' 은 곧 명제와 명제가 일치하는 것으로서 명제가 '실재' 혹은 '결말' 과 서로 부합하는지 아닌지는 고려할 필요가 없다. 김악림은 이와 같은 관점 역시 단편적이라고 생각한다. 결국 그는 이 세 가지 관점은 모두 인식하는 사람과 '실재' 의 관계를 떠나서 다만 인식하는 사람의 주관적 경험 범위 안에서 지식의 참과 거짓을 헤아리는 표준을 찾을 뿐 문제의 관건을 움켜쥐지는 못했다고 생각한다.

김악림이 말한 '부합설' 은 진리에 관한 유물론적 반영론이 주관과 객관이 서로 부합하는 관점이라는 것을 가리킨다. 그는 이 설이 상식과 가까워서 취할 점은 있으나 또 문제도 있다고 생각한다. 첫째 반영론에 따르면 부합은 마치 '사진을 찍는 식의 부합' 인 것 같다. 그러나 "명제 자체는 이미 사진이 아닌데 부합이 어떻게 사진을 찍는 식의 부합이 되겠는가?" 둘째 반영론은 주관과 객관을 구별한다. "곧 명제는 '안' 에 있고 '사실' 은 밖에 있다. 그렇다면 우리는 어떻게 '안' 에 있는 명제와 '밖' 에 있는 '사실' 이 부합하는지 부합하지 않는지 알 수 있겠는가?"[126] 그가 생각하기에 사실은 밖에 있는 것이 아니고 안에 있다. "사실은 받아들였거나 혹은 안배된 소여이다."[127] 그러므로 그가 보기에는 부합설 역시 성립하기 어렵다. 분명히 김악림은 당시 유물론적 반영론에 대한 오해가 있었다. 그의 비평은 구(舊)유물론의 반영론에는 적용되지만 변증법적 유물론의 반영론에 적용할 필요는 없다. 그는 변증법적 유물론의 반영론은 이미 '사진을 찍는 식' 의 기계적 반영론이 아니라 능동적 반영론이라는 것을 보지 못했다. 변증법적 유물론은 주관과 객관의 상호 일치가 직관적인 부

126) 金岳霖, 『知識論』, 895쪽.
127) 위의 책, 738쪽.

합이 아니라 주관과 객관의 구체적이고 역사적인 통일이며 실천은 주관과 객관이 서로 부합하는지 아닌지를 검증하는 유일한 표준이라고 생각한다.

김악림은 객관주의의 입장에 서서 위에 서술한 네 가지 견해 가운데 자기에게 쓸모 있는 부분을 받아들여 지식의 참과 거짓 문제를 헤아리는 그의 견해로 제기한다. 그는 "이 책은 부합 여부를 참과 거짓의 정의로 하고 융화 · 유효 · 일치를 부합의 표준으로 삼는다."[128]라고 썼다. 그가 강조하는 것은 그의 부합설이 반영론과 다르고 소위 '부합' 은 명제와 실재적인 '물론 그러한 이(理)' 간의 부합을 가리킨다. "보편적 명제의 상응적 실재는 물론 그러한 이(理)이며, 그것의 참은 물론 그러한 이(理)와 부합한다."[129] 이와 같은 부합은 간접적이다. 비록 경험을 통해서 실증할 수는 없으나 이론상으로는 인정하거나 혹은 증명할 수 있다.

이론상에서 보면, 부합의 여부는 참과 거짓의 정의가 된다. 그러나 부합 자체는 경험으로 얻을 수 있는 것은 아니다. 따라서 경험의 범위 안에서는 역시 융화 · 유효 · 일치 등을 이용하여 부합을 헤아리는 보조적 기준으로 하는 것이 필요하다. 김악림의 지식론에서 융화는 인식하는 사람이 직접 감각을 통해서 얻은 판단은 그가 판정한 사실과 서로 부합하는 것을 가리킨다. 예를 들어서 어떤 사람이 물로 발을 씻는데 그가 발을 물속에 집어넣는 그 순간 고함을 쳤다면 이 고함은 바로 융화하지 않은 감각이다. 발을 씻는 사람은 고함치는 사이에 비록 아무것도 말하지 않았으나 그는 발을 씻기 전에 물의 온도가 적당하다고 생각하였고 물의 온도가 너무 차거나 혹은 너무 뜨겁다고 느끼게 될 때 비로소 일이 일어나기 전의 그의 판단과 판정한 사실이 부합하지 않는 것을 발견하게 된다. 김악

128) 위의 책, 931쪽.

129) 위의 책, 917쪽.

림은 융화는 한 시점 한 지점에만 상대하는 것으로서 반드시 정확한 것은 아니라고 지적한다. "융화라는 이 하나의 조건이 비록 충족되더라도 하나의 명제가 반드시 참일 필요는 없다." 그러나 "경험 속에서 적극적으로 융화하지 않은 명제는 참이 아니다."[130] 그러므로 이로써 융화는 참과 거짓을 판단하는 보조 기준의 하나가 될 수 있다.

이른바 '유효'는 판단하는 사람의 가설과 단정(斷定)하는 사실이 서로 부합하는 상황을 가리킨다. 그는 "단정하는 것은 어쩌면 가설 속에 응당 있어야 하는 행위나 사상을 갖고 있을지 모른다. 만약 이 행위가 사실상의 장애가 없거나 혹은 사상이 일치하지 않는 상황이 없다면 이 가설은 잠시 부분적으로 효과가 있다."[131]라고 말한다. 그는 예를 들어 어떤 사람이 기차역에 친구를 마중하러 가는데 이전의 경험에 근거하면 기차가 늘 연착하였으므로 이번 기차도 정시에 도착하지 못할 것으로 가정하고 열차시간표에 규정된 시간보다 반 시간 늦게 기차역에 도착하였는데 기차가 과연 정시에 도착하지 않았다면 이것은 그의 가설이 유효하다는 것을 표명한다고 말했다. 김악림은 유효한 것이 반드시 참은 아니나 효과가 없는 것은 반드시 거짓이므로 '유효' 역시 부합(符合) 여부를 판단하는 보조 기준이 될 수 있다고 생각한다.

이른바 '일치'는 어떤 하나의 명제와 다수의 명제 사이에 서로 모순이 없다는 것을 가리킨다. 명제 사이의 일치가 결코 명제의 참과 거짓을 나타내는 것은 아니나 참 명제는 일치할 수 있고 거짓 명제도 일치할 수 있다. 비록 이와 같다고 하더라도 "그러나 하나의 참 명제와 일치하는 명제는 확실히 참 명제이다." 이 의미에서 말하면 '일치'는 참과 거짓을 판단하는 보조 기준이 될 수 있다.

---

130) 金岳霖, 『知識論』, 923쪽.

131) 위의 책, 925쪽.

김악림은 이론과 경험의 두 방면에서 착수하여 지식의 참과 거짓 문제를 해결한다. 그는 '도, 식-능' 의 본체론에서 출발하여 참 명제를 위해 하나의 절대적 정의를 내리고 '물론 그러한 이(理)' 로 참 명제를 정의한다. 또 경험론의 부합 · 유효 · 일치설을 빌려서 부합을 판단하는 상대적 기준으로 삼는다. 그의 정의는 객관 진리를 인정하는 정확성을 포함하고 있으며, 그의 표준은 독단론을 반대하는 합리성을 포함하고 있다. 사람들이 유감을 느끼도록 하는 것은 그가 이론과 경험 · 절대와 상대를 통일하지 못하고 끝내 명제와 '물론 그러한 이(理)' 가 서로 부합하는 길을 찾아내지 못했다는 점이다. 그의 세 가지 기준에 근거하면 다만 어떠한 명제들은 거짓임을 판단할 수 있으나 또 어떠한 명제들은 참인 것을 판단할 수 없다. 그가 지식의 진리성을 본체 세계에 놓아둠으로써 인식하는 사람이 얻는 것은 오히려 경험 중 자연 세계의 지식이다. 그렇다면 인식하는 사람은 어떻게 차안(此岸)으로부터 피안(彼岸)에 도달할 수 있을까? 이것은 김악림이 해결할 수 없는 문제이다. 김악림이 객관적 진리가 있다고 인정하는 것은 맞다. 그러나 "사람의 사유가 객관적〔gegenständliche〕 진리성을 갖추고 있는지 아닌지는 하나의 이론적 문제가 아니라 하나의 실천적인 문제이다. 사람은 마땅히 실천 속에서 자기 사유의 진리성 즉 자기 사유의 현실성과 힘 및 자기 사유의 차안성(此岸性)을 증명해야 한다."[132] 김악림이 사회적 실천을 벗어나 순수 이론적 범위 내에서 진리의 기준 문제를 해결하려고 시도한 것은 통하지 않는다. 여기에 이르러 김악림 지식론의 약점이 폭로되어 나온다.

김악림은 중국 현대철학사에서 사상창조력을 갖춘 소수의 철학자 가운데 하나다. 그의 사상적 심오함 · 분석기술의 뛰어남 · 학술적 시야의

132) 『馬克思恩格斯選集』, 2판, 제1권, 55쪽, 北京, 人民出版社, 1995.

하린의 김악림 논

근년 사이에 그는 한 권의 완전한 지식론을 썼다. 그가 『철학 평론』에서 이미 발표한 '사상을 논함' 이라는 글을 보면 역시 그가 취한 노선을 대충 알 수 있다. 그는 사(思)와 상(想)을 구별한다. 생각 혹은 사고의 대상은 이(理)고, 상(想) 혹은 상상(想像)의 대상은 의상(意象)이다. "지식은 모양을 깨달은 것일 뿐만 아니라 이치를 아는 것이다." 그는 스스로 그의 입장을 밝혀 "이 책의 관점에서 보면 일상생활 중 생각하는 것이 지식이라는 그러한 지식의 논점은 이미 유심을 얘기할 수도 없고 또 유물을 얘기할 수도 없다. …… 이 책은 마음과 물체에 대한 우리의 견해가 아무리 어렵더라도 우리는 마음이 아닌 것과 물체가 아닌 것이 있음을 늘 인정해야 한다고 생각한다."라고 말한다. 이것은 일관되게 신실재론자를 대표하여 제임스에게서 취한 순수경험의 견해이다. 사실 우리가 보기에 인식의 대상은 아마 반드시 마음이 아니거나 물체가 아닌 것 일 수 있으며 오히려 마음이기도 하고 물체이기도 한 물건일 수 있다. 그는 또 "이 책에서 필요한 것은 생각하고 상상하는 기관으로서의 마음이다."라고 말한다. 따라서 그가 말하는 마음은 또한 심리적 감관능력이지 현학(玄學)적 의미의 마음도 아니고 또한 칸트식의 논리적 의미의 마음도 아니다. 이(理)는 마음의 사고 대상이니 당연히 마음의 밖에 있다. 그는 '재중(在中)' 이란 두 글자가 포함하고 있는 몇 가지 의미를 분석했다. 그는 어떤 의미에서든지를 막론하고 "이(理)는 마음속에 있다." 혹은 "마음속에 이(理)가 있다."라는 것은 모두 말이 통하지 않는다고 생각한다. 그는 이렇게 가령 유심론자의 "마음의 밖에 이(理)는 없다." "마음이 곧 이(理)다."라는 설이라 하더라도 배척해버렸다. 그러나 명사를 분석하는 것은 어쩌면 다만 문제에 접근하는 초보적 작업일 뿐이며 문제를 해결하는 마지막 보물은 결코 아닌 것 같다. 그는 대체로 흄의 관념 연합론적 심리학에서 출발하여 상(想)과 연결하거나 사(思)와 연결하

> 는 것에 대하여도 분석하였고, 관념연합〔聯念〕의 주동성과 창조성에 대하여 특별 설명을 하였으니 경험론에 동의하는 자가 지식을 피동이라고 하는 견해를 충분히 바로잡을 수 있다.
>
> _ 賀麟, 『근 50년의 중국 철학』, 30-31쪽, 심양, 료녕교육출판사, 1989.

폭넓음 · 이론 체계의 완벽함 · 철학적 체계의 거대함 등은 모두 사람들에게 탄복하도록 한다. 그는 중국 전통철학을 이어서 말했지 결코 '따라서 말한 것' 은 아니다. 그는 중국 전통철학의 약한 부분을 강화하고 지식론 문제를 깊이 연구하여 비교적 큰 진전을 얻었다. 그는 중국철학의 우수한 전통과 민족적 기풍을 계승하여 현대의 진보적 지식분자의 정신적 추구를 표현했다. 그는 전통을 계승하였고 또 전통을 뛰어넘었다. 그의 철학은 또 서양철학을 이어서 말한 것이지만 '따라서 말한 것' 은 아니다. 그는 한 중국 철학자로서 자기의 독창적인 학술적 견해를 가지고 있다. 그는 이성과 경험을 모두 중시하는 새로운 사고 방향에 따라 성공적으로 실증철학의 한계를 돌파했다. 이 의미에서 보면 그는 마치 서양의 현대철학자와 더욱 가까운 것 같다. 김악림은 중국 현대철학사에서 중요한 위치를 차지할 뿐만 아니라 전 인류의 철학적 발전 과정에서도 한 자리 차지한다.

### 생각해 볼 문제

1. 중국 실증철학 사조에는 어떤 특징이 있는가?
2. 호적의 진리관을 어떻게 판정할 것인가?
3. 정문강은 과학적 방법을 어떻게 논술하는가?
4. 장동손은 인식의 근원을 어떻게 여기고 있는가?
5. 김악림은 인식 과정 중 의념의 작용을 어떻게 논술하는가?

### 참고 문헌


1. 宋志明, 孫小金, 『20世紀 中國實證哲學研究』, 北京: 中國人民大學出版社, 2002
2. 〔美〕J. B. Grieder 著, 魯奇 譯.『胡適與中國的文藝復興』, 南京: 江蘇人民出版社, 1996
3. 〔美〕郭穎頤 著, 雷頤 譯, 『中國現代思想中的唯科學主義』, 南京: 江蘇人民出版社, 1989
4. 左玉河 著, 『張東蓀學術思想評傳』, 北京: 北京圖書館出版社, 1999
5. 胡偉希 著, 『金岳霖與中國實證主義認識論』, 上海: 上海人民出版社, 1988

## 제3장

# 중국 마르크스주의 철학 사조

## 이 장의 요점

1 중국 마르크스주의 철학 사조의 발전 과정은 대체로 유물사관의 전파와 이해 · 규범화 · 중국화의 세 단계를 거쳤다.

2 이대소(李大釗)는 유물사관의 지도 아래서 중국 사회를 개조하는 정확한 길을 찾아냈다. 진독수가 유물사관을 받아들임에 따라 신문화운동은 마르크스주의의 선전 운동으로 전환했다.

3 구추백(瞿秋白)의 변증법적 유물주의에 대한 이해와 설명은 중국 마르크스주의자의 이론적 시야를 개척하고 넓혔다.

4 이달(李達)의 『사회학 대강』은 중국인이 처음으로 저술한 마르크스주의의 철학 교과서이고, 애사기(艾思奇)의 『대중철학』은 마르크스주의 철학의 통속화에 중대한 역할을 했다.

5 곽말약(郭沫若)과 후외려(侯外廬)는 마르크스주의의 사상 방법으로 중국 고유의 학술 사상을 연구하고 양자를 결합하는 길을 탐색하였다.

6 모택동(毛澤東)의 철학 사상은 중국 마르크스주의 철학 사조가 중국화 단계에 성큼 들어선 것을 상징하고, 중국철학이 현대적 변혁을 실현하였음을 상징한다.

중국 마르크스주의 철학 사조는 이론의 중점을 세계에 대한 사람의 실천 관계에 두고 "중국 사회를 어떻게 개조할 것인가?"를 핵심 주제로 삼았다. 중국의 마르크스주의자는 마르크스주의의 입장과 관점과 방법을 운용하며 중국 전통철학이 실천을 중시해 온 우수한 전통을 발휘하여 세계를 인식하는 효과적인 도구와 사회를 개조하는 예리한 무기를 장악하였으며 옛 중국을 개조하고 새로운 중국을 세우는 정확한 경로를 찾아냈다. 중국 마르크스주의 철학의 지도 아래서 중국 사회와 중국철학은 균등하게 전통으로부터 현대에 이르는 위대한 변혁을 실현했다.

## 1. 개설

19세기 말 20세기 초, 마르크스주의는 전 세계적 범위에서 절정기를 향해 나아갔고 또 사회 대변혁 과정 중에 처한 중국에도 영향을 끼쳤다. 중국의 일부 진보적 사상가들은 서양으로부터 사상적 무기를 찾고 있을 때 마르크스주의 학설을 소개하면서 진부한 중국의 사상계에 새로운 바람을 불어넣어 주었다. 마르크스주의 철학은 중국철학과 혁명 실천의 토양에 뿌리 내리면서 점차 중국화의 진행 과정을 완성하였고, 이것은 근본적으로 중국인의 정신적 면모를 바꾸었다.

### 1) 마르크스주의의 중국 전래

중국 사상계가 마르크스주의와 접촉한 역사는 19세기 말 20세기 초로 거슬러 올라갈 수 있다. 1899년 중국에 온 영국 출생 선교사 티모시 리챠드(Timothy Richard)는 채이강(蔡爾康)과 함께 벤자민 키드(Bengamin Kidd)가 쓴 「대동학(大同學)」이란 글을 요약 번역하여 광학회(廣學會)에서 출판하는 『만국공보(萬國公報)』에 발표하였는데, 중국의 학자는 그 속에서 처음 마르크스의 이름을 알게 되었다. 1903년 『절강조(浙江潮)』 잡지는 일본인 학자 추덕행수(秋德幸水)가 쓴 『사회주의의 정수』의 중문 번역본을 출판하는데 중국의 학자는 이 책에서 처음으로 엥겔스의 이름을 알게 되었다. 1902년 양계초는 『신민총보(新民叢報)』 제18호에 「진화론혁명가 벤자민 키드(Bengamin Kidd)의 학설」을 발표하며 "마르크스는 게르만인으로서 사회주의의 태두다."라고 간략하게 소개했다. 그 후에 그는 또 「20세기의 거대한 신(神) 트러스트」라는 글에서 마르크스는 "사회주의의 비조로서 독일 사람이며 저술이 매우 많다."라고 소개하였다. 그러나 양계초는 결코 마르크스의 학술 사상을 구체적으로 소개하진 않았다. 1906년, 혁명파 사상가인 주집신(朱執信)은 『민보(民報)』 2집에 「독일 사회혁명가 소전(小傳)」이라는 긴 문장을 발표하여 마르크스와 엥겔스를 언급하고 그들의 업적과 사상적 관점을 소개하였으며 아울러 『공산당선언』 중 긴 단락의 글을 요약 번역했다. 이것이 마르크스와 엥겔스의 논저에 관한 가장 이른 중문 번역본이다. 그 밖에 중국 무정부주의자는 『천의보(天義報)』에 『공산당선언』 중 엥겔스가 1888년 이 책의 영역본을 위해 쓴 서문을 발표하였고, 또 이 책 제1장 「자본가와 무산자」라는 첫 장 중의 부분 내용을 요약 번역했다. 그러나 무정부주의자는 마르크스주의의 이론 본질을 결코 이해하지 못하였고 설명하는 가운데 뜻밖에 마르크스주의와 무정부주의를 똑같이 취급하였다.

중국인이 마르크스주의 사상의 영향을 받아들인 역사는 물론 1870년대로 거슬러 올라갈 수 있다. 그러나 마르크스주의가 중국에 전래한 것은 5 · 4 시기에 시작되었다. 5 · 4 이전에는 약간의 자산계급 학자들이 비록 마르크스주의를 접촉했으나 그들은 자산계급의 시야에 사로잡혀 진정으로 마르크스주의를 중국에 소개할 수 없었다. 당시의 중국 사회는 아직 마르크스주의를 받아들일 사회적 조건과 사상적 조건이 형성되지 않았다. 5 · 4 시기에 이르러 이와 같은 조건이 점차 형성되었다. 중국의 노동자계급은 하나의 독립적 정치 역량으로서 역사의 무대에 올라왔다.

5 · 4 전후 중국의 정치 경제 상황에는 매우 큰 변화가 일어났다. 당시 유럽과 미국의 제국주의 국가는 제1차 세계대전으로 바빴기 때문에 잠시 중국에 대한 경제적 침략을 늦추었고, 중국 민족 자본주의는 신속하게 발전할 기회를 얻었다. 민족 공업이 발전함에 따라 중국 노동자계급의 대열은 강화되어 갔다. 신해혁명 시기의 중국 산업노동자는 대략 60여만 명이었는데 5 · 4 직전에는 매우 빠르게 200여만 명까지 늘어났다. 노동자계급의 성장에 따라 중국의 노동자 운동은 아주 큰 발전을 가져왔다. 완전한 통계는 아니지만 1912년부터 1919년까지 짧은 몇 년 동안의 시간에 기재되어 있는 파업은 130여 차례가 넘는다. 5 · 4운동 기간에 노동자계급은 주력부대의 역할을 발휘했다. 1919년 6월 3일, 상해의 노동자계급은 제일 먼저 기세 높게 정치적 총파업을 일으켜 학생들의 애국 운동을 성원하였다. 경봉(京奉)철도의 당산(唐山) 노동자 · 경한(京漢)철도의 장신점(長辛店) 노동자 · 구강(九江) 노동자가 잇달아 호응하여 파업과 시위행진을 일으켰다. 남경(南京) · 천진(天津) · 제남(濟南) · 장사(長沙) · 한구(漢口) · 항주(杭州) · 무호(蕪湖) · 무석(无錫) · 길림(吉林) 등의 도시에서도 각종 형식의 애국 활동을 거행했다. 중국의 노동자계급은 5 · 4운동에 참

가하여 투쟁하고 승리를 얻는 데 결정적 역할을 했으며 당국이 체포된 학생을 부득이 석방하지 않을 수 없게 했다. 이때 중국의 노동자계급은 이미 자발적 상태에서 자각적 상태로 바뀌었다.

5 · 4운동을 상징적인 사건으로 하여 중국 민주주의 혁명은 신구(新舊) 두 단계로 나뉜다. 5 · 4 이전은 구민주주의 혁명 단계로서 중국 자산계급이 이 혁명의 지도자였다. 손중산 선생의 지도 아래서 구민주주의 혁명이 행한 가장 칭찬할 만한 일은 바로 수천 년 동안 중국을 다스린 봉건 군주제를 뒤집어엎고 중화민국을 건립한 것이다. 유감스러운 것은 민국 성립 후 중국의 상황이 좋게 변하지 않고 오히려 더욱 나쁘게 변한 것이다. 원세개(袁世凱)는 신해혁명의 성과를 도둑질하고 손중산을 강제로 임시 대통령의 직무를 그만두게 했다. 그는 대통령의 지위에 올라앉은 후에도 만족하지 않고 한없는 욕망으로 황제가 되고 싶어 했다. 신해혁명의 성과는 이렇게 그에 의해 너무 쉽게 상실되었다. 누군가는 시를 지어서 손을 불끈 쥐고 탄식했다. "무한한 황금 무한한 피를 들여, 가엾게도 가짜 공화를 사들였네."라고 하며. 구민주주의 혁명의 이와 같은 결말은 중국 근대 사상 동향의 전환점이 되었다. 이 전에 "중국인은 할 수 없이 제국주의의 본가 즉 서양 자산계급혁명 시대의 무기고에서 진화론 · 천부인권론 · 자산계급 공화국 등등의 사상적 무기와 정치적 방안을 배워서 정당을 조직해 보았고 혁명도 거행해 보았으므로 밖으로는 열강을 막고 안으로는 민국을 건설할 수 있다고 생각했다."[1] 사실은 이런 것들이 중국을 구할 수는 없었다고 증명한다. 진보적 중국인은 민국 초기의 어려운 시국으로부터 영국과 일본식 입헌군주의 길은 중국에서 통하지 않고 프랑스식 민주공화제의 길도 마찬가지로 통하지 않으므로 반드시 새로운 사상적 자원을

1) 『毛澤東選集』, 2판, 제4권, 1514쪽, 北京, 人民出版社, 1991.

찾아내야 한다고 직접 느꼈다. 약간의 지식분자는 눈길을 중국 전통사상에 던져 현대 신유가의 길을 선택하였고, 다른 약간의 지식분자는 여전히 서학에 희망을 걸고 전반적 서양화의 길을 선택하였으며, 더욱 많은 지식분자는 눈길을 마르크스주의와 같이 자본주의를 비판하는 새로운 사상에 던져서 마르크스주의의 길을 선택했다.

5 · 4 신문화운동의 투철한 전개는 사람들의 사상적 해방을 촉진하였고, 진리를 추구하는 사람들의 열정을 불러일으켜서 중국에서의 마르크스주의 전파를 위한 사상적 조건을 제공했다. 5 · 4운동 시기에 중국의 노동자계급은 하나의 독립적 정치 역량으로 역사의 무대에 올랐고 중국의 새로운 민주주의 혁명을 이끌어 가는 역사적 사명을 맡았다. 중국의 노동자계급은 자발적인 단계에서 자각적인 단계로 나아가는데, 이것은 중국이 마르크스주의를 받아들이는 사회적 기초를 갖추었다고 할 수 있다. 이리하여 노동자계급의 '성경(聖經)' 인 마르크스주의는 중국에서 신속한 전파를 얻을 가능성을 가지게 되었다.

바야흐로 중국이 이 두 가지 조건을 갖추었을 때 러시아의 10월 혁명이 승리했다는 소식이 전해져왔다. 10월 혁명의 승리는 인류 역사의 신기원을 열었고 세계적 범위에서 마르크스주의의 위신을 높였으며 중국 인민이 최대의 고무를 받도록 하였다. 진보적 중국인은 구민주주의 혁명이 여러 차례 실패한 교훈으로부터 중국이 더 이상 서양 자본주의의 낡은 길을 갈 수가 없으며 반드시 따로 방도를 찾아내야 함을 인식하게 되었다. "무산계급의 우주관을 국가 운명을 관찰하는 도구로 삼아 다시 자신의 문제를 살펴보고 생각한다. 러시아인의 길을 가는 것, 이것이 바로 결론이다."[2] 따라서 중국 현대사상사의 발전은 빠르게 5 · 4 신문화운동

2) 『毛澤東選集』, 2판, 제4권, 1471쪽.

으로부터 마르크스주의의 선전 운동으로 바뀌었다.

마르크스주의가 중국에 전해 들어온 경로는 세 가지다. 첫째 순서는 일본이다. 이대소 · 진독수 · 이달 등 중국 초기의 마르크스주의자는 모두 일본에서 유학한 경력이 있고, 조금 늦은 애사기 또한 일본에서 유학했다. 그들은 일본의 마르크스주의 학자인 가와카미 하지메(河上肇) 등의 영향을 받아 일본어를 통해서 마르크스주의를 받아들였다. 귀국 후 그들은 중국에서 가장 이른 마르크스주의 전파자가 되었다. 둘째 차례는 소련이다. 1921년, 공산주의 인터내셔널의 도움을 받아 중국공산당이 성립되었다. 중국공산당이 간부를 배양하도록 도와주기 위하여 소련공산당은 모스크바에서 동방노동자공산주의대학을 세웠다. 이때 소련은 마르크스주의가 중국으로 들어오는 주요 경로가 되었다. 구추백 · 장태뢰(張太雷) · 유소기(劉少奇) · 임필시(任弼時) 등은 소련에서 근무하였거나 공부한 적이 있으며 소련이라는 경로를 통하여 마르크스주의자가 되었다. 셋째는 유럽이다. 20세기 초, 많은 중국 학생이 유럽으로 가서 열심히 일하며 공부하였는데 그들은 그곳에서 마르크스주의를 받아들였다. 1920년에 채화삼(蔡和森)은 '고학장려회' (이후 '공학세계사(工學世界社)' 로 바꿈)의 조직 구성에 참여할 때 마르크스주의를 받아들였다. 그는 국내의 진독수 · 모택동과 서신 연락을 유지하면서 국내 사상계에 영향을 미친다. 1922년 6월 '유럽중국소년공산당' (후에 '중국공산주의청년단유럽지부' 로 고침)이 성립하였는데 조세염(趙世炎) · 주은래(周恩來) · 등소평(鄧小平) · 이부춘(李富春) · 섭영진(聶榮臻) · 이유한(李維漢) 등은 모두 이 지부의 구성원이었다. 물론 이 세 경로를 통하여 마르크스주의를 받아들인 중국인은 어디까지나 소수에 불과하며, 대다수는 국내에서 중문 번역서를 읽으면서 마르크스주의를 받아들이게 된다.

마르크스주의를 받아들이는 과정에서 중국의 마르크스주의자가 점차로 모색한 하나의 기본적 경험은 이러하다. 즉 만약 마르크스주의가 중국에서 발전하려면 반드시 중국 문화의 토양에 뿌리를 내려야 한다. 그렇지 않으면 그것은 중국에 뿌리를 내리고 싹이 트고 꽃을 피우고 열매를 맺을 수 없다. 중국의 초기 마르크스주의자는 비록 단번에 마르크스주의와 중국 문화가 서로 결합해야 하는 필요성을 인식하지 못했지만, 그들은 훌륭한 중국 전통문화의 소양을 갖추고 있었기 때문에 그들이 마르크스주의 철학을 받아들이는 데 여전히 잠재적 영향을 끼쳤다. 예를 들면 이대소는 유물사관을 소개할 때 늘 중국철학 속의 사상 자료를 인용했다. 1930, 40년대에 이르러 중국의 마르크스주의자는 더욱더 분명하게 마르크스주의를 중국 문화와 결합해야 할 필요성을 인식했다. 애사기는 인민대중이 즐겨 듣고 보는 형식과 대중적으로 쉽게 이해하는 언어를 사용하여 마르크스주의의 철학적 원리를 표현하여 아주 큰 성공을 거두었다. 곽말약 · 후외려 · 여진우(呂振羽) · 두국상(杜國庠) · 조기빈(趙紀彬) 등의 학자는 마르크스주의의 관점과 방법을 사용하여 중국의 고유 사상을 연구하였으며 이 역시 마르크스주의와 중국 문화의 상호 결합을 촉진하는 데 공헌하였다.

모택동은 청소년 시대부터 많은 양의 중국 고대문화와 서적을 접촉하기 시작하여 오랫동안 훌륭한 중국철학의 소양을 형성하였기 때문에 자유자재로 마르크스주의 철학의 기본적 관점과 중국철학의 사상적 자료를 결합하였다. 그는 한 편으로는 마르크스주의적 관점을 운용하여 중국철학의 유산을 깨끗이 정리하고 개괄함으로써 중국철학의 우량한 전통을 비판적으로 계승하고 발전시켰으며, 다른 한 편으로는 중국철학의 사상적 자료를 운용하여 마르크스주의의 관점을 설명함으로써 그것이 농후한 중국적 기질과 선명한 중국적 특색을 가지고 있도록 하였다. 그는 「진백달에게 보냄」(1939년 2월 1일)과 「장문천에게 보냄」(1939년 2월 20, 22일)

등의 편지에서 마르크스주의의 입장 · 관점 · 방법을 운용하여 노자 · 공자 · 묵자의 학설을 평론하고 새로운 사상적 함의까지 부여한다. 예를 들어 공자는 일찍이 "이름이 바르지 않으면 말에 순서가 없게 되고, 말에 순서가 없어지면 일이 이루어지지 않는다."(『논어 · 자로』)라는 명제를 제기했는데, 모택동은 마르크스주의의 철학적 관점을 사용하여 이 명제에 대하여 새로운 해석을 했다. 그는 이 명제는 "철학의 전체 강령에서 말하면 관념론이다. …… 그러나 만약 철학적 부분으로서 즉 실천론으로서 말한다면 옳다. 이것은 '정확한 이론이 없으면 정확한 실천도 없다.' 라는 뜻과 차이가 없다. 만약 공자가 '이름이 바르지 않으면' 위에 '사실이 분명하지 않으면 이름이 바르지 않다' 라는 한 마디를 추가했다면 그러면 공자는 관념론이 아니다. 그러나 사실상 이와 같지는 않으니 공자의 체계는 관념론이다. 그러나 단편적 진리로서는 옳다. 모든 관념론은 그 단편적 진리를 가지고 있으며 공자 또한 마찬가지다."[3]라고 지적했다. 여기서 모택동은 중국 철학사의 자료에 대하여 변증법적 분석을 하며 비판도 하고 계승도 하여 새로운 광채가 환하게 빛나도록 함으로써 마르크스주의 철학의 중국화 과정을 힘 있게 추진하였다. 모택동은 실사구시 · 일분위이(一分爲二) 등과 같은 중국 전통철학 중의 철학적 명제를 마르크스주의의 이론적 높이까지 끌어올려서 새롭게 해석하고 그 현대적 함의를 부여했다. 중국의 마르크스주의자는 중국 문화라는 언어 환경에서 마르크스주의를 논하고 중국의 품격을 주장했으며 중국의 기개를 주장했다.

마르크스주의를 받아들이는 과정에서 중국의 마르크스주의자가 점차로 모색한 다른 한 가지의 더욱 중요한 기본적 경험은 이렇다. 만약 마르크스주의를 중국에서 발전하도록 하려면 반드시 중국 문화의 토양에 뿌

3) 『毛澤東書信選集』, 144쪽, 北京, 人民出版社, 1983.

자·료·카·드

신청년파(新青年派)

1920년대 초에 민주와 과학 등 서양의 근현대 사상을 선전하며 전통적 봉건 문화의 반대를 주요 임무로 한 진보사상의 유파이다. 1915년에 창간한 『청년잡지』(후에 『신청년』으로 이름을 바꿈)를 주된 활동 마당으로 삼고, 진독수 · 이대소 · 호적 · 노신 · 전현동 · 유반농 등을 주요 대표로 한다. 이 유파는 5 · 4 시기의 신문화운동 및 애국민주운동 속에서 적극적인 역할을 했다. 5 · 4운동 후 분열이 일어났다. 그 좌익은 이대소와 진독수 등이 대표가 되어 점차로 발전하면서 마르크스주의자가 되었고, 그 우익은 호적을 대표로 하여 계속 민주주의의 입장을 견지했으며, 유반농과 전현동이 대표가 된 중간 인사는 5 · 4 이후의 격렬하고 복잡한 정치와 사상 투쟁 속에서 점차 몰락했다. 1920년 9월 『신청년』은 상해 공산주의 소조의 기관 간행물이 되면서 '신청년파'는 그에 따라 소멸했다.

_ 방극립 주편, 『중국철학대사전』, 700쪽,
북경, 중국 사회과학출판사, 1994.

리 내리는 것 외에 마르크스주의를 운용하여 중국의 혁명과 건설 중의 실제적 문제를 해결해야 한다. 마르크스주의는 중국에 전해져온 거의 같은 시간에 중국의 사회 실천과 서로 결합하는 과정을 시작했다. 진보적 중국인은 민족의 위기 시기에 마르크스주의를 접촉하고 처음부터 그것을 나라와 국민을 구하는 진리로 여기며 대처하였고 결코 그것을 일반적인 학문적 이론으로 간주하지 않았다. 마르크스주의의 러시아 전파는 비교적 충분한 이론적 준비 시기가 있었다. 그러나 중국에서는 이와 같은 시기가 없었다. 중국인은 실천적 필요에서 마르크스주의를 받아들였으며, 마르크스주의를 운용하여 중국 사회 실천을 이끌어가는 과정에서 점진적으로 마르크스주의에 대한 이해가 깊어졌고, 실천하고 탐색하는 과정에서 마르크스주의가 한 걸음 더 발전하였다. 이론과 실천의 긴밀한 결합을 중시하는 점은 마르크스주의의 중국에서의 전파 역사와 발전 역사에서 하나의 뚜렷한 특징이다. 중국의 마르크스주의자는 마르크스주의를 받아들인 사람일 뿐만 아니라 또 마르크스주의를 발전시킨 사람이다.

### 2) 중국이 마르크스주의 철학을 선택한 논리적 필연성

마르크스주의 철학이 중국에 전해져 들어오고 또 신속하게 발전하며 중국 현대철학의 주요 노선이 된 것은 우연이 아니라 그 역사적 필연성이 있다. 우리는 다만 역사를 이해하거나 해석할 수 있을 뿐 역사를 가정할 수는 없다. 물론 기성의 역사적 사실은 우연성을 갖고 있긴 하지만 우연성으로 귀결시킬 수는 없다. 중국이 마르크스주의를 선택한 역사적 사실은 분명히 우연성으로 해석할 수는 없으며, 당연히 이것은 필연성에서 결정되었고 역사와 논리의 통일에서 결정되었음을 인정해야 한다. 역사학은 바로 이와 같은 논리의 필연성을 드러내 보여야 한다.

민족을 구하고 낙후(落後)에서 벗어나며 발전을 추구하는 것은 중국철학이 전통에서 근대나 현대로 방향을 바꾸는 동기와 원인이 된다. 전통철학에서는 비교적 사회의 안정 즉 소위 '치국평천하(治國平天下)'를 중시하고 사회의 발전은 그리 중시하지 않았다. 중국철학 발전의 이론적 사상적 자원의 부족한 문제를 해결하기 위하여 서양에서 진리를 찾으려는 것은 진보적 중국인의 주요 선택이 되었고, 진화론 철학은 한때 중국 근대철학의 주된 선율이 되었다. 1919년 이후, 중국철학의 발전은 현대적 단계로 진입했다. 중국의 현대철학은 진화론 철학을 이론적 출발점으로 삼으며, 3대 사조는 모두 이 주제와 연결하여 말한 것이다. 새로운 철학적 이론은 주로 어떻게 새 인물을 양성해 내며 어떻게 중국 사회형태의 전환을 추진하는가의 문제를 해결하려는 것이고 "중국은 어디로 갈 것인가?"라는 문제를 해결하는 것이었다.

"생존경쟁과 자연도태 및 적자생존"이라는 관점에 따라 생물 개체는 발전의 주체가 된다. 이와 같은 관념이 사회·역사적 영역으로 옮겨가서 사회다윈주의를 형성한다. 사회다윈주의의 패권적 어구는 인문주의 정신의 왜곡을 초래했다. 손중산은 이미 사회다윈주의의 폐단을 발견하였다. 그는 인성과 수성(獸性) 관계에 관한 학설을 제기하여 인류 사회의 발전은 결코 겨우 개체의 경쟁을 원동력으로 삼지 않으며 집단 공조도 마찬가지로 사회발전의 원동력이 된다고 강조한다. 그의 착안점은 이미 개체 경쟁론에서 집단 공조론으로 전환했다. 집단 공조와 도덕 가치에 대한 주목은 현대 신유가 철학 사조를 일으켰다. 전통 유가는 사회집단과 도덕 이념의 수호를 취지로 삼고, 현대 신유가는 이 전통에 대하여 깊은 동정과 경의를 품고 있다. 그들은 이 전통을 이어서 사회적 조화와 각 사회 구성원의 사회적 책임을 제창하고, 본심 및 도덕 자아 혹은 도덕형이상학 본체로 가치체계를 안착시키도록 주장하며, 유학의 현대적 전환을 꾀하고, 중국의 사상 계몽운동을 촉진했다. 중국 근현대에 발생한 계몽운동과 서양 근대에 발생한 계몽운동을 서로 비교하면 분명히 다른 점이 있다. 중국의 사상 계몽운동은 서양처럼 시장경제가 어느 정도 발전한 기초 위에서 이루어진 것이 아니라 열강의 억압 아래 피동적으로 전개된 것이다. 근현대 중국에서 계몽운동은 구국운동과 함께 교차해 있으며 주로 민족의식의 각성으로 나타난다. 그러므로 계몽의 주체는 민족 집단으로 표현되고 개체는 아니며 서양의 계몽운동과는 구별된다. 현대 신유가는 비록 집단을 수호하는 의향이 있으나 그들이 내세우는 도덕 주체는 여전히 개체에 착안한 것이지 결코 단체가 아니다. 그러므로 민족 동원 문제와 사회 재건의 문제를 해결할 힘이 없었고, 사회적 발전 방침의 문제를 해결할 힘이 없었다. 간단히 말하면 "중국은 어디로 갈 것인가?"라는 문제를 해결할 힘이 없었다. 이 원인 때문에 현대 신유학은 다만 일종의 견해일 뿐 결코 일종의 방법이 될 수는 없었다. 그것은 단지 작은 무리에게 영향을 끼칠 뿐 큰 무리에게 영향을 끼칠 수는 없었다.

진화론은 실증과학을 기초로 삼기 때문에 실증철학 사조의 발전을 조장했다. 엄복은 진화론을 끌어들인 동시에 실증론도 끌어들였다. 많은 진화론자는 동시에 실증론자로서 헉슬리 · 스펜서 같은 사람이다. 많은 실증론자 역시 진화론에 근거하여 철학적 사고를 한다. 호적은 일찍이 듀이가 진화론 시대의 '철학의 혁명가' 라고 찬양한 적도 있었다. 고대 중국철학에는 비록 실증론의 전통은 없지만, 진화론의 전래가 현대 중국 실증철학 사조를 발전할 수 있게 하였다. 중국의 실증철학 사조는 사회의 발전을 중시하고, 지식의 증가를 중시하여 신유가에 비해 더욱 시대의 정신적 수요에 근접해 있다. 그들은 과학과 민주라는 깃발을 들고 계몽운동에 힘을 쏟는데 사회적 영향력 또한 신유가보다 훨씬 더 크다. 그러나 그들 마음속의 주체는 여전히 개체이며 '우수한 소수인' 이다. 그들은 계몽의 목적은 단지 '자기를 유용한 인재로 만드는 것' 에 있을 뿐 민족 동원과 사회 재건 등의 중대한 문제에는 결코 관심이 없어서 그 영향력 또한 소위 '지식적 영웅' 이라는 작은 테두리를 뛰어넘을 수가 없었다.

마르크스주의 철학 역시 진화론이 나타난 후 세상에 알려진 참신한 사회발전이론이다. 그것은 사회다윈주의와 달리 생물 진화의 법칙을 간단히 사회 역사의 영역으로 옮겨오지 않고, 사회 역사 발전의 법칙성을 발견하여 역사 유물주의를 창립했다. 마치 엥겔스가 마르크스 묘지 앞의 연설에서 지적한 것처럼 이것은 마르크스가 해낸 중대한 이론적 발견이다.

마르크스주의 철학은 사회의 발전을 중시하는 학설로서 중국 사회가 전통적 농업 문명에서 현대적 공업 문명으로 넘어가도록 방향을 인도하였으며 중국 사회의 발전을 위해 정신적 원동력을 제공해 주었다. 이것은 중국의 현대화 발전에 매우 필요한 이론적 지도(指導)였다. 마르크스주의는 자본주의적 사회화의 대생산이 지닌 역사적 합리성을 긍정하는 동시에 또 자본주의 제도 속에서 사회화의 대생산과 자본가 소유제 사이의 모순을 지적함으로써 자본주의 사회는 장차 공산주의 사회로 대체된다는 결론을 얻어냈다. 이것은 개발도상국 행렬에 처해있는 중국에 대하여 말하면 크나큰 고무(鼓舞)다. 그것은 진보적 중국인이 미래를 보게 되고 희망을 보게 되며 자신의 후발적 우세를 보도록 도움으로서 서양 선진국을 추월하는 자신감을 세우게 했다. 1840년 아편전쟁이래, 진보적 중국인은 줄곧 서양의 발전된 국가를 자신들의 스승으로 삼고 그들로부터 진리를 얻어내어 중국을 진흥시키고 부강을 추구하려는 발전 목표가 실현되기 바랐다. 그러나 잔혹한 현실은 냉혹하게 이와 같은 선량한 소원은 가능성이 없음을 사람들에게 알려주었다. 서양 열강은 결코 중국이 자본주의 국가가 되기를 바라지 않고, 다만 중국은 영원히 그들의 식민지와 반식민지가 되기를 바랄 뿐이었다. 따라서 그들은 중국인의 훌륭한 스승과 좋은 친구가 될 수가 없었다. 바야흐로 진보적 중국인이 매우 곤혹하게 느끼고 있을 때 러시아 10월 혁명이 승리를 거두고 인류 역사 발전의 신기원을 열어주었다. 이것은 중국인에게 새로운 길을 안내해 주고 중국인이 크나큰 고무를 받게 했다. 중국인은 구민주주의의 여러 차례 실패한 교훈 속에서 중국은 이미 서양 자본주의의 낡은 길을 갈 수 없고 반드시 방법을 바꾸어야 함을 인식했다. "중국은 어디로 갈 것인가?" 라는 문제에서 중국 공산당을 지도자로 하는 중국인들은 마르크스주의 철학을 이론적 지도로 선택하였으니 분명히 현대 신유가와 실증론자보다는 훨씬 더 정확하고

자·료·카·드

### 이대소(李大釗)의 러시아 10월 혁명론

붉은색 깃발이 곳곳에 펄럭이고, 노동자 조직은 계속 성립되니 완전히 러시아식의 혁명이라고 말할 수 있고 20세기식의 혁명이라고 말할 수 있다. 이렇게 도도하게 용솟음치는 흐름은 실로 현대 자본주의 정부가 능히 막아낼 수 있는 것이 아니다. 왜냐하면 20세기의 군중 운동은 세계 인류 전체를 합하여 큰 군중으로 삼기 때문이다. 이 큰 군중 속의 한 개인 혹은 일부분 사람들의 암시적 모방이 집중되어 저항할 수 없는 위대한 사회적 힘이 된다. 이와 같은 세계적인 사회의 힘이 세상에서 한번 출렁이면 세계 곳곳에서 바람이 일고 구름이 피어오르며 산과 계곡이 쩌렁쩌렁하는 모습이 일어난다. 이러한 세계적 군중 운동의 사이에서 역사상 잔재하는 것들, 무슨 황제 · 귀족 · 군벌 · 관료 · 군국주의 · 자본주의 등 대체로 이 새로운 운동의 진로를 가로막을 수 있는 것은 반드시 강력하고 벼락같은 매우 센 힘으로 그들을 꺾어 버려야 한다. 그들은 이와 같은 막을 수 없는 흐름을 만나면 모두 시들어 누렇게 된 나뭇잎이 살을 에는 추운 가을바람을 만나듯 하나하나 땅으로 날아 떨어진다. 오늘 이후에 곳곳에서 보이는 것은 모두 볼셰비즘(Bolshevism)이 승리한 깃발이다. 곳곳에서 들리는 것도 모두 볼셰비즘이 승리한 소리이다. 인도(人道)의 경종이 울렸다! 자유의 서광이 나타났다. 미래의 세계를 생각해 보면 반드시 붉은색 깃발의 세계일 것이다.

_『이대소(李大釗)선집』, 117쪽,
북경, 인민출판사, 1959.

훨씬 더 뛰어났다.

마르크스주의의 사회조직 이론에 따르면 사회는 결코 일개 사회 구성원의 집합이 아니고 각 구성원은 모두 어떤 사회집단에 속해 있다. 마르크스주의는 사회 구성원의 계급성을 중시한다. 그러나 개체성은 아니다. 이와 같은 이론은 중국인이 구국과 계몽을 한데 뒤섞어 처리해야 하는 난제로서 매우 중요한 지도적 의미를 지닌다. 그것은 중국 인민이 계몽의 주체와 구국의 주체가 바로 수많은 인민대중 자신이지 결코 이른바 '선지선각'이 아님을 인식하는 것을 도와준다. 마르크스주의의 사회조직 이론에 의하여 중국 공산주의자는 인민대중이 바로 중국 혁명의 주력임을 발견한다. 반드시 인민대중 특히 무산계급을 계발하고 교육하여 그들이 자신의 역량을 알도록 돕고 혁명의 각성을 높여서 혁명의 주동성과 역사를 창조하는 주체적 역할을 발휘하도록 해야 한다. 마르크스주의 사회조직 이론의 지도하에 중국 공산주의자는 구국의 조건 아래 주체를 계몽하는 집단성을 발견하였고 현대 신유가와 실증론자가 계몽적 주체를 다만 개체로만 여기는 좁은 시야를 타파했다. 총괄적으로 말하면 다만 마르크스주의 철학의 지도 아래서 중국인은 비로소 민족의 존망을 구하는 정확한 길을 찾아냈고 사상 계몽의 정확한 길을 찾아내었다. 중국 마르크스주의 철학이 중국 현대 철학의 주 노선이 된 것은 논리적 필연인 동시에 역사적 필연이다.

### 3) 중국 마르크스주의 철학 사조의 발전 과정

마르크스주의 철학은 5 · 4 신문화운동 시기에 중국에 들어오기 시작했다. 이때부터 중국 마르크스주의 철학 사조의 발전 과정은 시작되었다. 이 사조의 발전 과정은 대체로 유물사관에 대한 전파와 이해의 단계 · 마르크스주의 철학 체계의 규범화 전파와 이해의 단계 · 마르크스주의 철학의 중국화 단계라는 세 단계로 개괄할 수 있다.

5 · 4 신문화운동 기간에 이대소와 진독수는 잇달아 급진적 민주주의

에서 공산주의로의 전환을 완성하였고 아울러 중국에서 가장 먼저 마르크스주의 철학의 전파자와 이해자 무리가 되었다. 마르크스주의 철학의 창립은 유물사관을 건립하는 데서 시작하였고, 마르크스주의 철학의 중국 전파도 역시 유물사관에서 시작되었다. 중국의 초기 마르크스주의자는 우선 유물사관의 선명한 특색에 주의하였고 중국 사회의 실제와 결합하여 전파하고 이해하면서 중국 마르크스주의 철학 사조의 발전 과정에 시동을 걸었다. 이대소는 「나의 마르크스주의관」「마르크스의 역사철학」「유물사관의 현대적 가치」 등의 논저를 발표하여 유물사관의 기본 이론을 소개하고, 이 새로운 학설에 대한 자기의 이해를 분명하게 서술했다. 진독수 역시 『신청년』에 「사회주의 비평」「마르크스의 학설」 등의 글을 발표하여 마르크스주의의 철학적 입장을 받아들인 것을 표명하였고 아울러 자기의 이해에 근거하여 유물사관의 요점을 개괄했다. 그들은 유물사관 속에서 옛 사회제도를 비판하는 사상적 무기를 찾아내어 "중국은 어디로 갈 것인가?"의 문제를 해결하려 한다. 그들은 인민대중이 역사를 만든다는 관점과 계급투쟁설에 근거하여 각양각색의 개량주의와 투쟁해 나아갔고 무산계급과 많은 노동 인민대중의 각성과 열정을 불러일으키며 대혁명의 호경기 국면을 맞이했다. 그들의 선도 아래 중국에서 마르크스주의 전파의 첫 번째 절정을 이루었다.

그러나 유물사관은 결국 마르크스주의 철학의 전부 내용은 아니었다. 만약 다만 유물사관에만 한하고 마르크스주의 철학 체계의 높이에 따라 파악하지 않는다면 이 학설의 정신적 실질을 깊이 이해하기는 매우 어렵다. 이런 논리에 따라 중국의 마르크스주의자는 아주 빠르게 이론적 시야를 넓혔고 마르크스주의 철학 체계에 대한 규범화된 전파와 이해 단계로 넘어갔다. 1921년 중국공산당 성립 후 중국에서 마르크스주의 전파는 자발(自發)에서 자각(自覺)을 향해 나아감으로써 전파의 두 번째 절정을 형성하였다. 두 번째 절정에서 구추백은 우선 변증법적 유물주의의 중요성에 주의하면서 마르크스주의 철학 체계에 대한 규범화된 전파와 이해의 새로운 단계를 열었다. 그는 소련 학자 구레프(Goreff, B. L.)가 쓴 『신철학 – 유물론』을 번역 출판하여 변증법적 유물주의를 소개하고 아울러 이 책의 부록에 마르크스주의 이론 체계에 대한 그의 이해를 상세히 논술했다. 그는 변증법적 유물주의 · 유물사관 · 경제 학설 · 과학적 사회주의가 마르크스주의의 완전한 이론 체계를 구성한다고 지적했다. 그는 또 「자유 세계와 필연 세계」 「실험주의와 혁명 철학」 등의 글을 발표하면서 잘못된 학술 관점을 비판하는 동시에 변증법적 유물주의의 기본 사상을 상세히 서술했다. 1927년 대혁명 실패 이후에 중국의 마르크스주의자는 진지하게 경험적 교훈을 총결하고 한 걸음 더 나아가 마르크스주의를 전파하는 힘을 강화하면서 중국에서 마르크스주의 전파의 세 번째 절정을 이루었다. 이때 많은 마르크스주의의 경전적 저작이 중문으로 번역되었으며 몇몇 소련 학자가 집필한 마르크스주의 철학 교과서도 중국에 소개되어서 중국의 마르크스주의자가 변증법적 유물주의와 역사적 유물주의의 유기적 관련성을 파악하게 됨으로써 마르크스주의 철학 체계를 파악하는 데 필요한 조건을 제공했다. 전파의 세 번째 절정 속에서 이달(李達)이 편찬한 『사회학 대강』은 가장 수준 높다. 이 책은 마르크스주의 철학의 전체 내용을 전반적으로 소개하였을 뿐만 아니라 마르크스주의 철학의 각 부분 · 각 원리 · 각 범주 사이의 내재적 연관을 체계적으로 논술하였다. 그리하여 하나의 완전한 체계로서의 마르크스주의 철학을 중국 인민 앞에 펼쳐냈다. 애사기(艾思奇)가 편찬한 『대중철학』은 마르크스주의 철학 체계를 정확하게 이해한 기초 위에서 인민대중이 즐겨 듣고 즐겨 보는 형식과 통속적이어서 알기 쉬운 언어를 써서 표현해냄으로써 마르크스주의 철학의 사회적 영향을 확대하였다. 『대중철학』은 당시 가장 환영받은 마르크스주의 철학의 보급 독본으로서 많은 청년이 이 책을 통하여 마르크스주의를 받아들이고 혁명의 길을 가게 된다. 이달이 편찬한 『사회학대강』과 애사기가 편찬한 『대중철학』은 기본적으로 중국의 마르크스주의자가 마르크스주의 철학 체계에 대하여 규범화된 전파와 이해의 임무를 완성하였음을 상징하고 있다.

1930년대에 이르러 마르크스주의 철학은 이미 중국 철학계에서 영향력이 가장 큰 철학이 되었다. 당시 어떤 사람은 "1928년부터 1932년까지의 짧은 기간에 프롤레타리아 문학의 구호를 제외하면 유물변증법과 유물사관의 소개뿐이었다. 이는 새로운 저술업의 황금시대였다. 이때 어떤 교사 혹은 어떤 학생의 책장 위에 만약 마르크스의 저작 몇 권이 없으면 아무래도 남에게 멸시당해야 했다."[4]라고 지적했다. 많은 사실이 마르크스주의 철학은 현대 중국에서 보편적으로 환영을 받아왔다고 증명한다.

마르크스주의 철학은 결코 서재 안의 학문이 아니라 무산계급과 많은 노동인민 대중의 행동 지침이었다. 중국의 마르크스주의자는 마르크스주의 철학을 막 접촉했을 때 마르크스주의 철학의 실천적 품격에 대해 인식한 바가 있어서 그것을 중국 혁명의 실천과 결합하기 시작했다. 그러나 그들이 마르크스주의 철학을 파악하는 데는 결국 과정이 있었으니 최초 단계에서 크나큰 정력을 써서 마르크스주의의 기본적 이론을 학습하고 연구하지 않을 수 없었고 과학적 원리나 이론을 명백하게 하는 것을 중점으로 삼지 않을 수 없었다. 1930년대 이후 중국의 마르크스주의자는 기본적으로 마르크스주의 철학 체계에 대한 규범화된 전파와 이해의 임무를 완성하였고, 주된 정력은 마르크스주의의 철학적 이론과 중국 혁명의 실천이 서로 결합하는 것으로 바뀌기 시작하며 중국화의 단계로 넘어갔다.

---

4) 譚輔之, 『文化建設週刊』 「最近的中國哲學界」, 1936, 3(6).

모택동의 철학 사상은 마르크스주의 철학의 중국화를 상징하는 성과이다. 모택동을 우두머리로 하는 중국 제1세대 무산계급 혁명가는 중국 혁명의 실천을 결합하여 창조적으로 마르크스주의 철학을 응용하고 발전시켰으며 중국적 풍격과 중국적 기질이 있는 마르크스주의 철학 이론 즉 모택동 철학 사상을 형성했다. 모택동의 철학 사상에서 실사구시의 사상 노선은 변증법적 유물주의의 기본 정신을 집중적으로 체현했다. 모순에 관한 학설은 유물변증법의 핵심과 본질을 꽉 움켜잡고 있고, 실천에 관한 학설은 인식 발전의 변증법적 과정을 드러내 보이며, "군중 속에서 와서 군중 속으로 간다."라는 군중 노선과 작업 방법은 역사유물론과 변증유물론을 유기적으로 한데 결합했다. 모택동의 철학 사상은 중국공산당원의 집체적 지혜의 열매로서 마르크스주의 철학 사상의 보물창고에 새로운 자원을 보태주었다. 그것의 탄생은 중국공산당원이 마침내 중국에서 마르크스주의 철학의 앞을 향한 발전을 추진하는 정확한 길을 찾아냈음을 표명했다.

중국 현대의 각종 철학 사조 가운데 중국 마르크스주의 철학 사조의 영향은 가장 폭넓고 깊어서 근본에서부터 중국인의 사상 면모를 바꾸었으니 중국 현대철학의 주류라고 부를만하다. 중국 마르크스주의 철학의 지도 아래서 중국 인민은 신민주주의 혁명의 승리를 거두고 신중국을 세웠으며, 중국 마르크스주의 철학의 지도 아래서 중국 인민은 중국 특색의 사회주의를 세우는 정확한 길을 찾아냈다. 중국 마르크스주의 철학은 그 이론적 매력과 실천적 성공으로 폭넓은 인민대중의 신뢰를 얻고 이미 10억이 넘는 사람들의 공동 신념이 되었다.

마르크스주의 철학, 즉 변증법적 유물주의와 역사적 유물주의는 중국에 전래 된 후 점차로 중국철학과 서로 통하고 중국의 사회 실천과 서로 결합하며 마르크스주의 철학의 중국화 진행 과정을 시작하였고 또 중국철학의

## 문제(問題)와 주의(主義) 논전

5·4 시기의 마르크스주의자와 호적을 대표로 하는 실용주의자의 사상 이론상 1차 논쟁이다. 5·4 직전 이대소는 매춘 등과 같은 구체적인 사회문제에 대한 글을 썼는데, "근본적 해결 방법은 역시 일부 여자를 핍박하여 몸을 팔지 않으면 생활할 수 없는 이 사회현상 배후의 사회조직을 근본적으로 개조하지 않으면 불가능하다."(「매춘폐지문제」)라고 지적하고 근본에서부터 사회문제를 해결하자는 주장을 제기했다. 이에 대하여 호적은 1918년 7월 20일 『매주평론』에 「문제를 더 많이 연구하고 주의(主義)는 더 적게 말하자」라는 글을 발표하고 주의란 처음에는 단지 어떤 구체적인 주장일 뿐이며 뒤에는 "주장이 주의가 되면 구체적 계획은 하나의 추상적 명사로 바뀐다."라고 생각했다. 중국은 마땅히 '인력거꾼의 생계 문제', '대총통의 권한 문제'와 '매춘 문제에서 매관매국(賣官賣國) 문제까지'를 해결하는 것으로부터 시작해야 함을 제기했다. 사회문제의 근본적 해결을 공격하여 "자기도 속이고 남도 속이는 잠꼬대다! 이것은 중국 사상계가 파산하는 확실한 증거이다! 이것은 중국 사회개량의 사형선고다!"라고 주장했다. 이리하여 문제와 주의 논쟁이 서막을 열었다. 같은 해 8월, 이대소는 『매주평론』에 「문제와 주의를 다시 논함」을 발표하여 사회혁명과 대중운동의 실제적 필요성에서 혁명이론을 선전할 필요성을 논증했다. 이 논전은 당시 전체 문화와 사상 영역에 깊은 영향을 끼쳤으며 유물사관이 중국에서 진일보 전파되도록 했다.

_ 방극립 주편, 『중국철학대사전』, 315쪽,
북경, 중국 사회과학출판사, 1994.

현대화 진행 과정도 시작하였다. 중국 마르크스주의의 정확한 지도 아래서 중국 사회에는 하늘과 땅이 뒤집히는 변화가 발생하였다. 마르크스주의가 인도하는 방향에 따라 중국철학에도 근본적 변혁이 발생하였다.

## 2. 이대소와 진독수

이대소는 가장 먼저 마르크스주의를 전파한 중국인이다. 1918년 7월부터 11월까지, 그는 「프랑스와 러시아의 혁명 비교관」 「서민의 승리」 「Bolshevism의 승리」 등의 글을 잇달아 발표하면서 중국에서 마르크스주의 전파의 클라이맥스가 도래하려 하는 것을 예시하고 있다. 진보적 중국인이 마르크스주의 철학을 받아들인 것은 유물사관을 받아들인 것에서부터 시작한다. 이대소 · 진독수 · 이달 · 채화삼 · 모택동 · 구추백 · 운대영(惲代英) · 장태뢰(張太雷) 등 많은 초기 공산주의자가 모두 유물사관을 전파하는 데 공헌했는데, 그 가운데서 우두머리가 된 것은 이대소와 진독수 두 사람이다.

이대소(1889~1927)는 자가 수상(守常)으로 하북성 낙정(樂亭) 사람이고 중국 최초의 마르크스주의자이며 중국공산당 창시자의 한 사람이다. 그는 1907년 천진북양정치전문대학(天津北洋政治專門大學)에 합격하였으며 1913년 졸업 후 일본에 유학하여 와세다대학 정치전공 학부생이 되었다. 일본 유학 기간에 '신주학사(神州學社)'를 조직하여 원세개를 반대하는 투쟁에 종사했다. 1913년에 졸업하여 귀국한 후 북경 『신종보(晨鐘報)』 편집자 및 북경대학 경제학 교수 겸 도서관 주임을 역임했다. 그는 『신청년』의 편집 작업에 참여하였고 5 · 4 신문화운동에 적극적으로 뛰어들었다. 1920년 북경에서 공산주의 소조를 구성하고 또 중국공산당을 건설할 계획에 착수했다. 중국공산당이 성립한 후 그는 북방국의 일을 맡고 북방의 노동자 운동과 학생운동을 이끌었다. 1927년 4월 6일 봉계(奉系) 군벌인 장작림(張作霖)에게 체포되었고 28일 북경에서 살해당했다. 저작은 『수상문집(守常文集)』『이대소선집』『이대소문집』(상, 하)로 편집되었다.

진독수(1880~1942)는 자가 중보(仲甫)이며 안휘성 회령(懷寧) 사람이다. 일찍이 일본에 유학 갔다가 일본에 유학하는 반청애국학생단체(反淸愛國學生團體) '청년회(靑年會)'에 참가함으로 말미암아 1903년 송환되어 돌아왔다. 1915년에는 상해에서 『청년잡지』(후에 『신청년』으로 이름을 바꿈)를 창설하면서 5·4 신문화운동의 발기자가 되었다. 1916년에 북경대학 교수 및 문과대 학장으로 초빙되었으며 『신청년』 편집부 역시 북경으로 옮겨 왔다. 1918년에 이대소 등과 함께 『매주평론』을 창설하여 『신청년』과 함께 신문화를 창도하고 마르크스주의를 선전하는 사상적 진지를 구성하였다. 1921년에 상해 공산주의 소조를 발기하고 조직하였으며 중국공산당 성립 후에 총서기로 당선되었다. 1927년에 당내의 직무가 철회되었다. 1942년 사천성 강진(江津)에서 병사했다. 저작은 『독수문존(獨秀文存)』 및 『진독수문장선편(陳獨秀文章選編)』(상, 중, 하)으로 편집되었다.

### 1) 이대소가 유물사관을 받아들인 사상적 바탕색

이대소의 논저에서는 중국철학사의 자료가 매우 많이 인용되었다. 이것은 그가 중국 전통철학에 대하여 잘 알고 있음을 나타낸다. 예를 들어 이대소는 「문자나 서계(書契) 글자에서 원시사회의 유물(唯物)적 반영」이라는 글에서 대량의 중국 문화사 자료를 활용하여 사회적 존재가 사회적 의식을 결정한다는 원리를 설명한다. 「시(時)」라는 글에서 그는 또 장자(莊子)의 "조균(朝菌)은 아침과 저녁을 모르며 쓰르라미는 봄과 가을을 모른다." 및 "내 생명은 끝이 있으나 알아야 할 것은 끝이 없다." 등의 문구를 사용하여 주관적 인식이 지닌 한계성을 설명한다. 훌륭한 중국철학의 학문과 수양은 이대소가 유물사관을 받아들이고 이해하는 데 분명히 도움이 되었다. 중국 전통철학의 정수는 그가 유물사관을 받아들이고 이해하는 첫째 바탕을 구성한다고 말할 수 있다.

자강불식은 중국 전통철학의 정신적 특질 가운데 하나다. 『주역』「건괘상전(乾卦象傳)」에서는 "하늘의 운행이 굳건하니, 군자가 보고 스스로 힘쓰며 쉬지 않는다."라고 했다. 여기서 말하는 '하늘〔天〕'은 결코 오늘날 말하는 대기층이 아니라 세계의 총체를 가리킨다. 그 가운데는 땅도 포함하고 사람도 그 안에 포함하여 현대적 철학 범주의 '세계' 혹은 '우주'와 같은 뜻이다. 이 말은 중국철학의 적극적이고 진취적인 의식을 가장 잘 드러낼 수 있으며 세계관과 인생관에서 우리 선철(先哲)의 기본적 태도를 대표한다. 우리의 선철은 굳건한 움직임을 숭상하여 동태적 관점으로 세계를 대하고 인생을 대한다. 그들이 보기에 우주는 쉼 없이 생명을 탄생하고 끊임없이 시간이 흐르는 운동 과정으로서 한번 형성되어 변하지 않는 어떠한 것도 없다. 공자는 일찍이 강가에 서서 세차게 흐르는 강물을 바라보며 "흘러감이 이와 같구나. 주야로 쉬지 않는도다!"(『논어』「자한(子罕)」)하고 탄식하는 소리를 내었다. 그는 어떠한 사물이든 모두 흐르는 물처럼 영원히 발생하고 발전하는 과정에 있으며 옛것이 없어지면 새 사물이 또 생겨난다고 생각한다. 우주는 영원히 끊임없이 생명을 낳는 활력을 유지하고 있다. 어떤 서양 철학자는 "태양 아래에는 새로운 것이 없다."라고 말했다. 중국 고대의 철학자는 오히려 태양 아래에는 항상 새로운 것이 나타난다고 생각하는데 그들은 "변화는 날마다 새롭다."라고 부른다. 『역전』「계사(繫辭)」에서는 "천지의 큰 덕목을 생성이라 한다."라고 말하는데 이 '생(生)'자는 중국철학의 고유한 기풍을 가장 잘 나타낸다.

이대소는 중국 전통철학의 자강불식 정신을 매우 중시하여 「청춘」「오늘」「새것! 낡은 것!」 등의 글을 쓰고 새로운 시대에 이와 같은 철학적 정신을 정확하게 설명했다. 그는 김성탄(金聖嘆)의 『주역』에 대한 해석에 찬성하며 「청춘」에 김씨의 말을 인용하였다. "주(周)는 그 본체이고 역(易)은 그 작용이다. 간단한 표준으로 말하면 주(周)는 변함없이 영원히 머무는 것을 뜻하고 역(易)은 변화를 뜻한다. 사람을 표준으로 더 간단히 하면 주(周)는 성인이 할 수 있는 일이고 역(易)은 끝없이 광활한 세계의 변화다. 광활한 세계는 본래 잡고 있을 어떤 것도 없이 끊임없이 바뀌니 날마다 새롭고 나날이 새로워지고 또 날로 새로워지는 것을 말한다. 성인이 홀로 우환의 마음으로 그것을 지탱해 주니 하나의 작은 먼지 속에 있는 나라에 널리 퍼져나가지 않은 것이 없다. 나라 속에는 늘 먼지가 있고, 먼지 속에는 늘 나라가 있다. 그러한 후에 세계는 스스로 그 변화를 드러내고 성인은 때맞추어 그 불변의 본질을 얻는다. 그러므로 그것을 주역이라고 부른다."[5] 주역의 동태적이고 유기적인 우주관에 근거하여 이대소는 청춘을 숭상하는 우주관을 제기한다. 그는 이렇게 썼다. "우주는 끝이 없으니, 곧 청춘은 끝이 없고 곧 자아가 끝이 없다. 이 정신은 바로 죽은 사람을 되살리고 형세를 되돌려 다시 이 세상에 태어나게 하는 정신이다. 이 기백은 기개 있고 비장하며 산을 움직이고 세상을 압도하는 기백이다. 오로지 진정으로 청춘을 알고 사랑하는 사람만이 비로소 우주에는 끝이 없는 청춘이 있다는 것을 알 수 있다. 오로지 진정으로 우주에 끝이 없는 청춘이 있다는 것을 아는 사람만이 비로소 이와 같은 정신과 기백을 갖출 수 있다. 오로지 진정으로 이런 정신과 기백을 갖춘 사람만이 비로소 우주의 끝이 없는 청춘을 누릴 수 있다."[6] 이대소가 제기한 청춘을 숭상하는 우주관은 물론 유물사관의 높이에까지 도달하진 않았으나 그 사상적

5) 『李大釗選集』, 66-67쪽, 北京, 人民出版社, 1959.

6) 위의 책, 67쪽.

방향은 유물사관과 일치한다. 즉 모두 미래에 착안한 것이며 모두 인류 역사의 앞날에 대하여 충만한 믿음이었다. 이대소는 진일보하여 역사 발전의 기초와 원동력을 찾을 때, 논리에 맞게 유물사관을 받아들인 사람이 되었다.

인본(人本) 또한 중국 전통철학의 일종의 정신적 특질이다. 중국철학은 세계관 문제와 인생관 문제를 하나로 합하여 말하기 때문에 천인합일을 강조하고 실사구시를 소중히 하며 인생에서 실천을 중시한다. 때문에 '사람을 근본'으로 하는 기본 정신을 만들어 냈다. 이렇게 사람을 근본으로 하는 정신은 중국철학이 인생철학을 중시하는 이론적 특색을 나타내도록 한다. 고대 그리스 철학자가 자연으로 눈길을 보내고, 인도 철학자가 초월적 피안으로 눈길을 보낼 때, 중국 철학자는 눈길을 인류 자신에게 보냈다. 자로(子路)가 공자에게 귀신 문제에 대하여 가르침을 청했을 때, 공자는 "미처 사람도 제대로 섬기지 못하면서 어찌 귀신을 섬길 수 있으리오?"라고 대답했다. 자로가 또 공자에게 죽음의 문제에 대하여 가르침을 청했을 때, 공자의 대답은 "아직 삶을 제대로 모르면서 어떻게 죽음을 알겠는가?"(『論語 · 先進』)라고 대답했다. 귀신 및 죽은 후의 상황에 대하여 공자는 "귀신을 공경하지만 멀리한다."라고 하며 깊이 감추고 말하지 않았고, 괴이한 일 · 힘센 사람의 일 · 정도를 어지럽히는 일 · 귀신의 일 같은 종류는 말하기를 원하지 않았다. 그가 관심을 가진 것은 피안(彼岸)이 아니라 차안(此岸)으로 곧 사람 노릇은 응당 어떻게 해야 하는가의 문제였다. 서양철학은 존재로부터 출발하여 자연철학 · 과학철학 · 종교철학이 비교적 발달하였고, 중국 전통철학은 인생으로부터 출발하여 인생철학 및 인생철학과 서로 관련 있는 가치철학 · 도덕철학 · 정치철학 · 사회철학 · 역사철학이 비교적 발달하였다.

중국 전통철학은 '사람'을 주제로 하고, 유물사관도 '사람'을 주제로 한다. 유물사관에서 말하는 '사회적 존재'는 '사람'의 구체적 존재를 가리키며, 그 요지는 인류 사회발전의 일반적 법칙을 찾는 데 있다. 중국의 전통철학과 유물사관은 철학적 주제에서 일치성이 존재하기 때문에 이것은 깊은 중국철학의 학문과 소양을 갖춘 이대소가 유물사관을 받아들이는 데 편리를 제공해 주었다. 이대소는 인생철학의 각도에서 뜻이 통하여 유물사관을 받아들인다. 그는 역사관과 인생관은 긴밀하게 하나로 연결된다고 생각한다. 그는 "이 시작도 없고 끝도 없는 앞에서 솟아 나온 역사의 긴 흐름 속을 질주하는 가운데 내가 있고, 나의 생활이 있다. 앞길은 넓고 아득하며 뒤돌아보면 망망하다. 진실로 역사의 성격과 모양을 밝게 살피지 않고 마음 기우는 데만 주관하면 나의 인생은 조금도 의미가 없어서 따라갈 곳이 없게 된다. 마치 거칠고 막다른 바다에 고립되어 떠도는 배와 같이 돌아갈 곳을 잃은 것과 같다. 그러므로 역사관은 사실상 인생의 준거가 되니 정확한 인생관을 얻고자 하면 반드시 먼저 정확한 역사관을 얻어야 한다."[7]라고 말했다. 이대소는 깊이 인생관 문제를 사고할 때 중국 전통철학의 추상적인 사람의 관념을 버리고 시선을 구체적인 사람으로 돌려 "마음의 역량에서 그 원인을 찾지 않고 물질의 역량에서 찾는다." 그가 인식한 구체적인 사람에 대하여 말하면 그 본질적 특징은 결코 성현이 말하는 덕성이 아니라 생산적 노동이다. 그는 "내가 생각하기에 인생에서 즐거움을 추구하는 방법은 노동을 존중하는 것보다 더 나은 것이 없다. 모든 즐거움은 노동으로부터 얻을 수 있고, 모든 괴로움은 노동으로 인해서 벗어날 수 있다. …… 노동은 모든 물질적 부(富)의 근원이고, 모든 물품은 노동의 결과이다."[8]라고 말했다. 역사 발전의 원인에 관해서는 "그 내면 그 자신이 진화(進化)한 최고의 동력인(動力因), 즉 생산

7) 『李大釗選集』, 287쪽.

8) 위의 책, 160쪽.

력이다."[9]라고 말했다. 인생관과 역사관에 관한 그의 견해는 이미 중국 전통철학의 범위를 뛰어넘어서 유물사관의 문지방에 들어섰다.

유물사관의 기본 사상에 대한 그의 이해는 다음과 같다. 즉 "그것이 우리에게 사회생활의 동기와 원인으로 가르친 것은 '매우 빛나고' '위대한' 천신(天神)에 있지 않고, '하늘 같은' '하늘이 내린 재주와 지혜가 남다른' 성철(聖哲)에도 있지 않으며 오히려 사회적 존재 그 자체에 있다. 하나의 지식의 발견이나 기술의 발명 심지어 이들 발견이나 발명을 실용에 실현하는 것은 모두 우리와 같은 사회에 있는 각 사람이 노동하는 결과이다. 이와 같은 생활 기술의 진보는 사회의 모든 생활을 바꾸고 역사의 단계를 개선했다. 이와 같은 역사관은 우리가 역사 속에서 우리의 세계를 발견하고 우리 자신을 발견하도록 인도하여 우리가 우리 자신의 권위를 자각하도록 하였다. 과거의 역사를 아는 것은 바로 우리 같은 각각의 사람들이 함께 만들어 온 것이며 현재나 더 나아가서 미래의 역사 또한 이와 같다."[10] 이로부터 우리는 이대소의 사상적 변화를 간파할 수 있는데, 그는 더 이상 '백성의 변치 않는 지혜와 성찰' 등의 이성적 관념에서 역사의 동기와 원인을 찾아내지 않고, 또 더 이상 '나의 생명' 등 비이성적인 의지 자체에서 역사의 동기와 원인을 찾지 않으며, 오히려 사회적 존재 자체에서 역사의 동기와 원인을 찾아내어 사회적 존재가 사회적 의식을 결정한다는 철학적 입장을 확립했다.

이대소는 유물사관을 받아들인 후 중국 전통철학의 역사관에 대한 돌파를 실현했다. 이대소는 「사관(史觀)」이라는 글에서 이렇게 말했다. "중국에서는 고대의 성철(聖哲)에서부터 옛것에 의탁하는 주장〔托古之說〕에 익숙하여 자만심이 많았다. 공맹의 무리는 반드시 요임금과 순임금을 말

9) 위의 책, 186쪽.

10) 『李大釗文集』, 하권, 764쪽, 北京, 人民出版社, 1984.

했고, 노장의 무리는 반드시 황제를 말했으며, 묵적의 무리는 반드시 대우(大禹)를 말했고, 허행의 무리는 반드시 신농을 말했다. 이 분위기가 앞장서서 이끌고 후세에는 은자(隱者)가 우렁차게 노래 부르며 시인은 몽상에 빠지니 대체로 황제·신농·우·하·무회·갈천의 황금시대를 그리워하며 탄식했다. 옛날을 그리워하는 그 깊은 정에 거듭 의지하면서 퇴락한 역사관은 결국 사람의 마음속에 꼭꼭 숨었다. 혹은 정벌하고 처벌하며 맹세하고 포고하는 것이 바로 황제의 명령이라 칭했고, 쇠약해지고 어려워지면 시를 읊으며 하늘을 불렀으며, 좋지 않은 세상을 만나거나 자주 많은 사고를 만나면 왕을 생각하고 영웅을 생각했다. 왕이나 영웅이 세상을 구하고 민중을 구하는 것 또한 모두 운이 맞아야 일어나게 되고 '하늘 같은' '하늘이 내린 재주와 지혜가 남다른' 총명하고 성스러운 지혜가 되니 중국철학자의 역사관은 마침내 모두 순환적·신권적·위인적(偉人的) 역사관이 결정한 것이 된다."[11] 그는 중국철학사에 있는 유심사관의 여러 가지 표현을 열거하였는데, 그 목적은 유물사관의 전래를 위한 사상적 장애물을 깨끗이 쓸어버리는 데 있었다. 거리낌 없이 말한다면 이대소는 중국 조기(早期)의 마르크스주의자로서 마르크스주의 철학과 중국철학을 결합할 필요성을 충분히 인식하지는 못했다. 그러나 또 응당 중국철학은 확실히 그가 유물사관을 받아들이고 이해하는 데 잠재적 영향을 일으켰음을 보아야 한다.

만약 중국 전통철학의 정수(精髓)가 이대소가 유물사관을 이해하고 받아들인 첫 번째 바탕색이라고 말한다면, 중국 근대철학 중의 진화론과 계몽주의 등 신사조는 그가 유물사관을 이해하고 받아들인 두 번째 바탕색이라고 말할 수 있다.

---

11) 『李大釗選集』, 290-291쪽.

중국 근대철학자는 한 편으로는 중국 전통철학에 고유한 "끊임없이 생성변화 한다."라는 논조를 계승하고, 다른 한 편으로는 다윈의 진화론적 과학 이론 및 이로부터 형성한 서양의 진화론 사조를 도입하여 중국적 특색이 있는 진화론 철학을 창립했다. 강유위(康有爲)·담사동(譚嗣同)·엄복·양계초·손중산·추용(鄒容)·장태염(章太炎) 등 저명한 사상가들은 모두 진화철학 사조의 발전을 촉진하기 위해 이론적 공헌을 하였다. 중국 근대사상가들이 서양 사상의 무기고에서 진화론을 선택한 이유 특히 그 가운데서 더욱 중요한 원인은 바로 진화론이 당시 중국 사회의 변혁을 위하여 강대한 이론적 지원을 제공할 수 있었기 때문이다. 바로 서양에서 들어온 진화론과 그 밖의 진보적 사상 관념은 중국 근대사상가들이 발전관의 전환을 완성하는 데 필요한 사상적 자료를 제공해 주었다. 중국의 근대사상가들은 서양의 과학과 철학을 참조 체계로 하여 이전 사람과 다른 시각으로 이 발전하는 끝없이 광활한 세계를 대하며 새로운 발전관을 형성했다. 이와 같은 새로운 발전관은 중국의 전통철학이 '변화'를 말하는 것에 중점을 둔 것에서 '나아감〔進〕'을 말하는 것에 중점을 두도록 방향을 바꾸어 순환론이란 이상한 올가미에서 벗어나도록 강렬한 발전 의식을 나타낸다.

이대소는 유물사관을 받아들이기 전에 이미 진화철학의 신봉자였다. 그는 '자연의 흔적, 진화의 이치'가 바로 자연계와 인류 사회의 보편적 법칙이라고 생각했다. 그는 "거대한 실재의 맹렬한 흐름은 영원히 시작이 없는 실재로부터 끝이 없는 실재를 향하여 세차게 흘러간다. 우리의 '나〔我〕', 우리의 생명 또한 영원히 모든 생활 속의 조류를 합하여 거대한 실재의 맹렬한 흐름을 따르고 확대하기도 하며 계속하기도 하고 바뀌기도 하며 발전한다. 그러므로 실재는 바로 원동력이고 생명은 바로 이리저리 떠돎이다."[12]라고 말했다. 그렇다면 인류 사회의 진화와 발전의 법칙이 지닌 특수성을 어떻게 대해야 하는가? 진화론은 이 문제에 정확하게 대답할 수 없다. 어떤 진화론자는 직접 생존경쟁을 이용하여 인류 사회의 현상을 해석하고 사회다윈주의를 널리 알리면서 패권철학(霸權哲學)의 선동자가 되었다. 이대소는 유물사관을 만난 후에 사상적 변화가 생기며 자기를 진화론자와 구별하기 시작했다. 그는 더 이상 일반 진화론자처럼 그렇게 다만 생존경쟁으로부터 인류 사회가 발전하는 원인을 해석하지 않고, 도리어 '사회적 존재'에서 인류 사회가 발전하는 원인을 찾아낸다. 그는 유물사관에서 사회적 존재가 사회적 의식을 결정하고 경제적인 기초가 상부구조를 결정한다는 관점을 받아들여 인류 사회가 발전하는 근본적 원동력은 "그 내면에 그 스스로 진화하도록 추진하는 최고 동기와 원인은 바로 생산력이다."[13]라고 인식하고 있다. 그러나 유물사관에 대한 이대소의 이해는 여전히 분명한 진화론의 흔적을 갖고 있다. 그는 진화론의 각도에서 마르크스주의 이론 체계를 파악하고 「나의 마르크스주의관」에서 이렇게 썼다. "마르크스 사회주의의 이론은 크게 삼부(三部)로 나눌 수 있다. 첫째는 과거에 관한 이론으로서 바로 그의 역사론이며 또 사회조직의 진화론이라 칭한다. 둘째는 현재에 관한 이론으로서 바로 그의 경제론이며 또 자본주의의 경제론이라 부른다. 셋째는 미래에 관한 이론으로서 바로 그의 정책론이며 또 사회주의운동론이라 부르는데 바로 사회민주주의이다." "그의 이 삼부 이론은 모두 불가분의 관계가 있는데 계급투쟁은 바로 한 줄의 금실과 같이 이 3대 원리를 근본적으로 연계하고 있다."[14] 과거 현재 미래 및 경쟁 등은 모두 진화론이 상용하는 술어이며, 이로부터 이대소가 진화론에서 유물사관으로 바뀌어 가는 사상적 궤적을

12) 『李大釗選集』, 95쪽.
13) 위의 책, 186쪽.
14) 위의 책, 176-177쪽.

분명하게 볼 수 있다.

계몽주의 또한 중국 근대철학 가운데서 새로운 사조다. 강유위는 박애(博愛) 철학을 높이 올렸고, 담사동은 "(속박의) 그물에서 벗어나라."라고 소리쳤으며, 엄복은 "백성의 지혜를 열어주고, 백성의 힘을 북돋우며, 백성의 덕을 새롭게 하라."라고 주장하였고, 양계초는 '신민설(新民說)'을 제기하였으며, 손중산은 신국민(新國民)을 양성하자고 주장했다. 5·4 신문화운동의 주장(主將)들은 과학과 민주의 깃발을 높이 들어 올리고 중국 근현대사에서 거칠고 세찬 파도인 계몽주의 사조를 구성하여 중국 인민의 사상적 모습을 최대한도로 바꾸었다.

이대소는 신문화운동의 지도자 중 한 사람으로서 당연히 계몽주의 사조의 추진자이다. 그는 "전제정치의 영혼을 공격하고" "청춘의 나라"를 지향하며 '백성의 윤리도덕〔民彝〕'을 현대 정치의 기초로 삼자고 주장했다. 이대소는 유물사관을 받아들이기 이전에는 기타 계몽주의자와 마찬가지로 정열이 모자라지 않았으나 사상적 무기는 낡았다. 중국 계몽주의자가 사용한 사상적 무기는 기본적으로 서양 근대사상의 무기고에서 옮겨온 자유주의와 개성해방 등 계몽학설로서 결코 중국의 국가 상황을 고려하지 않은 것이었다. 서양의 계몽 시기에 나타난 자유주의는 개인을 본위로 삼고 자유를 핵심적 가치로 하며 전제주의를 반대하여 서양 사회가 유형 전환을 추진하는 데 중요한 역할을 발휘했다. 그러나 "귤나무는 회수 남쪽에서 자라면 귤나무가 되고 회수 북쪽에서 자라면 탱자나무가 된다."라고 했는데, 이와 같은 이론을 원본 그대로 20세기 중국으로 옮겨왔으니 결국 똑같은 역할은 할 수 없었다. 중국 사회의 유형 전환은 한 편으로는 주체를 자각하는 문제를 해결해야 했고, 다른 한 편으로는 또 이미 파산한 사회를 어떻게 재건하는가의 문제를 해결해야 했으므로 상황은 서양 사회의 유형 전환에 비해 훨씬 더 복잡했다. 중국 계몽주의자가 일방적으로 개체성 원칙을 강조하고 집단성 원칙을 경시한 것은 아마 전통 사회의 해체에는 도움이 될 수 있었지만, 새로운 형태의 사회를 구성하는 데는 도움이 되지 않았을 것이다.

이대소는 유물사관을 받아들인 후에 중국의 계몽주의자가 지닌 사상적 한계를 타파하고 사상 계몽의 신무기를 찾아냈다. 그는 더 이상 개체를 계몽의 주체로 보지 않고 근로대중을 계몽의 주체라고 여겼다. 그는 근로대중이 "진정한 해방은 남이 '관대하게 용서해주기'를 애원하는 것이 아니라, 우리를 해방하는 것은 자기의 힘에 의지하여 항거하고 포위를 뚫어서 그들이 부득불 우리 자신이 자신을 해방하도록 맡기게 하는 것이다. 저 권위적 은혜에 의존하여 우리 머리 위에 있는 철쇄를 풀어달라고 하는 것이 아니라 자기의 노력에 의지하여 그를 타파하고 저 어두운 감옥에서 한 줄기 빛이 나오도록 해야 한다."[15]라고 지적하였다. 마치 풍계(馮契)가 말한 것처럼 이대소의 이 논술 중에는 "중국 공산주의자가 매우 중시하는 군중의 관점을 포함하고 있다."[16] 이대소는 유물사관과 중국 근현대철학의 계몽 사조를 유기적으로 결합하여 "물심양면의 개조, 영육(靈肉)일치의 개조"라는 계몽의 호소와 추구를 제기한다. 그는 이렇게 말했다. "우리는 인도주의로 인류의 정신을 개조하는 동시에 사회주의로 경제체계를 개조하자고 주장한다. 경제체계를 개조하지 않고 다만 인류의 정신만 개조한다면 틀림없이 결실은 없을 것이다. 인류의 정신을 개조하지 않고 경제체계만 개조한다면 역시 성공할 수 없음이 염려된다. 우리는 물심양면의 개조와 영혼과 육체가 일치하는 개조를 주장한다."[17] 이와 같은 계몽의 호소와 추구의 최종 목표는 바로 세계의 대동을 실현하는 데 있

15) 『李大釗選集』, 226쪽.

16) 馮契, 『中國近代哲學的革命進程』, 286쪽, 上海, 上海人民出版社, 1989.

17) 『李大釗選集』, 194쪽.

자·료·카·드

### 이대소의 역사관 논(論)

역사관 자체 또한 그의 역사가 있고, 그 역사 역시 일정한 경향이 있다. 대체로 신권적 역사관에서 인간 삶의 역사관으로 나아가고, 정신적 역사관에서 물질적 역사관으로 나아가며, 개인적 역사관에서 사회적 역사관으로 나아가고, 퇴락 혹은 순환적 역사관에서 진보적 역사관으로 나아간다. 신권 · 정신 · 개인적 역사관은 퇴락 혹은 순환적 역사관의 경향을 더 많이 지니고 있다. 하지만 인간의 삶 · 물질 · 사회적 역사관은 도리어 진보적 역사관의 경향을 더 많이 지니고 있다. 신권 · 정신 · 개인 · 퇴락 혹은 순환적 역사관은 구(舊) 역사관이라고 부를 수 있고, 인간의 삶 · 물질 · 사회 · 진보적 역사관은 신(新) 역사관이라고 부를 수 있다.

_『이대소(李大釗)선집』, 289쪽, 북경, 인민출판사, 1959.

다. "현재 세계 진화의 궤적은 모두 하나의 선(線)을 따라간다. 이 선은 바로 세계의 대동(大同)에 도달하는 큰길로서 인류 공통의 정신이 통하는 혈관이다. …… 이 선의 연원은 바로 개성해방이다. 개성해방은 단지 하나의 분열을 추구하는 것에서 그치지 않고 모든 개성을 완성하기 위한 것이다. 옛 굴레에서 벗어나 보편적이면서 많은 신조직을 새롭게 개조하는 것이다. 한 편으로는 개성해방이고, 한 편으로는 대동단결이다. 이 개성해방 운동은 동시에 대동단결 운동을 동반하고 있다. 이 두 종류의 운동은 마치 서로 반대되는 것 같으나 사실은 서로 비슷하여 잘 어울린다."[18] 그는 유물사관에 근거하여 '개성해방'과 '대동단결'을 내재적으로 통일

18) 위의 책, 416쪽.

하고, 개체성 원칙과 집단성 원칙을 내재적으로 통일하여 더 이상 개체성 원칙을 단편적으로 나타내지 않는다. 그의 계몽의 호소와 추구는 강대한 응집력과 감화력을 갖고 있어서 중국공산당의 성립을 위하여, 많은 인민 대중을 동원하기 위하여, 장대한 혁명 대오를 발전시키기 위하여 견고한 이론적 버팀목을 제공했다.

### 2) 이대소의 유물사관 이해

중국 전통철학과 중국 근대철학의 정수는 단지 이대소가 유물사관을 받아들이고 이해하는 바탕색일 뿐이며 그가 유물사관을 받아들이도록 한 근본 원인은 역시 현대 중국 사회의 실천적 필요였다. 그가 유물사관을 받아들인 주된 목적은 마르크스주의를 지도로 하여 중국 사회를 개조하는 정확한 길을 찾는 데 있다.

먼저 이대소는 경제 기초와 상부구조 및 생산력과 생산관계의 원리를 이용하여 중국 근대 이래의 사회구조 변화를 초보적으로 분석함으로써 중국 신민주주의 혁명의 성질과 임무를 명확히 했다.

이대소는 다만 학문적 원리나 법칙의 각도에서만 유물사관을 받아들이지 않고 중국 혁명의 실천과 긴밀하게 결합하여 이해하고 운용하였다. 그는 유물사관의 기본적 사상에 대하여 이렇게 이해한다. "그것을 건축에 비유하면 사회 역시 기초와 상부가 있다. 기초는 경제의 구조 즉 경제 관계로써 마르크스는 그것을 물질적 혹은 인류의 사회적 존재라 불렀다. 상부는 법제 · 정치 · 종교 · 예술 · 철학 등으로 마르크스는 그것을 관념의 형태 혹은 인류의 의식이라 불렀다."[19] 이와 같은 이해에 근거하여 그는

19) 『李大釗選集』, 293쪽.

중국의 농업경제와 대가족제도가 '2000년 동안의 사회적 기초 구조'를 구성하고 중국인의 정신을 지배하는 유교 윤리는 이 기초의 '표층구조'라고 분석하여 말했다. 제국주의가 중국에 침입한 이후 중국 원래의 경제 기초는 파괴당했고, 이리하여 "유교 윤리의 기초는 근본적으로 흔들렸고" "중국 현대의 생활에 적응할 수가 없었다." 그는 유물사관에서 낡은 사상 관념과 낡은 사회제도를 비판하는 예리한 무기를 찾아내어 5 · 4 신문화운동을 새로운 수준으로 언급하고, 제국주의와 봉건주의 반대를 정확히 신민주주의 혁명의 양대 기본적 임무에 속하도록 했다. 유물사관의 지도 아래서 이대소는 중국 혁명의 성질과 임무에 대한 인식이 깊어지며 감성적 인식에서 이성적 인식으로 상승하였다. 유물사관에 대한 그의 이해는 중국 공산주의자가 신민주주의 혁명의 기본 노선을 확립하는데 이론적 기초를 제공했다. 역사는 이미 웅변적으로 증명한다. 유물사관이 전입되지 않았으면 이대소 등 중국공산당원이 유물사관에 대한 중국 혁명 실천의 이해와 운용을 결합할 수 없었을 것이며 신민주주의의 기본 노선을 확립할 수 없었고 신민주주의의 승리를 얻을 수도 없었다.

다음으로 이대소는 계급투쟁설을 활용하여 중국의 사회제도를 '근본적으로 개조하는' 방향을 명확히 하였으며 무장투쟁이 중국의 신민주주의 혁명의 주요 수단임을 인식하게 되었다.

신해혁명이 비록 무장투쟁의 수단으로 봉건 군주제를 전복하고 중화민국을 건립하였으나 중국의 상황은 결코 이로 인하여 근본적 변화가 일어나지는 않았다. 청나라 조정의 작은 황제 한 사람이 전복되었을 뿐 오히려 더욱 많은 토착 황제가 무모하게 생겨났다. 군벌은 여러 해 계속 혼전하였고, 백성은 몹시 어려운 지경이 되어 안심하고 살 수가 없었다. '중화민국'은 형식으로 흘러 군벌이 마음대로 주물렀고, 정객들은 옳지 못한 나쁜 짓을 하여 추잡한 소문이 끊이지 않았으며, 사회 상황은 심지어 군주제 시기보다 못했다. 이와 같은 상황에서 상당 부분의 지식분자는 무장투쟁에 대한 믿음을 잃어버리고 폭력혁명의 정당성을 의심하였다. 이리하여 각양각색의 개량주의 사조가 사상계에 유행하기 시작했다. 그 가운데 영향력이 비교적 큰 것으로는 신촌주의(新村主義)·길드사회주의·촌치주의(村治主義)·실용주의 등이 있다. 각종 개량주의가 들고나온 방안은 비록 달랐으나 그 공통점은 무장투쟁을 반대하는 것이었다. 실용주의자인 호적은 1918년 7월 『매주평론』에 「문제를 더 많이 연구하고, 주의를 더 적게 말하자」라는 글을 발표하여 중국 마르크스주의자를 풍자하며 "듣기 좋은 '주의(主義)'를 말만 할 뿐 실행하지 않는 것은 매우 쉬운 일이며 어중이떠중이 모두 할 수 있는 일이고 앵무새와 유성기도 할 수 있는 일이다."라고 말했다. 이에 맞추어 그는 격분하며 "이것은 자기를 속이고 남도 속이는 잠꼬대 같은 소리다! 이것은 중국 사상계가 파산한 확실한 증거다! 이것은 중국 사회개량에 대한 사형선고다!"[20]라고 공언하였다. 실용주의에 근거하여 호적은 '주의'와 같은 종류의 추상명사를 늘어놓는 것을 반대하였고, '근본적 해결'과 같은 종류의 큰소리를 늘어놓는 것을 반대하였으며, '인력거꾼의 생계'와 같은 종류의 구체적인 문제만 연구할 것을 주장했다. 호적의 이러한 종류의 논의는 개량주의자의 공통적 태도로서 마르크스주의의 계급투쟁설과 폭력혁명론을 반대하고 개량주의의 길을 선택한 것을 나타낸다.

이대소는 유물사관에 근거하여 개량주의자의 도전에 단호하게 반격한다. 그는 「문제와 주의를 다시 논함」에서 이렇게 말했다. "마르크스의 유물사관에 근거하면 사회의 법률·정치·윤리 등 정신적 구조는 모두 표층적 구조이다. 그 아래 경제적 구조가 있어서 그들의 기초가 된다. 경제

20) 『胡適文存』, 1집, 250-252쪽.

조직이 조금만 변동해도 그들은 모두 따라서 변동한다. 바꾸어 말하면 경제문제의 해결이 근본적 해결이다. 경제문제가 일단 해결이 되면 어떠한 정치문제 · 법률문제 · 가정제도 문제 등도 모두 해결할 수 있다. 그러나 오로지 유물사관(또는 역사적 유물주의)의 첫 번째 학설만 취하여 단지 이 경제적인 변동이 필연적이며 피할 수 없다는 점만 믿고, 오히려 그의 두 번째 학설인 계급투쟁설에 대하여 전혀 주의하지 않으면서 이 학술 이론을 조금도 도구로 삼지 않으면 노동자 연합의 실제적 행동을 위한 그 경제적 혁명은 영원히 실현할 수 없고 또 얼마나 시간이 늦어지게 될지 알 수 없다." [21] 이대소는 마르크스주의의 계급투쟁설과 폭력혁명론을 매우 중시하고 이것을 '두 번째 학설'의 위치에 놓았다. 그는 오직 계급투쟁과 폭력혁명이라는 수단을 채용해야만 비로소 당시 중국의 사회 상태를 근본에서부터 바꿀 수 있다고 생각했다. 여기서 그는 대체로 중국공산당원의 "총대 속에서 정권이 나온다."라는 사상을 표현했다.

다시 그다음으로 이대소는 역사상 인민대중의 위대한 역할이라는 원리에 근거하여 인민대중을 중국 신민주주의 혁명의 주력군으로 여긴다.

유물사관에 근거하여 이대소는 응당 충분히 "민중 세력의 위대함을 인식하자."라고 지적한다. 왜냐하면 모든 반동파는 "민중의 세력을 만나지 못하면 그만이지만 만나면 반드시 고개를 떨구고 머리를 숙여 그 앞에 엎드려서 절해야 한다. 나쁜 일을 저지르지 않았다면 그만이지만 저질렀으면 반드시 전멸되어야 한다." [22]라고 보기 때문이다. 이와 같은 인식에 기초하여 이대소는 인민대중 특히 무산계급에 대한 계발(啓發)과 교육을 진행하고, 그들이 자신의 역량을 알게 하도록 도와주어서 혁명의 각성을 끌어 올리며 혁명의 주동성과 역사 창조의 주체적 역할을 발휘하여 "빨리

21) 『李大釗選集』, 233-234쪽.

22) 『李大釗選集』, 330쪽.

자·료·카·드

곽잠파(郭湛波)의 이대소 론(論)

이 선생은 역사 연구에서 가장 성과가 있는 사람이며 또 유물사관을 가장 철저하고 가장 먼저 창도한 사람이다. 오늘날 중국의 변증법 · 유물론 · 유물사관 사조가 이렇게 거세게 일어나는 것은 모두 선생이 그 기초를 세우고 그 시작을 안내했다고 할 수 있다. 선생은 선각자가 될 수 있으니 그 사상의 영향 및 중요성을 알 수 있다. ……

이 선생은 근 50년 중국 사상사에서 일류 사상가다. 그의 사상의 적절함과 일관됨은 타인이 견주거나 미칠 바가 아니다. 한 편으로는 낡은 사상을 파괴하고, 한 편으로는 체계적인 신사상을 건설하였다. 중국의 오늘의 사조인 …… 중국 근 50년 사상사의 세 번째 단계는 바로 이 선생이 그 기반을 세우고 그 시작으로 안내하였다. 선생은 비록 일찍 돌아가셨으나 선생의 학설과 사상은 날로 발전하고 크게 빛날 것이다.

_ 곽잠파, 『근 50년 중국 사상사』, 117 · 125쪽,
제남, 산동인민출판사, 1997.

연합하여 우리 생활의 필요에 맞게 일종의 세계적이고 평민적인 새로운 역사를 창조하도록 하자."[23]라고 주장했다. 중국 민주주의 혁명의 선구자인 손중산은 일찍이 긴 시간 동안 혁명의 원동력을 찾아내지 못해서 고민한 적이 있다. 그는 여러 차례 군벌에게 희망을 걸었다. 그러나 군벌이 하나씩 그를 배반하여 여러 차례 실패의 쓴 과실을 삼키지 않을 수 없었다. 중국공산당원은 유물사관을 이용하여 그를 도와 이 난제를 해결하였다.

23) 『李大釗選集』, 338-340쪽.

손중산은 공산당원의 도움을 받아들이며 "러시아와 연합하고, 공산당과 연합하며, 농민과 노동자를 돕는다."라는 3대 정책을 제기하였고, 구(舊)삼민주의를 신(新)삼민주의로 발전시켜 제1차 국공합작(國共合作)을 촉성시킴으로써 기세 드높은 대혁명 운동을 불러일으키고 신민주주의 혁명의 새로운 국면을 열었다.

이대소의 유물사관 이해는 오늘날 보기에는 마치 노신(魯迅)이 말한 것처럼 "물론 반드시 정확하고 적절한 것은 아니다." 그는 당시에 변증법적 유물주의에 대한 이해가 아직 부족하였기 때문에 이론 깊이도 제한을 받았다. 예를 들면 이대소의 사상에는 여전히 크로폿킨의 협동론〔互助論〕의 잔재가 남아 있고, 때로는 또 지리적 환경의 역할도 크게 과장되어 있다. 그러나 그의 "죽기 전에 남긴 글은 오히려 영구히 존재할 것이다. 왜냐하면 이것은 선구자의 유산이자 혁명사의 금자탑이기 때문이다." 그의 유물사관에 대한 전파와 이해는 중국 무산계급의 주체의식의 자각을 상징하고, 중국공산당의 성립을 위해 이론적 준비를 하였으며, 마르크스주의 철학의 중국화 발전을 위해 기초를 세웠다.

### 3) 진독수의 유물사관 이해

진독수가 마르크스주의를 받아들인 것은 이대소보다 약간 늦다. 대략 1920년 전후에 그는 급진적 민주주의자에서 초기 마르크스주의자로 바뀌었다. 유물사관에 대한 그의 이해는 다음과 같다. "첫째, 인류 문화의 이동을 설명한다. 요점은 사회적 생산관계의 합계가 사회경제를 구성하는 기초가 되고, 법률이나 정치는 모두 이 기초 위에 세운다는 뜻이다. 모든 제도와 문물 및 시대정신의 구조는 모두 경제구조의 변화에 따라 변한다. 경제구조는 생필품 생산방식의 변화에 따라 변한다. 사람의 의식이 사람의 생활을 결정하는 것이 아니라 오히려 사람의 사회적 생활이 사람의 의식을 결정한다. 둘째, 사회제도의 변동을 설명한다. 요점은 다음과 같다. 사회생산력과 사회제도는 밀접한 관계가 있어서 생산력이 변동하면 사회제도도 따라서 변동해야 한다. 왜냐하면 경제 기초(즉 생산력)에 변동이 있으면 이 기초 위의 건축물도 자연스럽게 혹은 느린 혹은 빠른 혁신을 시작해야 한다. 그래서 손절구는 봉건 제후의 사회를 만들었고, 증기 제분기는 자본가의 사회를 만들었다. 일종의 생산력이 만들어 낸 사회제도는 처음에는 비록 생산력의 발전을 조장하나 그 후 생산력은 이 사회제도(즉 법률 · 경제 등의 제도)가 그것이 더욱 발전하는 것을 용납할 수 없을 정도까지 발전한다. 그때는 생산력을 조장한 사회제도는 오히려 생산력의 장애물로 바뀌게 된다. 이 장애물 내면에 포함된 생산력은 여전히 멈추지 않고 발전하고 있으며 둘은 충돌하기 시작하여 결국은 구사회 제도가 붕괴하고 새로운 것이 뒤를 잇는다. 이것이 바로 사회혁명이다. 새로운 사회제도는 나중에 생산력과 알맞지 않을 때가 되면 그의 붕괴 역시 또한 이와 같다."[24] 그는 생산력과 생산관계 및 경제 기초와 상부구조 사이의 모순 운동을 개괄적으로 서술하여 사회혁명이 발생하는 필연성을 설명했다.

이대소는 유물사관을 전파할 때 사회의 기본모순 이론과 계급투쟁 이론과 무산계급 독재정치 이론을 따로따로 소개했다. 진독수는 이 두 관점을 연결하여 전체적이고 종합적인 설명을 해 줌으로써 중국 인민이 유물사관에 대하여 비교적 완전한 개념을 가질 수 있도록 하였다. 그는 사회의 기본적 모순 운동은 반드시 계급투쟁의 형식으로 나타나며 일종의 낡은 사회제도가 생산력 발전의 장애가 될 때는 통치의 지위를 차지하는 진

24) 『陳獨秀文章選編』, 中册, 193-194쪽, 北京, 三聯書店, 1984.

자·료·카·드

곽잠파의 진독수 논(論)

진(陳) 선생은 중국 근 50년 사상사에서 첫 번째 대(大) 사상가이다. 이 50년 사상사에서 그의 공헌의 하나는 구(舊)사상의 파괴로서, 예를 들면 공자 및 구(舊)도덕 · 구문학 · 구예교 등을 반대한 것이다. 다른 하나는 신사상을 소개하고 건설한 것이다. 예를 들면 마르크스 학설의 소개 · 문학혁명 · 중국 사회혁명 이론의 건설이다. 유감스럽게도 정치혁명을 실행할 때 감옥에 갇혀 있어서 사상과 학술이 발전할 수 없었다.

_ 곽잠파, 『근 50년 중국 사상사』, 94쪽,
제남, 산동인민출판사, 1997.

부한 계급은 역사 무대에서 자동으로 퇴출하지 못하고 갖은 방법과 계략을 다해 자기 수중의 정권을 유지하고 이미 획득한 경제적 이익을 지킨다고 지적하였다. 이와 같은 상황에서 생산력 발전의 방향을 대표하는 신흥계급은 반드시 계급투쟁의 수단을 채용하여 정권을 빼앗고 구제도가 차지한 통치 지위의 상황을 바꾸어 생산력 발전의 장애를 없애서 새로운 생산관계를 세워야 한다. 과거 자산계급과 지주계급의 투쟁은 이와 같았는데 현재 무산계급과 자산계급의 투쟁도 여전히 이와 같다. 진독수는 마르크스가 『프랑스 내전』과 『고타강령(Gothaer Programm)비판』에서 한 말을 인용하여 이렇게 말한다. "노동계급이 자기 계급의 목적에 도달하려고 생각한다면 단순히 현존하는 나라를 장악하는 것만으로는 성공하지 못한다." "자본주의 사회에서 사회주의 사회로 이동하는 중간에 반드시 정치적 과도기가 있다. 이 정치적 과도기가 바로 노동자 독재정치다."[25)]

유물사관의 기본 사상에 대한 진독수의 이해가 비록 철저하다고 말할 수는 없지만 대체로 정확하다. 그러나 그는 다만 학술적 이론의 각도에 한해서는 유물사관의 기본적 관점을 이해한 듯하며, 이대소를 따라 그렇게 중국 혁명의 실천과 긴밀하게 결합하여 유물사관을 이해하지 않았기 때문에 중국화의 정도는 높지 않다. 그러나 마땅히 그는 5 · 4 신문화운동의 기수로서 당시 사회적 영향은 이대소보다 더 컸다. 이 때문에 그가 받아들인 유물사관은 신문화운동이 마르크스주의의 선전 운동으로 바뀌는 데서 중요한 의미를 갖추고 있다. 그는 마르크스주의와 중국 혁명의 실천이 서로 결합하는 문제를 잘 해결하지 못함으로 인하여 또 후에 그가 노선 착오를 저지르게 되어 복선(伏線)을 깔고 숨기게 되었다.

## 3. 구추백(瞿秋白)

이대소와 진독수는 모두 일찍이 일본에 유학하였었다. 그들은 일본어 혹은 일본어의 중국어 번역 서적에 편승하여 마르크스주의를 받아들였다. 러시아어에 정통한 구추백은 여러 해 동안 소련에서 공부하고 일하면서 다른 경로로 마르크스주의를 받아들인다. 그의 마르크스주의 철학에 대한 이해는 한층 더 전면적이었으며 더 이상 유물사관을 소개하는데 제한되지 않고 한 걸음 더 나아가 변증법적 유물주의로 넓혀 나갔다.

구추백(1899~1935)은 강소성(江蘇省) 상주(常州) 사람이다. 1917년에 북경 러시아어 전문학교에 합격했으며 주로 러시아어를 공부하고 동시에 문학과 철학을 독학하여 "문화로 중국을 구하는 공부를 하였고" "철학 연구를 그치지 않았다." 1919년 11월에 그는 정진탁(鄭振鐸) 등과 순간(旬

25) 『陳獨秀文章選編』, 中册, 198쪽.

刊)『신사회(新社會)』를 창립하여 신사상과 신문화를 선전하였다. 1920년에는 이대소가 조직한 마르크스 학설 연구회에 참가하여 마르크스주의를 받아들이기 시작했다. 같은 해, 북경『신보(晨報)』의 초청을 받아들여 특파원의 신분으로 소련에 가서 취재하였으며 10월 혁명 이후 소련의 상황을 국내에 소개했다. 소련에 있던 기간에 그는 열심히 마르크스주의 이론을 공부하고 현장 조사에 깊이 파고들며『아향기정(俄鄕紀程)』과『적도심사(赤都心史)』두 권의 통신집 및 시리즈로 전문적 테마 보도를 썼다. 1922년에 모스크바에서 중국공산당에 가입했다. 입당 후 그는 모스크바 공산주의 노동대학 조교를 맡고 이론 과목 번역을 겸임했다. 1923년에 귀국 후 계간『신청년』과『전봉(前鋒)』의 편집장을 맡았으며 동시에『향도(嚮導)』의 편집 작업에 참여했다. 6월에는 중국공산당 제3차 대표대회에 출석하여 대회 선언의 초안 작성에 참여하였고 중앙위원으로 당선되었다. 같은 해 가을에 상해대학(上海大學) 교무주임 겸 사회학과 주임을 맡으면서 현대사회학과 사회철학 등의 과목을 강의했다. 1927년부터 1928년 봄까지 중앙지도자 업무를 주관하였다. 1931년에 왕명(王明) 등의 배척을 받음으로써 중앙지도자의 직책을 떠났다. 1933년 중앙 근거지로 갔다. 1935년 2월에 국민당 군대에 체포되었고 같은 해 6월 18일 참혹하게 살해당했다. 저작은『구추백문집(瞿秋白文集)』과『구추백선집(瞿秋白選集)』으로 편집되었고, 약간의 정론(政論) 문장은『제6차 대표대회 이전 - 당의 역사자료』란 책에 수록되어 있다.

### 1) 중국에서 마르크스주의 전파의 두 번째 절정

1921년에 중국공산당이 성립되면서 마르크스주의 철학은 당의 지도하에 자발적 전파에서 자각적 전파로 바뀌기 시작했다. 중국공산당이 주관하는 이론적 간행물로는 『향도』 『신청년』 『전봉(前鋒)』 『중국청년』 등이 있고, 일부 혁명적 민중 조직 역시 당의 지도하에 많은 간행물을 제작하기 시작했다. 이 밖에 당에서는 『열혈일보(熱血日報)』 『혈조일보(血潮日報)』 등 여러 종류의 신문을 제작하기 시작했다. 그 가운데 구추백이 편집을 주관한 『열혈일보』는 제일 유명하다. 이것은 중국공산당 역사에서 첫 번째 당보(黨報)이다. 1921년, 중국공산당은 인민출판사와 상해서점을 세웠으며 '마르크스주의 총서' 를 잇달아 출판하여 발행했다. 중국공산당은 또 상해대학을 마르크스주의 이론교육의 기지와 간부 양성 기지로 개조하고 이 학교에 사회과학과를 설립하여 많은 공산당원이 강의 교사를 맡았다. 구추백이 '사회과학개론' · '사회철학개론' · '현대사회학' 을 수업한 외에, 채화삼(蔡和森)은 '사유재산과 가정제도의 기원' 을 수업했고, 소초녀(肖楚女)는 '외교문제' 를 수업했으며, 양현강(楊賢江)은 '청년문제' 를 수업했다. 그들의 강의 원고는 정리하여 책이 되었으며 비교적 체계적인 교재의 체계를 이루었다. 장태뢰(張太雷) · 등중하(鄧中夏) · 운대영(惲代英) · 임필시(任弼時) 등은 모두 이 학교에서 강의한 적이 있다. 그들은 마르크스주의를 전파하고 당의 간부를 배양하는 데 크게 공헌했다. 중국공산당의 지도하에 마르크스주의의 중국 전파는 역사적으로 두 번째 절정을 이루었다.

중국공산당은 성립 후 아주 빠르게 중요한 혁명의 힘이 되었다. 1924년, 손중산은 중국공산당원의 도움을 받아들여 광주에서 중국국민당 제1차 전국대표대회 개최를 주관하고, 구(舊)삼민주의를 발전시켜 "러시아와 연합하고, 공산당과 연합하며, 농민과 노동자를 돕는다."라는 3대 정책을 실행하는 신(新)삼민주의가 되도록 중국국민당을 개편했다. 중국공산당원인 진독수 · 이대소 · 모택동 · 구추백 · 임백거(林伯渠) · 담평산(譚平山) 등 24명은 대표의 신분으로 대회에 출석하여 제1차 국공합작의

자•료•카•드

인민출판사(人民出版社)의 성립

1921년 8월, 당의 인민출판사가 상해에서 창립되어 이달(李達)이 주관했다. '마르크스 전서' 15종, '레닌 전서' 14종, '코뮤니스트 총서' 11종 및 기타 몇 종 등 49종 서적을 계획하여 출판하였다. 번역을 계획한 책에는 마르크스와 엥겔스가 공동 저술한 『공산당선언』·『성스러운 가족』과 마르크스의 『철학의 빈곤』·『헤겔 법철학 비판 – 서론』과 엥겔스의 『사회주의의 발전 – 공상에서 과학으로』와 레닌의『국가와 혁명』·『제국주의는 자본주의의 최고단계』·『레닌문집』 등을 포함하고 있다. 1922년 6월까지 모두 16종을 번역했다. 그중 '마르크스 전서' 에는 『공산당선언』(진망도(陳望道) 역)·『자본론 입문』(이한준(李漢俊) 역)·『품삯 노동과 자본』(원양(袁讓) 역) 등 3종이 있고, '레닌 전서' 에는 『레닌전』(장량(張亮) 역)·『노동회(勞動會)의 건설』(이립(李立) 역)·『토론진행 계획서』(성칙인(成則人) 즉 심역민(沈譯民) 역)·『공산당의 토요일』(왕정(王靜) 역)·『노동자와 농민 정부의 성공과 어려움』(이묵경(李墨耕) 역) 등 5종이 있으며, '코뮤니스트 총서' 에는 『공산당의 계획』(장공명(張空明) 역)·『러시아 공산당 강령』(장서망(張西望) 역)·『제3 국제 의안 및 선언』(성칙인(成則人) 역) 등 8종이 있다. 이러한 서적의 번역과 출판은 마르크스·레닌주의의 중국 전파에 상당한 역할을 하였다.

_ 이진하(李振霞) 옹계량(雍桂良) 주편, 『中國現代哲學史大事記』, 102-103쪽, 북경, 紅旗출판사, 1987.

대단히 좋은 국면을 형성했다. 많은 공산당원은 개인 신분으로 국민당에 가입하여 중요한 직무를 맡았고 북벌 전쟁에 참여하며 대혁명의 절정을 불러일으켰다. 중국공산당원은 통일전선이라는 유리한 조건을 이용하여 마르크스주의를 선전하였으며, 마르크스주의를 운영하여 중국 혁명의 실제적인 문제를 해결하고, 혁명의 대오에서 마르크스주의의 영향을 신속하게 확대하였다. 중국공산당은 많은 당원을 조직하여 마르크스주의를 학습하였고 사상을 통일시켰으며 이론 건설과 조직 건설을 강화하여 많은 인민대중을 동원하고 혁명의 힘을 응집하였다. 소수의 국민당 우파를 제외하고 대다수의 국민당원은 마르크스주의에 대하여 공감적 태도를 품고 있었다. 이것은 마르크스주의 전파의 두 번째 절정을 형성하는데 폭넓은 사회적 기초를 제공해 주었다.

### 2) 마르크스주의 이론 체계에 대한 구추백의 새로운 인식

중국의 초기 마르크스주의자는 대부분 일본에 유학한 경력이 있으며 그들의 마르크스주의 체계에 대한 이해는 일본 이론계의 영향을 받은 바가 크다. 일본 이론계의 마르크스주의 체계에 대한 이해는 전면적이지 않고 일반적으로 마르크스주의 체계를 유물사관 · 경제학설 · 과학적 사회주의의 세 구성 성분으로 요약하였다. 마르크스주의를 찬성하든 찬성하지 않든지를 막론하고 당시 대다수의 중국학자는 모두 일본 이론계의 이와 같은 관점의 영향을 받았으며 심지어는 마르크스주의 연구가 비교적 깊었던 이대소도 예외가 아니다. 이대소는 진화론 중의 과거 · 현재 · 미래라는 시간의 체인을 써서 마르크스주의 체계를 조정하여 재조합하려고 시도하였는데 일본 이론계의 삼대 부분을 병렬한 관점에 비하면 좀 더 깊이가 있다. 그러나 이대소의 논법도 결국 정확함이 모자라 마르크스주의 사상의 실제와 완전히 부합하지는 않는다. 소련에서 여러 해 동안 마르크스주의를 공부하고 연구한 구추백은 일본 이론계의 영향을 받지 않은 것 같다. 그는 마르크스주의 이론 체계에 대하여 새로운 인식과 이해가 있었다.

구추백은 「마르크스주의의 개념」이라는 글에서 마르크스주의의 이론 체계는 다음과 같이 네 부분으로 구성되어 있다고 지적했다. 첫째는 호변률적(互辯律的=辨證法的) 유물론이고, 둘째는 역사적 유물론이며, 셋째는 경제 학설이고, 넷째는 과학적 사회주의이다. 이 네 부분은 병렬적 관계가 아니라 내재적으로 연계된 완전한 이론 체계이다. 구추백이 기타 초기 마르크스주의자와 다른 점은 그가 마르크스주의 이론 체계에서 호변률적 유물론의 근본적 지위를 매우 중시하는 데 있다. 그는 "이것은 마르크스주의의 가장 근본적 기초로서 바로 이른바 마르크스주의의 철학이다." "우주의 모든 현상을 해석하는 방법의 총론이고 각 과학적 방법을 종합하여 인류 지식의 에너지를 설명하는 인식론"이라고 생각했다. 유물사관과 경제 학설은 곧 사회 속에서 마르크스주의 철학의 활용이며, 과학적 사회주의는 마르크스가 자본주의 사회에 관한 연구를 통하여 얻어 낸 결론이다. 총괄적으로 말하면 호변률적 유물론은 마르크스주의에서 총괄적 우주관과 통일적 방법론이고, 유물사관과 경제 학설은 구체적 연구 영역의 전개이며, 과학적 사회주의는 바로 마르크스주의를 형성하는 최초 동기와 최종 목표다. 구추백은 마르크스주의 이론 체계에 대한 이와 같은 새로운 인식을 통하여 독자가 '마르크스주의'란 말의 정확한 개념을 얻고 마르크스주의가 유물사관 및 그 경제 학설로 제한되는 것으로 생각할 정도에 이르지 않도록 도와준다.

구추백이 말하는 '호변률적 유물론'(때로는 Dialectic의 음역인 "第亞歷克蒂"를 채용함)은 그가 변증법적 유물론을 부르는 명칭이다. 그는 일본어 투 번역어인 '변증법적 유물주의'를 좋아하지 않아서 새로운 번역어 하나를 만들고 싶어 했다. 그렇지만 '변증법적 유물주의'는 일찍이 이미 중국 사상계에 널리 퍼져 있고 사회적으로 약속되어 통용되고 있는 철학 술어가 되었기 때문에 더 이상 변경할 방도가 없었다. 구추백의 호변

**자·료·카·드**

### 레닌이 논(論)한 마르크스주의 이론 체계

철학사와 사회과학사에서 마르크스주의는 '종파주의(宗派主義)'와 조금도 비슷한 점이 없으며 그것이 결코 세계 문명의 발전이라는 큰길을 벗어나서 생긴 일종의 제자리걸음하기나 경직되어 변하지 않는 학설이 아님을 매우 깔끔하고 분명하게 나타낸다. 정반대로 마르크스의 모든 천부적 자질은 바로 그가 인류의 진보적 사상이 이미 제기한 여러 가지 문제에 대답하는 데 있다. 그의 학설의 발생은 바로 철학·정치경제학·사회주의에서 대단히 위대한 대표적 인물들의 학설의 직접적 계승이다.

마르크스 학설이 무한한 힘을 가지고 있는 것은 바로 그것이 정확하기 때문이다. 그것은 완전하게 갖추어져서 빈틈이 없고, 그것은 사람들에게 절대로 어떠한 미신·어떠한 반동 세력·어떠한 자산계급의 압박이 만든 변론과 서로 타협하지 않는 완전한 세계관을 제공했다. 마르크스의 학설은 인류가 19세기에 창조한 우수한 성과인 독일의 철학·영국의 정치경제학·프랑스의 사회주의 등의 당연한 계승자이다.

_『레닌선집』, 3판, 2권, 309-310쪽,
북경, 인민출판사, 1995.

률적 유물론이란 표현법은 광범위한 동의를 얻지 못했다. 레닌은 마르크스주의 이론 체계를 철학·정치경제학·과학적 사회주의의 세 구성 부분으로 개괄하였는데, 구추백의 4분설과 레닌의 3분설의 기본적 생각은 일치한다. 어쩌면 중국 이론계에 존재하는 변증법적 유물주의 경시 경향에 대하여 그가 비로소 변증법적 유물주의를 단독적으로 돋보이게 했을 것이다. 그는 "마르크스주의는 우주와 자연계와 인류 사회의 통일에 대한 관점이고 통일의 방법이다. 어찌하여 마르크스주의의 우주관과 사회관이 통일적인가? 왜냐하면 그것은 현실세계 안의 모든 현상에 대하여 모두 '현대적' 혹은 호변적(Dialectic), 즉 변증법(Dialectic)적 유물론의 관점으로 해석하기 때문이다. 이것은 마르크스주의의 가장 근본적 기초로서 바로 마르크스의 철학이다."[26]라고 강조한다. 구추백의 마르크스주의 이론 체계에 대한 새로운 인식은 이대소 삼분법의 결함을 바로잡고 중국 마르크스주의자의 이론적 수준이 새로운 높은 곳에 도달하였음을 상징한다. 중국 이론계가 유물사관에 대해 이미 자세히 이해하고 있는데 비추어 보면, 변증법적 유물주의에 대해서는 아직 충분히 알지 못하고 있는데 구추백은 바로 변증법적 유물주의를 소개하는 무거운 책임을 부담하였다.

### 3) 변증법적 유물주의에 대한 구추백의 이해와 서술

구추백은 많은 강의록과 글을 쓰고 많은 번역서를 출판하여 중국에서 비교적 체계적이고 비교적 전면적으로 변증법적 유물주의를 소개한 첫 번째 사람이라고 말할 수 있다. 상해대학에서 교직을 맡은 기간에 그는 변증법적 유물주의의 원리를 강술하면서 『사회철학개론』『현대사회학』『사회과학개론』 등의 교재를 쓰고 편집하였다. 『사회철학개론』은 '철학의 유물론과 유심론' 에서부터 강의하며 우주의 근원 및 변화와 생명 발전의 역사적 과정을 논급(論及)하였고, 물질과 의식의 관계를 심도 있게 논술하였으며, 유물변증법의 세 가지 기본 법칙을 개괄적으로 서술했다. 『현대사회학』에서는 더욱 구체적으로 유물변증법의 법칙과 범주를 설명하였고, 아울러 '사회과학에서의 근본적 방법은 바로 호변적(互辯的) 유물주의' 임을 상세하게 논증한다. 그는 소련 학자가 소개한 유물변증법의

26) 瞿秋白, 『新哲學-唯物論』 부록, 「馬克思主義之概念」, 上海, 霞社校印本, 1941.

논문을 여러 편 번역하였고 구오레프(Goreff, B. L.)가 저술한 『신철학-유물론』을 번역했다. 이 책은 역사 유물주의와 변증법적 유물주의를 조정하고 조합하여 하나의 총체로 삼았으므로 대중적이고 알기 쉽게 표현되어 있으며 중국인들이 마르크스주의의 기본 내용을 초보적으로 이해하는 데 매우 적합하다. 이 책 번역본 부록의 구추백이 쓴 「마르크스주의의 개념」이란 글에서 그는 마르크스주의 철학 체계에 대한 이해를 나타냈다. 구추백은 또 「자유세계와 필연 세계」 「실험주의와 혁명 철학」 등의 글을 발표하면서 '과학과 인생관 논쟁' 에 참여하였고 변증법적 유물주의의 관점을 운용하여 실용주의와 자유의지론 등 자산계급의 학술적 관점을 비판하며 마르크스주의 철학의 이론적 영향을 확대하였다.

구추백의 변증법적 유물주의에 대한 이해와 명백한 서술은 다음의 몇 가지 내용에 치중해 있다.

(1) 철학의 기본적 문제에 관하여

마르크스주의의 철학관에 따르면 사유와 존재의 관계 문제는 철학의 기본 문제다. 그러나 구추백 이전 초기의 중국 마르크스주의자는 이에 대하여 알지 못했다. 구추백은 이와 같은 상황을 변경하여 중국 현대철학사에서 처음으로 철학의 기본 문제를 명확하게 설명하고 서술했다. 그는 『사회철학개론』에서 이렇게 썼다. "사람이 만약 그가 더 안정된 '우주관'(Contemplatiodc Monde)을 구성하려고 예상하는 철학적 문제를 생각하면, 그가 당장 직면해야 할 난제는 '아(我)' 와 '비아(非我)' 의 관계 · '인식' 과 '실질' 및 '영혼' 과 '자연' 의 관계이다. …… 오늘에 이르기까지 이 문제는 여전히 철학의 기본 문제이다." "만약 그가 일관된 사상가로서 이 용기로 줄곧 연구해 나가면서 무릇 객관을 출발점으로 삼게 되면 그는 반드시 유물론 중의 한 유파가 될 것이다. 그러나 주관을 출발점으로 삼으면 곧 유심론 중의 한 유파가 된다."[27] 철학의 기본 문제에 근거하여 구추백은 각종의 철학을 유심주의와 유물주의의 양대 진영으로 구분한다. 그는 유심주의를 일종의 잘못된 철학 이론으로 생각하고 준엄하게 비판했다. 그는 어떤 유심주의자는 순수하게 개인의 주관적 의식의 '독재론(獨在論, 唯我論)'을 출발점으로 하여 주관 유심주의 학설을 제기하고, 어떤 유심주의자는 '절대정신'을 출발점으로 하여 객관 유심주의 학설을 제기하는데 그들의 공통적 본질은 모두 사유나 의식이 첫 번째 성질이고 존재나 물질은 두 번째 성질이라고 생각함으로써 세계의 본래 양상을 왜곡했다고 지적하였다. 주관 유심주의자는 세계에서 나의 의식을 제외하면 아무것도 존재하지 않는다고 생각하며, 객관 유심주의자는 비록 '개인의식을 초월'하지만 여전히 물질적 세계를 정신의 파생물로 보고 있다. "개인을 넘어선 의식에 관한 학설은 가장 견고한 것이 바로 헤겔(Hegel)과 셰링(Schelling)의 학설이다. 그들의 '절대정신'은 바로 일종의 개인을 넘어선 의식으로서 그 속에 마치 주관과 객관 및 정신과 자연계를 포함할 수 있는 듯하다. 그러나 셰링의 견해로는 우주는 다만 이 하나의 정신적 '절대자〔自念〕'라고 생각한다. 헤겔의 철학 체계 속에서 이른바 '절대적' 논리 과정은 매우 중요하다. 그래서 우주는 이 하나의 '절대정신'이 '의식과 일치된〔自想〕' 즉 논리적 과정이다. 사실은 똑같다."[28]

구추백은 유심주의 철학이 발생하는 근원에 대하여 분석했다. 첫째, 역사적 원인이 있는데, 사람들의 인식 능력은 역사적 조건의 제한을 받기 때문에 유심주의의 잘못된 인식을 형성한다. 인류 초기에 사람들은 아직 각종 자연현상을 과학적으로 해석할 수가 없어서 어떤 신이 세계를 지배하고 있다고 생각한다. "이미 이렇게 우주는 어떤 신이 창조했다고 신앙

27) 黃美珍 等 編, 『上海大學史料』 재인용, 268-269쪽, 上海, 復旦大學出版社, 1984.
28) 위의 책, 283-284쪽.

하게 된 이상 이것은 바로 주관을 출발점으로 삼는 각종 철학 체계의 기초이다. 이와 같은 신앙은 원래 예상외로 '객관 존재는 주관의 규정을 받는다.' 라는 등과 같은 종류의 학설로 인도한다." 그러므로 "무릇 유물론과 서로 대항하는 철학이라면 모두 초기 인류의 만물유령론(萬物有靈論)에서 나온 것이다."[29] 둘째, 사회적 원인이 있다. 사회생활의 현상이 매우 복잡함으로 인하여 사람들은 자기의 운명을 파악할 방법이 없고 다만 신의 보호를 청할 수밖에 없다. 그리하여 유심주의의 잘못된 인식을 형성한다. "사회생활은 날이 갈수록 복잡해지고, 각 사회 사이의 교통은 날로 많아지니 늘 갑자기 잠시 운명을 신에게 귀속시키고 상제에게 귀속시킨다." "한 민족의 내적 투쟁이나 각 민족 사이의 전쟁 및 무역 거래 사무에서 이전에는 불가능한 일이라고 한 까닭에 모두가 바라는 일을 실행할 수 없음을 자주 발견한다. 이와 같은 상황은 더욱더 '천신(天神)의 힘' 에 대한 믿음을 견고하게 할 수 있고, 따라서 하늘의 힘에 의지하는 경향이 더 늘어나게 한다."[30] 위에 서술한 철학의 기본적 문제에 관한 구추백의 이해와 상세한 설명으로부터 다음의 내용이 반영되어 나온다. 즉 그의 철학의 기본 문제에 대한 첫 번째 방면인 사유와 존재 혹은 정신과 물질은 어느 것이 제1 성질이 되는 가의 문제로서 비교적 적절하게 파악되었다. 그러나 철학적 기본 문제의 두 번째 방면인 사유와 존재 혹은 정신과 물질의 통일성 문제에 대해서는 아직 충분히 적절한 파악을 하지 못했다. 그는 사유와 존재에 관한 유심주의의 동일성에 대하여 몇몇의 합리적 주요 내용을 구체적으로 분석하지 않았고, 유심주의가 일으키는 인식론의 근원적 이해도 깊이 있게 얻지 못했다. 유심주의가 생성하는 하나의 중요한 인식론적 원인은 바로 인식의 곡선을 직선으로 간소화시키고 인식 과정 중의

29) 黃美珍 等 編, 『上海大學史料』 재인용, 272쪽.
30) 黃美珍 等 編, 『上海大學史料』 재인용, 274쪽.

어느 단계를 확대하여 사상 방법상의 일면성을 초래한 것이다. 중국공산당 내의 교조주의자가 노선의 잘못을 범하는 이유는 모두 인식에서의 일면성과 관련 있다.

(2) 세계의 물질적 통일성의 원리에 관하여

철학의 기본적 문제에 대한 이해에 기초하여 구추백은 특히 변증법적 유물주의가 견지하는 유물주의의 입장을 돌출시켜 세계의 물질적 통일성의 원리에 중점을 두고 명백히 서술했다. 변증법적 유물주의에 근거하여 그는 세계는 본질상 물질적이며 우주 사이의 모든 사물과 현상은 결국 모두 물질의 구체적 표현이라고 지적했다. "온 우주는 다만 통일적 물질의 여러 가지 구성 혹은 조화롭게 혼합한 방식일 뿐이다." 온 우주는 바로 물질의 무한한 다양성의 통일이다. 물질은 창조될 수 없을 뿐만 아니라 소멸할 수도 없다. 세계의 다양성은 사실 물질이 어떤 형태에서 다른 형태로 바뀌는 것에 불과하다. "각종 물질은 또 항상 이동해 가고 회전해 가며 변화하는 가운데 있다. …… 물질은 결코 없어지는 것도 아니고 생겨나지도 않는다. 다만 늘 자신의 구성 형식을 바꿀 뿐이다. 이것이 바로 이른바 물질은 소멸하지 않는다는 원리다."[31]

세계의 물질적 통일성의 원리에서 출발하여 구추백은 생명과 의식이나 정신에 대하여 유물주의적 설명을 했다. 그는 생명은 물질이 자연계에서 일정한 단계까지 발전해 온 표현 형태이며 단백질체의 존재 방식이라고 지적한다. "대개 생명이 있는 것은 반드시 단백질체가 있으며, 대개 단백질체가 더 이상 무너지지 않는 과정에서 반드시 생명이 드러난다. 물론 그 밖의 화학성분도 있어야 항구적인 살아 있는 유기체가 있게 되지만 단

31) 瞿秋白, 『新哲學-唯物論』 부록, 「唯物論的宇宙觀概說」.

순한 생명의 드러남에는 오히려 결코 기타 성분이 필요하지 않다. 기타 성분이 필요한 것은 다만 단백질이 변하여 이 생명을 유지하는 데 있다. 가장 하등의 생물은 사실상 다만 단백질 덩어리일 뿐이지만 그들은 이미 생명을 표현하고 있다."[32] 의식이나 정신으로 말하면 물질이 장기적이고 고도로 발전한 산물이며 또 "일종의 특별히 구성된 물질"의 속성이라고 할 수 있다. "정신은 물질을 따돌리고 존재할 수 없다. 물질이 오히려 정신을 따돌리고 존재할 수 있으므로 물질이 정신보다 앞선다. 정신은 특별한 종류로 구성된 물질의 특별 성질이다. ─ 물질은 당연히 우주에서 모든 현상의 근본이다."[33] "오직 사람의 뇌신경(특별히 구성된 일종의 물질)만이 사고할 수 있다. 이와 같은 물질이 없으면 사상도 없고 의식도 없다."[34] "어떠한 사상을 막론하고 결코 한 사람의 창조나 상상이 아니다. 우리의 모든 지식은 바깥 사물이 준 경험에서 얻은 것이며 순수하게 추상적인 산술이라도 역시 현실세계의 반영이다."[35]

구추백 이전 중국의 초기 마르크스주의자는 마르크스주의 철학 이론 가운데서 현실 정치투쟁과의 관계가 비교적 긴밀한 내용을 중시하고 그 속에서 중국 혁명의 실천을 지도하는 사상적 무기를 얻기를 원했다. 그러나 세계의 물질적 통일성의 원리와 같은 종류의 추상적 이론 문제에는 관심이 충분치 않았다. 구추백은 그들의 이 부족한 점을 바로잡았다. 세계의 물질적 통일성의 원리는 마르크스주의 철학 가운데서 가장 추상적이고 가장 현실 생활과 멀리 떨어져 있는 내용의 하나라고 말해야 하지만, 오히려 마르크스주의 철학이라는 빌딩의 주춧돌이며 마르크스주의가 일

32) 위의 책, 198쪽.

33) 위의 책, 341쪽.

34) 黃美珍 等 編, 『上海大學史料』 재인용, 300쪽.

35) 黃美珍 等 編, 『上海大學史料』 재인용, 300쪽.

체 문제를 관찰하고 분석하는 근본적 전제다. 이 원리에 대한 구추백의 서술에서 중국 마르크스주의자의 이론적 수준이 이미 상당히 높이 끌어올려져 있음을 볼 수 있다. 구추백은 또 이 원리를 사상 방법으로 전환하려고 애썼다. 그는 "물질적 기초의 고찰과 실제 상황의 조사에 의해 우리의 이론을 서로 비교하면 옳고 그름과 바르고 틀림이 즉시 명백해질 수 있다. — 왜냐하면 정신적 현상은 물질적 현상에서 발생하고 물질은 실제로 검사할 수 있는 것이기 때문이다."[36]라고 강조하여 말했다. 여기에서 그는 이미 이론을 실제에 연결하는 원칙을 제기하여 중국공산당이 실사구시(實事求是)의 사상 노선을 확립하는 데 기초를 다졌다. 구추백의 물질관은 자연과학의 최신 성과를 흡수하여 전체적으로 구(舊)유물주의의 물질관이 지닌 한계를 타파하였으므로 물질 개념에 관한 마르크스주의의 원래 의미와 기본적으로 부합한다. 그러나 그는 어디까지나 변증법적 유물주의를 서술한 첫 번째 중국의 철학자이지만 마르크스주의 철학의 정신적 깨달음은 오히려 깊이가 부족하다. 그는 변증법적 유물주의의 유물주의 성질을 비교적 중시하였으나 그 변증법의 성질을 두드러지게 하지 못하였고 유물주의와 변증법을 긴밀하게 하나로 결합하지 못했다. 그는 물질 개념의 이해에도 아직 부정확한 곳이 있다. 예를 들면, 그는 "물질은 '전기' 의 각종 표현에 불과하다. 전자의 각종 구조는 각종 원소의 원자를 구성하고, 각종 원소와 원자는 서로 결합하여 각종의 서로 다른 조합을 이루어 각종 물질의 분자를 구성한다. 사람의 몸 · 대지 · 천체 · 우주는 이러한 원자와 분자에 의해 구성되지 않은 것이 없다. 우주에 분자와 원자는 마치 집에 벽돌이나 기와와 같다."[37]라고 말했다. 명백히 알 수 있는 것은 그의 이와 같은 이해에 근거해도 아직 변증법적 유물주의와 구유물

36) 黃美珍 等 編, 『上海大學史料』 재인용, 288쪽.

37) 瞿秋白, 『新哲學-唯物論』 부록, 「唯物論的宇宙觀概說」.

주의 사이의 한계를 분명하게 구분할 방법이 없다는 것이다.

(3) 유물변증법의 3대 법칙에 관하여

비록 구추백이 유물주의와 변증법을 긴밀하게 하나로 결합하지는 못하였으나 마르크스의 변증법에 대해서는 여전히 중요시하고 있다. 그는 중국에서 유물변증법의 기본 사상을 상세히 서술한 첫 번째 사람으로서 유물변증법의 3대 기본 법칙을 비교적 체계적으로 상세하게 밝혔다.

대립 통일의 법칙에 관하여 구추백은 그 기본적 의미는 사물의 모순이 보편적으로 존재하고 모순의 대립 쌍방은 서로 변화하며 그래서 유물변증법의 '가장 기본적 원리' 라고 말한다고 지적하였다. 그는 "물체의 모순 및 일의 상호 변화는 가장 근본적 원리이다. — 모순과 상호 변화가 없으면 움직임이 없고, 움직임이 없으면 생명 및 모든 현상도 없다."[38] "그래서 '투쟁' 과 '모순' (추세가 다른 각종의 힘이 서로 대항함)이 — 변동의 역사적 과정을 충분히 규정할 수 있다."[39]라고 말했다. 그는 이미 모순의 보편성을 인식하여 대립 통일의 법칙이 운동과 발전의 전체 과정을 관통하고 있음을 강조하고 유물변증법의 핵심과 실질을 비교적 정확하게 이해하고 있다. 모순은 어떻게 서로 전환하는지 그리고 어떻게 운동과 발전을 불러일으키고 아울러 운동과 발전의 방향을 규정하는지에 대하여 구추백은 더 시간을 가지고 진일보한 논술을 할 수 없었다. 이것은 그의 이해가 아직은 초보적이라는 것을 표명한다. 그러나 이와 같은 이해는 결국 소박변증법(素朴辨證法)의 한계를 돌파하여 보편적 법칙의 높이까지 올라갔다. 그는 대립 통일의 법칙을 유물변증법의 '가장 근본 법칙' 이라고 여긴다. 이는 모택동이 후에 이 법칙을 유물변증법의 정수로 이해하게 되

38) 黃美珍 等 編,『上海大學史料』재인용, 307쪽.

39) 위의 책, 352-353쪽.

는 전제를 제공했다.

질량상호변화의 법칙과 부정의 부정 법칙은 구추백이 보기에 모두 대립 통일의 법칙이 진일보 전개한 것이다. 그는 모순 쌍방의 상호 작용 아래 사물이 앞으로 발전해 나가는 데는 두 가지 형식이나 상태가 있는데 한 가지는 수량의 변화이고 한 가지는 품질의 변화라고 지적했다. 양적 변화는 질적 변화에 필요한 준비이고, 질적 변화는 양적 변화의 최종 결과이다. "우주 및 사회 안의 모든 발전은, — 바로 수량 변화의 점차적 누적이다. 그러나 수량의 변화는 어느 정도에 이르면 반드시 돌변하여 질량의 변화가 된다."[40] 구추백은 사물 발전 과정 중의 여러 차례의 질적 변화를 '연관되어 끊어지지 않는 부정(否定)'으로 이해하고 질량상호변화의 법칙에서 부정의 부정 법칙까지 진일보하여 말하였으나 논술을 전개하지는 못했다. 구추백의 유물변증법의 삼대 법칙에 대한 이해는 비록 비교적 치밀하지 못하였지만, 기본적으로는 마르크스주의 철학의 원래 의미에 부합한다. 주의할 점은 그는 결코 삼대 기본 법칙을 동일시하지 않고 완전한 체계로 보았다는 점이다. 그는 "우주의 근본은 물질의 움직임이고, 움직임의 근본적 성질은 바로 모순으로서 부정의 부정이며, 수량과 질량의 상호변화이다."[41]라고 말했다. 그의 이러한 이해는 정확하고 또 깊이가 있다. 모택동은 『모순론(矛盾論)』에서 구추백의 이러한 관점을 진일보 발전시켰다.

변증법적 유물주의에 대한 구추백의 이해와 상세한 설명은 중국인이 변증법적 유물주의의 기본 정신과 기본 내용을 이해하고 파악하는 데 큰 도움이 되었다. 그러나 당시 중국공산당은 오히려 유년 시기에 처해있었으며 구추백이 마르크스주의 철학과 접촉한 시간은 길지 않았다. 더욱이

40) 위의 책, 307쪽.

41) 위의 책, 309쪽.

자·료·카·드

상해대학 교수 시절의 구추백에 대한 양지화(楊之華)의 회상

추백은 사회학과 학과장으로서 담당한 과목은 사회과학개론과 사회철학이다. 맨 처음 그가 강의하는 것을 들었을 때, 나를 놀라게 한 것은 학생이 갑자기 늘어난 것이다. 다른 학생이 나에게 모두 추백의 수업을 듣고 싶어 한다고 말해주었다. 사회학과의 학생을 제외하고도 또 중문학과와 영문학과 학생 및 기타 대학의 당원이나 단원 혹은 진보적 적극 분자가 있었고, 심지어 우리의 훌륭한 선생님 운대영과 소초녀 그리고 상해대학부속중학교 주임 후소구(侯紹裘) 등의 동지도 모두 기꺼이 와서 들었다. ……

교실 안이 조용해지기 시작할 때, 나는 추백이 사람들 속에서 교실에 걸어 들어와 강단으로 올라가는 것을 보았다. 그는 양복 윗옷을 입고 손에는 모자를 들었다. 그의 머리는 뒤로 빗고, 이마는 넓고 평평하였으며, 콧마루에 근시 안경을 걸었는데 그의 용모와 잘 어울렸다. 그는 부드럽고 친근하게 미소를 지으며 가방을 열고 강의 노트를 꺼내서 강의를 시작했다. 그의 정신은 편안하고 침착하였으며 목소리는 비록 크고 낭랑하진 않았지만 설사 교실 밖에 서 있는 학생이라도 알아들을 수 있었다. 그의 말속에는 화려한 어휘와 빈말은 없었다. 학생들의 수준이 들쑥날쑥하므로 그는 모두를 이해시키기 위해 풍부하게 동서고금의 고사를 끌어와 증명하였고, 심오한 내용을 알게 쉽게 표현하며 문제를 분석함으로써 이론과 당면한 실제의 투쟁을 서로 결합하였다. 학생들은 모두 매우 소중하게 기록하고 필기하였으며 만일 어떤 사람이 사회 활동의 참가 때문에 결석했다면 반드시 다른 사람의 노트를 빌려 베껴 써야만 비로소 안심하고 잠을 잘 수 있었다.

_ 황미진(黃美珍) 등 편, 『상해대학사료』, 88-89쪽,
상해, 복단대학출판사, 1984.

많은 양의 업무를 맡고 있어서 깊은 연구에 종사할 틈이 없었던 것이 그가 변증법적 유물주의의 이해에 깊이 들어가기 어렵게 하였다. 거리낄 필요 없이 말하면 그의 변증법적 유물주의에 대한 이해는 아직 초보적이어서 부정확한 곳이 있음을 피하기 어렵다. 예를 들면 물질관에서 변증법적 유물주의와 구유물주의 사이의 경계를 아직은 명백히 구분하지 못했다. 당시의 역사적 조건에 제한되어 구추백은 변증법적 유물주의의 본질적 특징에 대하여 오히려 충분히 파악하지 못하였다. 그러나 구추백이 중국의 마르크스주의 철학 발전사에서 앞을 잇고 뒤를 열어주는 역할을 했음은 당연히 인정해야 한다. 초기 중국의 마르크스주의자는 마르크스주의 철학의 이해에 늘 역사관 분야에 국한되었다. 그러나 구추백은 마르크스주의 철학 체계를 전면적으로 파악하여 이론의 깊이와 폭을 진전시켰는데 이것이 '위를 잇는 것이다'. 또 구추백의 마르크스주의 철학에 대한 초보적 소개는 이달과 애사기가 체계적 전면적 규범적으로 변증법적 유물주의와 역사적 유물주의를 소개하는데 기초를 다져줬다. 이것이 '아래를 열어주었다는 것이다'.

## 4. 이달(李達)과 애사기(艾思奇)

구추백은 마르크스주의 철학의 전파와 이해에 대한 중점을 변증법적 유물주의 방면에 두었다. 이것은 이대소와 진독수가 다만 유물사관을 전파하고 이해하는 것으로 국한한 것에 비하면 앞으로 한 걸음 더 내디딘 것이다. 그러나 구추백은 아직 변증법적 유물주의와 구유물주의의 한계를 분명하게 구획할 수 없어서 이해하는데 약간의 편차가 있다. 이와 같은 결함은 이달과 애사기가 보완했다. 그들은 비교적 전면적이고 체계적으로 소련 마르크스주의 철학의 교과서 체계를 소개하였고 변증법적 유물주의와 역사적 유물주의의 기본 내용에 대하여 규범화된 진술을 하였으며 또 대중적 보급 작업에 힘을 쏟았다.

이달(1890~1966)은 호가 학명(鶴鳴)이고 호남성 영릉(零陵)사람이다. 일찍이 일본에 유학하는 동안 마르크스주의를 받아들였고 『유물사관해설』 등 마르크스주의 철학을 소개하는 서적을 번역하여 국내에서 출판했다. 1920년, 상해공산주의 소조에 참가하여 중국공산당 건립 계획에 참여했다. 1921년, 중국공산당 제1차 전국대표대회에 출석했다. 일찍이 월간 『공산당』의 편집책임자와 『신시대』 잡지의 편집책임자 및 호남자수대학(自修大學) 총장을 역임했다. 북벌전쟁 기간에는 국민혁명군정치부편심위원회(國民革命軍政治部編審委員會) 주석을 맡았다. 대혁명의 실패 후 당과 관계를 끊고 국민당 통치 지역에서 대학교수를 담당하면서 마르크스주의 특히 마르크스주의 철학의 연구와 선전에 노력했다. 신중국이 성립된 후에 다시 중국공산당에 가입하였고, 잇달아 호남대학과 무한대학 총장 등의 직무를 담당했다. 주요 저작으로는 『현대사회학』 『중국산업혁명론』 『사회의 기초지식』 『경제학대강』 『사회학대강』 등이 있는데 『이달문집(李達文集)』에 들어있다.

애사기(1910~1966)는 본명이 이생훤(李生萱)이고 운남성 등충(騰沖)사람이다. 일찍이 두 번 일본에 유학했고 1931년 9 · 18사변 후 귀국했다. 그는 상해 『독서생활』의 편집을 맡은 동안 마르크스주의 철학의 보급과 선전의 일에 힘을 쏟았다. 1935년에 중국공산당에 가입했다. 1937년에 연안(延安)으로 가서 항일군정대학(抗日軍政大學)의 교편을 잡으며 마르크스주의 철학의 연구와 선전의 일에 종사했다. 신중국이 성립된 후에는 중공중앙당교철학연구실 주임과 부총장 등 직무를 역임했다. 주요 저작으로는 『대중철학』 『실천과 이론』 『역사유물주의 · 사회발전사』 『변증법적유물주의강요』 등이 있고 고등학교 철학교과서인 『변증법적유물주의 역사적유물주의』의 편집책임을 맡았다. 주요 저작은 『애사기문집(艾思奇文集)』에 들어있다.

### 1) 중국에서 마르크스주의 전파의 세 번째 절정

1927년, 기세가 드높던 대혁명은 실패했다. 실패의 원인과 교훈은 무엇인가? 중국 혁명이 나아갈 길은 어디에 있는가? 이러한 문제들은 긴급히 마르크스주의 철학을 향해 가르침을 청할 필요가 있었다. 이렇게 중국에서 그것의 전파를 위해 강대한 실천적 동력을 제공함으로써 다시 마르크스주의 철학의 중국전파사(中國傳播史)에서 세 번째 절정을 형성했다. 1927년 이후, 많은 마르크스주의의 원저가 중문으로 번역되었다. 이철생(李鐵生)은 『철학적 빈곤의 발수(拔粹)』를 번역하여 상해 『사상월간』 1928년 2~3기에 발표하였는데, 그 내용은 마르크스가 저술한 『철학의 빈곤』 1장과 2장으로 유물변증법을 소개한 것이다. 엥겔스가 저술한 『포이엘바하론』(지금은 『루드비히 포이엘바하와 독일고전철학의 종결』로 번역)의 중문 번역본은 상해남강서점(上海南强書店)에서 출판하였다. 이 책의 부록에는 또 유물변증법에 관한 마르크스와 엥겔스의 번역문 5편이 있는데, 그 내용은 『포이엘바하론에 관한 대강』과 『「자연변증법」 메모와 단편』을 초역(抄譯)한 것이다. 1930년 11월에 상해 강남서국에서는 엥겔스 저 · 오려평(吳黎平) 번역의 『반듀링론』 완역본을 출판하였으며 후에 여러 차례 재판했다. 상해 아동도서관(亞東圖書館)에서는 정시인(程始仁)이 편집하고 번역한 『유물변증법경전』을 출판하였는데 마르크스 · 엥겔스 · 레닌의 유물변증법에 관한 논저 10편이 들어있다. 레닌에 의해 '변증법의 경전' 으로 불린 『자본론』 역시 많은 장과 절이 중국어로 번역되어 중국 독자와 만나기 시작했다. 이 단계에서 마르크스주의 철학의 중국 전파는 규범화 및 대중화하는 경향이 되었으며, 얼마 전 소련의 철학계에 영향을 끼친 마르크스주의 철학 교과서도 소개되어 들어왔다. 그 가운데는 이달과 뇌중견(雷中堅)이 함께 번역한 시라코프(Silokov)와 아이젠버그(Eisenberg)의 공저 『변증법적 유물론 교과 과정』과 애사기와 정이리(鄭易里)가 공역한 미딘(Midin)의 『신철학대강』과 심지원(沈志遠)이 번역한 미딘(Midin)의 『변증법적 유물론과 역사적 유물론』이 있다. 이 세 권의 역서 가운데서 심지원의 번역본이 가장 큰 영향을 미쳤고 신중국 성립 초기까지 여전히 중국인이 마르크스주의 철학을 배우는 주요 독본이 되었다. 곽잠파는 『근 50년 중국사상사』에서 당시 마르크스주의 철학이 중국에서 전파되는 상황을 이렇게 표현했다. "중국은 1927년부터 사회과학이 폭풍처럼 거세게 일어났고, 변증법적 유물론 사상은 하루 천 리를 가는 기세가 있었다."

마르크스주의 철학 전파의 방면에서는 당시 당 밖의 일부 철학자도 공헌이 있다. 예를 들면 젊은 시절에 생명철학을 신앙하던 이석잠(李石岑)은 1930년대에 변증법적 유물주의로 전향하였으며 철학 논전 중에는 마르크스주의 철학 관점을 활용하여 유물변증법을 반대한 각종의 잘못된 언론을 반박했다. 그는 『철학개론 』 제4편 '신유물론' 에서 대립통일 · 질량상호변화 · 부정의 부정 등 3대 법칙을 소개했다. 1933년 3월, 마르크스 서거 50주년을 기념하기 위하여 상해청년회는 '과학적 사회주의 강좌' 를 진행하였다. 이석잠은 백색의 공포 아래 「과학적 사회주의 철학」을 강연하며 변증법적 유물론을 소개하고 최대한의 이론적 용기를 표현해냈다. 채원배(蔡元培) · 장내기(章乃器) · 진망도(陳望道) 등 저명한 학자들도 공개적으로 마르크스주의 이론을 선전하여 사회적으로 매우 큰 영향을 일으켰다. 장대년(張岱年)은 1932년부터 1934년까지 연속하여 「변증법적 일

자·료·카·드

## 유물변증법 논쟁

또는 '철학 논쟁' 혹 '변증법적 유물주의와 반(反)변증법적 유물주의 논쟁'이라 부른다. 1930년부터 1936년까지 중국의 철학 이론계에서 철학의 소멸 여부 · 본체론과 인식론의 관계 · 유물변증법의 실질 등의 문제에 관하여 진행한 1차 논쟁이다. 1930년 전후, 마르크스주의 철학은 중국 사상 이론계에 진일보 전파되면서 자산계급의 이익을 대표하는 유심주의 유파 철학자들의 당황함과 반항을 불러일으킨다. 장동손이 가장 먼저 따져 묻고 잇달아 「나도 변증법적 유물론을 말해 본다」「운동의 논리는 가능한가」 등의 글을 발표하였다. 1934년에는 또 변증유물론을 체계적으로 반대하는 「유물변증법의 총검토」를 쓰고 마르크스주의 철학을 반대하는 『유물변증법 논쟁』이란 책도 편집했다. 이와 동시에 트로츠키파의 엽청(葉青)은 장동손 철학을 비판하는 명목을 진작시키며 마르크스주의 철학을 왜곡하는 관점을 시리즈로 제기하였고, 철학은 곧 소멸한다고 공언하며 변증법적 유물주의를 '물심종합론'으로 왜곡하였다. 1934년에는 『철학은 어디로 갈 것인가』 등을 발표하고 이듬해 또 『철학 논쟁』이란 책을 편집하였다. 장동손과 함께 모두 마르크스주의 철학을 반대했다. 당시에 애사기 · 등운특(鄧云特) · 심지원 · 장계동(張季同) 등의 마르크스주의자와 진보적 이론가들은 100편에 가까운 글을 발표하여 장동손과 엽청의 철학 사상을 비판하면서 변증법적 유물주의와 유물사관의 기본 원리를 지킴으로써 마르크스주의 철학의 중국에서의 전파와 연구가 진일보 발전하도록 하였다.

_ 풍계 주편, 『철학대사전 · 중국철학사권』, 600-601쪽, 상해, 상해사서출판사, 1985.

관(一貫)」「변증법적 유물론의 인식론」「변증법적 유물론의 인생철학」 등 여러 편의 논문을 발표하여 변증법적 유물주의를 소개했다. 그는 "변증법적 유물론의 지식론은 실천적 지식론이며" 그래서 변증법적 유물론의 인생철학은 곧 '과학적 혁명적 인생철학' 이라고 생각했다. 많은 사실이 마르크스주의 철학은 현대 중국에서 보편적으로 환영을 받고 있음을 증명한다. 마치 애사기가 말한 바와 같이 1927년 이후 "유물변증법은 전국을 휩쓸었고, 그 큰 힘은 22년 이래의 철학 사조에서는 없었다."[42] 유물변증법을 반대한 장동손조차도 어쩔 수 없이 "이 몇 년 동안 서점가에서는 유물변증법에 관한 서적을 적지 않게 출판했다. 찬성과 반대를 막론하고 변증법이 느닷없이 철학계에 뛰어든 것은 결국 하나의 사실이라고 말할 수 있다."[43]라고 인정하였다.

### 2) 마르크스주의 철학에 대한 이달의 규범화적 이해

중국의 마르크스주의 철학자는 구소련의 철학 독본을 번역한 외에도 스스로 마르크스주의 철학 체계에 관한 많은 교과서나 대중적 읽을거리를 썼다. 그 가운데는 오량평 편저의 『변증법적 유물론과 유물사관』, 이달이 저술한 『사회학 대강』, 애사기가 저술한 『대중철학』, 심지원이 저술한 『현대철학의 기본 문제』, 장여심(張如心)이 저술한 『철학 개론』, 진유실(陳唯實)이 저술한 『통속철학 강화(講話)』와 『신철학체계 강화』, 호승(胡繩)이 저술한 『변증법적 유물론 입문』 등이 있다. 이런 종류의 저작 가운데서 이달의 『사회학 대강』이 이론적 수준이 가장 높아서 1930, 40년대 중국 마르크스주의 철학 규범화의 본보기가 되는 저작이라 할 수 있다.

---

42) 『艾思奇文集』, 제1권, 66쪽, 北京, 人民出版社, 1987.

43) 張東蓀, 『唯物辨證法論戰』, 135쪽, 北平, 民友書局, 1934.

이 책은 총 40여만 자로서 5편으로 나누어진다. 제1편은 비교적 상세하게 유물변증법 각 조항의 원리를 소개하며 책 절반의 지면을 차지한다. 이달은 먼저 유물변증법 형성과 발전의 역사를 거슬러 올라가서 그것이 인류 인식의 역사에 고유한 것이며 전 인류가 공유한 정신적 재산이라고 설명한다. 유물변증법은 과학적인 세계관으로서 철학의 기본 문제에 정확히 대답하였고 세계의 통일성 및 발전의 과정성을 설명했다. 유물변증법은 과학적인 방법론으로서 '대립 통일의 법칙' 을 핵심으로 한다. '질적 변화에서 양적 변화에 이르는 변화의 법칙' 과 '부정의 부정 법칙' 은 '대립 통일의 법칙' 의 전개이다. 유물변증법의 주요 범주에는 본질과 현상 · 내용과 형식 · 필연성과 우연성 · 현실성과 가능성 · 법칙과 인과성 등이 있으며 각 범주 쌍 사이의 관계 또한 '대립 통일의 법칙' 을 구현한다. 또 유물변증법은 인식론과 논리학으로서 인식 발전 과정에서 감각과 개념 사이의 모순적 전개에 대하여 과학적으로 설명한다. 실천은 주관과 객관이 통일하는 기초이고, 판단과 추리 · 분석과 종합 · 귀납과 연역은 모두 변증적 사유의 구체적 방법이다. 제2편부터 제5편까지는 역사적 유물주의의 기본 원리를 상세히 서술한다. 제2편에서는 역사적 유물론의 대상을 논술하며 역사와 방법의 통일 관계를 설명한다. 제3편에서는 생산력과 생산관계의 모순 분석에서 착수하여 '사회의 경제적 구조' 를 해설한다. 제4편에서는 '사회의 정치적 구조' 를 해설하면서 레닌이 개괄한 계급의 정의와 역사적 유물주의의 국가 이론을 중점적으로 상세히 서술한다. 제5편에서는 '사회적 의식 형태' 의 성질과 특징을 해설한다. 의식 형태는 '상부구조' 의 구성 부분으로서 '경제구조' 의 제약을 받는다. 그러나 상당히 독립성이 있다. 이달은 또 전(前)자본주의와 자본주의와 사회주의의 의식 형태에 대하여 구체적으로 분석했다. 그는 원래 제6편 「중국 사회의 연구」를 쓸 계획이었으나 『경제학 대강』을 저술하기에 바빠서 완성할 수 없었다. 탈당한 후 이달은 비교적 넉넉하게 연구할 시간이 있었고 마르크스주의 철학을 연구하는 데 전심전력 몰두할 수 있어서 새로운 이론적 깊이에 도달할 조건을 갖추었다. 『사회학 대강』이라는 책은 다음과 같은 특색이 있다.

첫째, 인류 인식 발전사의 각도에서 마르크스주의 철학을 보면서 새로운 철학의 탄생은 한 차례 위대한 철학적 변혁임을 명백하게 밝힌다. 이달은 다음과 같이 지적한다. "인류가 인식하는 역사는 원시시대부터 현재에 이르기까지 객관적 세계에 대한 인류의 인식 과정을 포함하고 있다. 그래서 우리는 유물변증법의 역사적 준비를 거슬러 올라갈 때 원시시대 인류의 인식까지 거슬러 올라가지 않을 수 없다." "유물변증법은 유일한 과학적 세계관이다. 이 세계관은 인류가 인식하는 모든 역사적 성과를 흡수하여 적극적으로 창조되어 나온 것이다. 그러므로 우리는 유물변증법의 일반적 원리를 연구할 때 반드시 역사주의의 입장에 서서 …… 이 철학이 인류 인식사의 총계이고 총합이고 결론임을 지적해야 한다."[44] 그는 한 장 전체의 지면을 사용하여 서양철학사 특히 독일 고전철학의 역사를 회고하고 상세하고 확실한 많은 양의 자료로 마르크스주의 철학의 탄생은 인류 철학 사상의 발전이 새로운 단계로 접어들었음을 상징한다는 것을 증명했다. 이 한 장에서 이달의 매우 넓은 이론적 시야와 튼튼한 철학사 방면의 학식이 나타나는데 폭에서나 깊이에서나 모두 당시 중국에 전입된 소련의 철학 교과서를 추월했다.

둘째, 체계적이고 완전하게 마르크스주의 철학 체계를 이해하였으며 변증법적 유물주의와 역사적 유물주의를 유기적으로 통일시키려고 힘껏 노력하였다. 이달은 "유물변증법은 과학적 역사관과 과학적 자연관의 통

44) 『李達文集』, 제2권, 10쪽, 北京, 人民出版社, 1981.

일이다. 그리고 양자 통일의 기초는 사회적-생산의 실천이다. 우리는 앞 단락의 설명에서 창시자들의 철학적 실천 활동이 우선 사회적-역사적 영역, 즉 정치적-실천적 영역에서 시작하였음을 식별할 수 있다. 우리는 창시자들이 먼저 역사 영역의 변증법을 상세히 밝혔고 그다음에는 역사적 변증법으로부터 자연적 변증법으로 들어가서 사회적 실천에 둘을 통일시킴으로써 과학적 세계관의 유물변증법을 창조해 냈다고 말할 수 있다."[45] 라고 강조한다. 그의 이와 같은 견해는 독창적이며 마르크스주의 철학의 이론적 실질을 틀어쥐고 있어서 소련 철학 교과서의 표현법과 구별된다. 스탈린의 『전체동맹공산주의볼셰비키역사〔聯共(布)黨史〕』 4장 2절에서 「변증법적 유물주의와 역사적 유물주의」라는 표현법이 나타난 후부터 소련의 철학계는 바로 이를 모범으로 받들고 거의 모두 '변증법적 유물주의' 와 '역사적 유물주의' 의 형식으로 마르크스주의 철학 체계를 서술했다. 대다수 마르크스주의 철학을 해석하는 사람은 일반적으로 변증법적 유물주의를 '자연현상에 대한 견해와 연구' 로 이해하여 이것이 마르크스주의 철학의 첫 번째 원리라고 생각하고 역사적 유물주의를 '사회적 역사적 연구 분야에서 변증법적 유물주의 원리의 추진과 응용' 이라고 말한다. 이와 같은 관점은 자기도 모르게 마르크스주의 철학 체계의 완전성을 분리하였으며 그 해석은 논리적 선후 순서가 존재하는 두 부분으로 되었다. 이달은 이와 같은 선입견에 구속받지 않고 독립적으로 사고하며 대담하게 혁신하고 홀로 새로운 길을 개척했다. 그는 일반적인 '변증법적 유물주의와 역사적 유물주의' 란 진술 방법을 채택하지 않고 오히려 이 책의 이름을 『사회학 대강』으로 정하였다. 이것은 아마 마르크스주의 철학의 전체성에 대한 그의 독창적인 견해에서 나왔을 것이다.

---

45) 『李達文集』, 제2권, 56쪽.

셋째, 인식과 실천의 관계를 정확하게 취급하여 변증법과 인식론을 유기적으로 통일하였다. 이달은 마르크스주의 철학은 이미 변증법적 유물론이며 또한 실천적 유물론이라고 생각한다. 실천은 철학의 인식론 범주로써 노동 · 물질적 생산 · 사회적 투쟁 등의 함의를 내포하며, 그것은 표상과 개념 등의 정신적 생산을 규정하고 인식의 구체적 발전 노정(路程)을 규정한다. 그는 구유물론의 근본적 결함 중 하나는 바로 실천이 인식 발전의 원동력임을 몰라서 인식 발전의 변증법을 모르고, 따라서 인식의 구체성과 과정성 및 진리의 상대성과 절대성 사이의 변증 관계를 설명할 방법이 없다고 지적했다. 마르크스주의 철학에서는 실천을 인식 발전의 지렛대로 여기고 인식의 출발점과 원천으로 여기며 인식 발전의 계기와 진리를 검증하는 표준으로 여겨서 인식 과정의 변증법을 상세히 서술하고 구유물론의 결함을 극복하였다. 이와 같은 관점에 근거하여 이달은 이 책 제4장의 제목을 「인식론과 논리학으로 보는 유물변증법」이라고 정했다.

이달의 마르크스주의 철학 체계에 대한 이해는 비교적 깊고 비교적 체계적이며 비교적 모범이 된다. 마르크스주의 철학에 대한 그의 서술은 관점이 정확하고 정확도가 깊으며 조리가 분명하고 표현이 모범적이어서 중국의 인민이 완전하고 확실하게 마르크스주의 철학을 받아들이는 데 큰 도움이 되었다. 모택동은 이 책을 매우 높게 평가하여 그것은 중국 사람이 저술한 첫째가는 마르크스주의 철학 교과서라고 칭찬했다. 그는 이 책을 열 번이 넘도록 읽었고 몇만 자의 평어(評語)와 주석을 썼다. 이 책은 모택동 철학 사상의 형성과 발전에 의심할 바 없이 상당히 큰 영향을 가지고 있다. 역사적 조건의 제한으로 인하여 이 책도 부족한 곳이 있다. 예를 들면 중국 혁명의 구체적 문제에 대한 언급이 비교적 적고, 소련 철학 교과서의 영향이 비교적 크며, '이해한 대로 말한' 흔적이 보이고, 독창성은 충분하게 나타나지 않았다. 그러나 이로 인해서 이달의 탁월한 이론

자·료·카·드

중국 마르크스주의자 마음속의 이달

이달은 국내외에서 높은 명성을 누린 위대한 마르크스주의 철학자다. 모택동은 1930년대에는 그를 '진정한 사람' 이라고 불렀고, 1950년대에는 다시 그를 '이론계의 노신(魯迅)' 이라고 칭찬했다. 몇몇 저명한 마르크스주의 학자는 그를 '우리나라의 위대한 마르크스주의 계몽대가' 〔여진우(呂振羽)〕·'우리나라 철학계의 태산북두' 〔양헌진(楊獻珍)〕·'한 사람의 프로메테우스 방식으로 불을 전달해준 자' 〔후외려(侯外廬)〕로 칭찬했다.

_ 이진하(李振霞) 주편, 『당대 중국의 십철』, 1쪽, 북경, 화하(華夏)출판사, 1991.

적 공헌이 지워질 수는 없다.

### 3) 마르크스주의 철학에 대한 애사기의 통속화적 보급

1930, 40년대까지 중국의 마르크스주의자는 마르크스주의 철학을 선전하는 데 힘을 가했다. 애사기가 저술한 『대중철학』은 인민대중이 즐겨 듣고 보는 형식과 통속적이고 알기 쉬운 언어를 활용하여 마르크스주의 철학의 원리를 표현하는 데 큰 성공을 거두었으며 마르크스주의 철학 통속화의 모범적 저작이라고 불러도 좋다. 이 책은 독자들에게 많은 환영을 받으면서 해방 이전에 32판 이상 나왔다. 많은 청년이 『대중철학』을 읽고 난 후 연안(延安)을 향해 달려가는 길에 올랐다. 이 책에서 그는 변증법적 유물주의는 본체론(세계관)·인식론·방법론의 세 부분으로 구성된다고 생각한다. '본체론(세계관)' 장에서 그는 철학의 근본 문제는 "바로 주관

과 객관이 어떻게 관계를 맺는가의 문제다."라고 지적했다. 이에 대한 변증법적 유물주의의 대답은 "우주 사이의 모든 변화무쌍한 현상은 물질의 자체 운동 과정이다." "물질 운동의 각 형태는 모두 일정한 제한과 일정한 규칙이 있다."[46]라는 것이다. 그는 주관과 객관 · 물질과 운동 · 물질과 규칙 간의 관계를 정확히 설명하여 변증법적 유물주의 세계관의 기본 사상을 상세히 서술했다. '인식론' 장에서 그는 변증법적 유물주의의 반영론을 명백히 서술했다. 그는 외부 세계는 알 수 있는 것이라고 지적한다. "우리가 일체를 인식하는 것은 모두 주관과 객관의 통일 가운데서 실현하는 것"으로서 모두 객관에 대한 주관의 반영이다. "감성에서 이성까지, 이론에서 실천까지, 또 실천에서 새로운 감성을 얻어 새로운 이성을 향해 걸어간다. 이와 같은 과정은 끝없이 연속되고 순환되어 가지만 한 번 순환하면 우리의 인식도 더욱 풍부해진다."[47] '방법론' 장에서 그는 변증법의 세 가지 기본 법칙, 즉 모순통일의 법칙과 질량 상호변환의 법칙과 부정의 부정 법칙을 진술했다. 그는 "모순의 통일은 동적 논리의 첫 번째 법칙이다."라고 지적한다. 그는 뇌봉탑(雷峰塔)이 무너진 것을 예로 들어 양적 변화가 질적 변화를 일으키는 이치를 설명한다. 그는 또 "세계의 모든 사물은 전부 긍정-부정-부정의 부정(혹은 정, 반, 합)이란 세 단계에 의해서 발전한다."[48]라고 지적했다. 그는 현상과 본질 · 형식과 내용 · 법칙과 인과 · 필연성과 우연성 · 가능성과 현실성 등 몇 쌍의 범주에 대하여도 통속적인 해설을 했다.

마르크스주의 철학의 대중화 방면에서 애사기는 아주 큰 성과를 거두었고 마르크스주의 철학의 사회적 영향도 확대하였다. 석준(石峻) 교수의

46) 『艾思奇文集』, 제1권, 155, 162쪽.
47) 위의 책, 186쪽.
48) 위의 책, 221-222쪽.

소개에 의하면 애사기가 저술한 『대중철학』은 철학 전공의 학부생 가운데 아주 많은 독자가 있다. 그는 두 가지를 말했다. 한 가지는 그가 일찍이 철학 전공 학부생에게 "자네가 가장 좋아하는 철학책을 선택하여 독서보고서를 쓰라."라는 숙제를 내주었는데 숙제를 거둬들인 후에 대다수 학생이 선택한 철학책이 『대중철학』이었음을 발견한 일이었다. 또 다른 한 가지는 항일전쟁 시기에 북경대학이 남쪽으로 옮겨갔는데 학생이 가지고 있는 책을 집중적으로 운반하였다. 도서 목록을 등록할 때 거의 모든 학생이 『대중철학』을 가지고 있음을 발견한 것이다. 『대중철학』을 출판한 수량은 사람을 놀라게 한다. 아마 그 시대에 가장 잘 팔린 철학책으로서 젊은 사람들의 깊고 넓은 환영을 받았을 것이다.

애사기는 마르크스주의 철학의 대중화에 힘을 쏟은 동시에 마르크스주의 철학의 중국화 문제에도 주의했다. 항일전쟁 시기에 그는 「철학의 현상과 임무」 「중국의 특수성을 논함」 등의 글이나 소책자를 발표하여 가짜 마르크스주의자인 엽청(葉青)의 "마르크스주의는 중국화할 수 없다." 라는 잘못된 논리를 반박하고 마르크스주의 중국화의 내재적 근거와 방법적 원칙과 실현 과정을 상세히 서술했다. 그는 마르크스주의의 내용상의 일반성 및 국제성과 형식상의 특수성 및 민족성은 통일적이지 대립적은 아니라고 지적했다. "세계는 또 각양 각종의 민족과 국가의 경계가 있다. 지금 마르크스주의는 각 민족의 서로 다른 발전 조건에 의하여 서로 다른 표현 형식을 채택할 수밖에 없다. 그것은 결코 전 세계가 일치하는 국제 형식으로 직접 표현해 나올 수 없을 것이다."[49] 그러므로 마르크스주의 철학은 반드시 중국화해야 하고 또 중국화 할 수 있다. 이와 같은 인식에 기초하여 애사기는 성공적으로 인민대중이 즐겨 듣고 즐겨 보는 형

49) 위의 책, 486쪽.

자·료·카·드

### 애사기가 말하는 철학의 주요 임무

철학의 주요 임무는 진실로 인류 생활에서의 사실상 문제를 해결할 수 있어야 하는 것이다. 진실로 이러한 문제를 해결할 수 있어야만 그것이 사실상의 진리라는 것을 증명할 수 있다. 우리는 철학이 사물에 대한 사람의 근본적 인식과 근본적 태도라고 말하는데 그 의미 또한 바로 여기에 있다. 철학은 단지 듣기 좋은 것만을 말하는 것이 아니라 한 걸음 더 나아가 우리가 일할 수 있도록 지도해야 한다. 그것의 "중요한 문제는 세계를 개조하는 데 있다!"

무엇이 정확한 철학인가? 왜 그것이 다른 철학보다 더 정확하고 더욱 사실적 진리와 일치할 수 있을까? 이 문제는 앞으로 토론할 것이다. 그러나 우리는 세 단계로 나눠서 말해야 한다. 첫 번째 단계에서는 먼저 세계 그 자체는 도대체 어떤 물건인가? 물질인가? 정신인가?를 말해야 한다. 이 첫 단계의 토론을 본체론이라 부른다. 두 번째 단계는 우리가 어떻게 세계의 모든 것을 인식할 수 있는가?를 논하는 것이다. 이 단계의 토론을 인식론이라 부른다. 세 번째 단계는 세계의 전부 및 우리 인류의 사상 등은 어떻게 변화하고 운동할 것인가? 어떤 법칙에 따라 변화하여 운동할 것인가?를 논하는 것이다. 다시 말하면 세계 모든 사물의 가장 보편적이고 가장 근본적인 변화 규칙은 무엇인가? 이 단계의 토론을 방법론이라 부른다.

_『애사기문집』, 139-140쪽, 북경, 인민출판사, 1981.

식을 운용하여 마르크스주의 철학을 선전하였고 마르크스주의 철학을 보급하기 위해 크게 공헌했다. 그가 종사한 마르크스주의 철학 대중화의 작업은 마르크스주의 중국화의 진행 과정을 재촉하였으며 현대 중국철학사에서의 공적은 사라질 수 없을 것이다.

## 5. 곽말약(郭沫若)과 후외려(侯外廬)

이대소는 중국에서 가장 먼저 유물사관을 받아들인 사상가이고 또 가장 먼저 유물사관을 사용하여 중국 역사를 연구한 사상가다. 그러나 그는 너무 일찍이 중국 혁명을 위하여 헌신하였기 때문에 더 깊이 들어가지는 못했다. 후계자인 곽말약과 후외려는 이대소가 개척한 이 연구 방향에 따라 중국의 전통 학술을 더 깊이 있게 더 구체적으로 연구하여 아주 큰 성과를 거두었다.

곽말약(1892~1978)은 현대 학자로서 마르크스주의 이론가이다. 본명은 곽개정(郭開貞)이고 호는 정당(鼎堂)이며 사천성 낙산(樂山) 사람이다. 선비 집안 출신으로 어려서부터 열심히 고서를 읽었으며 『장자』를 좋아했다. 1914년에 일본의 구주제국대학(九州帝國大學)에 입학하여 의학을 전공하였으며, 1923년에 의학 학사학위를 받았다. 유학 기간에 그는 5·4 신문화운동에 참가하였으며 신시집 『여신(女神)』을 저작했다. 졸업 후에는 의학의 길을 포기하고 문학의 길을 걸으며 문학을 무기로 하여 "열정을 부추겨 사회를 개조한다."라는 희망이 있었다. 1924년 이후에 마르크스주의를 받아들였다. 1926년에 광동대학 문과대학 학장을 맡고 아울러 대혁명에 투신했다. 일찍이 모택동의 초청을 받아 농민운동강습소에서 강의한 적이 있었고 국민혁명군 총정치부 부주임을 맡았었다. 1927년에 중국공산당에 가입했다. 그는 중국에서 마르크스주의 철학을 전파한 한 사람으로서 일찍이 마르크스와 엥겔스의 공저인 『덕의지(德意志)의 의식형태』 및 마르크스가 저술한 『예술의 진실』 등의 경전적 저작을 번역하였다. 그는 마르크스주의의 관점과 방법을 활용하여 중국 고대사회와 전통학술 사상을 연구하고 『중국고대사회연구』 『청동시대』 『십비판서』 등의 저작을 쓰고 편집했다. 1949년 신중국 성립 후에 중앙인민정부위원·정무원 부총리 겸 문화교육위원회 주임 · 중국과학원 초대원장 겸 철학사회과학부 주임 · 중국과기대학 초대총장 · 중국인민보위세계화평위원회 주석 · 중일우호협회 명예회장 · 전국인민대표대회상무위원회 부위원장 등의 직무를 역임했다. 학식은 깊고 넓으며 저작도 풍부하다. 『곽말약전집(郭沫若全集)』에 편입되어있고 모두 17권이다.

후외려(1903~1987)도 현대 학자이며 마르크스주의 이론가다. 원래 이름은 조린(兆麟)이고 또 옥추(玉樞)라고도 한다. 호는 외려(外廬)이며 호로서 세상에 널리 전해졌고 산서성 평요(平遙) 사람이다. 학자적 가풍이 있는 집안 출신으로서 어려서부터 사서오경을 배우고 읽으며 전통적 문화교육을 받았다. 5 · 4 시기에는 『신청년』 등 진보적 간행물을 읽으면서 신사조의 영향을 받았다. 1922년에 북경으로 공부하러 가서 북평대학 법학원에 들어가 법률을 학습하였고 같은 시기에 사범대학에서 역사학도 함께 학습했다. 1925년에 이대소와 친분을 맺으면서 마르크스주의를 받아들이고 애국학생운동에 투신했다. 일찍이 비밀 간행물 『하층』의 편집장을 맡았다. 1927년에 프랑스로 가서 고학하며 파리대학에 들어갔다. 1928년에 파리에서 중국공산당에 가입하였으며 중국 재불어언조지부서기(在佛語言組支部書記)를 맡으면서 『자본론』 번역에 착수하였다. 1930년에 모스크바를 경유하여 귀국하였으며 잇달아 할빈정법대학 · 북평대학 · 사범대학에서 교편을 잡고 유물사관 · 경제학 등의 과목을 가르쳤다. 1941년에 그는 곽말약의 『중국고대사회연구』의 기초 위에 유물사관을 활용하여 중국의 고대사회를 연구하고 『중국고전사회사연구』(재판은 『중국고대사회사론』으로 이름을 바꿈)를 출판함으로써 중국 고대에는 확실히 노예사회가 존재하였음을 증명하였다. 그는 마르크스주의의 관점과 방법을 활용하여 중국 사상사를 연구하고 『중국고대사상학설사』 『중국근세사상학설사』 등의 저작을 잇달아 출판했다. 1946년에 그는 나극정(羅克汀)과 함께 『신철학교정』을 저술하여 마르크스주의 철학 원리를 강의하였다. 1949년 신중국 성립 이후에는 정무원 문교위원회 위원 · 북경사범대학 역사학과 학과장 · 서북대학 총장 · 중국과학원 철학사회과학부 위원 · 중국과학원 역사연구소 부소장 및 소장 등의 직무를 역임하였고, 여러 권으로 된 『중국사상통사』 및 『중국근대철학사』 『송명이학사』 등의 저작을 쓰고 책임 편집하였다. 일찍이 1차 2차 3차 5차 전국인대대표(全國人大代表)와 제6차 전국정협 위원 및 상무위원에 당선되었다.

### 1) 곽말약: 유물사관을 사용하여 전통 학술 사상 연구

곽말약은 1913년에 일본에서 의학을 공부하였으며 그 가운데서 근대의 과학적 연구 방법을 알게 되었고 동시에 초보적으로 마르크스주의의 철학적 관점을 받아들였다. 그는 『십비판서』 후기에서 이렇게 말한다.

> 일본에서의 학생 시절 10년 기간에 의학사 학위를 취득하였다. 비록 나는 결코 의사 노릇을 하지 않았고 또 의학 연구를 계속하지 않았지만 나는 오히려 근대의 과학적 연구 방법을 알게 되었다. 과학적 방법 이외에 나는 또 근대 문학과 철학, 사회과학을 받아들였다. 특히 변증법적 유물론은 나에게 정신적 계몽을 주었고, 나는 이 열쇠의 사용법을 배우면서 비로소 진솔하게 인생과 학문상의 무문관을 탄핵하여 타파했다. 나는 비로소 사람이 되는 것과 학문하는 것의 의미를 알게 되었다.[50)]

1923년, 곽말약의 학생 시절은 끝났다. 당시는 중국 대혁명의 풍조가

---

50) 郭沫若, 『十批判書』, 489쪽, 北京, 東方出版社, 1996.

점차 높아지고 있었다. 곽말약은 귀국해서 자기의 역량을 기여하기로 결정했다. 1926년에는 북벌전쟁(北伐戰爭)에 참가했다. 1928년, 정세의 절박함으로 인하여 다시 일본에 체류할 수밖에 없었다. "망명 생활은 또 10년이었다. 일본인 형사와 헌병의 이중 감시 아래 나는 고대사회의 연구를 시작했다. 철저한 연구를 위하여 나는 더는 발산할 곳 없는 나의 정력을 은허 갑골문자와 은주(殷周) 청동기 명문(銘文)의 연구와 토론에 썼다."[51] 1930년, 그가 출판한 논문집 『중국 고대사회 연구』는 유물사관을 지도로 하고 상세하고 확실한 역사 자료와 치밀하고 철저한 분석을 근거로 삼아 중국 고대사회 발전의 상황이 마르크스와 엥겔스가 밝힌 역사 발전의 법칙에 완전히 부합하였음을 증명하였다. 그 후 그는 또 『갑골문 연구』『은주청동기명문연구(殷周青銅器銘文研究)』『양주금문사대계 고석(兩周金文辭大系考釋)』『복사통전(卜辭通纂)』 등의 저작을 출판하면서 그의 연구 성과를 진일보 심화시키고 풍부하게 했다. 항일전쟁 시기에 곽말약은 귀국하여 항일 구국운동에 참가하였으며 중경정부정치부3청청장(重慶政府政治部3廳廳長)을 맡았다가 후에 문화공작위원회 주임으로 전근했다. 이 시기에 그는 전쟁 기간의 여러 가지 어려움을 극복하며 여전히 고대 중국사회와 선진(先秦) 학술 사상 연구를 견지했다. 비록 중경정부의 각종 제한을 받았으나 그는 변함없이 크나큰 성과를 거두었다. 1945년에 그는 두 권의 무게 있는 학술 저작인 『청동시대(青銅時代)』와 『십비판서(十批判書)』를 출판했다. 앞의 책에서 그는 1차 자료를 충분히 보유한 기초 위에 중국은 은상(殷商) 서주(西周)에서 춘추시기에 이르기까지 노예제사회 상태였다는 결론을 얻어냈다. 뒤의 책에서 그는 유가 · 묵가 · 도가 · 법가 · 명가 · 잡가 등 선진시기의 주요 학파를 평론 서술하였고 또 유학을 연구

51) 위와 같음.

**자·료·카·드**

『중국고대사회연구(中國古代社會硏究)』

곽말약이 지은 책으로 1930년에 연합(聯合)서점에서 처음 출판했으며 1947년에 가로 판형으로 간행하고 1954년에 인민출판사에서 다시 출판했다. 마르크스주의의 유물사관을 응용하여 중국의 고대사회를 연구한 개척적 성격의 저작이다. 엥겔스의 『가정, 사유제와 국가의 기원』의 연구 방법을 가이드로 하고 미국 학자 모간(Lewis Henry Morgan, 1818~1881)의 미주 원주민에 대한 분석을 참고하여 "고개를 돌려 우리 중국 사회의 발전 단계를 본 것이다."(「서론」) 갑골, 금문, 고서적 문헌을 인용하고 고고학적 문물과 지하에서 발굴한 자료를 결합하여 중국 고대사회의 역사를 연구하였다. 은대는 중국 역사의 막을 여는 시기임을 확정하고, '서주 사회 노예제' 설을 처음으로 제기하였다. 아울러 중국 고대는 서주 이전의 원시공동체 제도와 서주 시대의 노예제와 춘추 이후의 봉건제를 경과했음을 상세히 논증하였다. 이 몇 가지 사회형태 사이의 변화와 흐름을 분석하여 그 발전 순서가 마르크스주의가 밝힌 사회발전의 일반 법칙과 서로 부합함을 시인함으로써 '중국 사회 특수' 론을 반박하고, 당시 중국의 사회 성질과 발전 법칙에 대한 과학적 검토를 촉진하기 위한 유익한 공헌을 했다. 이후 끊임없이 새로운 자료를 발견하고 깊이 연구한 기초 위에서 중국 사회 시대 구분의 몇몇 논점에 대하여 필요한 수정과 보충을 했다. 후에 『말약문집』에 수록되었다.

_ 풍계 주편, 『철학대사전 · 중국철학사권』, 122쪽,
상해, 상해사서(上海辭書)출판사, 1985.

중점으로 하였다.

### 2) 유학에 대한 곽말약의 공감적 이해

5·4 신문화운동 시기에 '유학을 타도하자' 라는 풍조가 물결치면서 학술계의 진보적 사상가는 일반적으로 유학에 대하여 부정적 성격의 평가를 하였고, 유가 이외의 학파에 대하여는 긍정적 성격의 평가를 하였다. 곽말약은 이와 같은 분위기를 반전시키려고 시도했다. 그는 유물사관을 지도로 하여 맨 처음 앞으로 나서서 동정적 눈빛으로 유학을 대하였으며 대담하게 유학에 대하여 긍정적 평가를 하였다. 그는 『왕양명예찬』 『중국문화의 전통 정신』 『논중덕문화서(論中德文化書)』 등 일련의 글을 발표하면서 공자와 유가 문화에 대한 그의 태도를 분명히 나타냈다. 그는 당시 일부의 한쪽으로 치우친 공자 비판의 글은 "아무래도 지나치게 깊이 옛사람을 무함(誣陷)하여 후진에게 거짓을 보여주었다." 라고 생각한다. 그가 보기에 공자는 당시에 그가 숭배한 독일 문학가 괴테와 마찬가지로 모두 세상에서 드문 '전 세계적' 천재에 속한다. 그는 종백화(宗白華)에게 보낸 편지에서 이렇게 썼다.

> 공자를 만약 그가 정치가라고 말한다면 그에게는 그의 '대동주의' 가 있다. 만약 그가 철학자라고 말한다면 그에게는 또 그의 범신론 사상이 있다. 만약 그가 교육자라고 말한다면 그에게는 그의 '유교무류(有敎無類)' 와 '인재시교(因材施敎)' 의 동태적(Kinetisch) 교육 원칙이 있다. 만약 그가 과학자라고 말한다면 그는 원래 박물학자이며 수리(數理)에 통달한 사람이었다. 만약 그가 예술가라고 말한다면 그는 음악에 정통하였다. 만약 그가 문학가라고 말한다면 그에게는 그의 간결하고 적절하며 정교하고 완전한 문학이 있다. 비록 다만 그의 문학상 공적에서 말한다면 공자의 존재는 매우 넘어뜨리기 어렵다. 그는 시(詩)와 서(書)를 정리하고 『춘추』를 편찬하여 우리나라 고대의 문화가 체계

를 갖춘 존재가 되도록 하였다.[52)]

이와 같은 인식에 근거하여 곽말약은 흉금을 털어놓고 "우리는 공자를 숭배한다!"라고 공언했다. 그러나 그는 그가 공자를 숭배하는 것과 근대의 맹목적인 존공파(尊孔派)와는 함께 놓고 말할 수 없다고 정중하게 선언했다. 왜냐하면, 그가 숭배한 것은 "칸트와 괴테 같은 그러한 위대한 천재로서 훌륭한 인격을 함께 갖추고 영원한 생명이 있는 거인"[53)]이기 때문이다. 또한 그는 역사상 유가 문화는 발전하고 변천하는 과정이어서 공자와 후기 유가를 동일시할 수 없다고 보았다. 오직 공자를 대표로 하는 유가 문화에서 말한다면 그리스 문화와 마찬가지로 "모두 인간 세상을 위한 것이고" "마땅히 동적이고 정적이 아니다." 그는 "공자의 인생철학은 바로 개인을 본위로 한다. 그것은 결국 사람이 하늘을 우러러보나 세상을 굽어보나 양심에 부끄러움 없는 성현이 되고 백성에게 널리 은혜를 베풀어 사람을 구제하길 바라는 것이다."라고 말했다. 중화 민족의 이후 수천 년 동안의 "게으름 부리고 놀기 좋아하는 오래된 고질병 및 눈앞의 이익과 욕심에 물든 혼돈"으로 말하면 불교 사상이 중국에 전해 온 후에 유가를 대표로 하는 "고유문화가 오랫동안 가리어진" 결과이다.[54)]

곽말약은 한 걸음 더 나아가 유가 사상에 대하여 구체적으로 분석해야 하며 공자 본인은 후세 유생과 아주 큰 차이가 있다고 지적했다. 그는 이렇게 말했다. "한 무제 이후부터 비록 유학을 존중한다고 표현하였으나 제왕의 편리를 중심으로 유학 서적을 해석하고 관청의 해석을 본보기로 삼아 사람의 자유로운 사색을 금지하였다. 후대 유학자들이 연구하고 읽

52) 郭沫若, 『論詩(二)』.

53) 郭沫若, 『中國文化之傳統精神』.

54) 郭沫若, 『論中德文化書』.

는 유가 경전은 경전 자체가 아니라 다만 경전의 주소(注疏)일 뿐이었다. 후대 사람 눈 속의 유가와 공자 또한 단지 태양을 알지 못하는 장님의 의식 속 구리 쟁반이었다. 유가의 정신과 공자의 정신은 후대의 주소를 통과하며 울퉁불퉁하게 되어 이미 비뚤게 휘어져 있다." 그러므로 이후의 "유가를 숭배하고 신봉하며 공자를 숭배하고 신봉하는 사람은 다만 비뚤어 휘어진 그림자를 숭배하는 것이었다."[55] 여기서 곽말약은 한 편으로는 5·4 시기의 '유학을 타도하자.' 라고 한 것의 적극적인 영향을 받아들여 정치화한 유학을 비판할 필요성을 인정했다. 다른 한 편으로는 또 이 생각의 극단적인 곳을 바로잡아 '유학을 타도하자.' 라고 하는 동시에 '공부자(孔夫子)를 구출하자.' 라고 주장하며 평민화(平民化)의 요구에 따라 유가 사상을 해석하였다. 후대의 유가와 유학에 대하여는 곽말약은 단지 왕양명 한 사람만 숭배하고 믿었다. 그가 보기에 오직 왕양명이 "해석한 유가의 정신, 나아가서 체험한 유가의 정신이야말로 사실 유가 철학의 참뜻이었다."[56]

이뿐만 아니라 곽말약은 또 공자를 대표로 하는 유가 사상과 당시 유행하는 사회주의 사조의 비교를 진행했다. 그가 얻어낸 결론은 이러하다. 즉 공자와 왕양명의 사상은 "출입하는 데 지장이 없고 내외가 일치하여, 정신적 측면에서 힘써 전면적 발전에 노력하고 물질적 측면에서도 힘써 풍요로움에 노력한다." "근대 서구의 사회주의와 일치하는 점을 찾아냈다."[57] 이와 같은 인식에 기초하여 그는 "나 자신은 공자를 인정하고 왕양명도 인정한다. 그러나 동시에 사회주의를 더욱 신앙한다. 내가 생각하기에 마르크스와 레닌의 고결한 인격은 공자와 왕양명에게 지지 않고 러시

55) 郭沫若, 『王陽明禮讚』.

56) 위와 같음.

57) 위와 같음.

아 혁명 후의 정치적 시행은 공자가 말한 '왕도' 이다."[58]라고 표명했다. 이 기초 위에서 곽말약은 중국 사람은 "개인적 수양 위에서 유가의 정신은 자아의 확충에 노력하여 전면적 발전을 추구함을 체험할 수 있으며, 사회의 건설과 개혁 위에서 즉 당연히 사회주의의 지도와 노력에 근거하여 과학 문명의 은혜를 흡수함으로써 물질적 생산력이 증가하도록 하고 물질의 분배는 평등하도록 하며 각 개인의 정신은 전면적인 발전을 완수할 수 있도록 해야 한다."[59]라고 생각한다. 심지어 그는 마르크스를 '문묘(文廟)' 에 들어오시게 하여 공자와 서로 '동지' 로 부르도록 하고, 공자의 '대동(大同)' 의 이상과 마르크스의 공산주의를 교류하도록 하자고 주장하며, 공자의 사상과 마르크스의 견해는 결코 모순되지 않는다고 단언하였다.[60] 여기서 곽말약은 아주 창의적인 관점 하나를 제기하였는데, 그는 마르크스주의와 유가 사상의 정수는 한데 융합할 수 있다고 생각한 것이다. 그러나 이와 같은 융합은 결코 마르크스주의를 유가의 수준까지 낮추라는 것이 아니며 오히려 유가 사상의 정수를 마르크스주의의 수준까지 끌어올려 그것이 시대적 의미를 얻도록 하려는 것이었다.

곽말약은 『십비판서』의 후기에서 그가 유가에 대해 긍정적 성격의 평가를 하는 것은 결코 일부러 유가를 감싸려고 한 것이 아니라 객관적이고 공정하며 철저한 과학을 통해 대량의 역사 자료를 연구한 다음에 얻어낸 공정한 결론이라고 정중하게 밝혔다. 그는 이렇게 썼다.

> '유가' 같은 그런 명사가 바로 비과학적이다. 진한(秦漢) 이후의 유생은 진한 이전과 이미 완전히 서로 다르고, 진한 이전의 유생 역시 각각 분파가 있다.

---

58) 위와 같음.

59) 郭沫若, 『王陽明禮讚』 附論2 「新舊與文白之爭」.

60) 郭沫若, 『馬克思進文廟』.

분석하지도 않고 두리뭉실하게 반대하거나 찬양하면 그것이 바로 이른바 주관주의나 형식주의다. 왜냐하면 당신의 머릿속에 먼저 하나의 기성관념이 있는데 당신이 반대하거나 혹은 찬성하면 당신이 어찌할까 하는 것은 다만 그 관념일 뿐이기 때문이다. 만약 내가 공자를 조금 감싼다고 말하면 나는 좀 인정할 수 있다. 내가 보아온 공자는 노예사회로부터 봉건사회로 바뀌는 그 상승단계 중의 선구자이고, 나는 이런 의미에서 그를 '편들어 준' 것이다. 나의 견해는 2천 년 이상 내려온 견해와 약간 다르다. 설령 내가 잘못이라면 마땅히 새로운 증거를 가지고 나와서 나의 전제를 뒤집어엎어야 한다. 구식 관념을 고집하면서 나의 새로운 관념을 반박하면 문제는 해결되지 못할 것이다. 그렇지만 나도 사실 아주 큰 용기를 떨쳐 일으켰다.[61]

결론적으로 공자와 그 사상에 대한 그의 인정은 결코 맹목적 숭배와 신봉이 아니고 또 주관적 독단도 아니며 충분한 자료를 가지고 과학적 연구와 분석을 한 다음에 얻어낸 객관적 실제에 부합하는 결론이다.

곽말약의 이러한 견해는 1930, 40년대에 이르러 다시 한 걸음 더 발전했다. 이 시기에 그는 잇달아 『선진 천도관의 발전』, 『설유(說儒)를 반박함』, 『청동시대』, 『십비판서』 등 일련의 저작을 발표하였고 공자와 유가 등 선진 사상에 대하여 더욱 깊은 검토와 반성을 진행했다. 그는 유물사관에 근거하여 공자를 특정한 역사적 환경에 놓고 고찰하였다. 그가 보기에 공자가 처한 춘추시대는 바로 고대 중국이 노예제 사회로부터 봉건제 사회로 전환하는 대변혁 시기였다. 이 역사적 시기에 '사(士)'라는 이와 같은 특정한 사회계층이 대단히 적극적으로 활동했다. 각양 각종의 사(士) 가운데 특히 공부하는 학사(學士)의 영향은 가장 컸다. 그래서 모두

61) 郭沫若, 『十批判書』, 502쪽.

경쟁적으로 공부하여 사가 되려는 것이 마침내 일종의 사회적 풍조가 되었다. "공자와 묵자라는 양대 독서 집단은 바로 이와 같은 분위기 속에서 형성되었다. 이미 다수의 사람이 독서 집단에 의지하려 하여 자연스럽게 공자와 묵자 같은 이와 같은 큰 스승은 독서에 기대어 자신의 계획을 펼쳐 놓았다. 공자는 제자가 72명이었고, 묵자는 제자가 180명이었는데, 이러한 숫자는 대개 믿을 수 있다. 공자는 송나라 사람의 사생아로서 노나라에서 태어났으며, 스스로 '어릴 적에 비천하였다.' 라고 말하였고, 후에 노나라의 대부가 되었다. 묵자는 노나라의 비천한 사람으로서 후에 역시 송나라의 대부가 되었다."[62] 유가와 묵가 두 학파는 오랫동안 소리 높여 경쟁하고 서로 논박하면서 당시의 '저명한 학파' 가 되었다. 그렇다면 유가와 묵가 두 학파를 어떻게 평가해야 하는가? 곽말약은 대개 사회개혁을 촉진한 사상가로서 모두 응당 인정해 주어야 하나 이와 반대로 응당 부정하기도 해야 한다고 생각했다. 이런 표준으로 판단하면 곽말약은 유가를 인정하였고 묵가는 부정하였다. 『공묵(孔墨)의 비판』에서 그는 묵자는 공실(公室)을 동정하고 사문(私門)을 반대한 사람으로서 제기한 여러 가지 주장이 사실은 통치자를 대신하여 책략을 세운 것이므로 결코 진리를 말할 가치가 없다고 생각했다. 묵자와 선명한 대조를 이루어, "우리는 공자의 입장은 시대의 조류를 따르며 인민의 해방에 공감하는 것이라고 말해야 한다."[63] 그는 학술계에서 비교적 유행한 '묵자가 옳고 공자는 틀렸다.' 라는 주장을 찬성하지 않고 독창적인 방법을 내어 '공자가 옳고 묵자는 틀렸다.' 라는 주장을 제기한 것이다.

새로운 판정 기준에 대하여 곽말약은 이렇게 말했다. "법관은 법률에 근거하여 시시비비를 결정하는데 나는 도리(道理)에 근거한다. 도리란 무

62) 위의 책, 67쪽.

63) 위의 책, 85쪽.

엇인가? 바로 인민본위(人民本位) 같은 그러한 사상이다. …… 내가 비교적 공자와 맹자를 존경하는 이유는 그들의 사상이 여러 학파 가운데서 비교적 인민본위의 색채가 많기 때문이다."[64] 그는 공자의 사상에는 '인민을 본위로 하는' 정수(精髓)를 포함하고 있다고 생각한다. "공자의 기본적 입장은 이미 당시 사회변혁의 흐름을 따르고 있다. 그러므로 그의 사상과 언론 또한 철저하게 계산된 기준을 획득할 수 있었다. 대체로 그는 인민의 이익을 대표하는 편에 서 있으며, 그는 매우 적극적으로 문화의 힘을 이용하여 인민의 행복을 증진하고 싶어 했다."[65] 공자가 '인민을 본위로 하는' 사상은 그가 제창한 '인(仁)'의 관념에 집중적으로 나타난다. 곽말약의 고증에 근거하면 '인'은 춘추시대의 새로운 학술용어로서 춘추 이전의 고서(古書) 속에서나 금문(金文)과 갑골문에서는 모두 이 글자를 찾을 수 없다. '인' 자가 비록 반드시 공자가 만들어 낸 것은 아니지만 그것은 특별히 공자가 중시하였고 더욱이 그의 사상체계를 구성하는 핵심이라는 것은 다툴 필요가 없는 사실이다. 곽말약은 『논어』의 '인'에 관한 공자의 많은 명제를 인용하여 증명했다. 그가 얻어낸 결론은 "인의 함의는 자기의 욕망을 극복하여 남을 위하는 이타적 행위다. 한 마디로 간단히 말하면 바로 '인은 사람을 사랑하는 것이다'." "그의 '인도(仁道)'는 확실히 대중을 위한 행위이다."[66] 곽말약은 공자의 인학(仁學)을 높게 평가하고, 공자는 사람을 발견했다고 생각하며, 사람은 모두 자신을 완전한 사람이라고 생각해야 할 뿐만 아니라 다른 사람도 완전한 사람으로 생각해야 한다고 주장한다. 공자의 이와 같은 인도주의 사상은 노예해방의 흐름에 순응하는 것으로서 진보적인 역사적 의미가 있다. 인학을 제외하고

64) 郭沫若, 『十批判書』, 506쪽.
65) 위의 책, 87쪽.
66) 위의 책, 88-89쪽.

자·료·카·드

곽말약의 공자론

그의 사람됨이나 학문은 의외로 매우 실사구시적으로 "아는 것은 안다고 하고, 모르는 것은 모른다고 하라."라고 주장하고, "많이 듣되 의심나는 것은 잠시 유보하며 …… 많이 보되 미심쩍은 것은 유보하라."라고 주장한다. 의심할 만하거나 믿을 수 없는 것은 함부로 말하려고 하지 않는 것이다. 또 "많이 듣고서 그 가운데 좋은 것은 가려서 따른다. 많이 보고 기억하는 것은 나면서부터 아는 것의 아래다."라고 말하였는데 분명히 그는 객관적 관찰을 매우 중시한다. "내가 일찍이 종일 아무것도 먹지 않고 밤새도록 잠도 자지 않고서 생각에 잠긴 적이 있었으나, 아무런 소득이 없었으니 배움에 힘쓰느니만 못한 일이다."라고 한 이 경험담은 매우 가치가 있다. 분명히 그는 명상 같은 그러한 종류의 유심적 사유 방법을 반대한다. 그러나 그도 결코 주관을 소멸하고 물리쳐서 단순히 기계가 된 것은 아니다. "배우기만 하고 생각하지 않으면 종잡을 수 없어 터득하지 못하고, 생각만 하고 배우지 않으면 위태롭다."라고 하였으니 반드시 주관과 객관이 상호 인증하여 남을 위하고 자기를 위하는 도리를 엮어낸 후에 그도 비로소 만족하였다.

_ 곽말약, 『십비판서』, 93쪽,
북경, 동방출판사, 1996

도 그는 공자의 실사구시적 학습 태도와 교화 중시의 예악(禮樂) 사상과 '괴이한 일 · 힘센 사람의 일 · 정도를 어지럽히는 일 · 귀신에 관한 일은 말하지 않으셨다.' 라는 회의정신(懷疑精神) 등에 대하여 충분한 긍정을 표명했다.

### 3) 유학에 대한 곽말약의 분석과 비평

비록 곽말약은 공자에 대하여 공감적 태도를 품고 있었으나, 그가 결코 공자의 역사적 한계성을 말하지 않은 것은 아니다. 예를 들어 공자는 사람 가운데 '태어나면서부터 안다.' 라는 천재가 있음을 인정하지만 곽말약이 보기에 이것은 잘못된 것이었다. 그는 공자 학문의 긍정적 가치는 인정하지만 '공자 학문을 부흥하는 데는' 찬성하지 않기 때문에 이른바 '신유가(新儒家)' 와는 원칙적으로 구별된다. 그가 보기에는 오늘에 이르러 아직도 '신유가' 의 불분명한 증명서를 품고 있는 것은 다만 "공룡의 후손이나 도마뱀과 같은 동류의 결함을 가진 꿈" 과 다름없다. 그는 정중하게 "내가 채택한 것은 역사 유물주의의 입장인데 이 입장에서 내가 마치 선진 유가를 밀어주는 듯하므로 또 어떤 사람은 나의 책을 읽고 유가를 위해 크게 봉사하는 것이라고 하는데, 그것은 그래도 나의 본의가 아니다." [67]라고 선언했다.

지적해야 할 것은 곽말약은 공자와 유가 문화에 대한 공감적 이해에 기초함으로써 그 자신이 반복하여 표현하는 실사구시 원칙과 애써서 추구한 객관적 태도에 도달하기가 매우 어려웠고, 때로는 과찬이나 억지 쓴 해석과 평론을 피하기 어려웠다. 예를 들어 공자가 객관적으로 인민에게 이익이 되는 일면을 가지고 있는 것을 인민의 이익을 대표한다고 과장하였고, 공자의 "백성들은 도리를 따르게 할 수는 있어도, 그 이치를 알게 할 수는 없다." 에서 '~할 수 있다.' 와 '~할 수 없다.' 를 '~할 줄 안다./~할 줄 모른다.' 로 해석하고 또 "바로 '백성들은 날마다 사용하나 알지 못한다.' 라는 의미" 라고 생각함으로써 공자에게 우민 사상이 있음을 부

---

67) 郭沫若, 『十批判書』, 522쪽.

**자·료·카·드**

『십비판서』

곽말약이 지었으며 '비판' 이란 제목을 가진 10편의 논문으로 구성되었다. 1945년 중경 군익출판사(群益出版社)에서 출판했다. 첫 편은「고대 연구의 자아비판」이다. 여기서 지은이는 자신의 고대사회 성질 연구에서 초기의 몇몇 관점과 자료 이용상의 잘못을 검토했다.「선진 제자비판(先秦諸子批判)」8편에서는 선진시기의 유가·묵가·도가·법가·명가 등 각 학파의 대표적 인물과 학술 사상을 구별하여 일일이 비판적 성격의 조사를 하였고, 각종 학설과 관점의 학술 연원과 이론적 공헌과 사회적 속성을 드러내 보였다. 마지막 편인「여불위와 진왕 정(政)의 비판」에서는 여불위와 진왕 영정(嬴政)의 사상적 대립을 지적하고 진시황의 천하 통일의 위대한 업적을 인정한 동시에 그의 독재정치와 분서갱유의 잘못도 비평했다. 책의「후기」에서는 이 책의 형성 과정을 소개했다. 이 책은 마르크스주의의 관점과 방법을 활용하여 중국 고대사상사를 연구한 획기적 의미를 갖추고 있다. 1954년에는 인민출판사에서 줄을 고쳐 출판하였고, 1976년에 인민출판사에서 재판하였는데 지은이는 원문에서 약간의 문자를 정정했다. 1982년에 인민출판사는 그것을『곽말약전집·역사편』제2권에 편입하였다.

_ 방극립 주편,『중국철학대사전』, 13쪽,
북경, 중국 사회과학출판사, 1994.

인하였으며, 공자 학설 가운데 군자와 소인에 대한 논의나 상지(上智)와 하우(下愚)만이 바뀌지 않는다는 논의 및 남자를 중시하고 여자를 경시하는 말 등에 대하여는 피하고 언급하지 않는 것이 아니라 뜻을 왜곡하고 두둔한 것이다. 이러한 모든 방면에서 곽말약은 유물사관을 활용하여 공자와 유가 학설을 자세히 설명할 때는 또 적지 않은 작업을 해야 함을 틀림없이 표명했다.

1930, 40년대에 곽말약은 마르크스주의 철학의 입장에 근거하여 먼저 앞으로 나서서 유학에 대한 공감을 나타내고 대담하게 유학의 현대적 가치를 인정함으로써 덮어 놓고 공자를 비판하는 과격한 심리상태를 전환시키는 데 일정한 역할을 하였다. 그러나 유학에 관한 곽말약의 견해는 감정적 색채가 비교적 두터워서 이것이 그의 연구의 깊이를 제한했다. 후외려 등은 이 부족한 점을 보완하고 유물사관을 운용하여 유가 사상에 대하여 비교적 객관적인 연구를 함으로써 비교적 큰 연구 성과를 거두었다.

### 4) 후외려의 유학 연구

1946년, 후외려는 『중국고대사상학설사』라는 책을 출판하여 선진유학에 관한 그의 연구 성과를 발표하고 공자 · 자사 · 맹자 · 순자 등 유가 거장의 학술 사상을 평론 서술했다.

이 책의 5장 「공묵현학주조론상(孔墨顯學主潮論上): 방법론의 이동」과 6장 「공묵현학주조론하(孔墨顯學主潮論下): 학설 체계의 이동」에서는 유가의 창립자인 공자의 유가 사상을 평론 서술했다. 후외려는 공자와 묵자는 춘추 시기에 현학으로 병칭되며 중국 고대사상사에서 매우 중요한 위치를 차지한다고 생각한다. 그는 유가와 묵가를 대조하는 연구 방법을 채택하여 공자의 유가 사상이 지닌 학설의 가치와 이론적 특색과 기본적 내용을 개술했다.

후외려는 공자가 중국 학술발전사에서 지나간 것을 이어받아 미래의 것을 창조해 낸 인물이며 중국 전통 학술 사상의 손색없는 창시자라고 생각했다. "공자는 한편으로는 그 이전에 옛사람이 없어서 중국 학술사에서 '학문' 의 기초를 세웠으며, 다른 한편으로는 또 앞에서 옛사람을 따라(나는 선현의 제도를 전하되 창작하지 아니하며 옛것을 믿고 좋아한다.) 중국 학술사에서 문화 전통을 계승하고 있다. 전자로 말하면 공자는 국민 자격의 지혜로운 사람이자 교육가이다. 따라서 지식의 일반적 문제는 그로부터 법칙에 맞게 제기되었다. 동시에 후자로 말하자면 공자는 주대(周代)에 인류를 새롭게 혁신한 계승자이고 이상적 인물이다. 따라서 지식의 한계 문제는 그로부터 원칙적으로 이상화했다. 그와 그리스 철학자의 현자 시대는 역사는 비슷하지만 사실 동류가 될 수 없다."[68] '지나간 것을 이어받는다.' 라는 각도에서 보면 공자는 이전의 전통 학술 사상의 집대성자이고, '미래의 것을 창조해 낸다.' 라는 각도에서 보면 공자는 춘추 이래 중국 학술 전통의 창시자이다. 공자는 한 몸으로 두 가지 역할을 겸하고 있는데, 서로 비교해서 말하면 후외려는 공자의 '창시자' 의 역할을 더 중시하여 공자는 '주대(周代)의 인류를 새롭게 한' 대표라고 강조한다. 후외려가 공자의 학술 사상에 대해서 만든 이 위치는 한 편으로는 공자를 신격화한 공자존경파〔尊孔派〕와 경계를 명백하게 구분하였고, 다른 한 편으로는 또 공자를 귀신화한 공자비판파〔批孔派〕와도 경계를 명백하게 구분하여 그의 독창적이고 객관적인 안목을 뚜렷이 보여주었다. 후외려는 '유학을 타도하자!' 라는 구호를 찬성하지 않는다고 명확하게 표명했다. 그는 "과거에 소위 '유학을 타도하자.' 던 사람(예컨대 북경대학 교수 吳虞)은 흐름에서 본 것은 있지만 근원에서 본 것은 없다."[69]라고 비평하여 말했다. 이 구호의 극단적인 점은 공자의 사상을 당시의 특정한 역사적 환경에서 고찰하지 않고 일률적으로 공자학의 역사적 가치를 말살한 것이며 더욱이 후세 유학의 여러 가지 폐단을 하나도 빠짐없이 공자의 장부에 기록한 데 있다.

---

68) 侯外廬, 『中國古代思想學說史』, 88쪽, 上海, 文風書局, 1946.

69) 위의 책, 117쪽.

후외려는 지식론 방면에서 공자의 공헌에 특별히 주의할 만한 가치가 있으며 "지식이 위기에 처한 시대에 그의 지식론은 확실히 중국에서 가치가 있는 전통이다." "객관적으로 인류의 능동적 창조 정신을 고양했다."[70] 라고 지적했다. 후외려의 연구에 근거하면 공자의 지식론은 인식 주체와 인식 내용의 두 방면을 언급한다. 그는 중국철학의 술어를 사용하여 인식 주체를 '능사(能思)' 라고 부르고 인식 내용을 '소사(所思)' 라고 부른다. 인식 주체의 방면에서 공자는 '중국인' 의 독특한 시각에서 출발하여 비판적 눈빛으로 당시의 불안정한 사회 현실을 대하면서 사회를 개조하려는 염원을 표현했다. 바로 '중국인' 시각의 한계를 받아서, 공자는 인식 내용 방면에서 '군자(君子)' 식이 아닐 수 없었고 신구(新舊) 사이에서 배회하지 않을 수 없었다. 공자의 지식론에 대한 후외려의 평론과 서술은 이미 그 가운데서 합리적인 본질을 보았고 또 사상적 한계를 말하기 꺼리지도 않았으므로 당연히 상당히 적절하고 상당히 전반적이라고 말해야 한다.

후외려는 공자의 학설 체계가 세 부분으로 구성된다고 보았다. 첫째는 공자의 사회 비판 및 그 이상(理想) 즉 그의 예학이다. "공자는 춘추시대의 사회적 변이(變異)에 대하여 예의가 끊기어 목숨을 잃은 세상이라고 하였다. 이 비판의 객관적 가치는 후대의 유가가 발전시킬 수 없는 점이었고, 더욱이 한대(漢代) 유학은 이 전통을 모두 상실하고 기력은 다했다."[71] 둘째는 공자의 인간 인식 및 도덕관으로 즉 그의 인학(仁學)이다. "공자가 말하는 '인' 의 심리학적 보편화는 단지 이 방면에서만 연구한다면 인은 바로 인간성으로서 시대를 뛰어넘는 도덕 개념이다. 그러나 이것은 동시에 또 춘추 말기의 인간의 새로운 관념임을 증명했다. 왜냐하면

70) 侯外廬, 『中國古代思想學說史』, 88쪽.

71) 위의 책, 125쪽.

그것은 인간의 변이 시대에 생겨났기 때문이다." 셋째는 공자의 천도관(天道觀)이다. 공자의 천도관은 비교적 복잡하다. 그는 한 편으로는 '주재자(主宰者)로서의 하늘' 에 대해 회의를 나타냈고, 다른 한 편으로는 변함없이 숙명론적 색채를 보존한다. 그 가운데는 합리적인 주요 내용이 있고 또 사상적 찌꺼기도 있다. "역사의 변이 가운데서 공자는 풍아(風雅)가 변한 이후의 첫 번째 철학자다. 그는 고대의 비극적 사상 부분을 계승하여 춘추의 멸망(술어로 喪亡이라고 함)을 객관적으로 설명했다. 그러나 보존에 동의한 방법론 방면에서는 또 운명을 부정하지 않았다. 그러므로 그의 운명론은 위에서 아래로 오는 '강명(降命)' 이 아니라 아래에서 위로 올라가는 '지명(知命)' 과 '외명(畏命)' 이다. 객관적 사회제도는 공자의 학설에서 왜곡되지 않았다(이상부분(理想部分)은 주관적이다)."[72] 후외려는 당시의 역사적 현실을 결합하여 공자 천도관의 이중성에 대해 사람들이 믿고 복종할 만한 설명을 했다.

후외려의 견해에 의하면 공자는 철학적으로 유물주의와 유심주의 사이를 배회하며 이원론적 성질을 갖고 있다. 따라서 공자 학설에서는 유물주의로 갈 수도 있고 또 유심주의로 갈 수도 있다. 공자 이후 유가 사상은 두 개의 서로 다른 방향을 따라 발전하면서 사맹학파(思孟學派)와 순자학파(荀子學派)로 나뉘게 된다. 이 책의 제8장 「유가의 사맹학파 및 확대된 유학」에서는 자사와 맹자의 유학 사상을 평론 서술했다. 후외려는 자사는 공자 사상을 신비주의 방향으로 이끌어가서 "중용사상의 형이상학"을 제기했다고 생각한다. "공자는 서주(西周)의 '천인합일' 의 종교 사상을 인륜 사상으로 돌려주었고, 자사는 인륜 사상을 확대하여 더욱 광범한 종교 사상이 되도록 했다. 다른 점은 서주는 선왕을 하늘과 짝지었고, 자사는

72) 위의 책, 127쪽.

공자를 하늘과 짝지었다."[73] 맹자는 공자의 인학을 성선설의 높이까지 끌어올려 유심주의적 인성론을 형성했다. "맹자의 성선론은 공자의 '능사'와 도덕 정서의 확대이다. 그가 확대한 유심론은 공자가 논한 '학(學)'과 거리가 매우 멀다."[74] 비록 후외려는 맹자의 유학 성격을 유심주의로 규정하지만, 그는 결코 이로 인하여 그 속에 있는 합리적인 주요 내용을 부정하지 않았으며, 맹자가 대담하게 전국(戰國)의 실정을 비평한 것과 '정치는 백성을 얻는 것'이라는 주장에 대해서는 충분히 인정해 주었다.

이 책의 제11장 「중국 고대사상의 종합 - 순학(荀學)」에서는 순자의 유학 사상을 평론 서술했다. 후외려는 순자는 유물주의의 방향에 따라서 공자의 학설을 발전시켰다고 생각한다. 예를 들면, 공자는 경험론에 기초하여 '주재자로서의 하늘'에 대해 회의를 표명했으나 여전히 '자연현상에 대한 종교적 잔재'를 유지하고 있는데, 순자는 이와 같은 잔재를 깨끗이 청산하고 명확하게 '하늘의 운행에는 변함없는 도가 있다.'라는 유물주의적 자연관을 제기했다. 공자에게서 '정명(正名)' 사상은 윤리학에 종속되어 독립적인 논리적 성질이 없는데, 순자는 "비록 여전히 공자의 '정명'이란 술어를 채용하지만 사실상 이미 유물론적 성질의 범주로 변했다."[75] 맹자의 성선론에 대하여 순자는 성악설을 제기한다. 후외려는 순자의 성악론은 선천적 양지(良知)의 존재를 부인하고 유물주의적 요소를 포함하고 있으므로 성선론과 성악론의 대립은 사실 유물주의와 유심주의의 대립을 반영한다고 생각한다. 후외려는 순자 사상의 유물주의 경향을 평가할 때 평가 척도의 객관성과 정확성에 주의하였고 결코 부적당하게 치켜세우지 않았다. 그는 명확히 순자는 "철저한 유물론자는 아니다. 반

73) 侯外廬, 『中國古代思想學說史』, 204쪽.

74) 위의 책, 218쪽.

75) 위의 책, 274-275쪽.

자・료・카・드

『중국사상통사(中國思想通史)』

후외려가 편집을 주관하였다. 마르크스주의의 관점과 방법을 사용하여 중국사상사를 체계적으로 분석한 하나의 대작이다. 전체 5권(卷) 6책(册)이다. 은대(殷代)부터 1840년대까지 각 시기의 정치・경제・철학・논리・윤리 등의 사상 내용을 언급하고 있다. 항일전쟁 시기부터 집필하기 시작하여 1947년에 신지서점(新知書店)에서 첫 권을 출판하였고, 1950년 삼련서점(三聯書店)에서 제2권과 3권을 출판하였다. 제4권의 상・하책은 1959년과 1960년에 인민출판사에서 출판하였고, 제5권은 인민출판사에서『중국조기계몽사상사』라는 서명으로 출판하였다. 책에서는 각 시대의 주요 사상가 및 학파의 사상적 발전에 대하여 논술하였고, 특히 사회발전과 학술적 사상 변화 사이의 변증법적 관계에 중점을 두어 분석하였으며, 중국사상사에서 유물론과 무신론 사상가에 대해 충분히 주의하여 왕충(王充)・중장통(仲長統)・범신(范縝)・여재(呂才)・유종원(柳宗元)・유우석(劉禹錫)・왕안석(王安石)・왕정상(王廷相)에게 중요한 지위를 주었다. 이 책은 사료의 인증 및 이론 분석에서 애써 실사구시를 추구하여 당성과 과학성이 서로 통일되는 원칙을 관통하고 있다. 이 책은 오늘까지도 여전히 중국사상사 연구의 중요한 참고서이다.

_ 방극립 주편,『중국철학대사전』, 120쪽,
북경, 중국 사회과학출판사, 1994.

대로 그의 철학 가운데는 일반적인 유가의 유심론이 아직 우세를 점거하고 있다. 그러므로 순자 철학의 특징은 그의 유학 체계에서 유물론의 성과를 충분히 흡수하였으며 완전히 유물론의 근거에서 출발한다고 말하는 것은 아니다."[76]라고 지적하였다. 선진유학에 관한 후외려의 연구에는 세 가지 특성이 있다. 첫째는 유학을 당시의 역사적 환경에 놓고 고찰하여 역사주의 원칙을 관철하였다. 둘째는 공자 맹자 순자의 사상을 연계시켜 고찰하여 전면적이고 정확하며 변증법적으로 유가 사상의 발전 과정을 파악했다. 셋째는 유학 속의 유물주의 요소 발굴에 노력하여 그 정수를 취하고 찌꺼기는 버려서 옛것을 오늘의 현실에 맞게 받아들이는 원칙을 관철하였다. 순자에 대한 그의 평가가 맹자에 대한 평가보다 분명히 더 높은 것은 아마도 당시 유행한 유물론을 인정하고 유심론을 부정하는 분위기의 영향을 받아서일 것이다. 그러나 기본적으로는 고대 사상사의 실제에 부합한다.

## 6. 모택동(毛澤東)

중국 마르크스주의 철학 사조의 발전 자취는 대체로 네 부분을 지나왔다. 첫 번째 부분은 유물사관을 전파하고 이해하는 데 치중되었으며 이대소와 진독수를 대표로 한다. 두 번째 부분에서는 변증법적 유물주의를 전파하고 이해하는 데 치중하였으며 구추백을 대표로 한다. 세 번째 부분은 마르크스주의 철학 체계의 규범화와 통속화에 대한 전파와 이해로서 이달과 애사기를 대표로 한다. 네 번째 부분은 곧 마르크스주의 철학의 중국화다. 마르크스주의 철학의 중국화 방면에서는 위에 서술한 중국의 마르크스주의 철학자들이 실제로 모두 정도는 다르지만 여러 가지 일을 하였다. 그러나 전면적으로 이 부분에 힘을 쏟는 대표적 인물은 모택동이다.

모택동(1893~1976)의 자는 윤지(潤之)이며 호남성(湖南省) 상담(湘潭) 사람이다. 일찍이 호남성 장사(長沙) 제1 사범학교에서 공부하였고 청년

76) 侯外廬, 『中國古代思想學說史』, 279쪽.

시기부터 혁명 활동에 참가했다. 그는 적극적으로 5·4 신문화운동에 뛰어들었다. 『상강평론(湘江評論)』을 창간하여 마르크스주의를 받아들인 후 호남공산주의소조를 건립하고 중국공산당 제1차 대표대회에도 참가했다. 중국공산당 제3차 대표대회에서는 중앙집행위원으로 당선되어 중국공산당이 손중산을 도와 국민당을 개편하는 활동에 참여했다. 일찍이 광주 농민운동강습소(6차)와 중앙농민운동강습소를 주관하며 당을 위하여 많은 농민 간부를 배양했다. 당의 '87' 회의에서 진독수의 우경기회주의(右傾機會主義) 노선의 잘못을 바로잡은 후에 정강산(井岡山)에서 공농홍군(工農紅軍)과 혁명 근거지를 창립했다. 1935년 준의회의(遵義會議) 이후에 왕명좌경교주주의(王明'左' 傾教條主義)의 당 중앙 통치가 끝나고 당 중앙의 주요 지도자의 일을 담당하기 시작하였다. 전후하여 중앙서기처 서기·중공중앙군사위원회 주석·중앙위원회 주석·중앙정치국 주석 등을 담당했다. 신중국이 성립된 후에는 중앙인민정부 주석과 중화인민공화국 주석 및 전국정협 명예 주석으로 당선되었다. 주요 저작은 『모택동선집』 『모택동문집』과 『모택동서신집』으로 편집되었다.

### 1) 중국화로 넘어가는 새로운 단계

모택동은 특히 마르크스주의의 중국화 문제를 중시하고 중국철학이 포함된 중국의 역사 문화유산의 연구를 특별히 중시한다. 그는 『신민주주의론』에서 "중국의 장기적인 봉건사회는 찬란한 고대문화를 창조했다. 고대문화의 발전 과정을 깨끗이 정리하여 그 봉건적 성격의 찌꺼기를 제거하고 민주적 성격의 정수를 흡수하는 것은 민족의 신문화를 발전시켜 민족의 자신감을 끌어올리는 필요조건이다. 그러나 결코 비판 없이 전부 받아들일 수는 없다."[77]라고 말했다. 그는 「민족 전쟁 중 중국공산당의 지위」에서 다시 한번 "우리의 역사 유산을 공부하고 마르크스주의의 방법을 사용하여 비판적 총결산을 하는 것은 우리 학습의 또 하나의 임무다. 우리 민족에게는 수천 년의 역사가 있고 그의 특징이 있으며 그의 수많은 진귀한 물건이 있다. 이러한 것에 대하여 우리는 아직 초등학생이다. 오늘의 중국은 역사적 중국의 한 발전이다. 우리는 마르크스주의적 역사주의자이다. 우리는 당연히 역사를 끊어서는 안 된다. 공자로부터 손중산에 이르기까지 응당 우리는 모두 총결산하고 이 한 묶음의 진귀한 유산을 계승해야 한다."[78]라고 지적했다. 모택동은 정확하게 중국의 문화유산을 정수와 찌꺼기 두 부분으로 나누어 정수는 취하고 찌꺼기는 버려서 비판적으로 계승하자고 주장한다. 그는 오직 중국 문화의 우량 전통을 마르크스주의의 체계 속에 융합시켜야 비로소 중국화한 마르크스주의를 형성할 수 있으며 오직 중국화한 마르크스주의만이 비로소 우리의 사업을 지도하는 이론적 기초가 될 수 있다고 생각한다.

모택동은 전당의 지혜를 집중하여 마르크스주의의 보편적 진리와 중국 혁명의 실제상황을 결합하고 마르크스주의의 과학적 세계관과 방법론을 사용하여 중국의 혁명과 건설의 구체적 문제를 지도하고 해결함으로써 선명한 특색을 갖춘 중국 마르크스주의 철학인 모택동 철학 사상을 형성했다. 제1차 국내 혁명전쟁 실패 후 모택동은 신속하게 역사적 교훈을 총결하고, 교조주의적 사유 방식을 버렸으며, '좌(左)'와 우경(右傾) 기회주의 노선의 방해를 배제하고, 마르크스주의의 철학적 이론을 지도로 하여 중국 사회의 기본적 성질을 깊이 분석하고, '농촌이 도시를 포위한다.'라는 중국 국정에 부합하는 이 하나의 정확한 길을 찾아냈다. 교조주의와 주관주의 경향을 조준하여 모택동은 철학 논저 「교조주의를 반대한

77) 『毛澤東選集』, 2판, 제2권, 707-708쪽, 北京, 人民出版社, 1991.
78) 위의 책, 534쪽.

자·료·카·드

### 모택동의 마르크스주의 중국화론

반드시 마르크스주의의 보편적 진리와 중국 혁명의 구체적 실천을 완전하고 합당하게 통일시켜야 한다. 다시 말하면 민족의 특징과 서로 결합하여 일정한 민족의 형식을 거치면 비로소 쓸모가 있으니 절대로 주관적이고 공식적으로 그것을 응용할 수는 없다. 공식적 마르크스주의자는 다만 마르크스주의와 중국 혁명에 대하여 농담하는 것일 뿐이며 중국의 혁명대오 가운데는 그들의 지위가 없다. 중국 문화는 마땅히 자기의 형식이 있는데, 이것은 바로 민족 형식이다.

_『모택동선집』, 2판, 제2권, 707쪽, 북경, 인민출판사, 1991.

다」를 저술했다. 그는 특히 "실제상황을 벗어난 교조주의를 바로잡자."라고 강조하며, "실제상황을 조사하자."라고 힘껏 제창하고, 마르크스주의의 이론과 중국의 실제상황이 서로 결합하는 원칙을 명확하게 제기했다. 이 글은 모택동 철학 사상의 초보적 형성의 상징이다. 항일전쟁 시기에 이르러 모택동 철학 사상은 더욱 성숙해진다. 모택동은 성공적으로 변증법적 유물주의의 사상과 방법을 활용하여 항일전쟁의 진행 과정에 대한 과학적 예측을 하였고 「지구전(持久戰)을 논함」이란 글을 써냈다. 항일전쟁의 실제 진행 과정은 모택동의 예견을 완전히 검증했다. 1937년, 모택동은 「실천론」과 「모순론」을 발표하였는데, 이것은 모택동 철학 사상의 성숙화의 상징이다. '양론(兩論)'은 인식과 실천 및 주관과 객관의 관계를 굳게 움켜잡고 유물론과 변증법을 유기적으로 통일시켜 중국 혁명의 실천적 경험에 대하여 깊은 철학적 개괄과 총괄을 하였으며, 당내에 주관주의의 잘못된 경향이 생겨난 인식론적 근원에 대하여 전면적이고 치밀한 분석을 함으로써 마르크스주의의 철학 사상을 창조성 있게 발전시켰다. 항일전쟁 시기부터 사회주의 건설 초기에 이르기까지 모택동은 마르크스주의 철학을 군사 · 정치 · 문화 · 경제 등 방면에 응용하였고 변증법적 유물주의의 사상노선 · 군사이론 · 사회혁명이론 · 당의 건설이론 · 사상 방법과 근무 방법 · 경제건설이론 등을 체계적으로 분명히 밝혀서 모택동 철학 사상이 다방면으로 전개될 수 있도록 하였다.

### 2) 모택동 사상의 철학적 창신

모택동 철학 사상은 마르크스주의 철학 중국화의 첫 번째 성공적인 본보기다. 튼튼한 중국철학의 소양을 갖춘 모택동은 혁명과 건설의 실천 과정 중에 마르크스주의 철학을 창조적으로 활용하고 발전시켰다. 그의 철학 사상은 이미 마르크스주의 철학 체계에 속하였으며 또 중국철학의 우수한 전통을 비판적으로 계승하여 그것이 현대적 이론 형태를 획득하도록 하였다.

첫째, 모택동 철학 사상은 '실사구시'를 기본 출발점으로 하는 변증법적 유물주의의 세계관을 확립했다. 마르크스주의 철학이 중국에 전입되기 이전의 중국철학은 아직 원기(元氣)를 본체로 한 소박유물주의의 수준에 머물렀고 역사관 방면에서는 다만 유심주의가 주도하였다. 마르크스주의 철학이 중국에 전입된 후에는 이런 상황이 바뀌었다. 모택동의 공헌은 그가 이론적으로 철저한 유물주의 원칙을 견지했을 뿐만 아니라 또 이 원칙을 실천에까지 관철한 데 있다. 그는 유물사관에 근거하여 생산력의 발전과 인민대중은 역사의 창조자라는 각도에서 사회 역사를 분석하고 더욱이 이 관점과 중국 고유의 사상 자료를 결합하여 실사구시의 지도 원칙을 형성했다. 그는 객관 존재의 사실로부터 출발하여 사회운동 과정 중에 고유한 규칙성을 찾아내고 이로써 진리의 성격을 갖춘 인식을 형성하며 아울러 이와 같은 인식으로 우리의 사회 실천을 지도한다고 주장한다. 이렇게 비록 실사구시는 중국 마르크스주의자의 세계관과 방법론적 정수가 되어도 혁명과 건설을 지도하는 중국공산당의 사상노선이 된다.

둘째, 모택동 철학 사상에서 모순이론(矛盾理論)은 중국의 소박변증법과 마르크스주의 변증법의 긴밀한 결합을 실현하여 유물변증법이 현대 중국인의 기본적 사유 방식이 되도록 하였다. 모택동이 「모순론」에서 명백히 밝힌 변증법은 이미 마르크스주의 변증법의 기본적 원칙을 구현하였고 또 선명한 중국적 특색을 띠고 있어서 서양철학과 중국철학의 변증법 사상의 회통을 실현했다. 이와 같은 변증법은 이미 범주 및 그 전화(轉化)에 빠진 순수한 개념의 변증법이 아니라 실제 사물에 대하여 분석과 조작을 진행한 실천적 변증법이다. 그것은 내적 요인과 외적 요인 · 주된 모순과 부차적 모순 · 질과 양 · 전진과 후퇴 · 득과 실이란 모순적 운동의 연구를 중시하여 선명한 현실성 있는 품격을 갖고 있다. 그것은 중국 혁명의 전략과 책략이 내재적으로 결합하여 실천을 지도하는 거대한 역할을 발휘하고 있다. 예를 들면 항일전쟁 시기에 모택동은 변증법 사상을 활용하여 지구전이라는 전략 방침을 제기하였고 아울러 중국과 일본 침략자라는 적군과 아군 쌍방의 모순적 관계의 구체적 분석을 통하여 항일전쟁이 발전해온 전 과정을 과학적으로 예측했다. 해방전쟁 시기에 모택동은 군사 변증법을 운용하여 적군과 아군 쌍방의 역량을 대비한 발전과 변화를 드러내 보였고 정확한 전략과 책략을 제정함으로써 불과 몇 년의 시간을 사용하여 전국적 승리를 쟁취했다. 모택동은 성공적으로 변증법을 활용하여 혁명의 실천을 지도하고 마르크스주의 변증법의 위신을 최대한도로 끌어올렸으며 그것이 사람 마음속 깊이까지 파고들어 당대 중국인이 세계를 인식하고 세계를 개조하는 예리한 사상적 무기로 삼도록 하였다.

셋째, 모택동 철학 사상은 '실천론' 과 '모순의 특수성' 을 핵심으로 하고 중국철학의 지행관(知行觀) 가운데 합리적인 요소를 흡수하여 실천과 중국 자체의 특수성으로부터 출발하는 유물주의 인식론을 확립했다. 모택동이 저술한 「실천론」은 마르크스주의 철학과 중국의 전통철학이 서로 결합한 본보기라고 말할 수 있다. 「실천론」의 부제목은 '인식과 실천의 관계를 논함 — 지(知)와 행(行)의 관계' 인데 인식과 실천의 관계는 서양철학에서 온 개념 설명의 표현이며, 지와 행의 관계는 중국철학의 범주체계에 속한다. 모택동은 중국적 표현방식으로 마르크스주의 인식론을 전면적으로 명백하게 논술하고 그것이 중국적 패기와 중국적 품격을 갖추도록 하여 더욱 쉽게 중국인이 받아들이게 되었다. 「실천론」에서 모택동은 인식과 실천 및 감성 인식과 이성 인식의 변증법적 관계를 분석하였을 뿐만 아니라 또한 '실천 · 인식 · 재실천 · 재인식' 이라는 지행통일관(知行統一觀)까지 개괄하였다. 이 창조성적 표현법은 이미 마르크스주의 철학의 기본적 원칙에도 부합하고 또 중국철학의 '행위 중시' 의 전통도 뚜렷이 드러났다. 모택동은 '행위 중시' 의 관점을 마르크스주의 철학의 세계를 개조하는 이론과 결합하고 또 사회발전이론과 결합하여 온 인류가 자각적으로 자기를 개조하고 세계를 개조할 수 있을 때 그것이 바로 공산주의 시대의 도래라고 정확하게 지적했다. 실천론과 관련지어 모택동은 중국 자체의 사회운동의 특수성을 연구하는 것을 매우 중시하고 마르크스주의의 보편적 진리는 반드시 중국의 혁명과 건설의 실천과 서로 결합해야 함을 강조하며 답습하고 모방하는 교조주의 태도는 반대한다. 모택동의 이 사상이 없었다면 분명히 중국 혁명의 특수한 방법은 찾을 수 없었을 것이며 또 중국 사회주의 건설의 발전 방식도 찾을 수 없었을 것이다.

넷째, 모택동 철학 사상은 철학을 사회운동 및 군중 노선과 결합하여 중국철학 가운데 민본사상의 합리적 요소를 흡수하고 철학을 많은 인민대중 손안의 무기가 되게 하여 이론과 실천의 밀접한 결합을 실현했다. 모택동 철학 사상은 절대로 서재 속의 학문이 아니다. 그것은 억만 인민대중의 행동 지침이다. 이론은 일단 군중을 장악하면 바로 크나큰 물질적 역량으로 바뀌는데, 모택동 철학 사상은 이 점을 충분히 증명했다. 이런 의미에서 모택동 철학은 인민대중의 철학이라 할 만하며 교실과 이론가의 협소한 테두리를 벗어나서 세계를 개조하는 물질적 역량을 간직한 철학이라 할 만하다.

의문의 여지없이, 모택동 철학 사상은 마르크스주의 철학 중국화의 성공적 본보기이며 그 역사적 역할은 매우 크다. 모택동 철학 사상의 지도 아래서 우리는 민주혁명의 승리를 거두었고 사회주의 건설 가운데서 또한 아주 큰 성과를 거두었다. 그러나 장기간의 '좌(左)' 사조로 말미암은 충격은 모택동 철학 사상의 발전이 제약되도록 하였다. 의식 형태의 반작용을 지나치게 강조하거나 '계급투쟁을 요점으로 하는' 등 약간의 '좌'의 관점은 사람들에게 모택동 철학 사상이라고 오해되어 사상적 혼란을 초래했다. 우리는 마땅히 모택동 철학 사상과 모택동 만년의 잘못을 구별하여 절대로 모택동 만년의 잘못으로 인해서 모택동 철학 사상의 정확성을 의심할 수는 없다. 비록 모택동은 위대한 마르크스주의자이지만 그 또한 역사적 조건의 제한을 받지 않을 수 없었다. 중국 사회의 발육적 특수성으로 말미암아 오래된 봉건사회에서 반식민지 반봉건사회로 진입하는데 사회화된 대생산(大生產)의 실천적 기초가 부족하였고, 국제 교류에서 우세가 부족하였으며, 민주와 법제의 건설이 부족하였고, 현대화 관념과 활동 방식이 부족하였다. 이러한 요소들은 불가피하게 모택동 만년의 이론적 시야를 제한시켰다. 이러한 사상적 제한의 이면적 영향은 충분히 드

자·료·카·드

모택동의 실사구시(實事求是)론

'실사'는 객관적으로 존재하고 있는 모든 사물이고, '시'는 객관적 사물의 내면적 관계 즉 법칙성이며, '구'는 우리가 연구하는 것이다. 우리는 국(國) 내외·성(省) 내외·현(縣) 내외·구(區) 내외의 실제상황에서 출발하여 그 속에서 억측으로 만들지 않은 고유한 법칙성을 끌어내야 한다. 즉 주위 사물들이 변화하는 내면적 관계를 찾아내어 우리 행동의 가이드로 삼아야 한다. 아울러 이렇게 하려면 반드시 주관적 상상에 근거하지 말아야 하고, 일시적 열정에 근거하지 말아야 하며, 죽은 책에 근거하지 말아야 한다. 오히려 객관적으로 존재하는 사실에 근거하여 상세한 자료를 보유하고 마르크스레닌주의의 일반적 원리의 지도하에 이들 자료로부터 정확한 결론을 끌어내야 한다.

_『모택동선집』, 2판, 제3권, 801쪽,
북경, 인민출판사, 1991.

러난 후에야 사람들이 인식할 수 있게 된다. 중국의 역사가 새로운 시기에 접어들었을 때 등소평(鄧小平)은 마르크스주의 철학의 중국화를 새로운 발전 단계로 추진하며 당대 중국 마르크스주의 철학 즉 등소평 이론을 형성했다. 중국공산당 3세대 지도자들은 집단으로 이전 사람의 사업을 이어받아 앞길을 개척하고 시대와 함께 나아가며, 또 '3가지 대표'라는 중요한 사상을 제기하여 마르크스주의 중국화의 진행 과정을 진일보하여 추진시켰다. 마르크스주의 철학의 중국화는 미래 중국철학의 발전 방향을 대표하고, 중국적 특색을 가진 사회주의 사업의 발전에 따라서 중국화의 진행 과정은 장차 부단히 새로운 진전을 출현시킬 것이다.

### 3) 중국철학의 현대적 변혁

마르크스주의 철학의 발생은 "인류 인식의 역사에 공전의 대혁명을 불러일으켰고"[79], 철학사에서 역사상 전에 없던 변혁을 실현했다. 마르크스주의 철학은 중국에 들어온 후 20세기에 점차 주류의 지위를 차지한 철학 형태가 되어 중국사상계의 모습을 최대한도 바꾸었다. 이것은 수천 년의 철학과 문화 전통을 가진 중국인에게는 전에 없던 일이라고 말할 수 있다. 모택동 철학 사상을 대표로 하는 중국 마르크스주의 철학의 형성과 발전은 중국철학이 현대적 변혁을 실현하였음을 상징하는 것으로 중국 철학사의 새로운 장을 열어주었다.

고대사회에서 생겨난 중국 전통철학은 비록 풍부한 소박유물주의와 변증법을 포함하고 중국철학의 우수한 전통을 배양했으나 당시의 사회적 역사적 조건의 제한을 받지 않을 수 없었다. 고대사회는 농업 생산이 주가 됨으로써 자연경제가 주도적 지위를 차지하였고 생산 규모는 작았으며 과학 발전의 수준이 높지 않아서 철학자의 시야를 제한하였다. 이와 같은 상황에서 형성된 중국의 전통철학은 아직은 전 세계의 보편적 관계와 보편적 법칙을 드러내 보일 수 없었으며 더욱이 사회의 역사적 발전법칙을 드러내 보일 수 없었다. 중국 근대철학이 비록 중국 전통철학의 유형을 바꾸도록 하였으나 사회적 변화의 촉박함과 사상적 자원의 부족으로 인하여 결코 완전한 체계의 철학적 이론 형태를 형성하지 못하였고 또 중국철학의 변혁을 재촉할 수 없었다. 마르크스주의 철학이 중국에 전입되고 나서야 중국철학의 변혁은 비로소 완성을 고했다. 이와 같은 변혁은 모택동 철학 사상에서 집중적으로 체현된다.

---

79) 『毛澤東選集』, 2판, 제1권, 303쪽.

마르크스주의 철학은 인류의 역사에서 가장 과학적이고 가장 완벽하며 가장 혁명적 철학 이론으로서 전 세계의 무산계급과 수많은 노동 인민들이 해방을 도모하는 사상적 무기이다. 당연히 중국의 무산계급과 수많은 노동 인민이 해방을 도모하는 사상적 무기이기도 하다. 그것은 중국사회의 실천과 결합하고 중국 고유의 사상적 자원과 결합하여 중국적 특색이 있는 마르크스주의 철학을 형성했다. 중국 마르크스주의 철학의 출현은 중국의 모든 구철학(舊哲學)의 종결을 의미하고 중국철학에 근본적 변혁이 일어났음을 의미한다. 중국의 마르크스주의 철학은 이미 과거 유심주의와 형이상학에 대한 비판과 초월이며 또한 소박유물주의와 변증법에 대한 발전과 승화로서 그것으로 하여금 질적 비약이 발생하도록 하였다. 모택동 철학 사상에서 중국철학의 현대적 변혁은 주로 다음 몇 가지로 체현된다.

(1) 소박유물주의로부터 현대유물주의에 이르렀다. 중국 고대의 기(氣) 일원론은 비록 본질상 일종의 유물주의적 우주관이지만 아직은 과학적 물질의 범주까지 형성하지 못했다. '기'는 물질적 성격의 존재로서 항상 '매우 기묘하여 종잡을 수 없는' 기능이 부여되며 직관과 추측의 성질을 가지고 있고 실증과학 방면의 근거는 없다. '기'는 저급에서 고급까지의 여러 가지 물질적 운동 형식 및 그 상호관계를 정확하게 설명할 수 없었으며, 중국인들은 마르크스주의 철학의 물질관을 받아들인 후에 이와 같은 소박성을 극복하여 물질을 객관적 존재를 상징하는 철학적 범주로 이해하였고, 아울러 인류의 물질적 실천 또한 일종의 객관적 실재성을 가진 대상적 성격의 활동으로 이해한다. 이러한 이해는 의식에 대한 물질의 독립성과 근원성 문제를 정확하게 해결하였을 뿐만 아니라 물질에 대한 의식의 의뢰성 문제를 해결하였고, 동시에 구(舊)유물주의자가 "대상 · 현실 · 감성에 대하여 단지 객체적 혹은 직관적 형식으로 이해해 간" 결점을

극복하였으며, 자연관과 역사관의 통일 · 본체론과 인식론의 통일 · 유물론과 변증법의 통일을 위해 철저한 유물주의적 기초를 건립했다. 모택동 철학 사상은 이미 현대 유물론의 높이까지 도달하여 자연관과 역사관 · 본체론과 인식론 · 유물론과 변증법의 통일을 실현하였고 소박유물주의에서 변증법적 유물주의로 유심사관에서 유물사관으로의 철학적 변혁을 실현했다.

(2) 자발적 변증법에서 자각적 변증법에 이르렀다. 중국의 고대철학자들은 경험적 사실의 관찰에서부터 모순의 보편적 존재를 인식하여 음양을 핵심으로 하는 자발적 변증법 사상을 형성하였고, 변증법적 사유가 중국철학의 일종의 정신적 특질이 되도록 하였다. 그러나 자발적 변증법은 끝내 경험적 형태를 벗어나지 못했으며 이론적 차원에서도 사유의 법칙이 개괄되어 나오지 못했다. 그것은 비록 사람에게 지혜의 계발을 줄 수는 있으나 일반적 성격의 방법론적 지도 원칙이 되기는 어렵다. 중국인들은 마르크스주의의 유물변증법을 받아들인 후에 대립 통일의 법칙 · 질량상호변화의 법칙 · 부정의 부정 법칙에 정통하였고, 일련의 유물변증법적 범주에 정통하였다. 그리하여 변증법적 사유가 경험적 형태에서 이론적 형태까지 상승하도록 하였고 더욱이 객관세계와 과학 연구를 개조하는 실천 속에서 자각적으로 활용되도록 하였다. 모택동 철학 사상은 이미 자각적 변증법의 높이까지 도달하였으며 마르크스주의 변증법 사상에 대한 발전이기도 하고 또 중국철학의 변증법적 사유에 대한 이론적 총결이기도 하다.

(3) 직관적 반영론에서 능동적 혁명의 반영론에 이르렀다. 중국의 고대철학자들은 심(心)과 물(物) 및 지(知)와 행(行)의 구별을 매우 중시한다. 그들은 지는 행에 의지하며 주관은 반드시 객관에 부합해야 하는 것에 대하여 소박하고 직관적인 인식이 있어서 실사구시를 중시하는 정신적 특

질을 형성했다. 그러나 그들은 항상 '행'을 개인의 도덕적 실천과 일상생활의 좁은 범위에 제한하여 인민대중의 사회적 실천이 바로 주관과 객관을 연결하는 진정한 교량임을 보지 못했다. 중국인들은 마르크스주의의 인식론을 받아들인 후에 사회 실천에 기초한 변증법적 유물주의의 지행통일관에 대하여 신선하고 전면적이며 깊은 이해를 했다. 모택동은 실사구시에 대하여 새로운 해석을 하고 '능동적이고 혁명적인 반영론'이라는 새로운 이론을 세워 군중 노선에 관한 새로운 관점을 제기함으로써 변증법적 유물주의와 역사적 유물론을 통일하였다. 모택동 철학 사상은 마르크스주의 철학의 발전인 동시에 중국철학의 발전이다.

(4) "고금의 변화에 통달하다."라는 전통적 역사관으로부터 유물사관에 이르렀다. 중국 고대의 철학자들은 "지금이 고대보다 낫다."라는 역사적 진화 관념을 가지고 있고 또 혁명으로 인해 손익이 발생한다는 사회변혁 학설도 가지고 있으며 아울러 고금의 변화가 일어난 원인과 주체적 역량 및 사회 역사 발전의 법칙에 대하여도 검토함으로써 이미 약간의 역사유물주의 사상의 맹아도 가지고 있다. 그러나 전체적으로 보면 중국의 전통적 역사관은 비과학적이며 더욱이 유심사관이 주도적 지위를 차지한다. 따라서 사회 역사적 발전 법칙성을 정확하게 드러내 보일 수가 없다. 중국인들은 마르크스주의 철학사의 유물사관을 받아들인 후에 과거의 "퇴락한 순환적 역사관"을 비판하고 사회 역사적 발전의 동기와 원인 및 주체와 법칙성을 정확하게 취급하여 중국의 운명을 관찰하는 새로운 도구를 찾아냈다. 모택동을 대표로 하는 중국 마르크스주의자는 유물사관을 이론적 지도로 하여 "중국은 어디로 가는가?"의 문제를 해결했다. 모택동은 「중국 사회 각 계급의 분석」「신민주주의론」 등의 논저에서 역사유물주의의 기본 원리를 활용하여 중국 사회의 성질 · 경제구조 · 계급관계와 주요모순을 과학적으로 분석하고 신민주주의 혁명의 임무 · 대상 ·

**자·료·카·드**

모택동의 지행통일(知行統一)론

실천을 통하여 진리를 발견하고 또 실천을 통하여 진리와 진리의 발전을 실증한다. 감성적 인식에서 능동적으로 이성적 인식까지 발전하고 또 이성적 인식에서 능동적으로 혁명의 실천을 지도하여 주관적 세계와 객관적 세계를 개조한다. 실천 · 인식 · 재실천 · 재인식 등 이와 같은 형식은 순환 반복하여 무궁함에 이르지만, 실천과 인식이 매번 순환하는 내용은 모두 비교적 한 단계 높은 정도까지 발전한다. 이것이 바로 변증법적 유물론의 전체 인식론이고, 이것이 바로 변증법적 유물론의 지행통일관이다.

_『모택동선집』, 2판, 1권, 296-297쪽,
북경, 인민출판사, 1991.

동력과 경로 등의 문제를 해결했다. 모택동 사상의 지도로 중국 역사의 새로운 국면이 창시되었다.

(5) 전통적 성현과 군자의 인격으로부터 전면적으로 발전한 신인(新人)까지 이르렀다. 중국 고대철학자는 이상적 인격의 배양을 중시하고 사람의 도덕적 가치와 정신적 경계의 제고를 중시하면서 사람을 근본으로 하는 정신적 특질을 형성했다. 그러나 그들의 몸에서는 역시 사회적 실천을 벗어난 경향이 존재하였고, 윤리학에서의 자각 원칙에 대한 강조가 너무 많았으며, 자원(自愿)적 원칙에 대한 중시는 충분하지 않았다. 중국인들은 사람의 해방과 사람의 전면적 발전에 관한 마르크스주의 학설을 받아들인 후에 전통적 인격 이론의 결함을 극복하였으며 인성 및 사람의 가치와 사람의 자유문제에 관한 새로운 연구와 토론을 진행함으로써 새로운 인식을 형성했다. 이대소는 '대동단결과 개성해방의 통일' 이라는 사회적

이상을 제기하였고, 모택동은 「인민을 위한 복무」와 「백구은(白求恩)을 기념함」 등의 논저에서 새로운 방식의 이상적 인격에 대하여 체계적으로 논술했다. 중국의 마르크스주의자는 역사적 유물주의의 기본 원리에 근거하여 자유로운 인격의 실현과 사회의 발전 및 진보를 유기적으로 통일하고 이상(理想)과 도덕과 문화와 규율이 있는 사회주의적 신인(新人)의 배양을 인격의 목표로 삼음으로써 새로운 시대에 사람을 근본으로 하는 중국철학의 정신을 더욱 확대 발전시켰다.

### 생각해 볼 문제

1. 중국 마르크스주의 사조 발전의 역사적 과정을 간단히 서술하시오.
2. 이대소는 계몽주의의 사상적 한계를 어떻게 돌파하였는가?
3. 구추백은 마르크스주의의 이론 체계를 어떻게 이해하고 있는가?
4. 애사기는 변증법적 유물주의의 기본 사상을 어떻게 이해하고 있는가?
5. 곽말약은 공자를 어떻게 평가하는가?
6. 모택동 사상의 철학적 창신을 어떻게 이해하는가?

### 참고 문헌

1. 趙德志 · 王本浩, 『中國馬克思主義哲學七十年』, 瀋陽: 遼寧大學出版社, 1991
2. 李大釗, 『李大釗選集』, 北京: 人民出版社, 1959
3. 瞿秋白, 『瞿秋白選集』, 北京: 人民出版社, 1985
4. 郭沫若, 『十批判書』, 北京: 東方出版社, 1996
5. 李振霞 · 傅雲龍 主編, 『中國現代哲學人物評傳』, 北京: 中共中央黨校 出版社, 1991
6. 毛澤東, 『毛澤東選集』2版, 北京: 人民出版社, 1991

## 맺음말

# "당대 중국철학의 새로운 장을 보충하여 쓴다."

### 이 장의 요점

1 시대정신을 체현한 당대 중국철학은 사회주의 시장경제의 발전에 도움이 되고, 민주 법제의 건설에 도움이 되며, 과학기술의 발전에 도움이 되고, 사회주의화해사회(社會主義和諧社會)를 구축하는 데 도움이 된다.

2 세계적 성격의 철학적 문제의 출현에 따라 당대 중국철학은 세계적 범위 내에서 광활한 발전 공간을 획득한다. 중국철학은 특별히 인생 문제와 가치문제에 관심을 가지는데 마치 현시대 인류철학(人類哲學)의 주제와 더욱 가까운 것 같다.

3 당대 중국철학을 발전시키려면 반드시 마르크스주의의 정확한 방향을 견지해야 한다.

4 우리는 마르크스주의 철학의 지도 아래서 이 시대의 중국이 도구적 이성을 기르는 새로운 방법을 찾아낼 수 있다.

5 우리는 마르크스주의 철학의 지도 아래서 이 시대의 중국이 도덕 이성을 기르는 새로운 방법을 찾아낼 수 있다.

철학사 자체를 연구하는 것은 결코 목적이 아니라 오히려 철학의 발전을 추진하기 위해서다. 이와 같은 인식에 기초하여 이 책에서는 "당대 중국철학의 새로운 장을 보충하여 쓴다."를 맺음말로 삼는다. 중국의 전통철학과 현대철학은 모두 이미 역사가 되었으나 중국철학은 역사가 되지 않았다. 그것은 여전히 발전적 태도와 자세를 유지하며 이미 당대 중국철학의 새로운 단계로 큰 걸음을 내디뎠다.

당대 중국철학은 중국의 철학 전통이 오늘날 새롭게 전개하는 것을 가리키고 오늘날 중국인의 정신생활을 지도할 수 있는 학문을 가리킨다. 그것은 어떤 철학 이론의 역사적 부흥이 아니라 당대 중국인들의 정신적 창조다. 오직 당대 중국인들만이 당대 중국철학을 논할 수 있다. 바꾸어 말하면 당대 중국인이 비로소 당대 중국철학의 주체이다. 중국의 철학적 전통은 역사적 유적을 가리키는 것이 아니라 오늘날의 중국인이 쓸 수 있는 사상적 자원을 가리킨다. '전통'의 '전(傳)'은 하나의 동사로서 우리가 자기의 정신적 필요에 근거하여 선철(先哲)의 이론과 사유의 성과에 대하여 만들어 낸 선택과 해석과 발휘를 의미하는 말이다. 이 의미에서 말하면 전통은 이미 정해진 과거의 시간에 속하지 않고 바로 지금 형성되고 있는 현재의 시간이나 미래의 시간에 속한다. 간단히 말하면 전통은 죽은 것이 아니라 살아 있는 것이며 시대성은 그것의 표제 가운데 응당 있어야 하는 의미이다. '전통'의 '통(統)'은 하나의 명사로서 중화 민족의 정신과 핵심적 가치관을 가리키는 것이지 결코 지난날 유가가 표방한 도통이 아니며 또한 현대 신유가가 표방한 '도덕형이상학'도 아니다. 당대 중국

철학은 중국의 철학 전통에 대하여 이미 계승하기도 하고 발전하기도 했다. 이른바 계승이란 계속하여 우량한 전통을 널리 알리는 것을 가리키고, 소위 발전이란 원래부터 있던 전통을 타파하고 새로운 함의를 증가하는 것을 가리킨다. 풍우란의 말을 빌리면 당대 중국철학은 중국의 철학 전통을 '이어서' 말하는 것이지 중국의 철학적 전통을 '모방하여' 말하는 것은 아니다. '이어서 말하기'는 시대정신을 구현하는 새로운 뜻을 말하려는 것을 의미한다. 당대 중국철학은 민족성과 시대성의 통일이며 발전 중에 있는 학문이다. 그것은 고대의 어떤 철학의 복제판이 아니라 반드시 바로 이 시대정신의 정수를 집중적으로 구현해 내어야 한다.

## 1. 현대화에 적응하며 자기의 길을 걸어간다

당대 중국철학은 반드시 현대화를 향하여 질주하는 중국의 큰 흐름에 적응해야 한다. 당대 중국철학은 중국 현대화의 진행 과정과 발전에 수반하여 당연히 현대화사업의 사상적 동력과 정신적 버팀목이 되어야 한다. 그러나 '좌(左)' 사상의 영향과 연구 방법의 낙후와 조목조목 이루어진 각종 틀의 속박을 받음으로써 지금 당대 중국철학은 이러한 작용을 잘 발휘하지 못하는 듯하다.

중국의 철학적 전통과 현대화의 관계에 관하여 학술계에는 두 가지 대립적 관점이 있다. 하나의 관점은 이 둘이 서로 양립하지 못하며 중국의 철학적 전통은 현대화에 단지 소극적 측면의 작용만 하고 있어서 이와 같은 소극적 작용의 영향을 깨끗이 없애야 비로소 현대화의 절차를 추진할 수 있다고 생각한다. 막스 베버는 서양 자본주의의 현대화와 기독교 윤리가 밀접한 관계가 있음을 발견하고 기독교 윤리가 자본주의의 발전에 정신적 동력을 제공했다고 생각한다. 그가 유가 윤리와 기독교 윤리를 비교하여 얻어낸 결론은 유가 윤리는 자본주의의 형성과 발전에 도움이 없었다는 것이다. 서구화 사조와 '좌' 사조의 영향을 받아서 중국의 철학적 전통을 현대화의 장애물로 보는 관점은 오랜 기간 사상계에서 지배적 지위를 점유했다. 상당히 많은 사람은 중국이 현대화를 실현하지 못한 원인을 중국의 철학적 전통에 책임을 전가하고 여러 차례에 걸쳐 전통을 반대하는 사상운동을 일으키는 데 열중했다. '문화대혁명' 기간에 전통을 반대하는 함성은 정점에 도달했다. 그러나 이렇게 한 결과는 중국 현대화의 진행 과정을 밀고 나가지 못했을 뿐만 아니라 오히려 국민경제를 붕괴시키는 위기로 밀어 넣었다. 우리가 여력을 남기지 않고 철저히 전통을 반대할 때, 일찍이 중국철학 전통의 영향을 받은 '아시아의 네 마리 용' 은 중국의 철학 전통을 부정하지 않았을 뿐만 아니라 오히려 중국의 철학 전통에 있는 사상 자원을 성공적으로 이용하여 현대화의 목표를 실현했다. 사실이 웅변적으로 증명하듯이 중국의 철학 전통과 현대화를 대립시키는 그와 같은 관점은 분명히 발붙이고 서 있을 수 없다.

또 하나의 관점은 중국의 철학 전통은 현대화의 직접적 전제가 될 수 있다는 생각이다. 이것은 바로 현대 신유가의 '내성(內聖)으로부터 신외왕(新外王)이 출발한다.' 라는 견해다. 중국의 철학 전통과 현대화의 겸용을 인정하고 있는 이와 같은 견해의 합리성은 둘을 분명하게 갈라서 대립시키는 편견을 뒤집었다. 그러나 역사적 사실 방면에서의 근거는 모자란다. 만약 역사적 사실을 직시해 본다면 당연히 중국 고유의 철학 전통으로부터 '출발' 한 원초적 발생 유형의 현대화는 아니었음을 확실히 인정해야 한다. 중국의 현대화사업은 서양을 배우면서 앞으로 나아가기 시작했다는 것은 논쟁할 수 없는 사실이다. 서양 발생 유형의 현대화는 일종의 매우 복잡한 사회적 역사적 현상이다. 그것의 출현은 체제적 원인도 있고 생산력 수준의 원인도 있으며 역사적 기회의 원인도 있어서 단지 어떠한 철학적 이론만으로 해석할 수는 없다. 서양 발생 유형의 현대화는 서양의 학술 이론에서 출발한 것은 아니며, 중국의 후발형(後發型) 현대화 역시 중국 고유의 학술 이론에서 출발할 수 없었다. 중국의 현대화사업은 당대 중국인의 공동 노력과 공동의 창조에 의지해야 한다.

중국의 철학 전통과 현대화 사이의 관계를 다룰 때, 우리의 문제는 아마 중국의 철학 전통에서 현대화의 문제를 출발할 수 있을지 없을지의 문제가 아닐 것이다. 왜냐하면 이 문제는 역사에서 이미 결론을 내렸으므로 다시 학문적 토론을 하는 것은 아무런 현실적 의미가 없기 때문이다. 우리가 직면하고 있는 진정한 문제는 중국이 후발형 현대화의 길을 선택한 후에 중국의 철학 전통에서 정신적 동력을 찾아낼 수 있는가? 중국 특색의 현대화의 길을 찾아낼 수 있는가? 하는 것들이다. 우리의 답안은 긍정적이다. 비록 중국의 현대화사업이 서양을 배우면서 시작하였으나 꼭 서양의 발전 형식을 채용해야 한다고 말하는 것과 같은 것은 아니다. 현대화는 서양화와 같은 것이 아니다. 중국은 반드시 중국의 국가 상황에 부합하고 특색이 있는 사회주의 현대화의 발전 노선을 찾아내야 한다. 중국의 국가 상황에는 물론 중국철학도 포함되어 있다. 우리는 당연히 중국철학이 중시하고 있는 자강불식(自强不息)·실사구시·인본주의·도덕의 가치·화해와 단결의 사상적 자원에서 현대화사업에 필요한 정신적 지주와 이론적 지도를 찾아야 한다. 사실이 증명한다. 중국의 철학 전통은 현대화의 장애가 아니라 현대화의 동력이다. 시대정신을 구현하는 당대 중국철학은 사회주의 시장경제의 발전에 도움이 되고, 민주와 법제 건설에 도움이 되며, 과학기술의 발전에 도움이 되고, 사회주의화해사회(社會主義和諧社會)의 구상에 도움이 된다.

자·료·카·드

포스트모더니즘 정신

현대적 정신의 대립물이다. 현대적 정신의 핵심은 개인주의이고, 포스트모더니즘은 내재적 관계를 중심으로 한 개인주의를 반대하는 개념이다. 개인주의는 자아를 강조한다. 개인과 환경의 관계를 외재적 관계로 이해하는 것은 자아를 제한하고 자아를 박탈하는 일종의 우연한 관계다. 포스트모더니즘의 내재적 관계 개념은 개인의 자아와 그의 신체 · 그의 주위 자연환경 · 그의 가정 · 그의 문화 등등이 내재적으로 관련되어 있다고 생각한다. 이와 같은 내재적 관계는 그의 자아동일성에 대해 구성하는 작용이 있다.

포스트모더니즘의 또 하나의 다른 특징은 유기주의(有機主義)다. 그것은 사람이 자연에 대하여 적대적이거나 냉담한 태도는 취할 수 없다고 생각한다. 사람은 응당 자연과 통일해야 하며, 기타 종족과 평화롭게 공존해야 하고, 그들 사이에 친족 관계를 세워야 한다. 포스트모더니즘은 개체는 본성에 있어서 자유로우며 그것은 스스로 결정하는 능력을 갖추고 있으므로 사람과 자연의 관계에서 환경에 대한 관심은 인류의 복리증진이 요구한 것으로 생각한다.

_ 왕치하(王治河) 주편, 『후현대주의사전(後現代主義辭典)』, 231쪽, 북경, 중앙편역출찬사(中央編力出版社), 2004.

## 2. 세계화에 적응하며 발전 공간을 폭넓게 확장해 간다

당대 중국철학은 반드시 세계화의 추세에 적응해야 한다. 당대 중국철학은 이미 오늘날 세계철학 논단의 구성 부분이 되었으므로 세계의 철학 논단에서 당연히 자신의 목소리를 가져야 하고 세계적 철학 문제에 대답해야 한다. 정보화 시대가 옴에 따라 국제사회의 왕래는 더욱 빈번해지고 연락도 더욱 빨라져서 지구는 마치 작게 바뀐 듯하며 사람들에게도 구체적으로 지구촌으로 불리게 되었다. 이와 같은 상황에서 철학적 사고는 더욱 우리 민족과 우리 국가의 범위로 제한되면 안 된다. 세계화는 이미 필연적인 큰 흐름이다. 사람들이 보편적으로 느끼는 곤혹스러운 몇 가지 세계적 성격의 철학 문제는 전 인류의 시야를 끌어당겨서 각국 철학자들이 연구하는 공동 과제가 되었다. 예를 들면, 고속으로 발전하는 상황에서 사람과 자연 간의 관계를 어떻게 해결할 것인가? 국제적 왕래가 갈수록 긴밀해지는 상황에서 세계 윤리를 어떻게 건립할 것인가? 과학기술적 이성과 가치적 이성이 균형을 잃은 상황에서 가치 세계나 의미 세계를 어떻게 재건할 것인가? 생활 리듬이 갈수록 빨라지는 상황에서 사람들의 정신적 조바심을 어떻게 달랠 것인가? 시장경제의 조건 아래 개체와 집단의 관계 및 개체 사이의 관계를 어떻게 안배할 것인가? 포스트모더니즘의 시각에서 오늘날 사회의 발전 과정에서 나타나는 문제를 어떻게 다룰 것인가? 과학주의의 불공평을 어떻게 바로잡을 것인가? 등과 같다.

이들 세계적 성격의 철학적 문제에 직면하여 많은 서양 철학자들은 서양에 고유한 철학적 사상 자원은 이미 사용하기에 부족하다고 느꼈다. 그들은 눈길을 중국철학으로 던지기 시작하고 중국철학 사상 자원에 대한 개발과 이용을 중시하였으며 쌍방의 대화에서 새로운 철학의 지혜를 불러일으키기를 원했다. 마르틴 하이데거는 노자의 사상을 매우 중시하여 일본 철학자와의 대화 기록인 『언어로 통하는 길 위에서』에서 동양의 "비개념적(非概念的) 성격의 언어와 사유"에 대하여 탄복을 표명했다. 그가 본원적 성격의 문제를 다시 생각한 것은 아마 노자의 '무(無)' 사상으로부터 깨우침을 받은 듯하다. 환경보호주의자가 서양인의 "자연을 정복한다."라는 잘못된 관념을 바로잡을 때도 늘 중국철학의 '천인합일' 이론을 들어 인증했다. 유네스코가 주최한 '제2차 세계윤리회의'에서는 유가철

자·료·카·드

세계화

포스트모던 시대의 한 가지 중요한 이론 문제는 정치 · 경제 · 문화 방면의 중요한 현상이다. 1960년대부터 이 문제는 서양의 학술계에서 논쟁이 매우 많았다. 주로 아래 몇 가지의 대표적 견해가 있다.

첫 번째 이론은 세계화가 하나의 현대적 성격의 발전 과정이라고 생각하는 것이다. 이와 같은 이론은 주로 영국의 사회학자 앤서니 기든스를 대표로 한다.

두 번째 이론은 세계화는 사실 제3세계의 허약한 문화에 대한 서양 소비사회의 침투이며 후기 자본주의의 확장의 결과라고 생각하는 것이다. 미국 학자인 프레드릭 제임슨 등이 이 설을 주장한다.

세 번째 이론은 서양 쇠락설이다. 즉 세계화의 과정은 사실상 서양이 쇠락하는 과정이라고 생각하는 것이다. 이와 같은 견해를 가지고 있는 서양 학자로는 지그문트 바우만과 로저 탐린슨 및 앤서니 기든스가 대표적이다.

_ 왕치하 편, 『후현대주의사전』, 497-500쪽,
북경, 중앙편역출판사, 2004.

학을 매우 높게 중시하여 "자신이 원하지 않은 일을 남에게 베풀지 않는 것이다."를 「세계윤리선언」에 적어 넣었다. 위르겐 하버마스는 상해를 방문한 기간에 그의 동행인에게 중국철학이 세계철학의 발전을 촉진하는 데 더욱 큰 영향을 발휘하기를 바란다고 표명했다.

세계적 성격의 철학적 문제가 나타남에 따라 당대 중국철학은 세계적 범위 안에서 광활한 발전 공간을 획득했다. 중국철학은 인생 문제와 가치 문제에 특별히 관심을 쏟는데 아마 바로 오늘날 인간철학의 주제에 더욱 가까운 듯하다. 중국철학은 예로부터 도덕과 가치문제를 중시해 왔다. 아마도 가치 세계나 의미 세계의 재건에 도움이 될 것이다. 우리는 당연히 이 역사적 기회를 붙잡고 당대 중국철학의 발전을 추진하여 인류 문명에 대해 더욱 큰 공헌을 해야 한다.

## 3. 정확한 방향을 견지하고 발전의 계기를 잡는다

마르크스주의 철학은 이미 현대 중국철학의 간선(幹線)이 되었다. 당대 중국철학은 현대 중국철학을 이어 말하는 것으로서 우선 이 간선을 이어서 말하는 것이다. 중국의 현대화사업은 중국철학이 제공하는 정신적 지주와 이론적 지도가 요구되고, 세계적 성격의 철학 문제는 중국철학이 대답해 줄 것을 필요로 한다. 이 두 가지 요구는 당대 중국철학의 발전을 힘있게 추진할 것이다. 당대 중국철학을 발전시키려면 반드시 마르크스주의의 정확한 방향을 견지해야 한다.

마르크스주의 철학은 20세기 초부터 중국에 전입되기 시작하여 오늘에 이르기까지 거의 90년이 되었다. 그것은 중국의 사회 실천과 하나로 결합하고 중국 고유의 철학적 사상 자원과 하나로 결합하여 이미 당대 중국철학의 이론적 기초가 되었다. 마르크스주의 철학의 출현은 인류의 철학적 사유의 중대한 변혁을 보여주고 있다. 마르크스는 『포이에르바하에 관한 테제』에서 "철학자들은 단지 서로 다른 방식으로 세계를 해석하고 있으나 문제는 세계를 바꾸는 데 있다."[1]라고 지적했다. 마르크스주의 철학의 창립은 '세계를 해석하던' 철학의 시대는 이미 역사가 되었고 실천철학이 주도적 역할을 발휘하기 시작했음을 선포했다. 그러나 중국의 철

1) 『馬克思恩格斯選集』, 2판, 제1권, 57쪽, 北京, 人民出版社, 1995.

학교육은 소련 철학의 교과서적 영향을 너무 깊게 받았기 때문에 마치 이 점을 충분히 주의하지 않은 듯하며, 어떤 교재는 여전히 '세계를 해석하는' 이론적 수준에 머물러 있다. 우리는 더 이상 '소련으로 마르크스를 해석하는' 패턴을 사용할 수 없으며 당연히 사상을 해방하고 독립적 사고에 과감하며 마르크스주의 철학의 정신적 실질을 직접 이해해서 우리의 철학적 이론 사유의 창신 능력을 향상하여야 한다.

실천을 중시하는 것은 역대로 중국철학의 우수한 전통이다. 이와 같은 전통의 발휘는 마르크스주의에 대한 우리의 낯선 느낌을 없앨 수 있다. 마르크스주의 철학은 일종의 실천철학으로서 근대 이래의 서양철학에 대하여 말하면 하나의 돌파이지만 중국철학에 대하여 말하면 오히려 공감을 일으킬 수 있다. 중국 현대철학사는 실천을 중시하는 것은 마르크스주의 철학과 중국철학의 결합점이고 중국철학의 현대화 진행 과정과 마르크스주의 철학의 중국화 진행 과정은 동시 진행임을 표명한다. 당대 중국철학의 진일보 된 발전은 여전히 이 방향을 계속해 갈 것이다.

중국인은 실천의 필요에서 마르크스주의 철학을 받아들였고, 마르크스주의 철학을 활용하여 중국의 사회 실천을 지도하는 과정에서 마르크스주의 철학에 대한 이해가 차츰 깊어졌으며, 실천을 탐색하는 과정에서 마르크스주의 철학을 진일보 발전시켰다. 마르크스주의 철학은 중국에 전입된 후 중국의 사회 실천과 결합하고 중국 고유의 문화 전통과 결합하여 중국화한 마르크스주의 철학 즉 모택동 사상과 등소평 이론을 형성했다. 모택동 사상의 지도하에 중국은 새로운 민주주의의 승리를 거두었으며, 등소평 이론의 지도하에 중국은 중국 특색의 사회주의 발전의 길을 찾아냈다. 사실이 증명하듯이 중국 마르크스주의 철학의 주도적 지위는 역사가 이룬 것이다. 그것은 20세기 중국철학에서 가장 찬란한 이론과 사유의 성과였다. 당대 중국철학에서도 마르크스주의 철학은 여전히 주도적 지위를 차지하고 있다.

마르크스주의가 주도하는 당대 중국철학은 지금 아주 좋은 발전의 기회와 정면으로 마주하고 있다. 먼저 중국의 개혁개방 사업의 발전은 많은 성공의 경험을 축적하였고 당대 중국철학의 발전을 위해 필요한 선결 조건을 제공했다. 등소평 이론의 지도하에 중국의 경제는 연속적으로 다년간 높은 속도의 발전을 가져옴으로써 경제가 비교적 뒤떨어진 나라에서 사회주의를 건설하는 데 정확한 길을 찾아냈다. 중국의 개혁개방 사업의 성공은 필연적으로 당대 중국철학의 발전을 촉진할 것이다. 우리는 실천의 경험을 이론적으로 총결산하고 개괄하도록 요구하며, 당의 기본 노선의 철학적 기초를 논증하고, 새로운 국면이 제기한 새로운 문제에 대답해야 한다. 이것은 틀림없이 당대 중국철학의 앞을 향한 발전이 끊임없이 추진되도록 할 것이다.

다음으로 세계정세의 거대한 변화는 마르크스주의에서 말하면 이미 한차례의 가혹한 도전이고 또 한차례 발전의 기회다. 1989년 이래 세계정세에는 사람의 주목을 당기는 급격한 변화가 일어났다. 동유럽과 소련은 서로 이어서 사회 정치 제도를 바꾸었고, 국제공산주의 운동은 침체 상태에 떨어졌다. 이와 같은 급격한 변화에 직면하여 중국공산당은 놀라 허둥대며 어찌할 줄 모르지 않았고 또 이로 인하여 공산주의가 반드시 승리한다는 굳은 신념도 흔들리지 않았다. 이와 같은 급격한 변화는 우리에게 인류 역사 발전 과정의 복잡하게 얽힌 사정과 복잡성을 깊게 드러내 보여주었고, 또 우리에게 마르크스주의 철학을 수호하고 고수하며 발전시키는 중대한 임무를 제기했다. 동유럽과 소련에서 이와 같은 거대한 변화가 일어날 수 있었던 까닭은 진지하게 총결산해야 할 많은 경험적 교훈이 있었고 사고와 연구가 필요한 많은 이론 문제가 있었기 때문이다. 중국의 철학 이론 종사자들은 당연히 이 중대한 역사적 사명을 담당해야 한다.

자·료·카·드

### 탕일개(湯一介)가 논한 중국 당대철학

마르크스주의 철학은 비록 서양철학에 속하지만 거의 한 세기 동안 중국에서 특별히 중대한 영향을 끼치고 있다. 이것은 누구나 모두 인정하는 것이다. 중국 당대 철학자의 임무는 바로 마르크스주의를 중국화 하여 중국철학과 중국 사회의 문제를 해결해야 하며, 또 당대 서양의 마르크스주의 철학자와 대화하여 마르크스주의 철학이 중국철학의 요소를 갖추도록 함으로써 중국 사회의 발전에 적응하고 인류 사회를 위하여 공헌하도록 하는 것이다.

_ 왕중강(王中江) · 이존산(李存山) 주편, 『중국유학(中國儒學)』, 제1집, 14쪽, 북경, 상무인서관, 2006.

용감하게 도전을 맞이하고 발전의 기회를 움켜잡아서 되도록 빨리 중국화한 마르크스주의 철학 이론이 더욱 완벽하고 훌륭해지도록 하고 국제 공산주의 운동이 하루빨리 정체 단계를 빠져나오도록 재촉함으로써 자기가 마땅히 해야 할 공헌을 해야 한다.

다시 그다음, 현대 과학기술의 빠른 발전은 필연적으로 철학의 발전을 추진할 것이다. 당대 중국철학은 반드시 발전의 계기를 잡고 인류에게 큰 공헌을 하도록 해야 한다. 오늘날 과학기술은 새로운 비약에 직면함으로써 사람들의 철학적 사고방식은 바뀌었다. 서양의 "자연을 정복하자."라는 관념은 이미 시대에 뒤떨어졌다. 전인(全人)적 발전에 관한 마르크스주의 철학 사상과 사람과 자연이 함께 화목하게 지내자는 중국철학 속의 사상은 이미 점점 더 사람들의 주의를 끌고 있다. 이 모든 것은 중국화한 마르크스주의 철학이 장차 광활한 발전의 전망이 있을 것임을 분명하게 나타낸다. 혹자는 당대 중국철학이 장차 광활한 발전 전망이 있을 것이라고 말한다.

## 4. 중국 실증철학에 응답: 이론을 변화시켜 방법으로 삼자

마르크스주의 철학 외에 중국의 실증철학 사조도 당대 중국철학을 말하는 한 접촉 부분이 될 수 있다. 20세기 전반부에 중국 실증철학은 비록 충분히 발전하지 못하였지만 아직은 비교적 큰 영향력을 잃지 않은 하나의 사조로서 사상계에서는 중국 마르크스주의 철학 및 현대 신유가와 더불어 세 세력이 정립한 지위를 유지하며 그들과 함께 3대 사조로 불리었다. 20세기 후반부 이후 실증철학은 홍콩과 대만지역에서 아직 상당한 영향력을 유지하고 있었으나 대륙에서의 역사는 이미 종말을 고했다.

오랫동안 '좌(左)' 사조의 영향 때문에 사람들은 중국 실증철학을 잘못된 심지어는 반동적인 사상으로 여기고 배척하였는데, 이것은 정당하지 않다. 당의 11차 3중전회 이후, 학술적 연구가 올바른 궤도에 오르기 시작하면서 사람들은 비로소 편견을 버리고 현대 중국에 상당한 영향을 가지고 있는 이 문화적 현상을 진지하게 연구하기 시작하였고 또 그에 대하여 정확히 평가하려고 노력하였다. 중국 실증철학 사조의 대표적 인물과 저작은 다시 정리되어 출판되었고 학술계에서도 일군의 연구 성과가 나타났다.

서양의 철학계에서는 근년에 인본주의가 대두되면서 실증주의가 더 이상 유행하지 않고 이미 내리막길을 걷고 있다. 실증주의 · 과학주의 · 과학기술 이성 혹은 도구적 이성은 사람들의 비평 대상이 되었다. 각종의 비평 앞에서 실증론자 자신도 마치 저력이 부족한 듯하다. 누구나 알 듯이 논리실증주의는 서양 실증주의의 가장 성숙한 산물이다. 그러나 1950

년대에 논리실증주의는 이미 쇠퇴하고 미약해져서 과학과 철학의 관계를 분리하려던 시도는 파산을 선고하지 않을 수 없었다. 논리실증주의의 많은 지지자는 철학과 과학의 관계에 대응하는 문제에서 사실 이미 원래의 방향을 떠났다. 오늘날 이와 같은 철학은 중대하고 영향력 있는 논점을 제기하지 않을 뿐만 아니라 동시에 아주 큰 정도로 자신감을 잃어버렸으며 '형이상학' 적 존재의 합리성에 동의하고 철학을 과학에서 분리하여 일종의 전문적 기술(技術) 학문으로 바꾸려는 견해에 동의하길 바라는데 사실 참으로 터무니없는 말이다.

주의할 만한 것은, 실증주의와 과학주의를 헐뜯고 억누르는 서양 철학계의 풍조가 중국 철학계에도 불어온 것이다. 소문 따르기를 좋아하는 사람들은 늘 글을 발표하여 실증철학에 대해 말과 글로 죄상을 폭로하고 있다. 우리는 실증철학을 어떻게 봐야 하는가의 문제에서 우리가 서양 사람의 뒤를 맹목적으로 따라서 할 필요는 없다고 생각한다. 우리의 상황은 그들과 다르기 때문이다. 19세기부터 서양 철학계에서는 형이상학을 비판하는 운동을 제안하기 시작했다. 형이상학의 대립물로서 실증주의는 점점 극단화하여 이미 막다른 골목으로 걸어 들어갔다. 이리하여 형이상학 배척으로 유명해진 실증주의는 오히려 사람들의 배척을 당하게 되었다. 중국에서 실증철학의 상황은 서양과 달리 선천적으로 부족하고 후천적으로 불리하여 눈에 띄게 발전하지 못했고 더욱이 극단적으로 말할 수도 없다. 그러므로 우리는 서양이 실증주의를 비판하고 과학주의를 비평하는 관점을 답습하고 모방해서는 안 된다. '좌(左)' 사조가 주도적 지위를 차지하고 있을 때 일종의 비(非)마르크스주의 철학으로서의 실증철학은 오직 '반면교사' 의 역할을 담당할 수 있었고, 아무도 그 가운데 있는 합리적 요소를 찾아내지 않았다. 오늘날은 비록 '좌' 의 사조가 더는 주도적 지위를 차지하지 않고 있으나 우리의 실증철학 연구는 아직 걸음마 단계에 머물러 있으며 연구한 것도 아직 철저하지 못하고 깊이 들어가지 못했다.

마르크스주의 철학을 요지로 하는 당대 중국철학은 결코 폭이 좁은 학파가 아니다. 그것은 모든 가치 있는 사상을 거절할 수 없으며, 그 가운데는 자연히 실증철학이 설명하는 가치 있는 사상을 포괄하고 있다. 중국 마르크스주의 철학 또한 폐쇄적인 체계가 아니다. 그것은 영원히 계속 발전하는 과정에 놓여 있고, 비마르크스주의 철학과의 대화 및 상호작용을 진행하는 것은 바로 그 발전에 요구되는 필요조건의 하나다. 이 의미에서 말하면 중국 실증철학 사조를 연구하는 것은 오늘날 중국에서 여전히 적극적인 의미가 있다. 당대의 중국철학은 중국 실증철학 사상가들의 견해를 채택하지 않아도 되지만 그들이 언급한 중요한 철학적 이론 문제를 놓치면 안 된다. 이 중요한 철학적 이론 문제는 바로 중국현대화사업이 필요로 하는 도구적 이성을 어떻게 육성하고 적응하는가이다. 중국의 마르크스주의 철학은 인식 도구로서 도구적 이성과 서로 받아들여질 수 있다. 우리는 마르크스주의 철학의 지도하에 당대 중국에서 도구적 이성을 배양하는데 새롭고 정확한 견해를 찾아낼 수 있다. 풍계(馮契) 교수가 제기한 '이론을 방법으로 변용하자.' 라는 주장은 아마도 바로 이와 같은 견해일 것이다.

## 5. 현대 신유가에 응답: 이론을 변화시켜 덕성으로 삼자

중국의 실증철학 사조가 언급한 중대한 이론 문제는 중국현대화사업에 적응하는 데 필요한 도구적 이성을 어떻게 육성할 것인가? 하는 것이었다. 그러나 현대 신유가가 언급하는 중요한 철학적 이론 문제는 중국현

**자·료·카·드**

풍계(馮契)가 논한 철학 이론

철학 이론은 한편으로는 변화시켜서 사상 방법이 되도록 하여 자기의 연구 영역에 관철해야 하고 다른 한편으로는 또 신체적 노력을 통해 변화가 자기의 덕성이 되어 그 구체화가 피가 있고 살이 있는 인격이 되도록 해야 한다. 오직 이렇게 하면 철학은 비로소 생명력이 있고 비로소 진정으로 사람을 설득할 수 있다. 공자나 묵자 등 과거의 대철학자들은 모두 이와 같은 요구를 하였고, 마르크스주의 철학은 더욱 이같이 요구했다. 마르크스주의 철학은 실천을 인식론의 첫째이면서 기본적인 관점으로 간주하고 이 기초 위에서 인식 운동의 변증법과 객관적 현실의 변증법적 통일을 분명히 나타냈다. 그러므로 유물주의적 변증법 이론은 본질상 혁명적 실천과 서로 통일되는 것이다. 바로 마르크스가 말한 바와 같이 "변증법은 모든 기존 형식에 대해 끊임없이 운동하기 때문에 역시 그 일시적 성격의 방면에서 이해해 간다. 변증법은 어떠한 것도 숭배하지 않으며 그 본질에 의해 말하면 그것은 비판적이고 혁명적이다."(『마르크스 엥겔스 선집』, 2권, 218쪽, 인민출판사 1972년 판) 이와 같은 관점에 근거하면 모든 진정한 이론과 진정한 철학자와 진정한 철학 유파는 모두 자기를 인정하고 또 자기를 초월하는 품격을 갖추고 있어서 혁명적이고 비판적이다. 변증법은 결국 자신을 상대적이며 조건적인 존재로 여기고 무한히 전진하는 운동 중의 한 부분으로 간주한다.

_ 풍계, 『세계 인식과 자기 인식〔認識世界和認識自己〕』, 20-21쪽, 상해, 화동사범대학출판사, 1996.

대화사업에 적응하는 데 필요한 가치 이성을 어떻게 육성할 것인가? 하는 것이었다. 진실로 풍계 교수가 말한 것처럼 당대 중국철학은 한 편으로 '이론을 변화시켜 방법으로 삼아' 도구적 이성을 육성하는 것이 요구되고, 다른 한 편으로는 '이론을 변화시켜 덕성으로 삼아서' 가치 이성을 육성하는 것이 요구된다. 이 시각에서 보면 현대 신유가 사조 역시 당대 중국철학을 말하는 하나의 접촉 부분이 되는 것으로 간주할 수 있다. 서양의 현대화 모델에 존재하는 하나의 명백한 결점은 바로 도구적 이성을 일방적으로 과장하고 가치 이성을 없앰으로써 양자 사이의 평형을 잃게 만든 것이다. 이로부터 초래된 나쁜 결과는 현대화가 실현됨에 따라 인간은 오히려 '한 방면만 고려하는 사람'으로 변화한 것이다. 과학주의의 장악 아래 현대인은 의의의 세계 혹은 가치의 세계를 잃었다. 우리가 하는 현대화사업은 후발형(後發型)이다. 그러나 후발의 우세는 바로 서양의 현대화 과정에서의 경험과 교훈을 받아들일 수 있고 서양인의 오류나 폐단을 피할 수 있다는 점이다.

그러므로 진정으로 사람들의 보편적 동의를 획득할 수 있을지가 문제된다. 보통 사람의 눈에 이와 같은 본체 세계는 아마도 다만 감상할 가치만 있을 뿐이며 실제로는 역시 바라볼 수는 있지만 가까이 갈 수 없는 신기루일 뿐이다. 현대 신유가는 유가 윤리의 보편적응성을 강조하고 유학의 현대적 전환을 실행할 가능성과 필요성을 강조하고 있다. 이것은 나무랄 데가 없으나 문제는 유가 윤리의 보편적응성이 반드시 어떤 본체론에 근거하여 증명되어야 하는지에 있다. 우리는 유가 윤리가 지닌 보편적응성의 근거는 마땅히 중화 민족 수천 년의 사회발전사에서 찾아야 하고 사회적 실천과 생활의 실천에서 증명되어야 마땅하므로 고심하며 형이상의 본체계에서 찾을 필요는 없다고 생각한다.

어떻게 유학의 사상 자원을 개발하여 현대화에 필요한 가치 이성을 배양하는 데 사용할 것인가? 이것은 현대 신유가만의 전문적인 주제가 아니라 보편적 의미가 있는 공동의 주제이다. 이 주제에 관하여 현대 신유가의 견해는 다만 일종의 견해일 뿐이며 절대로 유일한 견해는 아니다. 우리는 마르크스주의의 지도하에 새로운 견해를 찾아서 당대 유학의 새로운 형태를 창립할 수 있다. 우리는 '현대 신유학' 과 '현대 신유가' 라는 이 두 개념을 구별하자고 주장한다. '현대 신유학' 은 당연히 '현대 신유가' 를 포함하지만 '현대 신유가' 에만 한정하는 것이 아니라 그 외연은 '현대 신유가' 보다 훨씬 크다. 어떠한 학술적 입장에 서서 있든, 어떠한 학술적 관점을 품고 있든, 현재 시대의 시각에서 유가 사상을 연구하고 유가 사상을 해석하여 그 시대적 가치를 발굴하는 학문이기만 하면 모두 '현대 신유학' 의 구성 부분이 될 수 있다. 곽말약과 후외려 등 현대 중국의 마르크스주의 학자는 마르크스주의의 입장과 관점과 방법을 운용하여 유가 사상을 연구하였다. 그리하여 유학이 현대적 전환을 실행하도록 재촉하여 현시대에 맞는 유학의 새로운 표현방식을 찾아내고 인류 정신문명의 발전을 촉진하여 시대 요구에 부응하는 정신적 쉼터를 건설하도록 했다. 그들의 학술 사상 또한 '현대 신유학' 의 범위에 속한다. 이것은 현대 신유학 사조가 비록 현대 신유가에서 시작하였으나 결코 현대 신유가에만 국한하지 않음을 의미한다. 현대 신유가는 이미 역사가 되었으며 현대 신유학은 여전히 역사에 참여하며 역사를 창조하고 있다. 우리는 '당대 신유가' 라고 자처할 필요는 없으나 당대 신유학이라고 말할 수 있다.

위에 서술한 것을 종합하면, 우리는 당대 중국철학은 광활한 발전 전망을 갖추고 있다고 생각한다. 당대 중국철학은 중국 현대철학을 이어서 얘기하는 것으로 여전히 마르크스주의 철학을 요지로 삼을 것이다. 중국철학의 현대화 진행 과정은 마르크스주의 철학의 중국화 진행 과정과 보조를 맞춰왔다. 마르크스주의는 이미 중국에서 뿌리를 내리고 꽃을 피우며 열매를 맺어 중국철학에서 결핍되어서는 안 되는 구성 부분이 되었고 우리의 사업을 지도하는 이론적 기초가 되었다. 이로써 마르크스주의를 주도적으로 하여 선명한 중국적 특색을 보유하며 현대화와 세계화의 추세

자·료·카·드

장립문(張立文)이 논한 중국철학의 현대적 가치

중화 민족은 지혜로운 민족이고 또 지혜를 사랑하는 민족이다. 중화 민족의 지혜의 빛은 중국 대지를 밝게 비치며 고대문명을 창조하였고 또 세계 문명과 어울려 서로 빛났다. 오늘날 세계에서 사람들은 간절하게 건강(자연의 건강 · 사회의 건강 · 인간관계의 건강 · 심리적 건강 · 문명의 건강으로 마지막에는 각 사람의 심신의 건강까지 침투됨)을 바라고, 가장 두려워하고 가장 무서워하는 것은 병이 나는 것이다. (자연의 병 · 사회의 병 · 인간관계의 병 · 심리적 병 · 문명병으로 마지막에는 사람 심신의 병까지 침투됨.) 중화 민족의 지혜는 인류가 직면하고 있는 이들 심각한 질병을 치료하고 제거하기 위해 귀중한 지혜와 이념 및 적절하게 실시하는 본보기와 방법을 제공했다.

_ 장립문, 『"내가 말하고〔自己講〕" · "나를 말한다〔講自己〕" : 중국철학의 재건 및 전통과 현대 뛰어넘기〔中國哲學的重建與傳統現代的度越〕』), 109쪽, 북경, 북경사범대학출판사, 2007.

에 적응하여 중국 실증철학 사조와 현대 신유가 사조가 언급한 중대한 이론 문제에 응답하는 당대 중국철학이 장차 세계의 철학 논단에서 활약할 수 있음을 예견할 수 있다. 우리는 중국 마르크스주의 철학의 밝은 앞날에 신심으로 충만하며 당대 중국철학의 밝은 앞날에 신심으로 충만하다.

### 생각해 볼 문제

1. 중국철학과 현대화와의 관계를 어떻게 취급해야 하는가?
2. 중국철학과 세계화와의 관계를 어떻게 취급해야 하는가?
3. 어째서 당대 중국철학은 반드시 마르크스주의의 정확한 방향을 견지해야 하는가?
4. 어째서 중국 실증철학 사조의 이론적 사유 성과를 흡수하는가?
5. 어째서 현대 신유가 사조의 이론적 사유 성과를 흡수하는가?

### 참고문헌

1. 馮契, 『認識世界和認識自己』, 上海: 華東師範大學出版社,1996
2. 李振霞 主編, 『中國當代哲學40年』, 北京: 華夏出版社, 1997
3. 方克立 主編, 『中國哲學與辨證唯物主義』, 北京: 高等教育出版社, 1998

부록

# 중국 근현대철학 연구의 새로운 진전

근년에 들어오면서 중국 근현대철학의 연구는 비교적 활기를 띠고 있다. 주요 저작으로는 풍우란의 『중국현대철학사』(廣東人民出版社, 1999), 양국영(楊國榮)의 『과학적형상지유(科學的形上之維) – 중국 근대과학주의의 형성과 전개』(上海人民出版社,1999), 고홍량(顧紅亮)의 『실용주의적오독(實用主義的誤讀) – 중국 현대철학에 대한 듀이 철학의 영향』(華東師範大學出版社, 2000) 『현대중국평민화인격화어(現代中國平民化人格話語)』(화동사범대학출판사, 2005), 진래(陳來)의 『현대중국철학적추구(現代中國哲學的追求) – 신리학과 신심학』(인민출판사, 2001), 장여륜(張汝倫)의 『현대중국사상연구』(상해인민출판사, 2001), 장문유(張文儒) · 곽건녕(郭建寧)의 『중국현대철학』(북경대학출판사, 2001), 송지명(宋志明) · 손소금(孫小金)의 『20세기 중국실증철학연구』(중국인민대학출판사, 2002), 호위희(胡偉希)의 『관념적선택(觀念的選擇) : 20세기 중국철학과 사상 분석』(운남인민출판사, 2002), 송지명 · 유성유(劉成有)의 『비공여석공(批孔與釋孔) – 유학의 현대적 전개〔儒學的現代走向〕』(화동사범대학출판사,

2004), 이련과(李連科)의 『중국철학백년논쟁』(상무인서관, 2004), 경해봉(景海峰)의 『중국철학적현대전석(中國哲學的現代詮釋)』(인민출판사, 2004), 장석근(張錫勤)의『중국근대사상문화사고』(흑룡강교육출판사, 2004), 경해봉의 『신유학여20세기중국사상(新儒學與二十世紀中國思想)』(중주고적출판사, 2005), 이상해(李翔海)의 『시대여민족성(時代與民族性) - 현대 신유학과 포스트모더니즘 비교연구』(인민출판사, 2005) 등 수십 권이 있고, 발표한 논문도 수백 편이 된다. 창의적 이론 관점은 대체로 아래의 몇 가지 방면이다.

## 1. 연구 시각의 창신

최근 몇 년 동안의 중국 근현대철학 연구는 이미 '충격-반응'의 형식을 타파하였고, 또 '급진-보수' 혹은 '진보-반동'이란 이분법적 형식도 타파하였으며, 연구 방법이나 연구 시각은 다양화를 드러내어 중국 근현대철학 사상 발전사의 실제에 더욱 가까워졌다.

송지명은 이전의 연구에서 적절하지 못하게 '고금(古今) 논쟁' 혹은 '신구(新舊) 논쟁'을 근현대사상사의 유일한 주제로 간주하여 '어제'가 '엊그제'에 대한 변혁이라는 한 측면을 지나치게 강조하고 '어제'는 '엊그제'의 연속이라는 측면을 소홀히 함으로써 몇천 년 내려온 문화유산에 대하여 마땅히 가져야 할 존경을 나타내지 않았다고 생각한다. 이와 같은 역사적 허무주의 정서의 영향으로 대체로 전통사상에 동정을 나타내는 사상가는 늘 '보수'라고 여겨졌고 그에 대한 깊이 있는 연구는 거절되었다. 중국 근대사상사와 중국 고대사상사를 비교하여 가장 두드러진 특색은 바로 중국 사상과 서양 사상의 철저한 이해다. 따라서 이 부분의 사상사를 연구하는 것은 비교의 방법을 채택할 수밖에 없다. 이전의 연구에서는 '신구 논쟁'을 유일한 주제로 삼았기 때문에 '중서(中西) 논쟁'을 지나치게 나타났다. 그러므로 '신학(新學)'은 '서학(西學)'과 동의어가 되고, '중학(中學)'은 '구학(舊學)'과 등호로 연결되었다. 대개 서학을 창도한 사람은 모두 '진보'라는 월계관이 씌어 졌고, 중학에 공감하는 사람은 모두 '반동'이라는 나쁜 명성을 만났다. 여기서 역사적 허무주의 정서가 민족 문화적 허무주의 정서로 진화했다. 이와 같은 좋지 못한 정서의 통제를 받음으로써 사람들은 평화롭고 공평 타당한 심리상태로 중서(中西) 사상을 비교하기가 매우 어려웠으며 늘 서학을 이상화하여 그것이 완전무결하다고 말하고 중학을 마귀화 하여 그것은 하나도 옳은 곳이 없다고 말하였다. 이렇게 서학을 찬양하고 중학을 억누르는 식은 분명히 비과학적이다.

송지명은 철학의 사유 유형을 바꾸는 시각에 관심을 두는 것으로부터 중국 근현대철학을 연구하자고 주장한다. 중국 근대철학은 본체론 방면에서 '마땅히 그러함'으로부터 '실제로 그러함'까지의 전향을 실현하여 더는 고대철학처럼 그렇게 특별히 본체의 가치적 의미에 관심을 두지 않고 도리어 본체의 존재 의미로 방향을 바꾸었다. 강유위의 원학본체론(元學本體論)·담사동의 '이태인(以太仁)'설·엄복의 '질력상추(質力相推)'설·장태염의 본체론 사고·손중산의 진화본체론은 모두 이 특징을 체현한다. 발전관 방면에서는 굳건한 움직임〔健動〕에서부터 진화까지의 방향 전환을 실현했다. 강유위는 '삼세진화(三世進化)'론을 제기하였고, 엄복은 '천연론(天演論)'을 제기하였으며, 손중산은 '비약(飛躍)〔突駕〕' 진화론을 제기하였고, 장태염은 '구분(俱分)진화론'을 제기하여 중국적 특색이 있는 진화발전관을 창립했다. 지행관 방면에서는 윤리형에서 지식형으로 방향 전환을 실현했다. 담사동은 '귀지(貴知)'설을 제기하였고, 엄복은 실증을 숭상하는 경험론을 제기하였으며, 장태염은 이성(理性)을 추앙하는 '귀행(貴行)' 설을 제기하였고, 손중산은 '지난행이(知難行易)' 설을 제기하였는데 모두 새로운 모델의 지행관을 건립하기 위해 이론적 공헌을 한 것이다. 인학관(人學觀) 방면에서는 '자(子)와 민(民)' 의 관념에서 '국민(國民)' 의 관념으로 방향 전환을 실현했다. 강유위의 사람에 대한 새로운 발견, 담사동의 '질곡에서 벗어남〔沖決網羅〕' 의 사상, 엄복의 진화인학관(進化人學觀), 양계초의 신민설 등은 모두 인학(人學) 관념의 변혁에 각자 중대한 공헌을 했다. 손중산은 국민설을 제기하여 근대적인 새로운 인간학을 아주 훌륭하게 개괄하였다. 어떤 의미에서 말하면 바로 새로 사람을 발견함으로써 사람이 마땅히 가져야 할 가치와 존엄을 의식하였고 중국철학은 비로소 참신한 한 페이지를 열었다.

송지명은 현대 중국철학이 두 가지 사상적 자원을 이어받고 있는데 한 가지는 중국 고유의 사상적 자원이며 다른 한 가지는 서양 근현대의 사상적 자원이라고 주장했다. 철학 이론 연구자들은 시대정신의 요구에 대한 자신의 이해에 근거하여 두 가지 자원을 충분히 이용하면서 힘든 '종합과 창신' 의 작업에 힘을 쏟았고 또 상당히 훌륭한 성적을 얻었다. 중국 고유의 사상 자원에 대하여 그들은 이중의 임무를 짊어지고 있다. 하나는 봉건주의의 먼지와 때를 철저히 제거하고 중국 사회의 발전을 위해 사상적 장애물을 깨끗이 쓸어내는 것이며, 또 하나는 시대정신과 민족정신을 구현하는 합리적 핵심을 추출하여 중국철학이 현대적 전환을 실현하도록 하는 것이다. 그들은 우선 전자에 중점을 두고 나중에 차츰차츰 후자로 방향을 전환했다. 서양 근현대의 사상 자원에 대해서는 그들 또한 높이 중시하고 힘껏 노력하며 충분히 참고하고 이용하면서 중국철학의 현대화 진행 과정을 추진하였다. 중국 현대철학에 영향이 비교적 컸던 서양 근현대철학의 사상 자원은 주로 다음과 같은 세 가지다. 첫째는 데카르트부터 헤겔까지의 근대이성주의 사조와 그 현대적 연속 즉 실증철학 사조이다. 둘째는 헤겔 이후의 현대비이성주의 사조이다. 셋째는 마르크스주의 철학이다. 현대 중국철학은 유불도 삼교의 경쟁 태세를 바로잡고 중국 마르크스주의 철학과 현대 신유가 철학과 실증철학이 상호작용하는 새로운 국면으로 대신했다.

장여륜 역시 전통과 현대가 대립하는 이분적 모델과 '충격-반응' 의 모델을 찬성하지 않았다. 그는 특히 현대성 문제에 관한 중국 현대철학자들의 철학적 사고에 관심을 가졌지만 이른바 '현대화 서술' 에는 반대했다. 그가 보기에 '현대화 서술' 에는 세 가지 표현이 있다. 첫째는 근대 사상가 중에서 소위 신사상 혹은 계몽사상의 맹아를 찾는다. 둘째는 중국 사상가 중에서 현대화의 요구에 부합되는 요소를 찾는다. 셋째는 연구 내용의 간소화가 '계몽과 구국의 이중 변주곡' 으로 된다. 그는 중국 현대사상 자체의 발전 궤적을 매우 중시하여 진화사관과 민족주의와 사회주의는 대다수 중국인의 세계관을 제약하고 형성한 기본 형태이며 현대 중국의 보편적 의식 형태라고 생각했다. 현대 중국에서 비록 중국의 출로와 전도에 관한 논쟁이 여러 차례 일어났으나 이 3대 사조는 사람들의 공통된 인식이라고 말할 수 있다. 어떤 주의자를 막론하고 모두 진화론의 신도이다. 손중산과 모택동은 사회주의에 찬성했고, 진독수와 호적은 모두 민족주의자였다. 이 3대 사조는 서로 연결되어 있다. 진화사관은 중국 현대 민족주의의 발생을 재촉하였고, 민족주의와 진화사관은 사람들이 오직 사회주의만이 중국을 구할 수 있다고 믿도록 하였으며, 사회주의는 거듭 진화사관과 민족주의의 신념을 강화하였다. 이로부터 그는 이 세 가지 기본적 이데올로기가 서로 촉진하고 서로 지지하면서 현대중국사상의 기본적 사전 계획을 형성하고 현대중국사상의 유전자 코드를 구성했다는 결론을 얻어냈다. 이 세 가지 이데올로기의 생성 과정의 연구는 장차 현대중국사상에 대하여 더욱 깊은 인식을 갖추게 될 것이다.

호위희는 중국철학과 서양철학 사상의 충돌과 대립을 더는 중시하지 않고 중국철학과 서양철학 사상의 융합 및 유통과 중국 현대철학자의 독창적 사상 연구를 중시하였다. 그는 현대성이 중국 근현대철학이 직면한 기본적 문제라고 생각했다. 이 문제를 둘러싸고 중국 철학자들은 중국의 전통철학 사상 자원과 서양철학 사상 자원을 이용하여 독립적으로 철학적 사고를 진행하면서 독창적 철학 이론을 형성했다. 그는 중국 현대철학을 두 가지 유형으로 구분했는데 하나는 '디오니소스형〔酒神型〕' 이고 다른 하나는 '아폴로형〔日神型〕' 이다. '주신형' 철학은 학술의 '유용성' 을 중시하여 학술이 사회와 인생에 효과가 있기를 바라며 학술이 사회에 작용하여 실제적인 영향이 발생하기를 요구한다. 마르크스주의 학파와 현대 신유가는 이러한 유형에 속한다. '일신형' 철학은 학술의 독립성을 강조하여 구체적인 학술 연구에서 '가치중립' 의 원칙을 엄격히 지키도록 요구하며 '청화학파(清華學派)' 가 전형적인 대표이다. '청화학파' 는 대학의 강단에서 철학을 강의하고 전문적 성격의 철학 연구에 종사하며 철학을 전문 철학자가 종사하는 직업으로 여긴다. 그리고 철학 연구에서는 사회와 정치에 대한 '초월성' 을 유지하여 철학이 현실 사회생활의 단순한 그림풀이로 되는 것을 피하라고 주장하며, 철학은 '반성' 의 학문이지 '실천' 이나 '행동' 의 학문이 아니라고 강조한다. 호위희는 '청화학파' 의 대표적 인물이 김악림 · 풍우란 · 장대년이라고 생각하였고 또 이 세 철학자의 철학 사상을 깊이 연구하였다.

## 2. 현대 신유가 연구의 창신

1980년대부터 시작하여 현대 신유가 연구는 사람들의 주목을 끄는 문제가 되었다. 거의 모든 현대 신유가 학자는 누구나 개별 안건 연구를 하여 많은 전문 저작과 논문이 쏟아져 나왔다. 비교적 충분한 개별 안건 연구의 기초 위에 근년 이래 현대 신유가에 관한 연구는 두 가지 새로운 추세를 드러냈다. 하나는 종합적 연구를 통하여 이 사조에 대한 전반적 고찰을 하였고, 또 하나는 비교연구를 통하여 현대 신유가와 포스트모더니즘을 함께 놓고 고찰하였다.

송지명은 20세기 초에 발단한 현대 신유학 운동은 서학의 도움을 받아 유학으로 들어가는 것을 기본 특징으로 삼고 있다고 생각했다. 그것은 한편으로는 세계를 향하여 서양의 학술 사상을 흡수하고 이해하고 전환하면서 다른 한 편으로는 시대적 요구에 근거하여 전통적인 유가 사상을 반성하고 보완하고 추진함으로써 유학이 현대의 이론적 형태로 표현되고 발전하도록 했다. '현대 신유학' 은 두 가지 구성 부분을 포함하고 있다. 한 부분은 '현대 신유가' 로 불리며 유가의 도통(道統)을 이어받는 것을 자신의 임무라고 명확하게 밝힌 학자들을 가리킨다. 그들은 뚜렷한 문화보수주의의 학술적 입장을 드러낸다. 다른 한 부분은 '유가해석학' 으로 불리며 도통(道統)을 표방하지 않은 유가 연구자들을 가리킨다. 만년의 웅십력 · 라광(羅光) · 두유명(杜維明) 등과 같은 사람들이다. 그들은 서로 다른 학술적 입장으로 나뉘어 서서 유가 사상에 대하여 공감적으로 이해하고 해석함으로써 유학의 현대적 가치를 현저하게 드러냈다. '현대 신유가' 에는 좁은 의미와 넓은 의미의 구별이 있다. 좁은 의미의 신유가는 유가의 내성학(內聖學)을 도통으로 받들고 육왕을 존경하고 정주를 비판하며, 생명의 진로를 채택하여 도덕형이상학을 표방하고 내성으로부터 신외왕이 출발하기를 주장한다. 양수명·웅십력에서 당군의·서복관·모종삼에 이르기까지 하나의 뚜렷한 학맥을 구성했다. 광의적 신유가의 도통 관념은 비교적 아주 넓으며 뚜렷한 학파적 계승의 성격은 없다. 풍우란은 정주(程朱)를 정통으로 받들고, 하린은 정주와 육왕의 대립을 없애려고 노력했다. 그들은 학술 이론의 진로에서 유가철학의 본체를 건립하려고 시도했다. 전목·장군매는 역사학이나 정치학의 각도에서 유학의 기본 정신을 뚜렷하게 드러내려 했다. 송지명은 좁은 의미의 신유가와 넓은 의미의 신유가 및 유가 해석학을 나누어 전문적 연구를 하였다.

진래(陳來)는 '근대화' 나 '현대화' 는 20세기 중국 지식인들의 공동 인식이며, 이러한 의식이 중국 철학자의 '철학' 관념 속으로 스며들어, 그들이 신철학을 구성하는 동력의 하나가 되었다고 생각했다. 그밖에 '중국화' 나 '민족화' 또한 그들이 멈춘 적이 없던 마음의 충동이며, 또 시대와 환경의 변화에 따라 서로 다른 각종 형식의 호소와 실천으로 나타났다. 이 두 가지 방면이 하나로 결합하여 현대성과 전통의 관계라는 문제를 형성한다. 5·4 시대 이후의 현대 신유학이 바로 이 문제를 둘러싸고 전개되었다. 풍우란의 말을 빌려 쓰면 현대 신유학은 '이어서 말하는' 것이지 '모방하여 말하는' 것은 아니다. 현대 중국철학이 중국적 성격을 유지하려면 또 근대성이나 현대성을 따져야 한다. 단지 중국 전통철학을 '이어서' 말한다면 이미 서양철학의 전통을 '이어서' 말할 수가 없고 또 중국 전통철학을 '모방하며' 말할 수도 없다. 이와 같은 '이어서 말하는' 방식은 사실 전통철학에 대한 일종의 '새로운' 재구성이다. 진래는 문화관(文化觀)·형이상학·심물론(心物論)·철학사의 네 방면에서 신리학(新理學)과 신심학(新心學)에 대한 전문적 연구를 하였다.

경해봉(景海峰)은 현대 신유학을 20세기 중국 사상의 변화라는 커다란 배경 속에 놓고 고찰하자고 주장한다. 한 세기가 넘는 동안 격렬한 동요와 분열과 전환을 거친 후 유학은 이미 철저하게 경학 시대의 모델을 떠나 각종 현대적 성격의 지식으로 분할되고 뒤섞이면서 서술방식도 크게 바뀌었다. 현대 신유가는 신분의 분해가 가져온 의미의 상실에 직면하여 서학의 관찰 아래 합법성에 대한 초조감을 감추지 못한다. 그러나 그들은 신유학을 재구성하려는 노력을 포기하지 않았다. 그들은 현대성의 충격 아래 시험적 책략을 선택하였다. 교과목화 하는 지식의 그림에 직면하여서 먼저 역사학에서 착수한 다음 철학에서 착수하여 전통 학술의 남은 부분을 정리하고 현대적 인용을 하면서 다시 유학의 '현장 존재' 신분을 회복하여 거처할 곳을 찾아냈다. 경해봉은 현대 신유학의 발전 전망에 대하여 낙관적 태도를 지니고 있다. 그는 세계화의 추세 아래 세계경제의 일체화 · 정치구조의 다극화 · 문화의 다원화 및 각종 문명 형태의 도약과 그사이에 서로 엉키어 구성되고 교차 중첩해 있으면서도 분열과 어긋남으로 가득한 복잡한 질서는 유학의 새로운 부르짖음과 국제무대로의 진입을 위해 이전에 없던 좋은 기회를 제공했다고 본다. 그는 양수명 · 웅십력 · 풍우란 · 당군의 · 모종삼 · 유술선 · 부위훈 등의 신유학 사상에 대하여 하나하나 평론하고 서술했다.

이상해(李翔海)는 비교의 방법을 채택하여 현대 신유학을 연구하고, 현대 신유학과 포스트모더니즘 사이의 동이(同異)를 진술하여 새로운 학술적 견해를 형성했다. 그는 현대성을 성취하는 것은 현대 신유가의 기본적 취지라고 생각했다. 그들이 노력하여 발굴해낸 전통 정신의 자원은 모두 알게 모르게 과학과 민주 등 현대 정신과 관련이 있으며 적어도 과학과 민주 등 현대 정신을 명확히 반대하지 않은 요소에 집중되어 있다. 과학과 민주 등의 현대 정신을 위배하는 '전통' 에 대하여 그들은 유학의 내면에서 매우 심도 있게 자아비판 하였다. 그들은 유가의 기본 정신과 특정한 사회적 · 정치적 · 경제적 형태 사이의 연관을 끊어 내고 그 특정한 사회적 역사적 조건의 제한을 받지 않는 변함없는 가치를 부여하였으며, 유학이 본래 중시하는 가치 이성 혹은 인문 정신이 도구적 이성의 팽창에 대응할 수 있음을 강조하고 미래의 중국 더 나아가 세계문화의 구상에 여전히 보편적 의미를 지니고 있기를 바랐다. 현대 신유가는 현대성을 인정하는 동시에 또한 서양식의 현대성에 대하여 매우 준엄한 비판을 제기했다. 신유가가 보기에 서양식의 현대성은 사상계의 위기에 더부살이하고 있는데, 그것은 첫째 인생 의미의 상실이고, 둘째 '과학 단층론' 이 가져온 비인간화의 경향이며, 셋째 무제한적 환경 파괴가 자연 본래의 평형을 깬 것이고, 넷째 보편적 상업화의 분위기가 시장의 가치를 유일한 가치 기준으로 바뀌도록 한 것이며, 다섯째 집단적 인간이 지배하는 경향이 정신의 평면화를 초래했다는 것이다. 이와 같은 비판적 태도로부터 현대 신유가와 서양의 포스트모더니즘은 서로 가까운 점이 있음이 반영되어 나온다. 그러나 둘 사이에는 철학적 취향에서 여전히 상당한 차이가 존재하고 있다. 이상해는 그들 사이의 차이를 세 가지로 개괄하고 있다. 전자는 '대본(大本)을 다시 세우자.' 라고 주장하고, 후자는 '철학을 추방하자.' 라고 주장한다. 전자는 지식론을 융합하자고 주장하고, 후자는 지식론을 방치하자고 주장한다. 전자는 유학적 규범성의 현대적 재건을 중시하고, 후자는 기초주의 반대를 표방한다.

## 3. 중국 실증철학 연구의 창신

현대 신유가 연구에 비해 중국의 실증철학에 관한 연구 성과는 훨씬 적었으나 최근 몇 년 이래 어느 정도의 진전을 거두었다. 근년 이래 중국의 실증철학 연구는 이론적 깊이가 더욱 깊어졌다. 연구자는 중국 사상가의 사상적 특징과 원래 사상의 성격을 드러내 보이는 것에 주의를 기울이고 중국과 서양 실증론자 사이의 차이를 연구하는 데 주의를 기울여 더 이상 단순히 서양의 연구 방법을 답습하지는 않았다.

양국영(楊國榮)은 중국의 실증철학과 과학주의 사조를 하나로 연계하여 중국 근대 과학주의의 역사적 기원에 대하여 정리했다. 그는 명청 시기에 서양의 과학이 중국에 전래하면서 중국에 과학주의 사조를 일으키기 시작했으며, 경학(經學)의 실증화 경향은 어느 의미에서 중국 근대가 보편적으로 실증과학을 존경하기 위한 이론적 준비와 역사적 밑바탕이 되었다고 생각한다. 19세기 중엽, 근대화 과정의 시작에 따라서 서양 학문이 서서히 동양으로 밀려오는 힘은 갈수록 커졌고, 과학은 점차 '기구(器)'와 '기술(技)'로부터 격물치지의 학문으로 끌어올려졌으며 진일보하여 '도(道)'의 형태까지 끌어올려졌다. 유신사상가(維新思想家)의 해설을 거친 후 '도'는 자연적 대상의 보편적 연관일 뿐만 아니라 동시에 어떤 종류의 세계관과 가치관의 함의까지 부여받았다. 5 · 4 전후에 일반화되었던 과학은 진일보하여 일종의 주의로 끌어올려져서 지식과 학술 및 생활세계와 사회 정치 등의 각 영역에 스며들었다. 과학주의는 하나의 막강한 사회적 사조가 되었다. 양국영은 과학주의의 다중 이론 방향에 대하여도 깔끔하게 정리했다. 20세기의 일부 중국 사상가들은 과학이 보편적으로 각각의 지식 영역에 스며듦에 따라서 학술과 지식의 통일을 재건하려는 경향을 나타냈다. 그래서 지식 통일의 주된 형태로서의 과학은 어떤 의미에서 일종의 새로운 '경학'이 된 것 같았다. 과학과 현학의 논전 가운데서 과학주의적 인생관은 구체적으로 전개되었다. 과학이 생활세계에 스며듦에 따라 인생관은 마치 자기 자신을 경시하는 것처럼 변했다. 과학주의는 사회적 정치적 분야에 스며들어 사회적 변혁에서 과학적 이성의 역할을 확인하였으며, 과학과 민주는 계몽 사조의 양대 깃발이 되었다.

그러나 과학주의는 또한 논리적으로 어떤 '기치(技治)' 주의가 가능함을 초래했다. 사학 · 방법론 · 철학 등 방면에서도 과학주의는 광범위한 영향을 끼쳤다. 양국영은 과학주의의 부정적 효과에 대하여 비판했다. 그는 과학주의에서 두드러진 것은 주요하게 도구적 이성에서의 이성화라고 지적했다. 그것은 유효성으로 방향을 삼고 또 때때로 지혜를 지식으로 풀어내었다. 그리하여 지혜에 대한 망각과 사람의 단편화를 초래하였고, 과학과 인문 · 이성과 가치 · 생활세계와 과학의 그림 속 경치의 대치를 초래하였다.

송지명과 손소금은 엄복으로부터 김악림까지가 중국에서 차츰차츰 많은 영향력을 가지는 실증철학 사조를 형성하였으며 아울러 중국 고유의 사유 방식을 바꾸는 방면에서 거대한 작용을 발휘했다고 생각한다. 중국 실증철학 사조의 발전 과정은 대체로 도입기 · 발전기 · 반성기(反省期)의 세 단계로 나눌 수 있다. 도입기에는 엄복과 왕국유의 공이 없을 수 없다. 엄복은 실증과학과 실증 방법을 힘 있게 제창하고 왕국유는 실증 방법을 실증 원칙의 높이까지 끌어 올렸다. 그들은 비록 엄격한 실증론자는 아니었으나 중국 실증철학 사조의 시작을 알리는 사상가들이었다. 발전기에는 호적 · 왕성공 · 정문강 등이 가장 대표성을 갖는다. 호적은 실용주의를 받아들이고 전파하였으므로 중국 실증론자의 하나로 불릴만하다. 왕성공은 마하주의를 받아들이고 전파하였으며 실증론은 과학의 철학적 기초라고 강조했다. 정문강은 '존의적 유심론' 으로 스스로 뽐내며 과학과 현학 논전에서 중국의 실증철학 사조를 최고봉으로 끌어올렸다. 1930, 40년대에 중국의 실증철학 사조는 반성기에 접어들었으며 장동손과 김악림은 잇따라 특색 있는 지식론 체계를 세웠다. 장동손의 다원인식론(多元認識論)은 비록 실증론의 한계를 완전히 타파하진 못했지만 이미 실증론의 범위를 뛰어넘었으며, 김악림은 감지된 대상의 객관성을 인정하고 결국은 실증론의 경계를 타파했다. 송지명과 손소금은 중국 실증철학의 특색을 네 가지로 개괄했다. 첫째는 외생성이다. 중국 전통철학은 실증론의 자원이 모자란다. 근현대 중국의 실증론 사조는 중국 전통철학의 어휘를 이어받아서 말한 것이 아니라 서양철학의 어휘를 이어받아서 말하였다. 중국의 학술계에서 실증철학 사조는 비록 일정한 지위를 가지고 있었으나 주도적 어휘는 되지 못했다. 둘째는 사회적 공리성이다. 실증철학은 중국에서 우선 사회를 개조하는 사상적 무기이고, 그다음에 비로소 철학 이론이다. 중국의 실증철학은 과학 존중의 사회 분위기를 모범적으로 이끌면서 사회 여론에 영향을 미치는 작용을 하기 시작했다. 셋째는 동시 발생이 아니다. 중국 실증철학이 비록 서양 실증철학을 이어 논하였으나 서양 실증철학을 그대로 얘기한 것은 아니다. 중국 실증철학의 발전 궤적은 서양 실증철학과 동시 발생이 아니며 중국 실증철학에서 토론한 문제와 서양 실증철학도 동시 발생이 아니고 심지어 주제도 유사성이 모자란다. 넷째는 불충분성이다. 중국에는 엄격한 의미의 실증철학 전통이 없었으며 20세기 중국의 과학은 비교적 낙후했기 때문에 중국 실증철학의 시작은 선천적으로 부족한 곤경에 직면하는 사태를 가져왔다. 20세기 중국 사회는 변혁이 빨랐고 학파의 교체가 신속했기 때문에 중국의 실증철학은 장구한 영향력을 유지할 방법이 없었으며 또 후천적으로 불리한 상황에 빠졌다.

중국 실증철학의 연구에서 호적을 연구하는 것은 여전히 하나의 초점이다. 연구자들은 더는 이전처럼 그렇게 호적과 듀이 사이의 공통점에 관심을 두지 않고 오히려 그들 사이의 사상적 차이에 관심을 두면서 몇 가지 창조적 관점을 제기했다. 고홍량은 중국의 사상가들은 결코 듀이 철학을 그대로 모방하고 그대로 베껴 쓰지 않았다고 보았다. 그들은 많은 문제에서 듀이 철학에 대하여 취사선택하였고 심지어는 잘못 읽었다. 호적과 도행지(陶行知) 등은 전통적인 관점으로 듀이 철학을 자세히 살펴보고 읽어서 이미 자각한 측면도 있고 또 자각하지 못한 측면도 있다. 자각하지 못한 차원에서 보면 이전 이해 구조의 제약을 받았고, 자각한 차원에서 보면 그들은 듀이 철학과 전통 사이의 변혁과 소통 관계를 상세히 설명하려고 노력하면서 전통적 시각에서 듀이 철학을 선택 · 여과 · 보충함으로써 전통사상을 사용하여 듀이 철학과 연결시켰다. 장여륜은 호적과 듀이가 몇 가지 기본적 원칙에서 근본적인 차이가 있다고 생각했다. 호적은 듀이의 실용주의를 간단하게 변화시켜서 방법으로 삼는 동시에 청대의 고증 방법과 동일시함으로써 진정한 '시계융합(視界融合)'에는 도달하지 못했다. 호적이 듀이 철학에 대하여 훈고학적 해석을 했다고 말하기보다는 그가 대신하여 실용주의를 제창한 동시에 그것의 실질적 내용을 슬며시 바꿨다고 하는 것이 낫다. 현대성이 내재적으로 포함된 갖가지 깊은 문제를 호적은 대체로 발견하지 못하였고, 현대적 비판을 기본적 방향으로 삼는 듀이 철학과 겉으로는 친한듯하지만 실은 소원(疏遠)한 상태에 처하였다.

## 4. 중국 마르크스주의 철학 연구의 창신

현대철학사에서 중국 마르크스주의 철학 사조, 현대 신유가 사조, 실증철학 사조는 서로 경쟁하며 중국 현대철학의 기본 구도를 형성했다. 근년 이래 마르크스주의 철학의 중국화에 관한 연구 논저는 그다지 많지 않지만 약간의 창신적 관점도 제기되었다.

장문유와 곽건영은 마르크스주의 철학의 중국 전파와 발전을 5단계로 나누었다. 첫째는 진독수 · 이대소와 마르크스주의 철학의 중국에서의 초보적 전파 단계이다. 진독수의 대표작은 「마르크스학설」이고, 이대소의 대표작은 「나의 마르크스주의관」이다. 그들은 마르크스의 학설을 인용하는 단계에서 매우 많은 견해가 정확하였으나 또 어떤 표현과 서술은 충분히 정확하지 않았고 규정에 맞지도 않았다. 둘째는 구추백과 마르크스주의 철학의 중국에서의 전반적 전파 단계이다. 진독수와 이대소는 유물사관을 어렵게 전파했는데, 구추백은 변증법적 유물주의와 역사 유물주의를 비교적 전면적으로 전파했다. 셋째는 애사기와 마르크스주의 철학의 대중화 단계이다. 애사기가 저술한 『대중철학』은 마르크스주의 철학 대중화에서 하나의 성공적이고 모범적인 사례다. 넷째는 이달과 마르크스주의 철학의 체계화 단계이다. 이달이 저술한 『사회학대강』은 마르크스주의 철학에 대해 중국인이 쓴 첫 번째 교과서이다. 다섯째는 모택동과 마르크스주의 철학의 중국화 단계다. 모택동은 중국 특색을 지닌 「실천론」과 「모순론」을 써서 실사구시적 사상 노선을 제기하였고 군사 변증법과 통일전선의 변증법과 영도 방법 등 실제 업무에서의 변증법을 제기했다. 장문유와 곽건영은 『중국현대철학』이란 책에서 장별로 이대소 · 진독수 · 이달 · 애사기 · 모택동의 철학 사상에 대하여 평론하고 서술하였다.

송지명은 중국이 마르크스주의 철학을 선택한 것에는 역사적 필연성이 있다고 생각했다. 근현대 중국에서는 구국운동과 계몽운동이 함께 교차하였기 때문에 계몽 주체의 집단적 성격을 규정하고 마르크스주의 철학의 지도를 사용하여 민족동원 · 사회재건 · 현대화 발전 등의 문제를 해결할 필요가 있었다. 마르크스주의 철학은 사회 발전을 중시하는 학설로서 중국 사회가 전통적인 농업 문명에서 현대적 공업 문명으로 성큼 걸어 들어오도록 방향을 제시해 주었고 중국의 사회 발전을 위하여 정신적 동력을 제공하였다. 이것은 중국의 현대화 발전에 대하여 매우 필요한 이론적 지도다. 마르크스주의는 자본주의의 사회화적 대생산의 역사적 합리성을 긍정하는 동시에 자본주의 제도 중의 사회화적 대생산과 자본가 소유제 사이의 모순을 지적하고, 자본주의 사회는 장차 공산주의 사회로 대치된다는 결론을 얻어냈다. 이것은 개발도상국 행렬에 처해있는 중국에 대하여 말한다면 매우 큰 격려이다. 그것은 진보적 중국인들이 미래를 보고 희망을 보고 자신의 후발적 우위를 보도록 도와서 서양 선진국을 추월하는 자신감을 확립할 수 있도록 했다. 중국 현대철학사에서 마르크스주의 철학의 전파는 5 · 4 시기와 중국공산당 건립 초기 및 대혁명 실패 이후라는 세 차례 절정기가 있었다. 마르크스주의 철학은 점차 중국철학과 서로 회통하고 중국 사회의 혁명 실천과 결합하여 중국철학에 근본적 변혁이 일어나도록 촉진함으로써 중국 마르크스주의 철학 사조를 형성하였다. 이 사조의 역사적 발전 궤적은 대체로 유물사관의 전파, 규범화와 대중화의 과정, 중국화 과정 등 세 단계로 개괄할 수 있다. 첫 번째 단계에서 이대소와 진독수는 유물사관의 전파에 대한 중국 무산계급의 주체의식 자각을 상징하여 중국에서 마르크스주의 철학의 발전을 위한 기초를 세웠으며 중국공산당의 성립을 위한 이론 준비를 담당했다. 두 번째 단계에서 애사기가 저술한 『대중철학』은 인민대중의 환영을 받는 통속적이고 쉽게 이해할 수 있는 언어를 활용하여 마르크스주의 철학의 원리를 표현하였는데 아주 큰 성공을 거두었다. 마르크스주의 철학의 대중화에 모범적 저작이라 할 수 있다. 이달의 『사회학대강』은 이론적 수준이 가장 높아서 1930, 40년대 중국 마르크스주의 철학 규범화의 모범적 저작이라 할 수 있다. 세 번째 단계에서 모택동 철학 사상은 마르크스주의 철학의 중국화에 첫 번째 성공적인 예이다. 기초가 튼튼한 중국철학의 소양을 갖춘 모택동은 혁명과 건설의 실천 과정에서 마르크스주의 철학을 창조적으로 운용하고 발전시켰다. 그의 철학 사상은 이미 마르크스주의 철학 체계에 속했고 또 중국철학의 우수한 전통을 비판적으로 계승하여 그것이 현대

적 이론 형태를 획득하도록 했다.[1)]

1) 본문은 『중국인민대학 복사 신문지 자료 · 중국 철학』, 2006(1).

# 후기

이 책은 전(前) 중국 인민대학 철학원 송지명(宋志明) 교수가 쓴 『중국 현대철학통론(中國現代哲學通論)』 초판본을 완역한 것이다. 송지명 교수는 중국 길림대학 철학과와 대학원 석사과정을 수료하고 중국 인민대학 철학원에서 박사학위를 받았다. 그는 석사과정부터 지금까지 오직 현대 중국철학 연구의 외길을 걸어왔으며, 이 책은 그 결과물이라고 할 수 있다. 현재 이 책은 중국의 많은 대학에서 21세기 중국 현대철학 교재로 사용되고 있다.

이 책은 단순한 중국 현대철학사가 아니라 한편으로는 철학사적 시각을 유지하면서 다른 한편으로는 학술 이론의 변화와 내용을 심도 있게 서술한 보기 드문 연구서다. 특히 저자의 말처럼 이 책은 타인의 연구를 인용한 것이 아니라 자신의 연구를 바탕으로 하였기 때문에 수미일관하게 논리적으로 서술되었다. 이 점은 바로 이 책의 큰 장점이며, 그 장점은 다음의 몇 가지로 정리될 수 있다.

첫째, 저자는 짧지 않은 서론에서 먼저 현대 중국철학의 흐름을 간단명료하게 개괄함으로써 독자들이 현대 중국철학에 대한 역사적 흐름을 이해하도록 안내했다.

둘째, 본론에서 저자는 현대 중국철학을 구성하는 가장 중요한 철학사상으로 현대 신유가 사조 · 중국 실증주의 사조 · 마르크스주의 사조를 선정하여 그 철학 사상을 깊이 분석 설명하였다. 각 단원의 첫머리에서는 먼저 그 역사적 흐름을 개술하고 그다음 각 철학 사조의 대표적 인물을 선정하여 그들의 핵심 이론을 심도 있게 설명하였다. 이 두 가지 형식은 바로 철학사와 철학 이론을 함께 서술한 이 책의 장점으로 보인다.

셋째, 전체적으로 이 책은 현대 중국철학을 서술하면서 시종일관 중국 고유철학과의 관계를 유지하며 설명하고 있다. 이것은 중국 전통철학에 대한 깊은 이해와 전래해 온 서양철학들에 대한 깊은 이해가 없이는 불가능한 일이다.

넷째, 결론과 부록에서 저자는 보충 형식으로 당대(當代) 철학을 요약 설명함으로써 간략하게나마 현대를 넘어 '바로 지금의 중국철학' 과 연결하고 있다. 이 점은 '바로 지금' 의 중국 철학계를 이해할 수 있는 길잡이가 될 수 있다.

이 책은 2008년 12월에 초판이 나왔다. 역자는 2013년 2월에 이 책의 한국어 번역출판을 저자에게 제안하였고 송지명 교수도 흔쾌히 동의해 주었다. 그러나 역자의 여러 가지 사정으로 작업이 계속 미뤄졌는데 번역을 약속한 지 10년 만에 비로소 책이 출판되었다. 사실상 역자는 그동안 송지명 교수에게 송구한 마음을 가지고 있었는데, 이제 늦게나마 그 약속을 지키게 되어 큰 짐을 벗는 마음이다.

이 책의 저술은 근현대 중국철학과 근현대 서양철학을 모두 연구 대상으로 하고 있어서 번역 작업에 많은 어려움이 있었다. 그래서 번역에 오류가 없을 수 없겠지만, 그 책임은 전적으로 역자에게 있다. 번역하는 과정에서 도움을 주신 몇몇 분에게 무한한 감사의 말씀을 전한다. 특히 자료검색을 부탁할 때마다 정성껏 도와준 제자 유나 교수께 마음 깊이 감사를 드린다.

2023. 6.

벽산려(碧山廬)에서

고재욱 삼가 적음.

# 찾아보기

## ㄱ

**ㅊ**



**ㅌ**



**ㅍ**



**ㅎ**

**인명**

〔지은이 소개〕

## 송지명(宋志明)

중국 길림대학(吉林大學) 철학과 및 동 대학원 석사 수료. 중국 인민대학 철학박사. 현(現) 중국현대철학연구회 명예회장. 인민대학학술위원회 위원 역임, 중국현대철학연구회 회장 역임. 중국철학사학회 부회장 역임. 공자연구원학술위원회 위원. 국제유학연합회 고문.

저서: 『현대신유가연구(現代新儒家研究)』『중화학술원류(中華學術源流)』『중국고대철학연구(中國古代哲學研究)』『웅십력평전(熊十力評傳)』『하린평전(賀麟評傳)』『풍우란평전(馮友蘭評傳)』『중국전통철학통론(中國傳統哲學通論)』『중국현대철학통론(中國現代哲學通論)』『중국고대철학통사(中國古代哲學通史)』『중국근현대철학통사(中國近現代哲學通史)』『중국고대철학연구방법신탐(中國古代哲學研究方法新探)』등 30여 권의 저서와 300여 편의 논문이 있다.

〔옮긴이 소개〕

**고재욱**(高在旭). 고려대학교 철학과 및 동 대학원 석사 수료. 대만 보인대학(輔仁大學) 대학원 철학박사. 북경대학 및 길림대학 교환교수 역임. 한국중국학회 회장 역임. 한국중국현대철학연구회 회장 역임. 중국 인민대학공자연구원 학술위원회 위원. 현 강원대학교 철학과 명예교수.

저서: 『처음 읽는 중국현대철학』(공저) 『중국 사회사상의 이해』(공저), 『공자 사상의 계승』(공저)

역서: 『중국현대철학통론』『중국근대철학사』『중국경학사의 기초』『일곱 주제로 만나는 동서 비교철학』『중국사회사상사』,

역주 : 『논어』『중용』『대학』『맹자』등과 다수의 논문.

중국현대철학통론

초판 1쇄 발행일 2023년 08월 15일

지은이 | 宋志明
옮긴이 | 고재욱
발행인 | 최원필
발행처 | 심산출판사
주 소 | 서울시 은평구 불광로 13가길 18, 101호
전 화 | 02-357-0633
팩시밀리 | 02-357-0631
E-mail | simsan21c@hanmail.net
등록번호 | 제1-2114호(1996년 11월 28일)

ISBN 978-89-94844-81-7 93150

* 책값은 뒤표지에 표시되어 있습니다.